VERBÜNDET VERFEINDET VERSCHWÄGERT

Bayern und Österreich

VERBÜNDET VERFEINDET VERSCHWÄGERT

Bayern und Österreich

Band II

Herausgegeben von
Dr. Elisabeth Vavra

Bayerisch-Oberösterreichische Landesausstellung 2012

Burghausen Braunau Mattighofen
27. April bis 4. November 2012

Katalog zur Oberösterreichischen Landesausstellung 2012

ISBN 978-3-8062-2618-8

Verlag:
KONRAD THEISS VERLAG GmbH, Stuttgart

Redaktion:
Dr. Elisabeth Vavra

Lektorat:
scriptophil. die textagentur

Grafische Gestaltung:
Matern Creativbüro

Druck:
TRAUNER DRUCK GmbH & Co KG, Linz
Mit zahlreichen (teilweise farbigen) Abbildungen
Printed in Austria 2012

LAND OBERÖSTERREICH
KULTUR

Die Direktion Kultur des Amtes der Oberösterreichischen Landesregierung dankt den Sponsoren der Oberösterreichischen Landesausstellung 2012
AMAG Austria Metall AG
Energie AG Oberösterreich
Oberösterreichische Versicherung AG
Raiffeisen Landesbank Oberösterreich AG

Inhalt

Inhalt

Band II

Grußworte

Der frühere österreichische Bundeskanzler Bruno Kreisky soll einmal gesagt haben, er sei immer gerne in Bayern, weil er dann nicht mehr in Österreich, aber auch noch nicht in Deutschland sei. Umgekehrt habe ich in Österreich manchmal das Gefühl, zwar nicht mehr in Deutschland, aber immer noch ein wenig in Bayern zu sein. Die gemeinsamen Wurzeln und Traditionen sind nicht nur in der Sprache hörbar, sondern in vielen Bereichen sichtbar und erlebbar. Heute sind die Verbindungen so eng wie in den besten alten Zeiten. Bayern und Österreich sind einander die wichtigsten Handelspartner. An beiden Ufern von Inn und Salzach ist es heute eine Selbstverständlichkeit, zur Arbeit, zum Studium, zum Einkauf oder zur Freizeitgestaltung über die Grenze ins Nachbarland zu wechseln. In der Europäischen Union ziehen Bayern und Oberösterreich an einem Strang und setzen sich gemeinsam für ein „Europa der Regionen" ein. Zudem gehören diese beiden Länder zu einem weltweiten Netzwerk von Partnerregionen, in dem man sich über wichtige Zukunftsfragen austauscht und gemeinsame Projekte entwickelt.

Deshalb freut es mich besonders, dass sich das Haus der Bayerischen Geschichte mit einer Ausstellung unter dem Titel „Verbündet Verfeindet Verschwägert. Bayern und Österreich" diesem Thema widmet und dass dabei das Land Oberösterreich und der Freistaat Bayern eng zusammenarbeiten. Wir Bayern präsentieren in Burghausen die mittelalterliche Geschichte mit dem Untertitel „Als Österreich noch Bayern war". Was heute etwas befremdlich klingen mag, trifft aber bis zum Jahr 1156 für Oberösterreich und Niederösterreich tatsächlich zu. Selbst nach der Erhebung Österreichs zu einem Herzogtum waren die Verbindungen weiterhin eng. Dies spürt man sogar im Herzen Wiens: Das Wahrzeichen der Stadt, der Stephansdom, führt den Namen des Patrons des Bistums Passau.

Die Oberösterreicher zeigen in Mattighofen und Ranshofen die Fortsetzung der bayerisch-österreichischen Beziehungsgeschichte bis zum Ende des alten Heiligen Römischen Reiches Deutscher Nation. Allerdings spielten damals die Österreicher im Habsburger Weltreich in einer anderen Liga als die Bayern. Aus bayerischer Perspektive sei hier jedoch mit Stolz angemerkt, dass wir den österreichischen Expansionsbestrebungen immer standgehalten haben.

Als Spielort für diese gemeinsame Landesausstellung ist das Land an Inn und Salzach bestens gewählt. Über Jahrhunderte lag es im Herzen Europas und verband als Verkehrsschlagader Bayern wie Österreich mit Italien und Böhmen. Dass diese Verbindungen im Zuge der europäischen Integration heute wieder aufleben, ist eines der schönsten Ergebnisse unserer jüngsten Geschichte. Umso mehr wünsche ich der Landesausstellung 2012 viele Besucher sowie eine breite Resonanz und danke allen, die diesseits und jenseits von Inn und Salzach an ihrem Zustandekommen beteiligt waren.

Der Bayerische Ministerpräsident
Horst Seehofer

Sehr geehrte Besucherinnen
und Besucher!

„Verbündet Verfeindet Verschwägert. Bayern und Österreich“: Unter diesem Motto veranstalten der Freistaat Bayern, das Land Oberösterreich und die drei Städte Burghausen, Braunau und Mattighofen heuer eine grenzüberschreitende Landesausstellung.

Nachdem es bei Oberösterreichs Landesausstellungen bereits 2004, unter dem Motto „grenzenlos“, eine sehr enge und erfolgreiche Zusammenarbeit mit dem Landkreis und der Stadtgemeinde Passau gegeben hat, freue ich mich, dass wir diesmal mit dem Freistaat Bayern selbst, im Besonderen mit dem Haus der Bayerischen Geschichte, kooperieren. Nach 33 Jahren – 1979 wurde in Braunau eine Schau über die Bildhauerfamilie Zürn gezeigt – kehrt unsere Landesausstellung damit in Oberösterreichs westlichsten Bezirk zurück.

Die Tatsache, dass diese Ausstellung grenzüberschreitend realisiert wird, eröffnet dem Innviertel und den benachbarten Landkreisen Bayerns in vielerlei Hinsicht große Chancen: Sie stärkt die kulturelle Identität der Menschen beiderseits von Inn und Salzach, sie leistet wichtige Beiträge zur guten Nachbarschaft, und von ihr gehen nachhaltige Impulse für die regionale Wirtschaft aus. Die diesjährige Landesausstellung trägt außerdem dazu bei, dass der Tourismus auf beiden Seiten von Inn und Salzach belebt wird und dass unsere Gäste Sehens- und Erlebenswertes hüben und drüben besichtigen können.

Die Schaffung und Beschilderung neuer Rad-, Themen- und Stadt-Erlebniswege oder der Zusammenschluss vieler erfolgreicher Gastronomiebetriebe zur Wirtekooperation der „InnWirtler“ sind wichtige Initiativen in diesem Zusammenhang.

Die diesjährige Landesausstellung, und das zeichnet sie ganz besonders aus, knüpft aber auch in zahlreichen Punkten an vorangegangene Erfolgsmodelle im Bereich dieser überregional bedeutsamen Kulturveranstaltung an: Einer spannenden, interaktiv erlebbaren Inszenierung steht eine Präsentation hochkarätiger Kulturgüter, von denen viele noch nie in der Öffentlichkeit gezeigt wurden, gegenüber. Für Schüler und Jugendliche gibt es wieder eigene Vermittlungsprogramme, ebenso wie auch diesmal die personale Vermittlung und die Möglichkeit, Audio-Guides zu verwenden, zu Fixpunkten zählen. Rund 200 kulturelle Begleitveranstaltungen auf beiden Seiten geben außerdem Zeugnis von einem lebendigen Kulturschaffen in der Region.

Als Landeshauptmann und Kulturreferent von Oberösterreich lade ich Sie, sehr geehrte Damen und Herren, herzlich ein, die diesjährige grenzübergreifende Landesausstellung zu besuchen. Die Städte Burghausen, Braunau und Mattighofen und die zahlreichen Sehenswürdigkeiten im Bezirk Braunau sowie im benachbarten Landkreis Altötting machen diese Region auch zu einem lohnenswerten Ziel für einen mehrtägigen Ausflug.

Herzlichst,
Ihr Landeshauptmann
Dr. Josef Pühringer

Mehr als Nachbarn

Bayern und Österreich im langen 18. Jahrhundert

Ferdinand Kramer

Eine Wiedervereinigung von Österreich und Bayern: Diese politische Option prägte die Nachbarschaft beider Länder vom späten 17. bis ins frühe 19. Jahrhundert nicht minder als die Einschätzung *„Baiern und Österreich allezeit contrár"* aus dem „Mundus Christiano Bavaro Politicus", einer bayerischen Politiklehre der Jahre 1709 bis 1711. Im Folgenden geht es um mehr als eine Nachbarschaft in der Mitte Europas, die über territoriale Grenzen hinweg eine große Vielfalt von Verflechtung, Kooperation, Solidarität, aber auch von Konflikten und Kriegen, also Ambivalenzen, erkennen lässt. Eine mögliche Wiedervereinigung der beiden seit 1156 getrennten Nachbarländer und die Beziehungen zueinander standen ebenso im Kraftfeld der Transformationen europäischer Politik wie in jenem bilateraler Interessen. Doch jenseits der territorialen, dynastischen und politischen Ebenen war die Nachbarschaft durch die naturräumliche Verbundenheit, durch die Flüsse als gemeinsame Transport- und Handelswege, durch die Verbindungen über die Alpen, durch das Wissen um eine ursprünglich gemeinsame, jetzt aber dualistisch interpretierte Geschichte, durch die konfessionelle Übereinstimmung und kirchliche Vernetzungen, durch Kultur und Austauschprozesse sowie durch zahlreiche wirtschaftliche und gesellschaftliche Verflechtungen geprägt – so intensiv, dass noch die Ethnografen des 19. und 20. Jahrhunderts viele Gemeinsamkeiten entdecken wollten oder auch alliierte Politiker wie Winston Churchill sich mit dem Ende des Zweiten Weltkrieges einen Donaustaat mit dem vereinigten Bayern und Österreich vorstellen konnten.

Wenn im Folgenden von Österreich die Rede ist, dann steht dies nicht nur für die österreichischen Erblande oder gar das heutige Österreich, sondern allgemeiner für die Herrschaftsbereiche und -befugnisse der Habsburger, die sich in jener Epoche in Europa noch einmal beträchtlich zur Großmacht geweitet haben. Ähnliches gilt für das freilich ungleich kleinere mittelgroße Bayern. Dabei wird in erster Linie vom Kurfürstentum Bayern gesprochen, das 1778 um die Pfalz erweitert wurde, nach 1800 verschiedene Herrschaften in seinem Umfeld übernahm und dann wieder abzugeben hatte, schließlich um Franken und Schwaben erweitert und 1806 zum Königreich erhoben wurde.

Nachbarschaft und dynastische Interessen

Die enge Nachbarschaft zwischen Bayern und Österreich hat ihre Wurzeln in einer langen gemeinsamen Geschichte und entsprechend entwickelter Raumorganisation, bevor ab 1156 zuerst die Ostmark, dann die Steiermark und Tirol sowie andere kleinere Gebiete vom Herzogtum Bayern abgetrennt wurden und in den österreichischen, später habsburgischen Länderverbund kamen. Über den sich entwickelnden territorialen Grenzen zwischen Bayern und Österreich bestanden die im Mittelalter geschaffenen Strukturen der Bistumsorganisation oder der Klostergrundherrschaften fort, die erst mit den Reformen der Aufklärungsepoche, vor allem aber mit dem Umbruch von 1791 bis 1815/16 und der Säkularisation entflochten wurden. Die Abspaltung der österreichischen Lande, außerdem die herrschaftliche Verselbständigung der Hochstifte Salzburg und Passau sowie der Fürstpropstei Berchtesgaden trennten seit dem Mittelalter herrschaftlich wichtige Handelswege, etwa über die Alpen, oder Transportmöglichkeiten auf der Donau, dem Inn und der Salzach. Sie trennten aufeinander angewiesene Rohstoffvorkommen wie das Salz und dazugehörige Salinenwälder, sie trennten auch Vieh- und Getreide- sowie andere Märkte von ihren Konsumenten. Auf beiden Seiten der zwischen Bayern und Österreich aufgerichteten Grenzen blieb man jedoch aufeinander angewiesen. Die bilateralen Beziehungen hatten für die Menschen in den Grenzregionen und ganz allgemein für Österreich, Salzburg, Berchtesgaden und Bayern große wirtschaftliche und finanzielle Bedeutung. Zahlreiche Verhandlungen und Vereinbarungen regelten entsprechend die Beziehungen und den Grenzverkehr. Vor allem als im Laufe des 18. Jahrhunderts auf beiden Seiten Verwaltung und Staatlichkeit intensiviert, Grenzen bereinigt, die Zollpolitik modernisiert und der Straßenausbau sowie der Flussbau forciert wurden, galt es immer wieder entsprechende Verträge zwischen Bayern, Österreich und Salzburg zu schließen. Der im Laufe des 18. Jahrhunderts beschleunigte Infrastrukturausbau verstärkte gleichsam dialektisch zu den territorialen Grenzen die konkreten Verbindungen zwischen Bayern und Österreich.

Aus dem Mittelalter herrührend, wirkte die Bistumsorganisation noch im 18. Jahrhundert als eine Klammer zwischen Bayern und Österreich, wenngleich die Landesherren auf beiden Seiten Pläne verfolgten, die Grenzen der Diözesen jenen ihrer Territorien anzugleichen. Der Salzburger Erzbischof blieb bis zum Umbruch um 1800 Metropolitan der bayerischen Diözesen, nur der Bischof von Passau erreichte 1722 die Exemtion. Der Salzburger Bistumssprengel reichte vom Raum südlich von Wien weit in bayerisches Kernland, auch mit dem Suffraganbistum Chiemsee. Der Sprengel des Bistums Passau, der größte im Heiligen Römischen Reich, weitete sich bis Niederbayern über Wien hin aus, auch wenn man Wien schon im 15. Jahrhundert zu einem eigenen kleinen Bistum erhoben hatte. Erst 1722 wurde Wien Metropolitansitz, das Bistum Wiener Neustadt Suffragan. 1729 erlangte Wien einen eigenen kleinen Bistumssprengel. Schließlich gelang es Kaiser Joseph II. 1783, die österreichischen Lande aus dem Bistum Passau zu lösen und in St. Pölten sowie Linz eigene Bistümer zu errichten. Die transterritorialen Strukturen der Kirche haben dazu beigetragen, dass Frömmigkeits- und damit verbundene Lebensformen in Bayern und Österreich ähnlich konturiert blieben. In Wallfahrtsorten wie Altötting trafen Menschen aus Böhmen, Österreich, Salzburg, Berchtesgaden und Bayern aufeinander. Auch Mitglieder der Familien der Habsburger und Wittelsbacher wallfahrteten nach Altötting und bekräftigten damit nicht zuletzt die gemeinsame katholische Identität ihrer Dynastien und Lande.

Mit kirchlichen und monastischen Strukturen blieb der Wissenstransfer eng verwoben. Zwar war mit der Gründung der Universität Ingolstadt 1472 die vorher vielfältige Vernetzung bayerischer Eliten mit der Universität Wien stark abgeflaut. Doch im Bereich der Orden entwickelten sich neue Netzwerke. Die Jesuiten, die sich ab der zweiten Hälfte des 16. Jahrhunderts in Bayern und Österreich etabliert hatten, bildeten eine hochmobile Bildungselite, die ihre Professoren immer wieder zwischen bayerischen und österreichischen Kollegien und Gymnasien austauschte. Die nach dem Dreißigjährigen Krieg in Salzburg in Gang gekommene Benediktineruniversität führte ebenfalls Studierende und Professoren aus Bayern und Österreich zusammen. Der wissenschaftliche Ehrgeiz der Aufklärungsepoche, zumal auch die historische Forschung, führte zu einem lebendigen Austausch von Korrespondenz und Literatur der Archivare und Gelehrten in den monastischen Zentren Bayerns und Österreichs.

Die Nachbarschaft zwischen dem 1623 zum Kurfürstentum aufgestiegenen und nach der Königswürde strebenden Bayern und dem inzwischen über Jahrhunderte an der Reichsspitze etablierten Haus Habsburg-Österreich hatte zudem eine immense territorialpolitische Bedeutung erlangt. Im Osten und im Süden grenzten das vom Haus Habsburg regierte Königreich Böhmen und die österreichischen Erblande an das Kurfürstentum Bayern, im Westen lagen die österreichischen Vorlande in vielfältiger Nachbarschaft zu Wittelsbacher Besitzungen und Ansprüchen. Im Norden Bayerns lehnten sich zahlreiche reichsstädtische, -adelige und -stiftische Herrschaften an den Kaiser und damit an das Haus Österreich an, wenngleich sie ähnlich wie Salzburg und die Fürstpropstei Berchtesgaden im Süden auf eine nach Möglichkeit eigenständige Position gegenüber den beiden dominanten Kräften Habsburg und Wittelsbach achteten. Bayern sah sich seit Langem vom scheinbar übermächtigen Haus Habsburg eingekreist und eingeengt. Dazu kam die Wahrnehmung einer territorialen Verlustgeschichte, zumal das eigene Land schon Jahrhunderte ein Herzogtum oder gar Königreich zur Zeit Karls des Großen gewesen war, bevor man Österreich im Jahr 1156 zunächst als Lehen von Bayern herausgetrennt hatte. Später waren dann die Steiermark und Tirol, schließlich Kitzbühel, Kufstein und Rattenberg, zuletzt auch noch das Innviertel von Bayern abgetrennt und dem Haus Österreich einverleibt worden. Umgekehrt waren bayerische territoriale Erfolge gegenüber Österreich meist nur von kurzer Dauer, ob nun Besatzungen in Oberösterreich oder die Einverleibung Salzburgs, Tirols und Vorarlbergs in der Zeit von 1805 bis 1814/16. Allein die vorderösterreichischen Besitzungen zwischen Iller und Lech konnte Bayern auf Dauer an sich bringen.

Die politische Bedeutung der Nachbarschaft resultierte auch aus der Verwandtschaft der Häuser Wittelsbach und Habsburg, die seit dem Spätmittelalter vielfach durch Heiraten miteinander verbunden waren, was vom späten 17. bis frühen 19. Jahrhundert manche Erneuerung erfuhr. So ehelichte der bayerische Kurfürst Max Emanuel im Jahr 1685 Maria Antonia, eine Tochter Kaiser Leopolds I. Sein Sohn und Nachfolger Karl Albrecht ging mit Maria Amalia, der Tochter Kaiser Josephs I., die Ehe ein. Der betagte pfalz-bayerische Kurfürst Karl Theodor erhoffte durch eine Verheiratung mit Maria Leopoldine von Österreich-Este 1795 vergeblich noch legitime Erben zu bekommen. Auf der anderen Seite war Kaiser Leopold I. von 1676 an in dritter Ehe mit der Wittelsbacherin Eleonore aus dem Haus Pfalz-Neuburg, Kaiser Joseph II. in zweiter Ehe 1765 mit Maria Josepha, einer Wittelsbacherin aus München, verheiratet. Kaiser Franz I. ehelichte 1816 Karoline Auguste, die Tochter des bayerischen Königs. Die Eheverbindungen, von denen nicht wenige unglücklich blieben, hatten politischen Strategien und dynastischen Interessen zu folgen. Sie bekräftigten politische Bündnisse zwischen Bayern und Österreich und sollten, obwohl die Frauen in der Regel einen Erbverzicht zu leisten hatten, doch auch Erbansprüche begründen helfen. Insofern stand hinter den Heiratsbündnissen auch die Option, Österreich und Bayern gegebenenfalls dynastisch vereinen zu können. In den Konflikten um die österreichische und bayerische Erbfolge des 18. Jahrhunderts leiteten Juristen und Archivare beider Seiten noch aus den mittelalterlichen Eheverbindungen gegenseitige territoriale Ansprüche ab.

Die Fürstenhochzeiten hatten noch weitergehende Wirkung, denn mit den Ehegattinnen zogen adelige Damen als Gefolge aus Bayern in die Frauenzimmer an die Wiener Hofburg oder aus Österreich in die Münchner Residenz. Das trug nicht nur zur einen oder anderen Verwandtschaft zwischen bayerischem und österreichischem Adel bei, sondern führte auch dazu, dass sich vor allem in München so etwas wie eine „österreichische Partei" ausbilden konnte. Zu dieser gehörten meist einige Minister, auch Vertreter der Landstände. Gestützt wurde die Gruppierung in der Regel vom kaiserlichen Gesandten in München, der über alle wichtigen Vorgänge nach Wien berichtete und sich nicht selten kräftig in die bayerische Politik einmischte. Auch wenn der ungleich geringere bayerische Einfluss am Kaiserhof nicht damit zu vergleichen ist, so stellte doch die Wiener Gesandtschaft die wichtigste Auslandsvertretung des bayerischen Kurfürsten dar. Bilaterale Angelegenheiten und Reichsangelegenheiten bestimmten sein Tätigkeitsspektrum gleichermaßen. Durch ihre Gesandten wussten Wien und München gut voneinander Bescheid, keineswegs nur über politische Belange, sondern auch über Tratsch am Hof, über Ereignisse und Vorkommnisse jeglicher Art in der Stadt. Nicht selten legten die Gesandten ihrem Bericht ein Flugblatt, ein Druckwerk oder eine Zeitung bei. Wien galt für Bayern als wichtiger Umschlagplatz und Quell von Nachrichten, ähnlich wie der nahe Reichstag in Regensburg.

Bayern, Österreich und das Reich

Die Nachbarschaft zwischen Bayern und Österreich war auch durch die Zugehörigkeit zum Heiligen Römischen Reich geprägt. Das Herzogtum Bayern blieb bis zum Ende des Alten Reiches ein Lehen. Erst der Frieden von Pressburg 1805 brachte die Lösung vom Lehenskonnex, was dem Ende des Alten Reiches vorgriff. Auch wenn das Herzogtum Bayern ab 1180 erblich in der Hand des Hauses Wittelsbach war, wurde doch jeder bayerische Landesherr von Neuem formal mit der Lehensurkunde des Reichsoberhauptes in Wien bestellt. Umgekehrt brauchten die Habsburger bei der Wahl zum König bzw. Kaiser die Stimmen der Kurfürsten aus dem Hause Wittelsbach, jene Bayerns, der Pfalz und bis in die zweite Hälfte des 18. Jahrhunderts auch die des Bischofs von Köln, der bis 1761 stets aus dem Haus Wittelsbach kam. Wie sehr die auf das Mittelalter zurückgehenden Reglements des Reichs auch noch im 18. Jahrhundert wirksam wurden, zeigte sich vor allem in den großen europäischen Auseinandersetzungen der Spanischen, Österreichischen und Bayerischen Erbfolgekriege. Zweimal – im Spanischen Erbfolgekrieg mit der Reichsacht für den bayerischen Kurfürsten Max Emanuel 1706 bis 1715 und beim Aussterben der Münchner Linie der Wittelsbacher 1777 – bediente sich der Kaiser des Reichslehensrechtes und entzog dem bayerischen Herzog ganz oder teilweise die Reichslehen in Bayern. Und 1742 wählten die Kurfürsten nach Jahrhunderten erstmals keinen Habsburger, sondern einen Wittelsbacher zum König bzw. Kaiser. Die Bindung an das Reich blieb für Bayern entsprechend ambivalent. Einerseits verstanden sich Bayern und das Haus Wittelsbach dem Reich zugehörig. Loyalität gegenüber dem Reich und dem Kaiser blieben ein Leitbild bayerischer Politik. Nicht zuletzt erinnerten die Wittelsbacher an die Römischen Könige bzw. Kaiser aus dem eigenen Haus, insbesondere an den mittelalterlichen Kaiser Ludwig den Bayern (1314/28–1347), aber auch an Ruprecht von der Pfalz (1400–1410). Wiederholt gehörte in dem hier genannten Zeitraum der Griff nach der Kaiserkrone zu den Optionen bayerischer Politik, wie sie freilich nur einmal 1742 und dann für nur drei Jahre realisiert werden konnte. Andererseits hatte sich in Bayern die feste Überzeugung entwickelt, die Kaiser in Wien würden ihre Kompetenzen als Reichsoberhaupt für die dynastischen und territorialen Interessen des Hauses Habsburg ge- und missbrauchen, auch auf Kosten Bayerns. Unvergessen blieb der Verlust der Gerichte Kitzbühel, Rattenberg und Kufstein zu Beginn des 16. Jahrhunderts; Bayern suchte sie auch im 18. Jahrhundert wiederholt zurückzuerlangen. Die kaiserliche Besetzung in Bayern von 1704 bis 1715 und die damit einhergehende Übertragung von Lehen in Bayern an das Haus Österreich, die kaiserliche Besetzung Bayerns im Österreichischen Erbfolgekrieg (1740–1745) oder dann im Bayerischen Erbfolgekrieg (1778/79) mit dem Übergang des Innviertels an Österreich, die Ausrufung eines österreichischen Kaisers 1804 und nicht zuletzt die militärischen Drohungen gegen Bayern im Krieg gegen Napoleon 1805: All das ließ in Bayern immer wieder Vorbehalte gegen Wien und seine Rolle als Spitze des Reiches aufleben. Die Politik Kaiser Josephs II. im Bayerischen Erbfolgekrieg erschütterte das Vertrauen in das habsburgische Reichsoberhaupt nachhaltig. Schließlich trug Bayern 1805/06 durch sein Bündnis mit Napoleon gegen Österreich, durch den Frieden von Pressburg, die Ausrufung des Königreichs und die Teilhabe am Rheinbund zum Ende des Alten Reiches bei. Zu sehr hatte das Reich hinter österreichische Interessen zurücktreten müssen, als dass nicht auch andere Reichsfürsten den Weg zu weiterreichender Souveränität angestrebt hätten.

Bayern und Österreich im europäischen Mächtekonzert

Die Beziehungen zwischen Bayern und Österreich genossen bei den europäischen Großmächten immer dann besondere Aufmerksamkeit, wenn diese befürchteten, das Haus Habsburg könnte sich Bayern einverleiben oder die völlige Desintegration der bayerischen Lande betreiben. In solchen Fällen hätte aufgrund der Größe und der strategischen Lage Bayerns das Gleichgewicht der europäischen Großmächte empfindlich gestört werden können, was die bayerisch-österreichischen Beziehungen auch in den Fokus der europäischen Öffentlichkeit rückte. Diese Öffentlichkeit besaß nicht zuletzt am Immerwährenden Reichstag in Regensburg, der sich dort ab 1663 etabliert hatte, eine wichtige Plattform; sie konnte wegen der räumlichen Nähe von München und von Wien aus gut genutzt werden.
Das europäische Mächtesystem erlebte vom späten 17. bis ins frühe 19. Jahrhundert vielfältige Transformationen, doch war es seit Langem von einer scharfen Konkurrenz der Häuser Bourbon und Habsburg, demnach von Frankreich einerseits und Österreich andererseits geprägt. Zwar konnte das vom Haus Habsburg eingekreiste Frankreich dieses 1714 aus Spanien verdrängen, doch blieben im Norden die Österreichischen Niederlande, im Süden Mailand und im Osten vorderösterreichische Besitzungen. Darüber hinaus setzten die Habsburger mit der erfolgreichen Expansion gegen die Türken im späten 17. Jahrhundert zu neuer Größe an. Aus der Konkurrenz zwischen Österreich und Frankreich zog unter anderem Preußen Nutzen, das Mitte des 18. Jahrhunderts zu einem weiteren Gegenspieler Habsburg-Österreichs und zur europäischen Großmacht aufstieg. Im Süden konnte Bayern im Wechselspiel zwischen Frankreich und Österreich und dann Preußen Positionen gewinnen, auch als es 1756 völlig überraschend zu einem Bündnis zwischen den alten Gegnern Frankreich und Österreich kam, das aber die grundlegenden Interessen beider Mächte nicht wesentlich änderte: Mit dem Willen Wiens oder gegen ihn und trotz manch herber Verwerfungen war den Wittelsbachern der Ausgriff auf mehrere Hochstifte am Niederrhein seit 1583, auf die Fürstentümer Jülich und Berg 1614 und außerdem die Rangerhöhung zum Kurfürstentum

1623 gelungen. Weiter erreichte der Münchner Hof die Exspektanz auf die spanische Krone, das freilich wenig erfolgreiche Kaisertum 1742 bis 1745, die Vereinigung der beiden Kurfürstentümer Bayern und Pfalz samt dem Fürstentum Pfalz-Neuburg 1778/79 und schließlich die Erhebung zum Königreich im Jahr 1806. Dazu kamen beträchtliche territoriale Erweiterungen in der Oberpfalz, mit der rheinischen Pfalz und schließlich den schwäbischen und fränkischen Herrschaften, die nach der Abkehr von Napoleon im Ausgleich mit Österreich im Vertrag von Ried 1813 und endgültig 1815/16 als Folge des Wiener Kongresses für Bayern gesichert werden konnten. Die europäische Mächtekonstellation ermöglichte es dem Haus Wittelsbach, sich auch in schweren Krisen immer wieder neu zu behaupten und zu konsolidieren, trotz der Ambitionen des mächtigen Nachbarn Österreich.

Eingenommen von den Herausforderungen als europäische Großmacht, war Bayern für den Wiener Hof eher von punktuellem Interesse. Ihm kam Bedeutung zu, wenn es galt, mit den Stimmen der Wittelsbacher Kurfürsten die katholische Mehrheit im Kurkollegium und damit letztlich das habsburgische Kaisertum zu sichern. Auch im Kampf gegen die Türken waren die Rückendeckung und Hilfe Bayerns von Nutzen, ebenso wie immer wieder in Kämpfen gegen Expansionsbestrebungen Frankreichs. Andererseits konnte Bayern unter geostrategischen Gesichtspunkten für Österreich auch ein lästiger Stachel sein, der gegebenenfalls Handelswege unterbrach oder störte, der von Frankreich, später auch Preußen oder gar Russland instrumentalisiert wurde, um gegen Wien in den Reichsinstitutionen, in der europäischen Politik oder gar in Kriegen Front zu machen. Deswegen rückte Bayern in Wien im Laufe des 18. Jahrhunderts wiederholt in den Fokus von Konvenienz-, Tausch-, Arrondierungs- und Gleichgewichtsüberlegungen. Das Wiener Begehren auf Bayern wurde umso intensiver, als das Haus Bourbon 1714 Spanien und als Preußen 1740/42 Schlesien gewannen und zudem eine berechtigte Anwartschaft auf die Markgrafentümer Ansbach und Bayreuth hatten. Insofern glaubte man in Wien, mit einem Erwerb Bayerns das Gleichgewicht gegenüber Preußen wahren zu können. Zudem hätte die Einverleibung Bayerns die Konsistenz der habsburgischen Besitzungen von Böhmen bis Vorderösterreich und entlang der Donau sowie nördlich und südlich der Alpen und damit die Macht Österreichs in Europa und im Reich langfristig substanziell gestärkt. Gerade deswegen aber stellten sich die anderen europäischen Großmächte dagegen.

Vom späten 17. Jahrhundert bis ins beginnende 19. Jahrhundert strebte Österreich tatsächlich immer wieder die Einverleibung Bayerns an, wobei sich vier Varianten einer möglichen Übernahme erkennen lassen: die Personalunion nach einem Erbgang; die Desintegration Bayerns über die kaiserliche Inanspruchnahme des Lehensrechtes bzw. von Reichslehen und böhmischen Lehen in Bayern; ein Tausch von Bayern mit den Österreichischen Niederlanden; die militärische Eroberung. Alle entsprechenden Überlegungen in Wien und dann auch die konkreten Versuche der Umsetzung scheiterten an den Interessen der anderen europäischen Mächte oder auch am entschiedenen Widerstand in Bayern selbst. Man wird freilich nicht verkennen, dass wiederholt auch in Bayern sowohl einzelne Fürsten wie Max Emanuel und Karl Theodor als auch ein Teil der Eliten des Landes sich durchaus einen Tausch etwa mit den Österreichischen Niederlanden und damit eine Vereinigung von Bayern und Österreich vorstellen konnten. Auch die umgekehrte Option einer Vereinigung der beiden Nachbarländer von Bayern aus stand zur Debatte: Schon der bayerische Kurfürst Max Emanuel stellte Überlegungen an, Österreich auf dem Erbwege an sich zu bringen, sein Sohn und Nachfolger Karl Albrecht versuchte nach dem Tod Kaiser Karls VI. 1740 dies im Bündnis mit den europäischen Großmächten zu realisieren.

Bündnisse, Konflikte und Identitäten

In relativ kurzen Intervallen lösten einander ab dem späten 18. und frühen 19. Jahrhundert kriegerische Konflikte und Bündnisse zwischen Bayern und Österreich ab. Daneben störten immer wieder einmal kleinere Interessengegensätze in Grenz- und Lehensfragen, im Handel, bei der Besetzung von Bischofsstühlen, von Posten in Reichsinstitutionen oder von Gesandtschaften in Wien, München oder Regensburg die Beziehungen zwischen den beiden Nachbarn. Diese kleineren Auseinandersetzungen hielten freilich auch in Friedenszeiten das Bewusstsein einer ständigen Konkurrenz, manchmal auch Feindschaft wach. Vor allem die kriegerischen Konflikte und militärische Besatzungen trugen dazu bei, dass sich auf bayerischer Seite Bilder und Stereotypen von Österreich entwickelten, die beide Länder auch in der kulturellen Deutung, etwa in der Form eines Landespatriotismus oder im Verständnis einer bayerischen bzw. österreichischen Nation, profilierter voneinander abgrenzten. Die sogenannte Sendlinger Mordweihnacht, der Aufstand bayerischer Bauern und Handwerker 1705 gegen die Besatzung durch Truppen des fränkischen Reichskreises bzw. des Kaisers, die österreichische Besatzung Bayerns in den Erbfolgekonflikten von 1740 bis 1745 und 1778/79 blieben im kollektiven Gedächtnis Bayerns präsent, gleichwie im kollektiven Gedächtnis Österreichs die bayerische Besatzung Oberösterreichs im Dreißigjährigen Krieg und jene Tirols in den Jahren 1703 und 1809 eingebrannt waren. Bezeichnenderweise versuchte Napoleon nach der Schlacht von Austerlitz die gewachsenen bayerischen Vorbehalte gegen Wien zu nutzen, als er im Jänner 1806 mit einst von Österreich eroberten bayerischen Kanonen und Fahnen aus Wiener Depots in München einzog und so die alte Gegnerschaft zum Kaiserhaus einmal mehr in Erinnerung rief. Die Konflikterfahrungen mit Österreich trugen zur bayerischen Identitätsbildung des 18. und frühen 19. Jahrhunderts wesentlich bei und hatten auch zur Folge, dass der Münchner Hof sich seit dem Spanischen Erbfolgekrieg stärker von Wien abgrenzte, sich zunächst vor allem an Frankreich und später stärker auch an Preußen orientierte.

Für die europäischen Mächte und nicht zuletzt für Österreich blieb Bayern ein schwer berechenbarer Partner. Oft geriet das Kurfürstentum in den Sog der jeweils dominanten Großmacht, wobei der Nachbar Österreich im Vordergrund stand. Doch je nach Interessenlage und politischer Opportunität ging Bayern einmal mit Österreich, das andere Mal mit Frankreich oder Preußen gegen Österreich Bündnisse ein. Bayern vollzog in den Wechselfällen europäischer Politik und Krisen wiederholt auch abrupte Bündniswechsel oder versuchte, sich durch Neutralität den Konflikten der Großmächte zu entziehen. Bayern zog sich damit nicht selten den massiven Ärger des Wiener Hofes zu, der im Gegenzug das Land immer wieder zum Kriegsschauplatz werden ließ oder mit kaiserlichen bzw. österreichischen Truppen durchzog, Bayern besetzt hielt und ausnahm.

Nach einer längeren Friedensperiode an der Seite Frankreichs nahm Bayern im Jahr 1683 einen Bündniswechsel zu Österreich vor, was unter anderem Aussichten auf das habsburgische Erbe in Spanien bot. Der bayerische Kurfürst Max Emanuel beteiligte sich an vorderster Front am Krieg des Kaisers gegen die Türken. So begründete er europaweiten Ruhm und bekam die Statthalterschaft über die Spanischen Niederlande in Brüssel. Knapp 20 Jahre später, im Spanischen Erbfolgekrieg (1701–1714), schwankte der Kurfürst lange zwischen der kaiserlichen und der französischen Seite, schloss sich dann aber Ludwig XIV. an, der nicht nur größere territoriale Versprechungen machte, sondern auch eine Rangerhöhung mit dem Königtum in Aussicht stellte. So entschied sich Max Emanuel, der von Wien vergeblich unter anderem Tirol, Rattenberg, Kitzbühel und Kufstein gefordert hatte, 1702 für ein Bündnis mit Frankreich. Nach ersten Erfolgen verlor er nach der Niederlage von Höchstädt 1704 gegen vereinigte kaiserlich-österreichische und überraschend vorgestoßene englische Truppen sein Land. Im Jahr 1706 wurde die Reichsacht über Max Emanuel verhängt. Bayern war von kaiserlichen Truppen besetzt, die bei der Niederschlagung eines Aufstandes 1705 bei Sendling und Aidenbach ein Blutbad anrichteten. Vor allem den Interessen Frankreichs und Englands hatte es Max Emanuel zu verdanken, dass er 1714 im Frieden von Rastatt und Baden wieder in den Besitz seiner Lande kam. Lieber freilich wäre ihm ein Tausch mit den Österreichischen Niederlanden gewesen, dem der Kaiser sowie Frankreich zustimmten, nicht aber England und die Generalstaaten.

Im österreichischen Erbfolgekonflikt (1740–1745) stellte sich Bayern auf die Seite Frankreichs und Preußens, obwohl es zuvor die Pragmatische Sanktion, also die weibliche Erbfolge durch Maria Theresia in den österreichischen Landen, anerkannt hatte. Jetzt stellte der bayerische Kurfürst umfassende Ansprüche auf das Erbe der Habsburger und leitete, nachdem Friedrich II. von Preußen in Schlesien eingefallen war, seinerseits militärische Aktionen gegen Österreich ein. 1741 ließ er sich in Linz als neuer Erzherzog huldigen und in Prag zum König von Böhmen krönen. Im Jänner 1742 wählten die Kurfürsten Karl Albrecht schließlich zum Kaiser. Doch die Erfolge waren nur von kurzer Dauer. Noch im selben Monat besetzten österreichische Truppen große Teile Bayerns und die Residenzstadt München. In den Wechselfällen des kriegerischen und diplomatischen Ringens versuchte Wien einmal mehr, sich Bayern einzuverleiben, während der Wittelsbacher zumindest die Erhöhung des Landes zum Königreich durchsetzen wollte. Der Tod des Kaisers im Jänner 1745 lähmte alle weiteren Ambitionen. Der neue Kurfürst Max III. Joseph verließ das Bündnis mit Frankreich und Preußen und schloss zu Füssen einen Separatfrieden mit Österreich. Er bekam seine Lande zurück, verzichtete auf Ansprüche auf Österreich und sagte zu, die Wahl von Maria Theresias Gemahl Franz Stephan von Lothringen zum Kaiser zu unterstützen. Bayern musste sich einmal mehr dem übermächtigen Nachbarn beugen.

Im Siebenjährigen Krieg (1756–1763) versuchte der bayerische Kurfürst im Kampf der Großmächte, insbesondere dem zwischen Österreich und Preußen, nach Möglichkeit Neutralität zu wahren, um sein überschuldetes Land vor weitergehendem Schaden zu bewahren. Zwar schloss sich Bayern auf Drängen Österreichs zunächst dem Reichskrieg gegen Preußen mit seinem Reichskontingent an, doch wahrte es de facto Neutralität und unterzeichnete im Januar 1763 formell eine Neutralitätskonvention mit Preußen. Andererseits suchte der Kurfürst den Ausgleich mit Österreich, wählte 1764 Joseph II. zum Römischen König und verheiratete 1765 seine Tochter Maria Josepha mit dem neuen Kaiser.

In den Folgejahren überlagerten die Probleme der bayerischen Erbfolge das Verhältnis der beiden Nachbarn in hohem Maße, da die beiden Wittelsbacher Kurfürsten von Bayern und der Pfalz, Max III. Joseph und Karl Theodor, jeweils ohne legitimen Erben waren und Wien nun einmal mehr die Chance sah, auf Bayern zuzugreifen. Dagegen wollten die beiden Wittelsbacher Kurfürsten die Vereinigung ihrer Länder im Ausgleich mit Österreich, Frankreich und Sachsen erreichen. Als zum Jahresende 1777 Max III. Joseph in München starb, setzte der Wiener Hof sofort seine Truppen zur Besetzung weiter Teile Bayerns in Gang und zwang den legitimen Erben, den Pfälzer Kurfürsten Karl Theodor, zu einer Konvention, mit der österreichische Ansprüche anerkannt werden sollten. Dieses Vorgehen rief die europäischen Großmächte, neben Frankreich und Preußen auch Russland, auf den Plan, die letztlich Wien zum Rückzug aus Bayern zwangen, im Frieden von Teschen 1779 die Vereinigung von Pfalz und Bayern garantierten, Österreich aber den Erwerb des Innviertels zugestanden.

In den Jahren 1777 bis 1779 verhandelten Wien und der pfalz-bayerische Kurfürst Karl Theodor auch über einen Tausch ganz Bayerns oder von Teilen des Landes mit den Österreichischen Niederlanden oder den österreichischen Vorlanden. Solche Tauschpläne beschäftigten die europäische Politik 1784/85 noch einmal. Sie scheiterten letztlich an unterschiedlichen Interessen in München und Wien sowie an der Ablehnung der europäischen Großmächte. Dennoch hatten diese Pläne eine bemerkenswerte Wirkung in Bayern und im Reich. Es entfaltete sich eine politische Öffentlichkeit, die nicht nur die Politik des eigenen Kurfürsten hinterfragte, sondern vor allem den Kaiser scharfer Kritik aussetzte. Die Abtretung des Innviertels löste in Bayern eine massive antiösterreichische Stimmung aus, während Preußen als Bewahrer Bayerns wahrgenommen wurde. Der 1785 etablierte Fürstenbund unter Führung Preußens wurde zum Symbol der wachsenden Entfremdung zahlreicher Reichsfürs-

ten von Wien, darunter des Herzogs von Zweibrücken als künftiger Erbe der bayerischen Lande.
In den Kriegen der europäischen Mächte gegen das revolutionäre Frankreich verhielt sich Pfalzbayern 1791 zunächst neutral, schloss sich dann aber 1793 doch an der Seite Österreichs dem Reichskrieg gegen Frankreich an, ohne seine Zurückhaltung gegenüber Österreich aufzugeben, das die Annexion Bayerns weiter als wichtiges Ziel verfolgte, ja wieder forcierte. Letztlich wurde Bayern, das sich der Unterstützung Russlands und Englands zu versichern suchte, in die Niederlagen Österreichs gegen Frankreich hineingezogen. Nach der verlustreichen Schlacht von Hohenlinden im Jahr 1800 und dem Frieden von Lunéville 1801 schwenkte Bayern schließlich auf die Seite Frankreichs und ließ sich seinen Gebietsstand in Bayern sowie eine Entschädigung für an Frankreich verlorene linksrheinische pfälzische Gebiete garantieren. Auf dieser Grundlage erhielt Bayern mit dem Reichsdeputationshauptschluss 1803 und den folgenden Säkularisationen weitreichende territoriale Erweiterungen in Franken und Schwaben. Schließlich erneuerte Pfalzbayern 1805 sein Bündnis mit Frankreich und zog an der Seite Napoleons in die siegreiche Schlacht von Austerlitz. Nach vielen Niederlagen erlebte Bayern an der Seite Frankreichs einen Sieg gegen Österreich; Napoleon gestand Bayern auf Kosten Österreichs weitreichende territoriale Gewinne zu: Tirol, Brixen, Trient, Vorarlberg, die vorderösterreichischen Lande zwischen Iller und Lech. 1810 folgte der Erwerb von Salzburg und Berchtesgaden, des Inn- und Hausruckviertels, während Teile Südtirols dem Königreich Italien zugeordnet wurden. Doch diese Erwerbungen Bayerns sollten von kurzer Dauer sein. Denn bald nach dem Russlandfeldzug Napoleons und mit dessen Machtverfall wechselte Bayern wieder das Bündnis und schloss 1813 mit Österreich den Vertrag von Ried, in dem Wien die Souveränität des Königreichs Bayern garantierte und eine Kompensation für an Österreich zurückzugebende Gebiete zusagte. Als Folge dreier bayerisch-österreichischer Verträge von 1814 und 1816 gingen Tirol und Vorarlberg sowie das Inn- und Hausruckviertel an Österreich zurück, Salzburg sollte folgen, im Gegenzug bekam Bayern Würzburg und Aschaffenburg. Damit war ein tragfähiger Ausgleich gefunden.

Versöhnungen

Die bayerisch-österreichischen Verträge von 1813, 1814 und 1816 bildeten die Grundlage, um den schweren Konflikten zwischen Bayern und Österreich, die sich über Jahrhunderte hingezogen hatten, ein Ende zu setzen. Sie bedeuteten auch das Ende österreichischer Ambitionen, sich Bayern einzuverleiben. Zwei Fürstenhochzeiten bekräftigten das neue Einvernehmen: 1816 heiratete Kaiser Franz II./I. in vierter Ehe die Tochter des bayerischen Königs, Karoline Auguste, und 1854 machte die Ehe Elisabeths von Bayern mit dem österreichischen Kaiser Franz Joseph die Nachhaltigkeit des Ausgleichs zwischen Bayern und Österreich deutlich. Mit dem neuen österreichisch-bayerischen Bündnis konnte ein Diskurs anheben, der nach Versöhnungen und Ausgleich in der Geschichte suchte und die kulturelle, ethnische sowie konfessionelle Verwandtschaft Bayerns und Österreichs betonte.

Weiterführende Literatur:

Stephan Deutinger, Die Bedeutung politischer Beziehungen für den kulturellen Austausch in der Frühen Neuzeit: Bayern und Österreich 1550–1750. In: Blätter für deutsche Landesgeschichte 137 (2001), S. 39–72.
Karl Borromäus Murr, Der bayerische Bauernaufstand 1705/06. Stationen eines Mythos im 19. und 20. Jahrhundert. In: Zeitschrift für bayerische Landesgeschichte 71 (2008), S. 555–636.
Karl Borromäus Murr, Das Mittelalter in der Moderne. Die öffentliche Erinnerung an Kaiser Ludwig den Bayern im Königreich Bayern (Schriftenreihe zur bayerischen Landesgeschichte 156). München 2008.
Volker Press, Bayern, Österreich und das Reich in der frühen Neuzeit. In: Verhandlungen des Historischen Vereins für Oberpfalz und Regensburg 12 (1980), S. 439–519.
Alois Schmid, Bayern und Österreich. Eine schwierige Nachbarschaft. In: Bayernspiegel 6 (1991), S. 7–12.
Reinhard Stauber, Der Zentralstaat an seinen Grenzen. Administrative Integration, Herrschaftswechsel und politische Kultur im südlichen Alpenraum 1750–1820. Göttingen 2001.
Herbert Wurster (Hg.), Brüder – Feinde – Nachbarn. Österreich – Bayern. Ausst.Kat. Passau 1991.

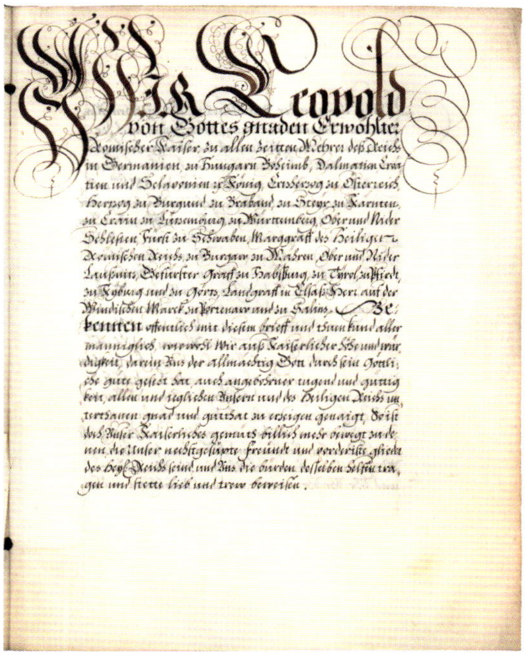

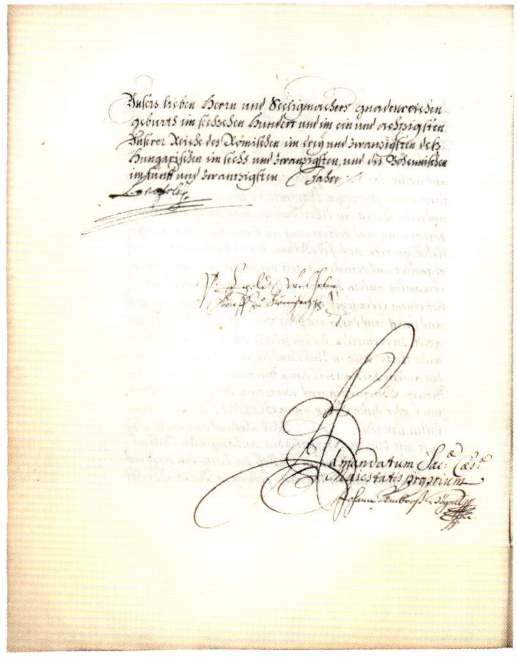

Abb. 1
Kaiser Leopold I. belehnt Kurfürst Maximilian Emanuel mit dem Fürstentum Bayern, Linz, 28. Februar 1681
München, Bayerisches Hauptstaatsarchiv, Kurbayern Urkunden 1758
(© Bayerisches Hauptstaatsarchiv)

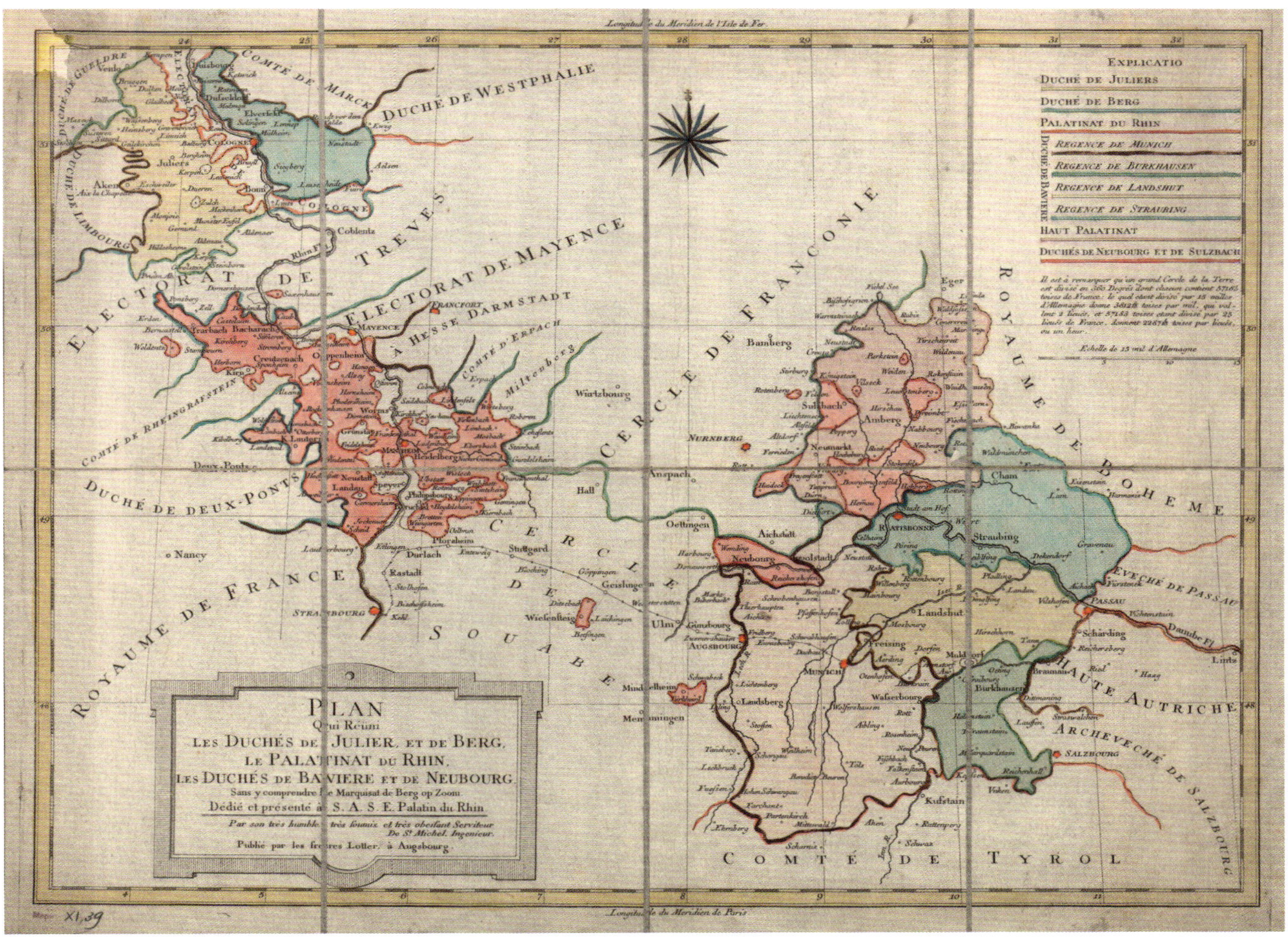

Abb. 2
Karte des Kurfürstentums Bayern, Jülich/Berg, Neuburg und Rhein, 1704/05
(© Bayerische Staatsbibliothek München)

Charles par la grace de Dieu Roy de Castille, de Leon, d'Arragon, des deux Sicilles, de Hierusalem, de Navarre, de Grenade, de Tolede

Abb. 3
König Karl II. von Spanien ernennt Max Emanuel zum Generalstatthalter der Spanischen Niederlande, Madrid, 12. Dezember 1691
München, Bayerisches Hauptstaatsarchiv, Geheimes Hausarchiv, Hausurkunden 1775
(© Bayerisches Hauptstaatsarchiv)

Abb. 4
Erzherzog Karl als König Karl III. von Spanien, Francesco Solimena, 1706
(© akg-images)

Abb. 5
Philipp von Anjou als König von Spanien, Hyacinthe Rigaud, 1700
(© bpk | Versailles, Musée National des Châteaux de Versailles et de Trianon)

Abb. 6
Wittelsbacher Hausunion, Mannheim, 15. Mai 1724
München, Bayerisches Hauptstaatsarchiv, Geheimes Hausarchiv, Hausurkunden 1773
(© Bayerisches Hauptstaatsarchiv)

Abb. 7
Wittelsbacher Hausvertrag über die Erbfolge und das Wittelsbacher Gesamterbe, München, 19. Juni 1774
München, Bayerisches Hauptstaatsarchiv, Geheimes Hausarchiv, Hausurkunde 1859
(© Bayerisches Hauptstaatsarchiv)

Abb. 8
Karte des Deutschen Reiches, Nicolas de Fer, Nachdruck von 1770
(© Deutsches Historisches Museum Berlin)

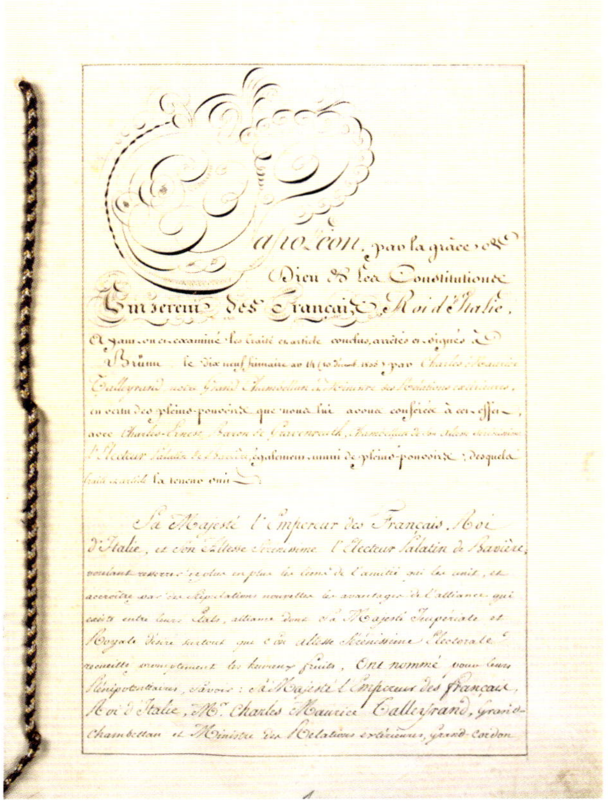
Napoléon, par la grâce de Dieu & les Constitutions Empereur des Français, Roi d'Italie,

Ayant vu et examiné le traité et articles conclus, arrêtés et signés à Brünn le dix neuf frimaire an 14 (10 Xbre 1805) par Charles Maurice Talleyrand notre Grand Chambellan et Ministre des Relations extérieures, en vertu des pleins-pouvoirs que nous lui avons conférés à cet effet, avec Charles-Ernest Baron de Gravenreuth, … l'Electeur Palatin de Bavière, également muni de pleins-pouvoirs; desquels traité et articles la teneur suit:

Sa Majesté l'Empereur des Français, Roi d'Italie, et son Altesse Sérénissime l'Electeur Palatin de Bavière, voulant resserrer de plus en plus les liens de l'amitié qui les unit, et accroître par des stipulations nouvelles les avantages de l'alliance qui existe entre leurs États, alliance dont Sa Majesté Impériale et Royale désire surtout que son Altesse Sérénissime Electorale recueille promptement les heureux fruits, ont nommé pour leurs Plénipotentiaires, savoir: Sa Majesté l'Empereur des Français, Roi d'Italie, Mr. Charles Maurice Talleyrand, grand-Chambellan et Ministre des Relations extérieures, grand-Cordon

Abb. 9
Bayerns Erhebung zum Königreich, französische Ratifikationsurkunde, 15./19. Dezember 1805
München, Bayerisches Hauptstaatsarchiv, Bayerische Urkunden 1341/1
(© Bayerisches Hauptstaatsarchiv)

Abb. 10
Einteilung des Königreichs Bayern, Verfasser: A. v. Coulon, C. Schleich jun., Stecher: J. G. Loeffler, 1812
(© Deutsches Museum München)

Abb. 11
Kaiser Franz I. von Österreich, Leopold Kupelwieser, 1837
(© Kunsthistorisches Museum mit MVK und ÖTM Wien)

Abb. 12
König Max I. Joseph von Bayern, Moritz Kellerhoven, um 1818
(© Bayerische Schlösserverwaltung München)

Ins rechte Licht gerückt

Medienstrategien der Habsburger und Wittelsbacher im ausgehenden 17. Jahrhundert

Jutta Schumann

Als der habsburgische Kaiser Leopold 1667 eine bildliche Darstellung seiner Hochzeit in zehnfacher Ausführung an den habsburgischen Gesandten am spanischen Hof schickte, schlug er vor, die zehn Exemplare *„an dasige Gesandten und ministris"* auszuteilen, *„dass es ein wenig in [die] Welt komme"*.[1] Denkt man in modernen Maßstäben, so lässt diese eher beiläufige Anmerkung noch nicht auf eine durchdachte Medienstrategie oder gar ausgefeilte Herrscherpropaganda schließen. Dennoch ist davon auszugehen, dass sich bereits im 17. Jahrhundert Herrscher in einer bestimmten Art und Weise der Öffentlichkeit präsentierten und dass sie in ihrer Regierungszeit einzelne Medien bevorzugt einsetzten oder bestimmte Informationen gezielt verbreiteten.[2] Ob aber über einzelne Medien verbreitete Botschaften tatsächlich direkt auf den Herrscher zurückgingen oder ob einflussreiche Schichten eine Art „stellvertretender Repräsentation" für den Monarchen praktizierten,[3] ist oft schwer zu eruieren. Darüber hinaus gab es bereits Kupferstecher, Flugschriftenautoren oder auch Medaillenhersteller, die auf eigene Rechnung arbeiteten und – den Gesetzen des freien Marktes folgend – ein positives Bild des regierenden Hauses zeichneten, das der Erwartungshaltung der Käufer eher entsprach. Eine große Rolle spielten weiters Traditionen und langlebige kulturelle Prägungen: Viele Herrscherhäuser genossen in weiten Teilen der Bevölkerung ohnehin ein „gutes Image", denn um 1700 galt ihre Herrschaft als von Gott gegeben und wurde noch nicht kritisch hinterfragt. Hinzu kam ein in das kulturelle Gedächtnis eingeprägter Kanon an guten Eigenschaften und Tugenden, die herrschende Häuser sich oft über Jahrhunderte hinweg selbst zugeschrieben und zur Legitimation ihrer Herrschaft öffentlich verkündet hatten. Es kann also von einem positiven Grundtenor gegenüber einem lang regierenden Herrscherhaus ausgegangen werden, der für die Beurteilung der Medienstrategien insofern eine nicht unerhebliche Rolle spielt, als andere zumeist politisch und gesellschaftlich einflussreiche Trägerschichten diese positive Sichtweise von sich aus – ohne irgendeinen direkten Anstoß von oben – weitergaben.[4] Diese Schichten wirkten damit herrschaftsstabilisierend im Dienste des regierenden Herrscherhauses und trugen zur raschen Verbreitung eines positiven Images bei.

Betrachtet man nun die Habsburger und die Wittelsbacher vor diesem Hintergrund, lässt sich als eine große Gemeinsamkeit der beiden Häuser festhalten, dass sie um 1700 zu den traditionsreichen und lang regierenden Dynastien gezählt werden müssen. Beide konnten also in der Eigendarstellung auf ein schon längere Zeit propagiertes „Repertoire" zurückgreifen und sich darauf verlassen, dass auch andere Kreise dieses tradierten und pflegten.

Grundlinien habsburgischer und wittelsbachischer Herrscherrepräsentation

Welches Kapital dieses Repertoire für den habsburgischen Erzherzog Leopold bedeutete, zeigte bereits die publizistische Diskussion im Vorfeld seiner Wahl zum Römischen König 1657/58. Dem Haus Habsburg wurden traditionell besondere Verdienste bei der Türkenabwehr zugesprochen, die auch für die Zukunft Schutz vor dem „Angstgegner" aus dem Osten zu versprechen schienen. Hinzu kam eine Reihe von besonderen Herrschertugenden, die Leopold allein durch seine Abstammung zukommen sollten: So galten die habsburgische „Clementia" (Milde), aber vor allem die „Pietas" (Frömmigkeit) quasi als Grundeigenschaften, mit denen jeder Habsburger geboren wurde und die eine gute Regierung garantierten. Schließlich sprach die jahrhundertelange Regierungszeit der Habsburger in den Augen der Zeitgenossen dafür, dass sie mit göttlicher Unterstützung herrschten.[5]

Auch die Wittelsbacher konnten um 1700 auf eine lange Herrschaftstradition zurückblicken und propagierten dies schon früh durch in Auftrag gegebene historiografische Werke. Bereits vom Spätmittelalter an war die Behauptung aufgestellt worden, dass die Linie der Wittelsbacher – durchaus in Konkurrenz zu den Habsburgern – auf Kaiser Karl den Großen zurückgeführt werden könne.[6] In eine ähnliche Richtung hatten Hinweise gezielt, dass Ludwig der Bayer als Kaiser aus dem Haus Wittelsbach für die wesentlich älteren Ansprüche dieser Dynastie auf die Kaiserkrone stehen sollte. Schließlich hatte das „Haus Bayern" gerade vor dem Hintergrund der konfessionellen Auseinandersetzungen ab dem 16. Jahrhundert das Bild eines katholisch geprägten Hauses nach außen getragen. Insbesondere Kurfürst Maximilian I. stellte ähnlich wie die Habsburger die „Pietas" seines Hauses in den Vordergrund und erklärte die Muttergottes zur Schutzpatronin Bayerns.[7]

Auch wenn Habsburger und Wittelsbacher im Hinblick auf diese traditionell gepflegten Bilder viele Gemeinsamkeiten aufweisen, kam dem Haus Habsburg doch ein entscheidender Vorteil gegenüber allen anderen Herrscherhäusern zu. Da es über Jahrhunderte den Kaiser gestellt hatte, nahm es im Konzert der deutschen und europäischen Herrscherdynastien rangmäßig die Spitze ein: Im Rückbezug auf mittelalterliche Universalvorstellungen musste es einen Herrscher geben, der quasi als Inhaber der Monarchia Universalis über allen anderen stand.[8] Obwohl es in der Realität des ausgehenden 17. Jahrhunderts eine solche unumstrittene Spitzenstellung in Europa nicht mehr gab, galt sie zumindest in der Repräsentation – gerade auch in Konkurrenz zu dem wesentlich machtvolleren französischen Herrscher Ludwig XIV. – als durchaus wichtiges Moment. Bezogen auf Kaiser Leopold I. und seine Nachfolger wurden diese Vorstellungen vor allem in künstlerischen Darstellungen und höfischen Inszenierungen, in der Architektur sowie in der bildenden Kunst gepflegt. Zur Verdeutlichung ihrer Vorrangstellung nutzten die Habsburger auch ein bestimmtes „Vokabular", dessen Botschaften zumindest die gebildeten und politisch einflussreichen Schichten eindeutig entschlüsseln konnten. In der Kunst boten beispielsweise Huldigungsszenen, in denen Personifizierungen der vier damals bekannten Erdteile dem Kaiser Tribut zollten und sich ihm damit unterwarfen, die Möglichkeit, eine herausragende Stellung des Kaisers zu verdeutlichen. Ebenso ließ sich ein universaler Machtanspruch durch das Symbol der Erdkugel andeuten. Im Rückgriff auf die Antike stellte man den jeweiligen habsburgischen Kaiser auch als Göttervater Jupiter dar oder nutzte die Herkules-Ikonografie, die seit Kaiser Karl V. die universalistischen Zielsetzungen des Hauses veranschaulichte.[9] Nicht eindeutig zu interpretieren war im ausgehenden 17. Jahrhundert dagegen das Symbol der als einzigartiges Gestirn über der Erde stehenden Sonne, da auch der französische König Ludwig XIV. die Sonnensymbolik intensiv nutzte und so in Konkurrenz zu den Habsburgern trat. Unanfechtbarer als die Sonne war dagegen der Reichsadler als Sinnbild für die herausgehobene kaiserliche Machtstellung. Die genannten Beispiele zeigen, wie sich vor allem in Fest, Kunst und Architektur die einzigartige Stellung der habsburgischen Kaiser betonen ließ. Doch nutzten die einzelnen Potentaten aus dem Haus Habsburg die ihnen durch dieses „Vokabular" gegebenen Möglichkeiten durchaus unterschiedlich und vor allem nicht in gleicher Konsequenz. Erst für Kaiser Karl VI., der von 1711 bis 1740 regierte, spricht die Forschung in diesem Zusammenhang von der Etablierung eines „Kaiserstils", der sich die zur Verfügung stehenden Ausdrucksmöglichkeiten dienlich machte.[10]

In Bezug auf seine Stellung im Machtgefüge der regierenden Dynastien befand sich das Herrscherhaus der Wittelsbacher gegenüber jenem der Habsburger in einer deutlich schwächeren Position. Als Fürstenhaus im Reich teilte es sich Ansehen und Würde mit vielen gleichrangigen Herrschergeschlechtern; dem Trend der Zeit gemäß versuchte es sich durch die Erlangung der Königswürde und die Erweiterung seiner Herrschaftsgebiete eine hervorgehobene Stellung zu sichern. Möglichkeiten hierfür boten nicht nur Kriegserfolge und eine kluge Bündnispolitik, sondern auch aufwendig inszenierte Hoffeste und kostspielige Schlossbauten, mit denen man bewies, dass man andere Regenten an Pracht übertreffen konnte. Vor diesem Hintergrund lässt sich allein die ausufernde Hofhaltung des 1679 bis 1726 regierenden wittelsbachischen Kurfürsten Max Emanuel nicht nur als Ausdruck barocker Prachtentfaltung, sondern eben als Anspruch auf Rangerhöhung innerhalb des Reiches interpretieren. Die bei höfischen Inszenierungen, in der Kunst und in der Architektur genutzten Bildprogramme orientierten sich am Kanon des gängigen Herrscherlobes. Eine wittelsbachische Besonderheit hingegen war die häufige Verwendung des Löwen, dem als Wappentier der bayerischen Kurfürsten ein hoher Bekanntheitsgrad zukam. In enger Verbindung damit stand auch die dem Löwen nachgesagte „Fortitudine" (Stärke), die als Tugend Max Emanuel zugeschrieben wurde.[11]

Während die Grundlinien habsburgischer und wittelsbachischer Herrscherpräsentation von langfristigen Konstellationen und Traditionen geprägt waren, hatten natürlich auch aktuelle politische Ereignisse einen entscheidenden Einfluss darauf, welches Bild von beiden Herrscherhäusern in der Öffentlichkeit propagiert wurde. An den beiden Herrscherpersönlichkeiten Leopold I. und Max Emanuel, die jeweils fast ein halbes Jahrhundert lang regierten, lässt sich dies gut verdeutlichen.

Leopold I. – Sonne, die den Halbmond verdunkelt

Der Habsburger Leopold I., von 1658 an Kaiser des Heiligen Römischen Reiches, profitierte nicht nur vom oben dargestellten positiven „Grundkapital" seines Hauses; infolge des zehn Jahre vor seiner Krönung zu Ende gegangenen Dreißigjährigen Krieges hatte er auch mit einigen negativen Bildern zu kämpfen, die über seine Person in Umlauf waren. Insbesondere in den zeitgenössischen Flugschriften paarte sich die Furcht vor einem allzu mächtigen Haus Habsburg, das das Reich bald wieder in einen Krieg stürzen könnte, mit Bedenken gegenüber einem vom Katholizismus und von jesuitischen Beratern stark beeinflussten Herrscher. Leopold I. begegnete dieser Sorge während seiner gesamten Regierungszeit, indem er seinen unbedingten Friedenswillen betonte, ohne jedoch auf die übertriebene Zurschaustellung der habsburgischen „Pietas" zu verzichten. Dabei kamen ihm freilich die aktuellen politischen Entwicklungen zu Hilfe, denn nach den Übergriffen des französischen Königs Ludwig XIV. auf das Reichsgebiet erfuhr der gegen die französische Bedrohung kämpfende Kaiser breite Unterstützung seitens der heimischen Publizistik. In Kontrastierung zu dem als „ruhmsüchtig" bezeichneten französischen König wurde die friedliche, auch in der Repräsentation nach außen durchaus zurückhaltende Art des Kaisers hervorgehoben.[12] Triumphale Reiter- und Standbilder galten beispielsweise als Indiz für die übertriebene Geltungssucht des französischen Königs – Kaiser Leopold I. dagegen präsentierte sich, wie ausdrücklich betont wurde, etwa bei der Wiener Dreifaltigkeitssäule in demütig kniender Haltung als Bittsteller vor Gott. Zwar engagierten sich die Stände in stellvertretender Repräsentation für die positive Darstellung des Kaisers in der Öffentlichkeit und orientierten sich dabei eher an klassischen Formen als an dem vom Hof für eine breitere Öffentlichkeit propagierten bescheidenen und zurückhaltenden Bild des Potentaten.[13] Die von den Ständen unter anderem in Linz, Klagenfurt und Innsbruck ge-

planten triumphalen Reiterdenkmäler für Leopold wurden dennoch nicht in dauerhaftem Material realisiert;[14] zu groß war die Sorge, der Kaiser würde sich dadurch kaum noch von seinem „ruhmsüchtigen" Widersacher abheben.
Befördert wurde das positive Bild von Kaiser Leopold I. in der zweiten Hälfte seiner Regierungszeit aber nicht nur durch die Auseinandersetzungen mit Ludwig XIV., sondern vor allem durch seine Erfolge gegen die Türken. Das populäre Wortspiel „*Leopoldus – pello duos*" („Ich jage zwei") bezog sich auf die Zweifrontenbedrohung, der sich der Kaiser ausgesetzt sah. Besonders bemerkenswert ist, dass Leopold I., den seine Zeitgenossen nach diesen Siegen sogar als „den Großen" bezeichneten, sich nicht – wie für einen Potentaten dieser Zeit üblich – aktiv an Schlachten gegen die Türken beteiligte. Stattdessen gelang es dem Kaiser, der in der Forschung als der „unmilitärischste Herrscher seiner Zeit" tituliert wird,[15] sich das Verdienst an den Türkensiegen auf eine ganz andere Art und Weise zuzuschreiben: Durch Gebete fernab des Schlachtfelds habe Leopold – so die weit verbreitete Auslegung seiner Leistung – die Voraussetzungen für einen Sieg gegen die oft als „Erbfeind der Christenheit" bezeichneten Osmanen geschaffen. Dass Leopold I. nicht selbst im Krieg kämpfte, schmälerte also nicht sein Prestige, sondern wurde geschickt umgedeutet. Auf Medaillen, Einblattdrucken und Buchtitelblättern, die zumeist auf dem freien Markt publiziert wurden, firmierte Leopold in dieser Zeit häufig als „Sonne", die den türkischen Halbmond zu Fall bringt oder verdunkelt. Aber auch mit dem über dem Halbmond stehenden Adler wurde der Triumph der Habsburger bildkräftig in Szene gesetzt. Besonders wirkungsvoll platzierte etwa der Abgesandte des Wiener Hofes in Frankreich, Graf Wenzel von Lobkowitz, dieses eingängige Bild in Paris: Mit einem Feuerwerk führte er dem französischen König die Einnahme Budas 1686 öffentlichkeitswirksam vor Augen.[16]
In seinen letzten Regierungsjahren blieb Kaiser Leopold I. dem über Jahrzehnte gefestigten Image treu, das er in der Öffentlichkeit gepflegt hatte. Will man Repräsentationsaufwand und Medienstrategien des Kaisers abschließend beurteilen, ergibt sich insgesamt also ein ambivalenter Eindruck.[17] Insbesondere in der Publizistik zeichnete der Hof das Bild eines zurückhaltenden, bescheidenen, frommen und friedliebenden Potentaten; dem standen jedoch höfische Inszenierungen, Kunst und in den letzten Regierungsjahren auch die Anstrengungen in der Architektur teilweise entgegen.[18] Trotz seines bescheidenen Auftretens gab der Kaiser in diesen Bereichen Unsummen aus und ließ sich – ganz den traditionellen Ansprüchen und den Inszenierungsmöglichkeiten seiner Zeit verhaftet – als mächtigster Monarch im Machtgefüge der Zeit feiern.

Max Emanuel – „Türkensieger" und „Friedensbringer"

Anders als Kaiser Leopold I. hatte der bayerische Kurfürst Max Emanuel wenig Glück bei der Umsetzung seiner kriegerischen und politischen Ziele, wenngleich die erste Phase seiner Regierungszeit durchaus unter hoffnungsvollen Vorzeichen stand: Nach seiner Thronbesteigung 1679/80 zeichnete sich der Kurfürst sehr bald im Türkenkrieg aus. Die im Feld errungenen Siege wurden während seiner gesamten Regierungszeit als entscheidendes Verdienst betont und verschafften ihm zunächst – ganz im Gegensatz zu Kaiser Leopold I. – das Image eines jungen, dynamischen Helden. Beschreibt Lorenz Seelig Max Emanuel noch zu Beginn seiner Regierungszeit als unbeschriebenes Blatt und konstatiert für ihn nur „stereotype Formeln des Herrscherlobes",[19] so erkennt er nach dem Eintritt des jungen Kurfürsten in den Türkenkrieg in der „Verherrlichung des Souveräns eine entscheidende Wende".[20] Die diversen Erfolge Max Emanuels wurden in der Publizistik, aber auch in der Medaillenherstellung nun facettenreich gewürdigt. Beispielhaft sei hier eine 1683 entstandene Medaille genannt, die in Reflexion der gängigen Bildsymbolik zwischen die habsburgische Sonne und den sich verfinsternden türkischen Halbmond den – in diesem Fall Bayern symbolisierenden – Zodiakus-Löwen schiebt, der die Verfinsterung erst auslöst.
Für die erste Phase von Max Emanuels Regierungszeit erwies sich aber auch der enge Schulterschluss mit dem Haus Habsburg als prägend. Er wurde nicht nur durch das Engagement des Kurfürsten im Türkenkrieg, sondern auch durch die Hochzeit mit der Kaisertochter Maria Antonia 1685 deutlich. Auf Medaillen und Stichen ließ sich der junge Kurfürst dementsprechend als uneigennütziger Unterstützer des Kaisers feiern;[21] in Schloss Lustheim, das Max Emanuel von 1684 bis 1687 erbauen ließ, zeugen die in mehreren Räumen angebrachten bayerisch-österreichischen Allianzwappen davon.[22] Bildlich zog man häufig Adler und Löwen heran, um die enge Zusammenarbeit der beiden Häuser vor Augen zu führen; oder man verwies auf den Großvater des Kurfürsten, der im Dreißigjährigen Krieg ebenfalls gemeinsam mit dem Kaiser gekämpft hatte.
Möglichkeiten zur Erweiterung der auch im Türkenkrieg häufig genutzten Löwenikonografie bot ein weiterer Karriereschritt des Kurfürsten: Nach seiner Ernennung zum Statthalter der Spanischen Niederlande 1691 konnte durch den Löwen fortan auch auf Brabant verwiesen werden, das den Löwen ebenfalls im Wappen führte. In den niederländischen Jahren ließ sich der Kurfürst weiterhin als Türkensieger feiern, obwohl seine Erfolge nun schon weiter zurücklagen. Politisch standen die 90er-Jahre des 17. Jahrhunderts jedoch bereits unter den Vorzeichen des erhofften spanischen Erbes. Es hätte für das „Haus Bayern" endlich die angestrebte Standeserhöhung und Machterweiterung gebracht, wenn nicht der Tod des Thronfolgers Joseph Ferdinand 1699 diese Pläne zunichte gemacht hätte. Der Kurfürst wandte sich in der Folgezeit aus machttaktischen Gründen von den Habsburgern ab und ging schließlich ein Bündnis mit Frankreich ein. Nach raschen Erfolgen wie etwa der Einnahme der Städte Ulm und Augsburg musste der bis dahin erfolgsverwöhnte Kurfürst mit der Schlacht bei Höchstädt 1704 schließlich eine entscheidende Niederlage hinnehmen und aus Bayern fliehen. Die Parteinahme für Ludwig XIV. und die daraus resultierende Verhängung der Reichsacht hatten auf die Darstellung Max Emanuels in der Öffentlichkeit verheerende Auswirkungen.[23] Während das Bild Kaiser Leopolds I. im publizistischen

Meinungsstreit durch seine Auseinandersetzungen mit Ludwig XIV. eine positive Veränderung erfuhr, übertrugen sich gleichermaßen die Antipathien, die der französische König hervorrief, auf den mit ihm paktierenden bayerischen Kurfürsten; er galt nun als eigennützig und ehrgeizig.[24] Zwar versuchte der bayerische Hof durch Rechtfertigungsschriften sein Vorgehen zu erläutern; doch wie die Forschung zeigt, blieben pro-bayerische Schriften insgesamt in der Minderheit und war umgekehrt in der Reichspublizistik die Empörung über Max Emanuel groß.

Als der bayerische Kurfürst nach 1715 nach Bayern zurückkehrte und wieder über sein Kurfürstentum regierte, kämpfte er also mit einem denkbar schlechten Ruf. Nach wie vor unterstützten ihn jedoch die herrschaftsstabilisierenden Kreise, unter ihnen die Jesuiten, die städtischen Obrigkeiten oder der Adel, bei der positiven Inszenierung in der Öffentlichkeit. Zum Empfang des zurückkehrenden Herrschers wurden in München Triumphpforten errichtet, ein großes Feuerwerk fand statt, der Kurfürst wurde als eine nach langer Zeit neu erstrahlende Sonne glorifiziert, und die Jesuiten publizierten noch im selben Jahr eine Lobschrift, die die Stärke des vom Schicksal geprüften Kurfürsten hervorhob.[25] Kurfürst Max Emanuel verließ sich jedoch nicht nur auf die Unterstützung einflussreicher Schichten, sondern investierte selbst viel Geld in die Rettung seiner Reputation und in die Sicherung seines Nachruhms.[26] 1715 gab er bei Joseph Vivien ein Gemälde in Auftrag, das die Wiedervereinigung mit seiner Familie feierte und den Kurfürsten als zurückkehrenden „Ordnungsstifter" und „Friedensbringer" stilisiert.[27] Auch bei der Innenausstattung des neu errichteten Schlosses Schleißheim griff man – die schweren Niederlagen des Kurfürsten ignorierend – insbesondere auf den erfolgreichen Kampf gegen die Türken zurück, um der Nachwelt ein positives Bild Max Emanuels zu vermitteln.[28] Wie Eva-Bettina Krems hervorhebt, demonstrieren gerade die Bemühungen des Kurfürsten um Ausbau und Renovierung des Schlosses Dachau, wie sehr er nach seiner Rückkehr nach Bayern Herrschaftstradition und Kontinuität des Hauses Wittelsbach in den Mittelpunkt zu rücken versuchte.

Ein Blick auf die Medienstrategien des Kurfürsten zeigt, welche Bedeutung in seinen Augen – aber offensichtlich auch in den Augen der Zeitgenossen – den Erfolgen in den Türkenkriegen zukam, hätte doch der um seine Reputation kämpfende Kurfürst ansonsten nicht Jahrzehnte später in der Repräsentation immer noch auf dieses erfolgreiche Moment seiner Regierung gesetzt. Gleichzeitig konnte sich Max Emanuel – trotz Flucht und Reichsacht – gerade im kritischen Moment der Rückkehr nach Bayern auf das seit Jahrhunderten gepflegte, die Herrschaftslegitimation des Hauses bestärkende positive Image der Wittelsbacher verlassen.

Habsburger versus Wittelsbacher – ein Vergleich

Vergleicht man abschließend den Habsburger Kaiser Leopold I. und den Wittelsbacher Max Emanuel, so unterschieden sich beide Potentaten weniger in der Wahl der Medien, die sie bevorzugt zur Verbreitung ihres Bildes in der Öffentlichkeit einsetzten, obwohl hier graduelle Unterschiede bei der Nutzung einzelner Medien erkennbar sind. Ebenso wurde das Bild beider Potentaten gleichermaßen stark auch von Schichten bestimmt, die in „stellvertretender Repräsentation" positive Botschaften zu den Potentaten weitertrugen. Diese Schichten folgten dabei vielfach dem traditionellen Kanon der Herrscherverehrung, der durch die Befolgung gängiger Muster Unterschiede zwischen beiden Herrschern oft wenig augenfällig werden ließ. Dennoch sorgten die aktuellen politischen Ereignisse und die medienstrategischen Impulse beider Herrscher dafür, dass ein in Teilen doch sehr unterschiedlich akzentuiertes Bild beider Potentaten in der Öffentlichkeit entstand.

1 Alfred Francis Pribram (Hg.), Die Privatbriefe Kaiser Leopolds I. an den Grafen F. E. Pötting 1662–1673, 2 Bde. Wien 1903/1904, S. 281: Brief Nr. 120 vom 3. Februar 1667.

2 Als Paradebeispiel gilt für das 17. Jahrhundert Ludwig XIV., auf den hier nicht näher eingegangen werden kann. Ausführlich geschildert wird sein „Kommunikationssystem" bei: Peter Burke, Die Inszenierung Ludwigs XIV. Frankfurt am Main 1996. Zur Konkurrenz zwischen Ludwig XIV. und den Habsburgern vgl. auch: Hendrik Ziegler, Der Sonnenkönig und seine Feinde. Die Bildpropaganda Ludwigs XIV. in der Kritik. Petersberg 2010.

3 Vgl. Friedrich Polleross, „Pro decore Majestatis". Zur Repräsentation Kaiser Leopolds I. in Architektur, Bildender und Angewandter Kunst. In: Jahrbuch des Kunsthistorischen Museums Wien 4/5 (2003), S. 190–295, hier S. 277.

4 Vgl. Jutta Schumann, Die andere Sonne. Kaiserbild und Medienstrategien im Zeitalter Leopolds I. (Colloquia Augustana 17). Berlin 2003.

5 Vgl. Schumann, Die andere Sonne, S. 68–103.

6 Vgl. v. a. Jean-Marie Moeglin, Dynastisches Bewußtsein und Geschichtsschreibung. Zum Selbstverständnis der Wittelsbacher, Habsburger und Hohenzollern im Spätmittelalter. In: Historische Zeitschrift 256 (1993), S. 593–635; sowie Katrin Nina Marth, Die dynastische Politik des Hauses Bayern an der Wende vom Spätmittelalter zur Neuzeit. München 2011, S. 43ff.

7 Vgl. Peter Bernhard Steiner, Der gottselige Fürst und die Konfessionalisierung Altbayerns. In: Hubert Glaser (Hg.), Wittelsbach und Bayern. Um Glauben und Reich. Kurfürst Maximilian I. 2 Bde., Bd. II/1: Beiträge zur Bayerischen Geschichte und Kunst 1573–1657. München 1980, S. 252–263.

8 Vgl. Franz Bosbach, Monarchia universalis. Ein politischer Leitbegriff der Frühen Neuzeit. Göttingen 1988.

9 Vgl. Franz Matsche, Die Kunst im Dienste der Staatsidee Karls VI. Ikonographie,

Ikonologie und Programmatik des „Kaiserstils", 2 Bde., Bd. 1. Berlin u. a. 1981, S. 348.

10 Vgl. Matsche, Die Kunst im Dienste der Staatsidee.

11 Vgl. Lorenz Seelig, Aspekte des Herrscherlobs – Max Emanuel in Bildnis und Allegorie. In: Hubert Glaser (Hg.), Kurfürst Max Emanuel. Bayern und Europa um 1700. 2 Bde., Bd. 1: Zur Geschichte und Kunstgeschichte der Max-Emanuel-Zeit. München 1976, S. 1–29, hier S. 10.

12 Vgl. Schumann, Die andere Sonne, S. 140–146.

13 Beispiele findet man nicht nur im Sinne einer „stellvertretenden Repräsentation" durch einflussreiche, herrschaftsstabilisierende Schichten, sondern auch bei den für den freien Markt produzierenden Unternehmern und hier insbesondere in der Druckgrafik und Medaillenproduktion. Vgl. dazu beispielhaft Schumann, Die andere Sonne, S. 321–338.

14 Polleross, „Pro decore Majestatis", S. 290.

15 Karl Otmar von Aretin, Das Alte Reich 1648–1806. 3 Bde., Bd. 1: Föderalistische oder hierarchische Ordnung (1648–1684). Stuttgart 1993, S. 196.

16 Vgl. Hendrik Ziegler, STAT SOL. LUNA FUGIT. Hans Jacob Wolrabs Josua-Medaille auf Kaiser Leopold I. und ihre Rezeption in Frankreich. In: Christoph Kampmann u. a., Bourbon – Habsburg – Oranien. Konkurrierende Modelle im dynastischen Europa um 1700. Köln u. a. 2008, S. 166–181, hier S. 176–177.

17 Vgl. auch Polleross, „Pro decore Majestatis", S. 287; Schumann, Die andere Sonne, S. 301f.

18 Vgl. auch Maria Goloubeva, The Glorification of Emperor Leopold I. in Image, Spectacle and Text. Mainz 2000.

19 Seelig, Aspekte des Herrscherlobs, S. 7.

20 Ebd., S. 8.

21 Ebd., S. 9.

22 Marcus Junkelmann, Theatrum Belli. Die Schlacht von Höchstädt 1704 und die Schlösser von Schleißheim und Blenheim (arte & marte 1). Herzberg 2000, S. 8–12.

23 Vgl. zu den Entwicklungen im Spanischen Erbfolgekrieg und den Reaktionen im Reich zusammenfassend Johannes Burkhardt, Vollendung und Neuorientierung des frühmodernen Reiches 1648–1763 (Gebhardt: Handbuch der Deutschen Geschichte 11). Stuttgart 2006, S. 270–283.

24 Vgl. Gerald Neumann, Die Rolle Kurbayerns im Spanischen Erbfolgekrieg im Blick der öffentlichen Meinung. In: Jahrbuch für Fränkische Landesforschung (Festschrift Rudolf Endres) 60 (2000), S. 333–347, hier S. 347.

25 Vgl. Seelig, Aspekte des Herrscherlobs, S. 12.

26 Vgl. Eva-Bettina Krems, Zur Repräsentationskultur der Wittelsbacher zwischen Habsburg und Bourbon. In: Kampmann u. a. (Hg.), Bourbon – Habsburg – Oranien, S. 267–283, hier S. 271f.

27 Vgl. Marcus Junkelmann, Max Emanuel. Herrschaftsrepräsentation und Selbstdarstellung. In: Alois Schmid u. a. (Hg.), Die Herrscher Bayerns. 25 historische Porträits von Tassilo III. bis Ludwig III. München 2001, S. 231–249, hier S. 243.

28 Vgl. ebd., S. 246–249.

Weiterführende Literatur:

Thomas Brockmann, Das Bild des Hauses Habsburg in der dynastienahen Historiographie um 1700. In: Christoph Kampmann u. a., Bourbon – Habsburg – Oranien. Konkurrierende Modelle im dynastischen Europa um 1700. Köln u. a. 2008, S. 27–57.

Peter Burke, Die Inszenierung Ludwigs XIV. Frankfurt am Main 1996.

Johannes Burkhardt, Vollendung und Neuorientierung des frühmodernen Reiches 1648–1763 (Gebhardt: Handbuch der Deutschen Geschichte 11). Stuttgart 2006, S. 270–283.

Jeroen Duindam, Vienna und Versailles. The Courts of Europe's Dynastic Rivals, 1550–1780. Cambridge 2003.

Hubert Glaser (Hg.), Wittelsbach und Bayern. Um Glauben und Reich. Kurfürst Maximilian I. 2 Bde., Bd. II/1: Beiträge zur Bayerischen Geschichte und Kunst 1573–1657. München 1980.

Hubert Glaser (Hg.), Kurfürst Max Emanuel. Bayern und Europa um 1700. 2 Bde., München 1976.

Maria Goloubeva, The Glorification of Emperor Leopold I. in Image, Spectacle and Text. Mainz 2000.

Marcus Junkelmann, Theatrum Belli. Die Schlacht von Höchstädt 1704 und die Schlösser von Schleißheim und Blenheim (arte & marte 1). Herzberg 2000.

Christoph Kampmann u. a., Bourbon – Habsburg – Oranien. Konkurrierende Modelle im dynastischen Europa um 1700. Köln u. a. 2008.

Franz Matsche, Die Kunst im Dienste der Staatsidee Karls VI. Ikonographie, Ikonologie und Programmatik des „Kaiserstils". 2 Bde., Bd. 1. Berlin u. a. 1981.

Friedrich Polleross, „Pro decore Majestatis". Zur Repräsentation Kaiser Leopolds I. in Architektur, Bildender und Angewandter Kunst. In: Jahrbuch des Kunsthistorischen Museums Wien 4/5 (2003), S. 190–295.

Rouven Pons, ‚Wo der gekrönte Löw hat seinen Kayser-Sitz'. Herrschaftsrepräsentation am Wiener Kaiserhof zur Zeit Leopolds I. Egelsbach u. a. 2001.

Jutta Schumann, Die andere Sonne. Kaiserbild und Medienstrategien im Zeitalter Leopolds I. (Colloquia Augustana 17). Berlin 2003.

Ulrike Seeger, Herkules, Alexander und Aeneas. Präsentationsstrategien der Türkensieger Prinz Eugen, Ludwig Wilhelm von Baden-Baden und Max Emanuel von Bayern. In: Christoph Kampmann u. a., Bourbon – Habsburg – Oranien. Konkurrierende Modelle im dynastischen Europa um 1700. Köln u. a. 2008, S. 182–195.

Lorenz Seelig, Aspekte des Herrscherlobs – Max Emanuel in Bildnis und Allegorie. In: Hubert Glaser (Hg.), Kurfürst Max Emanuel. Bayern und Europa um 1700. 2 Bde., Bd. 1: Zur Geschichte und Kunstgeschichte der Max-Emanuel-Zeit. München 1976, S. 1–29.

Hendrik Ziegler, Der Sonnenkönig und seine Feinde. Die Bildpropaganda Ludwigs XIV. in der Kritik. Petersberg 2010.

Eberhard Straub, Repraesentatio Maiestatis oder churbayerische Freudenfeste. Die höfischen Feste in der Münchner Residenz vom 16. bis zum Ende des 18. Jahrhunderts (Miscellanea Bavarica Monacensia 14). München 1969.

Abb. 1
„LEOPOLDUS" – „PELLO DUOS" („Ich vertreibe zwei"): Leopold I. als alles überstrahlende Sonne vor dem türkischen Halbmond und der französischen Sonne; Titelblatt der Flugschrift „Mars orientalis et occidentalis […]", 1689
(© Bildarchiv ÖNB Wien)

Abb. 2
Die Sternbilder des Adlers und des Löwen bei der Verfolgung des türkischen Halbmondes – Medaille zur Schlacht bei Belgrad, Friedrich Kleinert, Nürnberg, 1688
(© Staatliche Münzsammlung München)

Abb. 3
Kaiser Leopold I. in kniender Haltung vor der von ihm in Auftrag gegebenen Dreifaltigkeitssäule in Wien (© Germanisches Nationalmuseum Nürnberg, Monika Runge)

Abb. 4
Max Emanuel als Türkensieger und Verteidiger des christlichen Glaubens, Guillielmus de Grof, Paris, 1714 (© Bayerisches Nationalmuseum München)

„Kriege mögen andere führen …“

Staatsräson als Ehegrund

Sylvia Krauss-Meyl

Die Liebesheirat – die von Zuneigung zueinander bestimmte Eheschließung eines Paares – ist ein Phänomen der jüngeren Geschichte: Erst von der Romantik an waren Gefühle und sentimentale Hoffnungen auf partnerschaftliche Lebenserfüllung Motive für eine eheliche Verbindung. Vorher waren Ehen jahrhundertelang nach sachlichen Kriterien geschlossen worden. Je höher der gesellschaftliche Rang der Partner, desto mehr zeigte sich ihr Leben von übergeordneten Interessen bestimmt.

Den Abkömmlingen fürstlicher Familien, die in der Adelsordnung den höchsten Rang einnahmen, kam demnach überhaupt kein Recht auf eigene Lebensgestaltung zu. Vielmehr wurden sie auf dem Schachbrett der Staats- und Familienpolitik wie Spielfiguren eingesetzt und verschoben. Schon ihre Erziehung war so ausgerichtet, dass sie sich bedingungslos in die Pflicht zu nehmen lassen hatten. Letztlich war es jedoch auch eine Frage des individuellen Charakters und Verstandes, der jeweiligen Möglichkeiten und nicht zuletzt der Lebensdauer, ob jemand passives Instrument eines Machtapparates blieb oder Handlungsspielräume fand, in denen er trotz aller Zwänge Einfluss auf sein Schicksal nehmen konnte.

Töchter wie Söhne aus fürstlichem Haus waren zwar gleichermaßen Opfer der Politik, Erstere hatten in der Regel jedoch mehr zu leiden: Aufgrund des männlichen Erbfolgerechts sahen sich Prinzessinnen dazu gezwungen, ihre Familien zu verlassen und in die Fremde zu ziehen, um als Fürstengattinnen in erster Linie für Nachkommenschaft zu sorgen. Für deren Legitimität bürgten sie mit einem untadeligen Lebenswandel, während sich ihre Ehemänner für die vorenthaltene freie Partnerwahl in Mätressenwirtschaft schadlos halten konnten. Stellte sich trotz allen Zwanges Eheglück ein, wurde dieser vorteilhafte Zustand begrüßt, andernfalls fügte man sich in sein Schicksal.

Die dynastische Heirat – ein Instrument der Staatsräson

Die obrigkeitlichen Heiratsabreden lagen in den Bedingungen und Gesetzmäßigkeiten der Staatsführung begründet. Drei Wege standen zur Durchsetzung politischer Ziele offen: Kauf bzw. Tausch, Krieg und Heirat. Kauf und Tausch von Territorien waren selten. Militärische Auseinandersetzungen galten als Ultima Ratio – vor allem in der Epoche nach dem Dreißigjährigen Krieg, als die europäischen Staaten allmählich wieder Kräfte sammelten. Der Ausbau personeller und familiärer Netzwerke bot hingegen eine effiziente Möglichkeit, Frieden zwischen den europäischen Staaten herzustellen, politische Macht auszuüben, Ansprüche durchzusetzen, Bündnisse herzustellen und staatliches Prestige zu steigern.

Dreh- und Angelpunkt dieser Politik war die dynastische Heirat. Sie basierte auf der Einheit von Staat und Dynastie: Staaten wurden als Privatbesitz der Herrscherfamilien angesehen. Aufstieg oder Niedergang, Erfolg oder Misserfolg fielen in die persönliche Verantwortung der Fürsten. Hatte eine Familie die Spitze eines Staatswesens erreicht, musste sie ihre Führungsposition in jeder Generation bestätigen und für die Zukunft sichern. Um standesgemäße Verbindungen zu gewährleisten und Mesalliancen zu verhindern, die den gesellschaftlichen Rang minderten, schotteten sich die Herrscherfamilien rigoros nach unten ab und beschränkten die Sukzession – die Herrschaftsnachfolge – auf legitime Nachkommen. Dynastien begründeten ihre Stellung auf dem fürstlichen Erbrecht, das seine Legitimation aus der göttlichen Ordnung bezog. Das Erbrecht, eine Stütze des Herrschergeschlechts, war mit der dynastischen Eheabrede aufs Engste verbunden – eine Kohärenz, die zuweilen in der Bezeichnung „Heirats- und Sukzessionsvertrag“ zum Ausdruck kam.

In keiner Epoche hatte die dynastische Heirat als Instrument der Staatsräson so viel Gewicht wie im Absolutismus, als sich der Nimbus der Dynastie zum Gottesgnadentum steigerte. Der Personenkult erlebte eine Blütezeit, und mit ihm die Beziehungsnetze, die die europäischen Herrscherhäuser untereinander knüpften.

Insbesondere die Habsburger erhoben ihre Heiratspolitik zum politischen Programm, für das sie die Losung ausgaben: *„Bella gerant alii, tu felix Austria nube“* – „Kriege mögen andere führen, du, glückliches Österreich, heirate“. Als Partner bevorzugten sie die Wittelsbacher, nicht nur wegen der beiderseitigen Macht-, Bündnis- und Territorialinteressen sowie der geografischen Nachbarschaft, sondern auch weil beide Staaten prominente Hüter der gemeinsamen katholischen Konfession waren. Dieser Faktor besaß bei allen Ehesondierungen eine zentrale und ausschließende Funktion. Konstituierender Bestandteil des absolutistischen Staatswesens war auch die höfische Festkultur, die bei Fürstenhochzeiten den Gipfel der Prachtentfaltung erreichte. Legendären Ruf genoss die „bayerische Pracht“ des Münchner Hofes. Die oft wochen- oder sogar monatelangen Vermählungsfeiern, die in den Residenzstädten beider Länder stattfanden, boten den Rahmen für die Inszenierung des Selbstverständnisses der Höfe und für die propagandistische Zur-Schau-Stellung ihrer Prestige- und Machtansprüche.

Wittelsbach-habsburgische Heiratsallianzen im Ancien Régime

Aus Hausinteressen, Staatspolitik, Katholizität und ihrer öffentlichen Präsentation formte sich der spezifische Charakter der wittelsbach-habsburgischen Eheschließungen in der Zeit vom späten 17. Jahrhundert bis zum Ende des Ancien Régime. Diese Elemente spielten auch eine Rolle in der dritten Ehe Kaiser Leopolds I. (1640–1705) mit Eleonore von Pfalz-Neuburg (1655–1720), Tochter des Kurfürsten Philipp Wilhelm. Die tiefreligiöse Wittelsbacherin, die es vorgezogen hätte, ins Kloster zu gehen, willigte 1676 widerstrebend in ihre Verheiratung ein, nicht ahnend, dass die Fama von der besonderen Fruchtbarkeit der Neuburger Prinzessinnen und die Tatsache, dass sie 16 Geschwister hatte, den Ausschlag für die kaiserliche Wahl gegeben hatten. Leopold I. benötigte nämlich dringend einen Thronfolger, nachdem kein Sohn aus seinen beiden ersten Ehen überlebt hatte. In treuer Ergebenheit erfüllte Eleonore die Hoffnungen des Wiener Hofes auf Sukzession, indem sie zehn Kinder gebar, darunter die beiden späteren Kaiser Joseph I. und Karl VI. Die kluge und gebildete Kaiserin unterstützte die Politik ihres Gatten, trieb aber auch die Interessen ihrer Herkunftsfamilie voran. Das Haus Pfalz-Neuburg wurde ein wichtiger Verbündeter des Kaisers im Reich. Leopold gelang es, die Reichsstände unter habsburgischer Ägide zu einen und die kaiserliche Position im Reich zu stärken. Auch für die Wittelsbacher zahlte sich die Verbindung zum Kaiserhaus aus. Einige der Pfälzer Prinzen erlangten lukrative Ämter in der Reichskirche. Eleonores Bruder Johann Wilhelm (Jan Wellem), Kurfürst und Herzog von Pfalz-Neuburg, Jülich und Berg, führte 1678 die kaiserliche Halbschwester Maria Anna Josepha als Gemahlin nach Düsseldorf; seine Spekulation auf die Statthalterschaft der Spanischen Niederlande blieb jedoch erfolglos. Eleonores jüngere Schwester Maria Anna, die 1690 den letzten habsburgischen König von Spanien Karl II. heiratete, vertrat die Pfälzer Interessen am spanischen Hof so vehement, dass sie zeitweise ins französische Exil verbannt wurde. Nach dem Tod Karls II., der kinderlos geblieben war, führte die Aussicht auf das spanische Erbe die Häuser Habsburg und Wittelsbach unter neuen Vorzeichen zusammen. Eine eheliche Verbindung sollte den Anspruch auf das spanische Weltreich sichern. Zu diesem Zweck wurde die gerade der Kinderstube entwachsene österreichische Prinzessin Maria Antonia (1669–1692), Tochter aus der ersten Ehe Kaiser Leopolds I. mit der Schwester Karls II., Infantin Margarita Teresa, dem bayerischen Kurfürsten Max II. Emanuel (1662–1726) zugeführt. Der Frauenkenner verspürte keinerlei Zuneigung zu dem schüchternen, blassen Mädchen und ließ sich nur wegen der attraktiven spanischen Mitgift auf die Heirat ein. Das junge Paar erwies sich den politischen Anforderungen seiner Ehe nicht gewachsen. Der kurfürstliche Ehemann betrog, vernachlässigte und demütigte seine junge Gemahlin fortwährend und setzte sich schließlich als Generalstatthalter der Niederlande nach Brüssel ab. Daraufhin zog sich Maria Antonia verbittert zu ihrer Familie nach Wien zurück, wo sie ihren Sohn Josef Ferdinand zur Welt brachte und zwei Monate später mit knapp 22 Jahren ihr unglückliches Leben aushauchte. Das zarte Kind, das von Karl II. zum Universalerben des spanischen Weltreichs eingesetzt wurde und die ehrgeizigen Ambitionen seines Vaters Max Emanuel auf eine wittelsbachische Großmacht in die Tat umsetzen sollte, hielt den Belastungen nicht stand. Sein früher Tod im Alter von sechs Jahren wurde allenthalben als Katastrophe empfunden. Er löste den Spanischen Erbfolgekrieg aus, in dem Max Emanuel die Koalition mit Habsburg aufkündigte und sich zum Nachteil seiner bayerischen Heimat auf die französische Seite schlug. Als sich in der nächsten Generation das Aussterben des Hauses Habsburg im Mannesstamm abzeichnete, witterte Max Emanuel neuerlich die Chance auf einen Machtgewinn für Bayern und näherte sich wieder seinen Nachbarn an. Im Jahr 1722 kam es zu einer weiteren wittelsbach-habsburgischen Vermählung zwischen Max Emanuels Sohn Karl Albrecht (1697–1745) und der zweitältesten Tochter Josephs I., Maria Amalia (1701–1756). Ungeachtet der von Kaiser Karl VI. 1713 erlassenen Pragmatischen Sanktion, die die Unteilbarkeit der habsburgischen Erblande und die subsidiäre weibliche Erbfolge in Österreich staatsrechtlich verankert hatte, und trotz des Erbverzichts von Maria Amalia versuchte der Wittelsbacher, durch den Ehebund Ansprüche auf die Nachfolge in Österreich zu begründen. Als nach dem Tod Karls VI. und der Inthronisation der ältesten Kaisertochter Maria Theresia Max Emanuels Hoffnungen scheiterten, beteiligte er sich, unterstützt von seiner Gemahlin, an der Koalition europäischer Mächte im Österreichischen Erbfolgekrieg. Aus den durch Heirat verbundenen Familien wurden abermals erbitterte Feinde. Karl Albrecht konnte einen kurzen, wenngleich trügerischen Erfolg erringen. Als er 1742 zum Kaiser und Maria Amalia zur Kaiserin gekrönt wurden, war der nunmehrige Karl VII. bereits ein kranker Mann und seine Residenzstadt München von österreichischen Truppen besetzt. Karls Tod drei Jahre später beendete sein glanzloses imperiales Intermezzo. Seine habsburgische Witwe förderte in der Folge den Ausgleich ihres Sohnes Max III. Joseph mit Österreich, der im Frieden von Füssen im April 1745 besiegelt wurde. Bayern gab seine Großmachtpläne damit auf. Die nächste Initiative zu einer wittelsbach-habsburgischen Heiratsallianz ging von Maria Theresia aus, die – mit 16 Kindern gesegnet – das dynastische Ehemodell politisch so intensiv und gezielt einsetzte wie kein anderer Herrscher des 18. Jahrhunderts. Nachdem ihr ältester Sohn Joseph II. (1741–1790) seine erste Gemahlin Isabella von Parma nach kurzer, seinerseits überaus glücklicher Ehe verloren hatte, drängte Maria Theresia den verzweifelt widerstrebenden jungen Witwer zu einer zweiten Heirat. Da ihm von Isabella nur ein Töchterchen geblieben war, das überdies im Kindesalter starb, galt es die Thronfolge im Mannesstamm aufrechtzuerhalten. Die Wahl einer Wittelsbacher Prinzessin erschien in Bezug auf österreichische Interessen im süddeutschen Raum sinnvoll, zumal der bayerische Kurfürst Max III. Joseph kinderlos war. Obwohl Joseph II. die kurfürstliche Schwester Maria Josepha (1739–1767) inkognito in Augenschein genommen und für zu hässlich befunden hatte, kam 1765 diese unglücklichste aller wittelsbach-habsburgischen

Verbindungen zustande. Joseph lehnte seine Braut vollkommen ab und vermied auch nach der Hochzeit jeglichen Kontakt zu ihr. Selbst Maria Theresia, die sich zunächst *„viel Freude und Ersprießlichkeit für die nunmehr von neuem auf ewig verbundenen Häuser“* versprochen hatte, musste sich das völlige Scheitern des Heiratsprojekts eingestehen. Das Ehemartyrium endete nach gut zwei Jahren durch den frühen Tod Maria Josephas 1767. Joseph II. verbot sich jede weitere Heirat – er war nicht mehr bereit, sein Privatleben der Staatsräson unterzuordnen.

Wäre seine wittelsbachische Gemahlin beim Ableben ihres kurfürstlichen Bruders noch am Leben gewesen, hätte Joseph II. vermutlich politischen Profit aus der Verbindung geschlagen und Erbfolgerechte auf Bayern geltend gemacht. Gleichwohl ergriff er, als Max III. Joseph zu Jahresende 1777 überraschend verstarb und der Pfälzer Kurfürst Karl Theodor aus Mannheim die Herrschaft in München übernahm, die Gelegenheit des Regierungswechsels, um unter Berufung auf ältere Rechtstitel in Niederbayern und der Oberpfalz einzumarschieren. Der neue pfalz-bayerische Kurfürst war seinerseits nur allzu gern bereit, auf Bayern zu verzichten, um im Tausch gegen die Österreichischen Niederlande ein mittel- und niederrheinisches Wittelsbacher Königreich zu errichten. Das Projekt rief den Widerstand der letzten wittelsbachischen Linie in Pfalz-Zweibrücken und des Preußenkönigs Friedrich II. hervor, der eine habsburgische Übermacht im Süden Deutschlands fürchtete. Es kam zum Bayerischen Erbfolgekrieg, der jedoch kein echter Schlachtenkampf, sondern eher ein ereignisloser „Zwetschgenrummel“ war. Im Frieden von Teschen 1779 verzichtete Österreich auf Bayern und erhielt im Gegenzug das Innviertel.

Blickt man auf die wittelsbach-habsburgischen Heiratsallianzen nach der Ehe Leopolds I. zurück, hatten sie alle zu Krisen geführt und in kriegerische Auseinandersetzungen gemündet – staatliche Ehepakte und Erbfolgekriege wiesen gemeinsame Wurzeln auf. In der Endphase des Ancien Régime büßten die Instrumente der dynastischen Heirat sowie des Erbfolgekriegs allerdings an Durchsetzungskraft ein. Die letzte wittelsbach-habsburgische Ehe vor der Französischen Revolution führte schließlich die Bedingungen politisch verabredeter Heiraten ad absurdum und mündete nicht mehr in einen veritablen, sondern nur noch in einen Ehe-Krieg. Der pfalz-bayerische Kurfürst Karl Theodor (1724–1799) hatte seine Tauschpläne nie aufgegeben. Sie erhielten neuen Auftrieb, als er 1795, nach dem Tod seiner ersten Gemahlin Elisabeth Augusta von Pfalz-Sulzbach, in zweiter Ehe die blutjunge habsburgische Prinzessin Maria Leopoldine (1776–1848) aus der Linie Österreich-Este heiratete. Die Verbindung sollte nicht nur den dringend benötigten legitimen Nachfolger hervorbringen, sondern auch den Zugriff Österreichs auf Bayern erleichtern sowie die Erbfolge der Pfalz-Zweibrückener Nebenlinie verhindern. Dieser politische Schachzug schlug jedoch völlig fehl. Die zum Zeitpunkt der Eheschließung 18-jährige Maria Leopoldine lehnte es rundweg ab, von ihrem 52 Jahre älteren, in Mätressenwirtschaft verbrauchten Ehegatten ein Kind zu bekommen. Ihr Ungehorsam war spektakulär. Weder ihr greiser Ehemann noch ihre habsburgische Familie, die die Heirat nach den Regeln der Tradition besiegelt hatten, brachten Verständnis für ihr rebellisches Wesen auf. In ihrer Ehe prallten herkömmliche Vorstellungen und neuer Zeitgeist unversöhnlich aufeinander. Das Konzept, wonach Fürstenkinder gefügig den politischen Erwartungen ihrer Familien zu entsprechen hatten, versagte zum ersten Mal in der Geschichte der bayerisch-österreichischen Beziehungen. Die selbstbewusste Maria Leopoldine trotzte der Fremdbestimmung ihres Daseins und brach aus den brüchigen höfischen Konventionen aus. Nach Karl Theodors Tod 1799 hintertrieb sie die Bemühungen ihrer kaiserlichen Verwandten, in München Fuß zu fassen, bereitete stattdessen die Thronübernahme des Zweibrückener Herzogs Max Joseph vor und verwirklichte einen eigenständigen, unabhängigen Lebensentwurf, mit dem sie in eine neue Zeit wies.

Dynastische Ehen am Beginn des 19. Jahrhunderts

Die Umwälzungen, die mit der Französischen Revolution einhergingen, erfassten auch die Grundlagen und Bedingungen politisch-dynastischer Ehen. Ihr Fundament – die Einheit von Dynastie und Staat – löste sich auf, der Staat ersetzte den Monarchen als Träger hoheitlicher Gewalt. Die nach 1800 geschlossenen Fürstenehen zielten immer seltener auf die Durchsetzung politischer Ansprüche oder Territorialgewinn, sondern eher auf Einfluss, Prestige oder militärische Unterstützung ab.

Als Kaiser Napoleon (1769–1821) um den Jahreswechsel 1805/06 den bayerischen Kurfürsten Max IV. Joseph dazu nötigte, dessen Tochter Auguste Amalie (1788–1851) mit seinem Stiefsohn Eugène de Beauharnais (1781–1824) zu vermählen, wollte er mit diesem Akt das junge Bündnis zwischen beiden Ländern festigen. Außerdem zielte er darauf ab, die militärische Gefolgschaft Bayerns im künftigen Rheinbund sicherzustellen – jener Militärallianz deutscher Fürsten, die unter Napoleons Protektorat dem alten Reich den Todesstoß versetzte. Die Hochzeit, die Mitte Januar 1806 in Anwesenheit des französischen Kaiserpaares in der Münchner Residenz stattfand und dem Brautvater die bayerische Königskrone beschert hatte, stellte per se nicht mehr den politischen Pakt her, sondern sicherte ihn nur ab. Die Verbindung zwischen Auguste und Eugène, dem Vizekönig von Italien, wurde wider Erwarten glücklich, brachte zahlreiche Kinder hervor und überdauerte den Zusammenbruch des napoleonischen Reiches.

Napoleon suchte weiter die familiäre Anbindung an altehrwürdige europäische Geschlechter, nicht zuletzt um das Legitimitätsdefizit seiner Familie und sein Image als Emporkömmling zu kompensieren. Der große Coup gelang ihm durch seine Heirat mit der österreichischen Kaisertochter Marie Louise (1791–1847). Nachdem seine erste Ehe mit Joséphine de Beauharnais an der Kinderlosigkeit des Paares zerbrochen war, richtete Napoleon seinen Antrag gezielt nach Wien. Eine habsburgische Braut sollte ihm neben legitimen Nachkommen auch die dynastische Anerkennung und politischen Prestigegewinn einbringen. Kaiser Franz II. wagte trotz der antifranzösischen Stimmung innerhalb der kaiserlichen Familie und der militärischen Demütigung Österreichs durch den Franzosen nicht, dessen Werbung abzulehnen. Vielmehr teilte er die Einschätzung seines Gesandten Metternich, dass Österreich, mit dem Rücken zur Wand stehend, das Schicksal der Monarchie nicht dem persönlichen Glück einer Prinzessin opfern dürfe. Aus der 1810 geschlossenen Ehe ging 1811 der ersehnte Thronerbe hervor. Die Beziehung entwickelte sich günstig, solange das Kaisertum Napoleons bestand. Doch nach dem Zusammenbruch 1814 suchte Marie Louise rasch das Weite, wurde regierende Herzogin von Parma und schloss nach Napoleons Tod noch zwei weitere Ehen.

Spannt man den Bogen zurück ins 17. Jahrhundert, so erkennt man, welch staatspolitisches Leistungsvermögen und Wirkungsfähigkeit, aber auch individuelle Unsicherheit und biologische Anfälligkeit staatlich vereinbarten Heiraten bis zum Ende des Ancien Régime innewohnten. Als politische Instrumente stellten sie in dynastischen Herrschaftssystemen wirkungsvolle Handlungsmechanismen dar, konnten für Stabilität und Konstanz sorgen, aber auch kulturelle und wirtschaftliche Transferleistungen herstellen. Sie waren substanzieller Bestandteil des Systems und kamen deshalb in jeder Generation aufs Neue zum Einsatz, ungeachtet schlechter Erfahrungen oder Rückschläge. Sie stärkten die staatlichen Ordnungen der alten Zeit und wurden umgekehrt auch von diesen gestützt.

Als im 19. Jahrhundert die Monarchen zu Verwaltern und Treuhändern der Staatsterritorien degradiert wurden und die Vorstellung von der göttlich legitimierten, allmächtigen Dynastie immer mehr an Bedeutung verlor, veränderte sich auch der Charakter der dynastischen Ehe. Zwar existierte sie als gesellschaftliche Institution unter dem Diktum hochadeliger Familieninteressen – vor allem der ebenbürtigen Thronfolge und der Prestigeansprüche – noch bis zum Ende der Monarchien, doch gehorchte sie immer weniger den Weisungen der Staatsräson als vielmehr dem Gefühl und der freien Willensentscheidung. Die Emanzipationsprozesse der Aufklärung und der Französischen Revolution hatten das Selbstverständnis der Menschen verändert und dazu geführt, dass vor allem Frauen, die in dieser Hinsicht einen größeren Nachholbedarf als ihre männlichen Partner hatten, individuelle Vorstellungen von der Gestaltung ihres persönlichen Lebens entwickelten und ihre Realisierung einforderten. Das einst so mächtige und einflussreiche Instrumentarium der Politik verfiel zu einem Ornament.

Weiterführende Literatur:

Adalbert von Bayern, Eugen Beauharnais, der Stiefsohn Napoleons. Ein Lebensbild. München ²1950.

Brigitte Hamann (Hg.), Die Habsburger. Ein biographisches Lexikon. München 1988.

Peter Claus Hartmann, Karl Albrecht – Karl VII. Regensburg 1985.

Heinz-Dieter Heimann, Die Habsburger. Dynastie und Kaiserreiche. München ²2004.

Franz Herre, Marie Louise. Napoleon war ihr Schicksal. Köln 1996.

Ludwig Hüttl, Max Emanuel. Der Blaue Kurfürst 1679–1726. Eine politische Biographie. München 1976.

Gerhard Immler, Politische Aspekte der Heiraten im Hause Wittelsbach in der 1. Hälfte des 19. Jahrhunderts. In: Konrad Ackermann, Alois Schmid und Wilhelm Volkert (Hg.), Bayern vom Stamm zum Staat. Festschrift für Andreas Kraus zum 80. Geburtstag (Schriftenreihe zur bayerischen Landesgeschichte 140). 2 Bde., Bd. 2. München 2002, S. 243–272.

Josefine Käse, Dynastische Einheit und staatliche Vielfalt – die frühe Reformpolitik Kurfürst Karl Theodors in Pfalz-Bayern 1778/79. Phil. Diss. masch. Aachen 1999.

Alfred Kohler, „Tu felix Austria nube ...“. Vom Klischee zur Neubewertung dynastischer Politik in der neueren Geschichte Europas. In: Zeitschrift für Historische Forschung 21 (1994), S. 461–482.

Andreas Kraus, Das Haus Wittelsbach und die europäischen Dynastien. In: Zeitschrift für Bayerische Landesgeschichte 44/1 (1981), S. 3–452.

Andreas Kraus, Bayern im Zeitalter des Absolutismus (1651–1745). Die Kurfürsten Ferdinand Maria, Max II. Emanuel und Karl Albrecht. In: Ders. (Hg.), Handbuch der Bayerischen Geschichte II: Das alte Bayern. Der Territorialstaat vom Ausgang des 12. Jahrhunderts bis zum Ausgang des 18. Jahrhunderts. München ²1988, S. 459–535.

Sylvia Krauss-Meyl, Das „Enfant Terrible“ des Königshauses. Maria Leopoldine, Bayerns letzte Kurfürstin (1776–1848). Regensburg ²2002.

Johannes Kunisch, Staatsverfassung und Mächtepolitik. Zur Genese von Staatenkonflikten im Zeitalter des Absolutismus. Berlin 1979.

Reinhard Lebe, Ein Königreich als Mitgift: Heiratspolitik in der Geschichte. Stuttgart 1998.

Johannes Paulmann, Pomp und Politik. Monarchenbegegnungen in Europa zwischen Ancien Régime und Erstem Weltkrieg. Paderborn–München–Wien–Zürich 2000.

Volker Press, Leopold I. In: Neue Deutsche Biographie (NDB) 14. Berlin 1985, S. 256–260.

Eberhard Straub, Repraesentatio maiestatis oder churbaierische Freudenfeste in der Münchner Residenz vom 16. bis zum Ende des 18. Jahrhunderts (Miscellanea Bavarica Monacensia 14). München 1969.

Eberhard Weis, Das Haus Wittelsbach in der europäischen Politik der Neuzeit. In: Zeitschrift für bayerische Landesgeschichte 44/1 (1981), S. 211–231.

Friedrich Weissensteiner, Liebeshimmel und Ehehöllen. Heiraten zwischen Habsburgern und Wittelsbachern. Regensburg 1999.

Abb. 1
Kaiser Leopold I., Benjamin von Block, 1672
(© Kunsthistorisches Museum mit MVK und ÖTM Wien)

Abb. 2
Eleonore Magdalena von Pfalz-Neuburg, um 1680
(© Kunsthistorisches Museum mit MVK und ÖTM Wien)

Abb. 3
Kurfürst Max Emanuel, Joseph Vivien, 1699
(© akg | Bayerische Staatsgemäldesammlungen München)

Abb. 4
Erzherzogin Maria Antonia, Benjamin von Block, 1684
(© Kunsthistorisches Museum mit MVK und ÖTM Wien)

Abb. 5
Maria Josepha von Bayern, Martin van Meytens (?), um 1765
(© Kunsthistorisches Museum mit MVK und ÖTM Wien)

Abb. 6
Kaiser Joseph II., Friedrich Heinrich Füger, 1784
(© Wien Museum)

Abb. 7
Maria Leopoldine von Österreich-Este, Moritz Kellerhoven, um 1795–1799
(© Bayerische Schlösserverwaltung München)

Abb. 8
Kurfürst Karl Theodor, um 1795
(© bpk | Bayerische Staatsgemäldesammlungen München)

Applausi festivi barriera

Der Festumzug des Münchner Hofes 1658 zu Ehren Kaiser Leopolds I.

Sigrid Epp

Am 28. August 1658 veranstaltete der bayerische Kurfürst zu Ehren des neu gekrönten Kaisers Leopold I., der auf seiner Rückreise von den Krönungsfeierlichkeiten in Frankfurt in München Station machte, den Festumzug „Applausi festivi barriera“ mit anschließendem Turnier. Das dazu erschienene Libretto enthält 36 Radierungen des Stechers Johann Schinnagl nach Zeichnungen Caspar Amorts, die sich jedoch nicht als Bildberichterstattung im modernen Sinn verstehen lassen. Vielmehr gab es zwischen der Drucklegung und der tatsächlichen Ausführung vermutlich etliche Planänderungen, die nicht zuletzt der politischen Situation während der langen Sedisvakanz zwischen dem Tod Kaiser Ferdinands III. am 2. April 1657 und der Krönung seines zweiten Sohnes Leopold am 1. August 1658 zuzuschreiben sind; damals war zunächst der bayerische Kurfürst als Kaiserkandidat in Diskussion gewesen.

Das Programm ruft den gesamten Kosmos auf, dem neuen Oberhaupt des Heiligen Römischen Reiches zu huldigen. Und so zogen am Platz des Kaisers – teils auf *„Machine“*, also verkleideten Wagen – die vier Tageszeiten und ihre Einheiten nach Stunden vorbei, die vier Himmelsrichtungen, versinnbildlicht durch die Winde, die vier Kontinente, vertreten durch je zwei Angehörige dort beheimateter Völker, das Jahr mit den vier Jahreszeiten und den zwölf Monaten, veranschaulicht durch die Tierkreiszeichen, und die vier Temperamente, ergänzt durch je einen Wasser- und Feuerberg für die Eigenschaften feucht/kalt sowie trocken/heiß. Höhepunkte waren Nacht und Tag, verkörpert von Herzog Maximilian Philipp als Diana und Kurfürst Ferdinand Maria als Apoll. Berufssänger in den Rollen der Iris, des Abends, der Nacht, des Morgens und des Mittags sangen dem Kaiser ihre Hymnen. Die prächtig aufgeputzten mitgeführten Turnierpferde, die Nachhut aus 32 berittenen Herolden mit Fahnen, auf denen in 32 Chronogrammen zum Jahr 1658 der Kaiser gepriesen wurde, und die abschließende Musikkapelle sind nur in den handschriftlichen Notizen eines Augenzeugen in jenem Exemplar des Librettos beschrieben, das sich in der Bayerischen Staatsbibliothek in München erhalten hat.

Ein bislang nicht bekanntes Inventar der kurfürstlichen Requisitenkammer, das die Kostüme der nahezu 200 Mitwirkenden auflistet, bestätigt die Illustrationen größtenteils und gestattet einen einmaligen Einblick in die zeitgenössische, äußerst perfektionistische Theaterpraxis. Auf Fernwirkung berechnet, sollten Farben und Dekor die Einzelgruppen kenntlich machen: Blau, Blaugrau und Weiß für die Abenddämmerung, Schwarz mit goldenen Sternen für die Nacht, Grün und Weiß für die Figuren des Naturkreislaufs um Diana/Luna. Die blumenverzierten weißen Kostüme des Morgens wurden als Hommage an die österreichischen Nationalfarben durch rote ergänzt, der Mittag erschien in Gelb und Weiß mit roten Flammenverzierungen, übertroffen von der Gruppe um Apoll/Helios in Weiß, Gelb und Rot mit reicher Verzierung in Silber und Gold. Wenn nicht gar nur aufgemalt, bestanden diese Verzierungen aus Bortenbesätzen in „leonischem“, also falschem Gold. Ähnlich waren die Kostüme vorwiegend aus leichten, sehr lockeren Seidengeweben wie Taft oder Sendel gefertigt, denen man durch Leinenfutter Stand und Strapazierfähigkeit verleihen wollte. Trotzdem sind Requisiten wie der Schurz aus bunten Straußenfedern der Brasilianer nach einmaligem Gebrauch als *„itzt alles zerbrochen und nit mehr zu gebrauchen“* registriert. Wertvolle Stoffe wie gemusterter Damast oder Atlas wurden nur vereinzelt verwendet, die fantasievollen Kopfbedeckungen sind kaum näher beschrieben. Eine wichtige Rolle spielten körpernah geschnittene Kostüme wie die langen „ungarischen“ Hosen im Gegensatz zu den knielangen weiteren Röhrenhosen der zeitgenössischen Männertracht sowie das miederartige *„Leibstuckh“* oder *„Kamonsoll“* (vom französischen Chemisol) in unterschiedlichen Fleischfarben *(„pliefarben“, „leibfarben“, „hautfarben“)*, mit denen man die verschiedenen Ethnien darstellte; sie ließen die „wilden Völker“ aus Südamerika, Indien oder Afrika in der Fernsicht glaubhaft als halbnackt erscheinen. Für die *„Congitaner“* hat sich, entgegen Amorts Vorschlag, unter den mitwirkenden 32 bayerischen Adligen wohl nur ein Freiwilliger gefunden, der – in schwarzen Hosen und schwarzem Wams – einen nackten Schwarzafrikaner darzustellen bereit war. Für seine Kostüme hat sich Amort, wie in den Notizen aus der Planungsphase vorgeschlagen, von den Illustrationen im 1635 in Amsterdam von Willem Blaeu herausgegebenen kartografischen Werk „Theatrum Orbis Terrarum sive Atlas Novus“ anregen lassen; doch wurden schließlich nur wenige Modelle in einheitlichen Zuschnitten angefertigt.

Trotz der zahlreichen Frauenrollen wirkten ausschließlich Männer mit, die man mittels *„Larfen“* (Masken), Perücken, Frauenröcken und langer Ärmel in Nymphen verwandelt hatte; sie allein konnten die Zugtiere in Zaum halten. Ob die Verkleidung als Greifen und Kentauren mit Hauben aus Pappe tatsächlich realisiert wurde, bleibt fraglich, wenngleich tatsächlich ein Augsburger Maler, wie aus den Archivalien hervorgeht, auf die Herstellung derartiger Requisiten spezialisiert war. Dort nimmt auch die Suche nach geeigneten

Zugtieren wie kleinwüchsigen Pferden (*„cavallini"*), Ochsen oder großen, englischen Hunden, die man mittels Bemalung in Panther umwandeln wollte, breiten Raum ein. Bereits bei den Stuttgarter Festen von 1609 und 1616 waren fahrende Berge zahlreich vertreten gewesen – womöglich hat man sich in München an der technischen Umsetzung von damals orientiert.

Einzigartig waren weder die Technik noch die Inhalte des Münchner Umzugs, schließlich hatte es Einlagen von Exoten und Auftritte von Allegorien der Elemente, Kontinente oder Jahreszeiten in der Festkultur der europäischen Höfe vereinzelt bereits seit dem 16. Jahrhundert gegeben. Aber der Münchner Umzug war nach einem einheitlichen Programm beispiellos konsequent in Szene gesetzt worden – mit den bevorzugten Themen der gemalten und stuckierten Dekorationen späterer barocker Schlösser.

Weiterführende Literatur:

Andrea Sommer-Mathis, Text zu Kat.Nr. 7.9. In: Federschmuck und Kaiserkrone. Das barocke Amerikabild in den habsburgischen Ländern. Ausst. Kat. Wien 1992, S. 283–284.

Jean Jacquot und Günter Schöne, Note sur quelques dessins du Louvre et un tournoi de Munich 1658. In: Les fêtes de la Renaissance. 3 Bde., Bd. III. Paris 1975, S. 411–419.

http://www.riha-journal.org/articles/2012/2012-jan-mar/epp-festumzug

Abb. 1
Die „Ritter des heißen Südens" (Johann Adolph von Starzhausen, Johann Albrecht von Toerring-Jettenbach, Franz Royer und Albrecht Wilhelm Lösch von Hilgertshausen)
(© Herzog August Bibliothek Wolfenbüttel)

Abb. 2
Der Feuerberg Ätna mit fünf Posaune blasenden Nymphen
(© Herzog August Bibliothek Wolfenbüttel)

Abb. 3
Die Heliaden führen den goldenen Wagen des Sonnengottes Apoll
(© Herzog August Bibliothek Wolfenbüttel)

Abb. 4
Der goldene Wagen des Sonnengottes Apoll mit den neun musizierenden Musen (Kurfürst Ferdinand Maria)
(© Herzog August Bibliothek Wolfenbüttel)

Zwischen politischer Repräsentation und höfischer Unterhaltung

Hochzeitsfeste am Wiener und am Münchner Hof vom 16. bis zum 18. Jahrhundert

Andrea Sommer-Mathis

Wenn es die Heiratspolitik der Habsburger in der Frühen Neuzeit zu charakterisieren gilt, so ist „*Bella gerant alii, tu felix Austria nube*“ längst zum geflügelten Wort geworden. Doch andere europäische Dynastien suchten ihre politischen Ambitionen ebenfalls durch klug gewählte Eheverbindungen mit anderen Herrscherhäusern durchzusetzen – so verfolgten auch die Wittelsbacher durch ihre zahlreichen Wechselheiraten mit Mitgliedern aus dem Hause Habsburg ganz konkrete politische Ziele. *(Siehe dazu den Beitrag von Sylvia Krauss-Meyl.)*

Die eminent macht-, aber auch religionspolitische Bedeutung dieser Eheverbindungen manifestierte sich nicht zuletzt in Festen, Theater- und Opernaufführungen, wie sie sowohl am Wiener als auch am Münchner Hof veranstaltet wurden. Dramen, allegorische Turniere oder Opern mit Sujets aus der antiken Mythologie und Geschichte thematisierten hier wie dort Macht- und Geltungsansprüche der Fürsten und dienten damit nicht nur der obligaten höfischen Repräsentation, sondern auch der Legitimation ihrer Herrschaft. Obwohl das vergleichsweise kleine Bayern nicht über entsprechende finanzielle Mittel für derlei Spektakel verfügte, orientierten sich die Wittelsbacher am Modell der weit potenteren Höfe in Wien und Versailles und demonstrierten in ihren Festveranstaltungen den Anspruch einer Dynastie, die mit anderen europäischen Herrschaftshäusern, vor allem aber mit den Habsburgern konkurrieren wollte.

Ritterliche Turniere, Maskeraden, Tanz und Theater im 16. Jahrhundert

Das verwandtschaftliche Naheverhältnis zwischen Habsburgern und Wittelsbachern wurde 1546 mit der Heirat von Herzog Albrecht V. von Bayern und Anna von Österreich, einer Tochter Kaiser Ferdinands I. und Schwester Erzherzog Ferdinands II. von Tirol, begründet. Diese Eheverbindung und die geografische Nähe von München, Innsbruck und Wien schufen intensive Kontakte zwischen den beiden Dynastien, die sich auch in einem regen künstlerischen Austausch niederschlugen.

So nahm etwa Herzog Albrecht V. als Ehrengast am sogenannten Wiener Turnier teil, das der spätere Kaiser Maximilian II. 1560 für seinen Vater Ferdinand I. veranstaltete. Einen ganzen Monat lang vergnügte man sich bei ritterlichen Kampfspielen, Festbanketten, Maskeraden und Bällen, die durch eine ausführliche Festbeschreibung in Wort und Bild außergewöhnlich gut dokumentiert sind. Als Herzog Albrecht V. seinerseits 1568 die Hochzeit für seinen Sohn Wilhelm und die lothringische Prinzessin Renata in seiner Münchner Residenz ausrichtete, stand er zweifellos noch unter dem Eindruck der Wiener Festlichkeiten, denen er Ähnliches, wenn nicht sogar Eindrucksvolleres entgegensetzen wollte. In einer bemerkenswerten Festfolge, die zumindest ansatzweise nahezu alle Elemente der großen Festzyklen des 17. Jahrhunderts vorwegnahm, ließ er Turniere in allen damals gebräuchlichen Spielarten abhalten, dazu Theateraufführungen, Tanzveranstaltungen, Maskenbälle und Schlittenfahrten.

Die Münchner Feierlichkeiten – in der Festbeschreibung von Massimo Troiano für Zeitgenossen und Nachwelt propagandistisch festgehalten – hatten Vorbildwirkung für viele europäische Höfe, auch für jene der Habsburger in Wien und Graz, wo man 1571 die Festivitäten zur Hochzeit Marias von Bayern, Schwester Wilhelms V., mit Erzherzog Karl II. von Innerösterreich, dem jüngsten Sohn Kaiser Ferdinands I., mit großem Pomp veranstaltete. Da diese Eheverbindung das Bündnis der beiden katholischen Mächte gegen die protestantischen Fürsten im Reich besiegeln sollte, wurde es als ein für beide Dynastien besonders wichtiges Ereignis unter Aufbietung aller künstlerischen Kräfte groß gefeiert.

Höhepunkt der Festlichkeiten von 1571 stellte ein allegorisches Turnier dar, das Giuseppe Arcimboldo, der spätere Hofmaler Kaiser Rudolfs II., wesentlich mitgestaltete: In bunten Masken und Kostümen repräsentierten Mitglieder des Kaiserhauses und des höchsten Adels die vier Weltteile, Elemente und Jahreszeiten, Winde, Flüsse und Länder, die sieben freien Künste, die Kardinaltugenden, die Jagdgöttin Diana, den Meeresgott Neptun, Ritter von König Artus' Tafelrunde sowie verschiedene Fantasiegestalten – Riesen, Zwerge mit überdimensionalen Köpfen, Menschen mit Schwanenhälsen, Männer mit Tiermasken und Ähnliches mehr. Der hinter diesem kosmologischen Programm stehende imperiale Anspruch der habsburgischen Festorganisatoren manifestierte sich nicht zuletzt auch darin, dass Europa im Turnier über die anderen Erdteile siegte.

Nach dem Tod Kaiser Maximilians II. im Jahre 1576 sollte es einige Jahrzehnte dauern, bis wieder Festesfreude am Wiener Hof Einzug hielt, weil Maximilians Nachfolger Rudolf II. 1583 die kaiserliche Hofhaltung nach Prag verlegte. Erst als sein Bruder Matthias 1612 die Kaiserwürde übernahm, wurde Wien wieder zum Regierungssitz und damit auch zum Zentrum der Festkultur.

Doch zuvor schon, in den Jahren 1599/1600, hatte man – zunächst in

München und dann in Graz – eine weitere bayerisch-österreichische Eheverbindung gefeiert: Auch bei der Hochzeit von Erzherzog Ferdinand, Sohn Karls II. von Innerösterreich aus dessen Ehe mit Maria von Bayern, und Maria Anna von Bayern, Tochter Herzog Wilhelms V. und Renatas von Lothringen, bildeten Turniere, Tanzvergnügungen und Theateraufführungen den festlichen Rahmen.

Oper, Turnierspiel und Feuerwerksdrama um die Mitte des 17. Jahrhunderts

Aus dieser Ehe ging Erzherzogin Maria Anna hervor, die 1635 im Alter von 25 Jahren mit ihrem 62-jährigen Onkel, dem Kurfürsten Maximilian I. von Bayern, vermählt wurde. Von den Wiener Hochzeitsfestlichkeiten ist kaum etwas bekannt: In dem erst wenige Jahre zuvor errichteten Tanzsaal in der Hofburg wurden eine Komödie und ein Ballett aufgeführt, man veranstaltete ein Turnier und unterhielt sich mit einem Ausflug nach Schloss Ebersdorf sowie einer Wasserjagd in den Donauauen. Auch in München bot die Hochzeit Anlass für Feste; unter anderem brachten Schüler des dortigen Jesuitenkollegs „Nabuchodonosor Göttlicher Gerechtigkeit und Barmhertzigkeit Schawspiel" zur Aufführung. Im Prolog stellten sie die Namen des Kurfürstenpaares in kunstvoll choreografierten Figuren dar, um am Ende des Schauspiels als wilde Männer verkleidet zu entsprechender Musik zu tanzen.

Kurfürst Maximilian I. war zwar selbst nicht besonders festesfreudig, achtete jedoch stets darauf, dass seine Hofhaltung den europäischen Gepflogenheiten entsprach, und gab beträchtliche Summen für repräsentative Zwecke aus. Ihm und wohl auch seiner habsburgischen zweiten Ehefrau ist die Einführung der italienischen Oper in München zu verdanken, ebenso der Auftrag zum Bau des Opernhauses am Salvatorplatz, das aber erst drei Jahre nach Maximilians Tod 1651 fertiggestellt wurde. *(Siehe dazu den Beitrag von Sebastian Werr.)* Auch die Festlichkeiten zur Vermählung seines Sohnes Ferdinand Maria mit Prinzessin Henriette Adelaïde von Savoyen im Februar 1652 waren noch von Maximilian I. initiiert worden; mit feierlichen Einzügen, Turnieren, Opern, Balletten, Maskenbällen und Feuerwerken enthielten sie alle Elemente der großen Barockfeste. In den folgenden Jahrzehnten fanden zwar keine Wechselheiraten zwischen Habsburgern und Wittelsbachern statt, doch gab es immer wieder Gelegenheit, an den Festveranstaltungen des jeweils anderen Hofes teilzunehmen. So machten die Habsburger auf dem Hin- oder Rückweg zum Reichstag in Regensburg (1636, 1653), zur Kaiserwahl bzw. -krönung in Frankfurt am Main (1658) oder Augsburg (1690) in München längere Station und wurden dort feierlich empfangen und auch theatralisch unterhalten.

Die Feste, die Kurfürst Ferdinand Maria aus Anlass des Besuchs von Kaiser Leopold I. 1658 veranstaltete, gehörten zu den aufwendigsten Spektakeln, die man im 17. Jahrhundert in München zu sehen bekam. *(Siehe dazu den Beitrag von Sigrid Epp.)* Sie wurden nur von den 1662 anlässlich der Geburt des lang ersehnten Erbprinzen Max Emanuel veranstalteten „Applausi festivi" übertroffen. Diese konnten sich – auch in ihrer formalen Anlage als Trilogie mit der Oper „Fedra incoronata", dem Turnierspiel „Antiopa giustificata" und dem Feuerwerksdrama „Medea vendicativa" – durchaus mit den in diesen Jahren in Dresden (1662), Versailles (1664) oder Wien (1666–1668) abgehaltenen höfischen Festen messen. Hier wie dort wurden Reiterspiele und Feuerwerke zunehmend dramatisiert und allegorisiert, gleichzeitig rückte die italienische Oper, die meist auch zahlreiche politische Anspielungen enthielt, immer mehr ins Zentrum des Festprogramms. Dabei bemühte man sich, die theatralischen Veranstaltungen durch gemeinsame Inhalte und Themen miteinander zu verbinden, die der Apotheose des jeweiligen fürstlichen Auftragsgebers bzw. Widmungsträgers dienten. In den „Applausi festivi" von 1658 huldigte man neben dem kaiserlichen Gast Leopold I. auch dem bayerischen Kurfürsten, der seinen habsburgischen Vetter zwar bei der Kaiserwahl unterstützt hatte, nun aber durch besonderen festlichen Prunk zu beweisen versuchte, dass auch er – nicht zuletzt von seinen repräsentativen Möglichkeiten her – durchaus eine Option für den Kaiserthron gewesen wäre.

Nach dem Tod von Kurfürst Ferdinand Maria im Jahre 1679 übernahm zunächst sein Bruder Herzog Max Philipp die Amtsgeschäfte für den noch minderjährigen Kurprinzen Max Emanuel. Mit seinem Regierungsantritt kam es zu einer entscheidenden Kursänderung in der Außenpolitik Bayerns: Ferdinand Maria hatte 1670 einen Bündnisvertrag mit Frankreich geschlossen und favorisierte dessen Ansprüche auf das spanische Erbe; Max Emanuel hingegen orientierte sich wieder stärker am Haus Habsburg und unterstützte den Kaiser auch aktiv im Großen Türkenkrieg. Durch seinen persönlichen Einsatz bei der Zweiten Wiener Türkenbelagerung 1683 erwarb sich der junge Kurfürst den Ruf eines hervorragenden Feldherrn, der sich durch die Eroberung Belgrads 1688 noch weiter festigen sollte.

Inszenierung antiker Mythen bei der Hochzeit von 1685

Die Vermählung Max Emanuels II. mit Erzherzogin Maria Antonia, der Tochter Kaiser Leopolds I. aus seiner ersten Ehe mit der spanischen Infantin Margarita Teresa, sollte nicht nur die neuerliche politische Annäherung zwischen Habsburgern und Wittelsbachern besiegeln, sondern eröffnete Bayern auch die Aussicht auf die Krone Spaniens: Der spanische König Karl II. war kinderlos, und Maria Antonia konnte als seine Nichte für ihre Nachkommen Ansprüche auf die Erbfolge geltend machen.

Die Hochzeit fand im Juli 1685 in Wien statt, genau 50 Jahre nach jener des Großvaters des Bräutigams, des Kurfürsten Maximilian I., mit Erzherzogin Maria Anna, auf die in den Festlichkeiten auch mehrfach angespielt wurde. Nach der Trauung in der Augustinerkirche am 15. Juli begab sich die Festgesellschaft zur Hochzeitstafel in die Ritterstube der Hofburg. Am folgenden Abend nahm sie zunächst eine Merenda, eine opulente Jause, im sogenannten Paradeisgartl ein, um anschließend in einem anderen kaiserlichen Garten der Serenata „Il Sagrificio d'Amore" zu lauschen. Die Kaiserinwitwe Eleonora di Gonzaga hatte ihren neuen Kapellmeister Giovanni Battista Pederzuoli mit der Komposition einer kleinen Oper betraut, die unter dem

Titel „Musica, Pittura e Poesia“ in ihrem neuen Lustgarten Bellaria auf der Stadtmauer aufgeführt wurde. Auch die Jesuiten ehrten die Neuvermählten mit einer Theateraufführung und spielten das lateinische Drama „Pietas oppugnata et vindicata“, zu dem der Regens chori des Professhauses Johann Bernhard Staudt die Musik komponiert hatte. Sujet des Schauspiels war der Angriff des Hunnenkönigs Attila auf den frommen oströmischen Kaiser Martianus – eine direkte Bezugnahme auf die Bedrohung des Habsburgerreiches durch die Osmanen. Im Prolog traten neben der personifizierten Frömmigkeit (Pietas) auch antike Götter auf, dem Anlass entsprechend unter anderem der Hochzeitsgott Hymenäus; im Epilog erschien die Göttliche Vorsehung (Divina Providentia) auf einem Regenbogen und wünschte dem Kurfürstenpaar ewige Einigkeit und Fruchtbarkeit.

Die Aufführung der eigentlichen Hochzeitsoper „Il Palladio in Roma“ (Text: Niccolò Minato, Musik: Antonio Draghi) musste auf die Zeit nach der Rückkehr des Kurfürsten von seinen Feldzügen gegen die Türken verschoben werden. Manch einer hätte es lieber gesehen, wenn der Brautvater, statt in teure Hochzeitsfestlichkeiten, in den Krieg gegen die Türken investiert hätte. Doch wie viele andere Fürsten nützte Kaiser Leopold I. ganz gezielt auch die Mittel der kulturellen Repräsentation im Kampf gegen seine Feinde, seien es nun die Franzosen oder die Osmanen.

Der Librettist Niccolò Minato nahm in „Il Palladio in Roma“ auf die aktuelle politische Lage Bezug und lieferte im „Argomento“ den Schlüssel zum Verständnis seiner komplexen Allegorien: Das Palladium – eine legendäre Abbildung der Pallas Athene, die in Troja und dann in Rom im Vestatempel aufbewahrt wurde und schon in der Antike verschieden gedeutet worden war – stand hier symbolisch für das Haus Habsburg, das – laut Minato – stets als Schutzschild zur Verteidigung der Unterdrückten, aber auch des katholischen Glaubens gedient habe. Die Tatsache, dass das antike Palladium beim Brand des Vestatempels von Lucius Metellus gerettet worden sei, verknüpfte der Librettist mit dem türkischen Kriegsbrand in den habsburgischen Ländern und mit dem Kurfürsten Max Emanuel, der den Habsburgern zu Hilfe geeilt sei und nun zum Dank die erzherzogliche Braut erhalte. In der Schlussszene der Oper, der „Licenza“, wurde nochmals auf die engen familiären Beziehungen zwischen Habsburgern und Wittelsbachern hingewiesen – sowohl im Text als auch durch den Auftritt von Personifikationen aller Mitglieder aus beiden Dynastien, die durch Heirat miteinander verbunden waren.

Ähnliche auf der Inszenierung antiker Mythen beruhende dynastische Bezüge wurden auch bei den Münchner Hochzeitsfestlichkeiten hergestellt. Gelangte im Juli 1685 einzig ein Jesuitendrama über Konstantin den Großen zur Aufführung, so boten die Feste, die Anfang 1686 nach der Rückkehr Max Emanuels von seinen Feldzügen in Ungarn stattfanden, mehrfach Gelegenheit, ihn als großen Türkensieger zu feiern. Nicht weniger als drei Opern und ein Turnierspiel standen auf dem Programm: In dem Turnierdrama „Erote ed Anterote“ (Text: Ventura Terzago, Musik: Ercole Bernabei) wurde Max Emanuel mit Kadmos, dem Begründer Thebens, in Beziehung gesetzt und damit selbst als potenzieller Staatengründer inszeniert. Dieser Gedanke fand auch in zwei Opern Aufnahme: Der Titelheld von „Ascanio“ (Text: Filippo Renato Sbarra, Musik: Giuseppe Antonio Bernabei) hatte die Trojaner in Latium angesiedelt und damit die Voraussetzungen für die Gründung Roms geschaffen; mit dem Protagonisten von „Servio Tullio“ (Text: Ventura Terzago, Musik: Agostino Steffani), dem römischen Feldherrn, der zum sechsten römischen König aufsteigen sollte, konnte man nicht nur auf die militärischen Erfolge Max Emanuels im Kampf gegen die Osmanen anspielen, sondern auch auf seine Ansprüche auf höhere Würden, die durch die Eheschließung mit der habsburgischen Prinzessin reales Gewicht bekamen. Erzherzogin Maria Antonia starb allerdings bereits sieben Jahre nach der Hochzeit, und Max Emanuel heiratete 1694 mit Theresia Kunigunde eine Tochter des polnischen Königs Jan III. Sobieski, seines Mitstreiters in der Schlacht vor Wien im Jahre 1683.

Politisches Kräftemessen durch Prunkentfaltung bei der Hochzeit von 1722

Nachdem Max Emanuel im Spanischen Erbfolgekrieg die Fronten gewechselt und sich von den Habsburgern ab- und den Bourbonen zugewandt hatte, wurde er nach der Niederlage bei Höchstädt 1704 ins Exil nach Brüssel verbannt. Bei seiner Rückkehr nach dem Frieden von Rastatt 1715 feierte man ihn in München unter anderem mit einem allegorischen Feuerwerk, in dem ihm emblematisch als neu erstrahlender Sonne nach langer Finsternis *(„Post Nubila Phoebus“)* gehuldigt wurde.

Als Pfand der Aussöhnung mit den Habsburgern wurde 1722 der Sohn Max Emanuels, Kurprinz Karl Albrecht, mit Erzherzogin Maria Amalia, der zweiten Tochter Kaiser Josephs I., vermählt. Am 27. September erfolgte die offizielle Brautwerbung durch den bayerischen Gesandten Graf Törring, der den Adel mit Festtafeln, Bällen und Illuminationen unterhielt, während er die Bevölkerung mit Wein und Gedenkmünzen bedachte. Wie schon sein Vater im Jahre 1685, so reiste nun auch Karl Albrecht persönlich zu seiner Hochzeit an, die diesmal nicht in der Hofburg, sondern in der kaiserlichen Favorita stattfand. Der Komödiensaal des Schlosses war für die Hochzeitstafel mit Tapisserien, silbernen Wand- und kristallenen Hängeleuchtern dekoriert worden, und fünf allegorische Schaugerichte spielten auf die politischen Implikationen der Hochzeit an. Das Festmahl nach der Einsegnungsmesse wurde in die Galerie verlegt, weil man den Komödiensaal für die abendliche Theateraufführung benötigte.

Man verzichtete in diesem Fall auf eine große Hochzeitsoper und beschränkte sich auf eine einaktige Festa teatrale mit dem Titel „Le nozze di Aurora“. Die Musik stammte vom Hofkapellmeister Johann Joseph Fux, das Libretto vom kaiserlichen Hofpoeten Pietro Pariati, der auch die Texte zu jenen beiden Turnierspielen schuf, die wenig später zur Feier der bayerisch-österreichischen Eheschließung in München aufgeführt werden sollten. Im Mittelpunkt des Wiener Festspiels stand die von den Göttern unterschiedlich kommentierte Liebesgeschichte zwischen Aurora, der Göttin der Morgenröte, und Tithonos, einem Bruder des Priamos. Den Mangel an Dramatik versuchte man durch optische Effekte wettzumachen: Der Bühnenbildner Giuseppe Galli-Bibiena hatte für den Prolog eine Wolkenmaschine und ein Transparent mit dem Regenbogen der Iris, für die eigentliche Handlung eine prächtige Palastdekoration entworfen. Die Festa teatrale wurde durch zwei allegorische Ballette ergänzt, und auch dem Chor kam in diesem Werk eine bedeutende Funktion zu.

Schon am Tag nach dieser Aufführung trat das Kurprinzenpaar seine Reise nach München an, wo der Kurfürst von Bayern wesentlich aufwendigere Feierlichkeiten als in Wien vorbereitet hatte. Damit wollte er ganz bewusst in Konkurrenz zum Kurfürsten von Sachsen treten, der seinerseits 1719 für die Hochzeit seines Sohnes Friedrich August mit Erzherzogin Maria Josepha spektakuläre „Planetenfeste" veranstaltet hatte. Hier fand ein politisches Kräftemessen durch repräsentative Prunkentfaltung statt, wie es sich im 17. Jahrhundert zwischen Wien und Versailles, aber auch zwischen Wien und München entfaltet hatte. In Dresden wie in München bediente man sich dafür sowohl der Mittel von Theater, Musik und Fest als auch der Architektur, denn gerade in diesen Jahren wurden nicht nur die bestehenden Residenzen ausgebaut, sondern auch neue Schlösser (Zwinger, Nymphenburg, Schleißheim) errichtet. *(Siehe dazu den Beitrag von Brigitte Langer.)* Die beiden Kurfürsten wollten einander, aber natürlich auch anderen europäischen Herrschern demonstrieren, dass sie allein schon aufgrund der ihnen zur Verfügung stehenden finanziellen und repräsentativen Mittel für größere politische Aufgaben bereit, ja prädestiniert wären.

Auf dem Münchner Festkalender von 1722 standen nicht weniger als zwei große Festopern – „Adelaide" (Text: Antonio Salvi, Musik: Pietro Torri) und „I veri amici" (Text: Francesco Silvani und Domenico Lalli, Musik: Tommaso Albinoni) – sowie mit „La publica felicità" (Text: Pietro Pariati, Musik: Pietro Torri) und „Il trionfo d'Amore" (Text: Pietro Pariati, Musik: Tommaso Albinoni) zwei allegorische Turnierspiele. In den beiden Festopern wurde die 1685/86 so zentrale Frage der Legitimation von Herrschaft zwar wieder aufgegriffen, doch verlagerte sich die Huldigung an die Dynastie aus der Handlung weitgehend in die mythologische Szenerie des Prologs. Besonders bemerkenswert an den Münchner Festlichkeiten, die auch mehrere kleinere musikalische Darbietungen, ein spektakuläres Feuerwerk, Bälle und zahlreiche Jagden umfassten, erscheint der ständige Wechsel zwischen der Residenz und den umliegenden Schlössern in Schleißheim, Lustheim, Nymphenburg, Starnberg, Fürstenried und Dachau. Dass diese im Festbericht ebenso detailliert beschrieben wurden wie die Hochzeitszeremonien selbst, diente dem propagandistischen Ziel, nicht nur die Festgäste, sondern auch diejenigen, die nicht dabei gewesen waren, zu informieren, vor allem aber zu beeindrucken.

Die Hoffnung auf die Kaiserwürde, die Kurfürst Max Emanuel an die Ehe seines Sohnes mit der Habsburgerin geknüpft hatte, sollte für kurze Zeit tatsächlich in Erfüllung gehen. Nach dem Tod Kaiser Karls VI. wurde Karl Albrecht 1742 als Karl VII. zum römisch-deutschen Kaiser gekrönt. Seine Regentschaft endete jedoch nach nur drei Jahren mit dem Tod des Wittelsbachers. Sein Sohn und Nachfolger, Kurfürst Max III. Joseph, verzichtete nach schweren Verlusten im Österreichischen Erbfolgekrieg auf eine Fortsetzung der bayerischen Großmachtpolitik und gab bei der Kaiserwahl 1745 seine Stimme dem Gemahl Maria Theresias, Franz Stephan von Lothringen.

Professionelle Künstler und höfische Laiendarsteller bei der Hochzeit von 1765

Theater und Feste hatten zwar auch noch im 18. Jahrhundert sowohl am kaiserlichen als auch am Münchner Hof einen bedeutenden Stellenwert im höfischen Leben, verloren jedoch einen Teil ihrer bisherigen Aufgaben im Kontext höfischer Repräsentation. Schon unter Kurfürst Karl Albrecht waren keine allegorischen Turnierspiele mehr veranstaltet worden, und auch die Opernaufführungen dienten in der zweiten Jahrhunderthälfte nicht mehr primär als Mittel, um politisch-dynastische Ideen und Ansprüche zu propagieren, sondern waren eine Form der höfischen Unterhaltung unter vielen anderen.

Das zeigt sich auch bei den Festveranstaltungen anlässlich der letzten Wechselheirat zwischen Bayern und Österreich im 18. Jahrhundert. Nach dem Tod seiner geliebten ersten Frau Isabella von Parma wurde der österreichische Thronfolger Joseph II. zu einer zweiten Ehe genötigt, in der Hoffnung, dass er doch noch für einen Kronprinzen sorgen würde. Die Wahl seiner Braut fiel auf Maria Josepha, die Tochter des verstorbenen Wittelsbacher Kaisers Karl VII. aus seiner Ehe mit Erzherzogin Maria Amalia.

Am 6. Januar 1765 begannen die Verlobungsfeierlichkeiten in München mit dem „Dreikönigsmahl" – einem Maskenfest auf der Grundlage des spanischen Tafelzeremoniells – und einem Hofball im Kaisersaal; in der Stadt fand zur gleichen Zeit eine maskierte Redoute statt. Bälle und Maskeraden sollten auch die folgenden Tage dominieren, was sich auch daraus erklärt, dass die Hochzeit in der Faschingszeit angesetzt worden war.

Die Festoper „Semiramis" war nicht eigens für diesen Anlass geschrieben worden, sondern basierte auf einem alten Libretto des kaiserlichen Hofdichters Pietro Metastasio, das Andrea Bernasconi, der bayerische Hofkapellmeister und Musiklehrer der kurfürstlichen Kinder, neu vertont hatte. Vollkommen neu war hingegen die Serenata „Le nozze di Amore e di Norizia" mit einem Text des Hofpoeten Eugenio Giunti, der auch die „Licenza" zu „Semiramis" verfasst hatte, und der Musik von Pietro Pompeo Sales, dem Kapellmeister des Fürstbischofs von Augsburg. In dem zweiteiligen allegorischen Festspiel wurden Amor und Norizia nach einigen Irrungen und Wirrungen zusammengeführt, und am Schluss stand der Wunsch der Götter, den Protagonisten möge reiche Nachkommenschaft, Ruhm, Ehre und Glück beschieden sein – all das, was man auch für das bayerisch-österreichische Brautpaar erhoffte.

Nach den zweiwöchigen Festivitäten in München feierte man am 15. Januar

1765 nochmals in großem Stil in Nymphenburg. Schloss und Garten präsentierten sich festlich illuminiert, das Feuerwerk war jedoch wegen Nebels an diesem Abend nicht in seiner ganzen Pracht zu sehen und musste an einem anderen Tag wiederholt werden. Eine Reprise der Oper „Semiramis" bildete den Abschluss der bayerischen Hochzeitsfestlichkeiten; am nächsten Morgen trat die Braut mit ihrem Gefolge ihre Reise nach Wien an.

In Schloss Schönbrunn wurde die Hochzeitsgesellschaft zunächst mit einer vom Oberhofarchitekten Nikolaus Pacassi entworfenen kunstvollen Beleuchtung festlich empfangen, und am 24. Januar 1765 begann die Serie der Wiener Festlichkeiten mit der Aufführung der kleinen Oper „Il Parnaso confuso" im Salon des Batailles, dem heutigen Zeremoniensaal des Schlosses. In seinem ersten für Christoph Willibald Gluck verfassten Libretto thematisierte der kaiserliche Hofdichter Pietro Metastasio seine durch allzu viele Auftragswerke als bedrückend empfundene Arbeitssituation und ließ die Musen Beschwerde darüber führen, dass ihnen Apollo zu wenig Zeit gewährt habe, um einen für diese Hochzeit geeigneten Stoff zu finden.

„Il Parnaso confuso" wurde von den älteren kaiserlichen Kindern ausgeführt: Erzherzog Leopold dirigierte die Aufführung vom Cembalo aus, die Erzherzoginnen Maria Amalia, Elisabeth, Maria Josepha und Maria Carolina verkörperten Apollo und die Musen Melpomene, Euterpe und Erato. Zwei dem kaiserlichen Hofmaler Johann Franz Greipel zugeschriebene Gemälde – sie zeigen den Theatersaal mit den Zuschauern und die Bühne mit den vier Erzherzoginnen – geben einen Eindruck von dieser Aufführung. Die Oper wird oft als Paradigma höfischen Kindertheaters am Kaiserhof bezeichnet, reiht sich aber in eine ganze Serie von Aufführungen, in denen die erzherzoglichen Sprösslinge ihre künstlerischen Fähigkeiten unter Beweis stellten. Die dekorative Ausstattung war, wie bei derartigen Laienaufführungen in höfisch-exklusivem Rahmen üblich, von sekundärer Bedeutung. Man errichtete eine einfache Holzbühne, holte die entsprechenden Dekorationen aus dem Depot des Hofburgtheaters oder ließ sie in dessen Werkstatt anfertigen.

Im Anschluss an „Il Parnaso confuso" tanzten die jüngsten kaiserlichen Kinder Ferdinand, Maria Antonia und Maximilian sowie acht junge Adelige die Ballettpantomime „Le triomphe de l'Amour", deren Schlussszene ebenfalls in einem großen Gemälde festgehalten ist.

Beim Libretto der von Berufssängern des Theaters nächst der Burg aufgeführten zweiten Hochzeitsoper „Il trionfo d'Amore" handelte es sich um die Bearbeitung eines älteren Textes aus der Feder Pietro Metastasios, den Florian Gassmann für diesen Anlass neu vertont hatte. Zu den theatralischen Hochzeitsfestlichkeiten zählten auch zwei französische Komödien, die von jungen Adeligen im Schönbrunner Schlosstheater dargestellt wurden; diese Theaterstücke wurden auch mehrfach wiederholt, ebenso wie „Il Parnaso confuso" und die Ballettpantomime „Le triomphe de l'Amour".

Nach der Übersiedlung der Hochzeitsgesellschaft in die Residenzstadt Wien standen weitere Festlichkeiten und Theaterproduktionen auf dem Programm, unter anderem die Aufführung der Oper „Telemaco, o sia L'isola di Circe" mit der Musik von Christoph Willibald Gluck und einem Libretto von Marco Coltellini. Diese Produktion brachte insofern eine Neuerung, als man auf die sonst üblichen Zwischenaktballette verzichtete und stattdessen die Tänze dramaturgisch sinnvoll in die Handlung integrierte. Die Sänger waren dieselben wie bei „Il trionfo d'Amore", doch hatte man sich hier, anders als bei den Aufführungen in Schönbrunn, für neue Dekorationen von Giovanni Maria und Carlo Quaglio, den damals führenden Bühnenbildnern in Wien, entschieden.

Im Anschluss an die Opernaufführung fand im Großen Redoutensaal ein Freiball in Dominokleidung statt, zu dem auch Wiener Bürger als Zuschauer zugelassen waren. Außerdem ließ Maria Theresia 25 Brautpaare aussteuern und öffentlich trauen, die dann gemeinsam mit Ehepaaren, die ihre Goldene Hochzeit feierten, bestaunt von der Hofgesellschaft und sonstigen Schaulustigen, durch die Innere Stadt zogen.

Am dritten und letzten Galatag bei Hof gab man am Theater nächst der Burg die französische Tragödie „Bajazet" von Jean Racine und die Ballettpantomime „Semiramis". Obwohl die Musik ebenfalls von Gluck stammte, fand sie keinen besonderen Anklang beim Publikum, schien sie doch für eine Hochzeit gar zu pathetisch und traurig. Es war dies der zweite Versuch des Choreografen Gasparo Angiolini, das künstlerische Niveau des Balletts anzuheben und eine Reform programmatisch umzusetzen, um die sich schon sein Vorgänger und Lehrer Franz Hilverding bemüht hatte; die Bühnenballette wurden zu pantomimischen Szenen mit kurzer selbständiger Handlung ausgestaltet. Nach der Aufführung der „Semiramis" fand noch am selben Abend bei freiem Eintritt ein Ball im Redoutensaal statt, mit dem die Hochzeitsfestlichkeiten ihr offizielles Ende fanden. Tatsächlich folgten aber neben Wiederholungen der schon gezeigten Werke einige weitere Aufführungen von in Wien bis dato nicht bekannten Theaterstücken und Balletten, darunter auch das Ballett „Les amants protegés par l'Amour", dessen um die Liebe kreisendes Sujet für ein Hochzeitsfest wesentlich besser geeignet gewesen wäre als die tragische Geschichte der „Semiramis" – es ist daher nicht weiter verwunderlich, wenn es beim Publikum viel besser ankam.

Auch der bayerische Botschafter Graf Königsfeld beteiligte sich mit zwei Festen an den Feierlichkeiten: Er gab Maskenbälle, ließ sein Palais kunstvoll beleuchten und an die Bevölkerung Wein ausschenken sowie Gedenkmünzen verteilen. Die verbleibende Zeit bis zum Ende des Faschings verging mit Ballbesuchen und Schlittenfahrten.

Es war dies die letzte Eheschließung zwischen Bayern und Österreich im 18. Jahrhundert; erst 1816 sollte es durch die vierte Heirat von Kaiser Franz I. mit Prinzessin Karoline Auguste von Bayern, einer Tochter des ersten bayerischen Königs Maximilian I., zu einer neuerlichen dynastischen Verbindung zwischen den beiden Häusern kommen.

Hochzeitsfeste im Wandel vom Barock zur Aufklärung

An den hier skizzierten Festlichkeiten anlässlich der bayerisch-österreichischen Wechselheiraten lässt sich der

Wandel erkennen, der sich vom 16. bis zum 18. Jahrhundert auch in der höfischen Festkultur vollzog: Der Weg führte von wenigen, höchst aufwendig inszenierten Festveranstaltungen mit eigens für den Anlass geschaffenen allegorischen Turnierspielen, Festopern und Feuerwerksdramen im 16. und 17. Jahrhundert zu einer variantenreichen Vielfalt von Theater- und Musikaufführungen im 18. Jahrhundert, die sowohl kleinere Laienproduktionen im höfischen Bereich als auch professionelle Repertoirevorstellungen in den öffentlichen Theatern inkludierten. Zu den Festivitäten, die nun meist in der Hauptfestzeit des Jahres, im Fasching, angesetzt waren, zählten zunehmend auch Bälle und Jagdvergnügungen. Mit der bewussten Öffnung höfischer Veranstaltungen für einen größeren Publikumskreis zeigen sich schon bei den Hochzeitsfesten des Jahres 1765 in München und Wien gewisse Verbürgerlichungstendenzen. Im Zuge der Aufklärung und der Französischen Revolution sollten sie immer mehr Platz greifen und schließlich zur Demontage der absolutistisch-dynastischen Ideale führen.

Weiterführende Literatur:

Jörg Jochen Berns und Thomas Rahn (Hg.), Zeremoniell als höfische Ästhetik in Spätmittelalter und Früher Neuzeit (Frühe Neuzeit 25). Tübingen 1995.
Melania Bucciarelli, Norbert Dubowy und Reinhard Strohm (Hg.), Italian Opera in Central Europe. 3 Bde., Bd. 1: Institutions and Ceremonies. Berlin 2006.
August Buck u. a. (Hg.), Europäische Hofkultur im 16. und 17. Jahrhundert. Kongreß des Wolfenbütteler Arbeitskreises für Renaissanceforschung und des Internationalen Arbeitskreises für Barockliteratur 1979. 3 Bde. Hamburg 1981.
Jeroen Duindam, Vienna and Versailles. The Courts of Europe's Dynastic Rivals, 1550–1780. Cambridge 2003.
Hubert Chr. Ehalt, Ausdrucksformen absolutistischer Herrschaft. Der Wiener Hof im 17. und 18. Jahrhundert (Sozial- und wirtschaftshistorische Studien 14). München 1980.
Maria Goloubeva, The Glorification of Emperor Leopold I in Image, Spectacle and Text (Veröffentlichungen des Instituts für Europäische Geschichte Mainz, Abt. für Universalgeschichte, 184). Mainz 2000.
Maria Goloubeva, Hofrepräsentation Kaiser Leopolds I. und ihre Wirkung außerhalb von Wien. In: Morgen-Glantz. Zeitschrift der Christian Knorr von Rosenroth-Gesellschaft 17 (2007), S. 209–216.
Franz Hadamowsky, Barocktheater am Wiener Kaiserhof. Mit einem Spielplan (1625–1740). In: Jahrbuch der Gesellschaft für Wiener Theaterforschung 1951/52 (1955), S. 7–117.
Franz Hadamowsky, Wien. Theatergeschichte. Von den Anfängen bis zum Ende des Ersten Weltkriegs (Geschichte der Stadt Wien 3). Wien–München 1988.
Mark Hengerer, Kaiserhof und Adel in der Mitte des 17. Jahrhunderts. Eine Kommunikationsgeschichte der Macht in der Vormoderne (Historische Kulturwissenschaft 3). Konstanz 2004.
Corinna Herr u. a. (Hg.), Italian Opera in Central Europe. 3 Bde., Bd. 2: Italianità: Image and Practice. Berlin 2008.
Elisabeth Theresia Hilscher, Mit Leier und Schwert. Die Habsburger und die Musik. Graz u. a. 2000.
Irmgard Pangerl, Martin Scheutz und Thomas Winkelbauer (Hg.), Der Wiener Hof im Spiegel der Zeremonialprotokolle (1652–1800). Eine Annäherung (Forschungen und Beiträge zur Wiener Stadtgeschichte f+b 47). Innsbruck–Wien–Bozen 2007.
Rouven Pons, „Wo der gekrönte Löw hat seinen Kayser-Sitz". Herrschaftsrepräsentation am Wiener Kaiserhof zur Zeit Leopolds I. (Deutsche Hochschulschriften 1195). Egelsbach u. a. 2001.
Thomas Rahn, Festbeschreibung. Funktion und Topik einer Textsorte am Beispiel der Beschreibung höfischer Hochzeiten (1568–1794) (Frühe Neuzeit 108). Tübingen 2006.
Michael Ritter, „Man sieht der Sternen König glantzen". Der Kaiserhof im barocken Wien als Zentrum deutsch-italienischer Literaturbestrebungen (1635 bis 1718) am besonderen Beispiel der Libretto-Dichtung. Wien 1999.
Susanne Rode-Breymann, Musiktheater eines Kaiserpaars. Wien 1677 bis 1705. Hildesheim–Zürich–New York 2010.
Christina Schulze, Kunst und Politik am Hofe Max Emanuels: die Hochzeit Karl Albrechts mit Maria Amalia (1722). In: Hans-Michael Körner und Jürgen Schläder (Hg.), Münchner Theatergeschichtliches Symposion 2000 (Studien zur Münchner Theatergeschichte 1). München 2000, S. 54–75.
Jutta Schumann, Die andere Sonne. Kaiserbild und Medienstrategien im Zeitalter Leopolds I. (Institut für Europäische Kulturgeschichte der Universität Augsburg, Colloquia Augustana, 17). Berlin 2003.
Herbert Seifert, Die Oper am Wiener Kaiserhof im 17. Jahrhundert (Wiener Veröffentlichungen zur Musikgeschichte 25). Tutzing 1985.
Herbert Seifert, Der Sig-prangende Hochzeits-Gott. Hochzeitsfeste am Wiener Hof der Habsburger und ihre Allegorik 1622–1699 (dramma per musica 2). Wien 1988.
Andrea Sommer-Mathis, Tu felix Austria nube. Hochzeitsfeste der Habsburger im 18. Jahrhundert (dramma per musica 4). Wien 1994.
Andrea Sommer-Mathis und Elisabeth Theresia Hilscher (Hg.), Pietro Metastasio – uomo universale (1998–1782). Festgabe der ÖAW zum 300. Geburtstag von Pietro Metastasio. Wien 2000.
Eberhard Straub, Repraesentatio Maiestatis oder churbayerische Freudenfeste. Die höfischen Feste in der Münchner Residenz vom 16. bis zum Ende des 18. Jahrhunderts (Miscellanea Bavarica Monacensia 14). München 1969.
Reinhard Strohm, Die klassizistische Vision der Antike. Zur Münchner Hofoper unter den Kurfürsten Maximilian II. Emanuel und Karl Albrecht. In: Archiv für Musikwissenschaft 64 (2007), S. 1–22, 77–104.
Karl Vocelka, Habsburgische Hochzeiten 1550–1600. Kulturgeschichtliche Studien zum manieristischen Repräsentationsfest (Veröffentlichungen der Kommission für Neuere Geschichte Österreichs 65). Wien–Köln–Graz 1976.
Helen Watanabe-O'Kelly, Triumphall Shews: Tournaments at German-Speaking Courts in Their European Context 1560–1730. Berlin 1992.
Sebastian Werr, Inszenierte Herrschaftsansprüche. Musik und Theater beim Münchner Hochzeitsfest des Jahres 1722. In: Musik in Bayern 68 (2004), S. 95–137.
Sebastian Werr, Politik mit sinnlichen Mitteln. Oper und Fest am Münchner Hof (1680–1745). Köln–Weimar–Wien 2010.
Brigitte Winklehner (Hg.), Italienisch-europäische Kulturbeziehungen im Zeitalter des Barock. Tübingen 1991.

Abb. 1
Turnier auf dem Burgplatz der Wiener Hofburg 1560, Hanns Sebald Lautensack
Aus: Hans von Francolin, Rervm Praeclare Gestarvm Intra Et Extra Moenia [...] ciuitatis Viennensis, pedestri et equestri praeli [...]. Wien 1561
(© Bildarchiv ÖNB Wien)

Abb. 2
Dekoration von Giuseppe Galli Bibiena zur Hochzeitsoper „Le nozze di Aurora“, Johann Andreas Pfeffel, 1722
(© Bildarchiv ÖNB Wien)

Abb. 3
Aufführung von Christoph Willibald Glucks „Il Parnaso confuso" in Schönbrunn, Johann Franz Greipel, 1765
(© Kunsthistorisches Museum mit MVK und ÖTM Wien)

Abb. 4
Die Erzherzoginnen Elisabeth, Maria Amalia, Maria Josepha und Maria Carolina als Darstellerinnen der Musen in Glucks „Il Parnaso confuso", Johann Franz Greipel, 1765
(© Kunsthistorisches Museum mit MVK und ÖTM Wien)

Abb. 5
Die kaiserlichen Kinder Ferdinand, Maximilian und Maria Antonia im Ballett „Le triomphe de l'Amour", Johann Georg Weikert, 1765
(© Kunsthistorisches Museum mit MVK und ÖTM Wien)

Im Dienste der Politik

Die Oper am Münchner Hof

Sebastian Werr

Musik und Theater wurden im München des späten 17. und 18. Jahrhunderts besonders gefördert: Die Kurfürsten Max Emanuel, Karl Albrecht und Max III. Joseph zeigten sich ebenso musikliebend wie Karl Theodor von der Pfalz, der nach dem Aussterben der bayerischen Linie der Wittelsbacher die Herrschaft in München übernahm. Er brachte seine Mannheimer Kapelle mit, die in ganz Europa einen ausgezeichneten Ruf genoss.

In diesem höfischen Kontext war die Musikpflege mehr als nur Unterhaltung: Im Sinne der „Rappresentatio majestatis“ sollte die Selbstdarstellung des Herrschers seine Größe und Macht sinnfällig machen. Da Musik und Theater in diesem Zusammenhang entscheidende Bedeutung zukam, sind Werke aus dieser Perspektive vor allem als Auftragskunst im Dienste politischer Zwecke zu betrachten. Bei den Festen handelte es sich um politische Veranstaltungen, die keineswegs nur Vergnügen, sondern außerordentliche Strapazen mit sich brachten, zumal die Teilnahme keineswegs freigestellt war. Theateraufführungen waren meist Teil umfassender Programme, in denen man antike Mythologie und christliche Ideen zu verbinden suchte. Die Prachtentfaltung korrelierte in der Regel mit der politischen Bedeutung des Anlasses. Die Mehrzahl der großen Münchner Feste wurde durch Ereignisse begründet, die mit der engen Verbindung von Wittelsbachern und Habsburgern in Zusammenhang standen: So wurden die Hochzeit Kurfürst Max Emanuels mit der einzigen Tochter Leopolds I. 1685, ein Besuch des Kaisers 1690 in München und vor allem die Vermählung Kurprinz Karl Albrechts mit Maria Amalia, der jüngsten Tochter Josephs I., 1722 mit mehrtägigen Veranstaltungen begangen. *(Siehe dazu den Beitrag von Andrea Sommer-Mathis.)* Ende des 18. Jahrhunderts war zwar die Zeit der großen höfischen Feste vorbei, nicht aber jene der Eheschließungen zwischen den Fürstenhäusern: Franz II./I. heiratete 1816 in vierter Ehe Karoline Auguste von Bayern, Franz Joseph I. im Jahre 1854 die aus einer Nebenlinie der Wittelsbacher stammende Elisabeth („Sisi“), Herzogin in Bayern.

Höfische Pracht als Mittel der Machtausübung

Im Europa der Frühen Neuzeit war die gesellschaftliche Ordnung erst rudimentär in schriftlicher Form fixiert. Hier boten Rituale und Zeremonien einen Rahmen für symbolische Handlungen, in denen die Normen und Werte der Gesellschaft transportiert wurden. Von der politischen Theorie der Zeit wurde die Prachtentfaltung in der Hofkultur auch explizit mit der Notwendigkeit begründet, das Volk zu disziplinieren. Nach Ansicht des Zeremonialwissenschaftlers Johann Christian Lünig waren die Franzosen *„durch ihres grossen Ludwigs bezeigte accuratesse im Ceremoniel, und seinen so ordentlich eingerichteten prächtigen Staat dermassen bezaubert worden, dass es noch zweifelhafftig ist, ob sie ihn mehr wegen seiner grossen Thaten, als wegen seiner ungemeinen Magnificenz mit einer fast sclavischen Furcht“* respektierten. Die *„meisten Menschen“* seien so beschaffen, dass *„bey ihnen die sinnliche Empfind- und Einbildung mehr, als Witz und Verstand vermögen, und sie daher durch solche Dinge, welche die Sinne kützeln und die Augen fallen, mehr als durch die bündig- und deutlichsten Motiven commovieret werden“*.[1] Wenn die Massen den Festumzügen zusahen, wurde ihre Schaulust befriedigt, zugleich erfuhren sie aber auch – buchstäblich am eigenen Leib – die Niedrigkeit ihrer sozialen Stellung, wurde hier doch die strikte Zweiteilung der Gesellschaft besonders deutlich: Während sie am Straßenrand zu jubeln hatten und sich um die Münzen schlugen, die in die Menge ausgeworfen wurden, saßen jene, die dazugehörten, in den Kutschen und versicherten sich ihrer sozialen Exklusivität. Schließlich konnten nur die höfischen Teilnehmer den zentralen Veranstaltungen beiwohnen und in den Genuss eines umfassenden Programms emotionaler Erfahrungen kommen – etwa wenn sie gemeinsam mit dem Fürsten die bei Festen temporär errichteten Triumphbögen durchschritten oder in seiner Anwesenheit eine Opernaufführung erlebten. Entscheidend war die sinnliche Vermittlung: Barocke Feuerwerke etwa stellten – so der Theaterwissenschaftler Christian Horn in Beobachtungen zu deren Performativität – nicht nur die Macht des absolutistischen Herrschers dar, sondern übten selbst Macht aus, indem die Konfrontation mit ihnen unmittelbare Reaktionen beim Betrachter erzwang. Wer nämlich ins Staunen gerät, dessen Körper verfällt in Regungslosigkeit, er richtet alle Aufmerksamkeit auf den staunen machenden Vorfall. Indem der Herrscher den Affekt des Staunens auslöste, übte er also eine physische Verfügungsgewalt aus. Während andere Medien wie Bücher nur auf seine Machtposition verwiesen, konnten Aufführungen die Macht des Herrschers zu einem physischen Erlebnis machen.[2]

Die Oper – ein Spiegel der sozialen Ordnung

In der Hofoper wurde die gesellschaftliche Ordnung besonders deutlich – nicht nur was die inhaltliche Ebene der Darbietungen betraf. Der Platzierung des Einzelnen im Zuschauerraum kam zudem große Bedeutung zu, wies sie doch auf die soziale Stellung hin. Wer

welchen Platz einnahm, war bei Hofe streng geregelt: je höher der Rang, desto näher beim Regenten. Was Wunder, dass sich auch der bayerische Kurfürst Max Emanuel bei einem seiner Besuche am Wiener Hof befriedigt darüber zeigte, dass er bei einer Freilichtaufführung in einer Reihe mit dem höhergestellten Kaiserpaar sitzen durfte.[3]
Dass man in München die Situierung des Einzelnen im Zuschauerraum tatsächlich als bedeutungsgeladen wahrnahm, macht ein Tagebucheintrag des Grafen Johann Maximilian Emanuel von Preysing aus dem Jahre 1719 deutlich. Konsterniert hielt er fest, dass bei einer Münchner Aufführung von Pietro Torris Festoper „Merope" der Erzbischof von Salzburg neben dem Kurfürst gesessen und *„den ersten Platz"* besetzt habe, der ihm eigentlich nicht zugestanden sei. Der Würdenträger war nämlich incognito gereist und hatte dadurch seinen zeremoniellen Rang vorübergehend abgelegt.
Hierarchische Prinzipien schlugen sich aber nicht nur im Umfeld der Aufführungen nieder, sondern bestimmten auch den Aufbau und die Struktur der Stücke. So war beispielsweise geregelt, welche Formen und Gattungen für welche Anlässe als angemessen galten. Fragen der Hierarchie spielten bis in die Dramaturgie der Opern hinein, in denen auf verschiedenen Ebenen auf die soziale Ordnung verwiesen wurde. So resultierte die Hierarchie der Rollen nicht zwangsläufig aus dem Ansehen der sie verkörpernden Sänger, sondern vor allem aus dem sozialen Status der dargestellten Bühnenfiguren; der König wurde stets an erster Stelle der „Personaggi" genannt, auch wenn er nicht als Hauptfigur im Mittelpunkt der Oper stand. Die Stellung der Figur innerhalb einer Oper spiegelte sich in der Anzahl ihrer Arien und deren Verteilung wider, aber auch in den Ausdrucksmitteln, die ihr zugebilligt wurden.

Ausrichtung an französischer und italienischer Festkultur

Am Münchner Hof folgte die kulturelle Ausrichtung in gewisser Weise der politischen, die zwischen der Annäherung an Österreich und jener an Frankreich oszillierte: Die Hofkultur der Wittelsbacher orientierte sich vor allem an der Festkultur italienischer Prägung, für die der Wiener Kaiserhof, mit dem man in direkter Konkurrenz stand, beispielhaft war. Vorbildcharakter hatte aber auch die Hofhaltung Ludwigs XIV., mit dem der von 1680 bis 1726 regierende bayerische Kurfürst Max Emanuel wiederholt gegen Habsburg gerichtete Bündnisse einging. Ihm folgte Karl Albrecht, sein ältester Sohn aus zweiter Ehe, dessen Name politisch-programmatischen Charakter hatte: Er verwies auf Karl den Großen, zu dem das Haus Bayern Verwandtschaftsbeziehungen konstruierte und dessen machtpolitische Stellung der Kurprinz einnehmen sollte. Tatsächlich gelang es Karl Albrecht, 1742 als Karl VII. zum Kaiser gekrönt zu werden. Er starb jedoch nach drei Jahren, ohne seine Stellung wirksam durchgesetzt zu haben. Diese politischen Ambitionen waren ursächlich dafür, dass der Münchner Hof auch äußerlich den Anspruch einer Dynastie demonstrierte, die mit den Habsburgern konkurrieren konnte. Dafür aber reichten die Mittel des kleinen Bayern in keiner Weise: Unter Max Emanuel wurde für den auf 2.000 Mitglieder angeschwollenen Hof der Großteil des Staatshaushaltes aufgewendet, im Jahre 1701 beispielsweise rund 55 Prozent der bayerischen Staatsausgaben; unter dem zur Sparsamkeit gezwungenen Max III. Joseph konnte dieser Anteil 1750 auf rund 35 Prozent gedrückt werden.
Die Ausrichtung des Münchner Hofs an der Festkultur italienischer und französischer Prägung hatte in der zweiten Hälfte des 17. Jahrhundert eingesetzt. Obwohl bereits im 15. und 16. Jahrhundert Künstler aus Italien in Bayern gewirkt hatten, gewannen sie erst mit der Heirat von Kurfürst Ferdinand Maria und Henriette Adelaide von Savoyen nachhaltig an Bedeutung und Einfluss. Noch unter Maximilian I., der von 1623 bis 1651 regiert hatte, war München mitnichten ein Ort glänzender Feste gewesen: Der Kurfürst hatte das durch den Dreißigjährigen Krieg verwüstete Land mit religiöser Strenge geführt und neben dem Jesuitentheater kaum andere Unterhaltungsaktivitäten zugelassen. Unter dem Druck, mit dem Savoyer Hof konkurrieren zu müssen, öffnete er am Ende seines Lebens den Münchner Hof jedoch allmählich den Tendenzen moderner Festkultur. Modell des für München geplanten Hochzeitsfestes seines Sohnes Ferdinand Maria und Henriette Adelaides waren die 1650 zur Procura-Hochzeit des Brautpaars in Turin ausgerichteten Festlichkeiten; angesichts des plötzlichen Todes des Kurfürsten musste es jedoch deutlich beschnitten werden. Allerdings fand das Musiktheater nun den Weg über die Alpen: Maximilian I. hatte noch das erste Münchner Opernhaus in Auftrag gegeben. Das zuvor als Kornspeicher genutzte, nun umgebaute Gebäude befand sich in einer gewissen Entfernung von der Residenz, mit der es durch einen gedeckten Gang verbunden war. Man geht heute davon aus, dass 1654 erste Aufführungen im Salvatortheater genannten Haus stattfanden; allerdings erwies sich die Bühnentechnik als so unzulänglich, dass das Opernhaus erst nach erneutem Umbau ab 1657 dauerhaft in Betrieb genommen werden konnte. Einer ersten Renovierung im Jahre 1686 durch die Gebrüder Mauro folgte 1724 eine weitere Adaptierung durch die Bühnenbildner Giuseppe und Domenico Valeriani. Mit Eröffnung des von François Cuvilliés dem Älteren entworfenen Residenztheaters 1753 verlor das Salvatortheater aber seine Funktion als Hofoper. Eine Zeitlang nutzte man es noch für Sprechtheater und Singspiele, 1802 wurde es dann abgebrochen; zumindest der Innenraum des Nachfolgebaus ist erhalten geblieben. Im neuen Residenzheater wurde 1781 Wolfgang Amadeus Mozarts „Idomeneo" uraufgeführt, die einzige Münchner Oper aus dieser Zeit, die bis heute im Repertoire geblieben ist. Nach seiner Zerstörung im Zweiten Weltkrieg wurde das heute als Cuvilliés-Theater bezeichnete Opernhaus an einem anderen Platz in der Anlage der Münchner Residenz wiedererrichtet.
Die Hofmusik dominierten die Italiener. Einzig im Orchester konnten deutsche Musiker am Münchner Hof ein Auskommen finden – allerdings auch nur in untergeordneten Positionen, zumal vor allem nach dem französischen Exil Max Emanuels 1704 bis 1715 der Anteil französischer Musiker im Orchester deutlich zunahm; viele von ihnen hatte der Kurfürst in Frankreich kennengelernt. Sängerinnen und Sänger deutscher Herkunft wie der Te-

nor Anton Raaff blieben dagegen bis weit ins 18. Jahrhundert hinein seltene Ausnahmen. Den Hofakten des späten 17. Jahrhunderts lässt sich entnehmen, dass es sich bei den Sängern mit Ausnahme des österreichischen Soprankastraten Clementin Hader, der 1682 und 1685/86 als Gast in München sang und 1687 in Münchner Dienste trat, sowie eines gewissen Thomas Maculinus ausschließlich um Italiener handelte.[4] Der Münchner Hof konnte auf Vertrauenspersonen in Italien zurückgreifen, die bei Bedarf Künstler vermittelten. Aber auch die Herrscherfamilie war an deren Auswahl beteiligt; so hatte Kurfürst Ferdinand Maria den jungen Agostino Steffani, der einer der bedeutendsten Komponisten seiner Zeit werden sollte, in Italien singen gehört und nach Bayern mitgenommen. Steffani, der später erheblichen Einfluss auf die Herrscherfamilie hatte, scheint bei Besetzungen eine wichtige Rolle gespielt zu haben. In zentralen Positionen der Münchner Hofmusik waren seine Vertrauensleute platziert: Als Hofpoet wurde Steffanis älterer Bruder Ventura Terzago eingestellt; ein Engagement bekam auch der Komponist Pietro Torri, der nach zeitgenössischen Berichten Steffanis Schüler war und nach dessen Ausscheiden das Musikleben prägte. Die Verpflichtung von Ercole Bernabei und dessen Sohn Giuseppe Antonio – die nacheinander die Funktion des Hofkapellmeisters innehatten – stand ebenfalls mit Steffani in Verbindung, denn Ercole Bernabei war sein Lehrer gewesen. Nach Torris Tod 1737 wurde mit Giovanni Porta ein typischer Repräsentant der venezianischen Schule zum Hofkapellmeister bestellt, dem 1755 der gleichfalls aus Venedig abgeworbene Andrea Bernasconi nachfolgte. Dagegen erwiesen sich bekanntlich Mozarts Bemühungen um eine Anstellung in München als erfolglos – es war einfach keine passende Stelle frei.

In den Akten finden sich für die Zeit bis 1687 keine Erwähnungen von Sängerinnen. Es bleibt daher zu vermuten, dass die hohen Stimmlagen bis dahin ausschließlich von Kastraten gesungen wurden und diese auch die Frauenrollen in den Opern besetzten. Die Münchner Quellen des späten 17. Jahrhunderts geben zudem keinerlei Hinweise, die es gestatten würden, Sängernamen bestimmten Partien in den einzelnen Stücken zuzuordnen. Erst ab 1717 nennen die Libretti regelmäßig Sänger namentlich; über einen längeren Zeitraum zeigt sich ein weitgehend konstantes Ensemble, zu dem gelegentlich Gäste traten, darunter damalige „Stars“ wie die Sopranistin Faustina Bordoni oder der Kastrat Carlo Broschi („Farinelli“), der 1728 und 1729 in München gastierte. Zu dem bei Hofe angestellten Ensemble zählte unter anderem der Soprankastrat Filippo Balatri. Er hat zwar nie zu den bedeutendsten Sängern seiner Zeit gehört, aber eine abenteuerliche Karriere durchlebt, die er in als Zeitdokument wertvollen Memoiren schilderte: Bevor er 1715 in bayerische Dienste getreten war, hatte er nicht nur in zahlreichen europäischen Städten gesungen, sondern sich auch jahrelang am Hof Peters des Großen aufgehalten. Dieser wiederum hatte Balatri mit einer Gesandtschaft an die untere Wolga geschickt, wo er derartiges Aufsehen erregte, dass der Kalmücken-Khan ihn gegen sechs Pferde eintauschen wollte.[5]

Von sakraler Überhöhung zum historischen Schauspiel

Höfische Theateraufführungen dienten bis ins 18. Jahrhundert häufig der mystischen Verklärung des Fürsten, der als Fortsetzung antiker Herrscher und Götter inszeniert wurde. Zwar lässt sich auch für den Münchner Hof eine geradezu inflationäre Verwendung von Topoi der Herrscherverehrung erkennen, die mitunter nicht viel mehr ausgesagt haben dürfte, als dass der Herrscher der von ihm erwarteten Rolle gerecht wurde. Vielfach nahm man die Darstellungen aber durchaus als bedeutungsgeladen wahr: So wie das Auftreten Ludwigs XIV. als römischer Kaiser im Jahre 1662, das Zeitgenossen als Ausdruck seiner Machtambitionen verstanden, sind auch die am bayerischen Hof aufgegriffenen Themen entsprechend zu deuten. Wenn Max Emanuel in dem 1680 aufgeführten Turnierspiel „Giulio Cesare ricovrato“ seine Würde metaphorisch aus den Händen eines Julius Cäsar übernahm, sollte dies politische Ansprüche zum Ausdruck bringen.

Ein Beispiel mag veranschaulichen, wie sich die Oper in den herrschaftslegitimierenden Diskurs einordnete: Aus Anlass des Regierungsantritts von Kurfürst Max Emanuel wurde 1680 die Festoper „Ermione“ mit Musik von Giuseppe Antonio Bernabei aufgeführt. Der Librettist Ventura Terzago hatte den Stoff um Ermione, die Tochter des Spartanerkönigs Menelaos und der Helena, modifiziert: Pyrrhus, der nach der griechischen Mythologie von seinem Rivalen Orest getötet wird, entsagt großmütig seinen älteren Ansprüchen auf Ermione; Orest kann seine Geliebte heimführen, und die Handlung endet mit einem Jubelgesang aller Beteiligten. Die Oper selbst ist aber keineswegs zu Ende, sondern nimmt eine überraschende Wendung, als sich die Kulissen plötzlich verwandeln: Statt in die Königsburg Spartas eintreten zu können, sehen sich das Königspaar Menelaos und Helena sowie die Liebenden Orest und Ermione samt Gefolge in die bayerische Residenzstadt München versetzt. Nach anfänglicher Verwirrung fassen sich die Spartaner und bestaunen Pracht und Schönheit der Münchner Residenz: Etwas Herrlicheres habe man noch nie gesehen. Nun senkt sich Jupiter auf einem gewaltigen Adler nieder; in seinen Klauen hält er Ganymed, der durch niemand anderen als den jungen Kurfürsten selbst dargestellt wurde. Jupiter verkündet, dass er gekommen sei, um Ermione zur Belohnung für ihre Standhaftigkeit Max Emanuel vorzustellen. Diese erklärt, eine größere Ehre sei ihr nie zuteil geworden, und erläutert dem Publikum, dass Max Emanuel der Herrscher der Bayern sei. Während Jupiter in den Himmel zurückkehrt, verherrlicht er den neuen Herrscher, dessen Name unsterblich werde als der eines unbesiegten Prinzen, dem alles Glück der Erde zukommen möge. Unter den Rufen der Spartaner – *„viva Massimiliano Emanuele“* – fällt schließlich der Vorhang. Auch ohne die sonst oft schwierige Dechiffrierung höfischer Allegorien machte der Theatereffekt die für viele Höfe der Zeit charakteristische Strategie deutlich, Fürsten der Gegenwart wie Max Emanuel in direkte Kontinuität mit antiken Herrschern zu stellen. Zugleich sollte das Bild des Herrschers mit den positiven Eigenschaften der im Stück ausgeleuchteten antiken Herrschergestalten stra-

tegisch attribuiert werden. Allerdings wurde der Herrscher mit Opern nicht nur verherrlicht, sondern auch in die Pflicht genommen, war höfische Panegyrik doch keineswegs nur Lob; sie beschrieb nicht, wie der Gelobte war, sondern auch, wie man ihn sich erhoffte – das Lob mahnte den Gelobten, dieses Ziel anzustreben.
Bezüge zur Politik der Zeit prägen insbesondere Stücke, die zu einem herausragenden Anlass geschrieben wurden. Die Oper „Servio Tullio" (Musik: Agostino Steffani; Libretto: Ventura Terzago), 1685 zur Hochzeit Max Emanuels II. mit Maria Antonia von Österreich aufgeführt, bezieht sich im Prolog auf die damals aktuelle politische Situation: Kronos überbringt den Göttern die freudige Nachricht, nach dem Tod des Römerkönigs Tarquinius sei Servius Tullius im Begriff, dessen Thron zu besteigen; doch stelle die Krone noch das Wenigste dar, das dem Glücklichen beschieden sei. Mit begeisterter Stimme trägt Kronos eine Ahnenreihe vor, derzufolge Servio Tullio der Stammvater Karls des Großen sein werde, dieser wiederum der Urahn des Hauses Bayern, dessen edelster Spross Maximilian sich mit einer Tochter des mächtigen Kaiserhauses Österreich vermählen werde, aus welcher Verbindung tausend Helden entspringen und die Welt beglücken sollten. Die Verquickung des historischen Gegenstandes mit dem Festanlass wird anschließend noch weiter vertieft. So treten unter anderem zwölf noch nicht geborene Kinder aus der Ehe von Max Emanuel und Maria Antonia auf, um ein Freudenballett zu tanzen. Die Historie wird so inszeniert, dass alles auf die Gegenwart hinzuführen scheint; in der Hochzeit von Max Emanuel und Maria Antonia vollende sich – so die Botschaft des Stückes –, was seit der Antike angelegt ist. Ähnliches wiederholte sich 1722 in der Festoper „Adelaide", die man zur Hochzeit von Kurprinz Karl Albrecht mit Maria Amalia von Österreich auf die Bühne brachte: Göttervater Jupiter leitet im Prolog das Geschlecht der Wittelsbacher von Karl dem Großen ab und spannt den Bogen über Max Emanuel, dessen Beistand für die Österreicher in der Not besonders gewürdigt wird, bis hin zu Karl Albrecht. Die in beiden Opern behauptete Abstammung von Karl dem Großen war jedoch keineswegs belegt, sondern eine von den Habsburgern stark angezweifelte Behauptung, mit der die Wittelsbacher ihre Ansprüche zum Ausdruck brachten.
In der zweiten Hälfte des 18. Jahrhunderts verschwanden die großen Feste allmählich aus dem höfischen Leben. Oper blieb zwar für die bayerischen Kurfürsten wichtig, hatte jedoch zumindest einen Teil ihrer Aufgaben im Kontext höfischer Repräsentation verloren. Für Bernhard Jahn lässt sich die Geschichte des Musiktheaters generell „als die einer schleichenden Entpolitisierung beschreiben":[6] Es diente fürderhin nicht mehr als ein Medium, über das man politische Ideen und Ansprüche verbreitete. War Opern zuvor die Funktion der sakralen Überhöhung des Herrschers zugekommen, entwickelten sich die Handlungen nun zum historischen Schauspiel hin.

1 Johann Christian Lünig, Theatrum Ceremoniale historico-politicum, Oder: Historisch-Politischer Schau-Platz Aller Ceremonien. 2 Bde., Bd. I. Leipzig 1719, S. 5.
2 Christian Horn, Der aufgeführte Staat. Zur Theatralität höfischer Repräsentation unter Kurfürst Johann Georg II. von Sachsen. Tübingen–Basel 2004, S. 108–113.
3 Herbert Seifert, Die Oper am Wiener Kaiserhof im 17. Jahrhundert. Tutzing 1985, S. 20f.
4 Colin Timms, Polymath of the baroque: Agostino Steffani and his music. Oxford 2003, S. 33f.
5 Für eine Lebensbeschreibung Balatris siehe: Christine Wunnicke, Die Nachtigall des Zaren. Das Leben des Kastraten Filippo Balatri. München 2001.
6 Bernhard Jahn, Die Oper als politisches Medium. Funktionen des Musiktheaters am Hof Max Emanuels. In: Stephan Hörner und Sebastian Werr (Hg.), Das Musikleben am Hof von Kurfürst Max Emanuel. Im Druck.

Weiterführende Literatur:

Eberhard Straub, Repraesentatio maiestatis oder Churbayerische Freudenfeste. Die höfischen Feste in der Münchner Residenz vom 16. bis zum Ende des 18. Jahrhunderts. München 1969.
Hubert Glaser (Hg.), Kurfürst Max Emanuel. Bayern und Europa um 1700. 2 Bde. München 1976.
Karl Böhmer, Wolfgang A. Mozarts ‚Idomeneo' und die Tradition der Karnevalsopern in München. Tutzing 1999.
Sebastian Werr, Politik mit sinnlichen Mitteln. Oper und Fest am Münchner Hof, 1680–1745. Köln–Weimar 2010.
Daniela Sadgorski, Andrea Bernasconi und die Oper am Münchner Kurfürstenhof 1753–1772. München 2010.

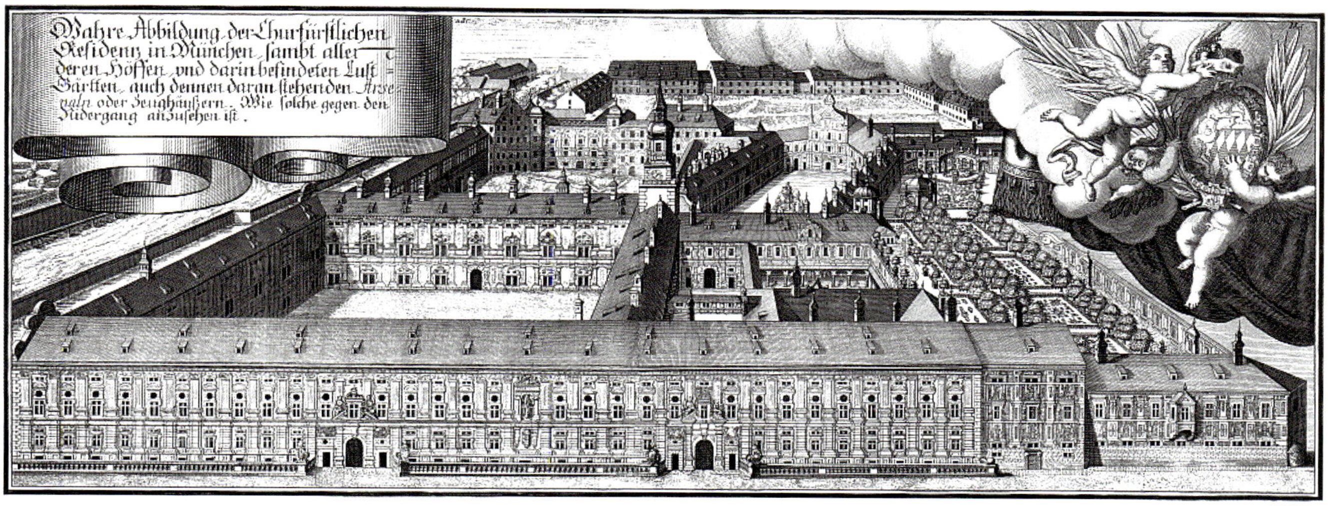

Abb. 1
Ansicht der Residenz München gegen Westen, Michael Wening, 1701
(© IMAREAL)

Abb. 2
Innenraum des Salvatortheaters in München, Michael Wening, 1686
(© Deutsches Theatermuseum, München)

Abb. 3
Allegorie auf die Ansprüche Karl Albrechts auf die Kaiserwürde, Hieronymus Sperling nach Cosmas Damian Asam
(© Münchner Stadtmuseum)

Abb. 4
Flugblatt auf die Krönung Karls VII. im Dom zu Frankfurt am Main am 12. Februar 1742, Kupferstich von Elias Baeck
Aus: Vollständiges Diarium von der merckwürdigen Begebenheiten. Frankfurt 1742
(© akg-images)

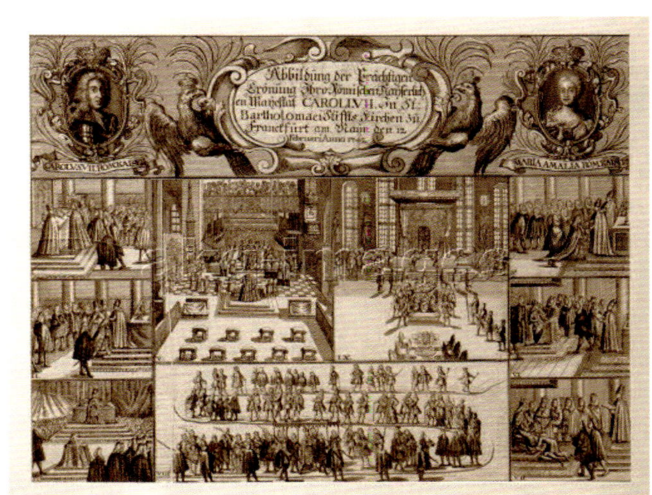

Abb. 5
Allegorie auf die Krönung Karls VII. Kupferstich von Elias Baeck
Aus: Vollständiges Diarium von der merckwürdigen Begebenheiten. Frankfurt 1742
(© Verfasser)

„Am meisten wird im Essen und Trincken excediret“

Die Tafeln der Wittelsbacher und der Habsburger vom letzten Drittel des 17. Jahrhunderts bis 1816

Ingrid Haslinger

Über drei Jahrhunderte hinweg prägte der Gegensatz von Österreich und Bayern nicht nur die innerdeutsche Politik, sondern – wegen der Verflechtungen Habsburgs mit den europäischen Interessen – auch die europäische Geschichte. Neben schweren Konflikten zwischen den Familien der Habsburger und Wittelsbacher verzeichnete man aber auch Bündnisse und im Zeitraum von 1676 bis 1816 acht eheliche Verbindungen. *(Siehe dazu die Beiträge von Sylvia Krauss-Meyl und Andrea Sommer-Mathis.)* Diese vielfältigen Verflechtungen machen einen Vergleich zwischen den Tafeln am Münchner und am Wiener Hof besonders interessant, zumal in beiden Herrschaftsbereichen die süddeutsche Küche vorherrschte: Suppen und gekochtes Rindfleisch erfreuten sich großer Beliebtheit, Höhepunkte der Tafel bildeten Braten und Dessert. Nur an besonderen Festtagen wurde nach der französischen Küche gekocht.

Zur Geschichte der Tafelkultur[1]

Die Entwicklung der Tafelkultur ab etwa 1660/70 zeigte sich durch die Regierung und die glänzende Hofhaltung des „Sonnenkönigs“, Ludwigs XIV. von Frankreich (1638–1715), nachhaltig geprägt. Diesem Einfluss konnte sich weder der Hof der Wittelsbacher Kurfürsten in München noch jener der Habsburger in Wien entziehen, wenngleich die Wittelsbacher dank zahlreicher Verbindungen zu Frankreich viel früher frankophil wurden: Die aus Savoyen stammende Gemahlin Kurfürst Ferdinand Marias (1636–1679), Henriette Adelaïde, brachte neben dem Orden der Theatiner auch ihre französische Lebensweise mit und lenkte Bayerns Interessen auf Frankreich. Die gebildete Kurfürstin *„setzte den [Münchner] Hof auf einen ganz neuen Fuß“*.[2] Unter Ferdinand Marias Nachfolger Max II. Emanuel (1679–1726) wurde der bayerische Kurhof zu München in jeder Hinsicht französisch.

Noch bevor Prinz Eugen mit seiner „französischen Kolonie“ den Wiener Boden für die französische Lebensart bereitete, versuchte Kaiser Leopold I. (1640–1705), es mit seinen prachtvollen höfischen Festen dem Sonnenkönig gleichzutun. Obwohl die Habsburger immer wieder Konflikte mit Frankreich auszutragen hatten, gingen vom französischen Hof neue, moderne Impulse aus – auch für die Tafelkultur. Kaiser Karl VI. (1669–1740) war zwar eher vom spanischen Zeremoniell beeinflusst und blieb einer strengen Etikette verhaftet, dennoch schrieb Küchelbecker im Jahr 1732: *„Der Luxus ist zu Wien sehr eingerissen, nimmt fast von Jahr zu Jahr mehr zu. Man imitirt alles Frantzösische [...] Am meisten wird in Wien im Essen und Trincken excediret.“*[3] Endgültig durchsetzen konnte sich der französische Lebensstil am Wiener Hof schließlich durch die Ehe Erzherzogin Maria Theresias (1717–1780) mit Herzog Franz Stephan von Lothringen. Der Lothringer brachte sein Personal mit nach Wien, das fortan die Schlüsselstellen der Hofwirtschaft besetzen sollte.[4]

Aus Frankreich kommend, verbreiteten sich ab dem letzten Drittel des 17. Jahrhunderts zusammenpassende Tafelservice; bis dahin waren zwar auch prachtvolle Tafelgeräte aus Edelmetall – Gold, Vermeil (vergoldetes Silber), Silber – auf dem Tisch gestanden, aber dabei hatte es sich um Einzelstücke gehandelt. Nun passte im Dekor alles zusammen. Und auch die Bezeichnungen für die einzelnen Teile der Service kamen aus Frankreich: „terrine“, „casserole“, „plats“, „assiettes“ und „pot à oille“ (eine runde Terrine für die berühmte konzentrierte, klare Hofsuppe, die sich aus dem spanischen Eintopf Olla potrida zur Luxusbouillon entwickelt hatte). Die Speisen – viele von ihnen in Zubereitungsweise und mit ihrer Bezeichnung aus dem Französischen übernommen („bouillon“, „consommé“, „jus“, „rôt“, „ragoût“, „crème“ etc.) – setzte man nun nach dem Service à la française in mehreren Trachten auf die Tafel.[5] Die meist aus drei Trachten (von „tragen“) oder Servicen bestehenden Mahlzeiten waren folgendermaßen zusammengestellt: Mit der ersten Tracht wurden Vorspeisen, Suppen und Zwischengerichte (Pasteten, Fleischkuchen etc.) aufgetragen, mit der zweiten Tracht große Braten („grosses pièces“), Salate, Zugemüse und Saucen, und die dritte Tracht bildeten Mehlspeisen, Gemüsespeisen, Kuchen sowie süße Pasteten. Die Speisen jeder Tracht wurden möglichst symmetrisch um den „surtout de table“ (Tafelaufsatz) gruppiert. Die Tafelgäste nahmen sich mit den Vorlegebestecken selbst und reichten ihren Nachbarn Schüsseln, die diese nicht erreichen konnten. Nach dem Entfernen der Tafelgeräte gab es noch das Dessert (von frz. „desservir“ – „die Tafel abräumen“): Konfekt, Zuckerln, Gefrorenes, kleine Mandelbäckerei, kandierte Gewürze, Käse und Rettich.

Diese Art des Servierens, die mit fließendem Übergang bis in das erste Drittel des 19. Jahrhunderts gepflogen und dann vom Service à la russe (alle Gerichte werden nacheinander aufgetragen) abgelöst wurde, bot zwar einen beeindruckenden Anblick, hatte aber den Nachteil, dass die Speisen durch das lange Stehen kalt wurden. Natürlich gab es nicht nur Fleischgerichte: Da sowohl die Wittelsbacher als auch die Habsburger katholisch waren, hielten sie die rund 150 kirchlichen Fasttage im Jahr ein, an denen Gemüse-, Fisch- und Eiergerichte sowie Mehlspeisen gereicht wurden. Somit entstand eine sehr abwechslungsreiche Fastenküche. Jene Mitglieder der Fürstenhäuser, die entgegen den Vorschriften an Fasttagen Fleischspeisen zu sich nahmen, mussten alleine in ihrer Kammer – „en retirade" – speisen. Nach der Erfindung des europäischen Porzellans in Meißen 1710 und der Gründung zahlreicher Porzellanmanufakturen (Wien 1718, Nymphenburg 1747, Vincennes/Sèvres 1738/1756) konnte man für Suppe und Dessert Porzellan verwenden, was insbesondere der Kostbarkeit der Süßspeisen entsprach. Die Edelmetallservice wurden im Laufe des 18. Jahrhunderts immer prachtvoller: Terrinen, Schüsseln, Saucièren und Kasserollen, die auf der Tafel standen, waren in reichem Maße plastisch verziert. In Frankreich wurde die Gabel – von der Kirche lange Zeit als Teufelswerkzeug in Acht und Bann gelegt – als Teil des Bestecks salonfähig. In der Verlassenschaft Prinz Josephs von Lothringen (1680–1715), die in Wien abgehandelt wurde, befanden sich neben 24 Silberlöffeln und Silbermessern bereits Speisegabeln in gleicher Anzahl. Auch das prachtvolle goldene Speiseservice, das Kurfürst Max II. Emanuel 1685 für seine Hochzeit mit der Kaisertochter Maria Antonia angeschafft hatte, enthielt Speisegabeln.[6] Überdies wurde um 1780 in der Glasmanufaktur von Saint-Louis-lès-Bitche ein besonders dünnwandiges Kristallglas entwickelt. Von hier ging auch die Idee aus, die Glasgröße dem Alkoholgehalt der Getränke anzupassen – die Glasservice waren erfunden. In Wien und München wurde es Mode, französische Weine zum Essen zu trinken: Champagner, Burgunder und Bordeaux entwickelten sich zu ernst zu nehmenden Konkurrenten des Rheinweins und der schweren, oft süßen Südweine aus Spanien, Italien oder Griechenland.

Im letzten Drittel des 18. Jahrhunderts lösten vergoldete Tafelaufsätze aus Bronze mit Spiegelplateaus und Tambouren aus Kostengründen die aufwendigen, ephemeren Tafeldekorationen ab, die vor allem der Präsentation des Desserts gedient hatten. Dazugehörige Vasen wurden mit natürlichen Blumen dekoriert, die die fürstlichen Glashäuser und Gärten das ganze Jahr über lieferten.[7] Die großen Anforderungen, die an die Tafelservice gestellt wurden, förderten sowohl in München als auch in Wien die Silberschmiedekunst. Ihre Hochblüte erreichte sie nach Augsburg allerdings in Paris, wo hervorragende Meister wie Martin-Guillaume Biennais und Jean-Baptiste-Claude Odiot zur Zeit des Empire ihre Fähigkeiten voll entfalten konnten.

Da in den Adelshäusern des 18. Jahrhunderts die neuen Luxusgetränke Kaffee, Schokolade und Tee beliebt wurden und endgültig die Morgensuppe verdrängten, benötigte man Kannen: bauchige für Tee; hohe mit erhöhtem Ausguss für Kaffee, um den Satz nicht mitzugießen; und schlanke für Schokolade, deren Deckel mit einem Loch für den Schokoladequirl versehen war. Aus Porzellan oder Edelmetall wurden ganze Service hergestellt, aber auch sogenannte Déjeuners. Sie bestanden aus Präsentiertasse, Kaffee- oder Teekanne, Milchkanne, Zuckerdose sowie einer Tasse („solitaire") oder zwei Tassen („tête-à-tête") mit Untertasse.

Am Münchner Hof

„Auf die Tafel selbst kamen 8 Platten mit Federwild und Geflügel, 12 Platten mit verschiedenen Fleisch- und Wildbret-Sorten und 16 Platten mit Bäckerei, Sulzen und Kräutelwerk […] Während der Tafel ließ sich zu verschiedenen Malen die Bayerische Hofmusik[8] gar lieblich *vernehmen."*[9] Es war ein besonderes Bankett, das Kurfürst Ferdinand Maria anlässlich eines Besuchs des Habsburger Kaisers Ferdinand III. (1608–1657) im Jahr 1653 auf Schloss Dachau veranstalten ließ. Ebenso aufwendig bewirtete Max Emanuel Kaiser Leopold I. und den römischen König Joseph, als sich diese 1690 zur Karnevalszeit in München aufhielten: *„Nachdem der Gottesdienst vorbey, begaben sich alle hohe Anwesende wiederum in die Residenz, allda die Tafel für 13 Personen zugerichtet stande. Es wurde auß lauter Gold tractiret, auch verursachte die Churfürstl. Tafel-Music abermalen bey allen Anwesenden ein sonderbahres Vergnügen."* Beim erwähnten Gold handelte es sich um zwei Prachtbuffets, die Max Emanuels Vater angeschafft hatte, und das bereits angesprochene Goldservice, das aus neun Dutzend Tellern, sechs Dutzend Schüsseln, sechs Schalen, sechs Leuchtern, einem großen Gießbecken mit Kanne, zwei Waschbecken, zehn Konfektschalen, Vorschneidebestecken sowie Löffeln, Gabeln und Messern bestand. Die Feste für Leopold waren ungemein kostspielig, hohe Mengen an Lebensmitteln wurden aufgewendet: Jeden Tag verarbeiteten die Köche rund 60 Zentner Fleisch, an Freitagen 56 Zentner Fisch. Für das Dessert und sonstige Süßspeisen benötigte die „Hofconditorei" rund sieben Zentner Zucker – damals der teuerste Rohstoff in der Küche. Die Pracht der kurfürstlichen Tafel hatte in den 1670er-Jahren ihren Höhepunkt erreicht: Jede Mahlzeit war unter einem bestimmten Motto aufgetragen worden. *„An jedem Tag gab es eine neue Disposition, die – sei es Fleisch oder Obst – einmal eine Flotte darstellte (jede Schüssel zeigte ein anderes Schiff), einmal ein Feldlager mit Zelten von verschiedenen Farben, einmal etwas anderes – was gerade die Phantasie dem, der mit der Aufgabe betraut war, eingab."*[10]

Auch Max Emanuel setzte, trotz der Konflikte mit Kaiser Joseph I., auf Luxus, wodurch Bayern in hohe Schulden geriet: *„Dreimal in der Woche war Appartement bei Hofe […] Der Kurfürst unterhielt sich eine Zeit lang mit den Damen, dann setzte man sich zum Spiel […] Nach dem Spiel begab man sich in den Speisesaal, wo man eine große wohl servierte Tafel fand […] An Sonn- und Feiertagen speiste der Kurfürst mit den Prinzen und Prinzessinnen öffentlich."*[11] Gelegentlich speiste Max Emanuel auch *„auf der Serviette"*, das bedeutet, er nahm seine Mahlzeit alleine ein.

Max Emanuels Sohn Karl Albrecht brachte neun Jahre als Gefangener des Kaisers in Klagenfurt und Graz zu. Als er nach München zurückkehrte, entwickelte er eine außerordentliche Prachtliebe. Während seiner Regierungszeit fanden großartige Feste und Tafeln statt, bei denen die erwähnten Service verwendet wurden. Vom Mahl anlässlich der Krönung Kurfürst Karl Albrechts zum römisch-deutschen Kaiser Karl VII. 1742 ist eine Aufstellung erhalten, die Auskunft über die für die Speisenfolge benötigten Fleischsorten gibt: Hasel- und Rebhühner, Schnepfen, Indianer (Truthähne), Kapaune, Hühner, Tauben, Rehschlögel, Schweinsköpfe, Ochsen- und Kalbfleisch, Lämmer, Ochsen- und Schweinszungen. Zu den daraus bereiteten Speisen trank man Este-, Neckar- und Virginia-Wein. Mit der Kaiserwürde hatte Karl jedoch kein Glück. Die Jahre nach seiner Krönung in Frankfurt verbrachte er wegen der Besetzung Bayerns durch die Österreicher fast ausschließlich in Frankfurt. Erst im Herbst 1744, als die kaiserlichen Truppen auf Druck Preußens Bayern verließen, konnte Karl zurückkehren – doch er starb bereits im Jänner 1745. Unter seinem Erben Max III. Joseph (1727–1777) verblasste der Glanz des Münchner Hofes, die Schuldenberge seiner Vorgänger lasteten schwer auf ihm. Nur noch einmal entfaltete der Hof seine Pracht – als Kurprinzessin Maria Josepha 1765 per procura mit dem Habsburger Kronprinzen Joseph verheiratet wurde. Über den Niedergang des Kurhofes berichtete ein sächsischer Reisender: *„Von großen Diners und Soupers hört man gar nichts.“*[12] Das Essen bei Hof sei zwar reichlich, wie er weiter anmerkte, aber nur mittelmäßig gekocht, und wegen der schlechten Bedienung erhielten die Gäste nur einige der vielen Speisen; meist seien sie kalt, wenn sie endlich auf die Tafel kämen.

Nach dem Tod des kinderlosen Kurfürsten 1777 regierte in Bayern der ebenfalls kinderlose Karl Theodor aus der Wittelsbacher Nebenlinie Pfalz-Neuburg-Sulzbach. Ihm folgte 1799 Kurfürst Maximilian IV. Joseph (1756–1825) und mit ihm die Linie Zweibrücken-Birkenfeld nach. Der einfache, leutselige Mann gewann die Herzen der Bayern gleich für sich. Er hob die steifen Tafeln mit Aufwartung von Adeligen auf und pflegte mit seiner Familie in den Speisezimmern der Appartements zu essen. Der Kurfürst, der sowohl mit seiner ersten Frau Auguste von Hessen-Darmstadt als auch mit seiner zweiten Gemahlin Karoline ein sehr inniges Familienleben führte, bemühte sich gar persönlich um den Speiseplan, wie seine kleine Tochter Sophie einmal niederschrieb. Als er, wie von Napoleon bestimmt, 1806 mehr nolens als volens die Würde des Königs von Bayern annahm, änderte sich aber das Geschehen um die Tafel. Der Dichter Platen schrieb über König Max I. Joseph, dass er nun täglich große Tafel hielte, *„weil er gern mit Menschen zusammen ist, gut speist und trinkt“*. Allerdings liebte er es nicht, bei Festlichkeiten recht lange aufzubleiben. Trotz seiner neuen Würde besuchte Max I. Joseph, wenn er auf dem Land war, gern auch Wirtshäuser und scheute sich nicht, bei einem Bauern ein Butterbrot und ein Glas Milch zu nehmen, Nudeln in der Milch oder Pfannkuchen zu essen.

Eine Vorstellung von der Pracht der Tafeln am Münchner Hof vermittelt die Silber- und Porzellankammer der Wittelsbacher. Dort finden sich Silberservice aus dem 18. Jahrhundert mit Tafelaufsätzen, Tischbrunnen, Konfektbehältern und prachtvollen Terrinen der Silberschmiede Drentwett, Betkober und Daman, die nach der Vermünzung des Silbers durch Kaiser Joseph I. 1706 im Laufe der Zeit angeschafft worden waren. Als Maximilian Joseph 1799 als Kurfürst nach München gekommen war, hatte er das Zweibrückener Tafelservice mitgebracht, von dem Teile noch im gleichen Jahr für die Kriegskasse gegen Napoleon verwendet wurden. 1806 bestellte König Max I. Joseph ein Service beim Augsburger Silberschmied Johann Alois Seethaler, *„um die Silberkammer wieder in den gehörigen Stand zu setzen“*. Durch das Bündnis mit Frankreich kamen auch Sèvres-Service nach München: Das Service encyclopédique mit etwa 90 Teilen war ein Geschenk Napoleons an Max I. im Jahr 1810. Obwohl Königin Karoline Napoleon und Frankreich hasste, hatte sie 1808 in Sèvres ein 200-teiliges Blumenservice bestellt, zu dem ihr Napoleon 1810 weitere 24 Dessertteller schenkte. 1816 erwarb der König bei Seethaler ein Vermeil-Service von Biennais und ein kleineres Silberservice von Odiot, die beide um 1807 bis 1809 für Napoleons jüngeren Bruder Jérôme, den ehemaligen König von Westphalen, angefertigt worden waren.

Am Wiener Hof

Aus dem 17. Jahrhundert ist recht wenig über die kaiserliche Tafel in Wien überliefert.[13] Kaiser Leopold I. war ein sehr frommer Mann und dem spanischen Protokoll verhaftet. Er hielt an zahlreichen Fest- und Galatagen öffentliche Tafel. Das bedeutet, dass er allein speiste und eine gewisse Anzahl an Zusehern zur Tafel zugelassen war. Dazu gab es vokale und instrumentale Tafelmusik; tat der Kaiser einen Trunk, erschallten Pauken und Trompeten. Vor und nach der Tafel wusch sich der Monarch die Hände, der anwesende Geistliche sprach das „Benedicite“ und das „Deo gratias“. Dass Leopold phlegmatisch war und nichts höher schätzte als Gottes Willen, dokumentiert eine Anekdote: Als der Kaiser einmal an der Tafel in Laxenburg saß, schlug ein Blitz ins Gemach ein. Während alle hektisch umherliefen, sagte der Monarch ruhig: *„Da Gott ein so sichtliches Zeichen gegeben, daß jetzt bessere Zeit zum Beten und Fasten ist, als zum Schmaußen, so tragt die Speisen ab!“* Damit erhob er sich und ging in die Kapelle, um zu beten.

Aus der Zeit Kaiser Karls VI. (1685–1740) sind nur fragmentarische Silberinventare erhalten. Aus ihnen geht hervor, dass der Monarch und seine Gemahlin Elisabeth Christine mit den Fingern aßen, denn Gabeln sind nicht verzeichnet. Dies wird durch ein Gemälde untermauert, das das Hochzeitsessen von Karls Tochter Maria Theresia und Franz Stephan darstellt – allerdings könnte es sich bei den kleinen Happen, die die kaiserliche Familie in Händen hält, auch um Austern handeln. Neben den zahlreichen öffentlichen Tafeln, die der Kaiser abhielt, speiste er für gewöhnlich um ein Uhr alleine mit der Kaiserin, die ihm zur linken Hand saß, in der Geheimen Ratsstube auf einer Estrade. Kamen Besucher, musste die Tafel *„auf der Kaiserin Seiten“*, also in deren Appartement, abgehalten werden, schließlich durfte nicht einmal ein Kurfürst mit dem Monarchen in seinem Appartement oder an der öffentlichen Tafel sitzen. Was ein Reisender aus dem „Reich“ über die kaiserliche Tafel in Wien berichtete, korrespondiert mit dem etwas kargen Silberinventar Karls: *„Es hat mir geschienen, als wenn der kaiserliche Tisch nicht sehr geschmackvoll servirt sei. Die Vaiselle [= Tafelsilber] ist alt und alle Schüsseln werden ohne Symmetrie aufgestellt. Jede der Majestäten hatte ihre besonderen Schüsseln, daher werden sehr kleine Schüsseln aufgetragen; ich habe übrigens selbst auf der Tafel nur fünf bis sechs Suppenlöffel gesehen [...] Ein Kammerherr präsentiert den Trunk, beide Majestäten trinken gegenseitig auf ihre Gesundheit [...] Das Mittagessen währt selten länger als eine Stunde. Die Majestäten bleiben an der Tafel, bis alles, selbst das Tischtuch, abgeräumt ist, es wird dann ein anderes aufgelegt; darauf stellt der Oberstsilberkämmerer eine Schüssel und eine Gießkanne von Vermeil zum Waschen.“* Die „alte Vaiselle“ ist wohl mit finanziellen Umständen zu erklären, war Wien doch nicht allzu lange davor von Türkenbelagerung und Pest erschüttert worden; Kaiser Karl, der 1711 aus Spanien zurück nach Wien gekommen war, hatte anfangs wohl andere Sorgen gehabt, als ein neues Tafelservice für seine neue Residenz fertigen zu lassen.

Sein Schwiegersohn Franz Stephan passte sich den Speisegewohnheiten des Wiener Hofes an. Zwar besaß er, wie seinem Silberinventar aus dem Jahr 1732 zu entnehmen ist, bereits komplette Bestecke für eine größere Personenanzahl, aber wie seine Gemahlin benutzte er zum Speisen ein goldenes Mundzeug, bestehend aus Suppenlöffel, Speisegabel, Speisemesser, zweizinkiger Vorlegegabel, Eierbecher, Eierlöffel mit Markzieher und einer doppelten Gewürzdose. 1740 waren die Silberbestände am Wiener Hof noch recht bescheiden. Es gab ein *„Suppen Kandl“*, sieben Suppenschalen, zwei *„Suppen Keßerl“*, Gießbecken, Kannen, Aufsätze, Kaffeekannen, Teekannen, Rechauds, diverse Schüsseln, Speiseteller und kleinere Teller. Die Erbfolgekriege 1740 bis 1748 erschwerten es dem Kaiserpaar – Franz Stephan wurde 1745 in Frankfurt zum römisch-deutschen Kaiser gekrönt –, die Silberservice aufzustocken. Wegen der großen Kinderschar des Kaiserpaars waren dennoch immer wieder Bestellungen bei den Wiener Silberschmieden erforderlich. Alljährlich wurde eine gewisse Summe für die Anschaffung von Silbergeräten zur Verfügung gestellt.

Um 1760 wurde ein besonders prachtvolles Goldservice angeschafft, das 1761 bei der Hochzeit von Joseph, dem Sohn Kaiser Franz' I. Stephan und Maria Theresias, mit Isabella von Parma erstmals zum Einsatz kam. 1767 wurde es nach Frankfurt zu Josephs Krönung zum römischen König mitgeführt und zierte dort die kaiserliche Tafel. Zum Service, das Kaiser Franz aus seiner Privatschatulle bezahlt hatte, gehörten ein Tafelaufsatz für Gewürze und Zucker, 16 ovale Schüsseln, vier Töpfe, zwölf runde Schüsseln, 48 Teller, 18 Besteckgarnituren – jeweils mit Messer, Gabel und Löffel –, zwei Vorlegelöffel, zwei doppelte und zwei einfache Salzfässer. Obwohl sein Nachfolger Joseph überaus sparsam war, erweiterte er das Goldservice nach dem Tod seines Vaters 1765. Überdies gab es bei Hof noch zwei prachtvolle Sèvres-Service, Geschenke des französischen Hofes an Maria Theresia (1758) und an Kaiser Joseph II. (1777). Um 1760 schaffte Maria Theresia aus Kostengründen die teuren ephemeren Auszierungen der Tafel ab und wollte nur mehr *„mit porcelän und natürlichem Blumwerck bedienet werden“*. Dies war ein großer Schritt in Richtung der bereits erwähnten Bronzetafelaufsätze, die nur mehr mit Blumen und Konfekt versehen werden mussten.

Obwohl zur Zeit Maria Theresias die französische Art zu kochen am Wiener Hof dominant wurde, blieben (Rind-) Suppe und Tafelstück Teil des Speiseplans. Über ihre Essgewohnheiten berichtete die Monarchin: *„Wan allein esse, habe niemahls mehrers, als eine Soupe, was eingemachtes, grüne Speiß, ein gebrattenes, und ein Obst, den abend ausgelassen die grüne Speis.“* Auch die Ammen der 16 Kinder der Monarchin mussten gut versorgt werden: Neben zahlreichen Fleischspeisen erhielten sie stets sehr kräftige Suppen. Kaiser Joseph II. war überaus sparsam und genügsam. Zum Frühstück trank er Kaffee, später nahm er Schokolade. Er liebte geselchtes Bauchfleisch vom Schwein mit Gemüse oder Kraut – wegen der Vorliebe des Kaisers bekam das Fleischstück den Namen „Kaiserfleisch“. Noch sparsamer als Joseph II. war sein Neffe Kaiser Franz II./I. Mit den Kriegen gegen Frankreich konfrontiert, setzte er überall den Rotstift an: Alle Edelmetallservice wurden vermünzt, die Speiszettel der Familienmitglieder kontinuierlich reduziert; an der Tafel mussten sich seine Kinder und Brüder mit Porzellan aus der Wiener Manufaktur begnügen. Besonders peinlich war dies, als sich nach Napoleons Niederlage 1814 ein Kongress in Wien abzeichnete, an dem alle siegreichen Monarchen teilzunehmen gedachten – für einen solchen Anlass war nun aber kein dem kaiserlichen Dekorum entsprechendes Edelmetallservice vorhanden. Kurzerhand ließ Kaiser Franz durch seinen Obersthofmeister bei der Wiener Manufaktur ein vollständig vergoldetes Porzellanservice anfertigen, das auf den öffentlichen Tafeln den Eindruck eines Gold- oder Vermeil-Services machte. Somit war der höfischen Etikette Genüge getan.

Während des Wiener Kongresses 1814/15 waren auch das bayerische Königspaar und seine beiden Söhne Ludwig und Karl als Gäste anwesend. Bayern, das rechtzeitig vor der Schlacht bei Leipzig 1813 die Seiten gewechselt hatte, gehörte nun zu den Siegerstaaten. Ebenfalls zu Gast war der Schwiegersohn von König Max, Eugène de Beauharnais; er musste auf Drängen von Zar Alexander für seine Einbußen entschädigt werden. Kaiser Franz kam durch Kauf in den Besitz des Vermeil-Services, das ursprünglich für Napoleon als König von Italien 1808 in Paris (Biennais) und Mailand (Eugenio Brusa) gefertigt worden war und später von Napoleons Stiefsohn Eugène in seiner Funktion als Vizekönig von Italien übernommen wurde. Für Kaiser Franz sollte sich diese Akquisition bald von großer Bedeutung erweisen: Als im Frühjahr 1816 seine dritte Gemahlin Maria Ludovika verstarb, entschloss sich der Monarch, der nicht gern allein lebte, rasch zu einer neuen Vermählung. Auf diplomatischem Wege und zur großen Freude von König Max I. konnte dieser dem österreichischen Kaiser seine Tochter Karoline Auguste zur Frau geben, nachdem deren erste Ehe mit dem Kronprinzen von Württemberg annulliert worden war. Zur Vermählung von Franz und Karoline Auguste kam nun zum ersten Mal das in Mailand mit dem Monogramm „FIA" (Franciscus Imperator Austriae) versehene Grand Vermeil, das für 40 Gedecke ausreichte, auf die Tafel. Auf 140 Gedecke aufgestockt, sollte es bis 1918 das Galaservice der österreichischen Kaiser bleiben. Der Speiszettel der kaiserlichen Hochzeit hat sich nicht erhalten – anders als jener zur Feier der mehr als acht Jahre später, im November 1824, geschlossenen neuerlichen Verbindung zwischen den Häusern Habsburg und Wittelsbach: Prinzessin Sophie von Bayern ehelichte den Stiefsohn ihrer Halbschwester Karoline Auguste, Erzherzog Franz Karl. Man darf annehmen, dass sich der Speiszettel der damaligen Familientafeln von Mundkoch Gandrille kaum von jenem aus 1816 unterschied: „*Königs Supp mit Reis, Supp Sante mit Brod, Natur Pastetel, Blut und Kapaunerwürste. Vier kalte Asieten, Rindfleisch mit zwey Saucen, Lungenbraten mit Gelberübensosen, Spinat und Sproßen mit garnitur, Zwey Schüsel mit File von Boulard mit Hahnen käm u. Gnödel, deto clasirte gespikte Kalbsbrüs mit Burei von Carfiol, deto File Soute von Rebhühner mit Burei von Rebhühner u. Trifel, Marillen Faumkoch, Nürnbraten, Rehrücken, Kapaun und Fasan. Eingesetzt: In die Flanke: Eine kalte Bastete mit Schünken. Eine Forellen mit Aspique auf ein Sockel. Zwetschken Compot. Ein Ananassulz, Ribiselsulz, gestürztes Aspique, Cioccoladecremme in Becherl.*"[14]

1 Zur Geschichte der Tafelkultur vgl. u. a.: Stefan Bursche, Tafelzier des Barock. München 1974; Ingrid Haslinger, Die ehemalige Hofsilber- und Tafelkammer in Wien. Sammlungskatalog Bd. 2. Wien 1997; Ingrid Haslinger, Augenschmaus und Tafelfreuden. Die Geschichte des gedeckten Tisches. Klosterneuburg o. J. [2001].

2 Eduard Vehse, Bayerische Hofgeschichten. München 1922.

3 Johann Basilius Küchelbecker, Allerneueste Nachricht vom Römisch-kayserlichen Hoff [...]. Hannover 1732, S. 426.

4 Vgl. Ingrid Haslinger, Franz Stephan und der Wiener Hofhaushalt. In: Renate Zedinger u. a. (Hg.), Franz Stephan von Lothringen und sein Kreis. Bochum 2009.

5 Mit der steigenden Dominanz der französischen Küche drangen immer mehr neue Begriffe – „Béchamel", „Mayonnaise", „Omelette", „blanchieren", „glacieren" u. v. m. – in den deutschen Sprachraum ein, die bis heute in der Küchensprache fortleben. Als mit dem Übergang zum Service à la russe Menükarten notwendig wurden, fasste man sie an beinahe allen europäischen Höfen – außer am Berliner Hof – in französischer Sprache ab.

6 Zahlreiche Informationen zu Zeremoniell, Tafel etc. stammen aus: Vehse, Bayerische Hofgeschichten. Zur Küche in München und Wien vgl. u. a.: Johanna Maria Huberinn, Baier'sches Kochbuch für Fleisch- und Fasttäge. München 1802; F. G. Zenker, Vollständige theoretisch-praktische Anleitung zur feineren Kochkunst für herrschaftliche und bürgerliche Tafeln. 2 Bde. Wien 1824.

7 Vgl. z. B. Utta Bach, Die Gartenkultur am Münchner Hof unter Kurfürst Max Emanuel 1679–1726. München 2007; Das Haus Habsburg und die Gartenkunst. Worms 2008. Beilage zu: Die Gartenkunst 20 (2008), H. 2.

8 Tafelmusik war ein wichtiger Bestandteil einer festlichen Tafel: Bereits in der Antike hatte man die Tafelgäste beim Speisen durch Musik und Rezitationen unterhalten. Durch die Klöster wurde diese Sitte als geistliche Lesung bzw. sakrale Musik über die Stürme der Völkerwanderung gerettet und später von den Fürsten übernommen.

9 Christian Häntle, Die Wittelsbacher. Augsburg 1880, S. 66. Zu den höfischen Festen und Tafeln in München: Eberhard Straub, Repraesentatio Maiestatis oder churbayerische Freudenfeste. Die höfischen Feste in der Münchner Residenz vom Ende des 16. bis zum Ende des 18. Jahrhunderts (Miscellanea Bavarica Monacensia 14). München 1969. Zu den Kurfürsten: Georg Leidinger, Katalog der Wittelsbacher-Ausstellung. München 1911. Zum Königreich Bayern: Krone und Verfassung, Max I. Joseph und der neue Staat (Ausst. Kat.). München 1980; Bayerns Krone 1806, 200 Jahre Königreich Bayern (Ausst. Kat.). München 2006; Karl Spengler, Die Wittelsbacher am Tegernsee. München 1970; Wolfgang Johannes Bekh, Ein Wittelsbacher in Italien. München 1971; Adalbert Prinz von Bayern, Als die Residenz noch Residenz war. München 1967. Zu den Speisegewohnheiten am Münchner Hof unter Max I. vgl. Haus-, Hof- und Staatsarchiv Wien, NL Erzherzogin Sophie, K 19, bzw. Geheimes Hausarchiv München, NL Königin Caroline und NL König Max. Zur Wittelsbacher Silber- und Porzellankammer vgl. Herbert Brunner u. a., Residenz München. München 1996; Weltkunst XLIV/12 (1974); Hans Ottomeyer und Lorenz Seelig, Das Silber- und Vermeil Service König Jérômes von Westphalen in der Münchner Residenz. In: Münchner Jahrbuch der bildenden Kunst 34 (1983), S. 117–164.

10 Vehse, Bayerische Hofgeschichten.

11 Ebd.

12 Ebd.

13 Zu diesem Abschnitt vgl. v.a. den bereits erwähnten zweiten Katalogband der Silberkammer sowie: Ingrid Haslinger, Der Kaiser speist en public. In: Hans Ottomeyer (Hg.), Die öffentliche Tafel, Tafelzeremoniell in Europa 1300–1900. Wolfratshausen 2002; den erwähnten Aufsatz der Autorin über Franz Stephan von Lothringen; Karl Eduard Vehse, Habsburger Herrscher privat. Köln 2006; Ingrid Haslinger, Die Oliosuppe am Kaiserhof zu Wien und Die Silberkammer unter Maria Theresia. In: Ilsebill Barta u. a. (Hg.), Tafeln bei Hofe, Wien 1998; Ilsebill Barta-Fiedl und Peter Parenzan (Hg.), Die ehemalige Hofsilber- und Tafelkammer. Sammlungskatalog Bd. 1. Wien 1996; Pierre Villard und Peter Parenzan, Das Service von Napoleon I., König von Italien, oder das große Vermeil-Service des Kaiserhofes in Wien (Sonderheft des Jahrbuchs der kunsthistorischen Sammlungen in Wien). Wien o. J.

14 Haus-, Hof- und Staatsarchiv, HWA 1824, r. 26. Supp Sante = Gesundheitssuppe; Asiete = Assiette = Teller; garnitur = meist ein Sattel aus Würsten, gebackenem Fleisch oder Leber etc. auf Gemüse; clasirt = glasiert; Trifel = Trüffel; Burei = Püree; Soute = sautiert; Boulard = Poularde; Faumkoch = Schaumkoch; Nürnbraten = Nierenbraten; Brüs = Bries.

Abb. 1
Das Krönungsmahl Josephs II. im Römer zu Frankfurt, Martin van Meytens und Schule
(© Kunsthistorisches Museum mit MVK und ÖTM Wien)

Abb. 2
Gewürzdöschen, Bernhard H. Weyhe, Augsburg, 1761–1763
(© Roemer- und Pelizaeus-Museum Hildesheim)

Abb. 3
Lavabogarnitur, Johann Nikolaus Spickermann, um 1743–1753
(© Roemer- und Pelizaeus-Museum Hildesheim)

Die Wiener Hofburg

Architektur und Zeremoniell einer kaiserlichen Residenz

Herbert Karner und Anna Mader-Kratky

Die Wiener Hofburg war über Jahrhunderte die wichtigste Residenz der Habsburger. Ihre historische Bedeutung lässt sich an ihren ehemaligen wie gegenwärtigen Funktionen ermessen: Annähernd 700 Jahre lang stellte die Hofburg Wohn-, Repräsentations- und Regierungszentrum der Erzherzöge von Österreich, der Könige von Ungarn und Böhmen und – vor allem – der Kaiser des Heiligen Römischen Reiches deutscher Nation dar. Heute zählt sie mit jährlich rund 600.000 Besuchern zu den meistbesuchten Sehenswürdigkeiten Österreichs.

Bis nach der Mitte des 17. Jahrhunderts war die Hofburg keine einheitliche Palastanlage, sondern ein Konglomerat mehrerer selbständiger Bauten. Am Anfang stand die mittelalterliche Kernburg – die im 18. Jahrhundert den Namen Schweizerhof bekam – aus der ersten Hälfte des 13. Jahrhunderts. Aus verteidigungstechnischen Gründen erbaute man das viertürmige Kastell nicht inmitten der Stadt, sondern entschied sich absichtsvoll für die Randlage. Im Südwesten der Stadt wurde die Hofburg unmittelbar an die Stadtmauer gesetzt, die erst kurz zuvor, zu Beginn des 13. Jahrhunderts, errichtet worden war.

Eine Residenzlandschaft entsteht

Unter Kaiser Ferdinand I. wurde die Hofburg im zweiten Viertel des 16. Jahrhunderts umfassend in Renaissanceformen ausgebaut und um den sogenannten „Kindertrakt" erweitert. In der zweiten Hälfte des 16. Jahrhunderts setzte man zwei weitere, voneinander vollkommen unabhängige Residenzen hinzu: nordwestlich der Alten Burg eine Residenz für Erzherzog Ernst, die seit dem 18. Jahrhundert Amalienburg genannt wird, und östlich des Schweizerhofes die Stallburg. In den Jahren 1559 bis 1565 als selbständiger Neubau ausgeführt, war sie von der Alten Burg durch eine Gartenanlage getrennt. Die Stallburg folgt als einzige der drei Anlagen den Gesetzen einer einheitlichen Stilrichtung, der Renaissance.

Mit all diesen zwischen 1530 und den 1580er-Jahren gesetzten Baumaßnahmen war im Wesentlichen jenes Terrain abgesteckt, auf dem in den folgenden zwei Jahrhunderten der barocke Ausbau der Hofburg stattfinden sollte. Die kontinuierliche Vergrößerung der Anlage diente dazu, eine autonome Hofhaltung der jungen habsburgischen Erzherzöge sicherzustellen und deren Wohn- und Repräsentationsbedürfnissen zu genügen: Durch Zusammenfügen von Einzelresidenzen, Gärten mit unterschiedlichen Bodenniveaus, einem Turnierplatz und verschiedenen Architekturen der Lustbarkeit (Ballhaus, Badehaus, Galerie und Pferdestall) entstand eine Residenzlandschaft, hinter der kein einheitliches, systematisches Ausbaukonzept stand.

Einem heute weitgehend akzeptierten Erklärungsmodell für diese Uneinheitlichkeit entsprechend meint man im Residenzverhalten des Hauses Habsburg eine ausgeprägte Orientierung an der eigenen dynastischen Tradition beobachten zu können, die verhinderte, Neues auf Kosten von Altem zu schaffen. Eine einheitlich geplante neue Residenzanlage, wie sie etwa der – aus einer jungen und vergleichsweise traditionsarmen Familie stammende – französische König Ludwig XIV. in Versailles erbauen ließ, wäre demnach für Mitglieder der Familie Habsburg unmöglich gewesen.

Ferdinand II., verehelicht mit Maria Anna von Bayern, ließ in den 1620er-Jahren wichtige Erweiterungen der Hofburg durchführen, auch ist eine erste Tendenz zur Systematisierung, zur Vereinheitlichung des Areals erkennbar. Von Regensburg aus, wo er sich 1630 anlässlich des Kurfürstentages länger aufhielt, erteilte er den Auftrag zum Bau eines großen Theatersaals für die erste Hochzeit seines Sohnes, des späteren Kaisers Ferdinand III., mit der spanischen Infantin Maria Anna. Er sollte das Gartenareal der Burg vom Rosstummelplatz, dem heutigen Josefsplatz, trennen. Bei diesem Vorgängerbau des heutigen Redoutensaaltraktes handelte es sich um einen – ursprünglich nur in Holzbauweise geplanten – multifunktionalen Saaltrakt, wie er in europäischen Residenzanlagen schon lange unabdingbar war. Viele Schriftquellen (Bau- und Zeremonialakten) des 17. und 18. Jahrhunderts spiegeln seine wichtige Funktion für Tanz- oder Theaterveranstaltungen wider. Da durch diesen Saaltrakt und über den sogenannten Augustinergang der – von der Öffentlichkeit abgeschottete – Weg zur Augustinerkirche genommen wurde, besaß er auch eine wichtige zeremonielle Funktion bei Hochzeiten und Begräbnissen von Mitgliedern des Erzhauses Habsburg und des hohen Hofpersonals.

Zur selben Zeit veranlasste Ferdinand II. den ersten Versuch, die heterogene Gebäudeanlage rund um den großen Burghof zusammenzufassen, indem die einzelnen, als Hofkanzleien genutzten Häuser an der Nordostseite des Platzes eine ihnen vorgeblendete gemeinsame Fassade erhielten.

Errichtung des Leopoldinischen Traktes

Den zweiten und entscheidenden Schritt zur Vereinheitlichung und vierseitigen baulichen Umfassung des großen Hofes setzte Kaiser Leopold I., indem er an der gegenüberliegenden Seite des Platzes anstelle der Stadtmauer (Abb. 1) ab 1660 einen mächtigen Trakt aufführen ließ, den nach ihm benannten Leopoldinischen Trakt. Eleonora Magdalena Gonzaga von Mantua-Nevers, Witwe Kaiser Ferdinands III. und Stiefmutter von Leopold I., hatte den Bau, dessen Planung dem kaiserlichen Architekten Filiberto Luchese oblag, zum größten Teil finanziert. Nach einem Großbrand von 1668 wurde der Flügel nach Plänen von Giovanni Pietro Tencalla vergrößert und mit einem zusätzlichen Stockwerk versehen; die Bauleitung hatten Carlo Martino Carlone und Domenico Carlone inne.

Ein Kupferstich von Daniel Suttinger zeigt die Hofburg während der Türkenbelagerung 1683 (Abb. 2). Schwerpunkte der osmanischen Angriffe waren die Burgbastei und die benachbarte Löwelbastei. Zu sehen sind auch die Minengänge, die von den osmanischen Mineuren gelegt wurden, um die Burgbastei zu sprengen.

Die ursprüngliche Wirkung der um den Leopoldinischen Trakt erweiterten Hofburg ab dem späten 17. Jahrhundert ist aufgrund der heute vollkommen anderen Geländesituation kaum mehr nachzuvollziehen. Am südwestlichen Stadtrand, hart an der Stadtmauer gelegen, über der mächtigen Bastei und dem vorgelagerten Glacis aufragend, war die Hofburg in ihrer Wahrnehmbarkeit bis in das frühe 19. Jahrhundert in hohem Maße von den ungünstigen topografischen Umständen bestimmt. Vielleicht hatte die große Distanz, aus welcher der Leopoldinische Trakt in seiner Gesamtheit nur gesehen werden konnte, eine Rolle bei der Entscheidung gespielt, ihn als einen mächtigen, mit 29 Achsen lang gestreckten Kubus ohne Differenzierung durch Risalite und ohne gestaffelte Dachlandschaft zu gestalten.

Kontrovers wird in der Fachliteratur die Frage beurteilt, inwieweit der Leopoldinische Trakt als – das Raumvolumen erweiterndes – einzelnes Gebäude geplant und errichtet wurde oder ob er nicht einzig realisierter Teil eines Großprojektes von Leopold I. geblieben ist. Allerdings fällt auf, dass der Trakt keinen eigenen repräsentativen Stiegenaufgang in das Hauptgeschoß erhielt. Der offizielle Zugang zu den Kaiserräumen erfolgte weiterhin über den kleinen Innenhof des mittelalterlichen Schweizerhofes, zunächst über ein im 16. Jahrhundert unter Ferdinand I. eingestelltes Treppenhaus, ab der Mitte des 18. Jahrhunderts schließlich über die in den alten Palas-Trakt integrierte Botschafterstiege. Mit diesem traditionellen Zugang waren Bedeutung und zeremonielle Funktion der Alten Burg sichergestellt, was wohl eine der dynastisch-inhaltlichen Voraussetzungen für den Neubau des Leopoldinischen Traktes gewesen war.

Im kaiserlichen Repräsentations- und Wohnappartement

Von der Treppe aus betrat der Gast zunächst die offiziellen Repräsentationsräume. Die Raumfolge lässt sich am deutlichsten durch Zusammenfügen zweier historischer Pläne aufzeigen (Abb. 3): Trabantensaal (Nr. 1), Rittersaal (Nr. 2) und Erster Antekammer (Nr. 3) in der Alten Burg folgten im Leopoldinischen Trakt die Zweite Antekammer (Nr. 4) und das Audienzzimmer, die sogenannte Rathstube (Nr. 5). Nur sehr wenige vertraute oder hochgestellte Persönlichkeiten durften in die anschließenden Privaträume – die Retirade (Nr. 6), ein Kabinett (Nr. 7) und das Schlafzimmer (Nr. 8) – vordringen. Dass Kaiser und Kaiserin ein gemeinsames Schlafzimmer hatten, war ebenso eine Besonderheit habsburgischer Residenzen wie die Existenz zweier Antekammern. In den Schriftquellen seit den 1620er-Jahren feststellbar, geht deren Einführung und Etablierung in der Raumfolge – wohl einer spanischen Anregung folgend – ebenfalls auf Ferdinand II. zurück.

Die Enfilade der Repräsentationsräume und der wichtigsten Privaträume durchläuft den Südwestflügel der Alten Burg und den gesamten Leopoldinischen Trakt an seiner Hofseite; sie umfasst das bis in die Mitte des neuen Traktes reichende Appartement des Kaisers und das direkt angrenzende Appartement der Kaiserin, das offiziell vom anderen (nordwestlichen) Ende des Traktes über einen eigenen Treppenaufgang (Adlerstiege) zugänglich war.

Die zu dieser Zeit übliche Raumfolge in fürstlichen Residenzen mit einer Antekammer und getrennten Schlafkammern lässt sich auf einem besonders aussagekräftigen kolorierten Grundriss der Münchner Residenz der Wittelsbacher aus dem zweiten Viertel des 17. Jahrhunderts ablesen.[1] Es handelt sich dabei um einen höchst detaillierten und informativen Grundrissplan des Hauptgeschoßes aus der Zeit um 1630 bis 1650, der die Bezeichnungen aller damals wichtigen Raumeinheiten enthält (Abb. 4): An der Nordseite des lang gestreckten Kapellenhofs befindet sich der alte Herkulessaal (auf dem Plan mit *„Saal"* bezeichnet), den Maximilian um einen Stock erhöhen und mit einem Historienzyklus sowie einer Herkulesstatue ausstatten ließ; an ihn grenzte unmittelbar der *„Hatschir Pfletz"* (also der Trabantensaal) an, den man über eine nordseitig angebaute Treppe erreichte; nach Süden schlossen sich im rechten Winkel *„Ritterstuben"*, *„Antecamera"*, *„Audienzzimmer"*, eine (nicht bezeichnete) Retirade und die *„Schlaff Camer"* an. Von dieser nach Westen und parallel zum heute Königsbauhof genannten Residenzgarten führte eine *„Galleria"* für die Verwahrung von Gemälden und Miniaturen. Von der Antekammer hatte der Kurfürst über einen schmalen Gang direkten Zugang zur Empore der Hofkapelle.

Gerade im Vergleich mit der Münchner Residenz wird deutlich, dass die Raumkultur der Habsburger im 17. Jahrhundert grundsätzlich den internationalen fürstlich-höfischen Usancen folgte – wahrnehmbar schon an den Raumbezeichnungen –, sich aber doch mit einigen dynastisch zu begründenden Besonderheiten deutlich von ihnen absetzte.

Der Ausbau zur hochbarocken Residenz

Dem früh verstorbenen Joseph I. folgte 1711 sein jüngerer Bruder Karl auf den Kaiserthron. Für die Wiener Hofburg brachte die Regierungszeit Karls VI. 1711 bis 1740 den Ausbau zu einer hochbarocken Residenz und weitere Versuche zur Vereinheitlichung des Residenzareals mit sich. Mit Johann Bernhard Fischer von Erlach stand dem Kaiser ein Architekt von europäischem Rang zur Seite, der für die Hofburg ein – nur in Teilen realisiertes – Gesamtkonzept entwarf. Erstmals wurde nun auch das unbebaute Terrain des Glacis jenseits der Stadtmauer einbezogen, an dessen Linie zu den Vorstädten man die Hofstallungen errichtete – als mächtiges neues Gegenüber zum Leopoldinischen Trakt (Abb. 5). Mit den Neubauten der Hofbibliothek, der Winterreitschule, der Reichskanzlei und der vorerst unvollendeten Michaelerfassade setzten Fischer und sein Sohn Joseph Emanuel, der das Amt des leitenden Hofarchitekten von seinem Vater übernahm, architektonische Akzente und bestimmten damit das Baugeschehen bis ins 19. Jahrhundert.[2] Auch der große Konkurrent der beiden, Johann Lucas von Hildebrandt, unterbreitete Vorschläge zu einem Umbau der Residenz, die jedoch weitgehend unberücksichtigt blieben.

Diese barocken Bauten prägen das Bild der Hofburg bis heute. Über die zeitgleich vorgenommene Innenausstattung der kaiserlichen Residenz ist hingegen wenig bekannt. Das Repräsentationsappartement in der Alten Burg und im Leopoldinischen Trakt behielt mit dem Einzug von Karl VI. und Elisabeth Christina seine Funktion als zeremonieller Dreh- und Angelpunkt der kaiserlichen Residenz. Von der Ausstattung der Räume ist wegen späterer Veränderungen leider nichts mehr erhalten, sie ist – da es an Innenansichten weitgehend mangelt – auch schwer zu rekonstruieren. Einzig der Prunksaal in der Hofbibliothek und Ansichten der Gemäldegalerie in der Stallburg geben Zeugnis von der Raffinesse barocker Interieurs dieser Jahre.[3] Daneben haben sich auch einige Zeichnungen erhalten, die anlässlich der Brautwerbung der habsburgischen Erzherzogin Maria Josepha für den sächsischen Kurprinzen Friedrich August entstanden (Abb. 6).

Zur Audienz beim Kaiser

Im Namen Friedrich Augusts hielt der Gesandte Jakob Heinrich Graf von Flemming während einer Audienz am 13. August 1719 bei Karl VI. um die Hand von dessen Nichte an. Dieses im Folgende beschriebene Aufeinandertreffen steht stellvertretend für eine Vielzahl von Audienzen, wie sie sich für den Wiener Hof rekonstruieren lassen:[4] Für den festlichen Akt holte der kaiserliche Audienzkommissar den Gesandten und seine Begleiter von ihrem Quartier in Wien ab. In einer langen Wagenkolonne bewegte man sich nun über den Kohlmarkt in Richtung der Burg. Der überwiegende Teil der Wagen musste im großen Inneren Burghof warten, nur jener des Botschafters in Begleitung des Audienzkommissars durfte in den Schweizerhof einfahren. Dort wurde der hochrangige Gast vom Obersthofmarschall in Empfang genommen und über die große Treppe ins Piano Nobile begleitet. Nun durchschritt der Botschafter die lange Reihe der Räumlichkeiten des Repräsentationsappartements; in der Ritterstube wurde er vom Obersthofmeister und in der Ersten Antekammer vom Oberstkämmerer begrüßt. In der Zweiten Antekammer musste der Gesandte warten, bis ihn der Oberstkämmerer in der Ratsstube beim Kaiser gemeldet hatte, der Flemming auf einer kleinen Bühne unter dem Baldachin erwartete. Karl VI. stand neben seinem Thron und setzte sich auch während des festlichen Aktes nicht nieder. Auf seinem Weg quer durch die Ratsstube musste sich Graf Flemming drei Mal verbeugen, bei seiner letzten „Reverenz nach spanischer Manier" rückte der Kaiser kurz seinen Hut. Aufgrund seines Ranges als Botschafter wurde Flemming die Auszeichnung zuteil, selbst die Bühne zu betreten. Die eigentliche Audienz dauerte nur sehr kurz, der Weg zur Türe quer durch den Raum hatte selbstverständlich rücklings zu erfolgen. Bei manchem Gesandten geriet diese Etikette freilich zu einem wahren Balanceakt – etwa bei dem schottischen Philosophen David Hume, der 1748 beim Verlassen des Audienzzimmers über seine eigenen Beine zu stürzen drohte.[5]

Wie die oben erwähnte Zeichnung anschaulich zeigt, enthielt der Raum nur wenige Möbelstücke. Seine Wände zierten wertvolle Gobelins, vielfach waren die repräsentativen Räumlichkeiten der Hofburg aber auch mit teuren Seidenstoffen bespannt, die sich den jeweiligen Anlässen entsprechend anpassen ließen: Herrschte etwa Hoftrauer, mussten die wichtigsten Räume des kaiserlichen Appartements schwarz spaliert werden.

Die erste Habsburgerin auf dem Thron

Als Karl VI. im Oktober 1740 überraschend verstarb, hinterließ er keinen männlichen Thronerben. Durch die Pragmatische Sanktion (1713) hatte der Kaiser jedoch schon früh die Frage der weiblichen Thronfolge geklärt und seinen eigenen Töchtern den Vorrang gegenüber jenen seines Vaters und seines älteren Bruders eingeräumt. Dennoch überschatteten der Österreichische Erbfolgekrieg (1740 bis 1748) und die harten Auseinandersetzungen um das Erbe ihres Vaters die ersten Regierungsjahre Maria Theresias schwer. Die junge Erzherzogin folgte ihrem Vater als Landesherrin in den Österreichischen Erblanden nach, 1741 wurde sie zur Königin von Ungarn und zwei Jahre später zur Königin von Böhmen gekrönt. Mit dem Erlöschen der Familie im Mannesstamm war aber die den Habsburgern rund 300 Jahre lang in Folge übertragene Kaiserwürde verloren gegangen. Obwohl die Wiener Hofburg somit nicht mehr länger kaiserliche Residenz war, hielt der Wiener Hof strikt am alten Zeremoniell fest. Zur visuellen Untermauerung dieser Kontinuität übersiedelte Maria Theresia mit ihrem Gemahl Franz Stephan von Lothringen bereits wenige Tage nach dem Tod des Vaters in das Parade- und Wohnappartement ihrer Eltern. Ihre Mutter Elisabeth Christine hingegen zog sich in ein Witwenappartement im zweiten Obergeschoß des Leopoldinischen Traktes zurück.

In weiterer Folge waren die höfischen Regeln auf die weibliche Thronfolgerin zu adaptieren, schließlich stand Maria Theresia nun die gesamte Enfilade des kaiserlichen Appartements zur Verfügung – das Damenappartement ebenso wie die Raumfolge auf der Herrenseite, in der sie alle Zeremonien als regierende Königin entgegennahm. Franz Stephan von Lothringen wurde zwar 1740 zum Mitregenten in den Erblanden ernannt und spielte auch politisch eine gewichtige Rolle bei Hof. Zeremoniell trat er in diesen ersten Jahren aber wenig in Erscheinung. Parallel zum Repräsentationsappartement der Königin ließ er sich eine Folge von Räumlichkeiten einrichten, in denen er seine Audienzen gab.[6] Erst seine Wahl und Krönung zum römisch-deutschen Kaiser 1745 machten neuerliche Modifikationen des höfischen Zeremoniells notwendig, weil Franz I. Stephan als Kaiser den gleichen Anspruch auf eine repräsentative Raumfolge erheben konnte wie seine Gemahlin Königin Maria Theresia. Beide Regenten hielten ihre Audienzen ab nun in der Ratsstube ab – allerdings nicht gleichzeitig, sondern an aufeinanderfolgenden Tagen, da jedem Gast das Recht zustand, sowohl vom Kaiser als auch von der Königin empfangen zu werden. Dieses sich zunehmend verkomplizierende und zeitraubende Protokoll ließ die Zahl der öffentlichen Audienzen allmählich sinken und jene der Privataudienzen steigen, die in einem informelleren Rahmen in der Retirade ohne streng festgelegtes Zeremoniell stattfinden konnten.

Architektonisch veränderte sich die Hofburg unter Maria Theresia und Franz Stephan nur wenig. Bauliche Interventionen betrafen vor allem die Ausstattung der Innenräume; in den späten 1740er-Jahren wurden die gotische Burgkapelle und das kaiserliche Paradeappartement renoviert.[7] Unter Beibehaltung der alten Bausubstanz waren hier nur moderate Veränderungen möglich, die sich im Wesentlichen auf die Dekoration der Räumlichkeiten beschränkten. Das kaiserliche Appartement erhielt eine einheitliche Rokokoausstattung in Weiß und Gold nach französischem Vorbild.

Erstmals bildeten das Appartement des Kaisers und jenes der Kaiserin-Königin nun eine durchgehende, fast 150 Meter lange Zimmerflucht. Um einen repräsentativen Zugang zum Herrscherpaar zu ermöglichen, erhielt diese Enfilade auf beiden Seiten neue Treppenhäuser: Auf jener des Kaisers ersetzte die Botschafterstiege das alte Treppenhaus und führte künftig als Prunktreppe nur mehr bis in den Piano Nobile. Auf der anderen Seite wurde die Schwarze-Adler-Treppe erneuert; bis heute erschließt sie alle Geschoße und fungiert auch als Verbindung zur angrenzenden Amalienburg.

Eine räumliche Vergrößerung erfuhren die beiden Antekammern. Die Zweite oder Große Antecamera, auch in die Höhe erweitert, erstreckte sich nach dem Umbau bis in das zweite Obergeschoß des Traktes. In diesem nunmehr größten Raum innerhalb des kaiserlichen Appartements wurden viele Festlichkeiten abgehalten, wie etwa die Tafel anlässlich der Hochzeit von Erzherzog Joseph und Isabella von Parma 1760 (Abb. 7). Maria Theresia nutzte die Große Antekammer auch gerne für Theateraufführungen im Familienkreis oder abendliche Unterhaltungen wie das beliebte Kartenspiel Pharo, für das sie eigens Spieltische aufstellen ließ. Renommierte Architekten wie Balthasar Neumann, Jean Nicolas Jadot oder der Wiener Hofarchitekt Nikolaus Pacassi wurden damit betraut, Gesamtpläne zur Regulierung des Hofburgareals zu erstellen. Trotzdem fanden alle aufwendigen Projekte dieser Art keine Realisierung. Einzig der Bibliotheksplatz – später Josefsplatz – erhielt ein einheitliches Erscheinungsbild. In den späten 1760er-Jahren begann Pacassi die Fassade aufseiten der Redoutensäle der Fischerschen Hofbibliothek anzupassen, die gegenüberliegende Fassade bei der Augustinerkirche realisierte sein Nachfolger, Hofarchitekt Franz Anton Hillebrandt, 1773 bis 1776.

Ein Bruch mit der Tradition

Während der sommerlichen Hochzeitsfeierlichkeiten für Erzherzog Leopold in Innsbruck 1765 brach Franz Stephan bei einer Theateraufführung zusammen und starb völlig unerwartet. Sein Ableben brachte neuerlich gravierende Einschnitte hinsichtlich des bestehenden Zeremoniells und Rangdifferenzen am Wiener Hof mit sich. Joseph folgte seinem Vater auf den Kaiserthron. Mit seiner zweiten Gemahlin Maria Josepha stand der nunmehrigen Kaiserinwitwe Maria Theresia, die regierende Königin in Böhmen und Ungarn blieb, eine neue Kaiserin gegenüber. Nach dem Vorbild ihrer Mutter zog sich Maria Theresia im Herbst 1766 in ein Witwenappartement zurück und überließ dem jungen Kaiserpaar die repräsentative Raumfolge im Piano Nobile.[8] War bereits unter Franz Stephan und Maria Theresia die Zahl der öffentlichen Audienzen stark dezimiert worden, so reduzierte Joseph diese auf ein absolutes Minimum – in dieser Angelegenheit kam es daher nur zu wenigen zeremoniellen Diskrepanzen mit seiner Mutter. Auch bei der Nutzung des Paradeappartements löste sich Joseph von alten Traditionen und ließ sich ein kleineres Appartement gegen die Vorstädte adaptieren. Mit diesem bewussten Rückzug vollzog Joseph erstmals eine Trennung von Zeremonial- und Wohnräumen und leitete damit eine Entwicklung kaiserlicher Privatsphäre am Wiener Hof ein, an die seine Nachfolger Leopold II. und Franz II./I. nahtlos anschlossen.

In seiner nur zwei Jahre (1790–1792) währenden Regierungszeit befand sich Leopold II. viel auf Reisen. War er in Wien, so bewohnte er mit seiner Gemahlin Maria Ludovika die Amalienburg. Auf der gegenüberliegenden Seite des Inneren Burghofs, im zweiten Obergeschoß der Alten Burg, befand sich das Appartement ihres ältesten Sohnes Franz. Auch nach seiner Regierungsübernahme 1792 behielt Kaiser Franz II./I. diese angestammten Räumlichkeiten fern des barocken Paradeappartements bei; dieses wurde ausschließlich für zeremonielle Anlässe genützt, blieb ansonsten aber unverändert. Aufwendige Ausstattungsarbeiten gestand Franz nur seiner dritten Frau Maria Ludovika zu, für die er im zweiten Obergeschoß des Leopoldinischen Traktes das umfangreichste und kostbarste Appartement realisieren ließ, das jemals für eine Kaiserin am Wiener Hof eingerichtet worden war.

1 Karl Faltlhauser (Hg.), Die Münchner Residenz. Geschichte – Zerstörung – Wiederaufbau. Ostfildern 2006, S. 40–51; eine Reproduktion des Planes als Beilage auch bei Lucia Longo-Endres, (Hg.), Pistorini Baldassare, Kurz gefasste Beschreibung des Palastes, Sitzes der Erlauchtesten Fürsten von Bayern. Descrittione compendiosa del Palagio sede de' Serenissimi di Baviera (Quellen zur Neueren Geschichte Bayerns IV/2). München 2006. Siehe auch Henriette Graf, Die Residenz in München. Hofzeremoniell, Innenräume und Möblierung von Kurfürst Maximilian bis Kaiser Karl VII. München 2002, S. 64–68.

2 Vollendung der Michaelerfassade durch Ferdinand Kirschner 1889–1893.

3 Gudrun Swoboda, Die Galerie Kaiser Karls VI. in Wien. Solimenas Widmungsbild und Storffers Inventar (1720–1733). Wien 2010.

4 Wien, Haus-, Hof- und Staatsarchiv, Zeremonialprotokolle, Band 10 (1717–1719), fol. 342–352.

5 Gerhard Streminger, David Hume. Der Philosoph und sein Zeitalter. München 2011, S. 260.

6 Henriette Graf, Das kaiserliche Zeremoniell und das Repräsentationsappartement im Leopoldinischen Trakt der Wiener Hofburg um 1740. In: Österreichische Zeitschrift für Kunst und Denkmalpflege LI (1997), Heft 3/4, S. 571–587.

7 Hellmut Lorenz, „... im alten Style glücklich wiederhergestellt ...". Zur repräsentativen Rolle der Tradition in der Barockarchitektur Mitteleuropas. In: Österreichische Zeitschrift für Kunst und Denkmalpflege LI (1997), Heft 3/4, S. 475–483.

8 Maria Josepha starb bereits 1767 an den Pocken, und Joseph II. blieb in weiterer Folge unverheiratet.

Weiterführende Literatur:

Christian Benedik, Die Wiener Hofburg unter Kaiser Karl VI. – Probleme herrschaftlichen Bauens im Barock. Phil. Diss. Wien 1989.

Moriz Dreger, Baugeschichte der k.k. Hofburg in Wien (Österreichische Kunsttopographie 14). Wien 1914.

Renate Holzschuh-Hofer, Feuereisen im Dienst politischer Propaganda von Burgund bis Habsburg. Zur Entwicklung der Symbolik des Ordens vom Goldenen Vlies von Herzog Philipp dem Guten bis Kaiser Ferdinand I. In: RIHA-Journal (16. August 2010) [http://www.riha-journal.org/articles/2010/holzschuh-hofer-feuereisen-im-dienst-politischer-propaganda]

Markus Jeitler, Richard Kurdiovsky und Anna Mader-Kratky (Konzept), Wiener Stadt- und Burgbefestigung. Österreichische Zeitschrift für Kunst und Denkmalpflege LXIV (2010), Heft 1/2.

Herbert Karner, Raum und Zeremoniell in der Wiener Hofburg des 17. Jahrhunderts. In: Ralph Kauz, Giorgio Rota und Jan Paul Niederkorn (Hg.), Diplomatische Praxis und Zeremoniell in Europa und im mittleren Osten in der frühen Neuzeit. Wien 2009, S. 55–78, S. 379–385 (Abb.).

Harry Kühnel, Forschungsergebnisse zur Geschichte der Wiener Hofburg im 16. Jahrhundert. In: Anzeiger der phil.-hist. Klasse der Österreichischen Akademie der Wissenschaften 93 (1956), S. 255–271.

Harry Kühnel, Forschungsergebnisse zur Geschichte der Wiener Hofburg II. Beiträge zur Geschichte der Wiener Hofburg im 16. und 17. Jahrhundert. In: Anzeiger der phil.-hist. Klasse der Österreichischen Akademie der Wissenschaften 95 (1958), S. 269–283.

Harry Kühnel, Forschungsergebnisse zur Geschichte der Wiener Hofburg IV. Der Leopoldinische Trakt der Wiener Hofburg. In: Anzeiger der phil.-hist. Klasse der Österreichischen Akademie der Wissenschaften 97 (1960), S. 147–168.

Richard Kurdiovsky (Hg.), Die Österreichische Präsidentschaftskanzlei in der Wiener Hofburg. Wien 2008.

Anna Mader-Kratky, Modifizieren oder nach alter Gewohnheit? Die Auswirkungen des Regierungsantritts von Maria Theresia auf Zeremoniell und Raumfolge in der Wiener Hofburg. In: Elisabeth Fritz-Hilscher (Hg.), Musik im Dienste einer Staatsidee – 1735/1740 bis 1745 (Veröffentlichungen der Kommission für Musikforschung). Im Druck.

Eva B. Ottillinger und Lieselotte Hanzl, Kaiserliche Interieurs. Die Wohnkultur des Wiener Hofes im 19. Jahrhundert und die Wiener Kunstgewerbereform (MMD – Eine Publikationsreihe der Museen des Mobiliendepots 3). Wien 1997.

Werner Paravicini und Jörg Wettlaufer (Hg.), Vorbild – Austausch – Konkurrenz. Höfe und Residenzen in ihrer gegenseitigen Wahrnehmung (Residenzenforschung XXIII). Ostfildern 2010.

Friedrich Polleroß, Tradition und Recreation. Die Residenzen der Habsburger in der frühen Neuzeit (1490–1780). In: Majestas 6 (1998), S. 91–148.

Wiener Hofburg – Neue Forschungen. Österreichische Zeitschrift für Kunst und Denkmalpflege LI (1997), Heft 3/4.

Abb. 1
Ansicht des Inneren Burghofes und der Amalienburg vor der Errichtung des Leopoldinischen Traktes, Samuel Hoogstraten, 1652 (© Kunsthistorisches Museum mit MVK und ÖTM Wien)

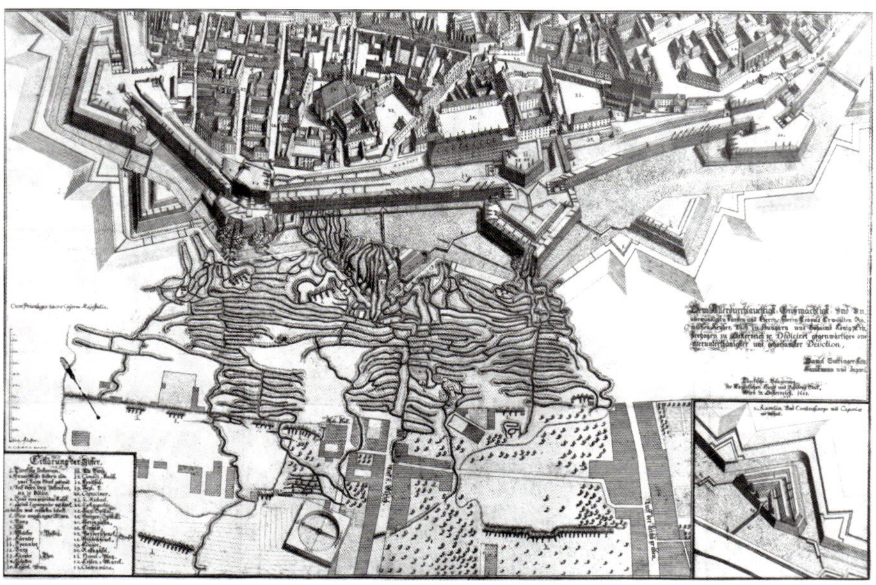

Abb. 2
Vogelschauplan mit einer Ansicht der Hofburg vonseiten der Vorstädte, im Vordergrund die Angriffsstellungen und Laufgräben des osmanischen Heeres während der Zweiten Türkenbelagerung 1683, Daniel Suttinger, um 1684 (© Bildarchiv ÖNB Wien)

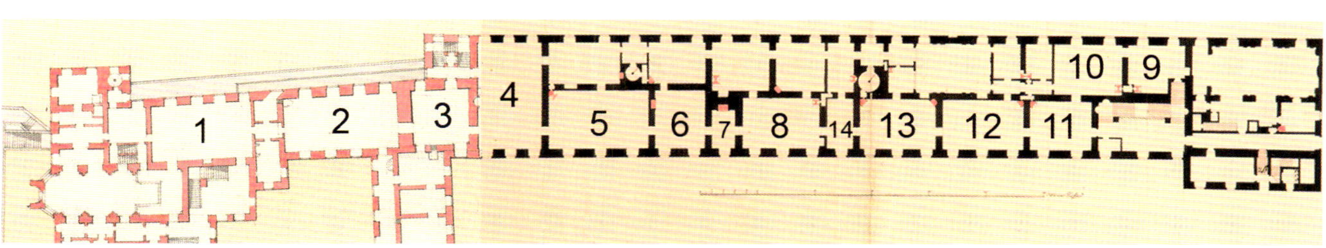

Abb. 3
Grundriss des Zeremonialappartements ab dem Ende des 17. bis Mitte des 18. Jahrhunderts, Rekonstruktion unter Verwendung einer Zeichnung von Johann Aman, um 1823 (© Wien, Albertina, Architektursammlung, Inv.-Nr. Az. 6181), und eines Bestandsplanes, um 1745 (© Berlin, Staatliche Museen zu Berlin – Kunstbibliothek, Neumann-Nachlass, Hdz 4741)

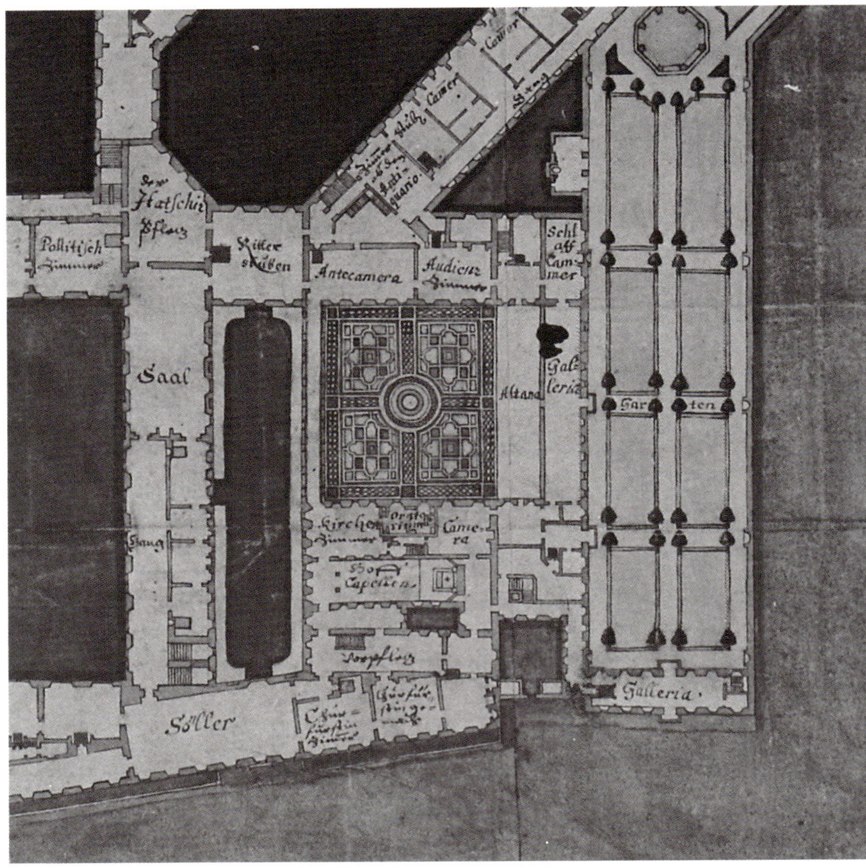

Abb. 4
Münchner Residenz von Maximilian I., Grundriss des Piano Nobile (Detail), um 1640
Privatbesitz
(© Bayerische Schlösserverwaltung München)

Abb. 5
Ansicht der Hofburg (v.l.n.r. Augustinerkirche, Josefsplatz, Stallburg, Winterreitschule, unvollendete Rotunde der Michaelerfassade, dahinter Alte Burg, großer Innerer Burghof mit Reichskanzlei im Vordergrund und Leopoldinischem Trakt im Hintergrund), Ausschnitt aus dem Vogelschauplan von Wien, Joseph Daniel Huber, 1785
(© Bildarchiv ÖNB Wien)

Abb. 6
Audienz des sächsischen Gesandten Graf Flemming bei Kaiser Karl VI. in der Ratsstube anlässlich der Brautwerbung von Erzherzogin Maria Josepha 1718, Raymond Le Plat
(© Kupferstichkabinett der Staatlichen Kunstsammlungen Dresden)

Abb. 7
Festtafel 1760 anlässlich der Hochzeit Erzherzog Josephs und Isabellas von Parma in der Großen Antekammer: unter dem Baldachin das Kaiserpaar Franz I. Stephan und Maria Theresia, links und rechts der beiden das Brautpaar, Martin van Meytens und Schule, 1762/63
(© Kunsthistorisches Museum mit MVK und ÖTM Wien)

Das „*herrlichste* Rococo *auf* Erden“

Die Reichen Zimmer der Residenz in München

Henriette Graf

Frankreich und Österreich – das waren jene beiden Pole, die Bayerns Politik und Kultur im 17. und 18. Jahrhundert prägten. Gleichzeitig bestanden vielschichtige verwandtschaftliche Verbindungen zwischen den Familien Bourbon und Habsburg sowie den Wittelsbachern, die als Kurfürsten und Reichserztruchsessen die ranghöchsten Fürsten im Heiligen Römischen Reich waren und bei Reichszeremonien den goldenen Reichsapfel trugen: Maximilian I. – er regierte ab 1598 als Herzog und von 1623 bis 1651 als erster bayerischer Kurfürst – war zunächst mit der französischen Prinzessin Elisabeth von Lothringen verheiratet, um nach deren Tod 1635 Maria Anna von Österreich zu ehelichen. Die Frau seines Sohnes Ferdinand Maria, Henriette Adelaïde von Savoyen, eine Kusine König Ludwigs XIV., brachte italienische ebenso wie französische Kunst und Lebensart nach München. Sie verheiratete ihre erstgeborene Tochter Maria Anna Christina 1680 an den französischen Grand Dauphin. 1685 heiratete Maria Annas Bruder Kurfürst Max Emanuel II., der „Türkensieger“ und „Befreier Europas“, die österreichische Erzherzogin und Infantin Maria Antonia. Deren Sohn Joseph Ferdinand sollte die kaiserliche Erbfolge antreten; sein früher Tod 1699 entzündete den Spanischen Erbfolgekrieg, in dessen Verlauf Max Emanuel die Fronten wechselte. Dies ermöglichte es ihm, nach der Okkupation Bayerns durch Österreich 1705 nach Frankreich zu fliehen und als Gast seines Schwagers zehn Jahre dort zu verbringen. Die Söhne aus seiner zweiten Ehe wuchsen unterdessen in Österreich auf. Die Vermählung Karl Albrechts mit Erzherzogin Maria Amalia berechtigte den Kurprinzen zur Hoffnung, dereinst die kaiserliche Erbfolge anzutreten. Der Tod Kaiser Karls VI. im Jahr 1740 führte ihn und sein Haus tatsächlich auf den Höhepunkt der Macht.

Äußerlich manifestierte sich dieser Aufstieg in wechselnden Raumfluchten in der Münchner Residenz. Sie gipfelten in den 1730 bis 1736 von François Cuvilliés angelegten Reichen Zimmern. Er brachte Struktur und Symmetrie in das Konglomerat von Räumen und verlieh dem Anspruch des Wittelsbachers Karl Albrecht auf den Kaiserthron sichtbar Gestalt. Cuvilliés passte die Räume den Notwendigkeiten des Reichzeremoniells an und formte sie so um, dass glänzende Feste gefeiert werden konnten und trotzdem privater Rückzug möglich war: Nach dem Vorbild der französischen Architektur, die sich als Grundlage der Raumdisposition im europäischen Schlossbau bereits verbindlich durchgesetzt hatte, erfolgte eine konsequente Gliederung in Appartement de parade, Appartement de societé und Appartement privé.[1]

Die Residenz in München – Jahrhunderte des Ausbaus

Den Beginn der Residenzanlage bildete eine außerhalb des alten Stadtrings 1385 errichtete Wasserburg, die Neuveste. Von hier aus dehnte sich die Anlage über die Jahrhunderte zu einem um mehrere Höfe gruppierten Baukomplex aus. Der Ausbau zum Renaissancepalast verdankte sich der Heirat Herzog Albrechts V. (1528–1579) mit der Kaisertochter Anna von Österreich 1546. Die großen politischen Ambitionen der Wittelsbacher brachte Albrecht zum Ausdruck, indem er 1568 bis 1571 auf dem Turnierplatz der Neuveste einen Bau für das Antiquarium zur Ausstellung seiner Antikensammlung sowie für die Hofbibliothek errichten ließ. Für das diagonal angelegte Gebäude wurden Teile des Wassergrabens aufgegeben, nun begann auch die Erweiterung in Richtung der Stadt um eine Hofhaltung an der heutigen Residenzstraße. Die kurfürstlichen Wohnräume gruppierten sich im Wesentlichen um den Grottenhof, wo man zwei ehemalige Bürgerhäuser zu einer großzügigen Stadtwohnung für Anna von Österreich ausgebaut hatte. Dort verblieben die privaten Gemächer im Wesentlichen über vier Generationen.

Die erste große Bauaufgabe Herzog Maximilians I. (1573–1651) galt der Vollendung des Antiquariums zu einer Festhalle. Er ließ den Fußboden niedriger legen und Decke sowie Fensterleibungen mit Ansichten seines Territoriums freskieren. Das fürstliche Selbstverständnis Maximilians I. macht der Tugendspiegel im Gewölbescheitel mit dem Mittelbild der Allegorie des Ruhmes augenfällig. An den Stirnseiten wurden zwei Triumphportale mit Inschriften errichtet, die ihn als Vollender des Prunksaales nennen, während man davor – auf der abgeschrankten Estrade vor dem mächtigen Kamin – im Sommer tafeln konnte.

Durch den Umbau seiner bisherigen Wohnung, des Erbprinzenbaus, konnten Maximilians erster Gemahlin Elisabeth von Lothringen 1601 angemessene Räumlichkeiten geboten werden. Sie lagen mit drei Gemächern zur Residenzstraße, erstreckten sich in der Folge zur 1601 bis 1603 erbauten Hofkirche sowie zur Reichen Kapelle, dem „Oratorium“ des Herrscherpaares (Abb. 1), und verbanden sich in Weiterführung um den Grottenhof mit den Räumen Maximilians. Die Ausstattung der Reichen Kapelle mit frühen Scagliola-Tafeln an den Wänden ergänzte der junge Herzog um ältere Ausstattungsstücke wie den Heiltumsschrein zur Aufbewahrung kostbarer gefasster Reliquien. Auf dem Altar der 1607 geweihten Kapelle wurde an Festtagen die St.-Georgs-Statuette ausgestellt, Ausdruck der persönlichen

Frömmigkeit des Herzogs und „religiöser Mittelpunkt der Residenz“[2]. Dem Kapellenhof gegenüber lag der Herkulessaal (Abb. 1: „Saal“), der mit einer Herkulesstatue, einem gemalten Historienzyklus und thematisch passenden Tapisserien in würdevoller Form den Anspruch der Wittelsbacher auf die Kaiserkrone versinnbildlichte. Im Fries waren die wichtigsten Ereignisse aus der Geschichte der Vorfahren verherrlicht: etwa die Ernennung Ottos III. von Bayern zum König von Ungarn 1314 und jene Ludwigs des Bayern zum römischen König 1314. Auf ihm als jenem Vorfahren, der 1328 zu kaiserlichen Würden gelangt war, lag der Hauptakzent. So hing über dem Kamin an prominenter Stelle über der Herkulesstatuette die historisch wichtigste Darstellung vom Kampf Kaiser Ludwigs um das Reich in der Schlacht bei Ampfing 1322.

Von Philipp Hainhofer, dem Augsburger Kunsthändler, erfahren wir, dass der Zugang zum Appartement Maximilians über den Herkulessaal erfolgte. Von dort gelangte man zunächst in die Ritter- oder Tafelstube, die am östlichen Ende des Kapellenhofes über dem Durchgang zum Brunnenhof gelegen war und die private Raumfolge nach Süden (Abb. 1) eröffnete. Auf ein Vorzimmer folgte ein mit Kamin und Ofen ausgestattetes Audienzzimmer mit einem angeschlossenen gefangenen Raum. Über ein Durchgangszimmer am Treppenhaus führte der Weg an einem weiteren gefangenen Raum vorbei zum Schlafgemach, von dem aus der Herzog einen Blick in seine Kammergalerie wollte werfen können. In deren Rücken zum Grottenhof hin lag eine offene Altane, nach Süden breitete sich der alte Residenzgarten aus. Über diese „Galleria“ ließ der Herzog sich abends von einem Kammerdiener den Weg in das Schlafzimmer seiner Gemahlin leuchten.[3] Mit zwei Fenstern zum Grottenhof hin zwischen „Oratorium“ und „Hofcapelle“ gelegen, wies die „Camera“ eine Textilausstattung aus blauem Samt auf, die mit dem Monogramm des Herzogspaares, „ME“, in Gold und Silber bestickt war.

„Kaiserlich eher als herzoglich“ wurde die Münchner Residenz durch den Kaiserhoftrakt. Mit dem von 1611 an als Gästeappartement für den Kaiser errichteten Bau ging etwa eine Verdoppelung der Größe der Residenz einher. Die Raumfolge der Kaiserzimmer im Westen war zum Logis des Kaiserpaares bestimmt, sie wurde in ihrer Ausstattung mit Scagliola-Tafeln und Deckengemälden mit kosmologischen und kirchlichen Bezügen nie wesentlich verändert. Hinsichtlich Größe, Anspruch und Pracht im deutschen Reich einzigartig, war der Bau im Hinblick auf die Rangerhöhung des Hauses Wittelsbach eindrucksvoll inszeniert worden. Die dynastischen Beziehungen zwischen Habsburg und Wittelsbach hatten sich durch die 1635 geschlossene zweite Ehe Maximilians mit Maria Anna von Österreich noch intensiviert, und die Empfänge für Kaiser Ferdinand III. und Leopold I. wurden nach Reichszeremoniell mit größtem Pomp zelebriert.

Die barocke Residenz – Appartements des Kurfürsten und der Kurfürstin

Unter Ferdinand Maria (1636–1679) und seiner Gemahlin Henriette Adelaïde wurde der Bereich der Kurfürstinnen weitläufig ausgebaut. Die Repräsentationsräume lagen weiterhin an der Residenzstraße: Dem Vorsaal folgten in einer Enfilade zwei Vorzimmer und ein Audienzzimmer, der Goldene Saal (Abb. 3: „3ieme antichambre“). Von dort gelangte man geradeaus in einen Galerietrakt mit zwei Kabinetten, dem südlich, entlang des Residenzgartens, zusätzlich eine schmale Bibliothek angebaut wurde. An den Goldenen Saal schlossen sich nach Osten die Privaträume an: ein Grottenzimmer mit Muschelbrunnen und Scagliola-Tafeln für Privataudienzen sowie ein Schlafzimmer mit Alkoven (Abb. 2), dem ein kleines Herzkabinett folgte (Abb. 3: „cabinet“ mit „balcon“). Die Räume erhielten reich geschnitzte, vergoldete Decken mit eingelassenen Gemälden, die – vielfach verschlüsselt durch Embleme und Inschriften – die Liebe thematisierten. In der Galerie ließ die Kurfürstin der Herrschaft Kurfürst Maximilians I. mit Familienbildnissen ein Denkmal setzen. Ihr Schlafzimmer kleidete sie mit italienischen Raumtextilien in Blau und Gold aus, während das Herzkabinett in seiner Bildausstattung auf zeitgenössische französische Liebesromane Madelaine de Scudérys Bezug nahm.

Im Osten reihte sich das Appartement der Kurfürsten an, das ihr Sohn Kurfürst Max II. Emanuel (1662–1726) in den Jahren 1680 bis 1685 erweitern ließ. Stuckmarmor, Scagliola-Portale, Kassettendecken und Deckenbilder, die Alexander dem Großen gewidmet waren, standen noch in der Tradition der maximilianischen Residenz. Die Kammergalerie am Residenzgarten behielt Max II. Emanuel bei, zum Grottenhof hin schloss er die offene Altane und legte die Sommerzimmer an, eine kleine Raumflucht für gesellschaftliche Zwecke, die „Appartements“ genannt wurden. Auch in Wien kannte und schätzte man die „Appartements“, wie Florinus 1719 berichtete. Man habe sich mit Spiel und Konversation die Zeit vertrieben, dazu seien Erfrischungen gereicht worden, die allerdings *„nur in einem Trunck [bestanden], welchen ein jeder zu fordern hat“*.[4]

Die Reichen Zimmer unter Kurfürst Karl Albrecht

Nach einem verheerenden Brand 1729, der die eben erst fertiggestellten Räume Kurfürst Karl Albrechts zerstört hatte, entstand die Abfolge der Reichen Zimmer mit zwei Enfiladen, konsequent gegliedert in Appartement de parade, Appartement de societé und Appartement privé. Entsprechend gilt es das diplomatische Zeremoniell beim Besuch von Gesandten, das gesellschaftliche Zeremoniell sowie das Zeremoniell beim Aufstehen und Zubettgehen – bekannter unter den Bezeichnungen „Lever“ und „Coucher“ – zu unterscheiden.

Im Appartement de parade vollzog sich demnach das diplomatische Zeremoniell. Wie Baron Karl Ludwig von Pöllnitz in seinen zu Beginn der 1730er-Jahre veröffentlichten Reisebeschreibungen vermerkte, habe der bayerische Hof die leichte französische Lebensart gepflogen, im diplomatischen Zeremoniell sei man aber dem Wiener Kaiserzeremoniell gefolgt. Dessen wichtigste Merkmale waren der öffentliche Einzug des Botschafters, der minutiös gestaffelte Empfang durch die Obersten Hofbeamten und die öffentliche Audienz, in deren Rahmen der Botschafter das Beglaubigungsschreiben des entsendenden Fürsten überreichte:

Im Audienzzimmer erwartete der unter dem Baldachin stehende Fürst, neben sich den Fauteuil und einen Tisch, den eintretenden Diplomaten. Bei der feierlichen Übergabe des Schreibens – einer immer in einer bestimmten Umgebung mit bestimmten Ausstattungsstücken inszenierten Symbolhandlung – wurde wenig gesprochen, Unterredungen waren den Privataudienzen in der Retirade, im Konferenzzimmer, vorbehalten. In der Zeit vor der Wahl Kurfürst Karl Albrechts zum Kaiser 1742 fanden in München mehrere Audienzen statt; ausführliche Berichte darüber bestätigen diesen Ablauf.

Das Appartement de parade bestand aus der Ritterstube, zwei Vorzimmern und einem Audienzzimmer (Abb. 3: „Ritterstuben" bis „3ieme antichambre"). Die Ritterstube diente dem Aufenthalt der Bedienten und fungierte als Speisesaal. Dort fanden vor allem Festtafeln statt, so etwa 1727 und 1747 Bankette nach den Erbhuldigungen der Stände, die in München im Alten Rathaus abgehalten wurden. Bei der Einweihung der Reichen Zimmer im November 1737 tafelte man in der Ritterstube, Spiel und Tanz vollzogen sich im Herkulessaal.

Der Zutritt zu den Vorzimmern war nach dem Rang der Personen minutiös gestaffelt und deshalb Gradmesser für die Stellung des Einzelnen bei Hofe. Die Antichambre diente als Warte- bzw. Durchgangsraum für Besucher und als Aufenthaltsraum der Kämmerer. Für den diensthabenden Kämmerer bedeutete das Warten im Vorzimmer nicht Zeitvertreib, sondern Pflicht. Man erwartete von ihm, dass er pünktlich, besser schon etwas früher, zum Dienst erscheine. In Anwesenheit des Obristhofmeisters und des Obristkämmerers war es nicht erlaubt, in der Antichambre auf und ab zu gehen oder den hohen Beamten den Rücken zuzukehren, vor allem durfte man sich nicht setzen. Von daher rührten die Verordnungen von 1739 und 1747, dass die gepolsterten Hocker, die sich in die Antichambre „eingeschlichen" hätten, zu entfernen seien. Es war wohl zur Gewohnheit geworden, dort Spieltische aufzustellen, denn 1769 wurde dies ausdrücklich verboten, und im Inventar dieses Jahres finden sie sich nicht. Die beiden Vorzimmer waren ursprünglich streng symmetrisch angelegt, je vier Türen der Räume sind spiegelgleich gesetzt. Alternierend mit Textil- und Holzpaneelen verkleidet, standen an den Ostwänden jeweils zwei Öfen in Nischen, in den vier Ecken schmückten die Decken weit in die Räume ragende Stuckaturen. Die Möbelausstattung der Vorzimmer war ihrer Funktion entsprechend spärlich mit nur wenigen Sitzbänken und Tabourets. Unter den verspiegelten Fensterpfeilern standen Konsoltische. Wichtigstes Ausstattungsstück des Audienzzimmers, das stets größer und prächtiger sein sollte als die Vorzimmer, bildete der Baldachin. In der Regel war er aus rotem Samt mit reichen Goldtressen gefertigt; entsprechend der Menge der Goldfransen wurde auch dem Raum ein bestimmter Rang zugewiesen. Der Baldachin überdeckte ein erhöhtes, mit einem Teppich bedecktes Podest, auf dem der Audienzstuhl stand. Der Armsessel – im 18. Jahrhundert hatte man keinen richtiggehenden Thron – war zusammen mit der übrigen Sitzmöbelgarnitur angefertigt worden und fügte sich in seiner Ornamentierung in den Gesamtentwurf. Die Münchner Sitzmöbel, ganz dem französischen Geschmack entsprechend, waren von der Hofwerkstatt nach Zeichnungen Cuvilliés geschnitzt und zum Teil vergoldet worden. Der Bezug bestand aus rotem Samt und Goldborten, allein dem Kaiser in Wien stand Goldbrokat zu.

Die Enfilade bricht nach dem Audienzzimmer ab, im rechten Winkel dazu liegen die Räume des Appartement de societé mit dem Miniaturenkabinett und der Grünen Galerie (Abb. 3) als jeweiligen Endpunkten. Einander gegenüber platzierte Spiegel dienten der optischen Erweiterung der Raumflucht (Abb. 4), in der mehrmals wöchentlich die „Appartements" stattfanden, zu denen der gesamte Hofstaat geladen wurde. Alle Türen standen dann offen, Enfiladen und Durchblicke konnten genossen werden. Die „Appartements" lassen sich auf die Gesellschaften Ludwigs XIV. zurückführen, die im Grand Appartement in Versailles ab 1682 – jenem Jahr, in dem der Hof dorthin übersiedelt war – gehalten wurden. Der Geheime Konferenzminister und Obersthofmeister Johann Maximilian Graf von Preysing berichtete in seinen Tagebüchern vielfach von den nur in Anwesenheit des Kurfürsten gehaltenen „Appartements", zu denen nach wichtigen Audienzen abends die Botschafter und ihre Begleiter geladen waren. Der Kurfürst pflegte dann Karten zu spielen und den Ambassadeur durch die Zuordnung eines gleichartigen Sessels auszuzeichnen. Man spazierte durch die kostbar ausgestatteten Räume, genoss Tanz, kleine Konzerte und Erfrischungen. Besonders das repräsentative Paradezimmer (Abb. 5) mit dem prunkvollen Bett forderte, wie aus den Residenzbeschreibungen hervorgeht, zu unbedingtem Staunen und grenzenloser Bewunderung heraus.

Der an das Audienzzimmer nach Westen anschließende Raum, das Konferenzzimmer (Abb. 3: „chambre de conference"), war ebenso disponiert wie der entsprechende Raum in Wien und wurde im gleichen Sinne genutzt. Hier fanden Privataudienzen ohne Zeremoniell statt, die daher in den Akten kaum verzeichnet sind. Die Bezeichnung mag sich vom ehemaligen „Conferenzzimmer" ableiten, wie es im Schweizerhoftrakt der Hofburg zur Zeit Kaiser Leopolds I. (1658–1705) bestand: In diesem an die Ratsstube anschließenden Raum tagte der Geheime Konferenzrat, dort hielt der Kaiser auch seine Privataudienzen ab. Anders als in Wien gestattete Kurfürst Karl Albrecht jedoch einem großen Personenkreis Zutritt zu seinem Konferenzzimmer. Damit rückte er von den Gepflogenheiten des Kaiserhofs ab und näherte sich französischen Usancen – das heißt, er ging weniger zurückhaltend mit seiner Privatsphäre um. Das Konferenzzimmer charakterisierten ursprünglich Supraportengemälde, die Personifikationen der vier Weltteile darstellten; der rekonstruierte Deckenstuck zeigt ein System von Tugenden, das den Herrscher und dessen ruhmreiche Regierung verherrlicht. In diesem Raum war nicht ein Baldachin bestimmend, sondern ein „Conference Tisch" – ein mit Leuchtern und Schreibutensilien vollgestelltes Bureau Plat. Fünf Sitzbänke und vier Tabourets mit weiß gefassten und vergoldeten Gestellen sowie Bezügen aus rotem Samt auf Goldbrokat waren wie das Kanapee passend zur Wandverkleidung gestaltet. In den Wandaufriss integriert und Teil der Wandgestaltung, wurde das Kanapee als ein auf mehrere Personen ausgerichteter Armlehnsessel empfunden. Da der Ranghöhere dem niedrigeren Besucher das Kanapee anbot, es sich für einen rangniedrigeren Besucher umgekehrt aber nicht ziemte, sich neben den Höhergestellten zu setzen, muss es als besondere Auszeichnung des bayerischen Kurprinzen Karl Albrecht angesehen werden, dass er bei seinem Empfang in der Retirade des Kaisers in Wien 1717 neben ihm auf dem Sofa Platz nehmen durfte.

Das Paradezimmer – Prunkraum der Reichen Zimmer

Glanzstück des Appartement de societé war ein prunkvoller Empfangsraum, das Paradezimmer. Nach dem Konferenzzimmer, dem Raum für Privataudienzen, und außerhalb der Raumflucht für das diplomatische Zeremoniell gelegen, ist seine Disposition deutschen Traditionen verpflichtet. Mit seiner kostbaren Ausstattung wurde es als „Schauraum" genutzt.

Mit seiner Gepflogenheit, im Bett zu empfangen, hatte Ludwig XIV. das Zeremoniell des „Lever" und „Coucher" – des Aufstehens und des Zubettgehens – zum kulturellen, seine Grande Chambre zum architektonischen Zentrum von Schloss Versailles stilisiert: Dort fand das öffentliche Leben statt; nicht so allerdings in den Ländern des Heiligen Römischen Reichs. In Wien vollzog sich das Aufstehen und Zubettgehen des Kaisers nur in Anwesenheit der Kammerdiener. Es gliederte sich in einen völlig privaten Teil – mit dem Aufstehen des Kaisers aus seinem Bett, dem Überziehen eines Schlafrocks und dem anschließenden Heraustreten aus dem gemeinsamen kaiserlichen Schlafzimmer – sowie einen öffentlicheren Teil: Im angrenzenden Raum warteten die Kammerherren und Diener bereits darauf, beim Ankleiden anwesend beziehungsweise behilflich zu sein.

Aus den Akten des Münchner Hofs lässt sich herauslesen, dass man hier nach der gleichen Struktur vorging, wenngleich sich im Laufe der Zeit die Gewichtung zugunsten des Privaten verschob. Im 17. Jahrhundert, so die Hofordnungen, drehte sich die Prozedur vor allem um das morgendliche Aufstehen, das in zwei Räumen stattfand; abends war keine Zeremonie vorgesehen. In der Instruktion Kurfürst Max Emanuels von 1688 ist das „Lever" nicht explizit angesprochen: Er wies seine Kammerdiener an, rechtzeitig zum Dienst anzutreten und in der Antekammer zu warten, bis er sie riefe. Von da an bis 1748 fand das „Lever" nur am Rande Erwähnung. Da die unter Karl Albrecht eingerichteten Reichen Zimmern einen Prunkraum mit Paradebett aufweisen, liegt die Frage nahe, ob denn der Kurfürst „Lever" gehalten habe. Die beiden Kammer- und Hofordnungen seiner Regierungszeit gehen ebenso wenig darauf ein wie andere Quellen. Einig zeigen sich die Quellen hingegen darüber, dass das Paradezimmer der Reichen Zimmer *„nur zur Pracht, nicht zu den Bequemlichkeiten der Ruhe"*[5] diente. Letzte Zweifel räumt das Tagebuch Fräulein von Gomberts aus, die im Eintrag vom 23. Dezember 1734 berichtete, dass der Kurfürst nach seiner Genesung gewohnheitsgemäß wieder im Appartement der Kurfürstin genächtigt habe. Karl Albrecht stand im Übrigen ein in Gelb mit Silber gehaltenes Appartement privé zur Verfügung, das parallel zur Ahnengalerie im Parterre lag, unterhalb der Flucht der Reichen Zimmer und zum Grottenhof hin ausgerichtet. Die meisten Nachrichten zu Aufenthalt und Tätigkeiten Karl Albrechts in der Residenz beziehen sich auf diese Räume.

Die Bildausstattung des Paradezimmers besteht aus Supraporten, Wandschnitzerei und Deckenstuck mit allegorischen Darstellungen (Abb. 5). Über den Türen finden sich Gemälde der vier Tageszeiten, in den Boiserien über den seitlichen Wandfeldern Figuren der vier Jahreszeiten mit zugehörigen Tierkreiszeichen. Seitlich der vier großen stuckierten Szenen an der Decke sitzen Personifikationen der Fertigkeiten des Hofmannes: Poesie, Malerei, Geografie, Astronomie, Musik und Kriegskunst. An der Südwand fährt Apoll auf dem Sonnenwagen im Strahlenkranz, ihm voran fliegen Phosphoros, der Lichtbringer, mit erhobener Fackel und ein Genius, der Morgentau ausgießt. Diana oder Luna, als Büste am unteren Rand gerade noch zu sehen, versinkt vor dem Glanz des anbrechenden Tages. Mit dem Apollo-Motiv lässt sich die Glorifizierung des gerechten und glücklichen Regimes eines Landesfürsten verbinden, eine im Barock weit verbreitete Allegorie, die auch im Deckenfresko des Göttweiger Stiegenhauses oder im Kaisersaal von St. Florian zu finden ist.

Überraschende Elemente

Außergewöhnlich ist die Spiegelausstattung der Raumfolge, die sich von Konferenzzimmer über Schlafzimmer bis zum Spiegelkabinett sukzessive steigert. Im frühen 18. Jahrhundert galten Spiegelkabinette als Faszinosum: Die klare Wiedergabe von Personen und Gegenständen war ein Phänomen, das in Staunen versetzte. Die Ausstattung des Münchner Spiegelkabinetts zeichnet ein Novum aus: Alle Stellen, die sonst mit Gemälden oder Stuckornamenten ausgestattet waren, wurden durch Glas ersetzt. Mit dem Verspiegeln von Nischen erzielte man noch einen weiteren Effekt: Sie treten so als Raum im Raum in Erscheinung, als sich scheinbar endlos wiederholender „Point de vue". Hier wurde deutlich mit Realraum und Bildraum gespielt, denn bei intendierter Gehrichtung – der Annäherung von der Türe her – wird das eigene Spiegelbild nicht reflektiert. War die Kongruenz von Bild und Abgebildetem, die eben erst durch die Erfindung der großen, ebenen Spiegel möglich geworden war, schon ein Phänomen, so musste das Nichtabbilden der eigenen Person umso überraschender und erstaunlicher wirken, da es gerade erlernte Sehweisen bereits wieder infrage stellte.

Auf das verspiegelte Kabinett folgt ein kleiner gefangener Raum, das Miniaturenkabinett. Es steht in der Tradition der Lackkabinette und zeichnet sich durch 130 Miniaturen aus, die in die Boiserie eingelassen sind; deren geschnitzte Rahmen bilden ein ununterbrochenes Netz aus goldenem Ornament auf rotem Lackgrund. Für die Gesamtdisposition der Reichen Zimmer ist der Spiegel an der Westwand wichtig. Er weist das Format einer Spiegeltür auf und hatte die besondere Funktion, die Enfilade der Schönen Zimmer bis zur Grünen Galerie, wo sich das Gegenstück befindet, zu vervielfältigen (Abb. 4). Diese beiden Spiegel manifestieren die Raumfolge und verklammern sie.

In den Reichen Zimmern vereinte François Cuvilliés die Anforderungen des deutschen Hofzeremoniells mit dem Wunsch nach zeitgemäßem französischen Interieur auf ideale Weise. Wie weit der Architekt den politischen Ambitionen Karl Albrechts entgegenkam, lässt sich nicht nur an Einzelmotiven der Dekoration ablesen, sondern vor allem an der neuen Gesamtdisposition der Appartements des Kurfürstenpaares. Die Reichen Zimmer wurden – unterbrochen von König Ludwig I. zu Beginn des 19. Jahrhunderts – bis König Ludwig II. als Repräsentationsräume genutzt und werden bis heute als das *„herrlichste Rococo ... auf Erden"*[6] geschätzt.

1 Vgl. hierzu die Beiträge in: Pracht und Zeremoniell. Die Möbel der Residenz München, Ausst. Kat. München 2002. Das früheste Inventar der Residenz wurde erst 1769 angelegt, abgedruckt in: Gerhard Hojer und Hans Ottomeyer (Hg.), Die Möbel der Residenz München. 3 Bde., Bd. I: Die französischen Möbel des 18. Jahrhunderts, bearb. von Brigitte Langer. München 1995, S. 300–319.

2 Sabine Heym, Kunst und Repräsentation – Zur Entwicklungsgeschichte der Residenz der Wittelsbacher, In: Pracht und Zeremoniell, S. 28–43.

3 Henriette Graf, Die Residenz in München. Hofzeremoniell, Innenräume und Möblierung von Kurfürst Maximilian I. bis Kaiser Karl VII. (Forschungen zur Kunst- und Kulturgeschichte VIII). München 2002, S. 67.

4 Franciscus Philippus Florinus, Oeconomus prudens et legalis continuatus; oder Großer Herren Stands und Adelicher Haus-Vatter, bestehend in Fünf Büchern. I. Buch. Wien 1719, S. 136, § 17, s. a. Assemblee.

5 Lorenz Hübner, Beschreibung der Kurbaierischen Haupt- und Residenzstadt München und ihrer Umgebung. München 1803–1805, S. 161.

6 Max Burckhardt (Hg.), Jacob Burckhardt, Briefe. Vollständige und kritisch bearbeitete Ausgabe. 10 Bde., Bd. 6. Basel–Stuttgart 1966, S. 168.

Weiterführende Literatur:

Karl Busch, Das Erbprinzenhaus der Münchener Residenz. Der wiedergefundene Schlüsselbau zur Bautätigkeit Maximilians I. In: Zeitschrift für Kunstgeschichte 2 (1933), S. 399–404.

Peter Diemer, Materialien zu Entstehung und Ausbau der Kammergalerie Maximilians I. von Bayern. In: Quellen und Studien zur Kunstpolitik der Wittelsbacher vom 16. bis zum 18. Jahrhundert. München 1980, S. 129–174.

Maria Theresia von Gombert, Was sich im Jahre 1734 ereignete, hg. von Felix Zettler. In: Altbayerische Monatsschrift 5 (1905), S. 89–104.

Henriette Graf, „... umb Ihro Mayestät Ziet zu geben, sich stöllen zu khönen". Das europäische Hofzeremoniell des 17. und 18. Jahrhunderts exemplarisch dargestellt am Münchner Hof. In: Pracht und Zeremoniell. Die Möbel der Residenz München. Ausst. Kat. München 2002, S. 78–91.

Henriette Graf, Die Residenz in München. Hofzeremoniell, Innenräume und Möblierung von Kurfürst Maximilian I. bis Kaiser Karl VII. (Forschungen zur Kunst- und Kulturgeschichte VIII). München 2002.

Christina Hofmann, Das spanische Hofzeremoniell von 1500–1700 (Erlanger Historische Studien 8). Frankfurt am Main 1985.

Gerhard Hojer und Hans Ottomeyer (Hg.), Die Möbel der Residenz München. 3 Bde., Bd. I: Die französischen Möbel des 18. Jahrhunderts, bearb. von Brigitte Langer; Bd. II: Die deutschen Möbel des 16. bis 18. Jahrhunderts, bearb. von Brigitte Langer und Alexander Herzog von Württemberg. München 1995–1996.

Stephan Hoppe, Die funktionale und räumliche Struktur des frühen Schloßbaus in Mitteldeutschland 1470–1570. Diss. Köln 1996.

Rudolf Khevenhüller-Metsch und Hanns Schlitter (Hg.), Aus der Zeit Maria Theresias, Tagebuch des Fürsten Johann Josef Khevenhüller-Metsch. Wien–Leipzig 1907.

Samuel Klingensmith und Christian F. Otto, The Utility of splendor. Ceremony, Social Life and Architecture at the Court of Bavaria, 1600–1800. Chicago–London 1993.

Johann Christian Lünig, Theatrum Ceremoniale Historicopolitico, 2 Bde. Leipzig 1719.

Rudolf Reiser, Adeliges Stadtleben im Barockzeitalter. Internationales Gesandtenleben auf dem Immerwährenden Reichstag zu Regensburg (Miscellanea Bavarica Monacensia, Neue Schriftenreihe des Stadtarchivs München 17). München 1969.

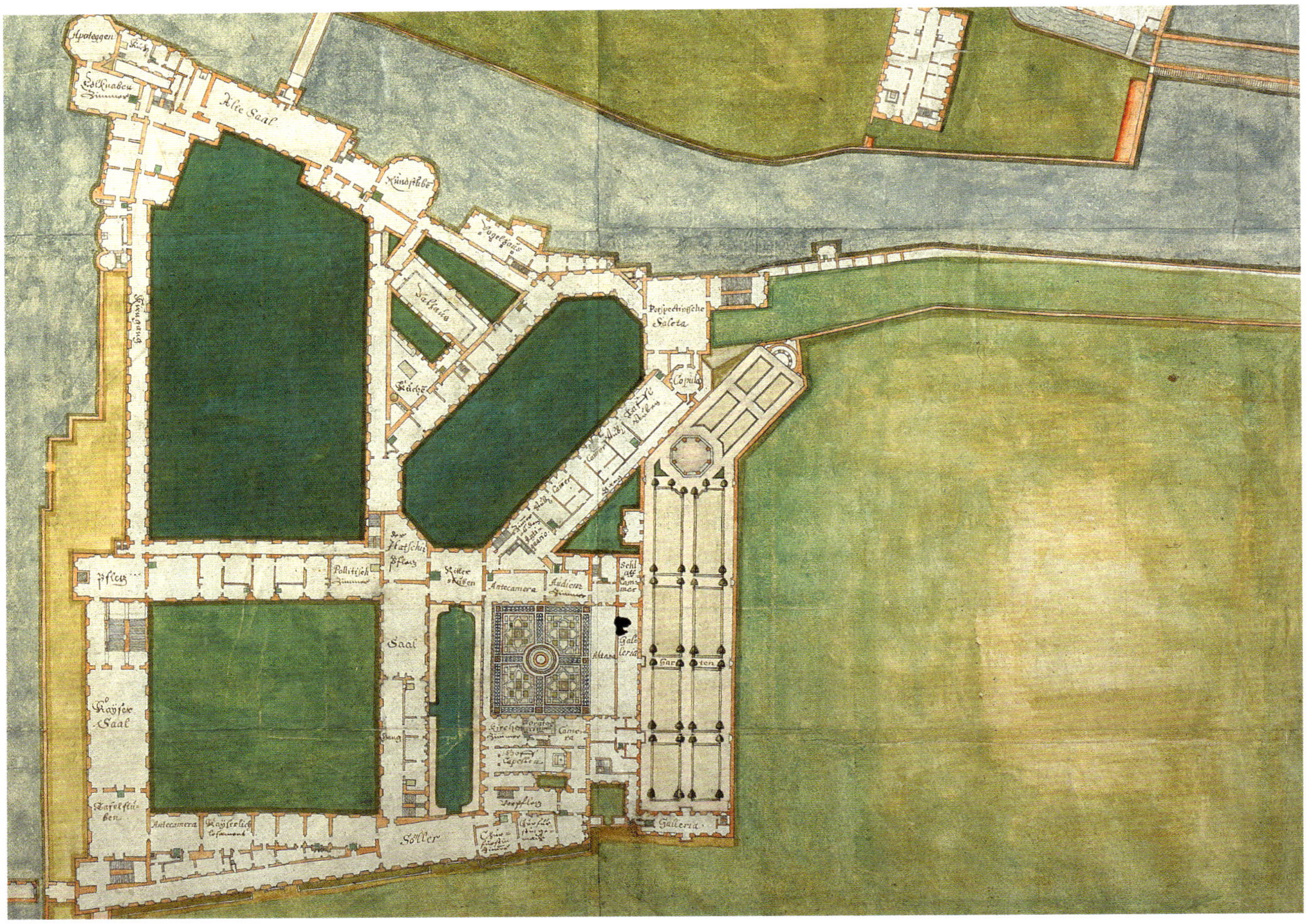

Abb. 1
Münchner Residenz von Maximilian I., Grundriss (Detail), um 1640, Privatbesitz
(© Bayerische Schlösserverwaltung)

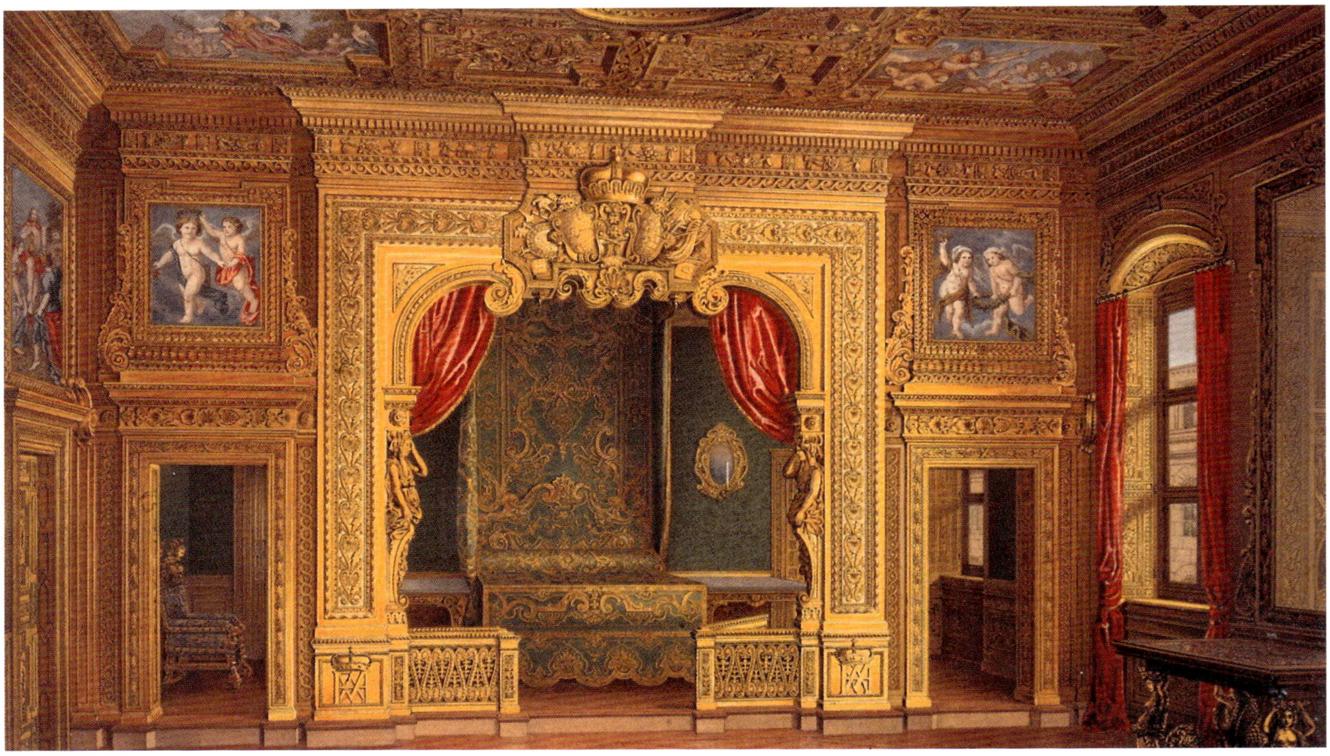

Abb. 2
Alkoven im Schlafzimmer Henriette Adelaïdes
(© Bayerische Schlösserverwaltung)

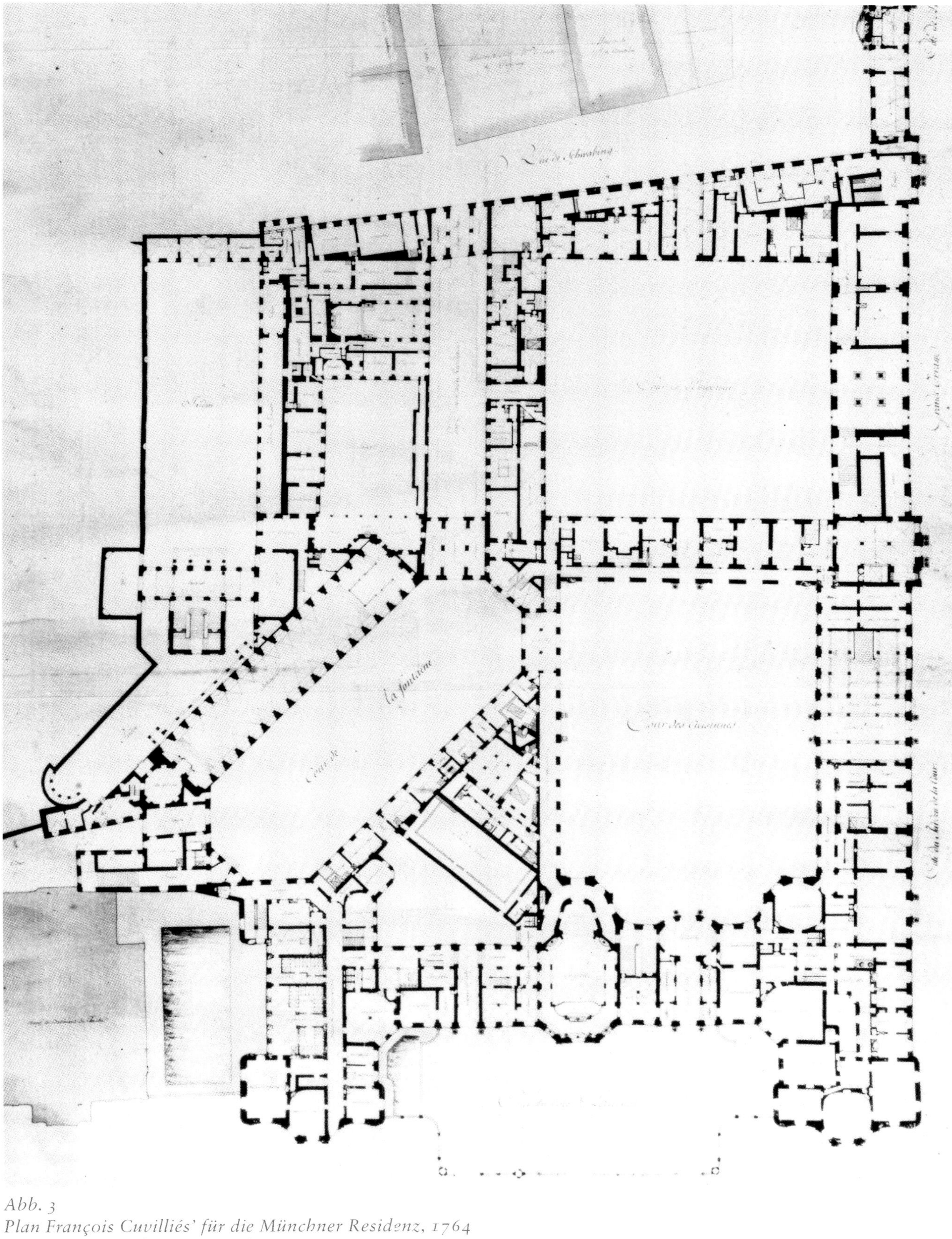

Abb. 3
Plan François Cuvilliés' für die Münchner Residenz, 1764
(© Bayerische Schlösserverwaltung)

Abb. 4
Die Enfilade der Reichen Zimmer – Blick vom Spiegelkabinett bis in die Grüne Galerie
(© Bayerische Schlösserverwaltung)

Abb. 5
Schlafgemach der Reichen Zimmer
(© Bayerische Schlösserverwaltung)

Von „*Taffet*“, Gaze und Rosenholz

Ausstattungs- und Nutzungsgeschichte Schönbrunns in der ersten Hälfte des 19. Jahrhunderts

Elfriede Iby

Das ehemalige Jagdschloss Schönbrunn, für dessen Planung und Ausführung ab 1696 Johann Bernhard Fischer von Erlach verantwortlich zeichnete, wurde im Auftrag Maria Theresias ab 1744 zu einem veritablen Residenzschloss mit weitläufigen Nebengebäuden zur Unterbringung des Hofes umgebaut und erweitert. Die Leitung hierfür oblag Nikolaus Pacassi, der bis 1748 zum Hofarchitekten avancierte. Pacassi genoss bei Maria Theresia „*wegen seiner gutten Einfällen und Ideen zumahlen aber wegen seiner Geschwindigkeit im exequiren*“[1] großes Ansehen. Maßgeblichen Impuls für den Umbau des Jagdschlosses zur Sommerresidenz hatte wohl die Wiedererlangung der Kaiserwürde gegeben: Nach dem Tod ihres Vaters Karl VI. 1740 hatte sich Maria Theresia im Verlauf der Erbfolgekriege als Regentin der österreichischen Erbländer durchsetzen können. Darüber hinaus war es ihr erklärtes Ziel gewesen, die Wahl ihres Gemahls Franz Stephan zum Kaiser des Heiligen Römischen Reiches durchzusetzen. Nach dem unerwarteten Ableben Kaiser Karls VII. aus dem Hause Wittelsbach wurde Franz Stephan im Herbst 1745 schließlich zum Kaiser gekrönt. Von da an wurde der Umbau des Jagdschlosses intensiv in Angriff genommen.[2] Gravierende bauliche Eingriffe erfolgten im Mitteltrakt des Schlosses mit der Abtragung der Fischer'schen Ehrenhoftreppe, der Schaffung einer Durchfahrtshalle im Erdgeschoß und dem Einbau repräsentativer Stiegenhäuser zur Erschließung der Beletage. Im Ostflügel, der beim Fischer-Bau unvollendet geblieben war, sollten die kaiserlichen Appartements – jenes von Franz Stephan an der Südseite und die Räumlichkeiten Maria Theresias an der Ostseite des Schlosses – ausgestattet werden. Um 1760 waren die baulichen Veränderungen abgeschlossen. Sie umfassten auch die durch Bernardo Belottos Veduten dokumentierte Fassadengestaltung (Abb. 1): Die Ansicht der Ehrenhofseite ist mit 1759 datiert. Bis zum Tod Maria Theresias 1780 folgten mehrere – vermutlich insgesamt drei – Ausstattungsphasen in der Nobeletage sowie zwei im Erdgeschoß.

Joseph II. zeigte nur wenig Interesse an Schönbrunn. Nach dem Tod seiner Mutter Maria Theresia ordnete er lediglich die Instandhaltung mit möglichst geringem finanziellen Aufwand an. Die mangelnde Pflege hatte zur Folge, dass vor allem die wandfeste textile Ausstattung aus mariatheresianischer Zeit litt. 1801 berichtete der Obersthofmeister, dass „*Spaliere von geflammtem Taffet im 1. Stock seit 40 Jahren allda bestehen und äußerst schlecht sind*“[3].

Spätestens nach den beiden Besetzungen Wiens durch Napoleon in den Jahren 1805 und 1809 sollte das Schloss von der Familie Kaiser Franz' II./I. und dem Hof wieder vermehrt genutzt werden. Dies brachte erhebliche Veränderungen der Innenausstattung mit sich. Durch die neuen Stileinflüsse in der Möbelkunst wandelte sich auch der Geschmack des Wiener Hofes, was in den Interieurs der kaiserlichen Schlösser zur Zeit Franz' II./I. und dessen Sohn Ferdinand I. Niederschlag fand, vor allem durch den Einfluss ihrer Gemahlinnen.

Schönbrunn zu Beginn des 19. Jahrhundert

Anders als bislang angenommen war das Schloss zu Beginn des 19. Jahrhunderts nicht unmöbliert. In einem mit 1803 datierten Inventar[4], dem ältesten aus dieser Zeit, sind sämtliche durchnummerierte Räume samt Ausstattung und Mobiliar beschrieben. Diese Raumnummerierung stimmt mit jener des historischen Planmaterials überein (Abb. 2), sie ist bis heute gültig geblieben.[5] Die Auflistung einer Vielzahl von Betten, Sofas, Lehnsessel, Taburetten, Trumeaus, Schreibtischen, Lüstern etc. liest sich wie das Verzeichnis eines weitläufigen Möbeldepots; sie lässt vermuten, dass es sich dabei nur um das Mobiliar aus der Zeit Maria Theresias handeln kann. Von der vorhandenen mariatheresianischen Ausstattung zeigte sich sogar Napoleon während seiner kurzen Aufenthalte beeindruckt, wenngleich das Schloss bis zu den napoleonischen Besetzungen 1805 und 1809 von der kaiserlichen Familie offenbar nicht regelmäßig genutzt wurde.

Noch bevor es zu einer dauerhaften Aufteilung der Nobeletage für die kaiserlichen Appartements kam, führte man 1806 die fünf Jahre davor vorgeschlagenen Renovierungen in insgesamt 14 Räumen durch.[6] Diese nicht unbeträchtlichen Eingriffe in die bestehenden und 1801 vom Obersthofmeister als „*gänzlich unbrauchbar*“ beschriebenen wandfesten Spaliere von „*geflamtem Taffet*“ betrafen vor allem die Räume der Appartements in der Nobeletage. Die erfolgten Änderungen lassen sich eindeutig nachvollziehen, da in dem „Inventarium der in dem Kaiserl. Königl. Lustschlohs Schönbrun befindlichen Meubles Anno 1812“[7] nicht nur die Möblierung jedes einzelnen Raumes, sondern auch das wandfeste Interieur beschrieben ist. Während die Mehrzahl der Räume eine gemalte Ausstattung direkt auf die Mauer, auf Leinwand oder auf „*Kanfaß*“[8] erhielten, wurden die ehemalige Anticamera Maria Theresias (heute Gobelinsalon), das gemeinsame Schlafzimmer des Kaiserpaares (heute Napoleonzimmer), das Audienzzimmer Franz' I. Stephan (heute Blauer

Chinesischer Salon) sowie das heutige Balkonzimmer und der heutige Gelbe Salon mit kostbaren chinesischen Reispapiertapeten versehen, die vermutlich bereits Maria Theresia angekauft und gesammelt hatte.[9] Diese Sammlung enthielt neben den Reispapiertapeten auch indische und chinesische Möbelstoffe sowie Spalierungen von *„Lampahs, Pequina, Gaze und Papier“* – im Nachlass Kaiser Franz' II./I. wird sie als *„von ausgezeichneter Schönheit und in Farben, Zeichnungen und Stoffe noch sehr gut erhalten“* beschrieben.[10] Laut Bericht des Hofmobilieninspektors Vinzenz Caballini entfernte man anno 1808 *„die gänzlich zerrissene, und von der Sonne mürbe sogenannte geflammte taffeten – und Pequina – Spaliere im Schloße Schönbrunn“* und zog *„dafür in denen Appartements die dermal bestehenden Ostindischen Papiere“* auf.[11] Von diesen Raumausstattungen hat sich lediglich jene des Blauen Chinesischen Salons erhalten (Abb 3), für das Balkonzimmer ist sie durch ein Aquarell Peter Fendis aus dem Jahr 1832 dokumentiert (Abb. 4).
Neben den räumlichen Neuausstattungen kam es unter Kaiser Franz II./I. zu einer umfassenden baulichen Maßnahme: Unter der Leitung des Hofarchitekten Johann Aman wurde die Fassade des Schlosses in den Jahren 1817 bis 1819 einer Neugestaltung unterzogen; zwar behielt man die architektonische Gliederung bei, der mariatheresianische Fassadendekor wurde jedoch gänzlich abgeschlagen (Abb. 5).
Ab dem Jahr 1814 hielt sich der kaiserliche Hof regelmäßig in Schönbrunn auf. Die Einteilung der Appartements lag maßgeblich in den Händen von Maria Ludovika, der dritten Gemahlin Franz' II./I. Bis zu ihrem Tod 1816 bewohnte der Kaiser mit Maria Ludovika den Hietzinger Flügel. Im Jahr 1819 wurde das kaiserliche Appartement – offensichtlich aus Anlass der neuen, noch 1816 geschlossenen ehelichen Verbindung des Monarchen mit Karoline Auguste aus dem Hause Wittelsbach – in den Meidlinger Flügel verlegt, um spätestens ab 1827 wieder in den Hietzinger Flügel zu übersiedeln. Hier umfasste das kaiserliche Appartement bis 1831 die gartenseitigen Räume vom Chinesischen Rundkabinett bis zum heutigen Salon der Kaiserin. Die nächsten vier Jahre bis zum Tod des Kaisers 1835 wurden die auf den Hietzinger Kammergarten hin ausgerichteten westseitigen und die nordseitigen Räume zum Ehrenhof als kaiserliche Appartements genutzt, die sich vom heutigen Marie-Antoinette-Zimmer bis zum Fischgrätzimmer erstreckten.[12] Die nordseitigen Räume sollten auch den nachfolgenden Kaisern Ferdinand I. und Franz Joseph I. bis zu dessen Tod 1916 als Appartement dienen. Wie durch eine 1832 publizierte Beschreibung Sickingens eindeutig belegt ist, bewohnten Ferdinand und seine Frau Maria Anna als Kronprinzen- beziehungsweise später als Königspaar zunächst das nordseitige Appartement, das vom Billardzimmer bis zum heutigen Gemeinsamen Schlafzimmer reichte: *„Die Gemächerreihe in diesem Flügel eröffnet ein zunächst der Stiege befindliches großes Vorzimmer, weiß und goldgeziert, als Anfang des Appartements Sr. Majestät des jüngern Königs, in welchem Kaiser Joseph II. als Kronprinz gewohnt hat.“*[13] Sickingen beschreibt offenbar die Aufteilung der kaiserlich-königlichen Appartements vor dem erwähnten Wechsel 1831. Bis zum Jahr 1835 nützten Ferdinand und Maria Anna die nordseitigen Räume im Meidlinger Flügel, um dann bis zum Thronwechsel 1848 als Kaiserpaar das Appartement des verstorbenen Vaters im Hietzinger Flügel zu bewohnen.

Die Privaträume der Kaiserin

Ein Grundriss aus dem Jahr 1835 zeigt, dass der Zugang zu den Räumen der Kaiserin Karoline Auguste und später Maria Annas über die Weiße Stiege erfolgte und das heutige Toilettezimmer als Eingangsraum diente. Bei den jüngsten Restaurierungsarbeiten 2009/10 wurden unter der bestehenden Holzvertäfelung bislang unbekannte Fragmente der älteren Raumausstattung freigelegt: Die um 1830 datierte, direkt auf die Mauer gemalte und in zarten Pastelltönen gehaltene klassizistische Wanddekoration, mit der einst der gesamte Raum ausgeführt war, ist in den großen Wandfeldern nahezu unbeschädigt erhalten geblieben. Die Feldmitte weist eine überaus reizvolle Akzentuierung durch ein streng symmetrisch aufgebautes, aus Akanthus, Arabesken, Blütengirlanden etc. bestehendes Dekorationselement auf. Mit dieser Ausstattung war wohl ein dem Zeitgeschmack entsprechendes repräsentatives Entrée zum Appartement der Kaiserin gewährleistet (Abb. 6).
Im Zuge der Vorbereitungen für die Restaurierung im Frühjahr 2010 kam im Westterrassenkabinett unter einer in den 1960er-Jahren erfolgten textilen Wandbespannung auch eine Ausstattung zum Vorschein, die offenbar auf eine Adaptierung des Raumes als Toilettezimmer für Maria Anna zurückgeht. Laut einem „Verzeichnis der in den Appartements Weiland Sr. Majestät des Kaisers Franz I. befindlichen aerarialischen Hofmobilien“ aus dem Jahr 1836 war im Jahr davor *„bemalte Gaze, auf einer Seite mit verschiedenen, auf der anderen mit blauer Farbe, in Rollen 6 Stück, zur Spalierung des Toilettzimmers I.M. der regierenden Kaiserin“* mit der Inventarnummer 346 entnommen worden.[14] Die mit dieser Inventarnummer beschriebene *„Gaze“* entspricht in der Gestaltung der im – 1832 bei Sickingen als „blaues Kabinett“ bezeichneten – Westterrassenkabinett freigelegten textilen Bespannung der Wandfelder; sie kann somit der Neugestaltung *„für die neuen Herstellungen im Terasse Cabinet [...] I. Majestät Kaiserin in Schönbrunn“*[15] im Jahr 1837 und damit Maria Anna zugeordnet werden.
Die beidseitigen Ansichten der mit Blumengirlanden bemalten Textilbespannung stellen eine Besonderheit innerhalb der imperialen Wohnkultur dar. Diese auf Vorder- und Rückseite vorgenommene Bemalung, die – wie dies in einem 1768 erschienenen „Dictionaire critique, pittoresque e sentencieux“ angeführt ist – einen wechselnden Gebrauch im Winter und Sommer gewährleisten sollte, spricht für eine französische Herkunft. Es bleibt anzunehmen, dass es sich bei den von Franz II./I. gesammelten beziehungsweise bereits von Maria Theresia deponierten und übernommenen Möbelstoffen, Papiertapeten und Spalieren um Importware oder um ein Geschenk des französischen Hofes handelte.

Die südseitigen Repräsentationsräume

Die ab der mariatheresianischen Zeit offiziellen und repräsentativen Funktionen gewidmeten Prunksäle des Mitteltraktes vom Zeremoniensaal bis zum Spiegelsaal dienten auch weiterhin der Repräsentation des Wiener Hofes. Die Weißgoldvertäfelungen mit dem vergoldeten Rocailledekor blieben unverändert, auch wenn man die Wohnappartements teilweise klassizistisch umgestaltete – wie unter anderem die bereits erwähnten Wandmalereien im heutigen Toilettezimmer belegen – oder im Stil des Biedermeier möblierte, wie beispielsweise den Salon der Erzherzogin Sophie (Abb. 7). Auch bei den notwendigen Renovierungen der Repräsentationsräume wurde darauf Bedacht genommen, die typische Rokoko-Ausstattung aus den 1760er- und 1770er-Jahren unverändert zu erhalten.

Die Appartements im Ostflügel

Im Ostflügel des Schlosses, dem Meidlinger Flügel, wurde 1827 die kammergartenseitige Enfilade für das erzherzogliche Paar Franz Karl und Sophie, Tochter des bayerischen Königs Maximilian IV. und Schwester von Karoline Auguste, der vierten Gemahlin Franz' II./I., als Wohnappartement adaptiert, bewohnte doch das Kronprinzenpaar Ferdinand und Maria Anna bis 1835 die ehrenhofseitigen Räume. Von den im ersten Viertel des 19. Jahrhunderts vorgenommenen Neuausstattungen der ehemaligen Appartements von Maria Theresia und Franz I. Stephan im Ostflügel des Schlosses blieben nur jene Räume ausgenommen, die bereits zu Maria Theresias Zeit besonders kostbar eingerichtet waren. Dazu zählten unter anderem das Schreibzimmer von Erzherzogin Sophie, das Maria Theresia als Bibliothek gedient hatte und dessen in die Wandvertäfelung integrierte Bücherschränke noch heute existieren, sowie das sogenannte Millionenzimmer: Es war bis 1766 als Spiegelzimmer ausgestattet und wurde ab 1767 in den Quellen aufgrund seiner neuen, kostbaren Wandvertäfelung aus einer „Vicatin" genannten Rosenholzart als „Vicatin Cabinett" bezeichnet. Nicht neu gestaltet wurden weiters das benachbarte Miniaturenkabinett sowie das Porzellanzimmer, deren wandfeste Ausstattungen mit darin eingelassenen, teilweise signierten Zeichnungen und Aquarellen in die Zeit um 1760 zu datieren sind; wie die Collagen des Millionenzimmers stammen sie aus der künstlerischen Produktion der kaiserlichen Familie. Unberührt von den Erneuerungen blieb auch das sogenannte Vieux-Laque-Zimmer, die ehemalige Retirade Franz' I. Stephan, die Maria Theresia zum Gedenken an ihren Gemahl 1768 mit kostbaren Lacktafeln aus der kaiserlichen Manufaktur in Peking schmücken ließ.

In den anderen Räumen – Gobelinsalon, Napoleonzimmer und Blauer Chinesischer Salon – blieben die aus der Zeit der Erstausstattung um 1746 bis 1750 vorhandenen Nussholzvertäfelungen mit darin eingelassenen Trumeauspiegeln und Supraporten sowie vergoldetem Rocailledekor erhalten und wurden nun mit neuen Spalieren ergänzt.

Das erzherzogliche Appartement von Franz Karl und Sophie

Das Appartement des erzherzoglichen Paares Franz Karl und Sophie, der Eltern Franz Josephs I., wurde 1835 um die Räume zum Ehrenhof erweitert und erhielt schrittweise eine neue Ausstattung und Möblierung. Nur die ehemalige Garderobe mit den eingebauten weiß-goldenen Garderobenkästen aus der zweiten Hälfte des 18. Jahrhunderts – sie wurden 1914 aus dem wandfesten Verband herausgerissen – und die angrenzende Bibliothek mit den eingebauten Bücherschränken blieben weitgehend unverändert. Der heutige Gobelinsalon, der 1806 mit Reispapiertapeten spaliert wurde und anfänglich als Schlafzimmer diente, erhielt im Jahr 1837 als Salon und Gesellschaftszimmer eine neue Ausstattung mit Papiertapeten und von Hofmöbeltischler Ernest Gissl angefertigtem Mobiliar.[16]

Im Jahr 1851 wurde für den Salon der Erzherzogin Sophie neuerlich eine Spalierung mit einer „*Glanzpapier-Tapete*"[17] bewilligt, die mit großer Wahrscheinlichkeit der Darstellung von Rudolf von Alt entspricht. Der mit Biedermeiertapeten ausgestattete Salon zeigt die Rokoko-Konsoltische aus der Zeit Maria Theresias, das Mobiliar Gissls aus dem Jahr 1837 und zahlreiche Familienporträtgemälde. Für Sophie wurden wohl um 1845 bis 1850 auch das Schreibzimmer möbliert und im Jahr 1855 dazu passende blaue Vorhänge angefertigt.[18] Von dieser aufwendigen Garnitur im Neorokoko oder „Blondel'schen Stil" – die Rücklehnen der Sitzmöbel wiesen bemalte Porzellaneinlagen auf – ist heute nur mehr der zierliche Schreibsekretär vorhanden. Stilistisch ähnliche Sitzgarnituren fanden auch im Rahmen der Neumöblierung des heutigen Millionenzimmers sowie für alle anderen gleichzeitig vorgenommenen Möblierungen in den Repräsentationsräumen Verwendung; vorzugsweise wurden sie mit roter Polsterung angeschafft.

In der fast 50 Jahre währenden Nutzung des Appartements von 1827 bis zum Tod Erzherzogin Sophies 1872 – Franz Karl starb sechs Jahre später – wandelte sich der federführend von Sophie bestimmte Einrichtungsstil vom Empire und Biedermeier hin zum Blondel'schen Formenkanon des Neorokoko. In der zweiten Hälfte des 19. Jahrhunderts sollten sich immer üppigere Formen durchsetzen, die für die imperiale Wohnkultur vorbildlich und verbindlich blieben.

1 Zit. n. Géza Hajós, Schönbrunn. Wiener Geschichtsbücher. Wien 1976, S. 46.

2 Die Quellenforschung zum mariatheresianischen Umbau wurde von der Autorin im Rahmen eines vom FWF geförderten Forschungsprojektes (1995–1997) durchgeführt. Die Ergebnisse des Projektes wurden ohne detaillierte Quellenverweise 2000 publiziert: Elfriede Iby und Alexander Koller, Schloß Schönbrunn. Wien 2000. 2007 erfolgte eine überarbeitete Neuauflage, in der die einschlägige Literatur zum bisherigen Forschungsstand Schönbrunns angeführt ist: Elfriede Iby und Alexander Koller, Schloß Schönbrunn. Wien 2007.

3 Zit. n. Eva B. Ottillinger und Lieselotte Hanzl, Kaiserliche Interieurs. Die Wohnkultur des Wiener Hofes im 19. Jahrhundert und die Wiener Kunstgewerbereform. Wien–Köln–Weimar 1997, S. 195.

4 Bundesmobilienverwaltung, Inventarium Uiber die in dem Kaihl: königl. Lustschlohs Schönbrun sich befindlichen Meubles. Dat: 28ten März 1803.

5 Anders als diese Raumnummerierung, die im Meidlinger Flügel ihren Ausgang nimmt, verläuft die Raumnummerierung im heutigen Besichtigungsbetrieb (die Rundgänge beginnen im Westflügel) gegenläufig.

6 Ottillinger / Hanzl, Kaiserliche Interieurs, S. 195f.

7 HHStA, OMeA, Nr. 148–1813.

8 Gewebe aus Leinen, Halbleinen oder Baumwolle.

9 Traute Fabich-Görg, China im Bild. Die chinesische Prunk-Tapete im Blauen Salon des kaiserlichen Schlosses Schönbrunn. In: Karin Troschke (Hg.), Malerei auf Papier und Pergament in den Prunkräumen des Schlosses Schönbrunn (Wissenschaftliche Reihe Schönbrunn 3). Wien 1997, S. 92.

10 Ottillinger / Hanzl, Kaiserliche Interieurs, S. 195.

11 Zit. n. Oskar Raschauer, Geschichte der Innenausstattung des Lustschlosses Schönbrunn. Eine denkmalkundliche Darstellung mit besonderer Berücksichtigung des Mariatheresianischen Schönbrunn und mit Ergänzungen zur allgemeinen Baugeschichte des Schlosses. 2 Bde., Bd. 1: Die Ausstattung. Phil. Diss. Univ. Wien 1926, S. 45.

12 Ebd., Abb. 24.

13 Franz Schweickhardt Ritter von Sickingen, Darstellung des Erzherzogthums Oesterreich unter der Enns. 5. Band: Viertel unterm Wienerwald. Wien 1832, S. 252.

14 OMeA, Karton 433, r. 138–308, Z.288, 1836. Zit. n. Eva-Maria Baumgartner, Abschlussbericht zur Recherche: Das Terrassenkabinett im Westflügel von Schloß Schönbrunn. Wien 2010 (unveröff.), S. 3.

15 OMeA, Karton 442, r. 93 / 3 / F, 1837. Zit. n. ebd.

16 OMeA 1837, r. 128 / 00 / 5, zit. n. Oskar Raschauer, Geschichte der Innenausstattung des Lustschlosses Schönbrunn. Eine denkmalkundliche Darstellung mit besonderer Berücksichtigung des Mariatheresianischen Schönbrunn und mit Ergänzungen zur allgemeinen Baugeschichte des Schlosses. 2 Bde., Bd. 2: Quellenangaben. Phil. Diss. Univ. Wien 1926, S. 64.

17 OMeA 1851, r. 128 / C / 2, zit. n. ebd.

18 Ottillinger / Hanzl, Kaiserliche Interieurs, S. 211.

Abb. 1
Bernardo Bellotto, genannt Canaletto, Ansicht der Gartenseite von Schönbrunn (© Schloss Schönbrunn Kultur- und Betriebsges.m.b.H., Artothek)

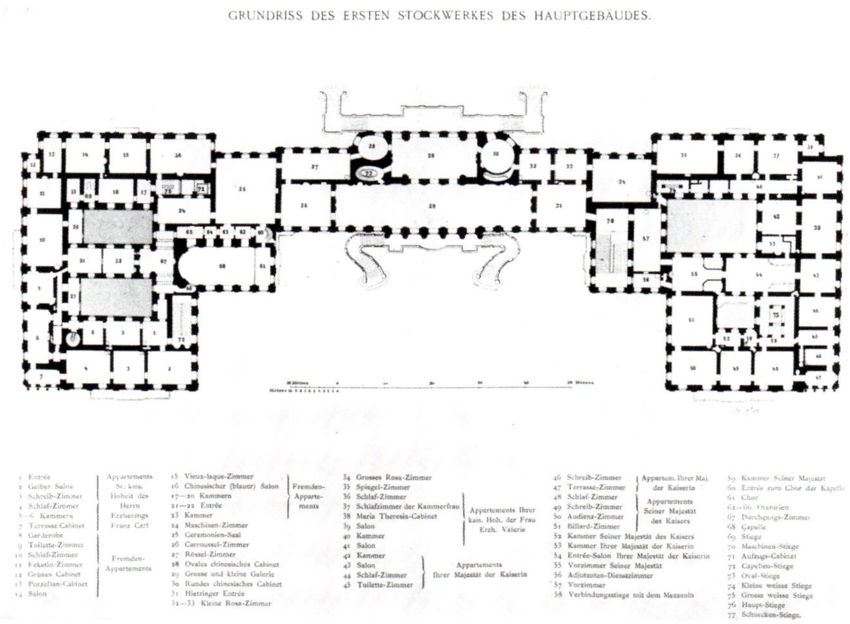

Abb. 2
Grundriss des Schlosses Schönbrunn, 1875
(© Schloss Schönbrunn Kultur- und Betriebsges.m.b.H., Artothek)

Abb. 3
Ansicht des Blauen Chinesischen Salons
(© Schloss Schönbrunn Kultur- und Betriebsges.m.b.H., Edgar Knaack)

Abb. 4
Peter Fendi, Arbeitszimmer von Kaisers Franz II./I.
Aus: Anton Weimar (Hg.), Die Kindheit unseres Kaisers, Briefe der Baronin Luise von Sturmfeder, Aja Seiner Majestät aus den Jahren 1830–1840. Wien o.J.

Abb. 5
Ansicht des Schlosses von der Ehrenhofseite
(© Schloss Schönbrunn Kultur- und Betriebsges.m.b.H., Alexander Koller)

Abb. 6
Toilettezimmer, Fragment der älteren Ausstattung, um 1830
(© BDA, Bettina Neubauer)

Abb. 7
Westterrassenkabinett, Zustand um 1940
(© Bildarchiv ÖNB Wien)

Abb. 8
Bemalte Wandbespannung des Westterrassenkabinetts
(© BDA, Bettina Neubauer)

Abb. 9
Salon der Erzherzogin Sophie (heute Gobelinsalon), Rudolf von Alt, um 1860
(© Erzherzog-Franz-Ferdinand-Museum / Schloss Artstetten)

Auf dem Lande

Nymphenburg und Schleißheim – die Residenzen der Wittelsbacher

Brigitte Langer

Die Barockschlösser Nymphenburg und Schleißheim, im Westen und im Norden Münchens gelegen, ergänzten als großzügige Wohnsitze auf dem Land die Machtzentrale der bayerischen Wittelsbacher in der Residenz München. *(Siehe zur Residenz München den Beitrag von Henriette Graf.)* Die raumgreifenden Anlagen mit großen Gärten sowie Lust- und Staffagebauten entwickelten sich im ausgehenden 17. und beginnenden 18. Jahrhundert aus verhältnismäßig „bescheidenen" Landsitzen italienischer Prägung des 17. Jahrhunderts: Der Herrensitz Kurfürst Maximilians I. von Bayern (1573–1651) in Schleißheim, dem eine Eremitage seines Vaters vorausgegangen war, wurde unter Kurfürst Max Emanuel (1662–1726) mit dem Neuen Schloss zur barocken Residenz des Absolutismus ausgebaut; ebenso ließ Max Emanuel Schloss Nymphenburg, die „Villa suburbana" seiner aus Savoyen stammenden Mutter Kurfürstin Henriette Adelaïde zur anspruchsvollen Sommerresidenz mit vollständiger Versorgung des Hofstaates erweitern. In ihrer Bau- und Ausstattungsgeschichte, für die die gleichen Hofarchitekten und Künstler maßgeblich waren, veranschaulichen beide Schlösser die kontinuierliche Entwicklung der neuzeitlichen Schlossbaukunst der bayerischen Herrscher des 17. und 18. Jahrhunderts. Einzigartig in Europa war das geplante, aber nur zum Teil realisierte Kanalsystem, das eine Verbindung zwischen der Residenz in München, den Landschlössern Nymphenburg und Schleißheim sowie einem weiteren Landsitz im Nordwesten Münchens, dem unter Max Emanuel in Teilen barockisierten Renaissanceschloss Dachau, herstellen sollte. Auch wenn es nie vollendet wurde, ist es mit seinen noch heute bestehenden Kanälen von rund 45 Kilometern Länge herausragendes Denkmal einer höfischen Kulturlandschaft des Absolutismus.

Das Alte Schloss Schleißheim

Die Schlossanlage Schleißheim umfasst eigentlich drei Schlösser – das Alte Schloss, das Jagdschloss Lustheim und das Neue Schloss – und ist die ältere der beiden Gründungen:[1] Ab 1595 erwarb Herzog Wilhelm V. von Bayern im Norden der Residenzstadt München mehrere Schwaigen mit neun Klausen und Kapellen und erweiterte sie 1598 bis 1600 um ein bescheidenes Herrenhaus. Es diente dem vorzeitig abgedankten Landesherrn als Alterssitz und Eremitage. Sein Sohn und Nachfolger Maximilian I. kaufte 1616 den Besitz von seinem Vater und ersetzte das Herrenhaus durch einen Neubau, für den er jene Künstler heranzog, die zuvor den umfassenden Ausbau der Residenz München mit den Brunnenhof- und Kaiserhoftrakten geleitet hatten: den Hofkunstintendanten Hans Krumper und Heinrich Schön d. Ä. als Bauleiter sowie den Niederländer Peter Candid für die Innenausstattung, insbesondere die Deckenmalereien mit ländlichen Themen. Der kompakte Schlossbau Maximilians ist unverkennbar von italienischer Villenarchitektur inspiriert: Den Mittelrisalit gliedern vorgesetzte Treppenvorhallen mit Palladio-Motiven als Schmuck, seine Fassaden Putzrustika, eine dorisierende Pilastergliederung sowie abwechselnd Dreiecks- und Segmentgiebel als Fensterverdachungen. Von Einfluss war hier Vincenzo Scamozzis 1615 erschienenes Architekturtraktat, das die Ideen Palladios nach Nordeuropa vermittelte. Das Innere mit den vier je drei Räume umfassenden Appartements zu beiden Seiten des Mittelsaals stand hingegen in seiner Dekoration mit Stuckmarmorportalen, gefelderten Decken und Groteskendekor den Trakten der Residenz München nahe. Wie dort erscheint auch in Schleißheim die Reihung der Räume in Enfiladen bemerkenswert früh. Leider ist das Schloss nach Bombentreffern 1944/45 nur mehr in seinem Äußeren getreu dem Original wiederaufgebaut worden. Geblieben sind bis heute die anschließenden Höfe – der von Wohntrakten umschlossene Maximilianshof und der große Wilhelmshof als Wirtschaftshof des einstigen Landguts –, zwischen denen der Tor- und Uhrturm aus der Zeit Wilhelms V. die Verbindung herstellt. 1639 schenkte Maximilian das Alte Schloss seiner zweiten Gemahlin Maria Anna von Habsburg, der Tochter Kaiser Ferdinands II. und Enkelin des Schlossgründers Wilhelm V.

Das Jagdschloss Lustheim

Während der nachfolgende Kurfürst Ferdinand Maria – Sohn Maximilians und Maria Annas – und dessen Frau Henriette Adelaïde Schloss Nymphenburg gründeten, wurde in Schleißheim erst unter deren Sohn und Nachfolger, Kurfürst Max Emanuel, weitergebaut. In 1,3 Kilometern Distanz zum Alten Schloss Schleißheim und axial auf dieses bezogen ließ er das Jagdschloss Lustheim errichten. Dahinter stand vor allem ein politischer Anlass – die seit 1684 geplante Vermählung des Kurfürsten mit Maria Antonia, der Tochter Kaiser Leopolds I. und der spanischen Infantin Margarita Teresa. Die Hochzeit mit der Habsburgerin im Jahr 1685 eröffnete Max Emanuel die Aussicht, die spanische Königswürde für Bayern zu erlangen; diese hochfliegenden politischen Ambitionen unterstreichend, markierte der Bau von Schloss Lustheim den Beginn einer ausgreifenden Residenzplanung Max Emanuels in Schleißheim: Ein früher Gesamtplan des den Bau in Lustheim leitenden Architekten Henrico

Zuccalli macht in der Konzeption eines weitläufigen Barockgartens zwischen dem Alten Schloss und Lustheim deutlich, dass bereits damals eine umfangreichere Anlage mit einem weiteren Schlossbau zwischen dem Herrenhaus und Landgut Maximilians sowie dem Jagdschloss Max Emanuels in Aussicht genommen wurde.[2]

Doch zunächst wurde, während Max Emanuel als Oberbefehlshaber der kaiserlichen Truppen in Ungarn erfolgreich gegen die Türken kämpfte, 1684 bis 1688 Schloss Lustheim errichtet. Am 9. Februar 1690 konnte Max Emanuel seinen Schwiegervater, Kaiser Leopold, mit einer Galatafel in Lustheim bewirten. Auch dieser Bau war – wie damals die gesamte Kunst in Bayern – von Italien geprägt, wozu Max Emanuels Mutter, Henriette Adelaïde von Savoyen, durch ihre italienische Herkunft maßgebliche Impulse gegeben hatte. Der noch von ihr bestallte Hofarchitekt und Bernini-Schüler Henrico Zuccalli aus Graubünden schuf Lustheim nach dem Vorbild italienischer Casino-Bauten, wie sie vom 16. Jahrhundert an außerhalb der Residenzen entstanden. Insbesondere die ab 1669 von Giovanni Lorenzo Bernini erbaute Villa Rospigliosi in Lamporecchio bei Pistoia war in ihrem Grundriss mit erhöhtem Mittelsaal, seitlichen quadratischen Wohnräumen und vor allem den dem rechteckigen Gebäudegrundriss eingeschriebenen, beiderseits des Mittelsaals vorgelegten Terrassen mit Freitreppen vorbildlich. Die Ausstattung aller Räume mit gewölbeüberspannenden Deckenfresken, in deren Mittelpunkt thematisch die Jagdgöttin Diana steht, gilt als die früheste ihrer Art im nordalpinen Profanbau. Das Bildprogramm war vom Savoyer Palast Venaria Reale bei Turin inspiriert. Die Fresken schufen der Venezianer Francesco Rosa sowie Giovanni Trubillio und der Innsbrucker Johann Anton Gumpp, die Quadraturmalerei stammt von Antonio Bernardi.

Zum Lustheimer Konzept gehören auch die beiden Pavillons, die das Schloss flankieren. Der südliche Pavillon nimmt den von der römischen Barockarchitektur insbesondere Berninis angeregten Ovalraum der Renatuskapelle auf, die den barocken Kirchenbau in Süddeutschland inspirierte. Der nördliche Pavillon birgt den ungewöhnlichen, weil aufwendig freskierten Schönen Stall, in dem 16 Reitpferde der Hofgesellschaft untergestellt werden konnten. Beide noch heute bestehende Pavillons bildeten in der ursprünglichen Planung die Endpunkte eines Kolonnadengebäudes für Orangerien, Festräume und Gästewohnungen, das im weiten Halbkreis Schloss Lustheim umziehen sollte. Es wurde 1695 begonnen, jedoch 1741 unvollendet wieder abgetragen.

Das Neue Schloss Schleißheim

Kurfürst Max Emanuel prägte auch den weiteren Ausbau der Schlossanlage Schleißheim, die zusammen mit Nymphenburg den Höhepunkt der barocken Schlossbaukunst in Bayern bildet. Der legendäre „Blaue Kurfürst“, der 1683 bis 1688 als siegreicher Feldherr an der Seite des Kaisers in den Türkenkriegen Ruhm erlangt hatte und ab 1692, vom spanischen König ernannt, als Generalstatthalter der Spanischen Niederlande in Brüssel residierte, erreichte in den 1690er-Jahren den Zenit seiner militärischen und politischen Karriere. So ist es nur konsequent, dass er ein neues, äußerst anspruchsvolles Residenzschloss in Schleißheim planen ließ. Frei von den räumlichen Beschränkungen, die seiner Residenz in der Stadt auferlegt waren, sollte es zusammen mit dem bereits angelegten großen Barockgarten das Gelände zwischen dem Alten Schloss seines Großvaters und dem Jagdschloss Lustheim im Osten einnehmen. In der kühnsten Planung griff es nach Westen gar noch über das Alte Schloss hinaus.

Eine Fülle von Plänen und Schaubildern des kurfürstlichen Hofbaumeisters Henrico Zuccalli dokumentiert diese groß angelegten Projekte, bei denen man von einer Modernisierung des Alten Schlosses Schleißheim ausgegangen war, dann aber einen Neubau vorsah, der mit dem umgebauten Alten Schloss und Verbindungsbauten, die sich von Galerien zu eigenen Schlosstrakten entwickelten, eine Vierflügelanlage bilden sollte. Ab Mitte der 1690er-Jahre nahmen die Projekte Zuccallis noch größere Dimensionen an: Er gab das Alte Schloss mit seinen Wirtschaftshöfen preis, um an seiner Stelle einen Vestibültrakt mit nachfolgenden umfangreichen Stallungen sowie eine zirkusartige Menagerie als Pendant zu Lustheim am anderen Ende zu planen. Maßstäbe für Zuccallis Grund- und Aufrissgestaltungen setzten die Bauten und Projekte des für das Kaiserhaus tätigen Barockarchitekten Johann Bernhard Fischer von Erlach sowie die Louvre-Projekte seines Lehrers Giovanni Lorenzo Bernini.

Als es am 14. April 1701 mit der Grundsteinlegung zum Osttrakt als dem späteren Neuen Schloss endlich zur Realisierung der Planungen kam, war Max Emanuels Position jedoch eine vollständig andere. Mit dem Tod seines Sohnes Kurprinz Joseph Ferdinand, den der spanische König Karl II. ein Jahr zuvor zum Alleinerben des spanischen Weltreichs bestimmt hatte, wurden Max Emanuels hochfliegende Pläne einer Erhöhung seiner Dynastie im Jahr 1799 zunichte gemacht; als Max Emanuel eine neue Allianz mit Frankreich einging, war auch die lange Zeit des politischen Bündnisses mit Habsburg zu Ende. Der Spanische Erbfolgekrieg, in dem Max Emanuel an der Seite Frankreichs gegen den Kaiser und das Reich kämpfte, brachte ihm 1704 eine verheerende Niederlage in der Schlacht von Höchstädt, die 1706 die Reichsacht und ab 1709 das Exil in Frankreich zur Folge hatte. Der Osttrakt des Neuen Schlosses stand erst im Rohbau, als 1704 auf den bayerischen Schlossbaustellen in Schleißheim und Nymphenburg alle Arbeiten eingestellt wurden, um erst nach der Rückkehr Max Emanuels aus dem Exil ab 1715 wiederaufgenommen zu werden.

Der Aufenthalt des exilierten Kurfürsten in Frankreich zog jedoch eine umfassende Neuorientierung der Kunst in Bayern nach sich, die seinem unmittelbaren Erleben der höfischen Kunst des Versailler Hofes entsprang und die bayerische Kunst fortan unter französische Vorzeichen stellen sollte. Max Emanuel ließ den Sohn seines Dachauer Hofgärtners, Joseph Effner, ab 1706 in Paris bei Germain Boffrand zum Architekten ausbilden. Ebenso finanzierte er dem Tiroler Kistler und Zieratenschneider Johann Adam Pichler eine Ausbildung in der französischen Metropole. Noch während seines Exils ließ Max Emanuel von Robert de Cotte Pläne für Schloss Schleißheim ausarbeiten,

die jedoch nicht zum Tragen kamen. Nach seiner Rückkehr unterstellte er das gesamte Bauwesen dem 1715 als neuem Hofbaumeister bestallten Effner. Zudem engagierte er Künstler vom französischen Hof wie die Bildhauer Guillielmus de Grof sowie Charles Dubut, und auch Hofmaler Joseph Vivien blieb bis zum Tod Max Emanuels in dessen Diensten.
In Schleißheim vollendete Joseph Effner von 1719 an bis zum Ableben des Kurfürsten 1726 den im Rohbau stehenden Osttrakt als selbständigen Bau – an eine Verwirklichung der zuletzt geplanten mehrflügeligen Anlage war aus finanziellen Gründen nicht mehr zu denken. Die Fassaden und die Innendekoration gestaltete Effner in den neuen Formen des französischen Régence-Stils, den Grundriss veränderte er kaum. Die innovative Schleißheimer Treppenanlage, die das Vestibül mit den Festräumen im Obergeschoß so eindrucksvoll und schlüssig verzahnt, geht noch auf Henrico Zuccalli zurück. Effners Leistung lag darin, die grandiose Raumfolge von Vestibül, Treppenhaus, Weißem Saal und Viktoriensaal sowie Großer Galerie im Neuen Schloss mit dem neuen französischen Dekorationsrepertoire eigenständig gestaltet zu haben. Nach seinen Entwürfen schuf der bayerische Stuckator Johann Baptist Zimmermann die Stuckdekoration der Säle, führte Johann Adam Pichler die Schnitzereien der raumhohen Täfelung des Viktoriensaales aus. In den figürlichen Schnitz- und Stuckmotiven mit Waffentrophäen, Ruhmesgenien und Büsten von Orientalen, in den Deckenfresken zum Aeneas-Mythos Jacopo Amigonis und in den Schlachtengemälden des Ravensburgers Franz Joachim Beich geriet Schleißheim zu einer Huldigung an Max Emanuel, den einstigen großen Helden in den Türkenkriegen. Für die in völliger Symmetrie angelegten vier Prunkappartements, je zwei in Erdgeschoß und Beletage, konzipierte Effner die wandfeste Dekoration nahezu spiegelbildlich, nur unterschieden in ihrer Farbigkeit. Die Neuerungen der französischen Innendekoration wie das Versailler Tafelparkett und die mit Schnitzereien verzierten Täfelungen, in die Laibung schlagende Füllungstüren und Fenster mit Innenläden fanden in aller Konsequenz Eingang in die Innenraumgestaltung.
Jüngste Forschungen haben gezeigt, dass Max Emanuel die zwei übereinander liegenden Appartements im Südflügel für sich beanspruchte, während er die beiden Raumfluchten im Nordflügel dem Kurprinzenpaar zuwies.[3] Seine Schwiegertochter, die Habsburgerin Maria Amalia, erhielt ihrem Rang als Kaisertochter entsprechend das prachtvollere Appartement im Obergeschoß, während Kurprinz Karl Albrecht das Erdgeschoß bewohnte. 1722, anlässlich der Hochzeit des Kurprinzenpaars, die mit der Option auf die Erlangung der Kaiserwürde für Bayern große Hoffnungen für die Zukunft barg, kommentierte ein zeitgenössischer Berichterstatter die nahezu vollendete Schleißheimer Schlossanlage als *„würdig eines Prinzen, eines Königs, eines Kaisers …“*.[4] Während Karl Albrecht (1697–1745), der von 1742 an tatsächlich für drei Jahre als Kaiser Karl VII. wirkte, in Schleißheim die Ausstattungen zu Ende führen ließ, fügte sein Sohn, Kurfürst Max III. Joseph (1727–1777), noch einige Dekorationen im Rokokostil hinzu. Doch im Gesamten blieb die Schlossanlage Schleißheim mit ihrem bis heute bestehenden Barockgarten ein großartiges Zeugnis der Bautätigkeit und der persönlichen Ambitionen des Kurfürsten Max Emanuel.

Schloss Nymphenburg

Die Sommerresidenz Schloss Nymphenburg, die ihr charakteristisches Erscheinungsbild vor allem in der ersten Hälfte des 18. Jahrhunderts erhielt, ging aus einem Landsitz der Eltern Max Emanuels, Kurfürst Ferdinand Marias (1636–1679) und seiner Gemahlin Henriette Adelaïde von Savoyen (1636–1676), hervor.[5] 1663 hatte die Kurfürstin den Baugrund anlässlich der lang ersehnten Geburt des Kurprinzen Max Emanuel im Jahr zuvor von ihrem Ehemann zum Geschenk erhalten. Unmittelbar darauf begann sie mit den Planungen für einen Landsitz, der ab 1664 von Hofarchitekt Agostino Barelli aus Bologna realisiert wurde. Barelli war gleichzeitig mit dem Bau der Theatinerkirche neben der Residenz in München betraut worden. Der bis 1672 errichtete mächtige Mittelbau von Nymphenburg als Zentrum der späteren, weit ausgreifenden Anlage geht somit in seiner Dimension und der räumlichen Disposition des großen Mittelsaals mit flankierenden Appartements auf die Epoche Henriette Adelaïdes zurück; auch die ab 1674 beiderseits durch Galerien angebundenen inneren Seitenpavillons gehörten bereits der Konzeption dieses ersten Schlossbaus an, der von 1673 an unter der Leitung des neuen Hofarchitekten Henrico Zuccalli stand. Galerien und Seitenpavillons wurden jedoch 1684 wieder abgetragen, um als Baumaterial für Schloss Lustheim zu dienen. Sie erstanden 1701 bis 1704 erneut, als der nach dem Tod des Kurfürstenpaares ruhende Schlossbau unter Max Emanuel wiederaufgenommen wurde. In der Wahl von Architekt und Ausstattungskünstlern wahrte dieser zunächst Kontinuität.
Das von der Turiner Baukunst des 17. Jahrhunderts inspirierte Pavillonsystem mit Galerien erweiterte Zuccalli in seinem grundlegenden Entwurf von 1701/02 zur Fünf-Pavillon-Anlage.[6] Die beiderseits hinzugefügten äußeren Seitenpavillons wurden nach vorne gestaffelt, wodurch sich die für Nymphenburg charakteristische Anlage der lockeren Staffelung von Baukörpern ergab, die auf der Stadtseite eine Art Ehrenhof umschließt. Das von Daniel Marot ab 1685 erbaute Schloss Het Loo bei Den Haag scheint dieses Konzept inspiriert zu haben, zumal der bis 1701 als Statthalter der Spanischen Niederlande in Brüssel residierende bayerische Kurfürst gute Beziehungen zum Bauherrn des Schlosses, dem niederländischen Statthalter Wilhelm III. von Oranien, unterhalten hatte. In der Ausstattung der beiden kurfürstlichen Appartements im Mittelbau behielt Max Emanuel die Deckenbilder der Italiener Antonio Triva, Antonio Zanchi, Stefano Catani sowie des Schweizers Joseph Werner aus der Zeit seiner Mutter bei; sie sind noch heute Zeugnisse dieser Gründungsepoche Nymphenburgs. Mit Darstellungen von Naturgöttinnen sind sie auf die Funktion des Schlosses als Wittelsbacher Jagd- und Landsitz bezogen, mit der allegorischen Überhöhung des Kurfürstenpaares Ferdinand Maria und Henriette Adelaïde bewahrten sie das Andenken an die Schlossgründer. Das

ikonografische Konzept ging wie auch noch in Schloss Lustheim auf den Turiner Hofhumanisten Emanuele Tesauro zurück.
Henrico Zuccallis Verdienst war nicht nur die Konzeption der markanten Fünf-Pavillon-Anlage, sondern auch die neue Transparenz des Mittelbaus, die er durch eine Durchfahrt und große Rundbogenfenster, begleitet von ebenfalls durchfensterten Galerietrakten, sowie die breiten Freitreppen erreichte, die ein repräsentatives Treppenhaus im Inneren entbehrlich machten. All dies war einer Sommerhofhaltung angemessen. Zeitgleich mit der Realisierung dieses Konzepts von 1701 bis zum Baustopp 1704 entwickelte der aus Paris berufene Gartenarchitekt Charles Carbonet die Grundzüge des barocken Gartens und legte mit dem Mittelkanal als Hauptachse die enorme Ausdehnung der Gartenanlage fest.
Nach der durch den Spanischen Erbfolgekrieg und das Exil bedingten Bauunterbrechung richtete sich das Interesse Max Emanuels nach seiner Rückkehr 1715 zunächst auf Nymphenburg. Effners bauliche Planung für den Wittelsbacher Sommersitz, deren sukzessive Realisierung noch die nachfolgenden beiden Kurfürsten beschäftigte und bis 1755 andauerte, verlieh dem Schloss in seinem weiten Umgriff absolutistische Größe; die Dekoration der Fassaden und Innenräume im spätbarocken Régence-Stil vermittelte eine der Sommerhofhaltung angemessene vornehme Leichtigkeit. Zu beiden Seiten von Zuccallis Fünf-Pavillon-Anlage schloss Effner langgestreckte niedrige Gebäude – ein Komödien- und Orangeriehaus sowie ein Gebäude für Pass-Spiel und Billard – an, die wiederum durch Gänge über die Seitenkanäle mit den beiderseits um Höfe gruppierten großen Baublöcken für die Stallungen, Gast- und Kavalierwohnungen verbunden waren. Deren lange Trakte gliederte er im französischen Pavillonsystem durch Mittel- und Eckpavillons. Während er die Fassade des Mittelbaus festlich instrumentierte, traten alle übrigen Fassaden in feiner Abstufung der Putzgliederungen zurück. Die Raumdekorationen Effners für die Appartements, die heute im Hauptschloss wegen späterer Veränderungen nur mehr in wenigen Räumen erhalten sind, zeigen die moderne französische Dekorationskunst mit vergoldetem Schnitzwerk auf weißer Täfelung bzw. Stuckdekor auf Wandflächen und Gesimskehlen, denen de Grof, Dubut und Pichler in der präzisen Ausführung hohe Qualität verliehen.
Während die letzten Bautrakte unter Kurfürst Max III. Joseph äußerlich dem Konzept Effners folgten, wurde der Große Saal im Mittelbau des Schlosses einer Neugestaltung im Rokokostil unterzogen, die der fortgeschrittenen Epoche entsprach. Johann Baptist Zimmermann, der mehr als drei Jahrzehnte zuvor in Schleißheim nach Entwurf Effners und im Zusammenwirken mit dem Venezianer Jacopo Amigoni als Freskant seinen ersten Auftrag für den bayerischen Hof verwirklicht hatte, schuf hier 1755 bis 1758 mit der Stuckdekoration und dem großartigen, Flora und den Nymphen huldigenden Deckenfresko sein beeindruckendes Alterswerk im reifen Rokokostil.

Die Nymphenburger Parkburgen

Von 1715 an erfolgte im Zusammenwirken von Effner und dem aus Paris berufenen Gartenkünstlers Dominique Girard, einem Schüler des Versailler Gartenarchitekten André Le Nôtre, die weitere Ausgestaltung des Schlossparks mit dem Großen Gartenparterre mit Fontänenbecken, der Kaskade als Abschluss des Mittelkanals und den das Parkgelände gliedernden Sichtachsen im Sinne eines französischen Barockgartens nach dem Vorbild von Versailles. Bereits unter Kurfürst Karl Albrecht entwarf Effner auch das halbkreisförmige Rondell auf der Stadtseite des Schlosses, ebenfalls mit Fontänenbecken und Grünflächen, zu dem zwei lange Auffahrtsalleen beiderseits des in Richtung Stadt fortgesetzten Mittelkanals hinführen. Bis heute bildet diese Planung Grundlage für das großartige Entrée des Schlosses. Vielleicht war es gerade diese Verbindung herrschaftlicher Größe mit den Annehmlichkeiten einer Sommerresidenz, die Nymphenburg zum beliebtesten und kontinuierlich genutzten Schloss der Wittelsbacher machte.
Nahezu unverändert erhalten, sind die vier Parkschlösschen im Nymphenburger Park einzigartige Gesamtkunstwerke. Drei von ihnen entstanden noch unter Max Emanuel nach Entwurf Joseph Effners. Die 1716 bis 1719 errichtete Pagodenburg, die hinter vornehmen Fassaden im französischen Régence-Stil einen weiß-blau gefliesten Saal, zwei chinoise Kabinette und ein elegantes Ruhezimmer birgt, gilt als ein Kleinod der Chinamode des frühen 18. Jahrhunderts. Ihr gegenüber entstand 1719 bis 1721 die Badenburg, die mit Festsaal, kleinem Appartement und großem gekachelten Schwimmbassin ein einzigartiges Zeugnis höfischer Badekultur darstellt. Als Letztes der von Max Emanuel initiierten Gebäude im Schlosspark wurde 1725 bis 1728 die Magdalenenklause als künstliche Ruine und Eremitage errichtet, die dem Kurfürsten zu besinnlicher Einkehr dienen sollte. Im Inneren nimmt sie eine Kapelle in Grottenarchitektur und klösterlich strenge Wohnräume mit dunkler Eichentäfelung auf. Sie verbarg sich im Gehölz, während die beiden anderen Parkburgen Zentrum kleinerer Parterreanlagen mit Wasserspielen waren.
Kurfürst Karl Albrecht schloss mit der Amalienburg die Symmetrie der vier axial aufeinander bezogenen Parkburgen. Das 1734 bis 1739 nach Entwurf François Cuvillés' d. Ä. erbaute und seiner Gemahlin Maria Amalia gewidmete Jagdschlösschen gilt als eine der vollendetsten Schöpfungen des höfischen Rokoko. Das gemäß französischer Architekturtheorie einstöckige, völlig symmetrisch um einen verspiegelten Mittelsaal komponierte Lustschloss erlangte vor allem wegen seiner geschnitzten und stuckierten Innendekoration, die den Inbegriff des bayerischen Rokoko darstellt, Berühmtheit. Mit dieser Meisterleistung des Rokoko, dem das nach seinem Baumeister benannte Cuvilliés-Theater in der Residenz München an die Seite zu stellen ist, hatte die höfische Kunst in Bayern nun in eigenständiger Weiterentwicklung der französischen Anregungen eine unverwechselbare künstlerische Ausprägung gefunden.

Nymphenburg im 19. Jahrhundert

Während Schloss Schleißheim im 19. Jahrhundert keine substanziellen Veränderungen mehr erfuhr, zog die besondere Wertschätzung der Wittelsbacher für ihren Sommersitz in Nymphenburg dort gravierendere Einschnitte nach sich. König Max I. Joseph (1756–1825) ließ nach der Erhebung Bayerns zum Königreich 1806 unter Leitung des Hofarchitekten Andreas Gärtner die im südlichen Pavillon gelegenen königlichen Appartements im Napoleonischen Empirestil ausgestalten. Noch heute zeugt das Appartement der Königin Karoline von dieser Epoche der ersten Königszeit. Auch das einstige Appartement Kurfürst Max Emanuels im nördlichen Pavillon wurde teilweise klassizistisch umgestaltet. Anlass war offenbar wieder einmal eine wittelsbach-habsburgische Hochzeit, die Vermählung von Max Josephs Tochter Karoline Auguste mit dem österreichischen Kaiser Franz II./I. im Jahr 1816; damals sind Zahlungen für diese „Kaiserzimmer" nachgewiesen. Unter Leitung des Gartenarchitekten Friedrich Ludwig von Sckell wurde der Barockgarten in einen Landschaftsgarten umgestaltet; die großen Sichtachsen, Kanäle und Alleen des barocken Parks blieben jedoch erhalten, während das Gelände um die Parkburgen mit natürlichen Seen und Bachläufen neu modelliert wurde. Trotz all dieser Veränderungen ist die unter den Kurfürsten der Barockzeit gestaltete Gesamtanlage Nymphenburgs nach außen bis heute bestimmend geblieben.

1 Die Darstellung der Schlossanlage Schleißheim folgt im Wesentlichen: Ernst Götz und Brigitte Langer, Schlossanlage Schleißheim, Amtlicher Führer (Neufassung). München [2]2009; dort findet sich auch ein ausführliches Literaturverzeichnis.
2 Ebd., Abb. S. 61.
3 vgl. Martin Pozsgai, Joseph Effner und Germain Boffrand. Studien zur Architektenausbildung um 1700 am Beispiel der Innendekoration. Phil. Diss. Berlin 2010.
4 Pierre de Bretagne, Rejouissances et Fêtes Magnifiques qui se sont faites en Bavière l'an 1722 au mariage de Son Altesse Serenissime Monseigneur le Prince Electoral avec Son Altesse Serenissime Madame la Princesse Marie Amelie (...) et Une Description abregée des Palais de Son A.S. Electorale òu ces Fêtes se sont passées. München 1723.
5 Die Darstellung von Schloss Nymphenburg folgt im Wesentlichen: Brigitte Langer und Gerhard Hojer, Nymphenburg. Schloss, Park und Burgen. Amtlicher Führer, mit Beiträgen von Ernst Götz und Max Tillmann (Neufassung). München [1]2011; dort findet sich ein ausführliches Literaturverzeichnis.
6 Ebd., Abb. S. 18f.

Weiterführende Literatur:

Anna Bauer-Wild und Brigitte Volk-Knüttel, Schlossanlage Nymphenburg und Schlossanlage Schleißheim. In: Hermann Bauer und Bernhard Rupprecht (Hg.), Corpus der barocken Deckenmalerei in Deutschland. 14 Bde., Bd. III/2. München 1989, S. 353–558.
Ernst Götz und Brigitte Langer, Schlossanlage Schleißheim. Amtlicher Führer (Neufassung). München [2]2009.
Sabine Heym, Henrico Zuccalli (um 1642–1724). Der kurbayerische Hofbaumeister. München–Zürich 1984.
Marcus Junkelmann, Schotter, Schwaigen, Schlösser. Von der Eiszeit bis zum Ende des wittelsbachischen Schleißheim. In: Hermann Rumschöttel (Hg.), Oberschleißheim. Eine Zeitreise. Oberschleißheim 2010, S. 69–364.
Kurfürst Max Emanuel. Bayern und Europa um 1700. 2 Bde. Ausst. Kat. München 1976.
Brigitte Langer, Die Möbel der Schlösser Nymphenburg und Schleißheim. München–London–New York 2000.
Brigitte Langer und Gerhard Hojer, Nymphenburg. Schloss, Park und Burgen. Amtlicher Führer, mit Beiträgen von Ernst Götz und Max Tillmann (Neufassung). München 2011.

Abb. 1
Schloss Lustheim
(© Bayerische Schlösserverwaltung)

Abb. 2
Idealansicht des Neuen Schlosses Schleißheim mit dem Gartenparterre, im Mittelgrund das Alte Schloss, am Horizont Schloss Dachau, Maximilian de Geer, um 1730
(© Bayerische Schlösserverwaltung)

Abb. 3
Der Viktoriensaal im Neuen Schloss Schleißheim, Wandvertäfelung nach Entwurf von Joseph Effner mit Schlachtengemälde von Franz Joachim Beich
(© Bayerische Schlösserverwaltung)

Abb. 4
Schloss Nymphenburg von der Stadtseite, Bernardo Bellotto, genannt Canaletto, 1761
(© Bayerische Schlösserverwaltung)

Abb. 5
Das nördliche Salettl im Mittelbau von Schloss Nymphenburg mit Dekoration im Régence-Stil, um 1716–1719, und dem Porträt des Bauherrn Kurfürst Max Emanuel von Joseph Vivien, 1711
(© Bayerische Schlösserverwaltung)

Abb. 6
Der Spiegelsaal in der Amalienburg im Schlosspark von Nymphenburg, Entwurf François Cuvilliés' d.Ä., um 1734–1739 (© Bayerische Schlösserverwaltung)

Abb. 7
Das Schlafzimmer der Königin Karoline in Schloss Nymphenburg mit Ausstattung im Empirestil (Neuaufnahme nach der authentischen Wiedereinrichtung 2011)
(© Bayerische Schlösserverwaltung)

Lustgärten für den Hof – Grün für das Volk

Von den landesfürstlichen Hofgärten zu den ersten öffentlichen Gärten in Bayern und Österreich

Jochen Martz

Die Zweite Wiener Türkenbelagerung von 1683 stellte eine wichtige Zäsur in der Geschichte Mitteleuropas dar. Sie wirkte sich auf die verschiedensten Bereiche aus, so auch auf die Gartenkultur: Bei seinem Anrücken hatte das Osmanische Heer sämtliche Wiener Vorstädte samt den dort befindlichen Gärten verwüstet und großteils zerstört. Nach dem glücklichen Entsatz durch das vereinte Heer mussten die Wiener Vorstädte wiederaufgebaut werden – sie erstanden in ungeahnter neuer barocker Pracht. Der folgende Große Türkenkrieg zog sich allerdings noch etliche Jahre hin. Nach der zweiten Schlacht von Mohács 1687 kam der Einnahme von Belgrad im September 1688 große symbolische Bedeutung zu. Unter dem Oberkommando des bayerischen Kurfürsten Max II. Emanuel war die Festung, die sich seit 1521 in osmanischem Besitz befunden hatte, nach rund einmonatiger Belagerung und bedeutenden Truppenverlusten auf beiden Seiten erobert worden, ließ sich allerdings nicht auf Dauer halten. Es mag kein Zufall sein, dass die großen landesfürstlichen Schloss- und Gartenplanungen des ausgehenden 17. Jahrhunderts sowohl in den österreichischen Erblanden als auch in Bayern kurz nach der Türkenbelagerung und den Zerstörungen in Wien einsetzten.

Schönbrunn

Für ein riesenhaftes Schloss- und Gartenprojekt wurde ein bis dahin recht unbedeutendes Jagdschloss ausgewählt, aus dem schließlich später die kaiserliche Sommerresidenz Schönbrunn hervorgehen sollte:[1] Die 1569 von Kaiser Maximilian II. als Jagdsitz erworbene Katterburg hatte zunächst keine sonderlich große Bedeutung gehabt, waren doch alle Kräfte auf die im selben Jahr begonnene Errichtung des Neugebäudes gerichtet gewesen – unweit der „alten“ Residenz in Kaiserebersdorf sollte eine überdimensionale Schloss- und Gartenanlage entstehen, und zwar an jenem Ort, an welchem dem Mythos nach bei der Ersten Türkenbelagerung Sultan Süleymans Zelt gestanden sei. Zwar blieb das Neugebäude ein nie fertiggestellter Torso, aufgrund des immanenten imperialen Repräsentationsanspruches ist es jedoch als bedeutender Vorläufer der barocken Residenzen zu werten.

Die Katterburg hingegen wurde 1642 nach einem auf dem Gelände befindlichen, von Kaiser Matthias angeblich um 1600 „entdeckten“ artesischen Brunnen erstmals als „Schön-Brunn“ bezeichnet und 1642/43 vermutlich von Giovanni Battista Carlone zum Sommersitz der Gemahlin Kaiser Ferdinands II., Eleonoras di Gonzaga, ausgebaut.[2] Im Zuge der Zweiten Türkenbelagerung schwer beschädigt, wurde Johann Bernhard Fischer von Erlach mit dem Wiederaufbau beauftragt. Sein erstes Projekt sah die Errichtung eines monumentalen Schlosses auf dem Schönbrunner Berg, also an höchster Stelle des Geländes, sowie mehrere weitläufig angelegte Gartenterrassen mit Brunnen und einer breiten Felsenkaskade vor.[3] Dies ist insofern bemerkenswert, als sowohl die erhöhte Situierung des Hauptgebäudes als auch die für Renaissancegärten charakteristische Entwicklung des Gartens in Hanglage damals bereits unmodern und rückwärtsgewandt erscheinen mussten. Das zweite, Anfang der 1690er-Jahre entstandene Projekt trug hingegen durch die Lage in der Ebene den tonangebenden Schloss- und Gartenanlagen französischer Prägung klarer Rechnung; der gleichsam in die Ferne gerückte Berg scheint lediglich mit einem in der Hauptachse angeordneten Aussichtsbauwerk auf die Gesamtanlage einzuwirken. Ähnlich wie beim Ausbau von Versailles ging dem Baubeginn 1696 quasi als Primat des Gartens der Anfang der Gartengestaltung voraus. Mit der Anlage betraut war der Franzose und angebliche Le-Nôtre-Schüler Jean Trehet, auf den auch die heutige Breite der Parterrezone zurückgeht.[4] Gestaltet war diese mit vier großen, von einer Boskettzone flankierten Broderieparterres in französischer Manier, womit die für klassische französische Barockgärten charakteristische Abfolge Parterre–Boskett–Grand Parc in Schönbrunn nicht gegeben war.

Mit Maria Theresia, die das länger unvollendete Schloss schließlich ausbauen ließ, begann die glorreiche Zeit Schönbrunns. Im Sommer 1742 verfügte sie, dass das Schloss *„nicht nur reparirt, sondern auch erweitert und zu bequemen Unterbringung der Hof Statt ausgebauet werden solle“*,[5] und bestimmte es damit zu ihrer wichtigsten Sommerresidenz. Im Anschluss an den Schlossausbau ging man an die Erweiterung des Gartens. Der Park wurde einigen grundlegenden Veränderungen unterzogen, neu erworbene Flächen (im Bereich des Holländisch-Botanischen Gartens und des heutigen Palmenhausgartens) wurden gestaltet und in die vorhandene Anlage integriert. Besonderes Anliegen war dies Maria Theresias Gemahl Kaiser Franz I. Stephan, der einige Fachleute aus seiner lothringischen Heimat hinzuzog, etwa den Architekten Jean Nicolas Jadot, den Geometer und Zivilingenieur Jean Brequin de Demenge sowie den Gartenkünstler Louis Gervais.

Den Anfang der Tätigkeiten bildete die Neugestaltung der Kammergärten an der westlichen und östlichen Seite des Schlosses noch vor 1750. Hierzu sind zwei unsignierte Planvarianten erhalten, die Gervais zugeschrieben werden. Auch die Boskette zwischen Lichter und Finsterer Allee dürften vor 1750 entstanden sein. In den Jahren zwischen 1750 und 1755 erfuhr der Park nun bedeutende, in gewisser Weise einzigartige Veränderungen: Durch die vorhandene Wald- und Boskettzone beidseits des Großen Parterres wurde ein System von sternförmigen Alleen gezogen. Solch sternförmige Wegesysteme, auch als Jagdsterne bezeichnet, waren insbesondere in Tiergärten genannten Jagdparks des 16., 17. und 18. Jahrhunderts ein weit verbreitetes und letztlich auf die Jagdnutzung zurückgehendes Motiv, fanden sich aber auch in klassischen französischen Barockgärten, wenngleich nur in dem der Jagdnutzung vorbehaltenen waldartigen Grand Parc. In der Boskettzone hingegen waren die einzelnen Boskette nicht miteinander verbunden; maximal fügte man – wie etwa in Versailles – quasi im Kleinen zwei benachbarte Kompartimente mit schräg verlaufenden Achsen aneinander. Dass dieses System sternförmiger Alleen nun in Schönbrunn auch auf die Boskettzone angewendet wurde, stellte offenkundig eine individuelle Sonderlösung dar, wie sie in keinem zweiten europäischen Barockgarten zu finden ist. Grund hierfür mag die Menagerie gewesen sein, die Kaiser Franz I. Stephan 1752 nach Plänen von Jadot im westlichen Teil des waldartigen Parkbereiches, in dem sich schon zuvor die Wildgehege befunden hatten, einrichten ließ. Die im Grundriss kreisförmige Anlage – als Vorbild diente die 1663 von Louis Le Vau angelegte Menagerie in Versailles, aber auch eine 1716 im Belvederegarten Prinz Eugens eingerichtete ähnliche Anlage – gliederte sich in zwölf Sektoren für separat gehaltene Tierarten. Jedes dieser Gehege lief konzentrisch zu und war als Kreuzgarten mit zentralem Bassin gestaltet. Die Verbindung zum Schloss stellte eben eine jener Diagonalalleen dar, die direkt vor der gartenseitigen Fassade des Schlosses zusammenliefen. 1753 erwarb Franz I. Stephan, der bekanntlich besonders an den Naturwissenschaften interessiert war, das nördlich an die Menagerie angrenzende Gelände von der Gemeinde Hietzing und ließ dort – sozusagen als Pendant – vom Niederländer Adrian van Stekhoven den Holländisch-Botanischen Garten anlegen (Abb. 1).[6] Zur Überwinterung der südlichen Gewächse wurde auf der Meidlinger Seite eine monumentale Orangerie errichtet.[7] Im Zuge dieser Arbeiten erfuhr auch das Große Parterre eine Umgestaltung. Unter Verzicht auf eine davor meist übliche Abstufung von aufwendigen Broderieparterres bis hin zu Rasenparterres wies es ausschließlich Rasenparterrekompartimente auf (Parterre a l'angloise), die etwa auf der um 1760 entstandenen Ansicht Bernardo Bellottos ersichtlich sind (Abb. 2). Ebenso auffällig wie die Palmettenformen – man findet sie schon im Latonaparterre in Versailles – sind die Integration eines vertieften Parterrebereiches (Boulingrin) und als zweifellos ungewöhnlichstes Detail die längs der Parterres angeordneten Formschnittbäume, die in Form von Kübelpflanzen ausgebildet, das heißt Kübel und Krone jeweils aus Bäumchen geschnitten waren. Das schon in der Renaissance beliebte Vexierspiel zwischen Kunst und Natur aufgreifend, dürften sie von einem Traktat Louis Ligers inspiriert gewesen sein.[8]

Während der Arbeiten am Großen Parterre und des Ausbaus des Gartens 1750 bis 1755 projektierte man auch eine gartenkünstlerisch anspruchsvolle Ausgestaltung des Schönbrunner Berges mit Terrassierungen und Brunnen, konnte sie zu diesem Zeitpunkt aber nicht realisieren. Rund 20 Jahre später, um 1772, wurde ein neuer Anlauf unternommen, diesen noch unfertigen Bereich des Schlossgartens zu komplettieren. Die Bedeutung dieses Projektes von Architekt Ferdinand Hetzendorf von Hohenberg verdeutlicht die Tatsache, dass ein von Hans Maron gemaltes Porträt Maria Theresia in Witwentracht mit einem Plan des Projekts in den Händen zeigt. Hohenbergs Konzept umfasste auch eine Neugestaltung des Großen Parterres, in dessen Zentrum vier gleich große, längliche Parterrekompartimente mit jeweils einem großen achteckigen Fontänenbassin in der Mitte angeordnet waren. Je zwei kurze Parterrekompartimente sollten die restliche Länge der Parterrezone ausfüllen. Der Schönbrunner Berg selbst war – die Idee Fischers aus dessen zweitem Projekt aufgreifend – mit einem pavillonartigen Aussichtsbauwerk bekrönt, während der Hang eine Waldschneise in Breite des Parterres aufwies und mittels einer Rasentreppe sowie einer Abfolge von mehreren Brunnenanlagen gestaltet war. Die Erschließung der Anhöhe sollte über diagonal geführte Rampen erfolgen (Abb. 3). Tatsächlich begann man rasch mit der Realisierung des Projekts. 1773 wurde unter der Leitung Hohenbergs am Oberhang des Berges ein großes querrechteckiges Bassin angelegt, um das für die Speisung der Brunnen notwendige Wasser zu speichern. Am Berg gab es acht Brunnen, und auch die vier großen Bassins im Parterre waren bereits gebaut worden – nicht ohne das in der Hauptachse befindliche Bassin 1772 in das Zentrum des westlichen Alleensternes zu versetzen. Im Folgejahr erhielt Wilhelm Beyer den Auftrag, in einem Zeitraum von drei Jahren 32 Statuen für das Große Parterre anzufertigen. Während etwa in Versailles sowohl der Hauptgarten als auch die Anlagen der Filialschlösser schon rund 100 Jahren lang eine umfangreiche skulpturale Ausstattung auf höchstem künstlerischen Niveau aufwiesen, hatte das kaiserliche Schönbrunn – wohl aus finanziellen Gründen – bis in die 1770er-Jahre nahezu ohne eine solche auskommen müssen. Hohenbergs Projekt sah nun vor, auf dem Schönbrunner Berg jeweils an den Ecken sämtlicher Parterrekompartimente des Großen Parterres sowie vor den schräg zulaufenden, zur Schlossfassade weisenden Heckenflanken erstmals einen umfangreichen Statuenzyklus zur Aufstellung zu bringen.[9]

Im Jahre 1775 erfolgte auf dem Schönbrunner Berg endlich auch die Fertigstellung des lange vorgesehenen Aussichtspavillons: Die Gloriette war wesentlich prunkvoller und mächtiger ausgefallen als gedacht und bildete mit ihrer filigranen Festarchitektur ein würdiges Pendant zum Schloss. Die darunter befindliche Anlage war hingegen immer noch nicht fertig. Als Kernproblem kristallisierte sich die für die Vielzahl der geplanten Wasserspiele vollkommen unzureichende Wasserzufuhr heraus. Um Abhilfe zu schaffen, richtete Hofgärtner Richard van der Schot im Lainzer Tiergarten ein Reservoir ein, von dem das Wasser über eine rund fünf Kilometer lange Leitung auf den Schönbrunner Berg geleitet wurde. Da die Wasserversorgung für Hohenbergs Projekt trotz dieser Anstrengungen nicht ausreichend schien, schüttete man 1777 die vier Bassins im Großen Parterre und die acht Bassins auf dem Schönbrunner Berg wieder zu. Zudem erzwangen finanzielle Gründe eine Vereinfachung des Hohenberg'schen Projekts – neben dem Verzicht auf die Bassins auch eine vereinfachte Gliederung des Hanges. Außerdem sollten die Statuen in der modifizierten Projektfassung nicht mehr auf dem Schönbrunner Berg und an den Ecken der Parterrekompartimente, sondern beidseits des Großen Parterres jeweils vor den Hecken zu stehen kommen. Als Hauptschmuck für den ansonsten schlicht gehaltenen Schönbrunner Berg wurde 1777 bis 1780 der am Hangfuß situierte Neptunbrunnen angelegt, dessen Skulpturenschmuck ebenfalls von Beyer stammt.

Zwei neue Ausstattungen nach Plänen Hohenbergs bereicherten nun die östliche Boskettzone: der 1777 als Endpunkt der dortigen Diagonalallee errichtete Obeliskbrunnen[10] sowie die in den Jahren 1777 bis 1781 entstandene künstliche Ruine, die ursprünglich „Ruine von Karthago" hieß. Zusammen mit der Gloriette waren sie Teile eines spätbarocken imperialen Ausbauprogramms, das die glorifizierende Selbstdarstellung des römisch-deutschen Kaisertums verfolgte.

Während man sich anderswo bereits vom barocken Gartenstil abgewendet hatte, war der Schönbrunner Park, dessen damaligen Zustand der Bestandsplan von Franz Boos dokumentiert (Abb. 4), gerade noch zu Lebzeiten Maria Theresias vollendet worden. Ihr Sohn und Nachfolger Kaiser Joseph II. brachte dem Schönbrunner Garten – mit Ausnahme der botanischen Sammlungen – allerdings nur wenig Interesse entgegen. Er war es auch, der die Anlage der Öffentlichkeit zugänglich machte.

Schleißheim

Zeitgleich mit dem ersten Schönbrunner Projekt begann Max II. Emanuel unter dem Eindruck des Baurausches, von dem der Wiener Hof befallen war, nördlich von München mit einem kaum weniger anspruchsvollen Schloss- und Gartenbauprojekt: Schleißheim.[11] *(Siehe dazu den Beitrag von Brigitte Langer.)* Ausgangspunkt dafür war das auf dem Gelände der 1594 von Herzog Wilhelm V. erworbenen kurfürstlichen Schwaige befindliche Alte Schloss. Die 1689 einsetzenden Planungen sahen die Errichtung eines neuen Schlosses mit vier Flügeln – von denen schließlich nur einer verwirklicht wurde – sowie eine weitläufige Gartenanlage östlich davon vor. Noch im gleichen Jahr wurde mit der Realisierung begonnen,[12] zunächst mit dem im hinteren Teil der Anlage situierten Schlösschen Lustheim, das Max Emanuel seiner jungen Braut Maria Antonia, Tochter Kaiser Leopolds I., als Liebesgabe schenkte. Umgeben wurde es von einem rasch angelegten ringförmigen Kanal, der im hinteren Teil von einem nicht mehr vorhandenen Orangeriegebäude mit halbkreisförmigem Grundriss gefasst war. Diese ungewöhnliche inselartige Disposition mag von dem 1499 erschienenen Roman „Hypnerotomachia poliphili" inspiriert gewesen sein, in dem sich das Liebespaar auf der fiktiven kreisrunden Insel Kythera vereinigt.[13]

Die komplexe Planungsgeschichte des Gartens von Schleißheim lässt sich in mehrere Phasen unterteilen. Die erste von 1690 bis 1701 ist mit Henrico Zuccalli verknüpft. Vor und während des Exils von Max Emanuel zwischen 1701 und 1715 standen mehrere französische Projekte zur Diskussion; das letzte Planungsstadium nach der Rückkehr Max Emanuels 1715 fand unter der Leitung des Fontainiers Dominique Girard, eines Schülers von André Le Nôtre, statt.[14]

Durch die Einspannung zwischen dem Neuen Schloss und Schloss Lustheim weicht die Grunddisposition der Gartenanlage von zeitgenössischen französischen Vorbildern ab, die eine zur Landschaft hin offene Achse favorisierten. Dies verbindet Schleißheim im Übrigen mit Schönbrunn: Dort markiert die Gloriette einen Endpunkt des Gartens. Die Einbindung in das bereits vorhandene und nun unter Max Emanuel unter Beteiligung türkischer Kriegsgefangener weiter ausgebaute Kanalsystem verlieh der Münchner Residenzenlandschaft eine singuläre Note. Das System, in das auch Nymphenburg eingebunden war, gewährleistete – anders als in Schönbrunn – nicht nur eine stets ausreichende Wasserversorgung, sondern schuf auch eine verkehrstechnische und symbolhafte Verknüpfung der kurbayerischen Residenzen.

Nymphenburg

Zur bedeutendsten kurbayerischen Schloss- und Gartenanlage sollte sich jedoch Nymphenburg entwickeln: 1662 erhielt Henriette Adelaïde von Savoyen von ihrem Gatten, Kurfürst Ferdinand Maria, anlässlich der Geburt des Thronfolgers Max Emanuel die Schwaige Kemnath westlich von München zum Geschenk. 1664 ließ sie von Agostino Barelli eine vergleichsweise schlichte Villa suburbana errichten, die zum Nucleus der Schlossanlage wurde. Die Kurfürstin wählte für den Landsitz die poetische Bezeichnung *„borgo delle ninfe"* – „Dorf der Nymphen". Im Jahre 1671 wurde die Anlage um einen vergleichsweise kleinen manieristischen Garten erweitert. Im Sinne eines Giardino segreto allseits von Mauern umschlossen, bestand er aus vier großen, durch diagonal angeordnete Wege zusätzlich unterteilten Kompartimenten, in deren Zentren sich kreisförmige Brunnenbecken befanden.[15]

In den Jahren 1701 bis 1704 erfolgte eine Erweiterung des Schlosses durch Baumeister Henrico Zuccalli; Charles Carbonet ließ den Garten ausdehnen und den zentralen Kanal anlegen. Nach dem Exil Max Emanuels wurde der Bau der Schlossanlage unter der Verantwortung von Joseph Effner und Dominique Girard fortgesetzt. Die bis 1726 dauernde Bauphase ging mit der Errichtung mehrerer Filialbauten einher, in Nymphenburg meist als Parkburgen bezeichnet: Pagodenburg, Badenburg und Magdalenenklause. 1734 bis 1739 folgte die Amalienburg.[16] *(Siehe auch den Beitrag von Brigitte Langer.)* Im Zentrum der Parterreanlage befand sich eine (leider nicht erhaltene) Flora-Fontäne mit vergoldeten Bleiskulpturen von Guillielmus de Grof, der 1717 bis 1722 zudem zwölf vergoldete Bleivasen für das Parterre schuf.[17]

Insgesamt galt Nymphenburg, das sich zur bevorzugten Sommerresidenz der Wittelsbacher entwickelte, zweifellos als eine der imposantesten barocken

Schlossanlagen im Alten Reich.[18] Besonders bemerkenswert ist die hohe Qualität der im Park implementierten Filialbauten, insbesondere der Amalienburg.[19] Nach einer Umgestaltung 1804 bis 1823 durch Friedrich Ludwig von Sckell präsentiert sich die Parkanlage heute allerdings bekanntlich im gewandelten Erscheinungsbild des klassischen Landschaftsgartens.[20] Bemerkenswerterweise behielt Sckell die charakterprägende Grundidee des Dreistrahls bei: Die Parterres, wenngleich gänzlich zu Rasenparterres vereinfacht und ihres Statuenschmuckes beraubt, sowie den Kanal in der Hauptachse ließ er dabei grundsätzlich unangetastet; die beiden Seitenachsen blieben zwar als wesentliche Strukturelemente erhalten, wurden jedoch in die für die Sckell'schen Anlagen in hohem Maße charakterbildenden Wiesentälchen umgeschaffen. Schon Sckells Erstlingswerk, das 1777/78 unmittelbar nach seiner Rückkehr von einer dreijährigen Englandreise angelegte und von Lancelot „Capability" Browns Grecian Valley in Stowe inspirierte Arborium Theodoricum im Schwetzinger Schlossgarten, wies das Motiv des Wiesentälchens auf, wenngleich es noch mit wesentlich weniger Platz auskommen musste und eine ebenfalls künstlich geschaffene, aber deutlich bewegtere Topografie zeigt.

Laxenburg

Die unweit Wiens gelegene kaiserliche Frühlingsresidenz Laxenburg wurde um 1750 bis 1760 nahezu zeitgleich mit der Adaptierung des Schönbrunner Gartens um eine Schlossanlage im Rokokostil nach Plänen von Nikolaus Pacassi erweitert; den vorhandenen Jagdpark versah man mit Wegeachsen und im schlossnahen Bereich mit Parterres. Ein geplanter, die mittelalterliche Burg ergänzender größerer Ausbau nach Entwürfen von Jean Nicolas Jadot und Jean Pierre Beaulieu unterblieb hingegen.[21] In der Zeit Maria Theresias erfüllte Laxenburg eine ähnliche Funktion für Schönbrunn wie Marly für Versailles – es diente als zeitweiliger Rückzugsort und Jagdschloss.[22] Nach dem Tod seiner Mutter wollte Joseph II., der ihren Bauaktivitäten in Schönbrunn zunehmend kritisch gegenübergestanden war, nun in Laxenburg einen Landschaftsgarten nach den neuesten Modebestrebungen schaffen. In seinem Auftrag adaptierte der Hofarchitekt Isidore Marcell Amand Ganneval (Canevale) 1782/83 den barocken Tiergarten, um ihn mit seinen Achsensystemen zu erweitern und die Zwickelflächen zu verlandschaftlichen.[23] Anhand einer Bemerkung des Prince de Ligne wissen wir, dass Joseph II. den Park mit Musterbauten seiner Völker versehen wollte[24] – ein bemerkenswerter, wohl durch die Villa Adriana inspirierter Plan, der jedoch wegen des frühen Todes Josephs II. im Jahre 1790 nicht zur Realisierung kam. Die Transformierung von Laxenburg zu einem neuartigen Landschaftspark fand daher unter seinem Nachfolger Kaiser Franz II./I. statt, der bereits in frühem Alter mit Landschaftsgärten in Berührung gekommen war: Als Heranwachsender hatte er seine Tante Marie-Christine und deren Ehemann Herzog Albert von Sachsen-Teschen in den Österreichischen Niederlanden besucht, wo in Laeken bei Brüssel niemand Geringerer als der britische Gartenkünstler Lancelot „Capability" Brown erste Parkentwürfe erörterte.[25] Die landschaftliche Umgestaltung Laxenburgs erfolgte jedoch nicht unter der Leitung eines Gartenkünstlers, sondern ab 1798 maßgeblich unter der Ägide des Schloss- und Gartenhauptmanns Johann Sebastian Michael Riedl und unter Beteiligung zahlreicher weiterer Persönlichkeiten, darunter des Kaisers persönlich. Eine Vielzahl exotischer und teils skurriler Einbauten fanden im Laxenburger Park Platz, so etwa eine Chinesische Brücke, eine kleine türkische Moschee und ein „Fischerdörfel". Der kurioseste, heute leider nicht mehr erhaltene Staffagebau dürfte das von Hohenberg entworfene „Haus der Laune" gewesen sein. In dieser Schöpfung der „déraison" (Unvernunft) stand die Welt buchstäblich Kopf, sprich: Das Dach war im Erdgeschoß zu finden.[26]

Ikonografisch von besonderer Bedeutung ist das Programm des „Rittergaus", dessen Zentrum die besonders reich ausgestattete Franzensburg bildete. Hier sollte nicht mehr, wie in Schönbrunn, die sagenhafte Vergangenheit verkörpert werden, sondern die konkrete Geschichte einer Dynastie. Zum „Rittergau" gehörten hier auch ein Turnierplatz, die Rittersäule, das Grabmal des Ritters, die Gotische Brücke sowie die um 1820 angelegte Felsenschlucht. Ein Höhepunkt wäre – auch im ikonografischen Sinne – die geplante Errichtung einer Nachbildung der im Schweizer Kanton Aargau befindlichen mittelalterlichen Habsburg gewesen. Sie kam jedoch leider nicht zur Realisierung.

Der Englische Garten in München

Der Englische Garten in München ist gartenkünstlerisch in gewisser Weise mit der als Rückzugsort genutzten Anlage in Laxenburg vergleichbar – bei beiden handelt es sich um große, relativ früh entstandene Landschaftsgärten mit zahlreichen Einbauten. In ihrem Bestimmungszweck unterscheiden sie sich jedoch gleichsam diametral: Der Englische Garten in München, mit dessen Anlage wohl nicht ganz zufällig im Jahr der Französischen Revolution begonnen wurde, gilt als die erste als Volksgarten konzipierte Anlage nicht nur Bayerns, sondern des gesamten deutschsprachigen Raumes. Die Initiative war vom gebürtigen Amerikaner Benjamin Thompson ausgegangen, der 1784 in bayerische Dienste getreten war und als Kriegsminister das bayerische Heer reorganisierte. Thompson, 1792 zum Reichsgrafen von Rumford ernannt, betätigte sich auf vielfältige Weise und beschränkte seine Reformideen keineswegs auf die Militärorganisation. Der Schwetzinger Hofgärtner Friedrich Ludwig von Sckell, der mit der Planung beauftragt wurde, stellte in diesem Zusammenhang fest: „*Uebrigens verdienet Herr Graf von Rumford Excellenz den lautesten Dank, daß er die Anlage zum Genusse aller Menschen entstehen machte, denn keine Stadt in Europa kann, in diesem Umfange, eine ähnliche aufweisen.*"[27]

Die in den Isarauen unweit des alten Münchner Hofgartens geschaffene Anlage wurde bemerkenswerterweise von vornherein als Landschaftsgarten konzipiert. Zwar entsprach dies der Mode des aufkommenden Landschaftsgartens, doch hatte selbst der bedeutendste deutsche Theoretiker des Landschaftsgartens, der Kieler Professor der Philosophie und der Schönen Künste Chris-

tian Cay Lorenz Hirschfeld, in seiner „Theorie der Gartenkunst" hinsichtlich der Anlage von Volksgärten empfohlen, diese mit geraden Alleen auszustatten, um *„die Aufsicht der Polizey, die an solchen Plätzen oft unentbehrlich ist, [zu] erleichtern"*.[28]
Kurfürst Karl Theodor, der 1777 aus seiner geliebten Kurpfalz nach München übersiedeln musste, um die Erbfolge anzutreten, hatte Sckell aus seiner vormaligen Sommerresidenz Schwetzingen zur Anlage des Englischen Gartens beigezogen; erst ab 1804, nachdem er die eigens für ihn geschaffene Position eines Leiters der Hofgärten-Intendantur besetzte, hielt sich Sckell ständig in München auf. In der Frühphase waren auch einige exotische Einbauten entstanden, über die sich Sckell später wenig glücklich zeigte, so etwa der berühmte Chinesische Turm (Abb. 5 und 6) oder eine heute nicht mehr erhaltene Chinesische Brücke. Die endgültige gartenkünstlerische Ausgestaltung ging in mehreren Planungsphasen zwischen 1804 und 1807 vonstatten (Abb. 7). Der heute so prägende Monopteros wurde allerdings erst einige Jahre nach Sckells Tod im Jahre 1837 aufgestellt.

Der Wiener Volksgarten

Beim 1817 bis 1823 angelegten Volksgarten in Wien handelte es sich um den ersten für die Öffentlichkeit entstandenen Garten in den österreichischen Erblanden. Obwohl die Bauaufgabe jener für den Englischen Garten in München weitgehend glich – nämlich im Auftrag eines feudalen Bauherrn einen öffentlichen Garten zu schaffen –, spielten beim Volksgarten völlig andere Planungsprinzipien eine Rolle. In der Regierungszeit Kaiser Franz II./I. entstanden, der von 1816 an in vierter Ehe mit Karoline Auguste von Bayern verheiratet war, stellte der Volksgarten eine von insgesamt drei Anlagen im Kontext der sogenannten Kleinen Stadterweiterung dar. Es war dies eine großteils fortifikatorisch-gartenkünstlerische Gesamtanlage, die sich infolge der schmachvollen Sprengung der Basteien vor der Wiener Hofburg durch Napoleonische Truppen 1809 ab 1817 entwickelte. Deren Zentrum bildete der Äußere Burgplatz (heute Heldenplatz), ein alleengesäumter Rasenplan, während das auf der anderen Seite gelegene Pendant zum Volksgarten, der neue k. k. Hofburggarten, den mit allerlei vegetabilen Kostbarkeiten ausgestatteten Privatgarten des hortologisch-botanisch nicht nur hochinteressierten, sondern auch versierten Kaisers Franz II./I. bildete. Sein rund 130 Meter langes klassizistisches Glashaus wurde als *„Wunder der Horticultur"* gerühmt.[29]
Im Gegensatz zum Münchner Englischen Garten gestaltete man den Wiener Volksgarten in regelmäßigen Formen – was allerdings nicht von Anfang an so geplant war. In einem frühen Projekt von Ludwig von Remy aus dem Jahre 1811 (Abb. 8) zeigte er sich ebenso wie der Hofburggarten weitgehend in landschaftlichen Formen konzipiert.[30] Damals war der Volksgarten in seiner Lage jedoch noch mit dem Burggarten vertauscht. In diesem Zusammenhang von Interesse ist ein um 1815 entstandener, bislang kaum bekannter Gesamtplan zur Regulierung der Anlagen vor der Hofburg,[31] der den Volksgarten nun schon an richtiger Stelle zeigt, durch Alleeachsen gegliedert, deren Zwickelflächen mit geschlängelten Wegen ausgestaltet sind (Abb. 9).[32] Tatsächlich zur Ausführung kam eine ausschließlich formale Anlage, die entgegen der zu diesem Zeitpunkt vorherrschenden Mode auf landschaftliche Partien vollkommen verzichtete. Eine gewisse Vorbildrolle könnten hier ebenfalls streng formale napoleonische Freiraumprojekte in Neapel, Venedig und Rom gespielt haben. Letztlich entscheidend dürfte jedoch der bereits bei Christian Cay Lorenz Hirschfeld genannte Gesichtspunkt einer besseren polizeilichen Überwachungsmöglichkeit gewesen sein, wie dies auch die Originalakten des Obersthofmeisteramtes dokumentieren: *„Dieser Garten bedarf einer Aufsicht damit nichts muthwillig verdorben werde, und keine Unanständigkeiten begangen werden"*.[33] Der neue Garten, den *„S. Maj. der Kaiser zum Vergnügen des Publikums anlegen zu lassen geruhte"*, wurde am 1. Mai 1823 mittags geöffnet.[34]
An seinem Eingang befand sich ein Alleenstern, im Zentrum des Gartens der Theseustempel – eine miniaturisierende Kopie des Hephaistostempels in Athen, umgeben von einer vierreihigen, sakral anmutenden Bepflanzung aus Säulenpappeln. Und noch ein anderes Gebäude prägte den Garten: das zweite Cortische Kaffeehaus, das – für derartige Etablissements recht ungewöhnlich – in einem halbkreisförmigen Grundriss errichtet worden war. Das Glücksempfinden der Wiener über ihren neuen Volksgarten und gleichzeitig die in die Zukunft projizierte Reminiszenz an die gartenkulturelle Leistung fasste ein gewisser Hoheisel in der „Allgemeinen Theaterzeitung" in folgende poetische Worte:

„Leicht und fröhlich ziehn wir Leute
Durch die gold'ne Gartenwelt;
Schauen frisch in alle Weite,
Wieder froh, wenn's Gott gefällt,
Enkeln auch nach fünfzig Jahren
Blumen der Vergangenheit,
Stammeln noch in Silberhaaren
Franzens Kaiserherrlichkeit."[35]

1 Elisabeth Hassmann, Von Katterburg zu Schönbrunn: die Geschichte Schönbrunns bis Kaiser Leopold I. Wien u. a. 2004.

2 Beatrix Hajós, Neue kunsthistorische Forschungen zum Barockgarten Schönbrunn. In: Österreichische Zeitschrift für Kunst- und Denkmalpflege 57 (2003), H. 3/4, S. 365–398.

3 Zu den beiden Schönbrunn-Projekten Fischers von Erlach vgl. Oskar Raschauer, Schönbrunn. Eine denkmalkundliche Darstellung seiner Baugeschichte (Studien zur Österreichischen Kunstgeschichte). Wien 1960; Sigurd Schmitt, Johann Bernhard Fischers von Erlach Schloss Schönbrunn in Wien. Studien über Schönbrunn I und das Schönbrunn II-Ausführungsprojekt von 1696. Diss. München 1990.

4 Beatrix Hajós, Schönbrunn. The garden designer Jean Trehet around 1700 and the modernization of the gardens by the "colonie Lorraine" around 1750. In: Habsburg. The House of Habsburg and Garden Art. An International Congress in Vienna (Austria) April 2007 (Die Gartenkunst 20/2008, H. 2, Beilage). Worms 2008, S. 41–48.

5 FHKA Wien, NÖ Kammerakten 1743 (25.2), zit. n. Oskar Raschauer, Geschichte der Innenausstattung des Lustschlosses Schönbrunn. Eine denkmalkundliche Darstellung mit besonderer Berücksichtigung des Mariatheresianischen Schönbrunn und mit Ergänzungen zur allgemeinen Baugeschichte des Schlosses. 2 Bde., Bd. 2: Quellenangaben. Phil. Diss. Univ. Wien 1926, S. 5.

6 Beatrix Hajós, Die gartengestalterische Entwicklung des Holländisch-Botanischen Gartens in Schönbrunn in Erinnerung an Herrn Ing. Franz Weber. In: Österreichische Zeitschrift für Kunst und Denkmalpflege 57 (2003), H. 3/4, S. 436–464.

7 Thomas Baumgartner, Verschwundene und bestehende Gewächshäuser in Schönbrunn. In: Österreichische Zeitschrift für Kunst und Denkmalpflege 57 (2003), H. 3/4. Wien 2003, S. 465–497.

8 Louis Liger, Figur der Rüstern mit runden Wipfeln oder Kronen, aus: Historischer und verständiger Blumen-Gärtner, 1715; Wilfried Hansmann, Das Gartenparterre. Gestaltung und Sinngehalt nach Ansichten, Plänen und Schriften aus sechs Jahrhunderten. Worms am Rhein 2009, S. 262.

9 Beatrix Hajós, Schönbrunner Statuen, 1773–1780. Ein neues Rom in Wien (Eine Publikationsreihe der Museen des Mobiliendepots 19). Wien–Köln–Weimar 2004; Maria Pötzl-Malikova, Überlegungen zum ursprünglichen Programm der Statuen im Parterre des Schönbrunner Gartens. In: Österreichische Zeitschrift für Kunst und Denkmalpflege 61 (2007), H. 4, S. 488–508, 624; Uta Schedler, Die Statuenzyklen in den Schlossgärten von Schönbrunn und Nymphenburg: Antikenrezeption nach Stichvorlagen. Hildesheim u. a. 1985.

10 Beatrix Hajós, Der Obeliskbrunnen in Schönbrunn. Die Vision des Aeneas und die Geheimnisse der Isis. In: Herbert Lachmayer (Hg.), Mozart. Experiment Aufklärung im Wien des ausgehenden 18. Jahrhunderts. Ostfildern 2006, S. 771–780.

11 Uta Bach, Die Gartenkultur am Münchner Hof unter Kurfürst Max Emanuel 1679–1726. Realisierung – Administration – Botanik (Geschichtswissenschaften 19). München 2007, S. 59–64; Gabriele Imhof, Der Schleißheimer Schloßgarten des Kurfürsten Max Emanuel von Bayern. Zur Entwicklung der barocken Gartenkunst am Münchner Hof (Miscellanea Bavarica Monacensia 62). München 1979.

12 Bach, Die Gartenkultur am Münchner Hof, S. 59.

13 Francesco Colonna, Hypnerotomachia poliphili. Venedig 1499.

14 Imhof, Der Schleißheimer Schloßgarten, S. 108.

15 Luisa Hager, Nymphenburg. Schloss, Park und Burgen. München o. J. [1955], S. 9–12.

16 Gesche von Deessen, Die Badenburg im Park von Nymphenburg. München 1986; Dietrich von Frank, Joseph Effners Pagodenburg. München 1985; Kai-Uwe Nielsen, Die Magdalenenklause im Schloßpark zu Nymphenburg. München 1990; Ulrika Kiby, Die Exotismen des Kurfürsten Max Emanuel in Nymphenburg. Eine kunst- und kulturhistorische Studie zum Phänomen von Chinoiserie und Orientalismus im Bayern und Europa des 16. bis 18. Jahrhunderts. Hildesheim u. a. 1990.

17 30 Jahre später wurde die skulpturale Ausstattung des Parterres ergänzt: 1765–1792 wurden hier zwölf Statuen und zwei Monumentalvasen aufgestellt.

18 Dieter Hennebo und Alfred Hofmann, Geschichte der deutschen Gartenkunst. 3 Bde., Bd. 2: Der architektonische Garten. Hamburg 1965, S. 219–229.

19 Gerhard Hojer, Die Amalienburg, Rokokojuwel im Nymphenburger Schlosspark. München 1986.

20 Rainer Herzog, Friedrich Ludwig von Sckell und Nymphenburg: zur Geschichte, Gestaltung und Pflege des Schlossparks Nymphenburg. München 2003; Carl August Sckell, Das königliche Lustschloß Nymphenburg und seine Gartenanlagen. München o. J. [1837].

21 Josef Zykan, Laxenburg. Wien–München 1969.

22 Géza Hajós, Vom Römisch-deutschen zum Österreichischen Kaisertum. Die Gärten von Schönbrunn und Laxenburg als Ausdrucksträger einer politischen Veränderung. In: Landesdenkmalamt Baden-Württemberg (Hg.), Monumente im Garten. Der Garten als Monument. Esslingen 2012 (im Druck).

23 Géza Hajós (Hg.), Der malerische Landschaftspark in Laxenburg bei Wien. Wien–Köln–Weimar 2006, S. 42–53.

24 Ebd., S. 220f.

25 Elena Holzhausen, Laeken, das Missing Link zwischen Laxenburg und Capability Brown. In: Hajós (Hg.), Der malerische Landschaftspark, S. 153–164.

26 Hajós, Vom Römisch-deutschen zum Österreichischen Kaisertum.

27 Zit. n. Stefan Miedaner, Sir Benjamin Thompson, Graf von Rumford (1753–1814). In: Pankraz Freiherr von Freyberg (Hg.), 200 Jahre Englischer Garten München 1789–1989. Offizielle Festschrift 200 Jahre Englischer Garten München 1789–1989. München o. J. [1989], S. 23–28, hier S. 28.

28 Christian Cay Lorenz Hirschfeld, Theorie der Gartenkunst. 5 Bde., Bd. 5. Leipzig 1779–1785 (ND Hildesheim 1990), S. 68–74.

29 Jochen Martz, A paradise, directly accessible from the Imperial apartments – Remy's former conservatory in the garden of the Imperial Castle (Hofburg) in Vienna / Austria. In: Die Gartenkunst 20 (2008), H. 2, S. 77–86; Ders., Ein „Wunder der Horticultur" – das 1818–1820 errichtete, ehemalige Remysche Glashaus an der Wiener Hofburg. In: Arbeitskreis Orangerien in Deutschland e.V. (Hg.), Goldorangen, Lorbeer und Palmen – Orangeriekultur vom 16. bis 19. Jahrhundert (Schriftenreihe des Arbeitskreises Orangerien e.V. 6). Petersberg 2010, S. 196–213.

30 Graphische Sammlung Albertina, AZ 8216.

31 ÖNB Kartenslg, Rolle 103, K. 2.

32 Vgl. auch AZ 6127, Kopien HHStA 1261, 1262, 1263.

33 OMeA r. 168/1 ex 1823, 1823 April 29.

34 Ebd.

35 J. B. Hoheisel jun., Reminiscenz an den Volksgarten. In: Allgemeine Theaterzeitung (...) 17 (1824), Nr. 55, S. 217.

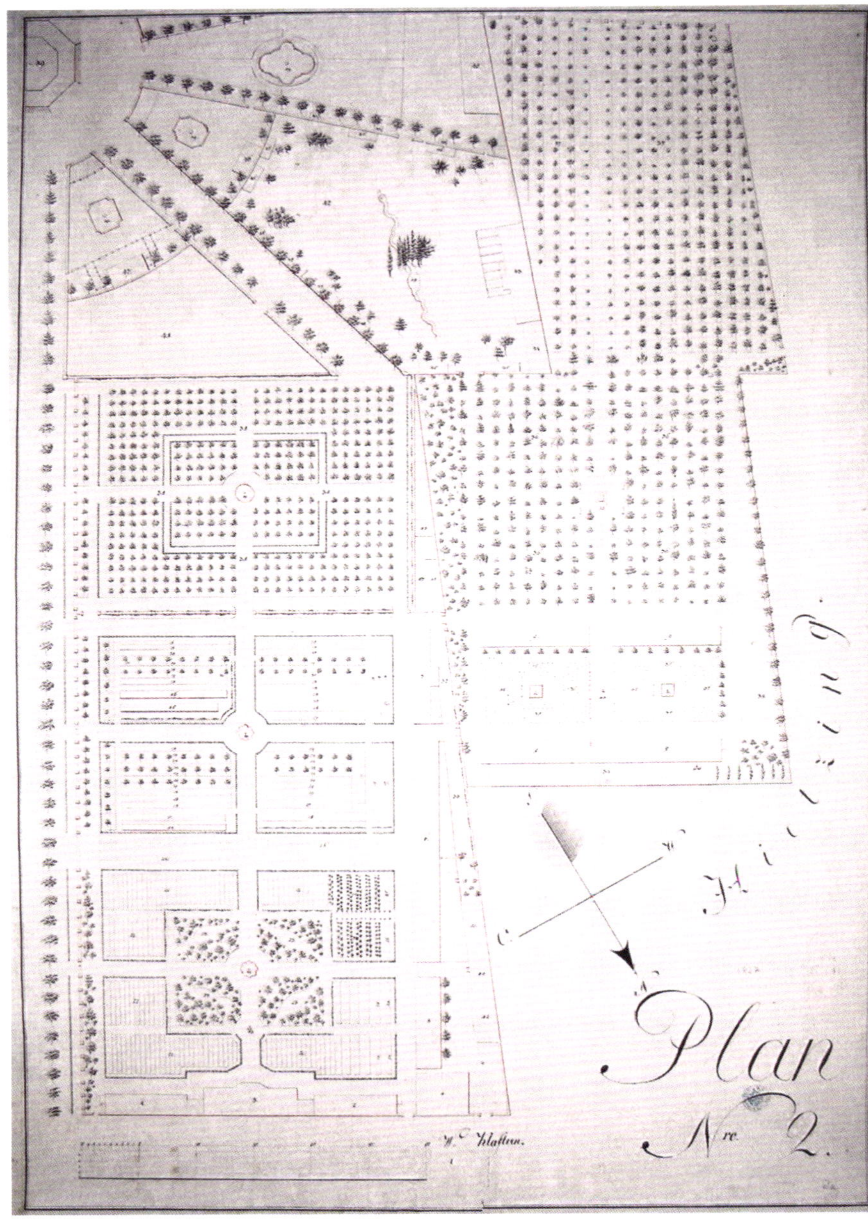

Abb. 1
Situationsplan des Holländischen Gartens in Schönbrunn, 1827
(© Österreichische Bundesgärten Wien)

Abb. 2
Ansicht der Gartenseite von Schönbrunn, Bernardo Bellotto, genannt Canaletto, 1759–1760
(© Schloss Schönbrunn Kultur- und Betriebsges.m.b.H., Artothek)

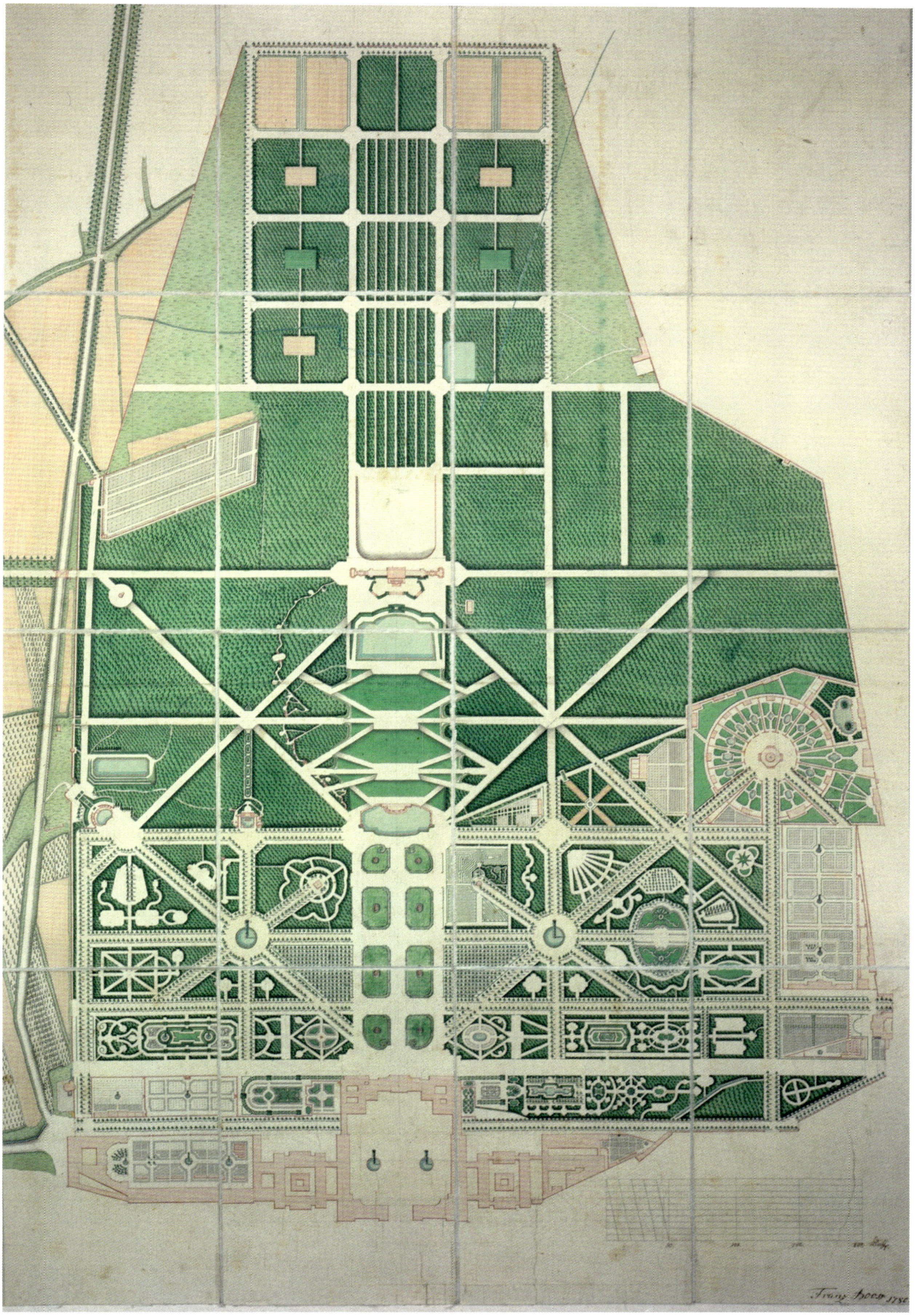

Abb. 3
Gesamtplan von Schönbrunn, Franz Boos, 1780
(© Bildarchiv ÖNB Wien)

Abb. 4
Plan zur Ausgestaltung des Großen Parterres und des Schönbrunner Berges, Carl Schütz nach Johann Ferdinand Hetzendorf von Hohenberg, um 1772
(© Kupferstichkabinett der Akademie der bildenden Künste Wien)

Abb. 5
Englischer Garten mit chinesischem Turm
(© München, Privatbesitz, Foto: Engelbert Seehuber)

Abb. 6
Apollotempel im Englischen Garten, Johann Georg von Dillis
(© München, Privatbesitz, Foto: Engelbert Seehuber)

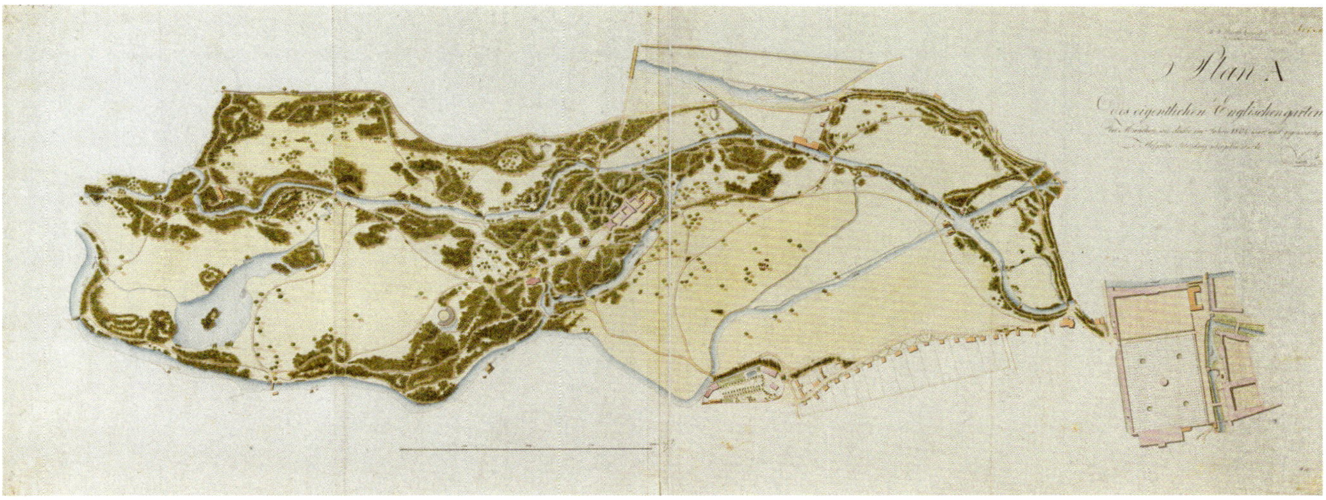

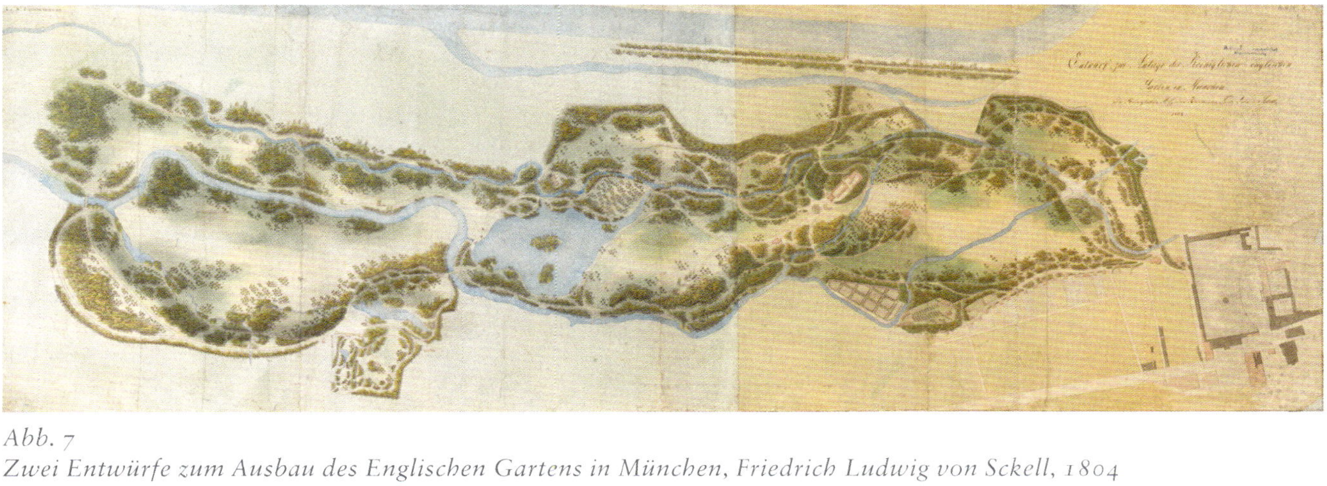

Abb. 7
Zwei Entwürfe zum Ausbau des Englischen Gartens in München, Friedrich Ludwig von Sckell, 1804
(© Bayerische Schlösserverwaltung)

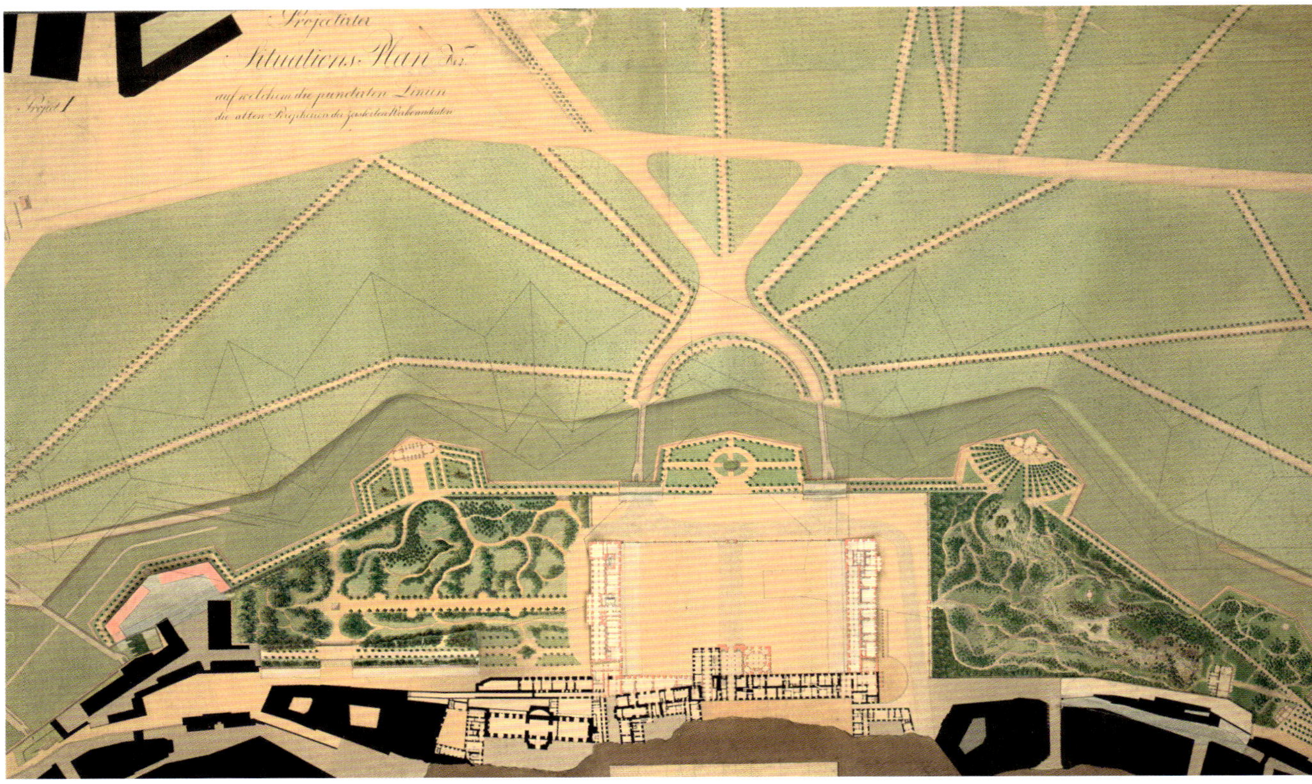

Abb. 8
Die Hofburg zu Wien, Um- und Neubauprojekt, Situationsplan mit Gärten, Basteien und Glacis, Ludwig Gabriel von Remy, 1811
(© Albertina Wien)

Abb. 9
Die Hofburg in Wien, Gesamtplan und Verlauf der ehemaligen Burgbastei, Ludwig Gabriel von Remy, 1815
(© Bildarchiv ÖNB Wien)

Von den Agilolfingern zur Aluminiumhütte

Die Geschichte des Stiftes Ranshofen

Gregor Fuchs

Das Stift der regulierten Chorherren des heiligen Augustin zu Ranshofen in Oberösterreich verzeichnete in seiner Geschichte viele Höhen und Tiefen: Es durchlebte eine wechselvolle Entwicklung von Gründung, Aufbau und glanzvoller Blütezeit über Zerstörung und Wiederaufbau bis zu ernüchterndem Stillstand und völliger Auflösung.

Historischer Rückblick

Die Gegend um das heutige Ranshofen wurde zunächst von den Kelten, später von den Römern besiedelt. An sie erinnert ein 1510 in Haselbach im Umfeld von Ranshofen gefundener, sehr gut erhaltener Römerstein, der im Heimathaus Braunau zu besichtigen ist.

Im 5. Jahrhundert zogen Bajuwaren in das von den Römern verlassene Land. Der mächtige Volksstamm besetzte die zerstörten Siedlungen an den alten Römerstraßen. An der Kreuzung zweier Straßenzüge – auf einer vom dichten, wildreichen Hart-, Weilharts- und Lachforst umgebenen und von Salzach, Inn und Mattig begrenzten Anhöhe, von der man die Gegend weithin überschauen konnte – fand der Führer der bajuwarischen Volksstämme, der Herzog, aus strategischer Sicht wichtige und für das Leben unabdingbare Voraussetzungen vor. Es kam zur Gründung eines festen Sitzes – der herzoglichen Pfalz der Agilolfinger –, dessen Bedeutung in der Folge durch Zuordnung der Beihöfe Hochburg, Ostermiething, Mining und Munderfing eindrucksvoll unter Beweis gestellt wurde.

Unter dem Namen Rantesdorf rückte die Ansiedlung, die zunächst zum Besitz der bayerischen Agilolfingerherzöge gehörte, 788 erstmals ins Licht der Geschichte: Wie einer Urkunde aus diesem Jahr zu entnehmen ist, schenkte ein gewisser Rato, gottesfürchtig und um sein Seelenheil bangend, sein in Enchinaha – dem heutigen Neukirchen an der Enknach – gelegenes väterliches Erbe der Passauer Domkirche zu Handen Bischof Waltrichs. Ort der Rechtshandlung, die im 41. Jahr der Regierung des glorreichen Herzogs Tassilo III. vonstatten ging, war der Hof Rantesdorf (*„curtis rantesdorf"*), dessen Name von Rato – er hieß vermutlich Rantolf – abgeleitet wurde. Er fand sich in der Ortsbezeichnung Rantesdorf, auch Rantolfsdorf („Dorf des Rant"), wieder.

Nach der Absetzung Tassilos III., des letzten Bayernherzogs aus dem Geschlecht der Agilolfinger, durch Karl den Großen übernahmen die deutschen Karolinger den Hof Rantesdorf, aus der herzoglichen wurde eine kaiserliche Pfalz. Als Schlüsselfigur in der Geschichte Ranshofens gilt der vorletzte Karolinger Arnulf von Kärnten: Nachdem er 896 für die Befreiung des Papstes Formosus nach seinem Sieg am Pankratiustor in Rom zum Kaiser gekrönt worden war, ließ er dem Heiligen zu Ehren 898 die Pankratiuskapelle erbauen. Sie sollte zum Ausgangspunkt eines der bedeutendsten Klöster im mitteleuropäischen Raum werden.

Unter Kaiser Heinrich III. entstand 1040 um die Pankratiuskapelle ein großes Pfarrgebiet mit eigener Pfarrkirche, dessen Grenzen in Absprache mit den Bischöfen von Passau und Salzburg festgelegt wurden. Im Westen markierten das Gebiet die Flüsse Inn und Salzach, im Süden das Ibmer Moos und im Osten die Mattig sowie der Oichtenbach. In der Folge erlangte Ranshofen große Bedeutung, der jungen Pfarre flossen zahlreiche Schenkungen zu. Aus einer an der alten Pfalzkapelle zum heiligen Pankratius gebildeten Weltpriestergemeinschaft ging schließlich ein Kloster hervor: Am 30. Juli des Jahres 1125 stellte Bayernherzog Heinrich IX. der Schwarze in Anwesenheit vieler geistlicher und weltlicher Würdenträger, darunter auch Pfalzgraf Ottos V. von Wittelsbach, den Stiftsbrief aus, der umfangreiche Zuwendungen und Rechte beinhaltete. Damit machte er die Pfalz zum Kloster, das auf Rat und Geheiß des Salzburger Erzbischofs Konrad I., Graf von Abensberg, mit Augustiner-Chorherren beschickt wurde. Zehn Jahre nach Baubeginn, im Jahr 1135, konnte die Einweihung der neuen Klostergebäude erfolgen, die – wie damals nicht unüblich – auch Kanonissen (Chorfrauen) beherbergen sollten. Mit der Errichtung des Augustiner-Chorherrenstiftes, das 1142 zum Reichsstift erhoben wurde, erfasste Ranshofen eine große religiöse Erneuerungsbewegung. Bis zu seiner Aufhebung 1811 bildete das Stift, dem im Laufe seiner Geschichte 45 Pröpste vorstanden, aber nicht nur den Mittelpunkt des religiösen, sondern auch des geistigen und kulturellen Lebens im oberen Innviertel.

Die Bedeutung des Augustiner-Chorherrenstiftes

Ihre Berufung sahen die Chorherren neben der Gestaltung der Liturgie für die Messfeier und das Chorgebet in der Seelsorge. Der Seelsorgesprengel war groß, und so wurden im weiteren Umkreis bestehende Kirchen übernommen und neue errichtet.

Die Mönche verfügten über umfangreiche Kenntnisse und Erfahrungen in der Herstellung von Arznei- und Heilmitteln; hierfür hatten sie einige Kräutergärten angelegt. Im Stift befand sich weiters eine Apotheke, 1168 wurde unter Probst Altmann auch ein Hospital errichtet.

Richtungweisend waren die Augustiner-Chorherren von Ranshofen vor allem auf dem Schulsektor. Schon unter dem ersten Propst von Ranshofen, Raffold, der von 1125 bis 1146 wirkte, wurde eine Schule geführt, und zwar eine „innere Schule" zur Priesterausbildung und eine „äußere" für „scolares", die als Laien in das Kloster eintreten wollten. Für die damalige Zeit außergewöhnlich war eine Schule für Mädchen, in der hauswirtschaftliche Fächer und Singen gelehrt wurden. Unter Propst Augustin Münich, der in seiner Wirkungszeit von 1529 bis 1560 auch die Errichtung eines neuen Schulgebäudes initiierte, entwickelte sich die „Scolaria Ranshofense" zu einer der bedeutendsten Unterrichtsanstalten Bayerns. Insbesondere gilt es auf die Ranshofener Schreibschule zu verweisen, in der Schreibkundige ebenso wie künstlerisch begabte Chorherren mit der Abschrift von Texten aus der Bibel und den Evangelien beschäftigt waren. Aus der Schreibschule, in der Prachthandschriften, Messbücher, Gesangsbücher und nicht zuletzt Urkunden entstanden, stammt das Ranshofener Evangeliar, dessen Entstehung um 1180 in die Wirkungsepoche Propst Adelharts fiel. Es befindet sich in der Bodleian Library in Oxford – ebenso wie einer von drei Bänden der in die Zeit um 1160 unter Propst Meginhard zu datierenden berühmten „Ranshofener Bibel". Deren andere beide erhaltene Exemplare sind in München aufbewahrt. Dort findet sich der Großteil der noch existierenden Handschriften aus der Ranshofener Stiftsbibliothek, die reich an außergewöhnlichen Büchern gewesen sein muss.

Die wichtigste Versorgungsquelle des Augustiner-Chorherrenstiftes boten die Lehenseinnahmen, der Zehent und das „Seelengerät", bei dem – einem Ablass ähnlich – Zuwendungen an das Kloster in Form von Geld, Wertsachen oder Liegenschaften erbracht wurden, um sich Glück, Seelenheil und einen Platz im Himmel oder einen Alterssitz im Kloster zu erwerben. Die Versorgung der Chorherren und ihrer Bediensteten gewährleisteten rund 400 Jauchert (etwa 250 Hektar) Felder, Wiesen und Wälder, weiters Fischteiche, Obst- und Weingärten. Von einer bis heute bestehenden „Pfisterei" – sie gilt als die älteste Bäckerei Österreichs – wurden die Stiftsangehörigen mit Brot versorgt. Das hierfür notwendige Mehl stammte aus einer eigenen Mühle. In der Klosterschänke wurden Bier aus der stiftseigenen Brauerei und Wein von den Gütern der Chorherren in der Wachau angeboten.

Um die außergewöhnliche Stellung des Stiftes Ranshofen zu dokumentieren, seien einige Schlaglichter auf seine Geschichte geworfen. Hierfür gilt es zunächst bis weit vor seine Errichtung zurückzugehen: 992 wurde am Ort der späteren Klostergründung ein herzoglicher Landtag einberufen, bei dem es zur Beschlussfassung der „Ranshofener Gesetze" kam – sie sind als eine der Grundlagen für unsere heutige Rechtsordnung anzusehen. Wenig später, im Jahr 996, erfolgte vor dem Ranshofener Altar des heiligen Pankratius die Weihe des Mönchs Godehard zum Abt von Niederaltaich – nach seiner Heiligsprechung 1131 wurden das weltbekannte Hospiz und der Passübergang von St. Gotthard in der Schweiz nach ihm benannt. Zur Bedeutung des Stiftes Ranshofen trug die enge Beziehung zu den Päpsten seiner Zeit ebenso bei wie die persönliche Anwesenheit Kaiser Ludwigs I. anlässlich der Ausstellung bedeutender Schriftstücke, beispielsweise der Urkunde von der Schenkung des Irrsees an das Kloster Mondsee. Im Umfeld des Stiftes entstand um 1260 das satirische Versepos „Meier Helmbrecht" – das erste und berühmteste Werk der deutschsprachigen Dorfgeschichte, die vom Volk und nicht vom Adel erzählt. Es wird Wernher dem Gartenaere zugeschrieben, der in Ranshofen möglicherweise das Amt des Klostergärtners bekleidete.

Eine wechselvolle Geschichte

In den Kriegswirren des 13. Jahrhunderts wurde das Augustiner-Chorherrenstift mehrmals zerstört und wiederaufgebaut – Ereignisse, die Herzog Heinrich XIII. dazu veranlassten, Gericht und Maut um 1257 von Ranshofen in das befestigte Braunau zu verlegen.

Zunächst überfielen Obernberger Reiter 1242 Ranshofen und machten Kirche und Stift dem Erdboden gleich. Nach seiner Wiedererrichtung wurde das Stift, dem damals Propst Seifried vorstand, 1266 abermals niedergebrannt. In die Regierungszeit von Propst Konrad I. 1277 bis 1311 fiel die völlige Wiederherstellung der zerstörten Kirchen St. Pankraz und St. Michael. Anno 1337 wurde ein achteckiger gotischer Tuffbau errichtet, der sich heute auf dem Gelände des Friedhofs befindet und als der einzig stilrein erhaltene Karner im Bezirk Braunau gilt. 1375 erhielt das Stift unter der Leitung Propst Stephans I. die Mautfreiheit auf der Donau. Ihm folgte mit Propst Mathias Lindner 1393 ein ausgezeichneter Wirtschaftsfachmann nach, der das Stift zu einer Hochblüte brachte. Schlechte Wirtschaftsführung und Verschwendungssucht, die Propst Heinrich IV. Preller nachgesagt werden, führten 1430 aber zu einem neuerlichen Niedergang des Stiftes. Auf seine unredliche Einnahmepraxis geht übrigens der Ausdruck „geprellt werden" zurück.

Wenig später, im Jahr 1439, legte Propst Erasmus Rudmund den Grundstein zum Bau der Kirche St. Stephanus in Braunau, der Beginn des Turmbaus erfolgte 1492 unter Leonhard Kallinger. Nach Gründung der Rosenkranzbruderschaft 1494 begann Propst Blasius Rosenstingl mit der Errichtung der Rosenkranzkapelle, die später in die heutige Kirche eingebunden wurde. Nachdem Kirche und Kloster im Landshuter Erbfolgekrieg 1504/05 schwer beschädigt wurden, entstand ein neuer Klostertrakt mit Wirtschaftshof. Der Beginn des gotischen Neubaus der Stiftskirche 1508 fiel in die Regierungszeit Probst Kaspar Türndls. Nach zwölfjähriger Bauzeit stand die dreischiffige Hallen- und Staffelkirche einer großen Pfarrgemeinde, Gläubigen und Pilgern von nah und fern offen.

Auf Propst Augustin Münich, der dem Stift in der Zeit der Reformation vorstand, folgte Adam Gensleuthner, dem die Verbreitung der Luther'schen Lehren große Schwierigkeiten bereitete. Der innige Verehrer der Muttergottes ließ in der Unteren Hofmark eine Marienstatue aufstellen. Als Pionierleistung von eminenter Bedeutung ist der Bau eines Hebewerks am Fuße des Hofberges zu bewerten, der einer Versorgung des Stiftes mit frischem Quellwasser diente.

Die Hebung der innerklösterlichen Disziplin und rege Bautätigkeit kennzeichneten die Amtszeit Propst Philipp Vetterls, der 1621 den Grundstein zum Bau des Kapuzinerklosters in Brau-

nau legte. Im ersten Jahr der Obrigkeit von Propst Simon Maier, 1635, starb Kurfürstin Elisabeth, Gattin Maximilians I. von Bayern. Ihr Leichnam wurde in die Wittelsbacher-Gruft in der St.-Michaels-Hofkirche zu München überführt, die Eingeweide ruhen seither im Hochaltar der Klosterkirche Ranshofen. Im Jahr darauf, 1636, stattete der habsburgische Kaiser Ferdinand II. dem Chorherrenstift einen Besuch ab. Die von Simon Maier begonnenen großen Umbauarbeiten an Konventtrakt und Wirtschaftshof des Klosters wurden von seinem Neffen und Nachfolger Benno Meier fortgeführt. Er verfasste die erste Geschichte über Braunau, die „Historia urbis Brunoviensis“, und wurde von Papst Clemens X. zum „Lateranensischen Abt“ ernannt.
Anlässlich der 800-Jahr-Feier der alten Pfalzkapelle ging unter dem kunstsinnigen Propst Ivo Kurzbauer 1698 die prächtige Barockisierung der Stiftskirche vonstatten: Reich vergoldete Altäre, umkränzt von Akanthuslaub, kunstvolle Stukkos, herrliche Gemälde und Fresken, edles Chorgestühl und eine üppig verzierte Kanzel bilden ein künstlerisches Gesamtwerk, das den Betrachter überwältigt. Weiters ließ Propst Kurzbauer, der sicher der herausragendste unter den 45 Pröpsten des Stifts Ranshofen war, ein Wallfahrer-Hospiz, die heutige Taverne in der Unteren Hofmark, erbauen.

Die Auflösung des Stiftes

Nachdem 1779 das Innviertel von Bayern abgetrennt wurde und zu Österreich kam, stellte die Verwaltung der bei Bayern verbliebenen Besitzungen das Stift vor große Probleme. Vor allem das Ausbleiben der Lehenseinnahmen trug zu einer Verschuldung bei. Eine enorme Belastung stellten auch die wiederholten Franzoseneinquartierungen dar. Das Zusammentreffen überkommener barocker Lebensformen und der beginnenden Aufklärungsbewegung um 1800 ging schließlich an der Klostergemeinde nicht spurlos vorüber. Dazu kam ein wirtschaftlicher Niedergang, der unter der Führung des letzten, 1784 gewählten Propstes Johann Nepomuk Kierl eintrat. 1809, als das Innviertel kurzfristig französisches Staatsgebiet war, beschäftigte sich bereits eine Klosterauflösungskommission mit Ranshofen.
Im September 1810 kam das Gebiet wieder zu Bayern, und schon am 26. Oktober 1811 erfolgte auf Anweisung der bayerischen Regierung die endgültige Auflösung des seit fast 700 Jahren bestehenden Augustiner-Chorherrenstiftes. Alle Besitztümer – Vieh und Gerätschaften, Preziosen, Kirchen- und Haussilber, Möbel und Einrichtungsgegenstände – wurden versteigert, die Chorherren verließen das Stift; nur der erst 25-jährige Stiftsdekan Pankraz Hauser blieb als erster Pfarrer in Ranshofen. Die einzelnen Filialpfarreien übernahmen die bisher vom Stift erledigten Aufgaben in ihren Gemeinden nun selbst.
Nach der Auflösung des Klosters wurden alle Baulichkeiten außer der Kirche, die fortan als Pfarrkirche diente, und dem Hofrichterhaus sowie sämtliche Gründe, Felder, Wiesen und Wälder um nur 53.550 Gulden an General Johann Max Graf von Motjoie-Frohberg, einen Günstling und Adjutanten des Bayernkönigs, verkauft. Durch die Heirat seiner Tochter gelangte der Besitz an den Universitätsprofessor Baron Freiherr von Bernhard. 1851 verkaufte dieser das Anwesen der Familie Ferdinand Wertheimers, die auf den ehemaligen Klostergründen einen landwirtschaftlichen Musterbetrieb einrichtete. Nach dem „Anschluss“ 1938 wurde auf einem Großteil des Gutshofes ein Aluminiumwerk gebaut, das noch heute unter dem Namen Austria Metall AG (AMAG) dort besteht.

Weiterführende Literatur

Loys Auffanger, Pfarrkirche Ranshofen. Braunau am Inn 1974.
Max Eitzlmayr, 1200 Jahre Ranshofen. Festschrift. Braunau am Inn 1988.
Max Eitzlmayr, Ranshofen. Braunau am Inn 1987.
Sebastian Hiereth, Geschichte der Stadt Braunau am Inn. 2 Bde., Bd. 1. Braunau am Inn 1960.
Peter Krebs, 880 Jahre Augustiner Chorherrenstift Ranshofen. Ranshofen [2]2006.
Eduard Kriechbaum, Das ehemalige Augustiner Chorherrenstift Ranshofen (Kirchliche Bauten in Braunau und Umgebung 1). Braunau o. J. [1935].
Franz Martin, Die Kunstdenkmäler des politischen Bezirkes Braunau (Österreichische Kunsttopographie 30). Wien 1947.
Konrad Meindl, Geschichte der Stadt Braunau am Inn. Braunau 1882.
Franz Xaver Pritz, Geschichte des aufgelassenen Stiftes der regulirten Chorherren des heiligen Augustin zu Ranshofen in Oberösterreich. In: Archiv für Kunde österreichischer Geschichts-Quellen 17 (1857) (ND in: Franz Xaver Pritz und Jodok Stülz, Geschichte und Chronik des Stiftes Ranshofen. Braunau 2009).
Rudolf Schmidt, Ranshofen 1125–1810. In: Floridus Röhrig (Hg.), Die ehemaligen Stifte der Augustiner-Chorherren in Österreich und Südtirol (Österreichisches Chorherrenbuch 3). Klosterneuburg 2005.

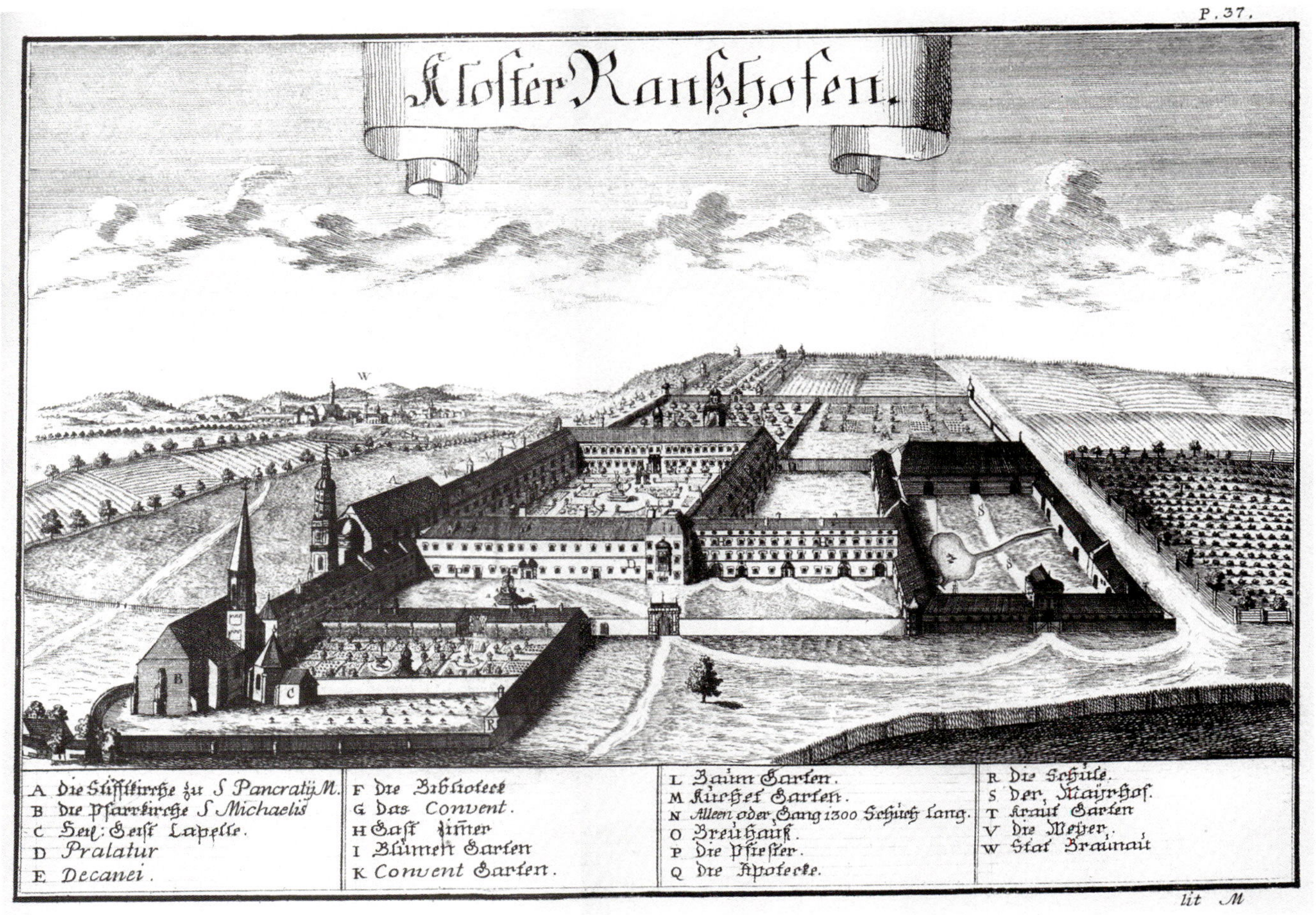

Abb. 1
Stift Ranshofen, Kupferstich aus der Topografie des Innviertels, Wien 1799
(© Schwarz)

Abb. 2
Der Innenraum der Kirche des ehemaligen Augustiner-Chorherrenstiftes Ranshofen
(© Schwarz)

Abb. 3
Kaiser Arnulf (Heinrich II.), um 1640, Martin Zürn nahestehend, vielleicht vom alten Hochaltar der ehemaligen Stiftskirche Ranshofen
(© Schwarz)

Verbündet Verfeindet Verschwägert

Die Genesis eines grenzübergreifenden kulturellen Großprojekts

Reinhold Kräter

Eine Jury entscheidet

Der 11. Juli 2006 war für die Oberösterreichische Landesausstellung „Verbündet Verfeindet Verschwägert. Bayern und Österreich" ein besonderer Tag: Nach einem vom oberösterreichischen Landeshauptmann und Kulturreferenten Josef Pühringer entrierten Verfahren zur Vergabe der Landesausstellungen von 2012 bis 2018 tagte jene Jury, die der Oberösterreichischen Landesregierung vier Landesausstellungen zur Realisierung innerhalb dieses Zeitraums vorschlagen sollte.

Die Anforderungen an die hochkarätig besetzte Jury, der neben Vertretern der Wissenschaft, der Kultur und des Tourismus auch Repräsentanten der im Oberösterreichischen Landtag vertretenen Parteien angehörten, waren hoch, galt es doch bestimmte Kriterien zu berücksichtigen: eine Landesausstellung pro Viertel, ein klares Nachnutzungskonzept für jeden Ausstellungsstandort, ein herausragendes inhaltliches Konzept mit gleichermaßen starkem regionalen Bezug und überregionaler Relevanz sowie die Möglichkeit, die Landesausstellung jeweils in ein ansprechendes touristisches Umfeld einzubetten.

In einer ersten vierstündigen Diskussionsrunde wurden zunächst zehn der 25 abgegebenen Bewerbungen in die engere Wahl genommen. In einer zweiten Evaluierungsphase, die nicht minder lange dauerte, wählte die Vergabejury aus diesen zehn Projekten jene vier aus, die der Oberösterreichischen Landesregierung letztlich zur Umsetzung anempfohlen und von dieser in weiterer Folge beschlossen wurden.

Damit war der Fahrplan für die weiteren Oberösterreichischen Landesausstellungen, deren Erfolgsgeschichte bereits bis ins Jahr 1965 zurückreicht, festgelegt: 2012 eine Landesausstellung in Braunau-Ranshofen und Mattighofen, gemeinsam mit Bayern. 2013 – aus EU-fördertechnischen Gründen vom Zwei-Jahres-Rhythmus abweichend – die ebenfalls grenzüberschreitende Landesausstellung in Freistadt und Bad Leonfelden, und zwar mit dem Kreis Südböhmen, der Standorte in Krumau (Český Krumlov) und Hohenfurth (Vyšší Brod) einbringt. 2016, nach einer kurzen schöpferischen Pause, die im Jahr 2015 mit einer Sonderausstellung im Mutterhaus Bethanien der Diakonie in Gallneukirchen überbrückt wird, dann eine weitere Landesausstellung unter dem Arbeitstitel „Mensch und Pferd" in den Gemeinden Stadl-Paura und Lambach. 2018 – und damit ist diese Vergabeperiode erfüllt – eine Landesausstellung in Enns zu „Römerzeit und Donaulimes". Für den Zeitraum von 2020 bis 2028 läuft derzeit wieder eine Ausschreibung, als deren Ergebnis bis zum Spätherbst des Jahres 2012 fünf Landesausstellungen vergeben werden sollen. Man darf bereits jetzt gespannt sein, welche Projekte diesmal eingereicht werden!

Beweggründe für den Zuschlag

Die Beweggründe, warum letztlich das von der Stadtgemeinde Braunau in Zusammenarbeit mit örtlichen Kultur- und Tourismusschaffenden erstellte Bewerbungskonzept zur Umsetzung vorgeschlagen wurde, sind mannigfaltig:

Zunächst schien es aus Sicht des Landes Oberösterreich reizvoll und in höchstem Maße angebracht, nach mehr als 33 Jahren im äußersten Westen des Bundeslandes wieder einmal ein Kulturprojekt dieser Größe zu verwirklichen – die bis dato einzige Landesausstellung im Bezirk Braunau war unter dem Titel „Die Künstlerfamilie Zürn" bereits im Jahr 1979 veranstaltet worden.

Die der Bewerbung zugrunde liegenden Ausstellungsstandorte – das ehemalige Augustiner-Chorherrenstift Ranshofen und die ehemalige Habsburgische Forstverwaltung Mattighofen, landläufig als „Schloss Mattighofen" bezeichnet – versprachen außerdem mit insgesamt mehr als 2.000 Quadratmetern Nutzfläche ausreichend Platz, um eine Ausstellung dieser Größenordnung zu beherbergen. Zudem sollten von der baulichen Sanierung und Adaptierung dieser Gebäude wichtige Impuls zur Stadtteilentwicklung (Ranshofen) bzw. zur Stadtentwicklung insgesamt (Mattighofen) ausgehen.

Da für beide Ausstellungsstandorte überdies ein konkretes Nachnutzungskonzept vorgelegt wurde, das – nicht zuletzt infolge zahlreicher vorangegangener Diskussionsprozesse in den betroffenen Kommunen – mehrheitsfähig ist, war auch sichergestellt, dass die finanziellen und personellen Aufwendungen sowie das kreative Potenzial, das Architekten, Planer und Bauleiter bei der Adaptierung einbringen, nachhaltig wirken. Augenscheinlich wird dies an der Nachnutzung des Klosters Ranshofen als Standort der Landesmusikschule Braunau, der – vor allem im Vergleich zum aktuellen Standort in Braunau – in betriebstechnischer wie auch in betriebswirtschaftlicher Hinsicht viele Vorteile bietet. Mit dem Schloss Mattighofen wiederum wird ein Landesausstellungsgebäude nicht nur als ästhetisch und funktional höchst attraktives Stadtamt eine weitere Funktion erfüllen; es bietet auch ausreichend räumliche Kapazitäten für zahlreiche Sekundärnutzungen im Bereich der Kultur und des Tourismus.

Das inhaltliche Konzept der Bewerbung musste freilich im Zuge der Vorbereitungsarbeiten für die Landesausstellung 2012 grundlegend adaptiert werden. Stadtgeschichte und kulturelle sowie soziale und ökonomische Stadt-Land-Beziehungen waren nämlich bereits zentrales Thema der 2004 im Kloster Asbach, im Oberhausmuseum Passau, im Stift Reichersberg und in Schärding gezeigten Landesausstellung unter dem Titel „grenzenlos“ gewesen. Inhaltliche Dubletten, das war von Anfang an klar, würden von den Besucherinnen und Besuchern nicht goutiert werden. Daher galt es ein neues Thema zu finden. Da sich bereits abgezeichnet hatte, dass es bei dieser Landesausstellung auch eine Zusammenarbeit mit dem Freistaat Bayern geben könnte und das Innviertel historisch betrachtet obendrein ein Land zweier Herren gewesen war, lag es nahe, sich einmal mit jenen beiden Dynastien genauer auseinanderzusetzen, die ihren Herrschaftsanspruch im Innviertel viele Jahrhunderte lang geltend gemacht hatten. Damit kam das Generalthema „Habsburger und Wittelsbacher“ aufs Tapet.

Mit Elisabeth Vavra vom Institut für Realienkunde des Mittelalters und der frühen Neuzeit der Österreichischen Akademie der Wissenschaften in Krems konnte eine profunde, ausstellungserfahrene wissenschaftliche Leiterin gewonnen werden, die es verstand, ein inhaltliches Konzept zu entwickeln, das zum einen die mannigfaltigen kulturellen, wirtschaftlichen und dynastischen Beziehungen zwischen den beiden Herrscherhäusern in den Mittelpunkt rückt, zum anderen aber auch deren Auswirkungen auf das Leben der Menschen in der Region berücksichtigt. Die grenzüberschreitende Landesausstellung ist damit allein schon von ihrem Konzept her für Bewohnerinnen und Bewohner der Region gleichwie für Gäste, die von weiter her kommen, interessant.

Die Vorteile der bilateralen Zusammenarbeit

Einer der Gründe, warum die Bewerbung der Stadtgemeinden Braunau, Mattighofen und Burghausen von der Expertenjury zur Umsetzung vorgeschlagen wurde, war das grenzübergreifende Konzept dieser Schau. Zwar hatte Oberösterreich, wie bereits erwähnt, schon im Jahre 2004 mit dem Landkreis und der Stadt Passau im Rahmen der Landesausstellung 2004 unter dem Titel „grenzenlos“ kooperiert; die Gelegenheit zur Umsetzung einer Landesausstellung, gemeinsam mit dem Haus der Bayerischen Geschichte sozusagen als offizieller Dienststelle des Freistaates Bayern, bot sich allerdings zum ersten Mal. Nach einigen Vorgesprächen auf politischer Ebene, bei denen sich herausstellte, dass man von bayerischer Seite ohnedies für das Jahr 2012 in Burghausen eine Landesausstellung geplant hatte, konnte die Zusammenarbeit besiegelt werden.

Für die mit der Organisation und Ausführung beauftragten Stellen – in Bayern das Haus der Bayerischen Geschichte und in Oberösterreich die Direktion Kultur beim Amt der Oberösterreichischen Landesregierung – bot diese Zusammenarbeit von Anfang an die Möglichkeit, Landesausstellungs-Know-how auf beiden Seiten zu bündeln und vor dem Hintergrund der Erfahrungen mit Großprojekten in Bayern und Oberösterreich ein straffes Projektmanagement zu entwickeln. Die wissenschaftlichen Leiter beider Länder entwickelten ein aufeinander abgestimmtes und stringentes inhaltliches Konzept für alle drei Standorte, das die Besucher die Ausstellungen in Braunau, Mattighofen und Burghausen als Einheit erleben lässt.

In weiterer Folge erdachten die Verantwortlichen einen gemeinsamen Ausstellungstitel. Der ursprüngliche Arbeitstitel „Habsburger und Wittelsbacher“ wurde aus marketingtechnischen Überlegungen in „Verbündet Verfeindet Verschwägert. Bayern und Österreich“ umgewandelt. Bestandteile eines grenzübergreifenden Marketings waren auch der Entwurf eines gemeinsamen Corporate Designs für die Landesschau, die Ausarbeitung eines umfassenden Marketingfahrplans und die Erstellung von gemeinsamen Werbematerialien.

Dank der doch sehr ähnlichen Mentalität von Bayern und Österreichern sowie nicht vorhandener sprachlicher Barrieren – wie sie zu unseren tschechischen Nachbarn bestehen, mit denen wir 2013 kooperieren werden – verlief die Zusammenarbeit von Anfang an problemlos. Dies fand auch in der Beantragung eines gemeinsamen EU-Projektes (INTERREG) seinen Niederschlag, im Zuge dessen alle werblichen Maßnahmen, die in der grenzüberschreitenden Zusammenarbeit begründet sind, gefördert werden konnten.

Darüber hinaus brachte die bilaterale Zusammenarbeit bei der Vorbereitung und Durchführung dieser Landesausstellung für alle beteiligten Partner noch weitere große Vorteile mit sich: Denn in Oberösterreich ist die Landesausstellung nicht nur eine traditionsreiche, sondern auch – die letzte große Kulturumfrage aus dem Sommer 2011 hat dies erneut eindrucksvoll belegt – eine im höchsten Maße positiv besetzte Marke. Durch die Zusammenarbeit mit den bayerischen Partnern kommt es somit zu einem wechselseitigen, positiv konnotierten Imagetransfer. In Bayern wiederum, das innerhalb der Bundesrepublik Deutschland ja als Freistaat gilt, sind Landesausstellungen quasi eine „nationale“ Angelegenheit. Mit derzeit rund 12,5 Millionen Einwohnern und der Großstadt München, die in etwa gleich weit von Braunau und Mattighofen entfernt ist wie Oberösterreichs Landeshauptstadt Linz, kann durch diese grenzübergreifende Zusammenarbeit im Kulturbereich ein gigantisches Besucherpotenzial angesprochen werden.

Zudem birgt die grenzübergreifende Landesausstellung für viele Gäste aus Bayern wie aus Oberösterreich den Reiz, den Ausstellungsbesuch mit einem Besuch beim Nachbarn zu verbinden. Wer zwischen Burghausen und den oberösterreichischen Standorten wechselt, wird eine ihm zwar in weiten Bereichen vertraute, letztlich aber doch nicht ganz deckungsgleiche Alltagskultur vorfinden. Das Wahrnehmen dieser kleinen, aber feinen Unterschiede stellt ein besonderes Erlebnis dar – ein Erlebnis, auf dem auch zahlreiche von den Tourismusverantwortlichen auf bayerischer wie auf oberösterreichischer Seite sowie von den Tourismusbüros in den Landesausstellungsgemeinden ausgearbeitete Angebote für Gruppen und Einzelpersonen aufbauen. Diesen Angeboten können kulinarische Aspekte thematisch ebenso zugrunde liegen wie etwa das Radfahren – ob mit E-Bike oder herkömmlichem Fahrrad. Gerade im Innviertel und in Bayern ist Radfahren ein besonderes Thema, und das nicht nur aus topografischen, sondern auch aus historischen und kulturellen Gründen: Denn schließlich gilt Mattighofen neben Steyr als eine der „Geburtsstätten" der industriellen Fahrradproduktion im heutigen Österreich. Abgerundet wird das touristische Angebot im Rahmen der grenzübergreifenden Landesausstellung 2012 schließlich noch durch eine breit angelegte Zusammenarbeit beim Rahmenprogramm. Diese Kooperation der Kulturschaffenden auf beiden Seiten von Inn und Salzach gipfelte letztlich auch in einem gemeinsamen Veranstaltungskalender. Allein auf oberösterreichischer Seite werden im Rahmenprogramm rund 150 Veranstaltungen ausgerichtet. Das Angebot reicht von Konzerten über Theater und kleinere Ausstellungen bis hin zu größeren Kulturprojekten: zum Beispiel einer Ausstellung über bauarchäologische Funde in der Krypta von Mattighofen, einem Stadterlebnisweg in Braunau mit einer Sonderausstellung in der Herzogsburg sowie im Benefiziatenhaus oder dem Vier-Schlösser-Weg in der Gemeinde Mining, dem Franz-Xaver-Gruber-Friedensweg, dem Franz-Jägerstätter-Weg und vielem anderen mehr.

Die Zahl dieser Rahmenveranstaltungen ist zweifellos sehr groß. Da sie alle einen thematischen Bezug zur Landesausstellung aufweisen, kann mit ihnen die kulturelle Identität der Kulturschaffenden aus der Region gestärkt und den Besucherinnen wie Besuchern ein lebendiges Zeugnis vom Kulturschaffen im Bezirk Braunau und im angrenzenden Bayern gegeben werden.

Erfolgsmodell Landesausstellung

Seit fünf Jahrzehnten werden in Oberösterreich mit großem Erfolg Landesausstellungen veranstaltet. Sie haben sich von streng kunstgeschichtlich ausgerichteten Ausstellungen hin zu breit angelegten Regionalentwicklungsprojekten gewandelt, wenngleich – trotz aller flankierender touristischer und ökonomischer Impulse – die Präsentation hochwertiger Kulturgüter in einem speziellen thematischen Kontext nach wie vor im Mittelpunkt steht.

Was jahrzehntelang als Wettbewerbsnachteil gesehen wurde – nämlich kulturelle Großprojekte im dezentralen Raum abzuwickeln –, hat nicht zuletzt durch die Öffnung und den Abbau der Grenzen, ob infolge des Falls des „Eisernen Vorhangs" oder der Schaffung des Schengen-Raums in der Europäischen Union, im Wege der bilateralen Zusammenarbeit neue Chancen erfahren.

Das Kulturland Oberösterreich nützt diese Chancen in vielen Bereichen. Daher wird das Erfolgsmodell einer grenzübergreifenden Zusammenarbeit auch bei künftigen Landesausstellungen immer wieder zur Anwendung kommen – das nächste Mal bereits 2013, wenn Oberösterreich und Südböhmen eine gemeinsame Landesausstellung mit Standorten in Bad Leonfelden, Freistadt, Krumau (Český Krumlov) und Hohenfurth (Vyšší Brod) ausrichten!

Abb. 1
Stadtplatz in Braunau
(© OÖ Tourismus)

Abb. 2
Ehemaliges Augustiner-Chorherrenstift Ranshofen
(© Flying Pictures C. Berghammer)

Abb. 3
Mattighofen
(© OÖ Tourismus)

Abb. 4
Schloss Mattighofen
(© Mattighofen, Manfred Fesl)

Historisches Gemäuer in zeitgemäßem Gewand

Zur Restaurierung von Schloss Ranshofen und Schloss Mattighofen

Eva Lettl

Im Zusammenhang mit der Oberösterreichischen Landesausstellung 2012 wurden zwei bedeutende Denkmale des Innviertels, nämlich Schloss Mattighofen und Schloss Ranshofen, instand gesetzt und für die Nachnutzung als Stadtamt beziehungsweise Musikschule adaptiert.

Schloss Ranshofen

Als Schloss Ranshofen werden Teile der Anlage des ehemaligen Augustiner-Chorherrenstiftes bezeichnet, deren Ursprünge auf das frühe 12. Jahrhundert zurückgehen. Die Augustiner-Chorherren hatten nahe der 898 geweihten Pfalzkapelle des heiligen Pankratius eine Klosteranlage errichtet, die in der Zeit von 1620 bis 1730 grundlegend erneuert wurde. Nach der Aufhebung des Stiftes 1811 ging ein Großteil der Gebäude in Privatbesitz über und wurde ab 1851 von der Familie Wertheimer umgebaut. Von der frühbarocken Klosteranlage existieren nur mehr zwei Trakte: die Prälatur (heute Pfarrhof) und der Konventtrakt. An die Prälatur schließt der 1688 bis 1699 erbaute Gästetrakt an, der das Kloster mit dem beeindruckenden Geviert des barocken Meierhofs verbindet.

Schloss Ranshofen zeichnet sich durch eine besonders qualitätvolle Bausubstanz und eine ebensolche Ausstattung aus, die aus der Barockzeit gleichwie aus der Phase des Umbaus durch die Familie Wertheimer stammt. Zu Beginn der Generalsanierung befand sich der Gebäudekomplex allerdings in sehr schlechtem Bauzustand, viele Räume waren durch Um- und Einbauten verunklärt, einige Bauteile erwiesen sich als akut gefährdet oder so weit geschädigt, dass sie ausgetauscht werden mussten.

Hauptaugenmerk der denkmalpflegerischen Maßnahmen lag somit auf der Sicherung und der Instandsetzung der bedeutenden historischen Bausubstanz. Durch das Entfernen störender Einbauten und die Restaurierung zahlreicher Bau- und Ausstattungsdetails konnten die räumlichen und ästhetischen Qualitäten der Anlage wieder erlebbar gemacht werden.

Eine besondere Herausforderung stellte in diesem Zusammenhang die Sicherung und Wiederherstellung der bemerkenswerten barocken Stuckdecken im ersten Obergeschoß des Gästetraktes dar. Sie waren vielfach statisch gefährdet; stark durchgebogene, teilweise morsche und abgesackte Deckenbalken, abgestürzte Stuckteile und akute Einsturzgefahr kennzeichneten die Situation. In einem ersten Arbeitsschritt mussten die Stuckdecken statisch gesichert werden. Danach konnte mit der Abnahme von einigen der zahlreichen Überfassungen, unter denen die Details der Dekoration kaum mehr erkennbar waren, und der Ergänzung fehlender Stuckteile die eigentliche Restaurierung beginnen.

Die Umbauarbeiten brachten auch neue Erkenntnisse zur Baugeschichte der Anlage. So wurden im Gästetrakt an der Trennwand zwischen Gang und Zimmern barocke Fensterrahmungen aus der Bauzeit gefunden. Sie zeigen zum einen die ursprüngliche Fassadengestaltung und weisen zum anderen darauf hin, dass der Erschließungsgang erst nachträglich an den Zimmertrakt angebaut wurde. Ein Teil dieser freigelegten Fassade wird als Dokument auch weiterhin sichtbar bleiben.

Für eine zeitgemäße Nutzung, die auch einen barrierefreien Zugang einschließt, bedurfte es gewisser Veränderungen und Eingriffe in die historische Bausubstanz, die in möglichst schonender Form ausgeführt werden konnten. So errichtete man in der Prälatur eine neue Hauptstiege mit Lift und baute gartenseitig einen weiteren Lift an. Die schlichten Fassaden konnten – abgesehen von der bereits stark veränderten Erdgeschoßzone des Bibliothekstrakts – in der überlieferten Form belassen werden. Die teils restaurierten und nach historischem Vorbild rekonstruierten Fenster tragen zum authentischen Erscheinungsbild der Anlage wesentlich bei.

Schloss Mattighofen

Die Baugeschichte des Gevierts von Schloss Mattighofen reicht bis ins Mittelalter zurück. Ein entscheidender Um- oder Neubau dürfte ab 1551 durch die bayerische Grafenfamilie von Ortenburg erfolgt sein. 1779 gelangte das Schloss in habsburgischen Besitz, im 19. Jahrhundert wurde es zum Jagdschloss ausgebaut und maßgeblich verändert. So trug man die vier aus dem 16. Jahrhundert stammenden Ecktürme ab und errichtete an der Westfront eine prächtige Schaufassade. Im 20. Jahrhundert kam das Schloss in den Besitz der Österreichischen Bundesforste und wurde in der Folge für Wohnungen und Büros genutzt.

Die im Rahmen der Generalsanierung notwendigen Bodeneingriffe im Erdgeschoß und im Innenhof wurden archäologisch begleitet. Dabei ließen sich umfangreiche Mauerfundamente dokumentieren, die wesentliche Aufschlüsse über die Baugeschichte des Schlosses geben. Zu den ältesten Befunden gehören die Fundamente eines mittelalterlichen, annähernd quadratischen Turmes aus Bruchsteinen, der etwa im Zentrum der heutigen Anlage situiert ist. Ein fünf Meter tiefer, ziegelgewölbter Kellerraum wurde an der Stelle des

nordwestlichen Eckturmes aufgefunden. Zahlreiche Mauerreste verweisen auf Umbauten und Neugestaltungen seit dem 16. Jahrhundert.
Die Struktur des Schlosses erwies sich als überaus geeignet für die Nutzung als Stadtamt; daher konnte die Adaptierung ohne große Eingriffe in die historische Bausubstanz erfolgen. Die Ausstattung ist zwar nicht so reich wie jene des Schlosses Ranshofen, konnte jedoch zur Gänze erhalten werden. Dazu zählen Türen, Parkettböden und Stiegengeländer aus dem 19. Jahrhundert, eine spätbarocke Stuckdecke im Obergeschoß und zahlreiche Kachelöfen aus verschiedenen Stilepochen, die nach dem endgültigen Abschluss der Umbauarbeiten nach der Landesausstellung neu gesetzt werden. Der Einbau eines Lifts und die Vereinheitlichung der Fußbodenniveaus gewährleisten eine barrierefreie Nutzung.
Die Sanierung der Außenfassaden hatte die Wiederherstellung des historischen Erscheinungsbildes des 19. Jahrhunderts zum Ziel. Die elegante, breit gelagerte Hauptfassade des Schlosses kommt durch die gelungene Instandsetzung nun besonders gut zur Geltung, die schlichten Fassaden im Innenhof und an den Seitenfronten erhielten durch die nach historischem Vorbild rekonstruierten Fenster mit nach außen aufschlagenden, sprossengeteilten Flügeln ihre lebendige Gliederung zurück. Die sorgfältige Gestaltung der umgebenden Gartenanlage unterstützt das positive Gesamtbild des Schlosses.

Abb. 1
Schloss Ranshofen, barocke Stuckdecke im Gästetrakt mit abgestürztem Deckenfeld vor der Restaurierung
(© Heike Tinzl)

Abb. 2
Schloss Ranshofen, Sicherung der Stuckdecke während der Arbeiten an den Deckenbalken
(© Heike Tinzl)

Abb. 3
Schloss Ranshofen, barocke Stuckdecke im Gästetrakt nach der Restaurierung
(© Heike Tinzl)

Abb. 4
Schloss Ranshofen, Detail der barocken Stuckdecke in der Bibliothek nach der Restaurierung
(© Heike Tinzl)

Abb. 5
Schloss Ranshofen, Detail einer barocken Stuckdecke im Gästetrakt nach der Restaurierung
(© Heike Tinzl)

Abb. 6
Schloss Mattighofen, Detail der Hauptfassade nach der Restaurierung
(© Michael Hoos)

Abb. 7
Schloss Mattighofen, historischer Parkettfußboden nach der Restaurierung
(© Michael Hoos)

Abb. 8
Schloss Mattighofen, Detail der Hauptfassade nach der Restaurierung
(© Michael Hoos)

Schloss Ranshofen

1. Kräfteverhältnisse

Das Heilige Römische Reich trat mit seiner (Wieder-)Errichtung durch Otto I. 962 die Nachfolge des römischen Reiches der Antike an. Tief im Christentum verankert, wurde das Reichsbewusstsein zu einem bestimmenden Faktor des mittelalterlichen deutschen Nationalgefühls.
Ab dem 15. Jahrhundert wählten die Kurfürsten stets Habsburger auf den Thron. Da deren Erblande ein Bollwerk gegen das Osmanische Reich bildeten, erschien Habsburg prädestiniert für die Verteidigung des Alten Reiches. Das „lange" 18. Jahrhundert war geprägt vom politischen Balanceakt der Habsburger, für das Wohl ihrer Erblande und ihrer Dynastie zu sorgen, dabei aber auch die Interessen des Reiches nicht zu verletzen. Leopold I. kam die schwierige Aufgabe zu, das im Inneren zerrüttete Reich rasch zu einen, wurde es doch von zwei Seiten bedroht: Im Westen strebte Frankreich die Vormacht in Europa an, und im Osten starteten die Osmanen eine neuerliche Expansion.

01.01
Die Völkertafel Europas

Steiermark, Anfang 18. Jahrhundert
Öl auf Leinwand, 104 x 127
Bad Aussee, Kammerhofmuseum

„Kurze Beschreibung der / In Europa Befintlichen Völckern / Und Ihren Aigenschaften" lautet die Bildaufschrift der Völkertafel nach einem satirischen Kupferstich. Sie gewährt Einblick, wie man in dieser Zeit die Völker überzeichnet charakterisierte. Nach Unterteilungen wie *„Namen"*, *„Sitten"*, *„Tracht der Kleidung"*, *„Untugent"*, *„Lieben"*, *„Krigs Tugente"*, *„Gottesdienst"*, *„Erkennen für Ihren Herrn"*, *„Vergleichung mit denen Thiren"* oder *„Ihr Leben Ende"* werden vermeintliche Charaktereigenschaften der *„Spanier"*, *„Frantzoß"*, *„Wälisch"*, *„Teutscher"*, *„Engerländer"*, *„Schwöth"*, *„Poläck"*, *„Unger"*, *„Muskawith"* und *„Tirk oder Griech"* aufgelistet.

Lit.: Türken vor Wien 1983, S. 265; Maria Theresia 1980, S. 540.

01.02
Tischuhr in Form eines Doppeladlers

Elias Kreitmayr (1639–1697), Friedberg, um 1680/90
Silber, Kupfer, Messing, teils feuervergoldet und -versilbert, Eisen, Holz, 110 x 68 x 30
Esterházy Privatstiftung, Burg Forchtenstein – Esterházy-Schatzkammer, Inv.Nr. K 205

Als Teil der Kunst- und Wunderkammer auf Burg Forchtenstein diente die Tischuhr in Form eines Doppeladlers weniger als Zeitmessgerät, sondern war vielmehr Teil der Repräsentation des Standes der Fürsten Esterházy, vor allem von Fürst Paul I. Esterházy.
Die Fürsten Esterházy waren dem Hause Habsburg stets treu ergeben. 1681 erhielt Palatin Paul I. Esterházy den Orden vom Goldenen Vlies, 1687 wurde er zum Fürsten des Heiligen Römischen Reiches erhoben. Möglicherweise gelangte die Uhr im Zuge dessen als kostbares Geschenk des Kaisers in den Besitz der Fürsten Esterházy.
Der Doppeladler mit ausgebreiteten Schwingen trägt eine vergoldete Krone. Die am unteren Rand angebrachten stilisierten Edelsteine sind alternierend grün und braun bemalt, die aus den Schnäbeln gestreckten Zungen rot gefasst. Der auf einem vergoldeten Reichsapfel stehende Adler hält in seinem linken Fang ein vergoldetes Zepter und in seiner Rechten ein Schwert. Das Zentrum des Adlers schmückt eine Uhr, deren Ziffernblatt die Darstellung des Goldenen Vlieses umrahmt.
Das Silberblech des Fußes, mit Blumen- und Blattornamenten geschmückt, steht auf drei vergoldeten Messingkugeln. Das gesamte Erscheinungsbild der Tischuhr ist von den bewusst gesetzten Kontrasten zwischen silberner und goldener Oberfläche geprägt und wird durch den Gegensatz von ziselierter und glatter Oberfläche belebt.

Angelika Futschek

Lit.: Heiliges Römisches Reich 2006, S. 330; Uhrwerke 2004, S. 32.

01.03
Wandkarte der deutschen Reichskreise

Johann Caspar Eisenschmid (1656–1712), um 1720
Kupferstich, 100 x 118 (Blatt), M ca. 1 : 1.200.000
Berlin, Deutsches Historisches Museum, Inv.Nr. DO 54/192

Mit künstlerischem Beiwerk reich ausgestattet, zeigt diese im neuartigen Flächenkolorit gestaltete Deutschlandkarte die Reichskreise und -länder in der seit 1500 geltenden Einteilung des Heiligen Römischen Reiches. Eine Putte und der Götterbote Merkur tragen ein Tuch mit dem Kartentitel „Tabula Novissima Totius Germaniae". Darüber breitet der Reichsadler schützend seine Schwingen aus, seine Häupter mit der habsburgischen Hauskrone geschmückt. In den Schnäbeln hält er Palmenzweig und Lorbeerkranz, auf ein Kissen ist die Kaiser- und Königskrone gebettet.

Lit.: Homann 2009; Heiliges Römisches Reich 2006, S. 321ff. (mit Abb.).

01.04
Die Wappen der Reichsstände

Amsterdam, um 1720/21
Kupferstich, koloriert (Reproduktion), 54,2 x 106
Münster, Westfälisches Landesmuseum für Kunst und Kulturgeschichte, Inv.Nr. C-9028 LM

Wer Sitz und Stimme im Reichstag hatte, gehörte den Reichsständen an. Sie mussten Truppen für das Reichsheer zur Verfügung stellen und die Reichssteuer entrichten. Für die Frühe Neuzeit galt die Wormser Reichsmatrikel von 1521, nach der sich 383 Reichsstände – Kur- und Reichsfürsten, Reichsprälaten, -grafen und -städte – zählen lassen. In der Mitte der Karte sehen wir den Doppeladler mit der Kaiserkrone, eingerahmt von den Wappen der Erblande und der Kurfürsten, darüber jene der Erzbischöfe von Salzburg und Mainz sowie des Großmeisters des Deutschen Ordens, umgeben von Wappen der anderen Reichsstände.

Lit.: Bavaria Germania Europa 2000, S. 264.

01.05

Karte der Kollegien der Fürsten und Reichskreise mit der Sitzordnung im Reichstag

Jasper Specht (Zeichner), R. u. J. Ottens (Stecher), Amsterdam, nach 1706

Kolorierter Kupferstich, 50,8 x 50,4

Regensburg, Museen der Stadt, Reichstagesmuseum, Inv.Nr. G 1979/144

Die Karte zeigt die politische Gliederung des Reiches zu Beginn des 18. Jahrhunderts mit den drei auf dem Reichstag vertretenen Kollegien – Kurfürsten, Fürsten und Städte – sowie die Gliederung in Reichskreise und die Sitzordnung der Stände auf dem Reichstag.

Die auf Maximilian I. zurückgehenden zehn Reichskreise sind hier als Gesamtheit der Reichsverfassung ersichtlich. Sie bestanden aus weltlichen wie geistlichen Reichsständen und wurden nach ihrer territorialen Zugehörigkeit unterteilt.

Lit.: Heiliges Römisches Reich 2006, S. 321.

01.06

Karte des Deutschen Reiches

Nicolas de Fer (1646–1720), Nachdruck von 1770

Kolorierter Kupferstich (Reproduktion), 64 x 92,5

Berlin, Deutsches Historisches Museum, Inv.Nr. Do 93/36

1705 schuf Nicolas de Fer eine Karte des deutschen Kaiserreiches, die der Pariser Geograf Desnos anlässlich der Heirat Marie Antoinettes mit dem französischen Thronfolger Ludwig 1770 aktualisierte, um die Bedeutung der französischen Herrschaft zu unterstreichen: So fügte er etwa dem Fries von Medaillons der deutschen Kaiser eines mit Leopold I. und der Karte eine Krone mit Porträts von Joseph I., Karl VI., Karl Albrecht, Franz I. und Maria Theresia hinzu. Die Schwanzfedern der Reichsadler symbolisieren das deutsche Wahlkaisertum. Rechts unten erkennt man das Wappen Ludwigs, links jenes Philipps von Anjou als König von Spanien.

Lit.: Heiliges Römisches Reich 2006, S. 80.

01.02
© Esterházy Privatstiftung Eisenstadt (Foto: Manfred Horvath, Wien)

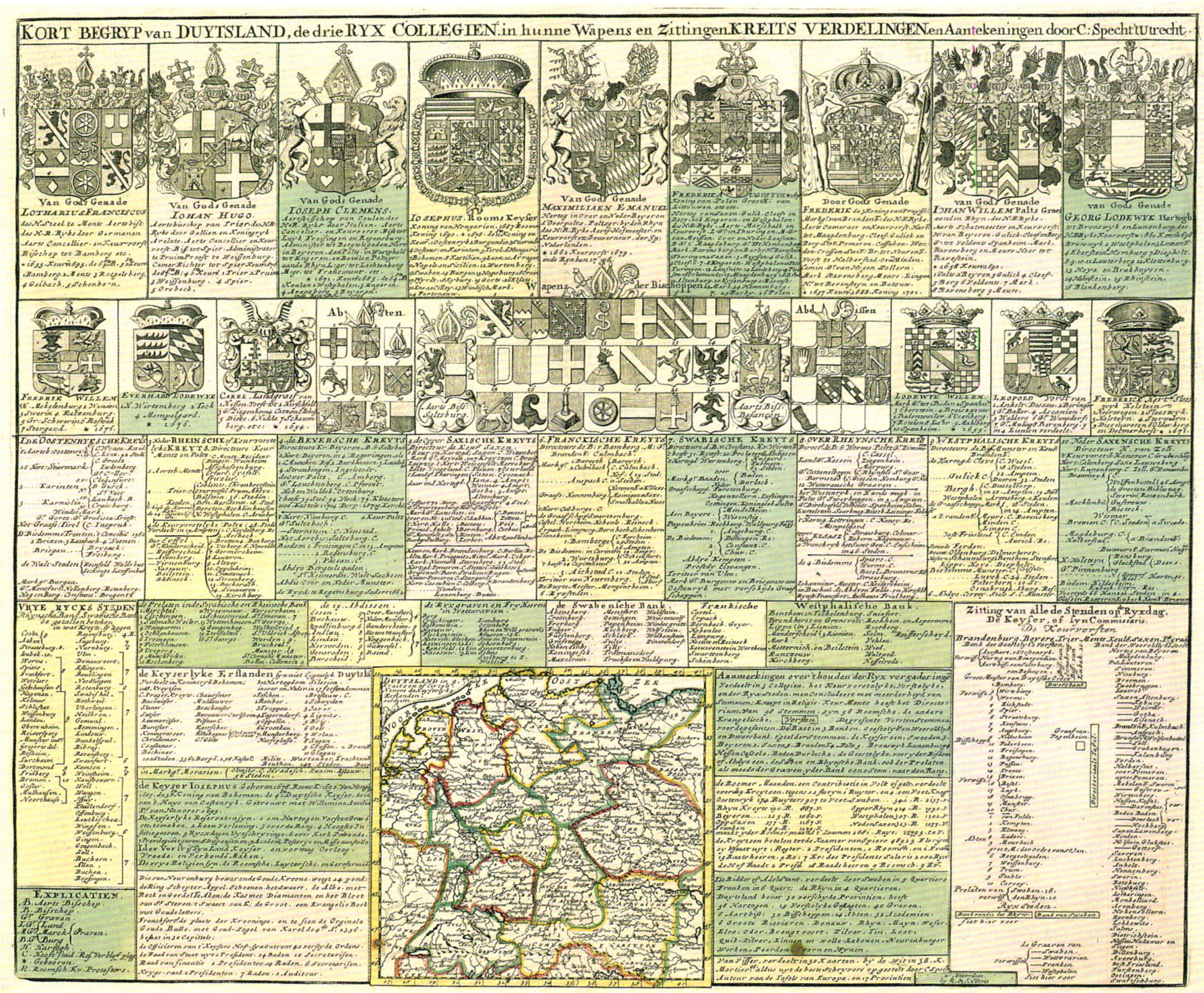
KORT BEGRYP van DUYTSLAND, de drie RYX COLLEGIEN in hunne Wapens en Zittingen KREITS VERDELINGEN en Aantekeningen door C: Specht t'Utrecht

01.05

2. Der gemeinsame Feind

Ab 1541 unterstand der größte Teil des Königreichs Ungarn der Kontrolle der Osmanen. 1672 fielen sie in der unter polnischer Herrschaft stehenden Ukraine ein und stießen bis Lemberg vor. Das Königreich Polen konnte sich gegen die Osmanen nicht entscheidend durchsetzen, in Restungarn und der Slowakei verbündete sich der protestantische Adel mit den Osmanen und erhob sich gegen den Kaiser.
Die Lage war bedrohlich – für Kaiser Leopold I. und für das Heilige Römische Reich, das sich vom Dreißigjährigen Krieg noch nicht erholt hatte, zudem gegen die Expansionspläne Ludwigs XIV. kämpfte. Als der Vertrag vom 10. August 1664, der einen 20-jährigen Frieden mit den Osmanen garantieren sollte, nicht verlängert wurde, schloss Leopold I. mit Bayern ein Defensivbündnis gegen Frankreich und das Osmanische Reich. Auf Vermittlung Papst Innozenz' XI. kam es zu einem ebensolchen zwischen Polenkönig Jan Sobieski und dem Kaiser.

02.01
Kaiser Leopold I.

Benjamin von Block (1631–1690), 1672
Öl auf Leinwand (Reproduktion),
139 x 110
Wien, Kunsthistorisches Museum, Gemäldegalerie, Inv.Nr. G 6745

Nahezu unvorbereitet musste Leopold als zweiter Sohn Kaiser Ferdinands III. nach dem frühen Tod seines Bruders die Regierungsgeschäfte übernehmen. Als sein Vater 1657 starb, fand er ein schweres Erbe vor. Nach langwierigen Verhandlungen im Reich setzte er sich gegen den französischen König Ludwig XIV. durch und wurde 1658 zum Kaiser des Heiligen Römischen Reiches gekrönt. Seine Regierungszeit war geprägt von einem Zweifrontenkrieg: Im Osten wurde das Reich von den Osmanen bedroht, im Westen von Frankreich. Von den Werken, die der aus Schwerin oder Lübeck stammende Benjamin von Block für Leopold I. schuf, sind drei erhalten: neben den 1684 entstandenen Porträts seiner Kinder Erzherzogin Maria Antonia und Joseph jenes des Herrschers, der geharnischt, mit dem Orden des Goldenen Vlies und dem Marschallstab in seiner rechten Hand, zu seiner Linken die Reichsinsignien auf einem Tisch, dargestellt ist.

Lit.: Türken vor Wien 1983, S. 66.

02.02
Bündnisvertrag zwischen Polen und Österreich

Warschau, 31. Mai 1683
Pergamentlibell, 10 Folien, geheftet mit Goldschnur, Wachssiegel, 56 x 37
Wien, Haus-, Hof- und Staatsarchiv, Allgemeine Urkundenreihe 1683 V 31

Als 1682 osmanische Truppen bei Adrianopel zusammengezogen wurden, sahen sich Österreich und Polen von den Türken bedroht. Der langfristige Friedensvertrag zwischen den drei Reichen schien nicht mehr zu halten. So einigten sich Jan III. Sobieski von Polen und Leopold I., König von Ungarn und Böhmen sowie Erzherzog von Österreich, auf ein Offensiv- und Defensivbündnis: Bei einer Belagerung von Wien oder Krakau sollten die Vertragspartner sofort zu Hilfe eilen. Außerdem verpflichteten sie sich dazu, eine bestimmte Truppenanzahl zu stellen, der Kaiser musste darüber hinaus Zahlungen leisten.
Diese Punkte entsprachen im Kern den im März 1684 in Wien vereinbarten Bündnisbedingungen der „Heiligen Liga". In ihr waren der Kaiser, Polen, Venedig und der Papst als Schirmherr und Garant vereint. Zwar erlaubte dieses Übereinkommen militärische Alleingänge, Verhandlungen wurden aber stets als Einheit geführt.

Lit.: Welt des Barock 1986, S. 136f.

02.03
Max Emanuel

Joseph Vivien (1657–1734), 1699
Pastell auf Papier (Reproduktion),
131 x 104
München, Bayerische Staatsgemäldesammlungen, Inv.Nr. 2302

Max Emanuel war bemüht, Bayern in das politische Spiel der Großmächte miteinzubeziehen. Als möglicher Bündnispartner war er für Ludwig XIV. gleichwie für Kaiser Leopold I. von Interesse. Als 1683 die Osmanen vor Wien lagerten, half er mit, die Stadt zu befreien. Jahre später wurde sein Plan, an Bedeutung zu gewinnen, zunichte gemacht: Sein Sohn Joseph Ferdinand wurde als Erbe des spanischen Reiches eingesetzt, starb aber bald darauf. Im Spanischen Erbfolgekrieg kämpfte Max Emanuel an der Seite Frankreichs. In der Schlacht bei Höchstädt schwer geschlagen, wurde Bayern von kaiserlichen Truppen besetzt, Max Emanuel musste ins Exil.

Lit.: Max Emanuel 1976, S. 133f.

02.04
Allianzvertrag Max Emanuels mit Kaiser Leopold I.

26. Januar 1683
Papier, 4 Seiten (Abschrift), 32 x 21
Wien, Haus-, Hof- und Staatsarchiv, Staatsverträge, Abschriften Fz 5, fol. 1-4

Im europäischen Kräftemessen zwischen Ludwig XIV. und Leopold I. stehend, einigte sich Max Emanuel mit Österreich nach langen Verhandlungen, um den Osmanen, die an den östlichen Grenzen des Kaiserreiches standen, und der französischen Expansion Einhalt zu gebieten. Dafür, dass Max Emanuel Truppen zur Verfügung stellte, erhielt er vom Kaiserreich Subsidien, 250.000 Gulden in Friedens- und 450.000 in Kriegszeiten. Als Sicherheit für diese finanzielle Unterstützung dienten die Einkünfte der Grafschaft Neuburg am Inn, der Markgrafschaft Burgau und des Mautamtes Tarvis.

Lit.: Max Emanuel 1976, S. 34f.

02.05
Waffengarnitur des Großwesirs Kara Mustafa (?)

Türkisch, vor 1683
Reflexbogen, schwarzes Horn, Verzierungen von Malergold auf rotem Lackgrund, 63 x 34
Bogenköcher, braunes Leder, roter Samt, Stickerei in Gold und Silber, weißes Leder, 53 x 29

Pfeilköcher, braunes Leder, roter Samt, Stickerei in Gold und Silber, weißes Leder, 38 x 20
Säbel (polnische Karabela), Eisen, teils mit Gold tauschiert, Walrossbein, vergoldetes Silber, Edelsteine, goldbestickter Samt, L 64
Wien, Kunsthistorisches Museum, Hofjagd- und Rüstkammer, Inv.Nr. HJRK_C_82, HJRK_C_3, HJRK_C_3a, HJRK_C_36
Zu Bogengarnitur und Säbel gehört ein Sattel, der die Tughra der Istanbuler Hofwerkstatt trägt. Da diese nur für den Sultan und die höchsten Würdenträger des türkischen Reichs arbeitete, war die Waffengarnitur – angeblich aus dem Beuteanteil Kaiser Leopolds I. stammend – vermutlich ehedem im Besitz Kara Mustafas.
Lit: Max Emanuel 1976, S. 53.

02.06
Zeremonialaxt
Türkei, 2. Hälfte des 17. Jahrhunderts
Eisen, Holz, Samt, 51,5 x 16
Eferding, Starhembergsches Familienmuseum, Inv.Nr. W 11/19
Bei dieser besonders prächtig gefertigten Waffe handelt es sich um ein Beutestück Feldmarschall Ernst Rüdiger Graf Starhembergs von 1683 oder 1686, die aus dem Besitz eines gehobenen türkischen Heerführers stammen dürfte. Die Axt war eine typische Reiterwaffe, die am Sattel mitgeführt wurde. Ihr Griff ist mit Samt überzogen, die Metallteile tragen zwei Inschriften: *„bismillah"* („Im Namen Gottes") und *„mašallah"* („Wie Gott will").
Lit.: Welt des Barock 1986, S. 132.

02.07
Streithammer
Türkei, 2. Hälfte des 17. Jahrhunderts
Eisen, Silberblech vergoldet, Leder
Eferding, Starhembergsches Familienmuseum, Inv.Nr. W 11/23
Die türkischen Beutestücke wiesen häufig reiche Verzierungen auf. Zur Beute Feldmarschall Ernst Rüdiger Graf Starhembergs von 1683 oder 1686 gehörte dieser Hammer, der aus Schaft, Spitze (Schnabel), Mittelstück und Schlagkopf (Hammer) besteht. Diese typische Reiterwaffe wurde insbesondere im 14. Jahrhundert verwendet.
Lit.: Welt des Barock 1986, S. 132.

02.08
Köcher und fünf Pfeile
Türkei, 2. Hälfte des 17. Jahrhunderts
Holz, Horn, Leder
Eferding, Starhembergsches Familienmuseum, Inv.Nr. W 11/40, W 11/38, W 11/42
Die Reitervölker aus der asiatischen Steppe hatten einen Bogen von spezieller Form entwickelt, der sich wegen seiner enormen Reichweite von bis zu 800 Metern insbesondere für die berittenen Truppen eignete.
Lit.: Welt des Barock 1986, S. 132.

02.09
Gewehr
Türkei, 2. Hälfte des 17. Jahrhunderts
Eisen, Kupfer, Messing, Holz, L 126
Wien, Wien Museum, Inv.Nr. 126.451
Das Schnapphahnschlossgewehr hat einen achtkantig gezogenen damaszierten Lauf, den geätzte Ornamente zieren. Der Holzschaft ist mit Verbeinung und eingelegten Messingrosetten ausgestattet. Das Balkenkorn wurde aus Kupfer gefertigt, das Klappvisier graviert. Die Waffe verfügt über einen eisernen Ladestock.
Lit.: Türken vor Wien 1983, S. 206.

02.10
Karabiner
Türkei, 2. Hälfte des 17. Jahrhunderts
Eisen, Messing, Holz, Perlmutt, L 98
Wien, Wien Museum, Inv.Nr. 126.453
Der achtkantig gezogene Lauf dieses Karabiners, bei dem der Ladestock fehlt, endet in einer trichterförmigen Mündung. Klappvisier und Balkenkorn sind aus Messing gefertigt. Der Auslösemechanismus entspricht dem eines Schnapphahnschlosses. Rosettenförmige Verbeinungen zieren den Schaft, Perlmuttintarsien und Messingnägel den Kolben.
Lit.: Türken vor Wien 1983, S. 206.

02.11
Entsatz von Wien am 12. September 1683
Martino Altomonte (1657–1745), 1685
Öl auf Leinwand, 80,5 x 112
Herzogenburg, Augustiner Chorherrenstift
Martino Altomonte, der als Mitbegründer der Barockmalerei in Österreich gilt, bekam am Hofe Jan Sobieskis den Auftrag, die militärischen Siege des Jahres 1683 bei Wien und Gran (Esztergom) darzustellen. Im Vordergrund schlägt der polnische König im Prunkharnisch mit seinen gepanzerten Reitern die Osmanen in die Flucht. Vom Kahlenberg strömen die kaiserlichen Truppen gegen das heiß umkämpfte Wien. Gerätschaft und Kleidung der Krieger dürften aufgrund der gründlichen Recherche von Martino Altomonte mit der Wirklichkeit übereinstimmen, der Hintergrund entsprang zum Großteil der Fantasie des Künstlers.
Lit.: Prinz Eugen 2010, S. 50; Prinz Eugen 1986, S. 227.

02.12
Gefechtsstellungen und Angriffsoperationen der Belagerer
Jacobus Peeters (1637–1695) nach Romeyn de Hooghe (1645–1708), 1684
Kupferstich (Reproduktion), 16 x 20
Wien, Wien Museum, Inv.Nr. 13.482/2

02.13
Im Kampf um die Leopoldstadt
Jacobus Peeters (1637–1695) nach Romeyn de Hooghe (1645–1708), 1684
Kupferstich (Reproduktion), 16 x 20
Wien, Wien Museum, Inv.Nr. 13.482/7

02.14
Im Sturmangriff
Jacobus Peeters (1637–1695) nach Romeyn de Hooghe (1645–1708), 1684
Kupferstich (Reproduktion), 16 x 20
Wien, Wien Museum, Inv.Nr. 31.581/4

02.15
Im Kampf um die Burgbastei
Jacobus Peeters (1637–1695) nach Romeyn de Hooghe (1645–1708), 1684
Kupferstich (Reproduktion), 16 x 20
Wien, Wien Museum, Inv.Nr. 13.428/9

02.16
In der türkischen Mine unter der Burg
Jacobus Peeters (1637–1695) nach Romeyn de Hooghe (1645–1708), 1684
Kupferstich (Reproduktion), 16 x 20
Wien, Wien Museum, Inv.Nr. 13.428/10

02.17
Der Entsatz beginnt
Jacobus Peeters (1637–1695) nach Romeyn de Hooghe (1645–1708), 1684
Kupferstich (Reproduktion), 16 x 20
Wien, Wien Museum, Inv.Nr. 13.428/6
Am 14. Juli 1683 erreichten die Osmanen Wien, den christlichen Vorposten zwischen Alpen und Karpaten. Für die

Osmanen war die Stadt das Tor nach Westeuropa. Sie schlossen zunächst den Belagerungsring im Süden, Westen und Norden, stellten auf der Schmelz ihre Zelte auf. Bereits am ersten Tag schlugen Geschützkugeln in der Stadt ein und entfachten Brände. Eine wichtige Taktik war der Minenkrieg: In einem Wettlauf mit der Zeit gruben beide Parteien Laufgräben aufeinander zu. Am 23. Juli kam es zur ersten Minensprengung. Bis Ende Juli waren die Laufgräben der Osmanen so nah an der Stadt, dass Nahkämpfe stattfanden. Die Versorgungslage verschlechterte sich zusehends, der Schwarzhandel blühte. Immer größere Teile der Befestigungsanlagen und Basteien wurden von den Osmanen gesprengt, die Lage spitzte sich bedrohlich zu. Am 31. August erkannten die Wiener, dass der Feind erste Maßnahmen gegen einen bevorstehenden Entsatz ergriff, und Hoffnung keimte wieder auf. Am 8. September eroberten die Osmanen noch den Niederwall. Am Morgen des 12. September griffen endlich die Alliierten an. Das osmanische Heer flüchtete, Wien war befreit.

Lit.: Türken vor Wien 1983, S. 90ff.

02.18
Plan der türkischen Laufgräben und Minen

Daniel Suttinger (1640–1690), 1683
Kupferstich (Reproduktion), 43 x 60
Wien, Wien Museum, Inv.Nr. 31.045

Während der Zweiten Türkenbelagerung 1683 erstellte der Ingenieur und Topograf Daniel Suttinger eine Ansicht Wiens von Westen aus der Vogelperspektive. In dieser sind die türkischen Laufgräben und Minen eingezeichnet. Die Aufschrift rechts beinhaltet folgenden Text: *„Türckische =Belagerung, / der Kayserlichen Haubt und Residentz Statt / Wien in Oesterreich. 1683. Gewidmet wurde der Plan: Dem Allerdur chlauchtigst=Großmächtigst=und un= / überwündligstn Fürsten und Herrn / Herrn Leopold Erwählten Rö= / mischen Keyßer, Auch zu Hungarn und Böhaimb König, Ertz= / Hertzogen zu Oesterreich etc. Dediciret gegenwärtiges aus / Aller unterthänigster und gehorsamster Devotion, / Daniel Suttinger Kay. / Haubtmann und Ingeni.“*

Lit.: Türken vor Wien 1983, S. 91.

02.19
Trommel der Studentenkompanie

Wien, 1683
47 x 41
Wien, Archiv der Universität Wien

Zur Verteidigung Wiens wurden auch Bürger und Studenten herangezogen. Die Studentenkompanie umfasste etwa 700 Mann. Belagerer und Belagerte lieferten sich nicht nur kriegerische Gefechte – auch lärmende kriegerische Musik wurde zur Einschüchterung des Gegners eingesetzt. Auf die Berichte von Chronisten über die schrecklich misstönenden Klänge der Angreifer antworteten die Wiener: *„Herr Commandant haben Nachmittags [am 31. Juli] auf der Kärnter-Pastey mit Trompeten und Paucken herrlich musiciren, der Feind dagegen gleich stark canoniren lassen.“*

Lit.: Türken vor Wien 1983, S. 155.

02.20
Der hl. Valentin als Schutzpatron und Retter vor der Türkengefahr

Passau, 1683
Öl auf Leinwand, 95 x 200
Passau, Oberhausmuseum, Inv.Nr. 40602

Als sich 1683 die Türken Wien bedrohlich näherten, brachte Kaiser Leopold I. seine Familie und den gesamten Hofstaat in Sicherheit. Von Juli bis September weilte er in Passau – in jener Stadt, in der er 1676 die Hochzeit mit seiner dritten Frau Eleonore von Pfalz-Neuburg begangen hatte. Das Votivbild zeigt eine fiktive Bedrohung der bischöflichen Residenzstadt Passau, die sich im Hintergrund erstreckt. Auf einem Hügel über der Ilzstadt haben türkische Truppen ihr Zeltlager errichtet. Im Vordergrund kämpfen Osmanen mit den Kaiserlichen. In das Geschehen greifen der hl. Valentin und Engel ein, die ihrerseits Pfeile auf die feindlichen Angreifer abschießen. Als Vorlage für die Stadtansicht diente vermutlich der Kupferstich Matthäus Merians von 1644.

Lit.: Passau 2007, S. 108.

02.21
Einnahme von Belgrad

Deutschland, um 1690
Öl auf Leinwand (Reproduktion), 173 x 258
Wien, Heeresgeschichtliches Museum/Militärhistorisches Institut, Inv.Nr. 2700

Am 10. August 1688 erschien Kurfürst Max Emanuel mit den Truppen des Heiligen Römischen Reiches – 33.500 Mann, darunter 6.000 Bayern – vor den Mauern Belgrads und belagerte die Festung von der Südseite aus. Die militärstrategisch wichtige Stadt war 1521 von Süleyman dem Prächtigen unter osmanische Herrschaft gebracht worden. Am 6. September war eine Bresche geschlagen; der Kurfürst führte einen Sturmangriff an, der 4.500 Tote aufseiten der Angreifer und 7.000 Tote auf türkischer Seite zur Folge hatte. Max Emanuel, den der Kaiser anstelle des erkrankten Karl von Lothringen zum Oberbefehlshaber der Truppen ernannt hatte, dürfte den Kampf um Belgrad so rasch vorangetrieben haben, um die Siegeslorbeeren nicht mehr aus der Hand geben zu müssen.

Lit.: Max Emanuel 1976, S. 85.

02.22
Obristleutnant Graf von Tattenbach

Bayern, 1691
Öl auf Leinwand, 70 x 59
Landshut, Städtische Museen, Inv.Nr. 2384

Georg Ignaz Graf von Tattenbach diente in den Achtzigerjahren des 17. Jahrhunderts als Hauptmann und Obristleutnant im Regiment Seyboltstorff-Rivera, das 1688 auch vor Belgrad kämpfte. 1695 übernahm er das Regiment und folgte dem Kurfürsten in die Spanischen Niederlande.

Lit.: Max Emanuel 1976, S. 46.

02.23
Hauptmann Karl O'Connor

Bayern, 1691
Öl auf Leinwand, 72 x 54
Landshut, Städtische Museen, Inv.Nr. 2383

Karl O'Connor diente gemeinsam mit Georg Ignaz von Tattenbach und Konrad Dietrich von Klepping im Regiment Seyboltstorff-Rivera. Er fiel beim Sturm auf Belgrad 1688.

Lit.: Max Emanuel 1976, S. 46.

02.24
Hauptmann Konrad Dietrich von Klepping

Bayern, 1691
Öl auf Leinwand, 69 x 57
Landshut, Städtische Museen, Inv.Nr. 2379

Hauptmann Klepping diente in den Türkenkriegen an der Seite Karl O'Connors. Später ging er gemeinsam

mit Graf von Tattenbach in die Niederlande und nach Spanien.
Lit.: Max Emanuel 1976, S. 46.

02.25
Eroberung von Buda
Unbekannter Künstler, um 1700
Öl auf Leinwand, 120 x 160
Berlin, Deutsches Historisches Museum, Inv.Nr. Gm 92/11

Am 2. September 1686 befreiten die vom kaiserlichen Feldherrn Karl von Lothringen und dem bayerischen Kurfürsten Max Emanuel befehligten Truppen Buda (Ofen), das sich ab 1541 in osmanischer Hand befunden hatte. Diesem Sieg fügte Max Emanuel weitere hinzu, etwa in der Schlacht bei Mohács 1687. Unter dem Einfluss dieser militärischen Kraftakte verzichtete Ungarn auf sein Königswahlrecht und erkannte auf dem Reichstag in Pressburg 1687 die Erblichkeit der Krone des Hauses Habsburg im Mannesstamm an. Die Türkenkriege banden Ungarn an Österreich, und Leopold I. stieg zu einem der bedeutendsten Monarchen im europäischen Raum auf.
Lit.: Bavaria Germania Europa 2000, S. 346.

02.26
Die Plünderung von Buda 1686
Charles Herbel (um 1656–1702), vor 1689
Öl auf Leinwand (Reproduktion), 182 x 277
Innsbruck, Hofburg, Salle des Gardes, Inv.Nr. J 77811

Die 145 Jahre dauernde muslimische Herrschaft über Buda ging am 2. September 1686 zu Ende: Nach langem militärischen Ringen, zweieinhalbmonatiger Belagerung, mehrfachen Sturmangriffen und dem vernichtenden Werk der Belagerungsartillerie fiel die schwer zerstörte ungarische Hauptstadt.
Dieses Schlachtgemälde diente anlässlich des feierlichen Einzugs Herzog Leopolds von Lothringen in Nancy am 10. Oktober 1698 zusammen mit anderen der Bebilderung einer Ehrenpforte zum Andenken an seinen Vater Karl, der 1686 die kaiserlichen Truppen befehligt hatte. Schonungslos legte der französische Maler Charles Herbel hier die Grauen des Krieges offen und zeigte eine Soldateska, die die besiegten Osmanen, ob Mann, Frau oder Kind, blindwütig vergewaltigte und niedermetzelte. Es soll Max Emanuel gewesen sein, der diesem blutigen Rasen Einhalt gebot.
Lit.: Max Emanuel 1976, S. 78f.

Die Verherrlichung der Sieger

02.27
Krönungsfahne Kaiser Leopolds I.
1655
Seidendamast, bemalt, 259 x 160
Esterházy Privatstiftung, Burg Forchtenstein – Esterházy-Schatzkammer, Inv. Nr. K 681

Die zweiflügelig angelegte Krönungsfahne ist in außergewöhnlich kostbarem, ursprünglich lichtgelbem Seidendamast gefertigt. Schmale Seidenfransen in gleicher Farbe schließen die Ränder ab. Rundum verläuft ein gemaltes goldenes Bandornament, die Fahnenblattflächen sind mit Flammenzungen dekoriert. Auf dem linksseitigen Fahnenblatt befindet sich zentriert die Inschrift *„LEOPOLDUS"*, unterhalb der aufgemalten ungarischen Krone die Jahreszahl 1655, *„MDCLV"*, rechtsseitig der Schriftzug *„R.SERVIAE"*, nur mehr schwer erkennbar im Mittelstück der serbische Adler mit dem gefiederten Pfeil.
Die in den Sammlungen der Fürsten Esterházy erhaltene Fahne mit dem „Leopold"-Schriftzug fand offenbar bei der Krönung Kaiser Leopolds I. zum König von Ungarn Verwendung. Eine schriftliche Quelle schildert die Ereignisse im ungarischen Pozsony (heute Bratislava/Pressburg): *„Hier fand schließlich am 27. Juni 1655 die Krönung des letzten gewählten Königs von Ungarn in Anwesenheit der Botschafter von Spanien, des Hl. Stuhls in Rom, der Republik Venedigs und der Würdenträger des Deutschen Reiches statt. Nach dem Evangelium hob der Palatin, dem alten Brauch folgend, die Krone in die Höhe und stellte an die Anwesenden dreimal in ungarischer Sprache die Frage: ‚Ungarn, die ihr hier versammelt seid, wollt ihr den hier anwesenden österreichischen Erzherzog Leopold mit der Hl. Stephanskrone preisen?' Nachdem die Antwort: ‚Ja wir wollen! Ein Hoch dem König!' dreimal erschallte, überreichte der Palatin die heilige Reliquie dem Erzbischof von Esztergom, mit welcher er den König krönte. Nach Ende der kirchlichen Zeremonien kehrte das Königspaar wieder in die Burg zurück. Der junge König ging hingegen mit seinem gesamten Gefolge in die Kirche der Franziskaner, wo er auf dem hier aufgestellten, mit einem Baldachin versehenen Thron Platz nahm. Mit Hilfe von Graf Adam Batthyány befestigte der König das Schwert vom Heiligen Stephan an seiner Seite und schlug mit dem Schwert die vom Palatin empfohlenen Herren, unter ihnen Paul Esterházy, zum Ritter mit den goldenen Sporen."*

Angelika Futschek

Lit.: Unpubl.

02.28
Das Haus Habsburg als Bollwerk gegen die Türkenmacht
Christian Dittman (1667–1702) und Johann Ulrich Kraus (1655–1719), Augsburg
Kupferstich, 70 x 49
Göttweig, Graphische Sammlung Stift Göttweig, Inv.Nr. M a 028

Dieses Huldigungsblatt, das den Konflikt des Hauses Habsburg mit den Türken behandelt, widmete Johann Wenzeslaus Kunass Ritter von Machowitz Kaiser Leopold I. In seine Regierungszeit war die Zweite Wiener Türkenbelagerung 1683 mit dem Sieg der Habsburger und der folgenden Umwälzung im Südosten gefallen.
Der kräftige Ölbaum im Vordergrund des Bildes repräsentiert Österreich und ist dem Stammbaum der Habsburger gleichzusetzen. Ihn umgeben Allegorien und Personifizierungen österreichischer Länder, Fürsten- und Herzogtümer, an seinen Ästen hängen, beginnend mit Rudolf I. und endend mit Leopold I., 29 Porträtmedaillons. Die militärische Erfolgsgeschichte erzählen Wimpel und Banner mit den Namen der Kriegsschauplätze. Darüber verleiht der österreichische Doppeladler Leopold I. im Glanze der Sonne, des Symbols des Christentums, die Kaiserkrone, im rechten Teil fällt er in Anspielung auf 1683 den „türkischen Ölbaum". Den Islam personifiziert eine auf einer Mondsichel stehende Person, deren Augenbinde eine Eule hält.
Lit.: Prinz Eugen 2010, S. 63; Das barocke Thesenblatt 1985, Kat.Nr. 64.

02.29
Kaiser Leopold I. als Türkensieger

Matthäus Küsell (1629–1681)
Kupferstich (Reproduktion), 43 x 60,6 (beschnitten)
Göttweig, Graphische Sammlung Stift Göttweig

Kupferstiche wie dieses Fragment eines Thesenblattes zeichneten als Teil einer Medienpolitik das Bild eines um Frieden bemühten Kaisers – im Gegensatz zu Ludwig XIV., dem eine aggressive Politik zugeschrieben wurde. Leopold I., den das Reiterstandbild mit Inschrift zeigt, wurde im Westen von Frankreich, im Osten von der Hohen Pforte bedroht. Auf der rechten Seite des Blattes erkennt man die Kriegsgöttin Bellona auf der Flucht, hinter ihr einen brennenden Heidentempel und im Bildgrund die entflammte erste Türkenschlacht um Wien. Zur Linken verbrennt die von Symbolen des Friedens umgebene Friedensgöttin mit ihrer Fackel Kriegsgerät. Der Votant oder Defensor Christoph Antonius Voglmair aus Ferklechen steht im äußersten linken Bildrand.

Lit.: Die andere Sonne 2003, S. 199ff.; Das barocke Thesenblatt 1985, Kat.Nr. 39.

02.30
Austria empfängt die Huldigung der Stände und Erdteile

Carlo Carlone (1686–1775), 1717
Öl auf Leinwand, 63 x 63
Salzburg, Barockmuseum, Inv.Nr. 2002

Die Ölskizze ist ein Entwurf für das nicht mehr erhaltene Deckenfresko des Landhauses in Linz. Im Zentrum der Komposition thront Austria, umgeben von Allegorien des Prälaten-, Herren-, Ritter- und Bürgerstandes sowie von Mars und Personifikationen der Religio und der Nobilitas. Ihr zu Füßen nähern sich in Ehrerbietung die vier Erdteile und bringen Gaben dar. Das Deckenfresko entstand zu einer Zeit, da Karl VI. eben den Venezianisch-österreichischen Türkenkrieg siegreich beendet hatte. Österreich hatte das Banat, die westliche Walachei, das nördliche Serbien mit Belgrad und Teile Nordbosniens erobert.

Lit.: Federschmuck 1992, S. 277.

02.31
Apotheose Kaiser Karls VI.

Joseph Adam Ritter von Mölck (um 1714–1794), 1755
Öl auf Kupfer, 57 x 86
Budapest, Magyar Nemzeti Múzeum, Historische Bildergalerie, Inv.Nr. 166

Das Bild verherrlicht posthum die Taten Karls VI. Der Kaiser sitzt in einem Prunkzelt, neben ihm Reichskrone, Zepter und Reichsapfel, die Zeichen seiner Würde. Er empfängt einen höheren Offizier, der ihm Meldung erstattet. Die Schlacht im Hintergrund stellt vermutlich die Eroberung Belgrads durch Prinz Eugen 1717 dar. Über dem Zelt schwebt Maria, umgeben von Engeln, und reicht Karl einen Ölzweig, vielleicht als Zeichen für seine erfolgreichen Friedensschlüsse. Neben dem Zelt erhebt sich eine Säule, geschmückt mit Porträtmedaillons der Herrscher aus dem Hause Habsburg.

Lit.: Maria Theresia 1980, S. 29.

02.32
Ehrenpforte zum Einzug Max Emanuels in München

Karl Gustav Amling (1651–1702) nach Johann Baptist Gumpp (1651–1728), 1685
Kupferstich (Reproduktion), 41 x 25,5
München, Münchner Stadtmuseum, Inv.Nr. M I/634

Der Münchner Magistrat ließ 1683 anlässlich des feierlichen Einzugs von Kurfürst Max Emanuel, dem siegreichen Feldherrn über die Türken, vor dem Rathaus eine 50 Schuh (14,5 Meter) hohe Ehrenpforte errichten. Über dem gewölbten Durchgang bekrönt ein gemaltes Reiterbildnis Max Emanuels den Aufbau. Schriftbänder und Embleme preisen die Tugenden des Herrschers und stellen ihn noch über die antiken Heroen Hektor, Ajax, Achill und Alexander den Großen. Adler und Löwe symbolisieren die Allianz Max Emanuels mit Kaiser Leopold I.

Lit.: Max Emanuel 1976, S. 90; Bayern 1972, S. 409.

02.33
Entwurf zu einem Denkmal für Max Emanuel als Türkensieger

Guillielmus de Grof (1676–1742), München, um 1713/14
Pinsel, Feder, aquarelliert, 58 x 50,5
Düsseldorf, Kunstmuseum, Inv.Nr. FP 4923

Bei diesem – niemals verwirklichten – Entwurf des flämischen Bildhauers Guillielmus de Grof dürfte es sich um eine Empfehlung seiner Kunst an den Kurfürsten handeln. Er zeigt Max Emanuel nicht nur als Türkensieger und Verteidiger der Niederlande, sondern auch als Herren der Spanischen Niederlande. Das legt eine Datierung um 1713/14 nahe.
Der Kurfürst tritt im Gewande eines Imperators auf den Koran, von der Gottheit Fama mit Siegeslorbeeren bekränzt, während am Sockel ein Türke mit zerbrochener Waffe um Gnade fleht. Links zügelt ein römischer Krieger den Pegasus, rechts erkennt man den Drachenbezwinger St. Michael.

Lit.: Max Emanuel 1976, S. 218.

02.34
Max Emanuel zu Pferde

Jan van Huchtenburgh (1647–1733) zugeschrieben
Öl auf Leinwand, 62 x 53,5
München, Wittelsbacher Ausgleichsfonds, Inv.Nr. WAF B Ia 291

Als die Schlachten erfolgreich lenkender Feldherr beherrscht der Kurfürst souverän sein im Galopp ungestüm vorwärtsdrängendes Pferd. In der Rechten hält Max Emanuel den blauweiß gerauteten Feldherrnstab, über dem Justaucorps trägt er den mit Lederriemen befestigten Kürass. Die sonst getreue Wiedergabe der zeitgenössischen Militärkleidung wird durch die Ordenskette vom Goldenen Vlies gebrochen, die die Würde des Kurfürsten unterstreicht. Im Hintergrund findet ein Kavalleriegefecht statt.

Lit.: Max Emanuel 1976, S. 117.

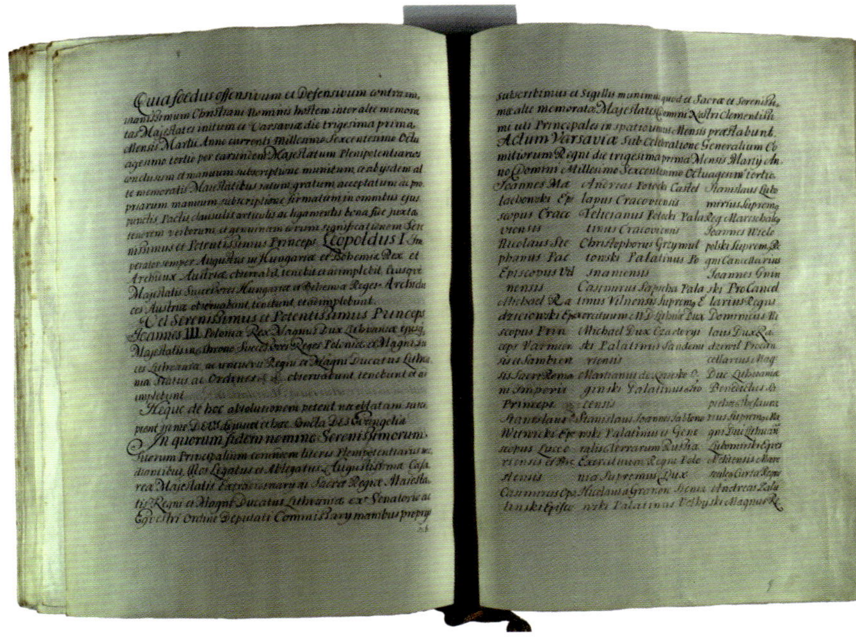

02.02
© Österreichisches Staatsarchiv, Haus-, Hof- und Staatsarchiv Wien

02.16
© Wien Museum

02.05
© Kunsthistorisches Museum mit MVK und ÖTM Wien

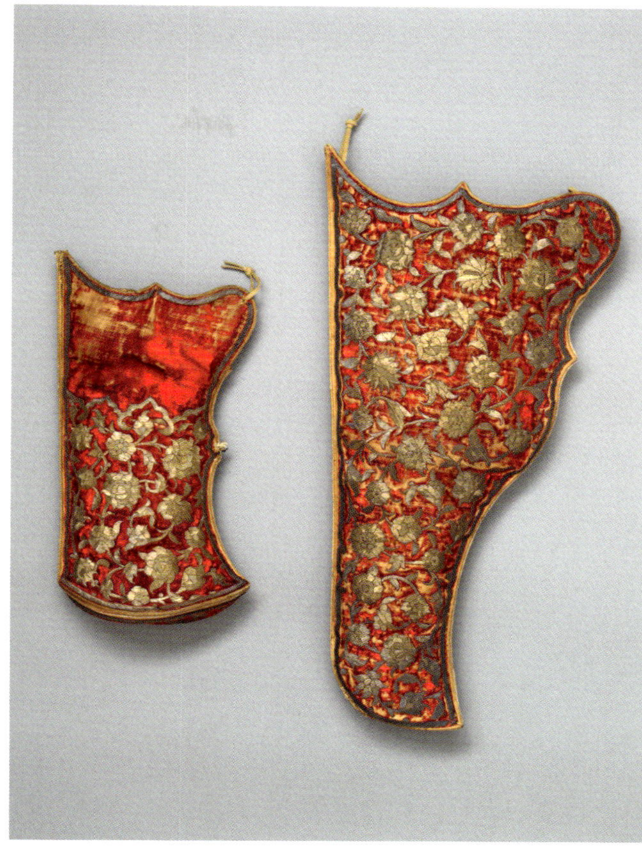

02.05
© Kunsthistorisches Museum mit MVK und ÖTM Wien

02.05 © Kunsthistorisches Museum mit MVK und ÖTM Wien

02.12
© Wien Museum

02.14
© Wien Museum

02.20
© Oberhausmuseum Passau

02.26
© Lessing-Photo-Archive

02.34
© Wittelsbacher Ausgleichsfonds München

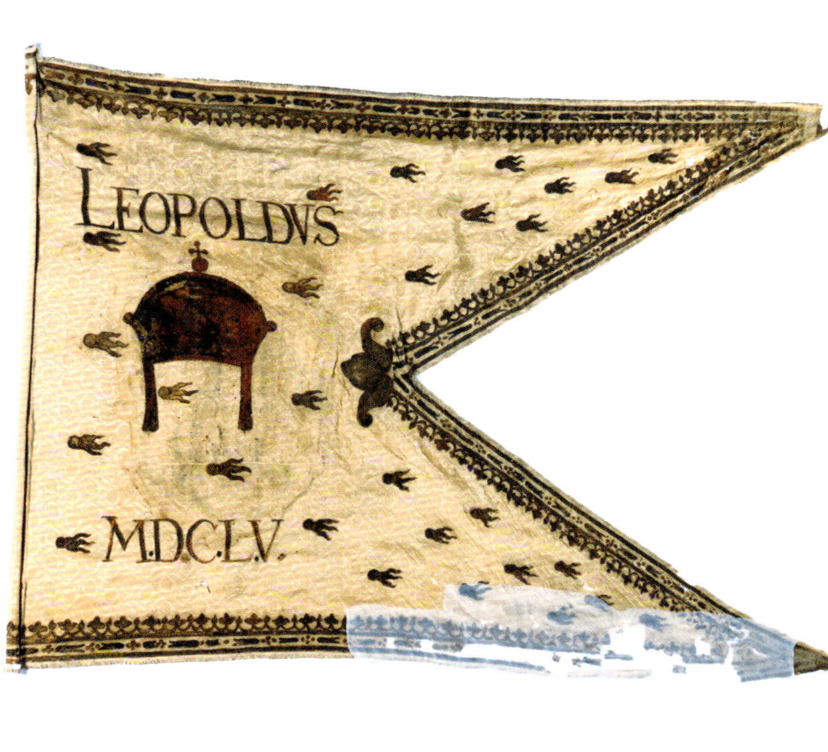

02.27
© Esterházy Privatstiftung Eisenstadt (Foto: Manfred Horvath, Wien)

02.30

02.33

3. Das Spiel der Mächtigen

Bis ins späte 18. Jahrhundert hinein prägte die Konkurrenz der Häuser Bourbon und Habsburg das Konzert der europäischen Mächte. Mit der Expansion der Habsburger im erfolgreichen Kampf gegen die Türken wuchs ein mächtiger Gegner im Osten des Reiches heran. Eine während des langen 18. Jahrhunderts immer wieder im Raum stehende Wiedervereinigung Bayerns und Österreichs beunruhigte indes die gesamte europäische Öffentlichkeit.

Umworben von Frankreich, Österreich und später Preußen war Bayern das Zünglein an der Waage der politischen Kräfte. Je nach Interessenlage und politischer Opportunität konnte es Bündnisse eingehen, sich in Neutralität üben oder unerwartete Wendungen vollziehen.

Bayern selbst fühlte sich vom übermächtigen Nachbarn Habsburg eingekreist und bedrängt. Daran änderten auch die durch Heiraten seit dem Spätmittelalter entstandenen engen Verflechtungen der Häuser Wittelsbach und Habsburg nichts.

03.01
Liselotte von der Pfalz

Nach Pierre Mignard (1612–1695), um 1680
Öl auf Leinwand (Reproduktion), 107 x 84
Madrid, Museo del Prado

Elisabeth Charlotte, genannt Liselotte, kam am 27. Mai 1652 als Tochter des Wittelsbacher Kurfürsten Karl I. Ludwig von der Pfalz und Charlottes von Hessen-Kassel zur Welt. 1671 wurde sie aus politischen Gründen mit dem Bruder Ludwigs XIV., Herzog Philipp I. von Orléans, verheiratet. Die Ehe verlief denkbar unglücklich, nicht zuletzt wegen der offenen Homosexualität ihres Mannes. Als die Wittelsbacher Linie Pfalz-Simmern 1685 mit dem Tod Kurfürst Karls von der Pfalz, Liselottes Bruder, erlosch, erhob ihr Schwager Ludwig XIV. Anspruch auf die Kurpfalz. Im folgenden Pfälzischen Erbfolgekrieg geschah dann das, was die Hochzeit hätte verhindern sollen: Französische Truppen verwüsteten die Pfalz und die Residenzstadt Heidelberg. Liselotte litt darunter: *„Das macht mir das Herz bluten, und man nimmt mir es noch hoch vor Übel, dass ich traurig darüber bin.“*

03.02
Ratifikation des bayerisch-französischen Vertrags von 1670 durch Ludwig XIV.

Saint-Germain-en-Laye, 21. März 1670
Pergament mit Unterschrift Ludwigs XIV. und aufgedrücktem Papiersiegel, französisch, 36,5 x 28
München, Bayerisches Hauptstaatsarchiv, Bayern Urkunden 1100

Kurfürst Ferdinand Maria von Bayern, der während der Türkenkriege den Kaiser unterstützt hatte, richtete seine politischen Interessen ab 1670 immer mehr nach Frankreich aus. Am 17. Februar 1670 schloss er in München einen Vertrag zur engeren Zusammenarbeit mit Frankreich unter Ludwig XIV.: Im Fall des Erlöschens des spanisch-habsburgischen Mannesstamms sollte Ferdinand Maria die französischen Interessen unterstützen, bei Ableben Kaiser Leopolds I. die Wahl Ludwigs XIV. fördern. Dafür stellte Frankreich in Aussicht, den Kurfürsten mit dem Rang eines römischen Königs zu belohnen, und zahlte Hilfsgelder zur Aufstellung eines bayerischen Heeres. Zudem beabsichtigte man, die bayerischen und französischen Dynastien durch eine Heirat des Dauphins mit der bayerischen Kurprinzessin zu verbinden.

Lit.: Max Emanuel 1976, S. 24.

03.03
Kaiser Leopold I. belehnt Kurfürst Maximilian Emanuel mit dem Fürstentum Bayern

Linz, 28. Februar 1681
Pergament, 8 Blätter, mit Unterschrift Kaiser Leopolds und anhängendem Siegel (beschädigt), 35,5 x 55
München, Bayerisches Hauptstaatsarchiv, Kurbayern Urkunden 1758

Da Bayern ein Reichslehen war, bekam jeder zukünftige Landesherr – es waren meist Wittelsbacher – vom Kaiser das Land als Lehen verliehen. Als durch den Tod Ferdinand Marias 1679 der Erbfall eintrat, musste daher auch Max Emanuel laut geltendem Lehnsrecht beim Kaiser um die Belehnung ansuchen.

Mit diesem Pergament überließ Leopold I. Max Emanuel das Herzogtum Bayern und die damit verbundenen Länder als Lehen und bestätigte ihm alle Rechte, Würden, Freiheiten, Herkommen, Regalien sowie Privilegien.

Lit.: Max Emanuel 1976, S. 27.

03.04
Ernennung Max Emanuels zum Generalstatthalter der Spanischen Niederlande

Madrid, 12. Dezember 1691
Pergament (Reproduktion), 1 Seite, mit Unterschrift Karls II. und anhängendem Siegel, 37 x 32
München, Bayerisches Hauptstaatsarchiv, Geheimes Hausarchiv, Hausurkunden 1775

Das militärische Talent Kurfürst Max Emanuels in den Türkenkriegen bewog den spanischen König dazu, ihn als Generalstatthalter der weit entfernten, gefährdeten Provinzen zu berufen. Um dem Krieg der Spanier gegen Ludwig XIV. in den Niederlanden eine glückliche Wende zu geben, wurde der bayerische Kurfürst daher mit dem Amt eines Generalstatthalters und Generalkapitäns der Niederlande betraut und bekam alle Rechte zur Ausübung der Regierung zuerkannt. Für Bayern war mit dem Amt eine Ausdehnung des Wirkungsbereiches, wenngleich keine Rangerhöhung verbunden, da der Kurfürst „nur“ ein Dienstverhältnis mit einem ausländischen Herrscher eingegangen war. Max Emanuel bot seine neue Hauptstadt Brüssel indes viel prächtigere Möglichkeit zur Präsentation seines Fürstentums.

Lit.: Max Emanuel 1976, S. 115.

03.05

Kurprinz Joseph Ferdinand

Joseph Vivien (1657–1734), Brüssel, um 1698

Pastell auf Papier (Reproduktion), 158 x 113

München, Wittelsbacher Ausgleichsfonds, Inv.Nr. Bla 211

Im Kräftespiel der Mächte stellte Kurprinz Joseph Ferdinand jene Alternative dar, auf die sich die Herrscherdynastien Habsburg und Bourbon einigen konnten: Er sollte dereinst den kinderlos gebliebenen spanischen König Karl II. beerben. Als Joseph Ferdinand am 6. Februar 1699 sechsjährig starb, ging der Traum von einem Weltreich der Wittelsbacher Dynastie zu Ende. Sein mysteriöser Tod erzeugte ein machtpolitisches Vakuum. 1701 brach der Spanische Erbfolgekrieg los, er sollte bis 1714 dauern.

Lit.: Schlacht von Höchstädt 2004, S. 104f.

03.06

Medaille vom Einzug Max Emanuels in Belgien

Georg Hautsch, Kleinertsche Prägeanstalt, Nürnberg, 1692

Silber, geprägt, D 3,5

München, Staatliche Münzsammlung

Auf der Vorderseite präsentiert sich Max Emanuel als Brustbild nach rechts in Harnisch, Hermelinmantel und Vlieskette, unten mit „G. H." signiert. Die Umschrift lautet „*MAX. EMA. D. G. EL. BAV. – BELG. HISP. GVB. GEN. & PERP*". Auf der Rückseite eilt der auf Pegasus reitende Kurfürst als Perseus mit erhobenem Schwert den Niederlanden – hier als an den Fels gefesselte Andromeda dargestellt – vor dem heranschwimmenden Ungeheuer zu Hilfe. Das Schild des Perseus trägt das kurbayrische Wappen. Oben ist „*BELGIUM RESURGENS. / A. 1692*" vermerkt, als Randumschrift „*DOMINUS DISSIPAT CONSILIA GENTIUM. PS*".

Lit.: Max Emanuel 1976, S. 116.

03.07

Übernahme der Statthalterschaft in den Spanischen Niederlanden

Philipp Heinrich Müller (1654–1719), Kleinertsche Prägeanstalt (?), Nürnberg, 1692

Gold, geprägt, D 4,35

München, Staatliche Münzsammlung

Die Vorderseite zeigt Max Emanuel im Hermelinmantel mit Überwurf im Brustbild nach rechts gerichtet, signiert mit „P. H. M.". Die Umschrift lautet „*MAX. EMA. D. G. EL. BAV. – BELG. HISP. GUBERN. PERPET*". Auf der Rückseite sitzt der gerüstete Kurfürst auf einem Pferd und wird von einem Genius, der Palmzweige hält, mit Lorbeeren bekränzt. Eine Frau führt sein Pferd, eine andere begrüßt ihn mit Kurhut. „*ADVENTUS PRINCIPIS OPTIMI DESIDERATISSIMUS*" steht oben, „*ASSERTORI FELICITAS / PULP. OB. SUSCEPT. BELG. / REGIMEN. / MDCXCII*" unten.

Lit.: Max Emanuel 1976, S. 116.

03.08

Medaille auf den Tod Joseph Ferdinands

Jérôme Roussel (1663–1713), 1699

Silber, D 5,9

München, Staatliche Münzsammlung

Mit dem Tod des jungen Kurprinzen, der am 11. November 1698 zum Nachfolger und Alleinerben des spanischen Königs erklärt worden war, erloschen die Großmachtträume der Wittelsbacher. Das Brustbild des Kurprinzen samt Inschrift „*IOSEPH FERDINANDUS PRINCEPS ELECT BAVARIAE*" ziert die Vorderseite der Medaille, auf der Rückseite gedenkt die Inschrift seines Todes 1699.

Lit.: Schlacht von Höchstädt 2004, S. 105.

03.09

Die Allianz Bayerns mit Frankreich

Versailles, 9. März 1701

Papier (Reproduktion), 8 Seiten, mit Petschaften und Unterschriften des bayerischen Beauftragten Monasterol und des französischen Außenministers Colbert de Torcy, 37 x 25

München, Bayerisches Hauptstaatsarchiv, Geheimes Hausarchiv, Korrespondenzakten 754 1/18

Die Türkengefahr war überwunden, die Hoffnung der Wittelsbacher, eine europäische Großmacht zu werden, mit dem Tod Joseph Ferdinands begraben. Um diese Zeit entschloss sich Kurfürst Max Emanuel von Bayern, Frankreich bei der Verteidigung der Rechte Philipps V. zu unterstützen, und unterzeichnete 1701 einen Allianzvertrag mit Versailles. Darin wurde vereinbart, die kaiserliche Armee am Durchzug durch Bayern zu hindern und Truppen aufzustellen, für die der Kurfürst von Frankreich Subsidien erhielt, die im Falle eines Krieges angehoben werden sollten. Max Emanuel, von 1692 bis 1706 als Statthalter in Brüssel eingesetzt, hatte dort die Interessen der Spanischen Niederlande zu verteidigen.

Lit.: Max Emanuel 1976, S. 145f.

03.10

Ultimatum Max Emanuels für seinen Übertritt in den kaiserlichen Dienst

Hauptquartier zu Ehingen, 28. Oktober 1702

Papier, 3 Seiten, Autograf, 21 x 16,5

München, Bayerisches Hauptstaatsarchiv, Geheimes Hausarchiv, Korrespondenzakten 753/48

Nicht zuletzt wegen des für Frankreich ungünstigen militärischen Verlaufs versuchte sich Kurfürst Max Emanuel, der mit Frankreich eine Allianz geschlossen hatte, im Spanischen Erbfolgekrieg durch Geheimdiplomatie mit dem Kaiser zu einigen. In diesem Ultimatum erklärte sich Max Emanuel bereit, Truppen auf italienische Kriegsschauplätze zu führen, und forderte dafür Subsidien in Höhe von 100.000 Reichstalern monatlich sowie das Herzogtum Mailand. Bis zu seiner Belehnung sollten ihm die Markgrafschaft Burgau, die Landgrafschaft Nellenburg und die Grafschaft Neuburg als Pfand dienen. Stimme der Kaiser diesem Punkt zu, werde er die bayerischen Truppen aus den besetzten Gebieten abziehen. In Wien verlangte man jedoch einen bedingungslosen Rückzug des Kurfürsten.

Lit.: Max Emanuel 1976, S. 148.

03.11

Pactum mutuae successionis

Wien (Ausfertigung), 5. September 1703

Pergamentlibell in rotem Samteinband mit gelben Seidenbändern, Oblatensiegel, 8 Blätter, 2 rote Wachssiegel in gedrechselten Holzkapseln, an goldener Siegelschnur großes Siegel Leopolds als Römischer Kaiser, kleines Siegel Josephs als Römischer König, 32 x 28,5, Kapseln: D 18,5 und 17

Wien, Haus-, Hof- und Staatsarchiv, Familienurkunden 1814/2

Bevor der zum spanischen König Karl III. proklamierte jüngere Sohn Kaiser Leopolds I. aufbrach, um seine Ansprüche geltend zu machen, wur-

de mittels „Pactum mutuae successionis“ die Nachfolge vertraglich geregelt. Oberste Richtlinie war die Primogenitur: Sollte der Fall eintreten, dass zwei Linien des Hauses Habsburg existierten und eine davon im Mannesstamm aussterbe, ginge das Erbrecht auf den männlichen Nachkommen der anderen Linie über. Wenn in beiden Linien kein männlicher Nachkomme vorhanden sei, so gelte es die Töchter aus der Linie König Josephs zu bevorzugen. Von dieser Vereinbarung gab es zwei von Leopold und Joseph signierte beglaubigte Exemplare und ein weiteres mit dem Siegel Karls als Karl III. von Spanien.
Lit.: Kaisertum Österreich 1996, S. 238.

03.12
Vollmacht Kaiser Leopolds I. für Prinz Eugen

21. Dezember 1704
Original, Papier, Tinte, 1 Blatt, Oblatsiegel, eh. Unterschrift Kaiser Leopolds I., 36,5 x 48
Wien, Österreichisches Staatsarchiv, Kriegsarchiv, Hofkriegsrat 1704, Exp. Dez. 445

Kurfürst Max Emanuel brachte der Verlauf des Spanischen Erbfolgekrieges, den er an der Seite Frankreichs bestritt, schwerwiegende politische Probleme. Nach militärischen Niederlagen der bayerisch-französischen Truppen bei Donauwörth am 2. Juli und bei Höchstädt am 13. August 1704 besetzten Kaiserliche Bayern. Am 7. November vereinbarten der kaiserliche Bevollmächtigte und Kurfürstin Theresia, die in Bayern die Regierung führte, einen Vertrag, der die Übergabe bayerischer Festungen und die Entlassung der Truppen beinhaltete. Mit der Durchführung betraute der Kaiser Prinz Eugen. Bis die Einsetzung kaiserlicher Statthalter und Kommandanten organisiert war, residierte er im Dezember 1704 in Landshut und nahm auch die Huldigung der bayerischen Stände entgegen.
Lit.: Prinz Eugen 1986, S. 198f.

03.13
Kaiser Joseph I. erklärt die Reichsacht über Max Emanuel

Wien, 29. April 1706
Druck, Siegel, 1 Blatt, 41 x 55
Wien, Haus-, Hof- und Staatsarchiv, Staatskanzlei Patente, Fasz. 14, Nr. 121

Am 27. November 1705 stimmten sämtliche Kurfürsten zu, über Max Emanuel und seinen Bruder Joseph Clemens die Reichsacht zu verhängen. Die Verkündung erfolgte am 21. April 1706 im Rittersaal der Hofburg zu Wien. Nach einer Verlesung der Verfehlungen folgte als Bekräftigung: „*Das alles beweisen die noch nicht ausgetrockneten Ströme vergossenen Christenbluts und die annoch fließenden heißen Zähren unzählbarer Menschen, welche längst um göttliche und menschliche Rache geschrien haben und noch unaufhörlich schrien.*“ Max Emanuel war vogelfrei, „*und darf sich an ihm ein jeder ohne Straf verfreveln*“ – was natürlich nicht geschah. Das Leben Joseph Clemens’, des Erzbischofs von Köln, war durch sein geistliches Amt geschützt. Allerdings wurde er aller Ämter und Würden verlustig.
Lit.: Max Emanuel 1976, S. 170.

03.14
Verhandlungen über einen Tausch Bayerns gegen die Spanischen Niederlande

Saint-Cloud, 4. September 1714
Original, Papier, 14 Seiten, Autograf, französisch, 22 x 17
München, Bayerisches Hauptstaatsarchiv, Fürstensachen 682

Max Emanuel instruierte seinen Agenten Heidenfeld, mit kaiserlichen Beauftragten über ein bayerisch-niederländisches Tauschprojekt zu verhandeln. Auch wenn die Situation gerade günstig gewesen wäre: Kaiser Joseph I. hatte nicht die Absicht, Bayern zu erwerben. Bayern war von kaiserlichen Truppen besetzt, und die Stände arrangierten sich mit den Österreichern.
Lit.: Max Emanuel 1976, S. 186f.

03.15
König Karl III. von Spanien

Francesco Solimena (1657–1747), 1706
Öl auf Leinwand (Reproduktion), 180 x 130
Neapel, Galleria Nazionale di Capodimonte, Inv.Nr. Q 1833

Philipp V. von Anjou, im Jahr 1700 von seinem Großvater Ludwig XIV. zum spanischen König proklamiert, regierte bereits drei Jahre auf der iberischen Halbinsel, als Karl, ein Sohn Kaiser Leopolds I., mit Erreichen der Volljährigkeit seine habsburgischen Rechte auf die spanische Krone einforderte. Dieses Unterfangen konnte nur mit militärischer Macht gelingen. An den folgenden Kämpfen in Spanien waren sowohl britische als auch pfälzische Truppen beteiligt. Einzig Katalonien konnte Karl III. für sich gewinnen, das übrige Spanien blieb den Bourbonen treu.

03.16
Philipp von Anjou als König von Spanien

Hyacinthe Rigaud (1659–1743), 1700
Öl auf Leinwand (Reproduktion), 230 x 155
Versailles, Musée National des Châteaux de Versailles et de Trianon, Inv.Nr. MV 8493

Im Alter von 17 Jahren brach Philipp von Anjou im Dezember 1700 nach Madrid auf. Um den spanischen Nationalstolz nicht zu reizen, zeigte Hyacinthe Rigaud, einer der bedeutendsten Porträtmaler seiner Zeit, den proklamierten König in schwarzer spanischer Hoftracht. Bei Fertigstellung des Bildes 1702 war indes der Spanische Erbfolgekrieg längst entflammt. Erwies sich Philipp V. anfänglich noch als politisch und militärisch ungeschickt, vermochte er seine spanische Krone doch weitgehend erfolgreich zu verteidigen. Karl III. konnte ihm als Gegenkönig nur Katalonien abringen.
Lit.: Schlacht von Höchstädt 2004, S. 131.

03.17
Pragmatische Sanktion

Linz, 19. April 1720
Papier, gebunden in roter Moiréseide, samt Schreiben der Verordneten der oberösterreichischen Stände vom 27. Juni 1720, 38 x 29
Wien, Haus-, Hof- und Staatsarchiv, Allgemeine Urkundenreihe 1713 IV 19

Die Pragmatische Sanktion, das bis zum Ende der habsburgischen Dynastie Bestand habende Staatsgrundgesetz, regelte die Erbfolge der österreichischen Linie des Hauses Habsburg nach dem Tode Josephs I. ohne Weiterführung des Mannesstammes. Am 19. April 1713 gab Kaiser Karl VI. den „Pactum mutuae successionis“ bekannt: Alle Erbkönigreiche wie Länder sollten bei des Kaisers ehelichen männlichen Erben verbleiben und beim Aussterben der männlichen Linie ungeteilt auf seine Töchter übergehen. Im Falle, dass weder männliche noch weibliche Nach-

kommen vorhanden seien, würde die josephinische Linie bevorzugt. 1720/21 nahmen die Landstände der außerungarischen Länder die Pragmatische Sanktion zur Kenntnis, Ungarn folgte am 18. Juli 1722. Von Spanien wurde sie 1725, von Frankreich 1735 anerkannt.
Lit.: Welt des Barock 1986, S. 105.

03.18
Wittelsbacher Hausunion
Mannheim, 15. Mai 1724
Pergament (Reproduktion), 12 Seiten, Unterschriften und Siegel aller zu dieser Zeit regierenden Fürsten der beiden Wittelsbacher Linien, 34 x 27
München, Bayerisches Hauptstaatsarchiv, Geheimes Hausarchiv, Hausurkunden 1773
In dieser Hausunion verbündeten sich die oft verfeindeten Zweige der Wittelsbacher und garantierten einander Unterstützung – dies beinhaltete Heiratsbündnisse, Bischofswahlen und Koadjutorien. Trotz der während des Spanischen Erbfolgekrieges zutage getretenen Gegensätze zwischen der bayerischen und der pfälzischen Linie der Wittelsbacher war der seit 1716 die Kurpfalz regierende Karl Philipp an einer dauerhaften Versöhnung der katholischen Familienzweige interessiert. Kurfürst Max Emanuel sah das enorme politische Potenzial – das Haus vereinte mit Bayern, Pfalz, Köln und Trier vier Kurfürstentümer unter seinem Dach – und erhoffte so einen Machtzuwachs der eigenen Linie. In seiner Politik spielte auch die Hoffnung auf das Aussterben der österreichischen Linie der Habsburger im Mannesstamm eine wichtige Rolle.
Lit.: Wittelsbach 1993, S. 91; Max Emanuel 1976, S. 231.

03.19
Protest Bayerns gegen den Regierungsantritt Maria Theresias
Papier, 3 Folien, Siegel Kurfürst Karl Albrechts, 3. November 1740
Wien, Haus-, Hof- und Staatsarchiv, Familienurkunden 1904
Bayern hatte als einziger Staat die Pragmatische Sanktion nicht unterzeichnet. Als Maria Theresia das Erbe antrat, protestierte Karl Albrecht mit dieser Note gegen die Verletzung der Sukzessionsordnung. Das Dokument ist mit dem eigenhändigen Empfangsvermerk *„accept 21. Novembris 1740“* Maria Theresias versehen. Der bayerische Kurfürst beanspruchte einen Teil des Erbes im Namen seiner Gemahlin Maria Amalia, die eine Tochter Kaiser Josephs I. war. Allerdings hatte Maria Amalia anlässlich ihrer Hochzeit 1722 auf ihre Erbansprüche verzichtet. Erst Kurfürst Maximilian III. Joseph akzeptierte nach dem Österreichischen Erbfolgekrieg 1745 die von Karl VI. erlassene Thronfolgeordnung.
Lit.: Maria Theresia 1980, S. 65.

03.20
Kaiser Karl VII.
Adam Friedrich Oeser (1717–1799), 1756–1759
Öl auf Leinwand (Reproduktion), 243 x 125
Berlin, Deutsches Historisches Museum, Inv.Nr. Gm 2005/18
Über Generationen strebte das Wittelsbacher Herzoggeschlecht danach, sich auf eine Stufe mit den europäischen Mächten zu stellen. Mit dem Erwerb der Kaiserkrone sollte sich das erfüllen. Karl Albrecht, von seinem Vater Kurfürst Max Emanuel auf die Kaiserwürde vorbereitet, musste wegen des Eingreifens der Wittelsbacher im Spanischen Erbfolgekrieg beinahe ein Jahrzehnt im Exil verbringen. 1715 kehrte er nach München zurück, 1722 heiratete er die Tochter Josephs I. Diese Ehe sollte ihm den Weg zur Kaiserkrone ebnen. Im Heiratsvertrag forderte der Wiener Hof einen umfassenden Erbverzicht des Paares. Als der letzte männliche Habsburger Kaiser Karl VI. 1740 verstarb, konnte Karl Albrecht nach 30 Wahlkonferenzen und dem Ausbruch des Österreichischen Erbfolgekrieges die Neuwahl am 24. Januar 1742 für sich entscheiden. Maria Theresia, seine habsburgische Widersacherin, machte ihm mit dem Besetzen der bayerischen Erblande die Kaiserwürde streitig. Als Kaiser ohne Land vermochte ihr Karl VII. nichts entgegenzusetzen. Er musste einsehen, dass Wittelsbach die Krone nicht behaupten konnte. Zahlreiche Porträtarbeiten sollten die Übernahme der Kaiserwürde veranschaulichen. Dabei entstand auch das Bildnis des gerüsteten Herrschers aus dem Kaisersaal des Dahlner Schlosses.
Lit.: Heiliges Römisches Reich 2006, S. 204ff.

03.21
Maria Theresia bei der Zeremonie in Pressburg auf dem Krönungshügel
C. Hirsch jun. (?), 1747 (?)
Öl auf Leinwand, 44,5 x 32,5
Bratislava, Galéria mesta Bratislavy
Inmitten schwieriger Verhandlungen mit den ungarischen Magnaten, die Zugeständnisse forderten, fand die feierliche Krönung Maria Theresias zur Königin von Ungarn am 25. Juni 1741 statt. Für den historischen Ritt auf den Krönungshügel musste Maria Theresia erst reiten lernen. Der englische Gesandte Sir Thomas Robinson berichtete von der Zeremonie: *„Die Krönung war magnificent, die Königin war der verkörperte Charme. Die antiquarische Krone wurde durch das Haupt Maria Theresias mit neuen Grazien geschmückt, und das alte, zerschlissene Gewand Sankt Stephans sah auf ihr ebenso gut aus wie ihr eigenes, reiches Kleid aus Diamanten, Perlen und aller Art von kostbaren Steinen.“*
Lit.: Maria Theresia 1980, S. 71.

03.22
Franz I. Stephan zu Pferd
C. Hirsch jun., um 1747
Öl auf Leinwand, 44,5 x 32,5
Bratislava, Galéria mesta Bratislavy, Inv.Nr. A 576
Franz Stephan war von 1740 an Mitregent in den habsburgischen Erblanden, die Regierung führte aber seine Frau Maria Theresia. Nach dem Ableben Kaiser Karls VII. wurde er 1745 zum Kaiser ernannt. Den Mittelpunkt des Gemäldes bildet der reitende Kaiser Franz I. Stephan in festlicher Kleidung, im Hintergrund erkennt man die Umrisse einer Stadt.
Lit.: Lothringens Erbe 2000, S. 46.

03.23
Becherglas
Österreich (?), vor 1745
Glas, 7,3 (6,2) x 8,9
Graz, Universalmuseum Joanneum, Abteilung für Kunstgewerbe, Inv.Nr. 25.831
Wie zahlreiche Flugschriften und Karikaturen, die vorzugsweise im Ausland entstanden, spielt das Glas auf die eher ungewöhnliche Rolle einer Frau im Spiel der Mächtigen an. Die eine Seite ziert eine Darstellung Maria Theresias, auf der einen Seite steht folgende Inschrift zu lesen: *„Dieser König*

ohne Hosen schlagt den Kayser und Franzosen".
Lit.: Maria Theresia 1980, S. 88.

03.24
Wittelsbacher Hausvertrag über die Erbfolge und das Wittelsbacher Gesamterbe

München, 19. Juni 1774
Pergament, 2 rote Wachssiegel, in goldfarbener Metallkapsel an weiß-blau gedrehter Seidenschnur, mit den Unterschriften der Kurfürsten, 41 x 31,4
München, Bayerisches Hauptstaatsarchiv, Geheimes Hausarchiv, Hausurkunde 1859

1777 starb Max III. Joseph. Aufgrund der Erbregelungen in den Wittelsbacher Hausverträgen war Karl Theodor nun auch Kurfürst von Bayern und musste in München residieren. Drei Hausverträge hatten das wittelsbachische Gesamterbe zum Inhalt. Jener vom 19. Juni 1774 enthielt als zentralen Punkt das „Constitutum possessorium", in dem Karl Theodor die „Compossessio civilis" eingeräumt wurde, sowie weiters Regierungsübernahmepatente, nach denen der Erbe das Land als einziger und rechtmäßiger Nachkomme regierte. Der Bayerische Erbfolgekrieg 1778 bis 1779 konnte dennoch nicht verhindert werden.
Lit.: Lebenslust und Frömmigkeit 1999, S. 491f.

03.25
Anerkennung österreichischer Ansprüche auf bayerisches Gebiet

Wien, 3. bzw. 17. Januar 1778
Papierlibell, 4 Blatt mit Unterschriften und Sekretsiegel von Kaunitz und Ritter sowie Maria Theresia, 36,3 x 24, 2
München, Bayerisches Hauptstaatsarchiv, Bayern Urkunden 1051

Als Kurfürst Karl Theodor 1775 Verbindung mit dem Wiener Hof aufnahm, hatte er ein Übereinkommen bezüglich der bayerischen Erbfolge im Sinn, fürchtete er doch, dass sich Österreich und Preußen über die bayerische Erbschaft einigen könnten. Mit dem plötzlichen Tod Max' III. Joseph 1777 verschlechterte sich die Position Karl Theodors. Er musste sich vom österreichischen Staatskanzler Kaunitz, der Ober- und Niederbayern als Reichslehen zurückzufordern drohte, den Preis diktieren lassen. Am 3. Januar 1778 setzte Österreich seine Ansprüche auf das Herzogtum Straubing, die Herrschaft über Mindelheim und die böhmischen Lehen in der Oberpfalz durch. Truppen Kaiser Josephs II. rückten in Niederbayern ein.
Lit.: Krone und Verfassung 1980, S. 33.

03.26
König Friedrich II. von Preußen

Johann Heinrich Christoph Franke (1738–1792), Berlin, um 1764 (Erstfassung)
Öl auf Leinwand (Reproduktion), 143 x 110
Berlin, Deutsches Historisches Museum, Inv.Nr. 1987/68

Friedrich dem Großen gelang es, Preußen nach dem Siebenjährigen Krieg (1756–1763) in die Riege der Großmächte Frankreich, Großbritannien, Österreich und Russland einzugliedern. In den zahlreichen kriegerischen Auseinandersetzungen um die österreichische Erbfolge nach dem Tod Kaiser Karls VI. 1740 vermochte er die politische Stellung Preußens in Europa zu heben und zu festigen. Als Kaiser Joseph II. als Mitregent nach dem Tod Max' III. Joseph Truppen in die Gebiete Bayerns einmarschieren ließ, stieß er weder bei seiner Mutter noch bei Friedrich von Preußen auf Gegenliebe. Für Friedrich II. – aber auch für viele andere Staaten, die machtpolitisches Raubgelüst witterten – stand Österreich mächtiger denn je da, zu mächtig, um ihm weiterer Gebietsgewinne zuzugestehen. Er protestierte und ließ seine Truppen in Schlesien aufstellen.
Lit.: Heiliges Römisches Reich 2006, S. 400f.

03.27
Maria Theresia als Witwe

Joseph Ducreux (1735–1802), um 1769
Pastell auf präparierter Leinwand (Reproduktion), 69 x 44
Wien, Akademie der bildenden Künste, Inv.Nr. 207

Maria Theresia war von der Sinnlosigkeit des Krieges überzeugt, den ihr Sohn und Mitregent Joseph II. gegen Preußen um das bayerische Erbe zu führen begann. Hinter seinem Rücken trat sie in geheime Verhandlungen mit Friedrich II. Im Volksmund hieß der Bayerische Erbfolgekrieg, in dem keine einzige Schlacht geschlagen wurde, bald „Kartoffelkrieg". Aber selbst die Kartoffeln reichten nicht zur Ernährung der preußischen Soldaten, die in fünf böhmischen Distrikten eingefallen waren.
Letztendlich einigte man sich auf die von Maria Theresia schon zu Beginn des Krieges vorgeschlagene Lösung: Das Innviertel kam zu Österreich, Friedrich II. erhielt das Versprechen auf den künftigen Besitz der Markgrafschaften Ansbach und Bayreuth. Am 13. Mai 1779, dem Geburtstag der Regentin, wurde der Vertrag unterzeichnet. Maria Theresia schrieb an Kaunitz: *„Ich hab heut glorioso meine Carrière geendet [...] Das übrige wird nicht mehr in vielen bestehen.*"
Lit.: Maria Theresia 1980, S. 197.

03.28
Gemeiner eines k.k. Kürassierregiments, 1763

Wiener Porzellanmanufaktur, Mitte 19. Jahrhundert
Porzellan, bemalt, H 19
Wien, MAK – Österreichisches Museum für angewandte Kunst/Gegenwartskunst, Inv.Nr. Ke 9590

03.29
Gemeiner eines k.k. Dragonerregiments, 1763

Wiener Porzellanmanufaktur, Mitte 19. Jahrhundert
Porzellan, bemalt, H 19
Wien, MAK – Österreichisches Museum für angewandte Kunst/Gegenwartskunst, Inv.Nr. Ke 9586

03.30
Gemeiner eines k.k. Chevauxlegerregiments, 1763

Wiener Porzellanmanufaktur, Mitte 19. Jahrhundert
Porzellan, bemalt, H 19
Wien, MAK – Österreichisches Museum für angewandte Kunst/Gegenwartskunst, Inv.Nr. Ke 9611

03.31
Gemeiner eines k. k. Husarenregiments, 1763

Wiener Porzellanmanufaktur, Mitte 19. Jahrhundert
Porzellan, bemalt, H 19
Wien, MAK – Österreichisches Museum für angewandte Kunst/Gegenwartskunst, Inv.Nr. Ke 9597

03.32
Gemeiner eines k.k. Sappeurcorps, 1763

Wiener Porzellanmanufaktur, Mitte 19. Jahrhundert
Porzellan, bemalt, H 19
Wien, MAK – Österreichisches Museum für angewandte Kunst/Gegenwartskunst, Inv.Nr. Ke 9579

Als Auftragswerk für den Wiener Hof entstand eine Serie von zumindest 40 Porzellanfiguren, die Soldaten der k.k. Armee darstellen. Sie zeigen sehr detailgetreu die Uniformen der einzelnen Heereseinheiten unter Maria Theresia.

Lit.: Kaisertum Österreich 1996, S. 441.

03.33
Kaiser Joseph II.

Friedrich Heinrich Füger (1751–1818), 1784
Aquarell auf Elfenbein (Reproduktion), 17 x 12
Wien, Wien Museum, Inv.Nr. 132.646

In den letzten Regierungsjahren Maria Theresias entwickelte sich Kaiser Joseph II. innen- wie außenpolitisch immer mehr zum Gegenspieler. Nach dem Tod des letzten Wittelsbachers Max III. Joseph ließ er Truppen in die Gebiete Bayerns einmarschieren, um den neuen Kurfürsten einzuschüchtern. Der Pfälzer Karl Theodor unterzeichnete einen Teilungsvertrag. Joseph II. spekulierte während seiner gesamten Regierungszeit auf einen Tausch der Österreichischen Niederlande gegen Bayern und verhandelte darüber mit dem Kurfürsten bei dessen Regierungsantritt und 1785 ein zweites Mal. Er scheiterte am Fürstenbund.

Der bekannte klassizistische Maler Friedrich Heinrich Füger fertigte dieses Miniaturbild, das Kaiser Joseph II. mit Marschallstab zeigt, als Vorlage für diverse Stiche und Gemälde an.

Lit.: Joseph II. 1980, S. 626.

03.34
Brustbild Kurfürst Karl Theodors

Anton Hickel (1745–1798), 1780
Öl auf Leinwand (Reproduktion), 64 x 49,9
Mannheim, Reiss-Engelhorn-Museen, Inv.Nr. Staat 329

Karl Theodor trat das bayerische Erbe mit wenig Freude an. Er schloss mit Joseph II. einen Teilungsvertrag, der Österreich Niederbayern zusprach. Den Traum vom Königreich Burgund, in seiner Hand vereint, vor Augen, schien ihm auch die Idee, Bayern gegen die Österreichischen Niederlande einzutauschen, verlockend. Allerdings hatte er nicht mit den Bayern gerechnet: Die Patriotenpartei agitierte gegen ihn und gegen den Kaiser.

Anton Hickel stellte den Kurfürsten, der als Kunstmäzen wirkte und Kontakt zu Voltaire pflegte, in der dunkelblauen Uniform des Pfälzer Leibregimentes dar. Er trägt den Orden vom Goldenen Vlies, den Hubertus- und den Sankt-Georgs Orden.

Lit.: Lebenslust und Frömmigkeit 1999, S. 104.

03.35
Aufnahme der Herzöge Karl August und Max Joseph in den Fürstenbund

Berlin, 20. Oktober 1785
Papierlibell, 8 Blatt mit Unterschrift und Oblatensiegel Friedrichs des Großen, 33,6 x 21,3
München, Bayerisches Hauptstaatsarchiv, Pfalz-Zweibrücken Urkunden 2491

Anlass für die Erweiterung des Fürstenbundes um wenig mächtige Herzöge aus der Zweibrückener Linie der Wittelsbacher war einerseits die Politik Josephs II., der sein Territorium in den süddeutschen Raum hin ausdehnen wollte, andererseits die Bereitschaft Kurfürst Karl Theodors, Österreich große Gebietszugeständnisse zu machen. Ein möglicher Tausch Bayerns gegen österreichisches Territorium benötigte aufgrund der Hausverträge die Zustimmung der Zweibrückener Linie. Mit der Aufnahme der beiden Herzöge in den Fürstenbund, der durch die Unterstützung Preußens politisches Gewicht bekam, wollte man sich dagegen positionieren. Als sich jedoch Preußen und Österreich ab 1790 gegen das revolutionäre Frankreich verbanden, verlor der Fürstenbund rasch an Bedeutung und zerfiel.

Lit.: Krone und Verfassung 1980, S. 36.

03.36
Kaiser Franz II.

Friedrich Heinrich Füger (1751–1818), Wien 1792
Öl auf Leinwand (Reproduktion), 163 x 125
Regensburg, Fürst Thurn und Taxis Kunstsammlungen, Inv.Nr. StE. 3555

Mit Franz II. versuchte noch einmal ein Habsburger an das bayerische Erbe der Wittelsbacher zu gelangen: Er forcierte eine eheliche Verbindung zwischen dem kinderlosen Kurfürsten Karl Theodor, der 1794 Witwer geworden war, und der blutjungen Maria Leopoldine von Österreich-Este.

In seiner 1792 beginnenden Regierungszeit – das Gemälde zeigt den 24-jährigen Kaiser in klassisch-würdevoller Herrscherpose und diente wohl dazu, den neu erlangten Herrschaftsanspruch offiziell kundzutun – brachten die Koalitionskriege einen Zerfall des Reiches zugunsten der mittleren und großen Reichsfürsten. Diesem Machtverlust begegnete er, indem er als Franz I. 1804 den erblichen Titel eines Kaisers von Österreich annahm und so das österreichische Kaisertum begründete. Seine Regierungszeit als Kaiser, die mit der Amtszeit Kanzler Metternichs einherging, war geprägt von den Vorgängen im Frankreich Napoleons I. und von einem starren Konservativismus, der jeder Reform hinderlich war. Mit Franz II., der 1806 die römische Kaiserkrone niederlegte, ging die Ära der Kaiser des Heiligen Römischen Reiches Deutscher Nation zu Ende.

Lit.: Heiliges Römisches Reich 2006, S. 237 ff.

03.37
Maria Leopoldine von Österreich-Este

Moritz Kellerhoven (1758–1830), München, um 1795–1799
Öl auf Leinwand (Reproduktion), 145 x 98
München, Bayerische Schlösserverwaltung, Residenz München, Inv.Nr. Res.Mü. G 191

Um mehr Einfluss auf Bayern zu gewinnen, arrangierte der Wiener Hof 1795 die Heirat des betagten Kurfürsten Karl Theodor mit der 18-jährigen Tochter Erzherzog Ferdinands, Maria Leopoldine von Österreich-Este. Intention des Kurfürsten war es wohl, durch einen Erben die Thronfolge der Linie Pfalz-Zweibrücken-Birkenfeld zu verhindern. Er verstarb jedoch 1799 in München ohne ehelichen Nachkommen. Maria Leopoldine stellte sich auf die Seite der Wittelsbacher und unterstützte den Erhalt Bayerns mit der Machtübernahme durch Herzog Max Joseph von Zweibrücken.

Lit.: Lebenslust und Frömmigkeit 1999, S. 500.

03.38
Kurbayerisches Wappen

Um 1623–1635
Lindenholz, geschnitzt, farbig gefasst, 57,5 x 35
Kaiserslautern, Pfalzgalerie, Inv.Nr. K 1629

Die Schlacht am Weißen Berg 1620 brachte eine Rekatholisierung der österreichischen wie böhmischen Länder und den Absolutismus mit sich. Diese gesellschaftlichen und politischen Veränderungen manifestierten sich auch im Wappenschild.
Über Friedrich V. von der Pfalz wurde die Reichsacht verhängt, an Herzog Maximilian I. von Bayern mit dem seit 1623 gültigen kurbayerischen Wappen die Kurwürde verliehen. Zentrale Symbole waren die „bayerischen Wecken" – weiß-blaue Rauten, die sich bei den Wittelsbachern erstmals 1247 auf einem Siegel Herzog Ludwigs II. gefunden hatten – sowie der Löwe als jenes Tier, mit dem das Haus Wittelsbach symbolisch verbunden war. Ab dem 14. Jahrhundert kombinierte man Rauten und Löwen. Das rote Herzogschild mit Reichsapfel fügte Maximilian I. von Bayern nach seiner Belehnung mit der Kurfürstenwürde dem Wappen zu.

Lit.: Heiliges Römisches Reich 2006, S. 288; Albrecht 1998.

03.39
Spiegel der Ehren des Erzhauses Österreich

Johann Jakob Fugger (1516–1575), Bearb.: Sigmund von Birken (1626–1681), Nürnberg 1668
Papier, 31,4 x 22,6 (geschlossen)
St. Paul im Lavanttal, Benediktinerstift St. Paul, Bibliothek

Auf 1.416 Seiten wird hier die Geschichte der Habsburger vom Mittelalter bis ins beginnende 16. Jahrhundert nacherzählt. 1660 erteilte der kaiserliche Hof zu Wien dem in Nürnberg ansässigen Sigmund von Birken den Auftrag, das Werk Johann Jakob Fuggers zu bearbeiten und neu herauszugeben. 1688 konnte er diesen Auftrag abschließen und das Buch in Nürnberg drucken lassen. Es zeigt auf mehreren Kupfertafeln die Porträts der Habsburger Kaiser von Rudolf I. bis Maximilian I., ferner sind Medaillen und Wappen der Herrscher und deren Beschreibungen zu finden. Qualitativ hochwertige Kupferstiche widmen sich Ereignissen der Geschichte im Kontext des Hauses Habsburg und Ansichten von Städten. Karten der Schweiz, Österreichs und des Donaulaufes dokumentieren den Wirkungsradius der Dynastie. Das Opus wird durch einen Plan der alten Kaiserstadt Konstantinopel ergänzt.

Gerfried Sitar

Lit.: Unpubl.

03.40
Adler vom Prunkschiff Kaiser Leopolds I.

Wien, 1683
Holz, gefasst, H 55
Linz, Oberösterreichisches Landesmuseum, Inv.Nr. S 121

Für Hofreisen auf der Donau standen dem Kaiser eigene Schiffe zur Verfügung. So erfolgte auch die Flucht aus Wien 1683 teilweise zu Wasser auf der Donau. In den Abendstunden des 7. Juli 1683 verließ Leopold I. Wien, um sich mit seiner Familie, dem Hofstaat und den geheimen Räten vor den heranrückenden Türken in Sicherheit zu bringen; am 9. Juli setzte man die Reise von Krems aus per Schiff nach Melk fort. Als auch Linz, das am 13. Juli erreicht wurde, nicht mehr sicher schien, bestieg man in Aschach wiederum das Schiff, um weiter nach Passau zu fliehen.

Lit.: Welt des Barock 1986, S. 204.

03.41
Hausaltar, ursprünglich Uhrengehäuse

Augsburg, um 1690–1700
Eichenholz, furniert mit Schildpatt und teils vergoldeten Silberfolien, teils vergoldete Messingbeschläge, Türkise, 104 x 42 x 86
St. Paul im Lavanttal, Benediktinerstift St. Paul, Bibliothek

Über Volutenfüßen erhebt sich ein mehrfach gestufter Unterbau, der den eigentlichen Architekturaufbau trägt: Dieser ruht auf einer Sockelzone mit Silberreliefs, die Putten als Personifikationen der Festungsbaukunst, der Bildhauerei, der Musik und der Geografie zeigen. Darüber steigt das Hauptgeschoß auf, das von schlanken, reich mit Silberornament verzierten Säulen zuseiten des vortretenden quadratischen Mittelteils bestimmt wird. In Letzteren ist ein achteckiger Rahmen mit Ausklinkungen eingelassen, der ehedem das Zifferblatt der Uhr aufnahm, die Zwickel zieren Puttengel mit Girlanden. Darüber erhebt sich ein gesprengter Giebel mit Auszug, der seitlich von einer attikaartigen Balustrade flankiert wird. Den seitlichen Abschluss des Uhrengehäuses bilden schließlich Ohrungen aus Akanthusranken, auf denen Putten sowie die Allegorien von Flora und Ceres sitzen.
Das Uhrengehäuse schenkte die Stadt Augsburg Markgraf Ludwig Wilhelm von Baden-Baden, dem „Türkenlouis", im Gefolge der Schlacht von Höchstädt am 13. August 1704. Sie wurde in seiner Residenz, dem Schloss zu Rastatt, aufgestellt und dort 1733 sowie 1772 inventarisiert. Damals besaß sie noch einen Unterbau mit einer integrierten Orgel, gefüllte Apotheken-Schubladen (unter anderem hinter den Säulen), zwei Globen und das silberne Zifferblatt der Uhr, welche die Tage und den Stand der Planeten anzeigte, alles von einem Glassturz geschützt. Die Gesamthöhe betrug rund 2,7 Meter. 1775 erwarb der Pariser Juwelier Charles die Uhr für 1.110 Gulden bei der Versteigerung des baden-badischen Nachlasses in Offenburg, veräußerte sie aber bereits 1780 für die gleiche Summe an Fürstabt Martin II. Gerbert von St. Blasien. Dieser ließ den Aufbau mit integrierter Orgel zu einem Altar für seine Hauskapelle umarbeiten. Davon zeugen die beiden Kapseln mit Reliquien der Heiligen Philippus Neri und Franz Xaver vor den Säulen, außerdem wohl die beiden schwebenden Engel der Achteckrahmung. Sie waren ehedem auf den anstelle der Uhr eingefügten Verehrungsgegenstand bezogen – wohl eine Figur oder eine Monstranz mit dem Altarsakrament. Dort wurde später eine ehemals an anderer Stelle angebrachte Silberranke mit dem Gott Apoll eingesetzt – vermutlich im Zuge der Verbringung der Blasianer Kunstschätze in die Schweiz, bei der offenbar der Unterbau zurückgelassen wurde.

Holger Kempkens

Lit.: ÖKT 37 (1969), S. 245ff., Kat.Nr. 2; St. Blasien 1983, Bd. I, S. 196ff., Kat.Nr. 164; St. Paul 1991, Bd. I, S. 264f., Kat.Nr. 14.6; St. Paul 1997, S. 91, Kat.Nr. 7.48; Sitar 2000, S. 144.

03.06

03.07

03.08

03.23

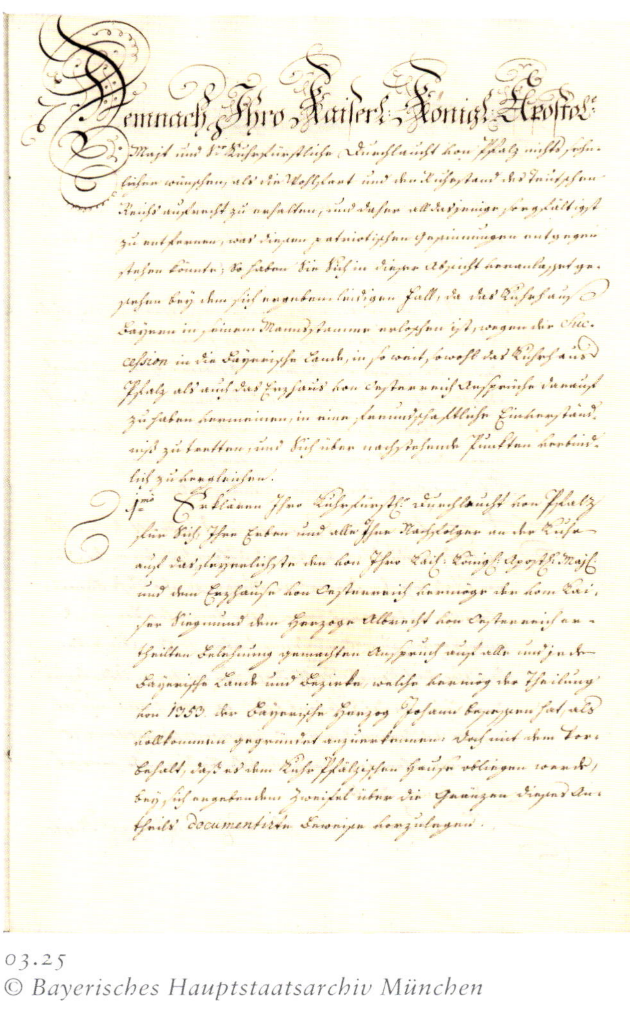
Demnach Ihro Kaiserl. Königl. Apostol.

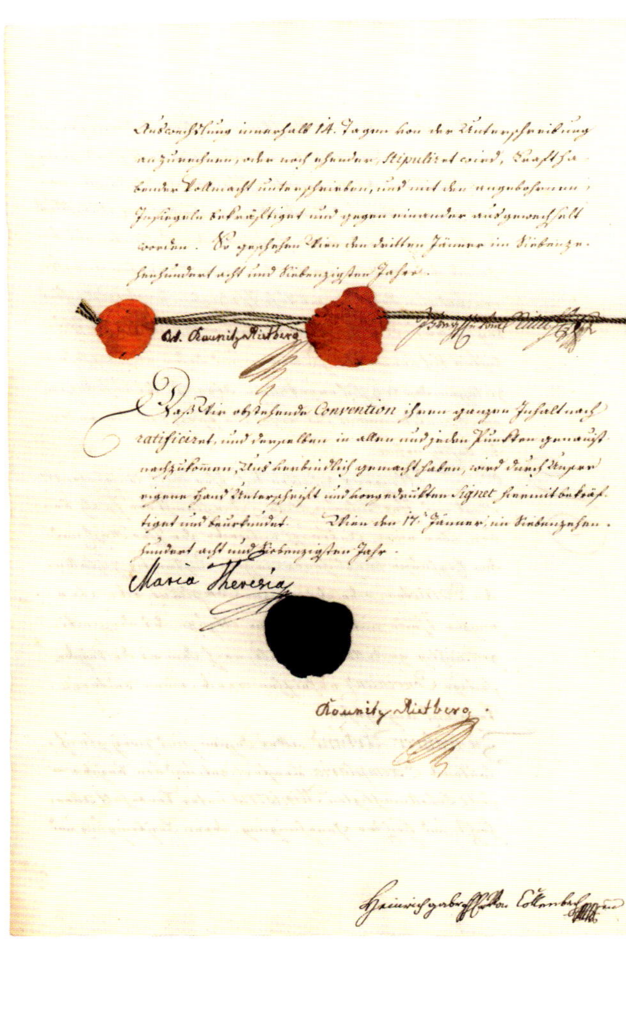
Maria Theresia

Kaunitz Rietberg

03.25

03.28–03.32
© MAK – Österreichisches Museum für angewandte Kunst/Gegenwartskunst Wien

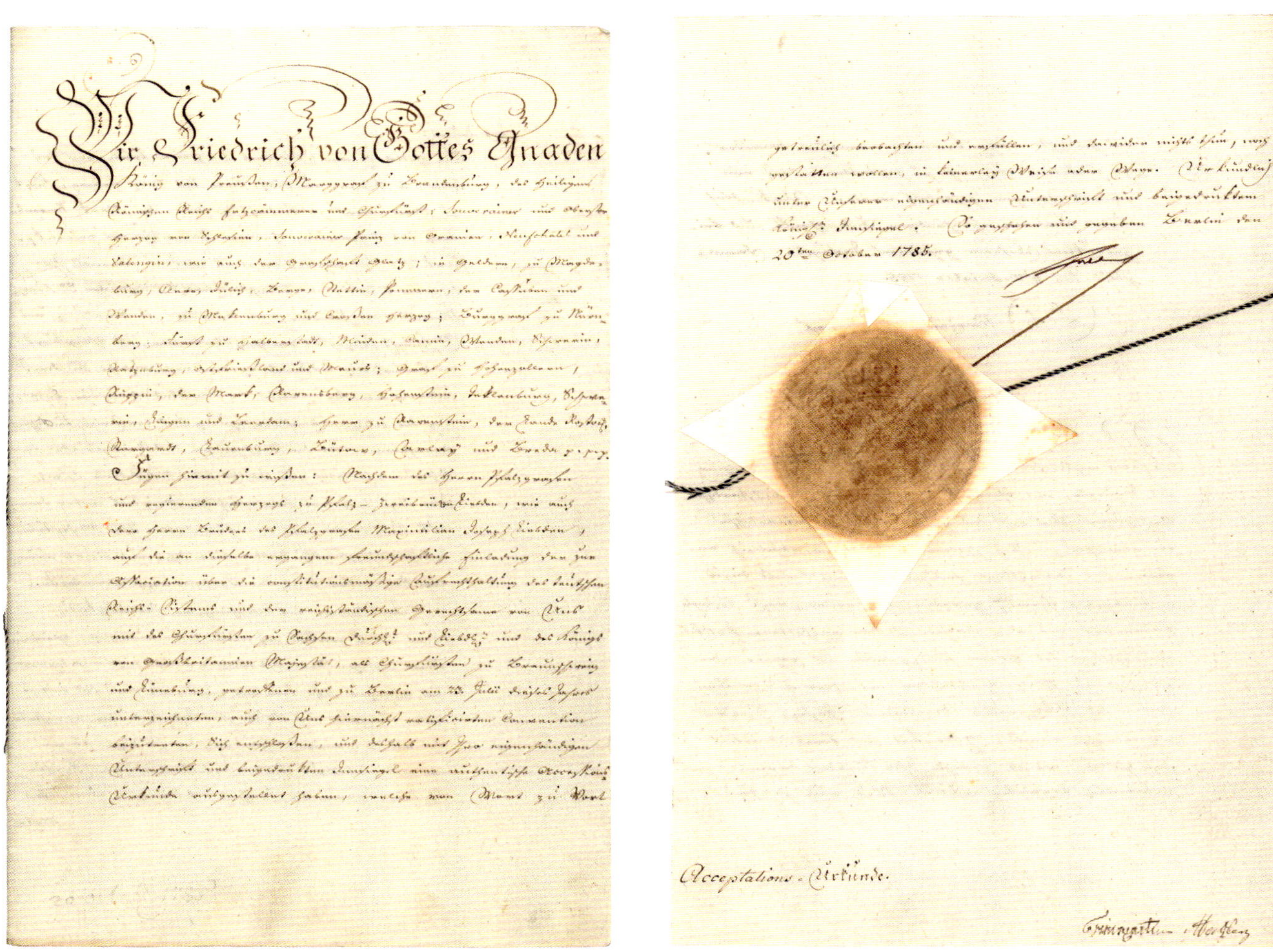
Wir Friedrich von Gottes Gnaden

20ten October 1785.

Acceptations-Urkunde

03.25
© Bayerisches Hauptstaatsarchiv München

03.39
© Benediktinerstift St. Paul im Lavanttal

03.41
© Benediktinerstift St. Paul im Lavanttal

RVDOLPHUS.I.
ALBERTUS.I.
FRIDERICVS.III.
ALBERTVS.II.
FRIDERICVS.IV.
MAXIMILIANVS.I.
Adhuc stat.
Tolle moras
Vtrum Lubet
Per tot discrimina
Spiegel der Ehren des Höchstlöbliche Ertzhauses Österreich
Jonas Arnold delineavit.
Philip Kilian sculps

03.39

4. Das Leiden der Opfer

In Kriegszeiten litt die Bevölkerung in der Stadt gleichwie auf dem Lande an den Folgen von Zwangsrekrutierungen, Kriegssteuern, Kampfhandlungen, Truppendurchmärschen und Einquartierungen. Ob Konfrontationen mit feindlichen oder eigenen Soldaten vonstatten gingen, machte wenig Unterschied: Beiden musste man Tribut zollen.
Gezielte Angriffe auf die Zivilbevölkerung und die Taktik der „verbrannten Erde" kamen als Mittel der Kriegsführung zum Einsatz. Willkürliche Plünderung, Brand, Raub, Mord und Vergewaltigung standen auf der Tagesordnung. Erwiesen sich die Truppen einmal als gnädig, so musste die Bevölkerung tief in die Tasche greifen und Kontributionen dafür leisten, dass sie verschont blieb. Die Begleiterscheinungen des Krieges trafen die Menschen auf dem Lande am härtesten. Die Ernten wurden vernichtet; mit Haus und Hof verloren sie auch ihre Existenzgrundlage.

04.01
Hl. Sebastian (halb verbrannt)
Bayern, 17. Jahrhundert
Holz, Reste der Fassung, H 150
Traunstein, Heimathaus, Inv.Nr. 346
Im Sommer 1704 erreichte der Spanische Erbfolgekrieg den Chiemgau. Österreichische Truppen fielen in die Täler ein, besetzten Hohenaschau und Marquartstein. Am 25. Juli zogen kaiserliche Husaren in Traunstein ein und verlangten hohe Summen, wolle man die Stadt vor Brandschatzung bewahren. Am 22. August rückten die regulären Truppen ab, zurück blieben die Panduren – Soldaten von der österreichischen Militärgrenze gegen das Osmanische Reich, zumeist Kroaten, Rumänen, Serben und Ungarn. Mit brennenden Pechkränzen steckten sie die Stadt in Brand. Bis auf wenige Relikte fiel auch die Einrichtung der Stadtpfarrkirche den Flammen zum Opfer.
Lit.: Rosenegger 1995.

Der Pfälzische Erbfolgekrieg

Die militärischen Kräfte Kaiser Leopolds I. und des Reiches waren im Kampf gegen die Türken gebunden. König Ludwig XIV. sah die Gelegenheit gekommen, seine Expansionspolitik zu forcieren. Ziel waren die Sicherung und der Ausbau französischer Gebiete auf Reichsboden und die Gewinnung der Rheingrenze.
Einen Anlass bot ihm der Tod Karls II. von der Pfalz, der 1685 kinderlos starb. 1657 hatte dessen Vater Kurfürst Karl Ludwig einen Freundschafts- und Subsidienvertrag mit Frankreich geschlossen, den man durch die Vermählung Liselottes von der Pfalz mit dem Bruder Ludwigs XIV. absicherte. Der neue Kurfürst Philipp Wilhelm von Pfalz-Neuburg trat 1686 der Augsburger Allianz bei, in der sich die Niederlande, der Kaiser, Karl II. von Spanien und Herzog Viktor Amadeus von Savoyen gegen die französische Expansionspolitik verbündeten.
Ludwig XIV. erhob nun Anspruch auf das Erbe seiner Schwägerin. 1688 fielen französische Truppen in die Pfalz und das linksrheinische Gebiet ein, verwüsteten zahlreiche Orte. 1695 wurde Brüssel zerstört. Der Friede von Rijswijk beendete im Oktober 1697 den Krieg. Frankreich erhielt die besetzten Gebiete zugesprochen.

04.02
Ruines in de Bergstraat te Brüssel
Entwurf: Augustin Coppens, Stecher: Richard van Orley (1663–1732), Brüssel, 1695
Radierung (Reproduktion), 19,8 x 26,7
Amsterdam, Rijksmuseum, Inv.Nr. RP-P-OB-77.235

04.03
Ruines bij de Grasmarkt te Brüssel
Entwurf: Augustin Coppens, Stecher: Richard van Orley (1663–1732), Brüssel, 1695
Radierung (Reproduktion), 19,8 x 26,7
Amsterdam, Rijksmuseum, Inv.Nr. RP-P-OB-77.236

04.04
Ruines bij de Vismarkt te Brüssel
Entwurf: Augustin Coppens, Stecher: Richard van Orley (1663–1732), Brüssel, 1695
Radierung (Reproduktion), 19,8 x 26,7
Amsterdam, Rijksmuseum, Inv.Nr. RP-P-OB-77.237

04.05
Ruines op de Grote Markt te Brüssel
Entwurf: Augustin Coppens, Stecher: Richard van Orley (1663–1732), Brüssel, 1695
Radierung (Reproduktion), 19,8 x 26,7
Amsterdam, Rijksmuseum, Inv.Nr. RP-P-OB-77.238

04.06
Ruines te Brüssel
Entwurf: Augustin Coppens, Stecher: Richard van Orley (1663–1732), Brüssel, 1695
Radierung (Reproduktion), 19,8 x 26,7
Amsterdam, Rijksmuseum, Inv.Nr. RP-P-OB-77.239

04.07
Ruines in een straat naar de Grote Markt
Entwurf: Augustin Coppens, Stecher: Richard van Orley (1663–1732), Brüssel, 1695
Radierung (Reproduktion), 19,8 x 26,7
Amsterdam, Rijksmuseum, Inv.Nr. RP-P-OB-77.240

04.08
Ruines in de Beenhouwerstraat
Entwurf: Augustin Coppens, Stecher: Richard van Orley (1663–1732), Brüssel, 1695
Radierung (Reproduktion), 19,8 x 26,7
Amsterdam, Rijksmuseum, Inv.Nr. RP-P-OB-77.241

04.09
Ruines te Brüssel
Entwurf: Augustin Coppens, Stecher: Richard van Orley (1663–1732), Brüssel, 1695
Radierung (Reproduktion), 19,8 x 26,7
Amsterdam, Rijksmuseum, Inv. Nr. RP-P-OB-77.242

04.10
Ruines op de Grote Markt te Brüssel

Entwurf: Augustin Coppens, Stecher: Richard van Orley (1663–1732), Brüssel, 1695
Radierung (Reproduktion), 19,8 x 26,7
Amsterdam, Rijksmuseum, Inv.Nr. RP-P-OB-77.243

04.11
Ruines in de Magdalenasteenweg te Brussel

Entwurf: Augustin Coppens, Stecher: Richard van Orley (1663–1732), Brüssel, 1695
Radierung (Reproduktion), 19,8 x 26,7
Amsterdam, Rijksmuseum, Inv.Nr. RP-P-OB-77.244

1695 näherte sich das französische Heer Brüssel. Von 13. bis 15. August beschoss die feindliche Artillerie die Stadt ohne Unterbrechung – ausgenommen die Residenz, in der sich der bayerische Kurfürst als Statthalter der Spanischen Niederlande aufhielt. 4.000 Gebäude wurden in dieser ersten allein gegen die Zivilbevölkerung gerichteten militärischen Aktion dem Erdboden gleichgemacht. Diese Form der Kriegsführung war charakteristisch für das Vorgehen der Franzosen im Pfälzischen Erbfolgekrieg: Planmäßig stellte man Mörserbatterien rund um die Städte auf, berechnete die Flugbahnen der Geschoße genau, um einen flächendeckenden Beschuss zu erzielen.
Die Radierungen dokumentieren minutiös die Zerstörungen nach dem Angriff und prangern das Bombardement der wehrlosen Stadt als Sakrileg an. Jedes Blatt lässt zerstörte Kirchen oder Klöster erkennen – die französische Vernichtungsmaschinerie machte keinen Unterschied mehr zwischen Profan und Sakral.

Lit.: Prinz Eugen 2010, S. 74; Carl 2009.

04.12
Beitrittserklärung Kaiser Leopolds I. und der deutschen Reichsstände zum Frieden von Rijswijk

Rijswijk, 30. Oktober 1697
Papier, Handschrift, Siegelabdrücke der Unterzeichneten an hellblauem Seidenband, 28 fol., 37 x 47,5
Wien, Haus-, Hof- und Staatsarchiv, Allgemeine Urkundenreihe 1697 X 30

Von 1694 an versuchten sich die am Pfälzischen Erbfolgekrieg beteiligten Kräfte über ein Ende der Auseinandersetzung zu einigen. Ludwig XIV. war aber nicht bereit, die Forderungen Kaiser Leopolds I. und Wilhelms von Oranien zu erfüllen. Als England und Spanien als Generalstaaten im September 1697 einen Friedensvertrag mit Frankreich unterzeichneten, musste sich das Kaiserreich anschließen. Am 30. Oktober trat es diesem bei. Frankreich konnte das linke Rheinufer von Basel bis zur Queich mit Straßburg behalten, verlor Kehl, Philippsburg, Freiburg und Breisach an das Kaiserreich, Spanien erhielt Luxemburg und Barcelona.

Lit.: Prinz Eugen 2010, S. 75; Prinz Eugen 1986, S. 54.

Der Spanische Erbfolgekrieg

Als der letzte spanische Habsburger Karl II. 1700 kinderlos verstarb, erhob Kaiser Leopold I. Anspruch auf die Nachfolge für seinen Sohn Erzherzog Karl, einen Urenkel Philipps III. von Spanien. Aber auch Ludwig XIV. begehrte den Thron für seinen Enkel Philipp von Anjou. Dessen Urgroßmutter Anna von Österreich war eine Tochter Philipps III. von Spanien, seine Großmutter wiederum, die Gemahlin Ludwigs XIV., die älteste Tochter des spanischen Königs Philipp IV.
Im 1701 losbrechenden Krieg bildeten England und Holland mit Leopold I., Preußen, Portugal und Savoyen eine Allianz gegen Frankreich und seine Verbündeten Bayern und Köln. Wichtige Kampfgebiete im Süden des Reiches waren Bayern und Tirol. Nach der Zweiten Schlacht bei Höchstädt 1704 mussten die französisch-bayerischen Truppen Bayern räumen, der Kriegsschauplatz verlagerte sich an den Rhein. Die Besetzung von Kurbayern durch Kaiserliche wurde teils mit brutalen Maßnahmen durchgesetzt.
Der Spanische Erbfolgekrieg endete 1714 mit einer Pattsituation. Die Friedensschlüsse von Utrecht und Rastatt etablierten erstmals Ansätze eines dauerhaften Gleichgewichts der Kräfte in Europa.

04.13
Schlacht von Höchstädt, 1704

Jan van Huchtenburgh (1647–1733), nach 1708
Öl auf Leinwand (Reproduktion), 116 x 153
Turin, Galleria Sabauda, Inv.Nr. 890

Die Schlacht von Höchstädt 1704 markierte den entscheidenden Wendepunkt im Spanischen Erbfolgekrieg. Eine Allianz aus kaiserlichen und englischen Einheiten unter der Führung von Prinz Eugen und Jon Churchill Herzog von Marlborough trat den französischen und bayerischen Truppen unter dem französischen Marschall Tallard und Kurfürst Max Emanuel entgegen. Der Sieg der kaiserlichen Truppen hinderte die feindlichen Verbände daran, nach Wien vorzustoßen.
Jan van Huchtenburgh fertigte einen Zyklus von zehn Gemälden Prinz Eugens zu Pferde, im Hintergrund verschiedene Kriegsschauplätze. Diese Bilder hingen im Schlachtenbildersaal des Winterpalais von Prinz Eugen.

Lit.: Prinz Eugen 2010, S. 164.

04.14
Plan der Zweiten Schlacht von Höchstädt, 1704

Kupferstich, Bez. „Brühl", Maßstab 1:15.384, 20,3 x 30
St. Paul im Lavanttal, Benediktinerstift St. Paul, Bibliothek

Unter dem Befehl Prinz Eugens von Savoyen und des Herzogs von Marlborough standen 52.000 Mann der Alliierten 56.000 Soldaten des französisch-bayerischen Heeres gegenüber. Am Morgen des 13. August 1704 brachen Marlborough und Prinz Eugen von ihrem Lager am Kesselbach auf, marschierten die Donau entlang und griffen schließlich um die Mittagszeit Franzosen und Bayern an. Gegen Abend gelang es durch einen Dreifachangriff, die Franzosen bei Blindheim vernichtend zu schlagen. Frankreich und Bayern hatten 20.000 Tote und Verwundete zu beklagen, 14.190 Mann wurden gefangen. Auf alliierter Seite verzeichnete man 4.542 getötete und rund 8.000 verwundete Soldaten. Prinz Eugen setzte den französischen Marschall Tallard gefangen. Die Alliierten errangen in der ersten Schlacht des Spanischen Erbfolgekrieges einen Sieg gegen die Franzosen und führten damit eine entscheidende Wende herbei.

Gerfried Sitar

Lit.: Unpubl.

04.15
Fouragiere plündern Felder um Augsburg

Georg Philipp d. Ä. Rugendas (1666–1742), 1705
Federzeichnung, braun laviert (Reproduktion), 25,5 x 40,5
München, Staatliche Graphische Sammlung, Inv.Nr. 1936:87

Der in Augsburg tätige Schlachtenmaler und Zeichner Rugendas stellte in einer Folge von Zeichnungen das Wüten der Truppen während des Spanischen Erbfolgekrieges dar. Das Bild *„Die feindlichen Fouragiere schneiden weit und breit die noch unzeitigen Feldfruchten ab, und führen sie in das Lager"* dokumentiert einen Aspekt des Kriegsgeschehens, das der Maler als Augenzeuge erlebte, als bayerisch-französische Truppen über Augsburg hereinbrachen. Hier sieht man die meist in kleineren Einheiten operierenden Fouragiere, die Nahrung für die Truppen eintrieben.

Lit.: Prinz Eugen 2010, S. 86.

Der „Bayerische Rummel"

Im Spanischen Erbfolgekrieg lief Tirol Gefahr, von Süden und von Norden angegriffen zu werden. Zum Entsatz wurde 1701 Prinz Eugen mit seinen Truppen in Marsch gesetzt. Da die Haupttäler der Tiroler Alpen im Süden von französischen Truppen besetzt waren, überquerte der Heereszug die für nicht passierbar gehaltenen Tridentinischen und Lessinischen Alpen und fiel den feindlichen Truppen in den Rücken.

Kurfürst Max Emanuel, der sich 1702 auf die Seite Frankreichs geschlagen hatte, erklärte die Vereinigung Tirols mit Österreich 1363 für unrechtmäßig und erhob Ansprüche auf das Land. 1703 fielen bayerisch-französische Truppen ein. Am 2. Juli 1703 hielt der Kurfürst Einzug in Innsbruck. In Südtirol formierten sich indes Aufgebote aus allen Talschaften. Sie konnten ein Vordringen der Franzosen und Bayern aus Nordtirol verhindern. In den oberen Gerichten Tirols wurden Schützen und Landsturm aufgeboten. Des Geländes unkundig, sollten die Feinde in einen Guerillakrieg verwickelt werden. Heranrückende kaiserliche Truppen unterstützten die Verteidiger. Max Emanuel musste den Rückzug anordnen. Unter Plünderungen und Brandschatzungen rückten die bayerischen Truppen aus Tirol ab.

04.16
Anwerbung und Auszug eines Tiroler Aufgebotes 1703

Tirol, Anfang 18. Jahrhundert
Öl auf Leinwand, 54,2 x 76
Innsbruck, Tiroler Landesmuseum Ferdinandeum, Inv.Nr. Gem. 1983

Während des Spanischen Erbfolgekrieges stießen die Bayern, die an der Seite der Franzosen kämpften, 1703 bis Tirol vor. Als die Tiroler die Gefahr erkannten, begannen sie sofort das militärische Aufgebot zu erstellen, Gewehre und Geschütze aus dem Innsbrucker Zeughaus zu verteilen und die Milizregimenter für die bevorstehende Konfrontation zu rüsten.

Lit.: Max Emanuel 1976, S. 151.

04.17
Tirolerinnen verabschieden ihre Männer in den Kampf

Elias Baeck (1679–1747), nach 1703
Flugblatt, Kupferstich, 31,3 x 19,5
Innsbruck, Tiroler Landesmuseum Ferdinandeum, Inv.Nr. FB 6504/20

Als Max Emanuel in Tirol einfiel, hatte die gefürstete Grafschaft eben eine längere Friedensperiode hinter sich. Der Angriff des Kurfürsten und seiner Truppen ging als „Bayerischer Rummel" in die Geschichte ein. In diesem Flugblatt rückte der Kupferstecher Elias Baeck *„Die bey dem Abschid ihrer Männer zum theil betrüebte, und glückwünschende Tyrollerische Scharff-Schützen-Weiber"* in den Mittelpunkt.

Lit.: Prinz Eugen 1986, S. 341.

04.18
Zur Verteidigung Tirols aufgebotene Scharfschützen

Elias Baeck (1679–1747), nach 1703
Flugblatt, Kupferstich, 31,3 x 19,5
Innsbruck, Tiroler Landesmuseum Ferdinandeum, Inv.Nr. FB 6504/21

Das Flugblatt von Elias Baeck zeigt eine Szene des 1703 mit der Einnahme der Schanze von Windhausen begonnenen bayerischen Einfalles. Die Tiroler – hier *„Die wegen eines gefährlichen Einfalls in das Tyrol aufgebottene und zur defension bereitswillihe Scharff=Schützen"* – vermochten die Auseinandersetzung für sich zu entscheiden und den berühmten Feldherren zurückzuschlagen, der im Spanischen Erbfolgekrieg an der Seite der Franzosen kämpfte. Als Sieger über den mächtigen Kurfürsten machte Tirol europaweit von sich reden. Die Vorfälle um das Jahr 1703 trugen viel zum Klischeebild des Tirolers im deutschen Sprachraum bei.

04.19
Tiroler Aufgebot in einem Engpass

Tirol, Anfang 18. Jahrhundert
Öl auf Leinwand, 54,2 x 76
Innsbruck, Tiroler Landesmuseum Ferdinandeum, Inv.Nr. Gem. 1984

Gemäß dem Landlibell Kaiser Maximilians I. war Tirol berechtigt, für die Verteidigung des Landes im Rahmen einer allgemeinen Wehrpflicht bis zu 20.000 Mann zu den Waffen zu rufen. Allerdings durfte der sogenannte Sturm, später als „Landsturm" oder „Sturmmasse" bezeichnet, nur innerhalb der Grenzen des Landes eingesetzt werden. Adel, Geistlichkeit, Bürger und Bauern trugen die Landesverteidigung – das Gemälde zeigt ein Tiroler Aufgebot während des Spanischen Erbfolgekrieges – gleichermaßen.

Lit.: Bayerisch-tirolische G'schichten 1993, S. 165.

04.20
Sieg der Tiroler über ein bayerisch-französisches Korps an der Brücke bei Landeck

Tirol, Anfang 18. Jahrhundert
Öl auf Leinwand (Reproduktion), 58 x 75
Innsbruck, Tiroler Landesmuseum, Inv.Nr. Gem 1993

Bayerische und französische Einheiten hatten den Befehl, über das oberste Inntal in den Vinschgau vorzustoßen. Als 100 bayerische Dragoner und 210 französische Infanteristen am 28. Juni 1703 von Landeck in Richtung Reschenpass marschierten, gelangten sie auf Höhe der Pontlatzer Brücke in einen Hinterhalt. Die Tiroler ließen Stein- und Baumlawinen auf die Feinde nieder und töteten viele. Die Überlebenden flüchteten und wurden bei der gedeckten Brücke von Landeck von Schützen der Tiroler Miliz erschossen. Kein Mann entkam, der Kurfürst Max Emanuel von dieser Niederlage hätte berichten können.

Lit.: Prinz Eugen 1986, S. 339; Max Emanuel 1976, S. 151f.

04.21
Flugblatt auf Crischtel Troyling, einen Anführer der Tiroler Miliz

Tirol (?), 1703
Flugblatt, Kupferstich, Buchdruck, 17,5 x 14
Innsbruck, Tiroler Landesmuseum Ferdinandeum, Inv.Nr. FB 6504/9

In einem Manifest vom 26. Juni 1703 forderte Kurfürst Max Emanuel die Tiroler Bevölkerung auf, die Waffen niederzulegen und sich zu ihren Häusern oder Höfen zu begeben. Sollten sie weiter Widerstand leisten, müssten sie mit harten Strafen rechnen. Dieses Flugblatt zeigt den mit Gewehr, Degen und Bandelier ausgerüsteten Bauern Crischtel Troyling, einen Kommandanten der Landesdefension.

Lit.: Max Emanuel 1976, S. 153.

04.22
Flugschrift auf die Niederlage von Bayern

Tirol, um 1703
Einblattdruck, Kupferstich mit Buchdruck, 30 x 16,3
Innsbruck, Tiroler Landesmuseum Ferdinandeum, Inv.Nr. FB 6504/2

Nach der Eroberung der Festung Kufstein und dem Einzug in Innsbruck wähnte sich Kurfürst Max Emanuel im Besitz des Landes. Die hartnäckige Tiroler Landesverteidigung zwang ihn jedoch bereits einen Monat später, am 26. Juli 1703, zum Rückzug. Den Bayern blieb nur die Festung Kufstein. Dieser militärischen Niederlage folgte eine große Anzahl an Schmähschriften. Das auf das Gefecht bei der Pontlatzer Brücke bezogene Gedicht warnt jeden davor, Tirol zu überfallen: „*Grab-Schrift / Welche der Helden-müthig-Tyrolerische / seinem Aller-Genädigesten Keyser / und Herrn / Herrn / etc. etc. träu-bleibende / Bauer MARTIN LANINGER / Als ein Anführer seiner Mit-Gesellen / denen / mit Frantzosen behafften / Bayren (ihren andern Nach-folgern zu einem N[ota] B[ene] so / gleichsam nach Art deß alten Testaments / meistens von sothanen zwischen denen Tyrolerischen Bergen aller-jüngest versteiniget worden / verabfasset haben solle*“.

Lit.: Prinz Eugen 1986, S. 339f.

Die Sendlinger Mordweihnacht

Joseph I., der Kaiser Leopold I. 1705 nachfolgte, war keineswegs dazu bereit, den relativ gemäßigten Kurs seines verstorbenen Vaters in der „Causa Bayern“ fortzusetzen. Er ließ das bayerische Oberland und die Residenz München besetzen, erhöhte die Steuern und quartierte Truppen ein. Im Herbst 1705 kam es im gesamten Kurfürstentum zu einer Zwangsaushebung. Bei der Rekrutierung und dem Eintreiben von Versorgungsleistungen wurde äußerst brutal vorgegangen.
In der Oberpfalz, in Niederbayern und in der Gegend um Tölz folgten – „*Liaba bairisch steam, als kaiserlich verdeam*“ – erste Aufstände und Gewalttätigkeiten, die sich rasch ausbreiteten. Die Führung der Aufständischen übernahmen nun Offiziere, Adelige, Beamte und Handwerker. Man belagerte Burghausen, kurz darauf auch Braunau. Die beiden Städte wurden in der Folge zu militärischen und politischen Zentren der Aufstandsbewegung. Hier entstand auch das erste demokratische Gebilde des neuzeitlichen Europa: die sogenannte Gmein der Bürger und Bauern bzw. das „Braunauer Parlament“. Im Weiteren eroberten Aufständische die Stadt Schärding und – unter Führung von Matthias Kraus – die Stadt Kelheim.
Einen zehntägigen Waffenstillstand nutzten sie dazu, die Befreiung Münchens von der Besatzungsmacht zu planen. Die kaiserlichen Soldaten sollten im Norden Bayerns durch Aufstände gebunden werden. Die Aufständischen wollten sie dann im Südosten umgehen und in einem Sternmarsch auf München marschieren. Innerhalb der Stadtmauer, so der Plan, sollte die Münchner Bürgerwehr die Revolutionäre unterstützen. Man beschloss, den Waffenstillstand zu brechen und mit der Aktion so schnell wie möglich zu beginnen. Am 21. Dezember 1705 sammelten sich im Kloster Schäftlarn die Oberländer, gegen Mittag des 24. Dezembers begannen die Aufständischen ihren Marsch auf München. Die kaiserlichen Besatzer der Stadt waren indes längst über die geplante Aktion informiert. Sie endete in einem Desaster: Der Aufstand wurde in einem ungeheuren Gewaltexzess niedergeschlagen. In der Hoffnung, die kaiserlichen Truppen würden zumindest am Weihnachtstag einen geweihten Bezirk achten, flüchteten sich Überlebende auf den Friedhof der alten Pfarrkirche in Sendling. Sie wurden niedergemetzelt. Den wenigsten Aufständischen gelang die Flucht. Innerhalb von drei Wochen waren rund 5.000 Opfer zu beklagen.

04.23
Fünf Batterieschlossgewehre

Wiener Neustadt, Anfang 18. Jahrhundert
Eisen, Nussbaum, Buchenholz, Kaliber 18–20 mm, L (gesamt) 136–157
Graz, Universalmuseum Joanneum, Landeszeughaus, Inv.Nr. 231-235

Von Frankreich ausgehend, fanden Batterieschlossgewehre bald bei Truppen im gesamten europäischen Raum Verwendung. Ihr großer Vorteil gegenüber anderen damals üblichen Systemen bestand im raschen Nachladen. Das erhöhte die Feuerkraft der Infanterie.

Lit.: Max Emanuel 1976, S. 164f.

04.24
Gebogener Säbel, Schwert und Degen eines Panduren

Um 1740–1750
Säbel: 93 x 13; Schwert: 102 x 15; Degen: 105 x 23
Miesbach, Heimatmuseum, Inv.Nr. 151, 152, 153

Zu den am meisten gefürchteten Truppenteilen gehörten die Panduren, meist Soldaten von der österreichischen Militärgrenze, die ab dem Spanischen Erbfolgekrieg das Heer verstärkten. Franz Freiherr von der Trenck, einer ihrer berüchtigten Anführer, erhielt bei Ausbruch des Österreichischen Erbfolgekrieges von Maria Theresia die Erlaubnis, ein Korps von 1.000 Panduren auf eigene Kosten auszurüsten. Die Truppe, die bald auf 5.000 Mann anwuchs, rekrutierte sich vorwiegend aus Soldaten der Gegend um seine kroatischen Güter.
Nach dem Frieden von Füssen wurde er 1746 wegen Gräueltaten, Ungehorsams und Insubordination zum Tode verurteilt. Maria Theresia begnadigte ihn zu lebenslanger Haft auf der Burg Spielberg in Brünn.

Lit.: Sonntag 1976.

04.25
Kurzschwert
18. Jahrhundert
Eisen, 50 x 10
Miesbach, Heimatmuseum, Inv.Nr. 154

04.26
Morgenstern
18. Jahrhundert
Holz, Eisen, 81 x 26
Miesbach, Heimatmuseum, Inv.Nr. 158

04.27
Holzstangen mit Vierkantspitzen
18. Jahrhundert
Holz, Eisen, 190 x 260 x 250
Miesbach, Heimatmuseum, Inv.Nr. 159, 160, 161

04.28
Holzstange mit Flößerhaken
18. Jahrhundert
Holz, Eisen, L 145
Miesbach, Heimatmuseum, Inv.Nr. 162

04.29
Dreschflegel
18./19. Jahrhundert
175 x 7 x 3,5
Kronburg-Illerbeuren, Schwäbisches Bauernhofmuseum, Inv.Nr. 1998/94

04.30
Morgenstern
18./19. Jahrhundert
191 x 25 x 25
Kronburg-Illerbeuren, Schwäbisches Bauernhofmuseum, Inv.Nr. 1998/95

04.31
Saufeder
18./19. Jahrhundert
187 x 5 x 4
Kronburg-Illerbeuren, Schwäbisches Bauernhofmuseum, Inv.Nr. 1998/96

04.32
Hellebarde
18./19. Jahrhundert
202 x 27 x 3,5
Kronburg-Illerbeuren, Schwäbisches Bauernhofmuseum, Inv.Nr. 2006/785

04.33
Morgenstern
18. Jahrhundert
173 x 23 x 23
Kronburg-Illerbeuren, Schwäbisches Bauernhofmuseum, Inv.Nr. 2006/788

04.34
Dreschflegel
18./19. Jahrhundert
164 x 6,5 x 6,5
Kronburg-Illerbeuren, Schwäbisches Bauernhofmuseum, Inv.Nr. 2006/787

04.35
Kaiserliches Abmahnungspatent
Landshut, 14. November 1705
Papier, Druck, erste Seite
München, Bayerisches Hauptstaatsarchiv, Kriegsarchiv, Alter Bestand Nr. 123 y

Auf Empfehlung Prinz Eugens setzte Kaiser Leopold I. im März 1705 im besetzten Bayern eine oberste zivile Landesverwaltung mit Sitz in Landshut ein. Von November 1705 an musste der Münchner Stadtkommandant Oberst de Wendt gegen Aufständische kämpfen, konnte aber nicht verhindern, dass die Städte Burghausen, Braunau und Schärding in deren Hände fielen. In diesem Patent erhält er den Auftrag, die zusammengerotteten Bauern mit militärischer Macht auseinanderzutreiben. Alle Städte, Märkte und Dörfer werden aufgefordert, Söhne und Knechte nach Hause zu berufen; wer ruhig bleibe, habe nichts zu befürchten.

Lit.: Max Emanuel 1976, S. 197.

04.36
Generalpardon der Landesadministration
München, 4. Januar 1706
Original, Papier, 2 Seiten, 45 x 30
Wien, Haus-, Hof- und Staatsarchiv, Inv.Nr. Bavarica Fz. 16c, fol. 73-74

Um die laut Landesadministration *„boshaften Unternehmen in Vergessenheit“* zu setzen, pardonierte sie die am Aufstand gegen die kaiserlichen Besatzer Beteiligten, ausgenommen die Haupträdelsführer: Die Waffen seien an die Gerichtsobrigkeit abzuliefern, Denunziationen würden mit 50 Gulden belohnt, bei Weigerung folge die Verschickung auf eine Galeere. Franzosen, die noch keine zehn Jahre in Bayern seien, hätten das Land zu verlassen; den bayerischen Soldaten hingegen sei es möglich, in den kaiserlichen Dienst überzutreten.

Lit.: Max Emanuel 1976, S. 197.

04.37
Götzinger Trommel
Bayern, 1705
Holz, Leder, 51 x 58
Miesbach, Heimatmuseum, Inv.Nr. 166

Unter der Parole *„Lieber bairisch sterben / Als wie kaiserlich verderben“* – sie findet sich auch auf dieser Trommel – rückten dem bayerischen Kurfürsten ergebene Aufständische des Oberlandes im Dezember 1705 aus, um im Kampf gegen die kaiserlichen Truppen München zu erobern. In der Nacht zum 25. Dezember 1705, die als Sendlinger Mordweihnacht in die Geschichte eingehen sollte, wurden sie von der Reichsarmee vernichtend geschlagen.

Lit.: Schlacht von Höchstädt 2004, S. 249f.

04.38
Spottbild auf den Landesdefensionskongress
Österreich, 1706
Kupferstich, 32,4 x 30
Braunau, Stadtmuseum Braunau

Das österreichische Spottblatt über *„Das Rebelische bayrn Parlament zu Braunau“* nimmt auf die Versammlung der Defensionskommission vom 19. bis 23. Dezember 1705 Bezug. Dabei erklärten sich – laut Schmähblatt von den Franzosen dazu verleitet – sechs Vertreter der Burghausener Regierung und rund 100 Bürger und Bauern aus den verschiedenen Städten, Märkten und Gerichten als Vertreter des „Bauernparlaments“ bereit, dem seit 13. August belagerten München nach den Weihnachtstagen zu Hilfe zu eilen. Der Zug gegen die kaiserlichen Truppen bei München endete in der Sendlinger Mordnacht für mehr als 1.000 Bauern tödlich.

Lit.: Max Emanuel 1976, S. 196; Tausend Jahre Oberösterreich 1983, S. 264.

04.39
Spottblatt auf Matthias Kraus
Johann Lorenz Höning, Nürnberg, 1706
Kupferstich, 28 x 17,5
Regensburg, Museen der Stadt

Nachdem Kelheim im Dezember 1705 wieder an die Kaiserlichen gefallen war, berichtete die Propaganda von der Verhaftung des Bauernkommandanten Matthias Kraus: *„Nachdem hierauf der saubere Bauern-Commendant oder Mezger Krauß in einem Bier-Faß, oben mit Stroh zugedeckt, von einem Feld-*

webel gefunden und gefragt worden: Ob er der Bauern-Commendant seye? Hatte selbiger ganz kläglich geantwortet. Ach mein Herr! Ich bins nicht, ich bin ein armes, gezwungenes Bäuerlein. Als ihm aber der Feldwebel aus dem Faß gezogen und hiernächst zum Gewölbe gebracht hatte, wurde er gleich von seinen unter sich gehabten Bauern erkannt, darauf äusserst verspottet und mit Ohrfeigen und Nasenstübern reichlich tractiret". Im unteren Bereich des Spottblattes die Mahnung: „*Nimm deines Keysers Wort, nimm Eyd u. Treu in acht, so wirst du vor der Welt und Gott seyn hoch geacht.*"
Lit.: Max Emanuel 1976, S. 195f.

04.40
Votivtafel mit der Sendlinger Bauernschlacht
Bayern, 1707
Öl auf Leinwand, 84,5 x 115
Egern, Pfarrkirche
Auf der Votivtafel ist die Sendlinger Mordweihnacht vom 25. Dezember 1705 dargestellt. Eine Schutzmantelmadonna mit zwei Engeln steht über dem Dorf Sendling, links im Bild, und der Stadt München. Die Aufständischen sind schon von den kaiserlichen Truppen eingeschlossen, einige versuchen sich noch über die Isar zu retten. Der Votationstext enthält die Namen der Überlebenden und der Toten der Gemeinden Egern und Tegernsee.
Lit.: Max Emanuel 1976, S. 192.

04.41
Gelöbnistafel der Traunsteiner Bürgerschaft nach dem Stadtbrand von 1704
Bayern, um 1704, 1863 erneuert
Öl auf Leinwand (Reproduktion), 74 x 106
Altötting, Bischöfliche Administration der Heiligen Kapelle
Österreichische Truppen erreichten Ende Juli 1704 unter General von Guttenstein die Stadt Traunstein. Um Plünderungen zu entgehen, entrichteten die Bürger 8.000 Gulden Brandschatzungsgeld. Nachdem die regulären Truppen von der Stadt abzogen waren, kam es in der Nacht zum 23. August durch irreguläre Panduren zur Brandschatzung. Da sie den Traunsteinern verboten, den verheerenden Brand zu löschen, brannte die Stadt fast zur Gänze nieder.
Lit.: Schlacht von Höchstädt 2004, S. 246.

04.42
Votivbild des Dorfes Zankenhausen
Bayern, 1706
Öl auf Leinwand (Reproduktion), 206 x 123
Zankenhausen, Pfarrkirche St. Johann Baptist
Beim Taubenschießen setzten österreichische Soldaten in Zankenhausen, Landkreis Fürstenfeldbruck, das Strohdach eines Hauses in Brand. Das gesamte Dorf fiel den Flammen zum Opfer, wie auch eine Inschrift auf diesem Votivbild schildert: „*Der sibend May (A. 1706) ein ybles geschrey zu Zankenhausen machte, Da nemlich s'Feur, ganz ungeheuer, uns grossen Schreckhen brachte. Maria war in dieser Gfahr Ein Trost der höchst Betriebten, Sanct Florian, und Sanct Johann Barmherzigkeit da yebten. Denckht nun daran, o Weib! O Mann! Denckhets ihr kleine Kinder! Seydt nit so blind, meydet die Sünd Scharpf straffet Gott die Sündser.*"
Lit.: Max Emanuel 1976, S. 377.

04.43
Votivtafel der Stadt Donauwörth
Bayern, 1705
Öl auf Leinwand, 44 x 39,5
Donauwörth, Pädagogische Stiftung Cassianeum
Nach der Schlacht am Schellenberg steckten die unterlegenen bayerischen Garnisonen die Magazine von Donauwörth in Brand, damit diese nicht den Feinden in die Hände fielen. Mithilfe der Alliierten konnte eine komplette Zerstörung Donauwörths abgewendet werden. Aus Dankbarkeit stiftete die Stadt zwei Votivtafeln für die Gruftkapelle des Klosters Heilig Kreuz. Über der Stadt erkennt man schwebend das Kreuzpartikel, das Heiltum von Heilig Kreuz.
Lit.: Schlacht von Höchstädt 2004, S. 195f.

04.44
Votivtafel zum Dank für die Schonung von Partenkirchen
Bayern, 1704
Öl auf Leinwand (Reproduktion), 155 x 210
Partenkirchen, Franziskanerkloster – Wallfahrtskirche St. Anton
Vier Bürger Partenkirchens gelobten dem heiligen Antonius eine Kapelle zu errichten, sollten die kaiserlichen Truppen die Stadt verschonen. Die Tafel, eigentlich – was das ungewöhnliche Format erklärt – als Altarbild gedacht, zeigt die flüchtende Bevölkerung von Partenkirchen und den Ort während des Einzuges der österreichischen Soldaten.
Lit.: Max Emanuel 1976, S. 190.

04.45
Votivtafel des Soldaten Andreas Michel
Bayern, 1726
Öl auf Leinwand, 50 x 76
Aufkirchen, Wallfahrtskirche
„*Anno 1705 ist Andreas Michel von Leitstöten gebirtig als muscadierer under Herren General Griechbaum in dem Markth Ried underlandts Bayren wegen gewisen Verbrechen mit 3 andern Cameraden umb das leben zu spilen Condemniert worden, hat sich dem nach in seinem Eysristen Nöthen zu der Wunderthaedtigen Gnaden Mutter Mariam nach Aufkirchen mit einer H. Mess verlobt, welche ihn erhört, das er seine Cameradten um 1 Aug mit den wirfflen hingespillet, hiemitd das leeben Salviert die andere Wurden auf der stöll erschossen. Vor diese grosse himlsgnad, hat er folgente Taffl zur schuldigsten danckh aufgehenckt AM. EX VOTO 1726*". Generalmayor Kriechbaum übernahm im Jahre 1705 das Streifkorps de Wendt. In diesem dienten auch Bayern, unter ihnen der Soldat Andreas Michl. Losentscheide über Leben oder Tod sind aus dieser Zeit gelegentlich bezeugt.
Lit.: Max Emanuel 1976, S. 193.

04.46
Grenadiertrommel
Bayern, um 1700–1720
Öl, Holz und Leder, 55,5 x 62
Ingolstadt, Bayerisches Armeemuseum
Im 17. Jahrhundert kam den Grenadieren die Aufgabe zu, die runden Granaten gegen die Feinde zu schleudern. Die Bezeichnung für diese Spezialisten blieb bis ins 18./19. Jahrhundert erhalten, obgleich sich deren militärischer Einsatzbereich grundlegend änderte. Bei dieser Trommel handelt es sich um einen doppelseitig mit Fell bespannten Zylinder. Vorne ist das von drei flammenden Granaten umgebene kurbayerische Wappen zu sehen. Der obere Rand der Trommel wird von einem Band mit blauen Rauten auf weißem Grund gesäumt.
Lit.: Schlacht von Höchstädt 2004, S. 154.

04.47
Der Friede von Rastatt
Rastatt, 6. März 1714
Papier, 46 fol., Tinte, gebunden, Abdrücke der Siegel von Prinz Eugen und dem Duc de Villars, 37 x 50
Wien, Haus-, Hof- und Staatsarchiv, Allgemeine Urkundenreihe 1714 III 6, fol. 37

Als die kaiserlichen Truppen gegen die Franzosen keine Siege mehr erzielen konnten, wurde am 28. November 1713 mit Friedensverhandlungen begonnen, die Prinz Eugen für Karl VI. und Louis Hector Duc de Villars für Ludwig XIV. führten. Obgleich die Verhandlungen an den französischen Forderungen zu scheitern drohten, wurde der Friede von Rastatt dank des Verhandlungsgeschicks von Prinz Eugen Wirklichkeit. Mit ihm endete der Spanische Erbfolgekrieg. Karl VI. hielt seine Besitzungen in Italien, Sardinien, Neapel, den „Stato di Presidi" mit Mailand und Mantua, die Spanischen Niederlande wurden an Österreich abgetreten. Zu sehen ist hier der letzte von insgesamt 37 Artikeln des Vertrages, der die Ratifizierung durch Karl VI. und Ludwig XIV. regelte. Der Vertrag ist von Prinz Eugen und Duc de Villard signiert und trägt deren Siegel.

Lit.: Prinz Eugen 1986, S. 206.

Der Österreichische Erbfolgekrieg

Mit der Pragmatischen Sanktion legte Karl VI. 1713 eine neue Erbfolgeregelung fest: Die Tochter des letzten männlichen Throninhabers sollte das Erbe antreten. Dieses Dokument galt als Staatsgesetz, der Kaiser bemühte sich aber auch um die Anerkennung durch die anderen europäischen Mächte.

Als Karl VI. 1740 ohne männlichen Erben starb, erhoben Karl Albrecht, Kurfürst von Bayern, und Friedrich August, Kurfürst von Sachsen, im Namen ihrer Ehefrauen, Töchter Josephs I., Anspruch auf die habsburgischen Erblande. Friedrich II. von Preußen verlangte für seine Anerkennung der Pragmatischen Sanktion die Provinz Schlesien und besetzte diese am 16. Dezember 1740.

Damit begann der Österreichische Erbfolgekrieg, der auch Bayern wieder zum Kriegsschauplatz machte. 1741 schlossen Bayern und Spanien ein Bündnis, dem später Preußen, Sachsen, Frankreich, Schweden, Neapel, die Kurpfalz und Kurköln beitraten. Auf die Seite Österreichs stellten sich Großbritannien und die Niederlande, traditionelle Gegenspieler Frankreichs.

Die Separatfrieden von Berlin, Füssen und Aachen beendeten den Krieg. Österreich verlor zwar Schlesien an Preußen, Maria Theresias Ansprüche wurden aber bestätigt.

04.48
Die Belagerung von Linz 1742
Unbekannter Künstler (Kreis um August Querfurt), um 1750
Öl auf Leinwand (Reproduktion), 135 x 134
Wien, Heeresgeschichtliches Museum/Militärhistorisches Institut, Inv.Nr. BI 24.041

Bayerischen Einheiten gelang es, am 14. September 1741 Linz ohne Gegenwehr einzunehmen. Die Besetzung der Stadt erfolgte Anfang Jänner 1742 durch Einheiten Generalleutnant Segurs und bayerische Verbänden unter Feldzeugmeister Graf Minuzzi. Österreichische Truppen unter der Leitung Graf Khevenhüllers begannen am 23. Jänner Linz zu belagern. Die Beschießung der Stadt blieb ergebnislos, Attacken der bei Ebelsberg und Urfahr positionierten Belagerungsarmee erzwangen jedoch die Kapitulation. Den bayerischen und französischen Besatzern wurde freier Abzug garantiert.

Lit.: Maria Theresia 1980, S. 87.

04.49
Belagerung von Prag 1742
August Querfurt (1696–1761)
Öl auf Leinwand (Reproduktion), 172,5 x 183
Wien, Kunsthistorisches Museum, Gemäldegalerie, Inv.Nr. 2706

Umgeben von seinen Generälen und dem Gefolge sieht man den Oberbefehlshaber der Belagerungsarmee, Franz Stephan von Lothringen; hinter ihm erstreckt sich das Moldautal, an dessen rechter Seite der Prager Hradschin mit der Festungsanlage, dem Schloss und dem Palais erkennbar ist. Am 17. August 1742 begannen österreichische Mörser mit der Beschießung. Karl von Lothringen und Feldmarschall Khevenhüller vereitelten Entsatzversuche der französischen Armee. 14.000 Mann brachen unter schweren Verlusten aus der belagerten Stadt aus und flüchteten. Zurück blieben 4.000 Kranke und Verwundete. Nachdem sie die Stadt zu sprengen drohten, bekamen sie am 26. Dezember freies Geleit.

Lit.: Maria Theresia 1980, S. 90.

04.50
Die Bataille von Schärding
Josef Ignaz Mildorfer (1719–1775), 1742
Öl auf Leinwand, 65 x 87,8
Salzburg, Barockmuseum, Inv.Nr. 0304

Josef Ignaz Mildorfer, Professor an der Wiener Akademie der bildenden Künste, stellte auf diesem Ölgemälde eine Szene aus dem Österreichischen Erbfolgekrieg dar. In der Schlacht bei Schärding traten im Jänner 1742 ungarische Husaren gegen bayerische Infanteristen an – auf dem Bild sind hingegen Kürassiere im Kampf gegen bayerische Kavallerie zu sehen. Entweder nahm hier der Maler von seiner künstlerischen Freiheit Gebrauch, oder er stellte eine andere als die Schlacht bei Schärding dar.

Lit.: Leube-Payer 2000, S. 624ff.

04.51–04.52
Zwei Schlachtszenen
Jan van Huchtenburgh (1647–1733), um 1708
Öl auf Holz
St. Paul im Lavanttal, Benediktinerstift St. Paul, Pinakothek

Der aus Haarlem in den Niederlanden stammende Hofmaler Prinz Eugens, Jan van Huchtenburgh, hielt zwei Szenen aus dem Spanischen Erbfolgekrieg fest, die den Blick auf eine weite, von kämpfenden Soldaten übersäte Landschaft freigeben. Der Künstler fing die Dynamik der Schlacht ein und schilderte die Wucht, mit der die verfeindeten Truppen aneinandergerieten. Da die Uniformen der Söldner sehr detailliert wiedergegeben sind, kann man einzelne Regimenter erkennen, die in das Schlachtgetümmel involviert sind. Huchtenburgh gilt als einer der großen Maler am Übergang vom 17. zum 18. Jahrhundert, die sich auf die Darstellung von Kriegsschauplätzen spezialisiert hatten. Die anatomischen Feinheiten an Mensch und Tier verraten das Können und die Versiertheit des Künstlers, der die Szenen geradezu choreografisch komponierte. Der Maler begleitete Prinz Eugen von Savoyen auf die bedeutendsten Schlachtfelder seiner Zeit und schilderte historische Ereignisse im Stil von Philips Wouwerman. Ähnliche Darstellungen befinden sich in der Galleria Sabauda in Turin.

Gerfried Sitar

Lit.: Unpubl.

04.53
Auftrag zur Verpfändung des Schmucks von Maria Theresia

Maria Theresia, 1742
Papier, 6 Blätter, 30,5 x 21
Wien, Haus-, Hof- und Staatsarchiv, Familienarchiv, Min. d. kaiserl. Hauses, Einz. Abh. Kart. 3, Fz. VII/2, fol. 3,5-9

Maria Theresia erteilte dem angesehenen Mailänder Patrizier Andriani im Jahre 1742 den Auftrag, den Großteil ihres ererbten Schmuckes zu verpfänden, um den Schlesischen Krieg weiter finanzieren zu können. Ihre Juwelen brachten eine Summe von rund eineinhalb Millionen Gulden ein. Bis an ihr Lebensende sollte es Maria Theresia nicht mehr möglich sein, den Schmuck zurückzukaufen.

Lit.: Maria Theresia 1980, S. 83.

04.54
Der Friede von Berlin

Preußische Ratifikationsurkunde, Berlin, 6. August 1742
Pergament, 8 Folien mit den eigenhändigen Unterschriften von Friedrich dem Großen und Graf Heinrich von Podewils; Siegel in Siegelkapsel
Wien, Haus-, Hof- und Staatsarchiv, Allgemeine Urkundenreihe 1742 VII 28

Mit dem zwischen Maria Theresia und Friedrich II. geschlossenen Frieden von Berlin wurde der Erste Schlesische Krieg, der von 1740 bis 1742 dauerte, beendet. Preußen übernahm von Österreich Gebiete in Schlesien und die böhmische Grafschaft Glanz. Die Herzogtümer Teschen, Troppau und Jägerndorf blieben Österreich hingegen erhalten. Möglicherweise wäre ganz Oberschlesien unter österreichischer Krone geblieben, hätte sich der Vermittler Österreichs, der Brite Thomas Robinson, durch mehr Verhandlungsgeschick ausgezeichnet.

Lit.: Maria Theresia 1980, S. 89.

04.55
Der Friede von Füssen

Österreichische Ratifikationsurkunde, 28. April 1745
Original, Pergamentlibell, 10 Blätter, mit Unterschrift Kaiserin Maria Theresias, Siegel in vergoldeter Siegelkapsel, an vergoldeter Seidenschnur, 35,5 x 29
München, Bayerisches Hauptstaatsarchiv, Kurbayern Urkunden 9308

Dem Ringen um Macht und Kaiserwürde zwischen den Dynastien Wittelsbach und Habsburg setzte der Friede von Füssen ein Ende. Kurfürst Max III. Joseph verzichtete auf die Kaiserwürde sowie auf österreichische Territorien, erkannte die Pragmatische Sanktion an und sagte zu, Franz Stephan, den Gemahl Maria Theresias, bei seiner Wahl zum Kaiser zu unterstützen. Österreich wiederum akzeptierte die bayerischen Grenzen von 1741 und verzichtete auf Entschädigungszahlungen. Der Wittelsbacher Großmachttraum hatte ein jähes Ende gefunden.

Lit.: Bayern 1972, S. 415.

04.56
Dankgabe der Stadt Landsberg am Lech nach dem Österreichischen Erbfolgekrieg

Simon Mayr, 1746
Öl auf Leinwand, Goldrahmen, 122 x 160
Landsberg, Kirche Hl. Kreuz, ehem. Jesuitenkirche

Der Österreichische Erbfolgekrieg suchte – wie die Darstellung erkennen lässt – auch Landsberg am Lech heim. Über der Stadt schwebt hier der heilige Franz Xaver mit Engeln, darunter zeigt sich der Marktplatz mit der Rathausfassade des kurbayerischen Baumeisters und Stuckateurs Dominikus Zimmermann.

Lit.: Bayerische Frömmigkeit 1960, S. 333.

04.57
Der Friede von Aachen

Ausfertigung, 23. Oktober 1748
Pergamentlibell, nicht gebunden, 26 Blätter, drei Lacksiegel, blaue Schnur, 39 x 24
Wien, Haus-, Hof- und Staatsarchiv, Allgemeine Urkundenreihe 1748 X 18

Mit dem Frieden von Aachen kam der ungünstig verlaufende Österreichische Erbfolgekrieg zu einem Ende. Gegen den Protest Maria Theresias – sie war in die Verhandlungen nicht einbezogen worden – unterzeichneten ihre Verbündeten England und Niederlande im April 1748 einen Vorfrieden. Bei den Verhandlungen in Aachen vertrat Wenzel Anton Graf von Kaunitz die österreichischen Interessen. Er erkannte, dass England nie gestatten würde, Schlesien zurückzuerobern, und legte der Kaiserin nahe, das europäische Bündnissystem zu überdenken. Maria Theresia ratifizierte schließlich am 3. November in Wien den Vertrag, mit dem sie Schlesien sowie kleinere Gebiete in Italien abgeben musste. Allerdings brachte er Österreich eine Anerkennung der Pragmatischen Sanktion durch die Mächte.

Lit.: Kaisertum Österreich 1996, S. 247f.

Der Bayerische Erbfolgekrieg

Mit dem Tod Kurfürst Max' III. Joseph am 30. Dezember 1777 erlosch die bayerische Linie der Wittelsbacher. Aufgrund bestehender Erbfolgeverträge sollte Bayern an den pfälzischen Kurfürsten Karl Theodor aus der Linie Pfalz-Sulzbach fallen.

Doch Österreich intervenierte. Kaiser Joseph II. erhob als Mitregent Anspruch auf Niederbayern und die Oberpfalz, die den Verlust Schlesiens im Österreichischen Erbfolgekrieg ausgleichen sollten. Er überredete Karl Theodor zu einem Tausch, durch den Bayern erhebliche finanzielle Leistungen und Vorderösterreich erhielt. Am 3. Januar 1778 wurde das Abkommen besiegelt, österreichische Truppen marschierten in der Oberpfalz und in Niederbayern ein.

König Friedrich II. von Preußen, der ebenfalls einen Gebietsgewinn in Bayern erhoffte, erklärte am 3. Juli den Krieg und fiel in Böhmen ein. Logistische Probleme und Maria Theresias Kriegsmüdigkeit verhinderten nennenswerte Gefechte. Am 13. Mai 1779 fand dieser Krieg, dem die schlechte Versorgungslage der Soldaten auf preußischer Seite die Bezeichnung „Kartoffelkrieg" und in Österreich den Namen „Zwetschkenrummel" einbrachte, im Frieden von Teschen ein Ende.

04.58
Preußische Kesselpauken

Preußen, um 1743
Kupferblech, 63 x 38, 58 x 38
Wien, Heeresgeschichtliches Museum/Militärhistorisches Institut, Inv.Nr. 1453, 1455

Nach dem preußischen Reglement von 1743 war für die Leibeskadron jedes Dragonerregiments ein Pauker im Stande systemisiert. Fahnen, Standarten, Pauken und ihre Paukendecken stellten für jedes Regiment wichtige Symbole dar. Bei Schlachten bemühten sich die gegnerischen Parteien stets, diese rasch in ihre Hände zu bekommen, hofften sie doch, dass ihr Verlust die Truppen des Gegners demoralisieren würde. Der Überlieferung nach sollen diese Pauken in der Schlacht bei Landshut erbeutet worden sein.

Lit.: Maria Theresia 1980, S. 120.

04.59

Der Friede von Teschen

Eigenhändige Resolution Maria Theresias zum Abschluss des Friedens, 13. Mai 1779

35 x 45

Wien, Haus-, Hof- und Staatsarchiv, Vorträge, Karton 129

Der zwischen Österreich und Preußen geschlossene Friede von Teschen beendete den Bayerischen Erbfolgekrieg. Österreich musste seine Ansprüche auf bayerisches Gebiet zurücknehmen, Bayern als einziges Gebiet das Innviertel mit seinen 80.000 Einwohnern an Österreich abtreten. Wenzel Anton Graf von Kaunitz, der die Vorlage für diesen Vertrag mit insgesamt 19 Urkunden und Weisungen ausgearbeitet hatte, wurde von Maria Theresia dafür gewürdigt. Sie selbst meinte über das Vertragswerk, dass es das *„nutzlichste vor die monarchie und vor mich"* sei.

Lit.: Holzfurtner 2005, S. 350; Maria Theresia 1980, S. 195.

04.60

Der Friede von Teschen

Österreichische Ratifikationsurkunde, Wien, 16. Mai 1779

Roter Samteinband, Pergamentlibell, 10 Blätter mit Unterschriften von Maria Theresia und Kaunitz, Hängesiegel der Kaiserin an goldener Schnur, 35 x 27

München, Bayerisches Hauptstaatsarchiv, Pfalz-Zweibrücken Urkunden 2135

Für Bayern bedeutete der Friede von Teschen die Anerkennung der Wittelsbacher Hausverträge, Kurfürst Karl Theodor konnte damit sein bayerisches Erbe antreten. Die herrschenden Großmächte Frankreich, Russland, Preußen und Österreich garantierten darüber hinaus die Nachfolge der Zweibrückener Linie nach einem kinderlosen Tod Karl Theodors.

Lit.: Krone und Verfassung 1980, S. 34.

04.61

Rohr einer siebenpfündigen Haubitze der österreichischen Artillerie

F. Poitevin, Wien, 1769

Bronze, 280 kg, 89 x 15

Wien, Heeresgeschichtliches Museum/Militärhistorisches Institut, Inv.Nr. NI 81764

Das Rohr entspricht in Form und Abmessungen den 1753 in Österreich neu eingeführten Geschützen. Das auf Initiative Joseph Wenzel Fürst zu Liechtensteins, des Neuorganisators der Artillerie, konstruierte Geschützmaterial bestand aus drei-, sechs- und zwölfpfündigen Feldstücken, sieben- und zehnpfündigen Haubitzen, zwölf-, 18- und 24-pfündigen Batteriestücken, zehn-, 30-, 60- und 100-pfündigen Bombenmörsern sowie 100-pfündigen Steinmörsern. Die Geschütze zählten mehr als 100 Jahre lang zur Standardausrüstung der österreichischen Artillerie.

Lit.: Grenzenlos 2004, S. 379.

04.06
© Rijksmuseum Amsterdam

04.07
© Rijksmuseum Amsterdam

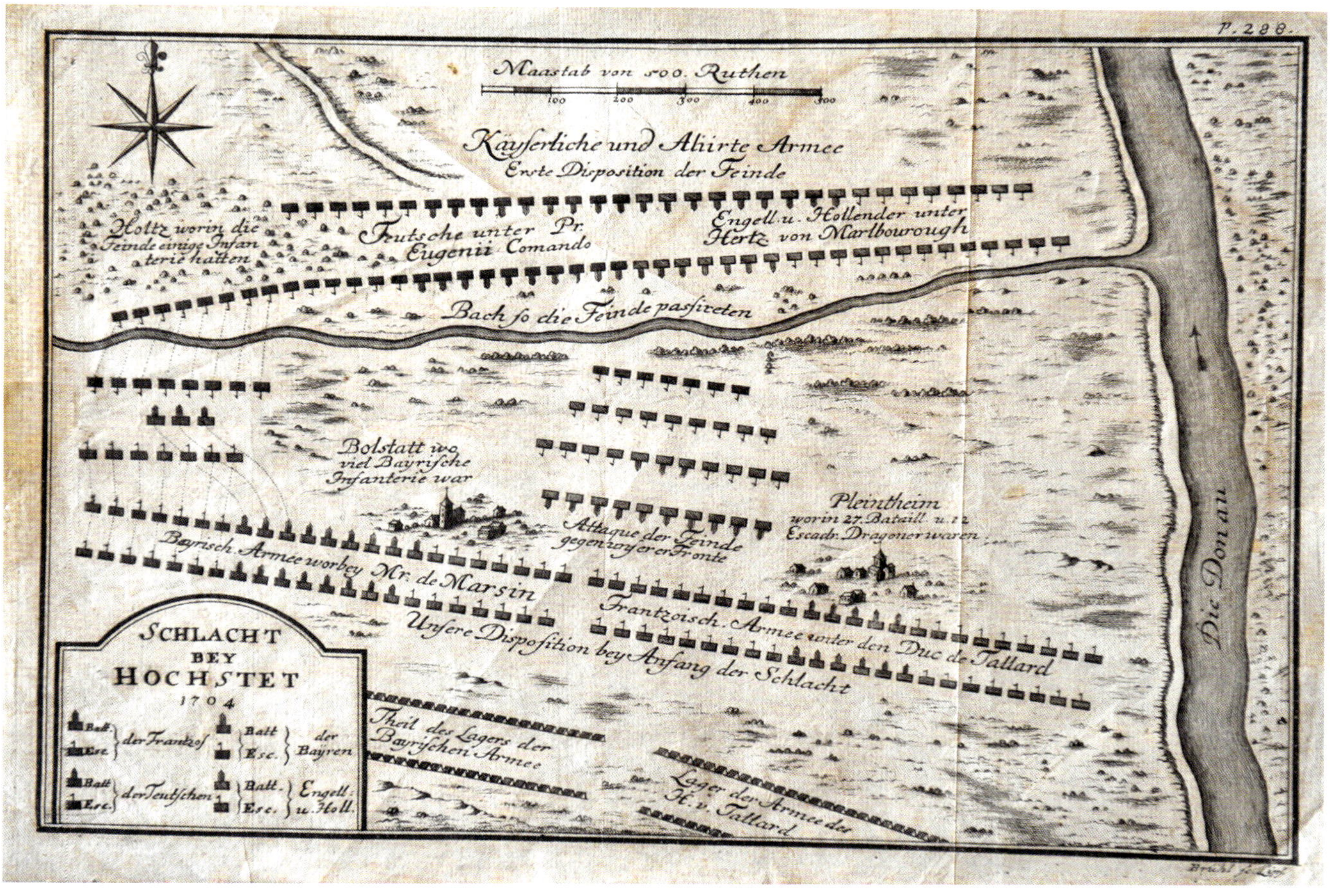

04.14
© Benediktinerstift St. Paul im Lavanttal

04.16
© Tiroler Landesmuseum Ferdinandeum Innsbruck

04.19
© Tiroler Landesmuseum Ferdinandeum Innsbruck

04.39
© Museen der Stadt Regensburg

04.39
© Museen der Stadt Regensburg

04.43
© Pädagogische Stiftung Cassianeum Donauwörth

04.50
© Salzburg Museum GmbH

04.51
© Benediktinerstift St. Paul im Lavanttal

04.52
© Benediktinerstift St. Paul im Lavanttal

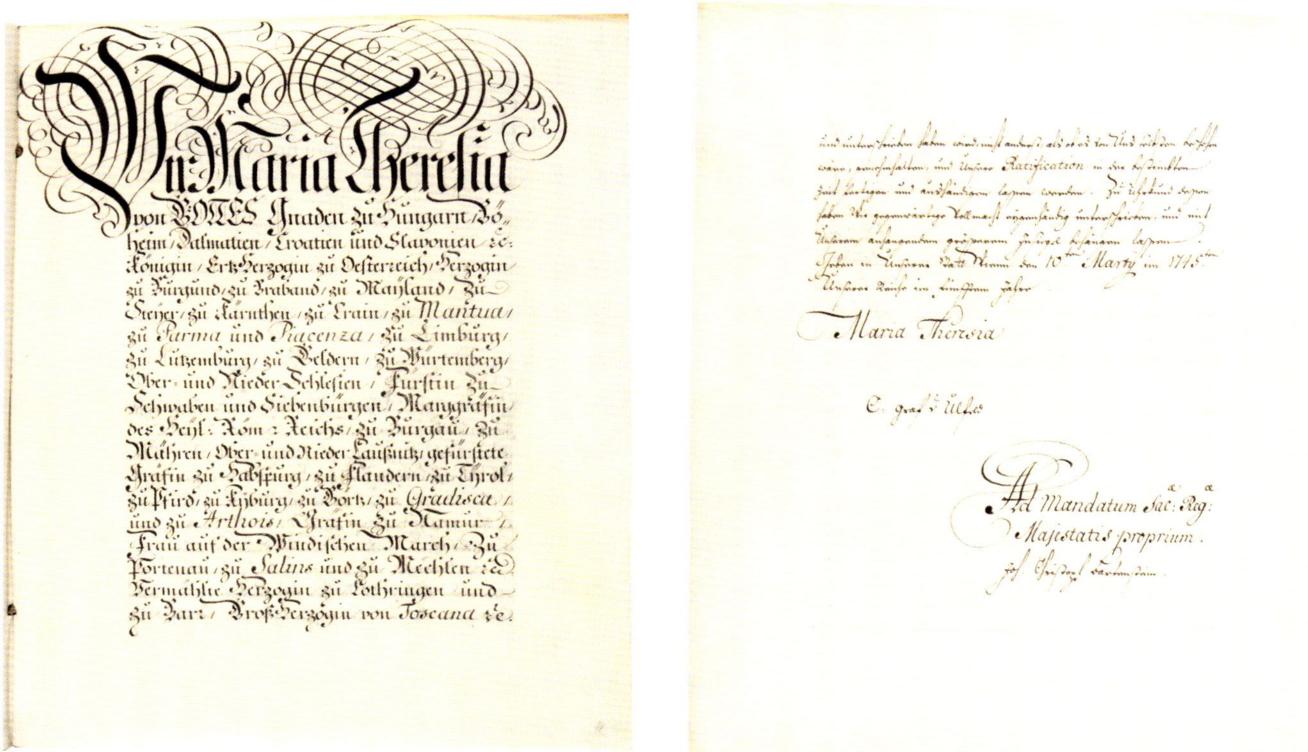
Wir Maria Theresia
von GOTTES Gnaden zu Hungarn, Bö-
heim, Dalmatien, Croatien und Slavonien &c.
Königin, Ertz-Herzogin zu Oesterreich, Herzogin
zu Burgund, zu Braband, zu Mayland, zu
Steyer, zu Kärnthen, zu Crain, zu Mantua,
zu Parma und Piacenza, zu Limburg,
zu Lützemburg, zu Geldern, zu Würtemberg,
Ober- und Nieder-Schlesien, Fürstin zu
Schwaben und Siebenbürgen, Marggräfin
des Heyl. Röm. Reichs, zu Burgau, zu
Mähren, Ober- und Nieder-Laußnitz, gefürstete
Gräfin zu Habspurg, zu Flandern, zu Tyrol,
zu Pfird, zu Kyburg, zu Görtz, zu Gradisca,
und zu Arthois, Gräfin zu Namur,
Frau auf der Windischen March, zu
Portenau, zu Salins und zu Mechlen &c.
Vermählte Herzogin zu Lothringen und
zu Bar, Groß-Herzogin von Toscana &c.

Maria Theresia

Ad Mandatum Sac. Reg.
Majestatis proprium.

04.55

NOS MARIA THERESIA
Dei Gratia Romanorum Imperatrix Vi-
dua; Regina Hungariæ, Bohemiæ, Dal-
matiæ, Croatiæ, Slavoniæ, Galiciæ et
Lodomeriæ; Archidux Austriæ; Dux
Burgundiæ, Styriæ, Carinthiæ et
Carnioliæ; Magna Princeps Transyl-
vaniæ; Marchio Moraviæ; Dux Bra-
bantiæ, Limburgi, Lucemburgi et Gel-
driæ, Wirtembergæ, superioris et inferio-
ris Silesiæ, Mediolani, Mantuæ, Parmæ,
Placentiæ, Guastallæ, Osveciniæ et Zatoriæ;
Princeps Sueviæ; Comes Habsburgi, Flan-
driæ, Tyrolis, Hannoniæ, Kiburgi, Gori-
tiæ et Gradiscæ; Marchio Sac. Rom. Imperii,
Burgoviæ, superioris et inferioris Lusatiæ;
Comes Namurci; Domina Marchiæ Slavoni-
cæ et Mechliniæ; Lotharingiæ et Barri Dux,
Magna Dux Hetruriæ.

muniri jussimus. Datum in Civitate No-
stra Viennæ die 16. Maji Anno millesimo
septingentesimo septuagesimo nono, Reg-
norum Nostrorum trigesimo nono.
Maria Theresia

Ad Mandatum Sac. Cæs. ac
Reg. Apost. Mattis proprium

04.60

5. Das Leben – ein Fest

Hochzeiten

Die Bedeutung dynastischer Heiraten spiegelte sich in Wien gleichwie in München in groß angelegten Feiern wider, die sich oft über Wochen hinzogen. Den ersten Höhepunkt bildete die Einholung der Braut: Städte, Märkte und Klöster auf ihrer Reiseroute richteten kleinere Empfänge und Feierlichkeiten aus. Beim Einzug in die Residenz waren die Straßen, durch die sich der Zug bewegte, feierlich geschmückt, auf den größeren Plätzen hatte man zu Ehren des Paares Triumphpforten errichtet. Der Vermählungszeremonie folgten öffentliche Tafeln in den Räumen der Residenz. Tanz, Feuerwerk, Jagd, Spiel, Turnier, Opern- und Ballettveranstaltungen wechselten einander ab. In den eigens für diese Anlässe geschaffenen Opern und Balletten wurden die Hoffnungen, die man an diese Ehe knüpfte, in allegorischen Bildern auf die Bühne gebracht.
Gefeiert wurde in Friedens- wie in Kriegszeiten, was ein Zeitgenosse 1760 in Wien verwundert kommentierte: *„Der Hof, die Regierung und das Volk sind so in Freuden aufgegangen, daß man so wenig vom Krieg spricht, als gäbe es ihn gar nicht.“* Höfische Prachtentfaltung diente gleichsam zur Demonstration des Machtanspruches des jeweiligen Veranstalters.

05.01
Einzug Isabellas von Parma zur Hochzeit mit Erzherzog Joseph 1760

Martin van Meytens (1695–1770) und Werkstatt, 1762/63
Öl auf Leinwand (Reproduktion), 390 x 566
Wien, Schloss Schönbrunn, Zeremoniensaal (Kunsthistorisches Museum, Gemäldegalerie, Inv.Nr. 7506)

Maria Theresia ließ wichtige Ereignisse der jüngeren Familiengeschichte in Gemälden festhalten. Eine Serie von fünf großflächigen Bildern Martin van Meytens' zeigt die Szenerie anlässlich der Vermählung Erzherzog Josephs mit Isabella von Parma. Hier stellte der Hofmaler den öffentlichen Einzug der Braut in Wien am 6. Oktober 1760 dar: Vom Belvedere bewegte sich der Festzug durch das Kärntnertor zum Stock-im-Eisen-Platz, wo die Wiener Bürger einen Triumphbogen errichtet hatten. Ein weiterer stand am Michaelaerplatz. Als imaginäre Kulisse für den Hintergrund wählte der Maler die Gebäude der heutigen Augustinerstraße.
Lit.: Maria Theresia 1980, S. 230f.

05.02
Trauung Josephs mit Isabella von Parma in der Wiener Augustinerkirche

Martin van Meytens (1695–1770) und Werkstatt, nach 1760
Öl auf Leinwand (Reproduktion), 390 x 300
Wien, Schloss Schönbrunn, Zeremoniensaal (Kunsthistorisches Museum, Gemäldegalerie, Inv.Nr. 7502)

Aus der fünfteiligen Gemäldeserie zur Heirat Erzherzog Josephs mit Prinzessin Isabella stammt auch dieses Bild, das die Trauung in der Augustiner-Hofkirche am 6. Oktober 1760 zeigt. Der päpstliche Nuntius bestätigte die einen Monat zuvor „per procurationem“ – kraft eines Stellvertreters – geschlossene Ehe der knapp 19-jährigen Isabella mit ihrem gleichaltrigen Bräutigam in feierlicher Form.
Lit.: Maria Theresia 1980, S. 231.

05.03
Hofball anlässlich der Vermählung Maria Josephas von Bayern 1765

Valerian Funck (1732–1805) nach Ignaz Günther (1725–1775), nach 1765
Kupferstich (Reproduktion)
München, Deutsches Theatermuseum, Inv.Nr. A 44

Nach dem Tod Isabellas schloss Joseph II. eine zweite Ehe mit der 26-jährigen Maria Josepha von Bayern, der Tochter des verstorbenen Wittelsbacher Kaisers Karl VII. Am 13. Januar 1765 fand in München die Prokura-Hochzeit statt, am Nachmittag des folgenden Tages wurde im Opernhaus, dem heutigen Cuvilliés-Theater, ein Ball in Dominokleidung veranstaltet. Nach einem großen Fest in Nymphenburg verließ die Braut am 17. Januar München Richtung Wien. In Stift Lambach wurde sie vom bayerischen Hofstaat verabschiedet, in Stift Melk traf sie auf Joseph. Die Ehe wurde denkbar unglücklich.
Lit.: Mraz, Maria Theresia, S. 190.

05.04
Schäferballett „Le Triomphe de l'Amour“

Werkstatt Martin van Meytens d. J., nach 1764
Öl auf Leinwand (Reproduktion), 226 x 151
Wien, Kunsthistorisches Museum, Gemäldegalerie, Inv.Nr. 3148

Zu Ehren der Vermählung Kaiser Josephs II. mit Maria Josepha von Bayern führten am 24. Jänner 1765 Kinder des Wiener Hofes in Schönbrunn eine Ballettpantomime von Pietro Metastasio und Chistoph Willibald Gluck auf. Auf der Bühne standen Marie Antoinette als Flora, Erzherzog Maximilian als Amor und Erzherzog Ferdinand als Myrtill. Bei den anderen Darstellern handelte es sich um Töchter und Söhne der Familien Auersperg, Fürstenberg und Clary.
Lit.: Mraz, Maria Theresia, S. 160; Maria Theresia 1980, S. 357.

05.05
Zur Aufführung der Ballettpantomime „Le Triomphe de l'Amour“

Wienerisches Diarium, 26. Januar 1765
Wien, Wiener Stadt- und Landesbibliothek, Inv.Nr. F 19.111

„[D]ieser Tanz wurde gleichfalls von ihren Königl. Hoheiten, unseren Durchlauchtigsten jungen Herrschaften aufgefuehret“, schrieb das „Wienerische Diarium“ und zählte nach den Kindern aus dem Hause Habsburg auch die anderen Darsteller auf: *„Die Figurende Schaefer und Schaeferinnen waren die jungen Herren Franz von Clary, und Friedrich von Fuerstenberg, dann die jungen Graefinnen Therese von Clary, Christine von Auersberg, Christiane von Clary und Pauline von Auersberg.“*
Lit.: Maria Theresia 1980, S. 357.

Turnier, Karussell und „Schlittaden"

Noch ganz in der Tradition des ausgehenden Mittelalters standen die Turniere, die man während der Faschingszeit oder zu festlichen Anlässen im Jahr veranstaltete. Ausgewählte Mitglieder des Hochadels und ausländische Gäste zeigten ihre Reitkünste, oft unter der Führung des Kurfürsten in München oder des Kaisers in Wien. Mit Lanzen wurde nach aufgehängten Ringen oder nach Strohpuppen in Türkenkostümen gestochen.

Bei den Karussells stellten die Teilnehmer ihre Geschicklichkeit im Wagenlenken unter Beweis. Den Damen, die in den Fahrzeugen saßen, kam die Aufgabe zu, mit Lanzen die im Parcours aufgestellten Figuren zielsicher zu treffen.

„Schlittaden" fanden auf den größeren Plätzen in den Städten statt oder führten von den Residenzen hinaus nach Laxenburg, Schönbrunn, Schleißheim oder Fürstenried. Der finanzielle Aufwand war enorm. So kostete eine Schlittenfahrt nach Laxenburg unter Kaiser Joseph I. nicht weniger als 30.000 Gulden: Nach dem kaiserlichen Reitknecht kam ein Schlitten mit Paukern und Trompetern, die für die musikalische Umrahmung sorgten, dann folgten die Prunkschlitten des Kaisers und des Hochadels, 48 an der Zahl.

05.06
Karussell-Schlitten aus Schloss Adldorf

Valley, 1683
Holz, bemalt, 225 x 80 x 205 (mit Geweih)
Nürnberg, Germanisches Nationalmuseum, Inv.Nr. 8819

Der Rennschlitten ist in Gestalt eines liegenden Hirsches ausgebildet, an dessen Halsband sich die Datierung 1683 und das Wappen der Grafen von Arco auf Valley finden. Schlitten dieser Art wurden für „Damencarousel" verwendet: Dabei saß die Dame im Schlittenkasten und versuchte mit einer Lanze in voller Fahrt einen zwischen zwei Stangen aufgehängten Ring oder Kranz zu „stechen". Gelenkt wurde der einspännige Schlitten von einem Kavalier, der auf dem Bock dahinter saß.

Lit.: Max Emanuel 1976, S. 250.

05.07
Karussell in der Winterreitschule der Hofburg vom 2. Jänner 1743

Johann Jakob Lidl (1696–1771), nach 1743
Kupferstich (Reproduktion)
Wien, Wien Museum, Inv.Nr. 19.808

Mit einem Damenkarussell in der Winterreitschule der Wiener Hofburg feierte Maria Theresia am 2. Januar 1743 den Abzug der Franzosen und Bayern aus Böhmen. Dabei mussten die Damen mit Degen und Lanze nach aufgespießten nachgebildeten Türkenköpfen stechen. Maria Theresia erwies sich als sehr geschickt mit der Lanze. Bis ins 19. Jahrhundert hinein war das „Türkenkopfstechen" eine bekannte Unterhaltung.

Lit.: Mraz, Maria Theresia, S. 174.

05.08
Das Damenkarussell am 2. Jänner 1743 in der Hofreitschule

Martin van Meytens (1695–1770) und Werkstatt
Öl auf Leinwand (Reproduktion), 350 x 420
Wien, Schloss Schönbrunn, Karussellzimmer (Kunsthistorisches Museum, Gemäldegalerie, Inv.Nr. 7500)

In der Mitte des Bildes sieht man Maria Theresia mit gezogenem Degen an der Spitze der links reitenden Quadrille. Rechts folgen ihr die Gräfinnen Anna Sidonia Pálffy und Maria Theresia Kinsky. In der Hauptloge an der Stirnseite des Saales haben die Mutter Maria Theresias, Elisabeth Christine, Franz Stephan und Erzherzogin Maria Magdalena Platz genommen.

Lit.: Mraz, Maria Theresia, S. 173; Maria Theresia 1980, S. 219.

05.09
Maria Theresia fährt nach dem Damenkarussell durch die Straßen Wiens

Unbekannter Künstler, 1743
Federzeichnung (Reproduktion), teilweise laviert, 50 x 73
Wien, Wien Museum, Inv.Nr. 31.669

Bei einer Fahrt rund um den Michaelerplatz zeigten sich Maria Theresia und die Festgäste am 2. Jänner 1743 nach dem Damenkarussell den Bürgern Wiens. Auf der Zeichnung ist der neu errichtete Trakt der Hofburg zu erkennen.

Lit.: Maria Theresia 1980, S. 219.

05.10
Kaiserliche Schlittenfahrt im Hof der Wiener Burg 1765

Franz Michael Augustin Purgau (1714–1770), 1766
Öl auf Leinwand (Reproduktion), 352 x 610
Wien, Kunsthistorisches Museum, Gemäldegalerie, Inv.Nr. 2591

Zu den winterlichen Vergnügungen der Aristokratie zählte eine Schlittenfahrt, wie sie hier am 7. Februar 1765 anlässlich der Vermählung Josephs II. mit Maria Josepha von Bayern stattfand. Am linken Rand des Bildes erkennt man das Schweizertor, rechts desselben kommt die Musik gefahren.

Lit.: Mraz, Maria Theresia, S. 155.

05.11
Scherzturnier im Münchner Hofgarten

Andreas Nunzer und Engelhard Nunzer (gest. 1733), Nürnberg, 1722
Kupferstich, koloriert (Reproduktion), 35,3 x 43
München, Deutsches Theatermuseum, Inv.Nr. III/6914

Einen Aspekt der aristokratischen Unterhaltung stellt dieser Kupferstich dar: Am Münchner Hof wurde ein Scherzturnier veranstaltet. Die Teilnehmer übten sich auf einer Kampfbahn im Ringstechen.

Lit.: Bayern 1972, S. 414.

05.12
Scherzturnier im Münchner Hofgarten

Andreas Nunzer und Engelhard Nunzer (gest. 1733), Nürnberg 1722
Kupferstich, koloriert (Reproduktion), 35,4 x 43
München, Deutsches Theatermuseum, Inv.Nr. III/6827

Zu dem Scherzturnier im Münchner Hofgarten kamen die Teilnehmer in Kostümen der Commedia dell'Arte.

Lit.: Bayern 1972, S. 414.

05.13
Turnierbuch Karl Albrechts

Franz Christoph Hueber; Sebastian Benno Huber, Joseph Dengelbach u. a., München 1717–1734 (1718)
Handschrift auf Pergament und Papier, mit teils kolorierten Tuschzeichnungen und Gouache-Malereien (Reproduktion), 136 Blatt, 52 x 30,7
München, Bayerische Staatsbibliothek, Inv. Nr. Cod. Germ. 8009a

Die umfangreiche Handschrift Franz Christoph Huebers, „*Hof-Controlor und Tournier-Secretarius*", beginnt mit einer Niederschrift der Turniersatzungen. Es folgen Schilderungen von rund 30 unterschiedlichen Turnierarten mit Angabe der Fehler und Schlechtpunkte. Auf 16 eingebundenen Pergamentblättern sind die Teilnehmer eines von Kurfürst Max Emanuel am 7. Februar 1718 veranstalteten Faschingsturniers abgebildet. Sie waren als „*unterschidliche Frembte Nationen masquiert*".
Lit.: Max Emanuel 1976, S. 259.

05.14
Die Modenwelt oder die Maskerade auf Schlitten

Johann Philipp Forster, 1792
„*Die Modenwelt oder die Maskerade auf Schlitten aufgeführt von den herren Studenten des Hochfürstl. Bischöfl. Schulhauses bey St. Paul zu Regensburg den 23. Jäner 1792*"
Kupferstich, koloriert (Reproduktion), 40 x 66
Regensburg, Museen der Stadt Regensburg, Inv.Nr. G 1979/152

Vom 17. Jahrhundert an waren Schlittenfahrten in der Winterzeit eine beliebte Unterhaltung am Reichstag zu Regensburg. Bei der hier dargestellten Schlittenfahrt im Januar 1792 präsentierte man vergangene und aktuelle Mode. Organisiert wurde diese Kurzweil von den Studenten des Regensburger Lyzeums St. Paul.
Lit.: Bavaria Germania Europa 2000, S. 387.

Feuerwerke

Lange vor der Erfindung der Feuerwaffen in Europa kannte man in China schon Schießpulver und setzte es etwa für Feuerwerke ein. Mit dem Vorrücken der Mongolen kam Europa im 13. Jahrhundert zum ersten Mal in Kontakt mit Waffentechnik, die auf dem explosiven Gemisch basierte. Seit dem 15. Jahrhundert wurden auch hier „Lustfeuerwerke" abgebrannt. Bald galten sie als fester Bestandteil höfischer Feste und bildeten gemeinsam mit den Illuminationen den prunkvollen Rahmen nächtlicher Aktivitäten. Ephemere architektonische Feuerwerksbauten wurden errichtet. Der Ablauf folgte strengen zeremoniellen Regeln, die Julius Bernhard von Rohr in seine „Einleitung zur Ceremoniel-Wissenschafft der großen Herren" aufnahm: „*Wenn ein Feuerwerck wohl ordonirt werden, und aus unterschiedenen Handlungen bestehen soll, so gehört eben eine so geschickte Composition dazu, als zu einer Opera oder Comödie.*"
Feuerwerke wurden von Musik begleitet. Wichtige Mittel der Inszenierung waren auch Farben und akustische Signale. Pyrotechnische Effekte vereinten sich mit Sinnbildern wie Wappen, Ehrenpforten, Gebäuden, Statuen oder Göttern und verkörperten so die herrschaftliche Macht der Landesfürsten.

05.15
Feuerwerk anlässlich des Regierungsantritts Max Emanuels

Michael Wening (1645–1718) nach Christoph Helle, 1680
Kupferstich (Reproduktion), 38,4 x 53,4
München, Münchner Stadtmuseum, Inv.Nr. Maillinger I/632

In München wurde die Volljährigkeitserklärung Max Emanuels am 11. Juli 1680, die gleichzeitig den Regierungsantritt bedeutete, festlich begangen. Unter der Leitung und Aufsicht des am kurbayerischen Hof als Pyrotechniker tätigen Oberfeuerwerkmeisters Christoph Helle brannte man im heutigen Englischen Garten, dem einstigen Hirschanger, ein Feuerwerk ab. Die Feuerwerksbühne des Stichs zeigt links und rechts zwei mächtige Löwen mit dem Wappen der vier Rentämter. Im Mittelpavillon bieten Bavaria und der bayerische Löwe Kurhut und Reichsapfel dar, darüber die Götter des Olymps.
Lit.: Max Emanuel 1976, S. 26f.

05.16
Feuerwerk anlässlich der Vermählung von Kurprinz Karl Albrecht mit Maria Amalia von Österreich

Franz Xaver Joseph Spaett (gest. 1735), 1722
Kupferstich, aus zwei Teilen zusammengesetzt (Reproduktion), 45,4 x 45,2
München, Deutsches Theatermuseum, Inv.Nr. IV. 3617

Schon im frühen 16. Jahrhundert dienten Feuerwerke bei höfischen Festen als beliebte Untermalung. Im 17. bis 18. Jahrhundert wurden sie mittels Dekorationen und künstlerischer Einlagen stetig verfeinert. Wegen der geringeren Brandgefahr und des optischen Gewinns durch Spiegelung brannte man Feuerwerke – wie auch jenes anlässlich der Vermählung von Kurprinz Karl Albrecht mit Maria Amalia von Österreich – gerne bei Gewässern ab, etwa hier am Starnberger See.
Lit.: Bayern 1972, S. 414.

05.17
Feuerwerk im Nymphenburger Lustgarten

Johann Martin Will (1727–1806), 1765
Kupferstich (Reproduktion), 42 x 32,5
Wien, Albertina, Hist.Bl. München

Zur Feier der Vermählung Josephs II. mit Maria Josepha von Bayern wurde am 15. Jänner 1765 in den kurfürstlichen Lustgärten von Nymphenburg unter Aufsicht von Hauptmann und Oberfeuerwerksmeister Mattheus Stainer ein prächtiges Feuerwerk abgebrannt.
Lit.: Maria Theresia 1980, S. 239.

05.18
Feuerwerk zu Ehren Kurfürst Max' III. Joseph am 26. September 1760

München, 1760
Aquarell (Reproduktion), 60,7 x 44,5
München, Deutsches Theatermuseum, Inv.Nr. IV 3572

Oben links ist auf dem Bild Folgendes vermerkt: „*Description / Des Kleünen Feuerwerck= / els, welches nach seiner / orthung ist angezintet / worden, wie in denen / bey gesetzten buchstaben zu ersehen! De 26 Septer, ao 1760.*"
Lit.: Bayern 1972, S. 418.

05.19
Feuerwerk anlässlich des 800-Jahr-Jubiläums in Ranshofen

Unbekannter Künstler (Reproduktion)
Linz, Oberösterreichisches Landesmuseum, Inv.Nr. Ha 6751

Anlässlich der am 28. August 1699 stattfindenden 800-Jahr-Feier des ehemaligen Augustiner-Chorherrenstiftes veranstaltete die Stadt Braunau eine einwöchige Feier. Von einem Künstler in 50 großformatigen Aquarellen festgehalten, waren die prunkvollen Festzüge, bei denen auch Feuerwerke abgehalten wurden, ein typisches Beispiel barocker Selbstdarstellung.
Lit: 900 Jahre Stift Reichersberg 1984, S. 315; Tausend Jahre Oberösterreich 1983, S. 261.

Das Schloss als Wirtshaus

Während der Faschingszeit, aber auch zu anderen Anlässen erfreuten sich Verkleidungsbankette – sogenannte Wirtschaften – besonderer Beliebtheit. Die Kostümierung hob die Rangunterschiede innerhalb der Hofgesellschaft auf. In einer „verkehrten Welt“ wurde die Hierarchie der Hofrangordnung auf den Kopf gestellt.
Bei fiktiven Bauernhochzeiten und sogenannten Wirtschaften wurde das Schloss zum Wirtshaus; der Herrscher und seine Gemahlin empfingen die Gäste als Wirtsleute. Waren keine hohen Würdenträger anwesend, so entschied das Los darüber, wer welche Rolle zu spielen hatte. Oft ging dem Festmahl ein Umzug in der Residenzstadt voraus, bei dem das Herrscherpaar – bereits in Verkleidung – Speisen und Konfekt unters Volk warf. Bauernhochzeiten waren fester Bestandteil von Hochzeitsfeierlichkeiten. Die Säle, in denen die Bankette abgehalten wurden, erhielten klingende Wirtshausnamen, etwa „Zum bayerischen Löwen“ in München oder „Zum schwarzen Adler“ in Wien. Wirtschaften fanden in Regensburg während der Reichstage statt. 1698 veranstaltete man anlässlich des Besuchs von Zar Peter dem Großen eine „Nationenhochzeit“ in der kaiserlichen Sommerresidenz Favorita zu Wien.

05.20
Ballettfigurinen zu Hoffesten
Antonio Daniele Bertoli (1667–1743), um 1725
Tusche, Feder, aquarelliert (Reproduktionen)
Wien, Österreichisches Theatermuseum, Inv.Nr. Min. 43/II/103, I/81, II/88, I/79, II/138, I/119, II/135, I/109

Bei der tanzenden Gärtnerin mit Blumengewinde (1), dem Tänzer (2), der tanzenden Bacchantin (3), dem tanzenden Bacchanten (4), der Tänzerin (5) und dem Tänzer (6) im Chinoiserienkostüm mit Ernteemblemen, „Eine Bäuerin – Wirthin von mir“ (7) und „Ein Bauer – Der Kayser als Wirt“ (8) handelt es sich um Entwürfe zu Figurinen für verschiedene höfische Feste, bei denen auch Maria Theresia oftmals anwesend war. Am 1. Oktober 1707 zum „Disegnatore di Camera“ ernannt, genoss Antonio Daniele Bertoli bei Hof hohes Ansehen.
Lit.: Maria Theresia 1980, S. 359.

05.21
Hächelmann
Franz Anton Bustelli (1723–1763), Neudeck, um 1755
Porzellan, bemalt, H 18,8
Hamburg, Museum für Kunst und Gewerbe, Inv.Nr. 1940-33

Der Hächelmann bietet Mausefallen und Hecheln zum Abtrennen der holzigen Teile des Flachses an. Er entstammt einer – in den Preiscouranten und Inventaren der Manufaktur als „Hächelmänner und andere Figuren“ angeführten – Serie von Porzellanfiguren. Darin spiegelte sich die Welt der höfischen Bankette der Faschingszeit wider, bei denen man sich verkleidet traf. Für kurze Zeit wurde dabei die Rangordnung auf den Kopf gestellt.
Lit.: Bustelli 2004, S. 150ff.

05.22
Eiergretl
Franz Anton Bustelli (1723–1763), Neudeck, um 1757/58
Porzellan, bemalt, H 14,8
Bern, Bernisches Historisches Museum, Inv.Nr. 27850

Die Eierverkäuferin ist in Aktion gezeigt: Vorsichtig hebt sie das Moos, mit dem sie die Eier im Korb schützend zugedeckt hat. Die Porzellanfiguren waren äußerst beliebt. 1756 wurden etwa 16 neue ausgeformt.
Lit.: Bustelli 2004, S. 434.

05.23
Täublingsgretl
Franz Anton Bustelli (1723–1763), Neudeck, um 1755
Porzellan, bemalt, H 18,6
Stuttgart, Württembergisches Landesmuseum, Inv.Nr. 1968/722

Laut rufend bietet die Pilzverkäuferin ihre Ware an, die sie in zwei Körben über der Schulter trägt. Die Figuren aus den Porzellanserien wurden bunt bemalt oder weiß verkauft. Je nach Qualität kostete etwa ein bunter Hächelmann neun, sechs oder drei Gulden, die weißen entsprechend weniger.
Lit.: Bustelli 2004, S. 429.

Das höfische Theater

Barockes Theater war weit mehr als nur Kurzweil für den Hof. Als wichtiger Bestandteil der höfischen Festkultur präsentierten die Opern-, Ballett- und Schauspielaufführungen den Herrschaftsanspruch ihrer Auftraggeber. Die antiken Helden, die auf der Bühne ihr Spiel trieben, verkörperten die Regenten. Ihr Schicksal und ihre Bestimmung spiegelten symbolhaft Wünsche und Ansprüche der Auftraggeber wider. Den Rahmen für diese Selbstinszenierung boten prächtig ausgestattete Theaterbauten nach italienischem Vorbild. Mit ihren komplexen Maschinerien waren sie geeignet, die italienische Prunkoper, die nach dem Dreißigjährigen Krieg ihren Siegeszug jenseits der Alpen antrat, adäquat auf die Bühne zu bringen. Kurfürst Ferdinand Maria etwa ließ 1653 in München einen alten Kornspeicher zum Hoftheater ausbauen.
Man ließ aber nicht nur bauen und hörte zu, sondern betätigte sich auch selbst auf der Bühne. Zwischen 1631 und 1702 wurden in Wien an die 120 Bühnenwerke von Mitgliedern des Hofes für Mitglieder des Hofes aufgeführt. Kaiser Karl VI. leitete 1724 die Aufführung einer ausschließlich von Angehörigen des Erzhauses und des Hochadels gestalteten Oper von Antonio Caldara.

05.24
Kaiser Leopold I. im Theaterkostüm
Jan Thomas (1617–1678), 1667
Öl auf Kupfer, 33,3 x 24,2
Wien, Kunsthistorisches Museum, Gemäldegalerie, Inv.Nr. 9135

Anlässlich der Vermählung Leopolds I. mit Margarita Teresa fand eine Reihe glanzvoller Veranstaltungen statt. Bei einer der Festlichkeiten trug Kaiser Leopold vermutlich dieses Fantasiegewand mit großer, schwarzer Perücke, die der Mode des französischen Hofes entsprach. Unter anderem gelangte anlässlich der Hochzeit auch die Pastorale „La Galatea“ zur Aufführung, die die endlich glückende Verbindung zwischen dem Schäfer Acis und Galatea, der Tochter des Meeresgottes Nereus, zum Inhalt hat.
Lit.: Porträtgalerie 1976, S. 155f.

05.25
Kaiserin Margarita Teresa im Theaterkostüm
Jan Thomas (1617–1678), 1667
Öl auf Kupfer, 33,3 x 24,2
Wien, Kunsthistorisches Museum, Gemäldegalerie, Inv.Nr. 9136

Das ganzfigurige Porträt zeigt Kaiserin Margarita Teresa, die Tochter des spanischen Königs, während der Feierlichkeiten ihrer Vermählung mit Kaiser Leopold I. Die Kaiserin ist im Gewand der Galatea aus dem zu ihrer Hochzeit aufgeführten Stück „La Galatea" dargestellt. Ihrer Ehe mit dem Kaiser entsprang unter anderem Maria Antonia von Österreich, die mit dem bayerischen Kurfürsten Maximilian II. Emanuel verheiratet wurde.
Lit.: Porträtgalerie 1976, S. 86.

05.26
Das Opernhaus am Salvatorplatz in München

Michael Wening (1645–1718) nach Domenico Mauro, München, 1701
Kupferstich (Reproduktion), 23,6 x 29,1
München, Deutsches Theatermuseum, Inv.Nr. 198

Anlässlich der Hochzeit von Kurprinz Ferdinand Maria und Henriette Adelaïde 1652 gab Maximilian I. von Bayern den Auftrag, ein Opernhaus zu schaffen. Hierfür wurde ein zwischen Stadtmauer und Salvatorfriedhof gelegener Kornspeicher von Max Schinnagl zu einem mehrrangigen Logentheater umgebaut. Staatsrepräsentative Aufführungen wie die Opera seria und das französische Schauspiel fanden hier ihr Publikum. Da das Gebäude 100 Jahre später die zeitgenössischen Anforderungen an ein modernes Opernhaus nicht mehr erfüllte, ließ Kurfürst Max. III. Joseph ein neues Haus errichten. Kurfürst Karl Theodor nützte das Gebäude am Salvatorplatz noch als Stätte der „Deutschen National-Schaubühne". 1799 erfolgte seine Schließung, drei Jahre später der Abriss.
Lit.: Lebenslust und Frömmigkeit 1999, S. 412; Max Emanuel 1976, S. 239.

05.27
Grundriss des Residenztheaters von François Cuvilliés d. Ä.

J. Däntler
Kupferstich aus „Ecole de l'architecture Bavaroise" (Reproduktion)
München, Deutsches Theatermuseum

Bereits ein Jahr nach Baubeginn stand der Rohbau des heute Cuvilliés-Theater bezeichneten neuen Opernhauses, im 1752 wurde das Richtfest gefeiert. Der Grundriss zeigt den hufeisenförmigen Zuschauerraum mit den Nebenräumen und die technischen Einrichtungen der Bühne. Hinter dem Vorhang beginnt die sieben Kulissengassen tiefe Hauptbühne. Zur Erweiterung des Spielraums gibt es noch eine Hinterbühne mit einem leicht konkav gekrümmten Horizont, der sich besonders für die Darstellung tiefer Landschaften eignete.
Lit.: Macht der Gefühle 2003, S. 272f.

05.28
Längsschnitt durch das Münchner Residenztheater

Valerian Funck (1732–1805), 1771
Kupferstich (Reproduktion), 42,5 x 55,8
München, Deutsches Theatermuseum, Inv.Nr. VII 1102

Dieser Längsschnitt macht die Haustechnik gut ersichtlich: Da sich das Parkett auf Bühnenhöhe anheben ließ, war das Gebäude, in dem 1781 die Uraufführung von Wolfgang Amadeus Mozarts „Idomeneo" stattfand, auch für festliche Aktivitäten nutzbar.
Kurfürst Karl Theodor untersagte 1787 Aufführungen der Opera seria, die rein den repräsentativen Zweck erfüllten und dem Zeitgeschmack nicht mehr entsprachen. Er gab das Cuvilliès'sche Opernhaus für die Öffentlichkeit frei. Nun nannte München mit dem „Kurfürstlichen Hof- und Nationaltheater" eine bürgerliche Spielstätte sein Eigen.
Lit.: Lebenslust und Frömmigkeit 1999, S. 423f.

05.29
Proszenium und Vorhang des Hoftheaters Leopolds I.

Francesco Galli-Bibiena (1659–1739), 1704
Kupferstich (Reproduktion), 46,5 x 51,5
München, Deutsches Theatermuseum, Inv.Nr. VII 549

In Opern und Theateraufführungen wurden Luxus und Prunk der herrschaftlichen Hoheiten öffentlich gemacht. Maria Theresia bot dem Hofe in jungen Jahren kleine Opernarien vor barocker Dekoration dar – nach dem Vorbild Ludwigs XIV. diente das Mitwirken der höchsten Würdenträger auf der Bühne der repräsentativen Selbstdarstellung. Dieser Kupferstich vom Hoftheater Leopolds I. in der Wiener Hofburg trägt die Beschriftung „*Theatrum hoc Leopoldus I. Imperat, curis animium aliquando relaxerat Prefecto et Auspice Ferdinando Comite de Mplarth Franc. us Bibiena Bononiensis fecit Anno 1704 (?)*".
Lit.: Maria Theresia 1980, S. 376.

05.30
Ansicht des Zuschauerraums des Hofburgtheaters von Leopold I.

Francesco Galli-Bibiena (1659–1739), 1704
Kupferstich (Reproduktion), 46,5 x 51,5
München, Deutsches Theatermuseum, Inv.Nr. VII 550

Das im Jahre 1700 eröffnete Hoftheater in der Wiener Hofburg diente der Aufführung großer barocker Werke. Die gestalterischen Elemente des Innenraums der verschiedenen Spielplätze entwarfen, unter anderem unter Karl VI. und Maria Theresia, die Theateringenieure der Familie Galli-Bibiena. Der Umbau des Hoftheaters zum großen Redoutensaal im Jahr 1747 fand unter Antonio Galli-Bibiena statt. Der Kupferstich weist folgende Beschriftung auf: „*Theatrum hoc Leopoldus I. Imperat, curis animium aliquando relaxerat Prefecto et Auspice Ferdinando Comite de Mplarth Franc. us Bibiena Bononiensis fecit Anno 1704 (?)*"
Lit.: Maria Theresia 1980, S. 376.

05.31
Schnitt des Hofburgtheaters mit Ansicht der Hofloge

Jean-Nicolas Jadot (1710–1761), 1747/48
Feder in Grau über Kreidevorzeichnung, grau, rosa und blau laviert (Reproduktion), 46,4 x 50
Wien, Albertina, Inv.Nr. Az 6529 (64/1/6)

Um die Hofloge des Alten Burgtheaters in Wien ordneten sich Herrschaftszeichen wie Weltkugel, Triumphbogen und Erzherzogshut. Derartige dekorative und architektonische Ausstaffierungen repräsentativer Räumlichkeiten waren im 18. Jahrhundert im europäischen Raum gang und gäbe. Als bestimmend für diesen Stil erwies sich die bolognesische Familie Galli-Bibiena, die mehrere angesehene Theateringenieure hervorbrachte. Einige von ihnen standen in kaiserlichem Dienste.
Lit.: Lothringens Erbe 2000, S. 217.

05.32
Ansicht der Mittellogen des Hofburgtheaters mit Aufriss der mittleren Logenränge

Unbekannter Künstler, um 1748
Feder, laviert, koloriert (Reproduktion), 46,6 x 48,8
Wien, Albertina, Inv.Nr. AZ 6529 (64/1/5)

Das Burgtheater ging 1741 nach einer Umwidmung aus dem Hofballhaus am Michaelerplatz hervor und wurde als „*Comoedienhauß nechst der königlichen Burg*“ im Beisein von Maria Theresia zum ersten Mal mit einer italienischen Oper bespielt. 1748 gestaltete der Theateringenieur Antonio Galli-Bibiena das Gebäude um. Nach mehrmaligen Umbauten wurde es im Jahr 1888 abgerissen.

Lit.: Maria Theresia 1980, S. 377.

05.33
Zuschauerraum des Schönbrunner Schlosstheaters

Carl Schütz (1745–1800), um 1778
Kolorierter Kupferstich (Reproduktion), 20 x 24,3
Wien, Wien Museum, Inv. Nr. 19.160/c

Anlässlich des Namenstages von Maria Theresia wurde am 4. Oktober 1747 das von Nikolaus Pacassi erbaute Schönbrunner Schlosstheater mit einem französischen Theaterstück eröffnet, dem Ballettszenen mit Akteuren aus dem hohen Adel eingestreut waren. Das Schönbrunner Theater war Ort für kleinere Darbietungen von Akrobaten und Illusionisten, für die Aufführung französischer Komödien und italienischer Stücke.

Lit.: Maria Theresia 1980, S. 377.

05.34
Bühnenansicht des Schönbrunner Schlosstheaters

Carl Schütz (1745–1800), um 1778
Kolorierter Kupferstich (Reproduktion), 20,1 x 24,3
Wien, Wien Museum, Inv.Nr. 19.160/b

Namhafte Künstler wie Wolfgang Amadeus Mozart boten dem Kaiserpaar im Schönbrunner Schlosstheater ihre Kunst dar. Es gilt heute als ältestes noch immer an seinem ursprünglichen Ort bespieltes Theater Wiens.

Lit.: Maria Theresia 1980, S. 377.

05.35
Szenenbilder aus der Oper „Servio Tullio“ im Münchner Salvatortheater

Michael Wening (1645–1718) nach Domenico Mauro und Gasparo Mauro, 1685
Kupferstiche (Reproduktionen), 41 x 49,5
München, Deutsches Theatermuseum, Inv.Nr. R 285

Anlässlich der Vermählung von Kurfürst Maximilian II. Emanuel und Maria Antonia schrieb der geistliche Hofkapellmeister Stefani Agostino die Oper „Servio Tullio“, zu der am bayerischen Hof tätige venezianische Bühnenarchitekten das Bühnenbild entwarfen. Das Libretto von 1685 enthält folgende Widmung: „*Servius Tullius, Gesungene Vorstellung Zu Befrolockung deß Beglücktest-vollzognen Beylagers Ihrer Churfürstl: Durchleucht Maximilian Emanuelis Hertzogen in Ober- vnd NiderBayrn [...] Mit Ihro Ertz=Fürstl: Durchleucht Maria Antonia Ertz-Hertzogin zu Oesterreich [...]*“.

Lit.: Bayern 1972, S. 404; Agostino 1685, S. 5.

05.36
Szenenbilder aus „Angelica, vincitrice di Alcina“

Wien, 1716
51 Blätter, 5 gefaltete Kupfertafeln mit Szenenbildern (Reproduktionen)
Wien, Archiv der Gesellschaft der Musikfreunde in Wien, Sign. 22/19

Die anlässlich der Geburt von Erzherzog Leopold entstandene Festa teatrale „Angelica, vincitrice di Alcina“ des kaiserlichen Hofkapellmeisters Johann Joseph Fux nach einem Libretto Pietro Pariatis gilt als bedeutendes Beispiel repräsentativer barocker Opern. Für die Aufführung am 14. September 1716 wurde ein Teich des kaiserlichen Lustschlosses Favorita mit einer Bühne überbaut. Die aufwendige Gestaltung lag in den Händen Ferdinando Bibienas und seines Sohnes Giuseppe, die für ihre märchenhaften Dekorationen bekannt waren. Die Kostümentwürfe stammten vom „Disegnatore di Camera“ Daniele Antonio Bertoli.

Lit.: Prinz Eugen 1986, S. 178.

Hanswurst und die Komödianten

Vom Mittelalter an begleitete die Komödie in ihren unterschiedlichen Ausformungen die Menschen im Jahreslauf. Der Fasching stand ganz im Zeichen der Zoten und Burlesken. Humoristische Einlagen durchbrachen den Ernst der Passionsspiele. Pawlatschen wurden in den Dörfern, in den Märkten und Residenzstädten aufgeschlagen. Wirtsstuben, Gastgärten und Innenhöfe dienten als Spielstätten.

Viele der Komödien benötigten keinen geschriebenen Text – die Improvisation wurde zur Perfektion erhoben. Neben italienischen Wandertruppen befriedigten ab der zweiten Hälfte des 17. Jahrhunderts auch deutsche Schauspielertruppen das Bedürfnis nach Unterhaltung.

Die Prinzipale der Truppen hatten sich am Geschmack des Publikums zu orientieren – nur dann klingelten die Kassen. Mit der Errichtung „stehender“ Bühnen wurden viele Truppen sesshaft. Wechselte man aber nicht mehr den Ort, so war man gezwungen, ein größeres Repertoire an Stücken anzubieten. Die Aufklärung wies dem Theater einen neuen Stellenwert zu: Fortan stand nicht mehr die Unterhaltung im Vordergrund. In bewusster Opposition zu der rein dem Vergnügen dienenden höfischen Opern- und Theaterkultur sollte die Bühne als „moralische Anstalt“ fungieren. Hanswurst und seine Gefährten trieben dennoch weiterhin ihre Späße zum Gaudium des Publikums.

05.37
Das erste Volkstheater auf dem Heumarkt in München

Joseph Stephan (um 1709–1786), um 1770
Öl auf Leinwand, 45 x 80
München, Bayerisches Nationalmuseum, Inv.Nr. R 5806

Das Gemälde zeigt eine Wandertruppe bei einer Aufführung in München. Noch lange nach Durchsetzung der deutsch-nationalen Schaubühnen wurden derartige Unterhaltungen gern gesehen. Die detaillierte Darstellung lässt die bei einer solchen Vorstellung herrschende Atmosphäre erahnen.

Lit.: Lebenslust und Frömmigkeit 1999, S. 420.

05.38
Josef Anton Stranitzky

Wien, Ende 18. Jahrhundert
Kupferstich (Reproduktion)
Wien, Österreichische Nationalbibliothek, Bildarchiv und Grafiksammlung

Josef Anton Stranitzky gilt als der Erfinder des Hanswursts im Alt-Wiener Volkstheater. 1699 schloss er sich in München einer Wandertruppe an. Ab 1706 trat er am Neuen Markt in Wien auf, stets mit kurzem Vollbart und mit roter Jacke, weiter Hose, Krause und grünem Hut gekleidet. Er spielte mit seiner Truppe, den „teutschen Komödianten“, 1707 im Ballhaus in der Teinfaltstraße. Als es ihm 1711 gelang, das Kärntnertortheater zu pachten, hatte das Volkstheater eine „feste“ Wohnstätte gewonnen. 1725 stellte Stranitzky Gottfried Prehauser als seinen Nachfolger vor.
Lit.: Zitzenbacher 1965.

05.39
Franz Schuch d. Ä.
Vor 1764
Kupferstich, koloriert (Reproduktion), 17 x 10,5
Köln, Theaterwissenschaftliche Sammlung der Universität zu Köln, Inv.Nr. Sammlung 35784

Der „letzte deutsche Harlekin“ war der aus Wien stammende Franz Schuch d. Ä. Seine bis zu 30 Schauspieler umfassende Theatergruppe bot den Zuschauern Stegreiftheater und Tragödien französischer Schriftsteller in deutscher Sprache. Schuchs komisches Talent brachte das Publikum schon beim Betreten der Bühne zum Lachen. Im Jahr 1751 gastierte er in Mannheim. Dort trat er nicht am Marktplatz, sondern im Kaufhaussaal auf, der seit 1748 nicht mehr von den französischen Schauspielern genutzt worden war.
Lit.: Lebenslust und Frömmigkeit 1999, S. 390.

05.40
Linzer Kasperl
Linz, 1777–1784
Marionettenfigur, Holz gefasst, Textilien (Reproduktion), H 75 cm
Linz, Oberösterreichisches Landesmuseum, Inv.Nr. 820-1-Sp 150

1777 eröffnete Johann Böckl aus Steyr vor dem Pfarrtor ein etwa 400 Personen fassendes hölzernes Sommertheater, in dem er mit seinen Marionetten – allen voran der Linzer Kasperl – volkstümliches Theater spielte. Des Kasperls Kleidung glich in leicht abgewandelter Form der Salzburger Bauerntracht, die Stranitzky in der Rolle des Hanswursts in Wien trug. Die Figur griff in Böckls Stücken aber lokale Begebenheiten auf und sorgte für satirische Aktualität. 1794 verkaufte er seine Marionetten an Franz Xaver Glöggl, der das Sommertheater in den Gastgarten des Gasthofes „Zum römischen Kaiser“ am Fuße des Schlossberges übertragen ließ.
Lit.: Ostarrîchi 1996, S. 526.

05.41
Hetzamphitheater in Wien
J. Eder nach H. Sommer, um 1790
Kolorierte Radierung (Reproduktion), 29,2 x 35
Wien, Wien Museum, Inv.Nr. 105.103

Die Tierhetz war im Wien des 18. Jahrhunderts eine von Hof wie gemeinem Volk gleichermaßen geschätzte Unterhaltung. 35 Jahre nach dem ersten Hetztheater 1720 wurde 1755 ein hölzernes Amphitheater errichtet, das Joseph II. der kk. Obersten Theatral-Hofdirektion unterstellte. Die Einnahmen kamen der Armenkasse zugute. In einem Programmheft liest sich eine solche blutige Hetzjagd wie folgt: „*Die K.K. Thierhetzpachtung erstattet hiermit öffentlichen verbindlichsten Dank, der allerhöchsten Huld und Gnade Sr. Majestät, womit dieser huldreiche gnädigste Monarch (Kaiser Franz II./I.) dieses Volksspektakel durch Uibermachung zweyer kämpfender Wildschweine aus dem Auhofthiergarten beschenkten, um seine getreuen Unterthanen in den müßigen Stunden mit abwechselnden starken Kämpfen geschmackvoll unterhalten zu können*“.
Lit.: Jagdzeit 1996, S. 145 (mit Abb.).

05.42
Thurn und Taxis'sches Hetzamphitheater
Johann Peter Forster, Regensburg, um 1780
Radierung (Reproduktion), 30,7 x 41,5
Regensburg, Fürst Thurn und Taxis Hofbibliothek und Zentralarchiv, Inv.Nr. C 22

Eine blutige Zerstreuung im Stile der römischen Zirkusspiele wurde den Teilnehmern des Reichtags beim Besuch des Fürstlich Thurn und Taxis'schen Hetztheaters in Steinweg geboten. Bei diesem Spektakel konnten die Besucher aus sicherer Entfernung Tierhetzen verschiedenster Art beobachten.
Lit.: Bavaria Germania Europa 2000, S. 388.

Commedia dell'Arte

Im Italien des 16. Jahrhunderts aus Zusammenschlüssen von Jahrmarktkünstlern verschiedener Professionen entstanden, erlebte die Commedia dell'Arte – eine Form der italienischen Volkskomödie – ihren Höhepunkt im 17. Jahrhundert. Einen der frühesten Belege ihrer Existenz nördlich der Alpen liefert die um 1579 entstandene Narrentreppe in der Burg Trausnitz mit freskierten Darstellungen von Pantalone, Zanni und anderen Masken. Im 17. Jahrhundert an den Höfen gastierende italienische Wandertruppen wurden im 18. Jahrhundert mehr und mehr von französischen Schauspielergruppen verdrängt, die eine verfeinerte Variante der Comédie Italienne darboten. Die Wiener bekamen 1692 erstmals eine Commedia dell'Arte zu sehen.
Deren Schauspieler waren zeitlebens auf eine bestimmte Figur festgelegt. Sie verfügten über ein bestimmtes Repertoire an akrobatischen Kunststücken, Gesten, Körperhaltungen und sprachlichen Mitteln, das sie entsprechend einsetzten. Hauptfiguren der Commedia dell'Arte waren die Zanni, die das einfache Volk – Diener und Mägde – der damaligen Zeit darstellten, und die Vecchi, die Kaufleute, Juristen oder Gelehrte aus der reichen Oberschicht verkörperten.

05.43
Isabella
Franz Anton Bustelli (1723–1763), 1759/60
Porzellan, unbemalt, H 19,5
Dresden, Porzellansammlung – Staatliche Kunstsammlungen, Inv.Nr. P.E. 4290

Den Höhepunkt im Schaffen Franz Anton Bustellis stellte eine Serie von insgesamt 16 Figuren dar, die Typen der Commedia dell'Arte verkörpern. Um die Inhalte der Dialoge zwischen den Figuren zu vermitteln, bediente sich Bustelli der Körpersprache und setzte italienische Gebärden perfekt um. Die hier dargestellte Figur der Isabella soll auf Wunsch ihres Vaters Pantalone den spanischen Edelmann Capitano Spavento heiraten. Sie tändelt aber lieber mit dem galanten Octavio.
Lit.: Bustelli 2004, S. 245ff.

05.44
Pantalone

Franz Anton Bustelli (1723–1763), 1759/60

Porzellan, unbemalt, H 17,5

Köln, Museum für Angewandte Kunst, Inv.Nr. E 2138

Pantalone, der Vater der schönen Isabella, ist ein reicher, aber geiziger Kaufmann aus Venedig. Sein Geld trägt er, auf dem Rücken unter seinem Mantel versteckt, stets bei sich.

Lit.: Bustelli 2004, S. 245ff.

05.45
Julia

Franz Anton Bustelli (1723–1763), 1759/60

Porzellan, unbemalt, H 20,5

Nürnberg, Germanisches Nationalmuseum, Inv.Nr. Ke 642

Der reiche Kaufmann Pantalone spricht Julia, eine Dame vornehmen Standes im grünen Jagdkostüm, an. Mit ihrer Geste bringt sie Reserviertheit und Ablehnung zum Ausdruck.

Lit.: Bustelli 2004, S. 245ff.

05.46
Lucinda

Franz Anton Bustelli (1723–1763), 1759/60

Porzellan, unbemalt, H 20,5

Hamburg, Museum für Kunst und Gewerbe, Inv.Nr. 1899.88

Lucinda trifft des Nachts Pierrot. Mit der Linken weist sie auf sich, um sich zu vergewissern, dass Pierrot tatsächlich sie meint.

Lit.: Bustelli 2004, S. 245ff.

05.47
Pierrot

Franz Anton Bustelli (1723–1763), 1759/60

Porzellan, bemalt, H 20,5

Hamburg, Museum für Kunst und Gewerbe, Inv.Nr. 1899.88

Das Stelldichein mit Lucinda findet nachts statt; deshalb trägt Pierrot, der sich aus der Figur des Pagliaccio der Commedia dell'Arte entwickelte, eine Lampe mit sich.

Lit.: Bustelli 2004, S. 245ff.

05.03
© Deutsches Theatermuseum München

05.06
© Germanisches Nationalmuseum Nürnberg (Foto: Monika Runge)

05.08
© Kunsthistorisches Museum mit MVK und ÖTM Wien

05.11
© Deutsches Theatermuseum München

05.12
© Deutsches Theatermuseum München

05.22
© Bernisches Historisches Museum (Foto: Nadja Frey)

05.23
© Württembergisches Landesmuseum Stuttgart

05.29
© Deutsches Theatermuseum München

05.30
© Deutsches Theatermuseum München

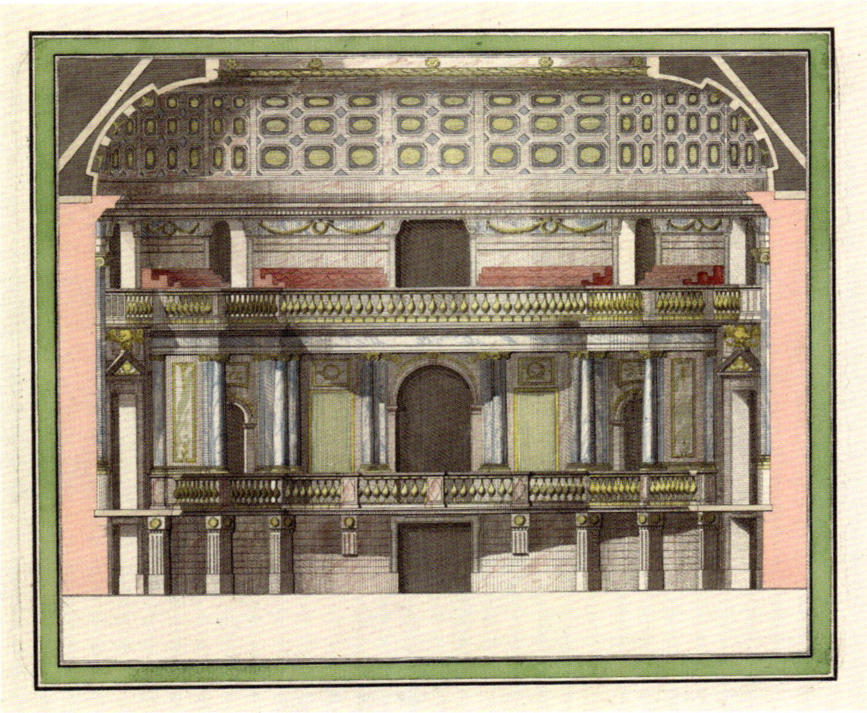

05.33
© Wien Museum

05.34
© Wien Museum

05.37
© Bayerisches Nationalmuseum München

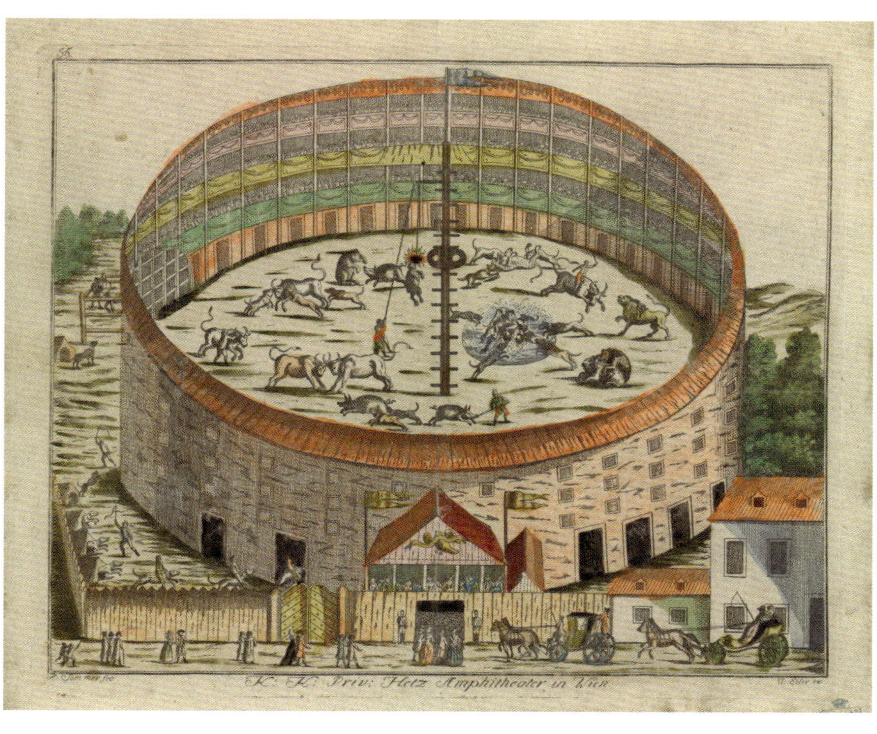

05.41
© Wien Museum

05.46–05.47
© Museum für Kunst und Gewerbe Hamburg

6. Jagd – ein höfisches Vergnügen

Die „hohe Kunst der Jagd" war ein Privileg des Adels. Einst zur körperlichen Ertüchtigung in Friedenszeiten gedacht, inszenierte man sie nun als Gesamtkunstwerk und nützte sie zur Selbstdarstellung fürstlicher Macht. Man legte riesige Wildparks an, um auf Jagd zu gehen. In eigens errichteten Jagdständen und Jagdschlössern zelebrierte der Hof mehrtägige Prunkjagden mit anschließenden Festessen, mit Theater und Musik.
In „eingestellten Jagden" ließ der Adel das Wild durch Jäger und Untertanen zusammentreiben und erlegte es dann vom Jagdstand aus. In der Parforcejagd wurde ein ausgewähltes Tier, meist ein kapitaler Hirsch, über weite Strecken verfolgt, um schließlich vom Jagdherrn zur Strecke gebracht zu werden. Daneben pflegte man weiter die Balzjagd mit dem Falken. Wo sich eine Möglichkeit bot, wurden prunkvolle Wasserjagden von Schiffen aus inszeniert.

06.01
Kurfürst Karl Albrecht bei der „schweren Jagd" am sog. Roten Haus

Peter Jakob Horemans (1700–1776), München, um 1739
Öl auf Leinwand (Reproduktion), 161 x 152
München, Bayerische Schlösserverwaltung, Amalienburg

Bei der schweren oder deutschen Jagd galt das jagdliche Interesse dem wehrhaften Wild wie Bär oder Wildschwein, das von der Hundemeute gestellt und von den Jägern dann „abgefangen" wurde – ein nicht ungefährliches Unterfangen. Das Gemälde Peter Jakob Horemans' zeigt eine fürstliche Jagdszene aus dem 18. Jahrhundert. In der Mitte, hoch zu Pferde, bereitet sich Kurfürst Karl Albrecht vor, den von der Meute gestellten Keiler mit dem Degen zu erlegen. Hinter einer Reitergruppe rechts erkennt man in der Kutsche sitzend die Kurfürstin. Das Rote Haus befand sich etwa eine Stunde südwestlich von Pasing an der Würm.

Lit.: Horemans 1974, S. 19.

06.02
Kurfürst Karl Albrecht und Kurfürstin Maria Amalia bei der Falkenbeize am sog. Vogelhaus

Peter Jakob Horemans (1700–1776), nach 1741
Öl auf Leinwand (Reproduktion), 161 x 152
München, Bayerische Schlösserverwaltung, Amalienburg

Ein besonderes Vergnügen war die Beizjagd, bei der man mit dem Greifvogel Feder- oder Haarwild jagte. Laut Aufzeichnungen des „Kurbayerischen Hofkalenders" galt der Falkenbeiz, bei der meist dem Reiher nachgestellt wurde, das größte Interesse der kurfürstlichen Familie Karl Albrechts, die den Mittelpunkt dieser jagdlichen Szenerie in der Nähe von Nymphenburg bildet. Vervollständigt wird das Gemälde durch eine ländliche Kulisse musizierender und tanzender Bauern. Indem er adelige und ländliche Szenen verwob, gewährt Peter Jakob Horemans in seinem Werk Einblicke in Lebenswelten des 18. Jahrhunderts.

Lit.: Horemans 1974, S. 16ff.

06.03
Kurfürst Karl Albrecht wechselt nach einem Sturz seine Stiefel am sog. Blauen Haus

Peter Jakob Horemans (1700–1776), 1736 (?)
Öl auf Leinwand (Reproduktion), 161 x 152
München, Bayerische Schlösserverwaltung, Amalienburg

Zentral im Bilde erkennen wir Kurfürst Karl Albrecht auf einem Bedienssteten sitzend, während ein anderer ihm Strümpfe anzieht. Horemans stellte hier ein historisches Ereignis dar, das sich anhand der Tagebuchaufzeichnungen Theresa von Gomperts, des Kammerfräuleins der Kurfürstin, auf den 26. November 1734 datieren lässt: Bei der Verfolgung eines Keilers soll Karl Albrecht in die Würm gefallen sein. Um den Fluss besser durchwaten zu können, entledigte er sich seiner schweren Stiefel. Am anderen Ufer angelangt, suchte er das Blaue Haus auf und zog sich trockene Gewänder an.

Lit.: Horemans 1974, S. 18ff.

06.04
Jagdfest auf dem Starnberger See mit dem bayerischen Bucentauro

Ferdinand Bidermann (um 1700–1765), um 1750
Öl auf Leinwand, 119 x 180 (Reproduktion)
Heidelberg, Kurpfälzisches Museum, Inv.Nr. G 831

Höhepunkte im Jagdjahr der Wittelsbacher in München waren die Jagdfeste auf dem Starnberger See, insbesondere die berühmten Parforcejagden, bei denen Hunde einen Hirsch in den See hetzten. Dort erwartete ihn die auf dem „Bucentauro" – dem 1662/63 erbauten Prunkschiff der kurfürstlichen Flotte, das der bei Staatszeremonien benutzten venezianischen Prunkgaleere nachempfunden war – und den kleineren Schiffen versammelte Jagdgesellschaft. Wider die Regeln der klassischen Parforcejagd fand der Todeskampf des Hirsches im Wasser statt: Er wurde von den Schiffen aus erlegt.

Lit.: Schober 2008; Lebenslust und Frömmigkeit 1999, Bd. 1, S. 141ff.

06.05
„Fama" – Leibschiff des bayerischen Kurfürsten Max III. Joseph

Ivan Trtanj
Modell, Holz, bemalt, 160 x 25 x 93
Kressbronn am Bodensee, Museum im Schlössle, Historische Schiffsmodelle

1758 entschloss sich Kurfürst Max III. Joseph zum Abwracken des nicht mehr zeitgemäßen Leibschiffes der Wittelsbacher, des „Bucentauro". Erst 1766 wurde mit dem Bau eines Nachfolgers begonnen, in dem ursprünglich das Kabinett des alten Leibschiffes Verwendung finden sollte; 1768 gab man dann doch ein neues, dem Zeitgeschmack entsprechendes in Auftrag. Die Bugfigur sollte der Bildhauer Johann Baptist Straub schaffen: eine neun Schuh (2,6 Meter) große vergoldete Personifikation der „Fama", die mit einer Hand die Posaune an den Mund hielt und in der anderen die weiß-blaue Fahne trug. Nach ihr wurde das Schiff benannt. Die Besatzung des neuen Leibschiffes bestand aus 18 Ruderern, zwei Mann hinter dem Kabinett und einem Steuermann. Auf dem Vorschiff konnte ein Rahsegel gesetzt werden.

Lit.: Schober 2008.

06.06
Laxenburg vom Münkendorfer Lusthaus gegen Südwest

Johann Christian Brand (1722–1795), 1758
Öl auf Leinwand, 97 x 138
Wien, Belvedere, Inv.Nr. 2575

In seiner auf detaillierten Naturstudien beruhenden atmosphärischen Darstellung war Johann Christian Brand einer der Wegbereiter der Landschaftsmalerei des 19. Jahrhunderts. 1758 entstand im kaiserlichen Auftrag eine Serie von vier Gemälden, die ein Panorama der Landschaft um Laxenburg ergeben und von einer höfischen Reiherbeize erzählen. Sie zeigen je eines der unter Kaiser Leopold I. errichteten Lusthäuser; seit dessen Zeit versammelte sich der Hof regelmäßig in Laxenburg. In Sachen Jagd frönte man bevorzugt der Beizjagd mit Falken auf Reiher, dafür waren sogar Falkner aus den Niederlanden geholt worden.

Lit.: Barock Belvedere, Bd. 1, S. 76.

06.07
Zwei Steinschlossgewehre

Joseph Nies, Mindelheim, um 1750/60
Mindelheim, Heimatmuseum, Inv.Nr. 4277 a,b

Bei diesem Steinschlossgewehrpaar des Mindelheimer Hofbüchsenmachermeisters Joseph Nies handelt es sich um zwei identisch ausgestattete jagdliche Waffen. Auf dem Schwanzschraubenblatt – es dient zur Fixierung des Mechanismus – tragen sie die Ziffern „1“ und „2“. Interessanterweise ist der Lauf im ersten Drittel achtkantig, dann aber oval. Auf Beschlägen, Schloss und Schaft der Waffen sind verschiedene Jagdszenen dargestellt. *„Nies in Mindelhe“* bzw. *„Ioseph Nies in Mindelh“* ist unter den Zündpfannen zu lesen. Das kurbayerische Wappen mit Georgsstern findet sich am Kolbenende zwischen zwei Löwen mit Kurhut.

Lit.: Holzfurtner 2005, S. 114.

06.08
Radschlossbüchse Kaiser Karls VI.

Johann Georg Keiser (1647–nach 1740), 1732
Am Lauf signiert „GEORG KEISER Alt 85 Jahr 1732 in Wienn“, L 111
Wien, Kunsthistorisches Museum, Hofjagd- und Rüstkammer, Inv.Nr. D 337

Der aus Eger stammende Johann Georg Keiser wurde 1674 Meister in Wien. Er zählte zu den bedeutendsten Büchsenmachern der Stadt und führte zahlreiche Aufträge für den Hof aus – so auch diese Büchse, deren Lauf mit goldtauschiertem Bandwerk belegt ist. Auf Schlossplatte und Hahn befinden sich gravierte, teils geätzte Jagdszenen. Auch die silbernen Beschläge zieren Jagdmotive. Ein Einsteckloch auf dem Schaftrücken diente dazu, ein umlegbares Monokel anzubringen, das der kurzsichtige Kaiser als Sehhilfe verwendete, um Jagdunfälle zu vermeiden: Bei einer Jagd hatte Karl VI. versehentlich Fürst Adam Franz Schwarzenberg getroffen.

Lit.: Maria Theresia 1980, S. 562.

06.09
Steinschloss-Kinderflinte der Erzherzogin Maria Theresia

Joseph Hamerl (1678–?), um 1725
Auf Lauf und Schlossplatte signiert „JOSEPH. HAMERL. IN. WIENN.“, L 71,5
Wien, Kunsthistorisches Museum, Hofjagd- und Rüstkammer, Inv.Nr. D 491

Maria Theresia genoss eine sorgfältige jagdliche Ausbildung, wie sie fester Bestandteil der Erziehung bei Hof war. Den Lauf ihrer Kinderflinte schmücken goldtauschiertes Bandwerk und eine figurale Gruppe der Diana mit Hunden. Das blanke Steinschloss ist reich graviert.

Im Gegensatz zu manch anderen Regierenden hegte Maria Theresia allerdings keine besondere Jagdleidenschaft. Ihre regelmäßige Teilnahme an den höfischen Jagdausflügen war ein Zugeständnis an ihren Gemahl Franz Stephan, einen begeisterten Jäger.

Lit.: Maria Theresia 1980, S. 564.

06.10
Der Jäger aus Kurpfalz

Karl Gottlieb Lück (1730–1775), Frankenthal, nach 1762
Porzellan, farbig bemalt, vergoldet, H 36,5
Mannheim, Reiss-Engelhorn Museen, Inv.Nr. Cb 54

Karl Gottlieb Lück begann seine Formerlehre in Meißen, ging dann nach Höchst und kam 1758 gemeinsam mit seinem Bruder Johann Friedrich nach Frankenthal. 1755 hatte der Straßburger Porzellanfabrikant Paul Anton Hannong dank eines Privilegs von Kurfürst Karl Theodor hier eine Porzellanmanufaktur begründet. 1762 erwarb der Kurfürst den schwer verschuldeten Betrieb, 1799 wurde die Produktion eingestellt.

Für die Ausstattung fürstlicher Jagdbankette fertigte die Manufaktur Figurengruppen und Jagdservice. Der Jäger aus Kurpfalz gehört zu der nach Kupferstichen Johann Elias Ridingers geschaffenen „Großen Parforcejagd“, die als Tafelaufsatz beim Dessertgang diente.

Lit.: Christ 2006, S. 98.

06.11
Das Aufbrechen des erlegten Hirsches

Karl Gottlieb Lück (1730–1775), Frankenthal, um 1767
Porzellan, farbig bemalt, vergoldet, H 18
Heidelberg, Kurpfälzisches Museum, Inv.Nr. Po 254

Dieser Figurengruppe diente ein Kupferstich Johann Elias Ridingers als Vorlage: *„Wan der Edle Hirsch verendet, wird er aufgebrochen, das Gescheide herausgenomen, der Vorderlauff abgelöset, dem Piquer übergeben, und von demselben der Herrschaft präsentirt.“*

Lit.: Christ 2006, S. 98.

06.12
Das Halali

Johann Wilhelm Lanz (1720–1764), Frankenthal, 1756/59
Porzellan, farbig bemalt, vergoldet, H 22,8
Darmstadt, Großherzoglich-Hessische Porzellansammlung, Inv.Nr. DA PE 230021

Johann Wilhelm Lanz hatte der Porzellanfabrikant Paul Anton Hannong vermutlich bereits in seinem Straßburger Betrieb beschäftigt. Er war erster Modellmeister der Frankenthaler Porzellanmanufaktur, verließ den Betrieb aber bereits 1761. Das Halali – ein Jagdhornsignal – zeigte das Ende einer Reitjagd an. Zum Abschluss der Jagd versammelten sich Reiter, Hundeführer und Hundemeute nun an einem bestimmten Platz.

Lit.: Christ 2006, S. 98.

06.13
Jäger und Jägerin

Johann Friedrich Lück (1727–1797), Frankenthal, nach 1758
Porzellan, farbig bemalt, vergoldet, H 19,4
Darmstadt, Großherzoglich-Hessische Porzellansammlung, Inv.Nr. DA PE 230019

Das mit typischer Jagdkleidung ausstaffierte Paar ruht sich nach einer erfolgreichen Jagd auf Niederwild aus. Zu Füßen des graugefleckten Hundes liegen zwei erlegte Hasen.

Lit.: Christ 2006, S. 98.

Die Lasten der Jagd

Was für die einen Vergnügen, stellte für die anderen eine große Bürde dar. Die Lasten der Jagd hatten die Untertanen zu tragen, und zwar in mehrfacher Weise: Infolge der Überhegung von Schwarz- und Rotwild kam es zu großen Schäden. Ohne Rücksicht zertrampelten Jagdgesellschaften die Früchte der Felder – der Bauer musste hilflos dabei zusehen. Reglementiert wurde nicht nur die Zahl der Hunde pro Hof; seit dem 16. Jahrhundert mussten sie zudem „geprügelt“ werden, um ihren Einsatz zur Abwehr des Wildes von den Feldern zu beschränken. Das bedeutet, dass sie an Eisenringen am Halsband ein Stück Holz zu tragen hatten, das sie am Überspringen von Zäunen und an der schnellen Verfolgung des Wildes hinderte.

Bäuerliche Untertanen waren mit Jagdscharwerkspflichten belegt. Bei höfischen Jagden hatten sie Treiber-, Transport- und Botendienste zu übernehmen und dem Jagdpersonal Herberge ebenso wie Verpflegung zur Verfügung zu stellen. Die Einführung neuer Schwarwerksdienste stellte für die Betroffenen oft eine Bedrohung ihrer wirtschaftlichen Existenz dar. Sie setzten sich mit Petitionen dagegen zur Wehr. Blieben diese erfolglos, äußerte sich ihr Unmut in offener Rebellion.

06.14
Jagdaufstand von 1704

Unbekannter Künstler, um 1750
Öl auf Leinwand (Reproduktion), 120 x 300
Enns, Museumsverein Lauriacum, Inv. Nr. B I/9

Für die prunkvollen, der fürstlichen Selbstdarstellung dienenden Jagden des Barock bedurfte es eines hohen Wildbestandes, der oft die Früchte des Feldes vernichtete. Die Bauern sahen keine andere Möglichkeit als das Wild abzuschießen. Der große Wildschaden, den die Tiere aus den kaiserlichen Gehegen in Herzograd verursachte, führte am 29. Februar 1704 und im Jahre 1717 zum Aufruhr unter den niederösterreichischen Bauern. Der Jagdherr reagierte meist mit großer Härte: „*[...] und ein neuerlicher Aufruhr im Jahre 1717 erfolgte und dann der Galgen aufgerichtet wurde.*“

Lit.: Tausend Jahre Oberösterreich 1983, S. 261f.

06.01
© Bayerische Schlösserverwaltung München

06.02
© Bayerische Schlösserverwaltung München

06.03
© Bayerische Schlösserverwaltung München

06.08
© Kunsthistorisches Museum mit MVK und ÖTM Wien

06.11
© Kurpfälzisches Museum der Stadt Heidelberg

06.14
© Museumsverein Lauriacum, Enns (IMAREAL)

7. Musik – ein kurfürstlich-kaiserlicher Zeitvertreib

Die Atmosphäre am Wiener Hof war von Musik geprägt. Das hatte Tradition: Ebenso wie der Habsburger Kaiser Ferdinand III. war auch sein Sohn Leopold I. nicht nur Musikliebhaber – während seiner Regierungszeit wurden 400 neue Werke aufgeführt –, sondern auch Komponist und ausgebildeter Musiker. Neben 150 Einlagestücken für Opern und Oratorien ist eine große Zahl von Kirchenwerken und Oratorien aus seiner Hand überliefert. Leopolds Sohn Joseph I. beherrschte mehrere Instrumente, er trat als Tänzer, Schauspieler und Sänger auf. Ihm folgte Karl VI. nach, der durch Johann Joseph Fux musikalisch ausgebildet worden war; er dirigierte vom Klavier aus einige Opernaufführungen. In den Jahren der Regentschaft Maria Theresias wurde eine musikalische Brücke zwischen Barock und Klassik geschlagen. Mit Symphonien, Streichquartetten und zyklischen Sonatenformen rückte die Instrumentalmusik zunehmend in den Mittelpunkt des höfischen Interesses.

Musikbegeisterung herrschte auch an den Höfen der Wittelsbacher. Kurfürst Ferdinand Maria etablierte in München die Oper als Kunstform. Max Emanuel sorgte, allen verworrenen politischen Verhältnissen zum Trotz, für eine fundierte musikalische Ausbildung seiner Kinder. Er selbst beteiligte sich als Gambenspieler an Nachtmusiken in Fürstenried oder Lustheim. Desgleichen tat sein unglücklicher Nachfolger Karl Albrecht. Dessen Sohn Max III. Joseph, der selbst musizierte und komponierte, hielt trotz prekärer finanzieller Lage die Musikpflege am Hof weiter hoch. Karl Theodor, der 1778 die Regentschaft in Kurbayern übernahm, hatte an seinem Hof in Mannheim eine Hofkapelle etabliert, die Zeitgenossen für die beste in Europa hielten. Sie bildete das Rückgrat für das Musikleben am kurpfälzischen Hof und stellte gleichzeitig eine innovative Ausbildungsstätte dar.

07.01

Zusammenkunft der kurbayerischen und kursächsischen Familie während des Siebenjährigen Krieges

Peter Jakob Horemans (1700–1776), 1761
Öl auf Leinwand (Reproduktion),
150 x 210
München, Bayerische Schlösserverwaltung,
Schloss Nymphenburg, Inv.Nr. G 182

Dieses von Peter Jakob Horemans geschaffene sogenannte Konversationsstück – eine beliebte künstlerische Ausdrucksform des 18. Jahrhunderts – zeigt den sächsischen Kurprinzen Friedrich Christian mit seiner Familie zu Gast am Hofe Max' III. Joseph. Während sich die beiden Familien dem gemeinsamem Musizieren und Kartenspielen hingaben, tobte draußen der 1756 bis 1763 währende Siebenjährige Krieg. Sachsen – durch den Vertrag von Versailles dem gegen Preußen gerichteten französisch-deutschen Offensivbündnis verpflichtet – wurde von Friedrich II. bedrängt. Vor diesem Hintergrund erscheint die Botschaft des Gemäldes bedeutsam: Der Aufenthalt des Kurprinzen am Münchner Hof diente weniger dem geselligen familiären Beisammensein, sondern demonstrierte vielmehr dynastische Verbundenheit und Macht.

Lit.: Wittelsbach 1993, S. 104.

07.02

Der Fagottist Felix Reiner

Peter Jakob Horemans (1700–1776), 1774
Öl auf Leinwand (Reproduktion),
90 x 76,7
München, Bayerische Staatsgemäldesammlungen, Inv.Nr. 4331

Felix Reiner trat 1751 als Fagottist in die Dienste von Herzog Clemens Franz von Bayern, dessen Residenz Maxburg neben dem kurfürstlichen Hof das zweite kulturelle Zentrum Münchens bildete. Der kunstsinnige Herzog – ein Cousin Max' III. Joseph und Schwager des späteren Kurfürsten Karl Theodor – beschäftigte nicht nur Baumeister, Maler und Kupferstecher, sondern unterhielt auch ein Hoforchester sowie ein Ensemble aus Sängern und Musikern. Nach dem frühen Tod Herzog Clemens Franz' 1770, der als Erbe des Kurfürsten ausersehen gewesen war, übernahm Max III. Joseph einige Musiker – unter ihnen auch Felix Rainer – in seine Dienste.

Lit.: Münster 2008; Horemans 1974, S. 38 (Abb.).

07.03

Violine

Joseph Wagner (1729–1781), Konstanz, 1771
Holz, L 66,5
St. Paul im Lavanttal, Benediktinerstift
St. Paul, Musikaliensammlung

Aus der reichen Instrumentensammlung des Stiftes St. Paul hat sich einzig diese Violine erhalten. Dem durch den Originalzettel – *„Joseph Wagner fecit, Konstanz 1771"* – dokumentierten Entstehungsort zufolge dürfte das Instrument mit den Kunstschätzen aus St. Blasien im Schwarzwald 1809 nach St. Paul verbracht worden sein. Da Martin II. Gerbert, von 1764 bis 1793 Abt in St. Blasien, selbst Musiker gewesen war, nannte das Kloster eine reichhaltige Instrumentensammlung sein Eigen, die auch prominente Erzeugnisse enthielt – so etwa zwei 1940 vom Grenzlandkonservatorium in Kärnten übernommene Streichinstrumente: Die mit 1733 datierte Viola war mit „Stradivarius" gekennzeichnet, die Violine von 1683 wird als Werk des Tiroler Geigenbauers Jakob Stainer bezeichnet.

Die sorgfältig gearbeiteten Instrumente von Joseph Wagner waren bei den Hoforchestern seiner Zeit überaus begehrt. Typisch sind der geteilte Boden, die breiten, von der Mitte ausfallenden Flammen, die Zargen und die kunstvolle Schnecke sowie der goldgelbe Lack.

Gerfried Sitar

Lit.: Unpubl.

Quellen: Stiftsarchiv St. Paul, P 567, Fasz. 7 (Übernahmeprotokoll des Grenzlandkonservatoriums Klagenfurt vom 18. November 1940); Stiftsarchiv St. Paul, P. 567, Fasz. 6 (Inventar von Dr. Frodl, Nachtrag zu den Verzeichnissen der St. Pauler Kunstgegenstände).

07.04
Violine

Havelka, St. Johann, 18. Jahrhundert
Holz, L ca. 64
Kremsmünster, Benediktinerstift, Musikinstrumentensammlung

07.05
Viola

Wolfgang Dintelbacher, St. Wolfgang, 1686
Holz, L 70

Das Alt-Instrument der Violinfamilie ist die Viola oder – vom italienischen „Viola da braccio“ (Armgeige) abgeleitet – Bratsche. Aus Rücksicht auf die menschliche Physis besitzt die Viola, deren Klang als voll und weich zu beschreiben ist, einen nur wenig größeren Korpus als die Geige. Die Geschichte der Bratsche reicht länger zurück als jene der Violine. Die ältesten Nennungen von 1597 bezeichnen sie als „Violino“, mit Einführung der Diskantgeige wurde sie zur Viola da braccio oder Tenorviola da braccio. Erst ab dem ausgehenden 18. Jahrhundert trat die Viola aus dem Schatten ihrer kleineren, eine Quint höher gestimmten Schwester. Wegen ihrer weichen Tonfarbe wurde sie zum geschätzten Musikinstrument der Komponisten.

Lit.: Unpubl.

07.06
Kontrabass

Wien (?), letztes Drittel des 18. Jahrhunderts
Holz, L 188
St. Paul im Lavanttal, Benediktinerstift St. Paul, Musikaliensammlung

Im 18. Jahrhundert wurde die Musikpflege in den Mauern des Benediktinerstiftes St. Paul groß geschrieben. Neben einem Knabenchor, der die feierlichen Gottesdienste gestaltete, gab es auch ein eigenes Stiftsorchester, in dem unter anderem dieser Kontrabass gespielt wurde. Er kam etwa in Orchestermessen zu den hohen Feiertagen zum Einsatz.

Der erst vor einigen Jahren wiederentdeckte Kontrabass blieb ebenso wie eine Violine aus dem Altbestand erhalten. Die Beschaffenheit des Instruments spricht für eine Wiener Werkstätte, wenngleich die Zuschreibung an einen bestimmten Geigenbauer mangels eines Instrumentenzettels oder entsprechender Rechnungen nicht mehr möglich ist.

Gerfried Sitar

Lit.: Unpubl.

07.07
Laute

Sebastian Schelle (1676–1744), Nürnberg, 1719
Holz u. a., L 75
Salzburg, Salzburg Museum, Inv.Nr. MI 1412

Die Laute ist ein Werk Sebastian Schelles, der vor 1712 in Nürnberg Geselle bei Matthias Hummel war und nach dessen Tod 1716 seine Werkstatt übernahm. Das Instrument, das über fünf doppelte und eine einfache Spielsaite verfügt, besitzt einen birnenfömigen Korpus; in die Decke ist eine Holzrosette eingesetzt. Der Boden besteht aus fünf hellen und vier dunklen Spänen. Der Wirbelkasten ist abgeknickt und hat elf seitenständige Holzwirbel; die Einzelsaite läuft in einer erhöhten Halterung.

Lit.: Birsak 1996, S. 135f.

07.08
Trompete in C

Friedrich Ehe, Nürnberg, erstes Drittel 18. Jahrhundert
Messing, L 80
Ingolstadt, Bayerisches Armeemuseum, Inv.Nr. A 08415

Lit.: Max Emanuel 1976, S. 245.

07.09
Naturtrompete

Martin Friedrich Ehe (1714–1779), Nürnberg, 1747
Messing, L 73,5
Lambach, Benediktinerstift Lambach

Die Familie Ehe aus Nürnberg war eine der traditionsreichsten Instrumentenmacher-Dynastien der Musikgeschichte. Begründet von Isaac Ehe Anfang des 17. Jahrhunderts, ist die Werkstatt bis ins späte 18. Jahrhundert nachweisbar. Ihre Trompeten und Posaunen genossen ab den Meisterstücken von Georg Ehe einen hervorragenden Ruf, der insbesondere auf ihren kraftvollen Ton und prachtvolle Verzierungen zurückzuführen ist. 200 Jahre lang bevorzugten alle bedeutenden Höfe und Klöster in Europa Instrumente der berühmten Handwerkerfamilie, als deren vorletzter Vertreter Martin Friedrich Ehe gilt, von dem diese Trompete ebenso stammt wie ein Instrument, das sich im Wiener Kunsthistorischen Museum befindet.

Die Tradition der Trompetenmusik reicht zumindest auf die mittelalterlichen Türmer und Stadtpfeifer zurück, die neben der Repräsentation meist auch eine informative Aufgabe erfüllten. Ab der Renaissance fanden sie Einzug in die herrschaftliche Kunstmusik, wo sie zunächst in sogenannten Consortien oder Aufzügen musizierten. Ab dem 17. Jahrhundert organisierten sich die selbstbewussten Instrumentalisten in handwerksmäßigen Zünften und gaben ein strenges Ausbildungs- und Berufsausübungsstatut vor. Dass die ventillosen Naturtrompeten in hohen Lagen (Clarinlage) besonders schwer zu spielen sind, trug den Meistern der Zunft hohes Ansehen und Gehalt ein. Die Komponisten der Barockzeit – etwa Johann Sebastian Bach, Antonio Caldara oder Johann Joseph Fux – reagierten auf das aufkommende Virtuosentum, indem sie Stücke mit schwierigen Trompetensoli schrieben. In den Orchestern des Früh- und Hochbarock traten die Instrumente zumeist vierfach besetzt in Erscheinung, unterteilt in zwei „Tromben“ (in tiefen, harmoniefüllenden Lagen) und zwei „Clarini“ (in hohen, virtuosen und strahlenden Lagen). Ab etwa 1730 entfielen die beiden Tromben in den Orchestern; in der Wiener Klassik verloren die Trompeten weiter an Bedeutung, da die schwierigen Clarin-Passagen nun von den modernen und leichter zu spielenden Klarinetten übernommen wurden. Am Namen der heutigen Klarinette lässt sich jedoch noch erkennen, dass ihre Wurzeln in den Clarin-Instrumenten, und somit in der Familie der Blechblasinstrumente, zu suchen sind.

Peter Deinhammer

Lit.: Bertsch 2006, S. 2452ff.; Berke 2001, Sp. 128ff.

07.10
Querflöte

G. Walch, Mitte 18. Jahrhundert
Holz, L 62
Salzburg, Salzburg Museum, Inv.Nr. MI 10002

Lit.: Birsak 1973, S. 29.

07.11
Drehleier
Salzburg (?), 18. Jahrhundert
Ahorn u. a., L 68
Salzburg, Salzburg Museum, Inv.Nr. MI 1419

Die Drehleier war eines der wichtigsten Streichinstrumente des Mittelalters. Die Saiten werden von einem mit einer Kurbel gedrehten Rad angestrichen; um die Tonhöhe zu verändern, werden die Melodiesaiten mechanisch über Tasten verkürzt. Im 18. Jahrhundert erlebte die Drehleier, die als Instrument der „Weiber", herumziehenden Musikanten und Bettler galt, in Frankreich eine neue Blüte.
Lit.: Birsak 1996, S. 145.

07.01

07.02
© bpk | Bayerische Staatsgemäldesammlungen, München

07.03
© Benediktinerstift St. Paul im Lavanttal

8. Der Hof bittet zu Tisch

Das gemeinsame Mahl dient nicht allein der Sättigung. In ritueller Weise wird durch das Teilen der Speisen die Zusammengehörigkeit einer gesellschaftlichen Gruppe erneuert und bestätigt.
An den Höfen stellte das öffentliche Speisen festen Bestandteil bei der Einsetzung in ein Amt dar, wurde aber auch bei Friedensschlüssen, politisch-dynastischen Ereignissen wie Hochzeiten und Taufen oder an hohen kirchlichen Festtagen zelebriert. Bis ins 19. Jahrhundert hinein bevorzugte man bei der öffentlichen Tafel das Service à la française, bei dem der fertig gedeckte Tisch auf die Gäste wartete. Um die Tafelaufsätze gruppierten sich symmetrisch angeordnete Schüsseln und Platten mit den Speisen. Gläser mit Getränken wurden von Lakaien gereicht und sofort geleert – sie hatten keinen Platz auf der Tafel.

08.01
Viereckige Schüssel

Gottfried Bartermann (1705–1769), Augsburg, um 1759–1761
Gravierte Servicenummer „14“
Silber, graviert, 29,5 x 29,5 x 3,8
Beschauzeichen: Pyr mit O für Augsburg, um 1759–1761 (Seling Nr. 241)
Meisterzeichen: GB im Queroval für Gottfried Bartermann (Seling, Supplement, Nr. 2248*d*)
Hildesheim, Roemer- und Pelizaeus-Museum, Inv.Nr. H 3199.1

08.02
Dreieckige Schüssel

Abraham IV. Drentwett (1711–1785), Augsburg, um 1761–1763
Gravierte Servicenummer „15“
Silber, graviert, 30,3 x 27,8 x 3,8
Beschauzeichen: Pyr mit O für Augsburg, um 1761–1763 (ähnlich Seling Nr. 244)
Meisterzeichen: AD im Queroval für Abraham IV Drentwett (Seling Nr. 2329n)
Hildesheim, Roemer- und Pelizaeus-Museum, Inv.Nr. H 3200.1

08.03
Mittelgroße ovale Platte

Gottfried Bartermann (1705–1769), Augsburg, um 1759–1761
Gravierte Servicenummer „12“
Silber, graviert, 38,5 x 27,6 x 2,7
Beschauzeichen: Pyr mit O für Augsburg, um 1759–1761 (vergleichbar Seling Nr. 241, aber mit größerem Pyr und von beschädigter Punze)
Meisterzeichen: GB im Queroval für Gottfried Bartermann (Seling, Supplement, Nr. 2248*d*)
Hildesheim, Roemer- und Pelizaeus-Museum, Inv.Nr. H 3197.1

08.04
Kleine ovale Platte

Abraham IV. Drentwett (1711–1785), Augsburg, um 1759–1761
Gravierte Servicenummer „13“
Silber, graviert, 33,1 x 23,4 x 2,4
Beschauzeichen: Pyr mit O für Augsburg, um 1761–1763 (ähnlich Seling Nr. 244)
Meisterzeichen: AD im Queroval für Abraham IV Drentwett (ähnlich Seling Nr. 2329n)
Hildesheim, Roemer- und Pelizaeus-Museum, Inv.Nr. H 3198.1

08.05
Teller

Abraham IV. Drentwett (1711–1785), Augsburg, um 1761–1763
Gravierte Servicenummer „13“
Silber, graviert, 25,3 x 2,4
Beschauzeichen: Pyr mit P für Augsburg, um 1761–1763 (ähnlich Seling Nr. 244)
Meisterzeichen: AD im Queroval für Abraham IV Drentwett (Seling Nr. 2329n)
Hildesheim, Roemer- und Pelizaeus-Museum, Inv.Nr. H 3202.1

08.06
Gewürzdöschen

Bernhard H. Weyhe (1702–1782), Augsburg, 1761–1763
Gravierte Servicenummer „N. 1“
Silber, innen vergoldet, H 8
Beschauzeichen: Pyr mit P für Augsburg, um 1761–1763 (ähnlich Seling Nr. 243)
Meisterzeichen: H über BW im Dreipass für Bernhard Heinrich Weyhe (Seling Nr. 2275h)
Hildesheim, Roemer- und Pelizaeus-Museum, Inv.Nr. H 3191.1
Das Gewürzdöschen ist geteilt und dient zur Aufnahme zweier Gewürze.

08.07
Rechaud

Gottlieb Satzger (um 1709–1783), Augsburg, um 1761–1763
Gravierte Servicenummer „17“
Silber, Durchbrucharbeit, Lindenholz, schwarz gebeizt, 40 x 20 x 17,3
Beschauzeichen: Pyr für Augsburg, um 1725–1730 (Seling, Supplement Nr. 193*)
Meisterzeichen: ED im Queroval für Emanuel Drentwett (Seling Nr. 2056e)
Hildesheim, Roemer- und Pelizaeus-Museum, Inv.Nr. H 3914.1-5
Seit dem 17. Jahrhundert wurden Rechauds zum Warmhalten der Speisen genutzt. Als Feuerungsmaterial diente Holzkohle.

08.08
Weinkühler

Unbekannt, Augsburg, um 1761–1763
Untersatz: Johann Jacob Gottlieb Matthias sen. oder einer seiner Söhne (Johann Carl Matthias oder Johann August Daniel Matthias), Hannover, wohl 2. Viertel 19. Jahrhundert
Silber, graviert, 24 x 32 (H gesamt)
Ohne Beschauzeichen
Meisterzeichen (nur am Untersatz): MATTHIAS im Querrechteck für Johann Jacob Gottlieb Matthias sen. (Scheffler 1965, Hannover, Nr. 77) oder einen seiner Söhne (Johann Carl Matthias oder Johann August Daniel Matthias, Scheffler 1965, Hannover, Nr. 154,166)
Feingehaltsstempel (nur am Untersatz): 13 im Querrechteck
Hildesheim, Roemer- und Pelizaeus-Museum, Inv.Nr. H 3188.1
Nur wenige der kostbaren Gold- und Silberservice haben die Wirren der Kriege in den Jahrhunderten nach ihrem Entstehen überstanden. Die meisten wanderten in Münzprägeanstalten, um eingeschmolzen Kriege zu finanzieren. Auch von den einst reichen Beständen an den Höfen in Wien und München haben sich nur Reste erhalten.

Stellvertretend für die vergangene Pracht höfischer Tafeln werden Teile des Hildesheimer Tafelservices gezeigt – des einzigen in solcher Vollständigkeit erhaltenen deutschen Tafelgeschirrs aus dem Rokoko. Von Friedrich Wilhelm von Westphalen, 1683 Hildesheimer Fürstbischof, in Augsburg geordert, bestand der Kern des Services aus zwölf Dutzend Tellern, 48 unterschiedlichen Platten, 16 Schüsseln, sechs Saucieren, sechs Terrinen und drei Tafelaufsätzen. Dazu kamen sechs Dutzend Tafel- und drei Dutzend Dessertbestecke. Die umfangreiche Bestellung, für die der Fürstbischof 21.922 Reichstaler 6 Groschen 5 Pfennige bezahlte, konnte selbst in Augsburg nicht von einer einzigen Werkstatt ausgeführt werden.

Lit.: Silber und Gold 1994, S. 532–590; Hildesheimer Tafelservice 1985.

08.09
Lavabogarnitur

Johann Nikolaus Spickermann (um 1700–1747), Augsburg, um 1743–1753
Gravierte Servicenummer „19"
Silber, graviert; Kanne: 23 x 11,2 x 28, Becken: 49 x 5,2
Beschauzeichen: Pyr mit F für Augsburg, um 1743–1745 (ähnlich Seling Nr. 220)
Meisterzeichen: INS im Zweipass für Johann Nikolaus Spickermann (Seling Nr. 2337)
Hildesheim, Roemer- und Pelizaeus-Museum, Inv.Nr. H 3189.1-2

Lavabogarnituren kam im Tafelzeremoniell zweierlei repräsentative Funktion zu: Zum einen demonstrierten sie, als wichtige Schaustücke auf den in der Nähe der Tafel errichteten Silberbuffets platziert, den Reichtum ihrer Besitzer. Zum anderen dienten sie zu Beginn und nach Beendigung des Mahles zum Waschen der Hände mit parfümiertem Wasser. Zu diesem Zweck wurden sie – je nach Rang der zu bedienenden Person – von hohen Würdenträgern, Pagen oder Lakaien herumgereicht.

Lit.: Silber und Gold 1994, S. 532–590; Hildesheimer Tafelservice 1985.

08.10
Zwei Garnituren eines Reisebestecks von Maria Theresia

Samuel Bardet (1719–1800)
Silber vergoldet, Stahlklingen, Beschauzeichen: Augsburg 1743–1745; Meister SB; österreichischer Befreiungsstempel 1809/10
St. Paul im Lavanttal, Benediktinerstift St. Paul, Schatzkammer

Diese beiden elegant gearbeiteten, aus Löffel, Messer und Gabel bestehenden Garnituren gelangten mit zwei weiteren Sets aus dem Besitz Maria Theresias sowie einem Jagdservice aus der Manufaktur Du Paquier durch Schenkung in den Besitz des Klosters St. Blasien im Schwarzwald. Die sehr enge Verbindung von Fürstabt Martin Gerbert zum Kaiserhaus wird heute noch durch eine Reihe von kostbaren Geschenken dokumentiert, die sich seit 1809 im Kärntner Benediktinerstift St. Paul befinden.

Seit der Hochzeit des französischen Königs Heinrich II. mit Katharina von Medici 1533 hatte das Besteck in seiner heutigen Form einen wichtigen Stellenwert in der europäischen Tischkultur inne. Vor allem am Hof der Habsburger herrschte das strenge Spanische Hofzeremoniell, das den Umgang mit Besteck und Tischgerät reglementierte. Prachtvolles Besteck aus Silber wurde von den europäischen Höfen zu einem großen Teil in Augsburg geordert, wo es im 18. Jahrhundert mehr als 200 Gold- und Silberschmiede gab, die sich auf das Schaffen sakraler Kostbarkeiten und prunkvoller Geräte für den Tafelgebrauch spezialisiert hatten. Samuel Bardet gilt als eine der herausragenden Künstlerpersönlichkeiten. Reisebestecke – auch „Mundzeuge" genannt – wurden oft in kostbaren Futteralen aufbewahrt, um Adeligen und kirchlichen Würdenträgern auf Reisen die Annehmlichkeiten der höfischen Tafel bieten zu können. Sie waren aber auch ein Statussymbol, das Reichtum und Einfluss seines Besitzers evident werden ließ.

Gerfried Sitar

Lit.: Seling 1980, Nr. 2453; Sitar 1994, S. 57; Sitar 2004; Macht des Wortes 2009, S. 425.

08.11
Festmahl anlässlich der Hochzeit Josephs mit Isabella von Parma

Martin van Meytens (1695–1770) und Atelier, 1762/63
Öl auf Leinwand (Reproduktion), 420 x 300
Wien, Schloss Schönbrunn, Zeremoniensaal (Kunsthistorisches Museum, Gemäldegalerie, Inv.Nr. 7503)

Das Gemälde zeigt das festliche Hochzeitsmahl in der Hofburg. Um die U-förmige, „à la française" gedeckte Tafel sitzen die Gäste gemäß der Rangordnung: an der Stirnseite das kaiserliche Paar Franz I. Stephan und Maria Theresia, an den Ecken das Brautpaar, an den Längsseiten die Familienmitglieder. Das Tafelservice könnte mit dem in Inventaren des Hofes erwähnten und in einer Quelle des ausgehenden 18. Jahrhunderts beschriebenen „Goldenen Service" identisch sein, das Kaiser Franz I. 1760 bestellte.

Lit.: Kaiserliche Tafel 1991, S. 52ff.

08.12
Krönungsmahl Josephs II. im Römer zu Frankfurt

Atelier Martin von Meytens (1695–1770), 1764
Öl auf Leinwand (Reproduktion), 360 x 310
Wien, Schloss Schönbrunn, Zeremoniensaal (Kunsthistorisches Museum, Gemäldegalerie, Inv.Nr. 7469)

Die Feierlichkeiten anlässlich der Krönung Josephs II. – der junge Goethe wohnte der Zeremonie bei und schilderte sie 1812 in seinem autobiografischen Werk „Dichtung und Wahrheit" – stellten die höchste Stufe des Zeremoniells dar. Zuerst sprach der Kurfürst von Mainz das Tischgebet, der Reichserbmundschenk nahm dem König die Krone vom Haupt, der Reichserbkämmerer reichte die Lavobogarnitur zur Handwaschung. In Begleitung des Reichserbmarschalls, des Reichsquartiermeisters, der Reichsherolde sowie der kaiserlichen und sächsischen Schweizergarde trug der Reichserbtruchsess die erste Speise auf. Die übrigen Gerichte wurden von 40 Reichsgrafen gebracht.

Das Gemälde Meytens gibt detailgetreu das Tafelarrangement „à la française" im großen Römersaal zu Frankfurt wieder: Die Tafel, an der Kaiser und König Platz genommen haben, ist mit Vermeil- oder Gold-Geschirr gedeckt. Im Vordergrund ist ein Gedeck mit mehreren Messern zum Vorschneiden des Fleisches aufgelegt. Auf den Etagen der an den Wänden platzierten Schaubuffets türmt sich der ganze Reichtum an Prunkgefäßen.

Lit.: Kaiserliche Tafel 1991, S. 48ff.

08.13
Neues Saltzburgisches Koch-Buch / Für Hochfürstliche und andere vornehme Höfe/ Clöster [...]

Conrad Hagger (1666–1747), Salzburg 1719

2 Bde., ca. 1.700 Seiten, 20,5 x 17

Linz, Oberösterreichisches Landesmuseum, Bibliothek

Conrad Hagger diente in der „Mund-Kuchel" des Fürstabtes von St. Gallen als Küchenjunge, bevor er beim Augsburger Stadtkoch Johann Ludwig Prassin lernte, 1690 Geselle wurde und in der Küche des Bischofs von Chiemsee werkte. 1701 wurde Hagger „hochfürstlich saltzburgischer Hof-, Stadt- und Landschaftskoch". Sein Kochbuch, das zu den umfangreichsten Werken der Zeit zählt, will Berufskollegen wie Anfänger im Kochhandwerk gleichermaßen ansprechen. Mit ausführlichen Registern und zahlreichen Kupferstichen versehen, gibt es Einblick in die aufwendige zeitgenössische Kochkunst.

Weißes Gold

Nur acht Jahre nach Gründung der Porzellanmanufaktur in Meißen rief der Hofkriegsratsagent Claudius Innocentius du Paquier 1718 die erste Wiener Manufaktur ins Leben. Nachdem der Hafnermeister Franz Ignaz Niedermeyer im Jagdschloss Neudeck bei München 1747 mit finanzieller Unterstützung des Kurfürsten die ersten Versuche zur Porzellanherstellung unternommen hatte, gelang es zu Beginn des Jahres 1754 endlich auch hier, in größerem Umfang Porzellan zu produzieren. 1758 wurde mit dem Bau der Manufaktur in Nymphenburg begonnen. Franz Anton Bustelli und Dominikus Auliczek schufen hier geniale Werke im Geiste des Rokoko.

Trotz aller Wertschätzung vermochte Porzellan im 18. Jahrhundert die Silberservice noch nicht von den Hoftafeln zu verdrängen. Nur den letzten Gang, die Zuckerbäckereien, servierte man auf Porzellantellern. Figurale Porzellangruppen, die den Alltag der Zeit schilderten oder auf Theaterstücke Bezug nahmen, dienten diesen Desserttafeln als Tafelschmuck. Porzellan zierte auch die Bankette bei Hofjagden. Auf den Tischen tummelten sich nun Jäger und Jägerinnen mit ihren Jagdhundmeuten, die Hirschen und Wildschweinen nachstellten.

08.14
Singende Schäferin

Franz Anton Bustelli (1723–1763), Neudeck, um 1755/56

Porzellan, bemalt, H 14

Bern, Bernisches Historisches Museum, Slg. Kocher, Inv.Nr. 27840

Zu Bustellis Hauptwerken zählen „Fürwitz-" und Liebesgruppen. Als Schäferin verkleidet sitzt hier eine elegante Dame mit Perlenkette und Hütchen auf einem Natursockel, um nach Noten zu singen. Das Pendant zu ihr bildet ein die Laute schlagender Schäfer. Figurengruppen wie diese dienten auch als kurfürstliche Gaben: Max III. Joseph schenkte seiner Schwester, der Kurprinzessin Maria Antonia Walpurgis von Sachsen, „*zwei Schäfereyen*" in bemalter Ausformung.

Lit.: Bustelli 2004, S. 449.

08.15
Liebespaar in der Ruine

Franz Anton Bustelli (1723–1763), Neudeck, um 1756

Porzellan, bemalt, H 26,4

Frankfurt am Main, Museum für Angewandte Kunst, Inv.Nr. X 18698

Der Jüngling will den Tribut seiner Liebe – einen Kuss – einfordern, stößt jedoch nicht auf Gegenliebe: Entrüstet wendet sich die Schöne ab. Selbst der Hund verbellt den aufdringlichen Galan. Der Ziegenbock, der als Einziger die Ruhe bewahrt, ist seit alters ein gängiges erotisches Symbol.

Lit.: Bustelli 2004, S. 454.

08.16
Der Lauscher am Brunnen

Franz Anton Bustelli (1723–1763), Neudeck, um 1756

Porzellan, bemalt, H 18,2

Zürich, Schweizerisches Landesmuseum, Inv.Nr. LM - 24787

Bustelli teilte seine Liebesgruppen thematisch stets in zwei Szenen auf. Hier ist es ein unachtsames Mädchen, das sein Bein am Brunnen wäscht und nicht bemerkt, dass es belauscht wird. Während der Lauscher als harmloser Genießer im Verborgenen bleibt, wird aus ihm in der zweiten Gruppe, die das Thema fortspinnt, ein stürmischer Liebhaber, der das Mädchen bedrängt.

Lit.: Bustelli 2004, S. 450.

08.06
© Roemer- und Pelizaeus-Museum Hildesheim

08.07
© Roemer- und Pelizaeus-Museum Hildesheim

08.08

08.09
© Roemer- und Pelizaeus-Museum Hildesheim

08.10
© Benediktinerstift St. Paul im Lavanttal

08.14
© Bernisches Historisches Museum (Foto: Nadja Frey)

08.15
© Museum für Angewandte Kunst, Frankfurt am Main

08.16

9. Das Stift Ranshofen

Die erste urkundliche Erwähnung Ranshofens datiert aus dem Jahr 788. Kaiser Arnulf errichtete 898 an dem Ort eine Pfalzkapelle, aus deren Weltpriestergemeinschaft das Augustiner-Chorherrenstift hervorging. Urkunden berichten über Schenkungen der Bayernherzöge an das Kloster, das zum Zentrum der Seelsorge in der Region wurde. Die Kriegswirren der folgenden Jahrhunderte zogen das Stift allerdings immer wieder schwer in Mitleidenschaft.

Im 16. Jahrhundert wurde Ranshofen zu einem Zentrum des Humanismus. Der bayerische Hofhistoriograf Aventinus weilte hier und verfasste eine Chronik des Stiftes. Unter Propst Ivo Kurzbauer wurden Kirche und Kloster für die – mit einem Jahr Verspätung 1699 stattfindende – Jubiläumsfeier erneuert.

1811 kam es zur Aufhebung des Stifts. Die Klosterkirche diente fortan als Pfarrkirche, die übrigen Gebäude wurden profaniert. 1851 erwarb Ferdinand Wertheimer die Anlage mit dem umfangreichen Grundbesitz; bis 1938 blieb sie im Besitz der Familie.

09.01

Urkunde Herzog Heinrichs IX. von Bayern für Ranshofen

Ranshofen, 30. Juli 1125

Pergament, Siegel in silberner Kapsel, 44 x 30

München, Bayerisches Hauptstaatsarchiv, Kloster Ranshofen Urk. 2

Mit dieser Urkunde übergab Bayernherzog Heinrich IX. der Schwarze alle seine Zehente im Gau Ranshofen, die Kirche Enkinacha (Enknach), die Güter in Handenberg, Braunau und Dürrnberg sowie weitere Liegenschaften an die Augustiner-Chorherren. In der Verfassung den Königsurkunden ähnlich, ist der Stiftbrief mit einem der ältesten Reitersiegel des deutschsprachigen Raumes ausgestattet. Anhand der eingetragenen Zeugen – wie etwa des bayerischen Pfalzgrafen Otto V. von Wittelsbach – gibt er Kenntnis über Land und Leute in der Umgebung von Ranshofen in der ersten Hälfte des 12. Jahrhunderts.

Lit.: 900 Jahre Stift Reichersberg 1984, S. 310f.

09.02

Zwei Löwenfiguren

Mitte 14. Jahrhundert

Rotmarmor, 56 x 70

Braunau, Herzogsburg

Diese Steinplastiken zählen zusammen mit den Freskenmedaillons im sogenannten Rollgang – einem zweigeschoßigen offenen Korridor, der an der Südostseite des Chores bis zum Prälatentrakt führt – zu den ältesten Kunstwerken des Stiftes. Als frühestmöglicher Zeitpunkt ihrer Datierung kommt 1283 infrage: Nachdem Kirche und Kloster während der Auseinandersetzungen zwischen dem Bischof von Passau und König Ottokar von Böhmen zerstört worden waren, erfolgten in diesem Jahr ihr Wiederaufbau und ihre Weihe. Die Figuren dürften als Säulenfüße des Portals der alten Prälatur gedient haben.

Lit.: 900 Jahre Stift Reichersberg 1984, S. 316.

09.03

Antiquarium Ranshovianum

Hieronymus Mayr, Ranshofen, um 1650

2 Bde., Papier, 493 Blatt, 20 x 16

Linz, Oberösterreichisches Landesarchiv, Hs. 137

Das zweibändige Geschichtswerk Ranshofens wurde um die Mitte des 17. Jahrhunderts von Stiftsdechant Hieronymus Mayr in lateinischer Sprache verfasst. Der erste, in vier Teile gegliederte Band – die Titelseite zeigt die älteste erhaltene Zeichnung des Klosters – enthält neben Angaben über den heiligen Pankratius, die Gründer und Wohltäter der Kirche und des Klosters sowie die Lebensweise der Chorherren auch eine nach Pröpsten geordnete Stiftsgeschichte bis 1634. Der zweite Band setzt die Reihe bis 1665 fort. Besondere Bedeutung kommt diesen zwei Autografen wegen der genauen Quellenangaben Hieronymus Mayrs zu.

Lit.: 900 Jahre Stift Reichersberg 1984, S. 313f.

09.04

Der Festzug von Ranshofen

Ranshofen, 1699

Aquarelle (Reproduktionen)

Linz, Oberösterreichisches Landesmuseum, Inv.Nr. HA 6751

Anlässlich der am 28. August 1699 stattfindenden 800-Jahr-Feier der alten Pfalzkapelle veranstaltete die Stadt Braunau eine einwöchige Feier, über die eine 50 Seiten umfassende Bilderhandschrift mit 50 Aquarellen Auskunft gibt. Blatt 45 eines unbekannten Künstlers zeigt die prunkvolle Hauptprozession vom 24. August und vermittelt einen Eindruck von den dargebotenen Gruppen, Festwagen, Triumphpforten und Schaugerüsten. 1702 erschien ein gedruckter Bericht mit den Predigten und einer Beschreibung der Prozession dieses Ereignisses.

Lit.: 900 Jahre Stift Reichersberg 1984, S. 315; Tausend Jahre Oberösterreich 1983, S. 261.

09.05

Saeculum octavum

Augsburg, 1702

Papier, 20 x 16,5

Braunau, Städtische Studienbibliothek, Inv.Nr. H/F 1/7

„Saeculum Octavum, oder Acht-tägiges Hoch-feyrliches Jubel-Fest […] In dem Hochlöbl: Gottes-Hauß und Closter Ranshoven […] In dem 1699. Jahr vom 23. Tag Augustmonats als elften Sonntag nach Pfingsten bis 30. Inclusive gehalten […]“ Anlässlich der 800-Jahr-Feier der Pankratiuskapelle erschien 1702 ein gedruckter Bericht der Maria Utzschneiderin mit bildlichen Darstellungen der Triumphbögen. Im ersten Teil sind die Festpredigten wiedergegeben, der zweite beschreibt die baulichen Veränderungen mit den zur Feier errichteten Triumphbögen und das genaue Programm der Festlichkeiten. Der Text ist mit Kupferstichen ausgestattet, denen die Aquarelle der Bilderhandschrift als Vorlage dienten.

Lit.: 900 Jahre Stift Reichersberg 1984, S. 314f.

09.06
Inventarium der geistlichen Sachen des Stiftes Ranshofen

Ranshofen, 1687
Papier, 97 Blatt, 29,5 x 20
Ranshofen, Pfarrarchiv

Propst Benno Meier ließ im Jahre 1687 ein *„Inventarium"* anlegen, das neben einer Auflistung der *„geistlichen Sachen"* auch die Namen der im Jahr seiner Propstwahl ansässigen Augustiner-Chorherren enthält. Verzeichnet sind weiters alle Druckwerke, die während seiner Tätigkeit für das Stift angeschafft wurden, sowie bau- und besitzmäßige Veränderungen. Unterteilt werden die Druckwerke in Fachgebiete wie Predigten *(„Concinatores")* und Geschichtswerke *(„Historici")*.

Lit.: 900 Jahre Stift Reichersberg 1984, S. 314.

09.07
Grundriß-Libell

Matthias Paur, 1714
Papier, 80 Blatt, 39 x 26
Braunau, Heimatverein „Alt Braunau", Inv.Nr. NA-9

Unter Propst Ivo Kurzbauer fertigte der kurfürstlich-bayerische Geometer Matthias Paur im Jahre 1714 einen „Grundriß" an. Das Kartenwerk sollte alle Besitzungen des Klosters wie die Land- und Pflegegerichte Mauerkirchen, Braunau, Ried, Uttendorf und Wildshut sowie die im heutigen bayerischen Gebiet liegenden Gerichte Ötting, Neumarkt, Dingolfing, Eggenfelden, Reichenberg, Griesbach, Julbach und die Herrschaften Wald und Ering enthalten. Dieses Libell dokumentiert nur einen 700 Hektar großen Bereich in und um Ranshofen, der auf 38 zum Teil doppelseitigen Planskizzen die Besitzungen durch verschiedene Register aufschlüsselt.

Lit.: 900 Jahre Stift Reichersberg 1984, S. 308.

09.08
Ansicht des Klosters Ranshofen

Michael Wening (1645–1718), 1700
Kupferstich, 28 x 70
Privatbesitz

Von den 115 in Michael Wenings zweitem Band der „Beschreibung des Churfürsten- u. Herzogthums Ober- und Nidern Bayern" enthaltenen Abbildungen zeigen 61 das heutige Innviertel. Eine Ansicht bildet Ranshofen ab. Zwar kamen die Zeichnungen erst 1721 in Druck, sie waren aber in den Jahren vor 1700 fertiggestellt worden – die 1712 unter Propst Ivo Kurzbauer begonnene Barockisierung der Pfarrkirche ist daher hier noch nicht zu sehen.

Lit.: 900 Jahre Stift Reichersberg 1984, S 327.

09.09
Ranshofen

Unbekannter Künstler, um 1730
Öl auf Leinwand, 120 x 180
Braunau, Heimatverein „Alt Braunau", Inv.Nr. V/11-III

Diese Darstellung des Klosters und der Hofmark Ranshofen zeigt im linken Bereich einer Bastion gleich die Stadt und Festung Braunau. Innerhalb einer Einfriedung befindet sich die Leprosenkirche der St. Sebastiansbruderschaft mit dem Leprosenhaus, die während des Österreichischen Erbfolgekrieges 1742 geschliffen wurden. Zwischen Braunau und dem Kloster liegen die St.-Michaels-Kirche und die Wallfahrtskirche zum Hl. Valentin.

Lit.: 900 Jahre Stift Reichersberg 1984, S. 309.

09.10
Le village et l'abbaye de Ranshofen pres de Braunau

Joseph Schaffer, um 1790
Aquarell (Reproduktion), 26 x 42
Wien, Albertina, Inv.Nr. 4341

Dieses Aquarell stammt aus einem Klebeband, der als Vorlage für Stiche des Wiener Verlages Artaria diente. Von Osternberg her sieht man das Augustiner-Chorherrenstift Ranshofen mit der Stiftskirche St. Pankraz und der Pfarrkirche St. Michael. Im linken Bereich mit Häuserzeile ist die Straße von Braunau nach Ranshofen zu erkennen.

Lit.: 900 Jahre Stift Reichersberg 1984, S. 315f.

09.11
Tafel der Pröpste des Stiftes Ranshofen

Unbekannter Künstler, um 1699
Öl auf Holz, 144 x 182
Ranshofen, ehem. Stiftskirche

Die Tafel entstand vermutlich anlässlich des 800-Jahr-Jubiläums. Dargestellt sind die Pröpste des Stiftes von den Anfängen bis zu Ivo Kurzbauer, der bis 1715 wirkte. Den größtenteils fiktiven Porträts sind jeweils kurze biografische Notizen beigestellt, die auf den Chroniken von Aventinus und Hieronymus Mayr basieren. Die Daten und Angaben zu den frühen Pröpsten des Stiftes sind allerdings aufgrund der mangelnden Urkundenüberlieferung anzuzweifeln.

Lit.: 900 Jahre Stift Reichersberg 1984, S. 322.

09.12
Kelch

Georg Reischle (gest. 1700), Augsburg, 1683
Silber, vergoldet, H 27
Ranshofen, ehem. Stiftskirche

Die am Kelch eingravierten Initialen „BMP" (Benno Meier Praepositus) weisen darauf hin, dass dieser liturgische Gegenstand unter Propst Benno Meier in Auftrag gegeben wurde. Zusammen mit der Monstranz bildet er ein Ensemble hochqualitativer barocker Gürtler- und Goldschmiedearbeit aus der Hand des Augsburger Goldschmiedes Georg Reischle.

Lit.: 900 Jahre Stift Reichersberg 1984, S. 325.

09.13
Monstranz

Georg Reischle (gest. 1700), Augsburg, 1682
Silber, vergoldet, H 93
Ranshofen, ehem. Stiftskirche

Diese Monstranz wurde unter Propst Benno Meier zusammen mit dem Kelch in Auftrag gegeben. Die Meistermarke GR kennzeichnet diese qualitätsvolle Goldschmiedearbeit als Werk des Georg Reischle. Die von Amethysten umgebenen Emailmedaillons zeigen die Taufe Christi, das Letzte Abendmahl, Emmaus und die Fußwaschung. Auf dem Knauf scheint neben dem Doppelwappen von Ranshofen und Propst Meier mit Engelsköpfen die Inschrift „BMPR" (Benno Meier Praepositus Ranshofensis) auf.

Lit.: 900 Jahre Stift Reichersberg 1984, S. 325f.

IN NOMINE SCE ET INDIVIDUE TRINITATIS
Notu sit omib; fidelib; xpi tā futuris quā p̄sentib; qd ego Heinric fauente
clementia xpi dux bauuariorū tradidi ad altare sci Pancratii Martyris In
victissimi. Cooperante & consentiente Wlfhilda coniuge nra in pago Raneshouen
omes decimationes tā de nemore Willeharth quā de agris cultis & in colen
dis. ubiq; in finib; & in parrochia hac exquirendis. Nec n̄ p̄dia Hartinperch
Denchenaha Ecclesia cū omib; appendiciis eius. Irendorge cū omi familia. Dur
renloh ultra danubiu. Mansum unū de erlaba in beneficiu cū familia. De tun
gen mansum unū in beneficio. Dimidiu mansum de Sporch in beneficiu tradicione Rafoldi ppr
Dimidiu mansum in succidio. Dimidiu mansu in Kriechpreit. Molendinu ad Osterberc. Pratu in Enche
Hec n̄ mancipia sin appetatur uel in beneficio, aut uel a p̄posito siue camerario [illegible]
nadowe. In usu fr̄m xpo famulantiu sub regula sci Augustini. Ut i quisq
qd n̄ optamus futuris tēporib; cont̄a hui pagine n̄re auctoritate uenire tēp
tauerit. Vel de sup̄dictis reb; aliqd inuadere uel alienare p̄sumpserit. nouerit
se etiā cruciatus pena multandum. atq; p admisso sacrilegio in camera regis
uel imp̄atoris lx. mancusios aureos p̄soluat. Ego Berenhardus [illegible]
Actū raneshoven anno M. c. xx. v. Indictiōn.
P̄sente Ottone Palatino. friderico comite. de regennesb
aduocato. Regenbto de hagendorge Harinhardo filio ei. Harinhardo de sto
Wolftrigilo de porron. Odalchalco de maisaha Erchanbto de mosebac
Warinhardo de vogelbach. Adelpto de goren. Ministerialib; ducis
Hartungo de iberache Adelhardo de Hutte. Dietmaro de raneshoue
Ebhardo fr̄e ei Odalrico. Berchtoldo & [illegible]

09.01
© Bayerisches Hauptstaatsarchiv München

09.04
© Oberösterreichische Landesmuseen

09.04
© Oberösterreichische Landesmuseen

09.04
© Oberösterreichische Landesmuseen

09.04
© Oberösterreichische Landesmuseen

09.04
© Oberösterreichische Landesmuseen

09.10
© Albertina Wien

10. Klöster im Dienste der Dynastien

In der Gründungszeit waren Klöster Zentren der Missionierung und der Kolonisation. Nach dem Dreißigjährigen Krieg kam ihnen eine ähnliche Aufgabe zu: Als in Stein gehauene Zeugen der Gegenreformation sollten sie den Triumph des „wahren" Glaubens verherrlichen.
Manche Klöster erfreuten sich von Gründungstagen an besonderer Förderung durch Herrscher- und Adelsfamilien. Sie waren Hausklöster und dienten als Grablege. Bei Hofreisen stellten sie wichtige Etappenstationen dar, die Übernachtungsmöglichkeit boten. Um diese adäquat zu gestalten, entstanden in den barocken Neubauten prächtige Zimmerfluchten – „Fürstenzimmer" und „Kaisertrakte". Architektur und Ausstattungsprogramme feierten die jeweilige Dynastie und stellten in allegorischen Programmen deren Herrschaftsansprüche dar.

Stift Klosterneuburg

Um die Gründung des Augustiner-Chorherrenstiftes 1114 rankt sich die Legende vom verlorenen Schleier der Markgräfin Agnes: Als ihn Markgraf Leopold III. Jahre später während einer Jagd wieder gefunden habe, sei ihm Maria erschienen und habe ihm anempfohlen, an dieser Stelle ein Kloster zu gründen. Der Babenberger fand dort seine letzte Ruhestätte. 1485 wurde er heiliggesprochen, 1663 von Kaiser Leopold I. zum Landespatron erhoben. Über seinem Grab in Klosterneuburg plante Kaiser Karl VI. eine Klosterresidenz zu errichten. Als Vorbild diente ihm der Escorial Philipps II. Das Projekt sah einen Bau vor, in dem Kloster und Kaiserschloss gleichberechtigt nebeneinander stehen sollten. Auf Empfehlung des Melker Abtes Berthold Dietmayr beauftragte Karl VI. nach dem Tod des Baumeisters Matthias Steinl den aus Mailand gebürtigen Donato Felice d'Allio mit dem Neubau. Nach der feierlichen Grundsteinlegung am 25. Mai 1730 schritt der Bau zügig voran, sodass Karl VI. zum Leopoldsfest 1739 bereits die Kaiserzimmer bewohnen konnte. Sein früher Tod 1740 ließ das Projekt aber unvollendet. Karls Tochter Maria Theresia konzentrierte ihre Bautätigkeit lieber auf Schloss Schönbrunn.

10.01
Die Gründung des Stiftes Klosterneuburg

Martino Altomonte (1657–1745), vor 1736
Öl auf Leinwand, 114 x 74
Linz, Oberösterreichisches Landesmuseum, Inv.Nr. G 478

Die Skizze für das 1736 datierte Seitenaltarbild in der Wiener Schwarzspanierkirche stellt die Gründungsgeschichte des Stiftes Klosterneuburg dar. Von Leopold III. dem Heiligen 1114 gegründet, wurde das Stift auch zu seiner letzten Ruhestätte. Im Jahr 1663 erhob Kaiser Leopold I. seinen Namenspatron zum Schutzheiligen aller österreichischen Länder. Frömmigkeit und Heiligkeit gingen damit von den Babenbergern auf die Habsburger über, die die barocke Verehrung des einstigen Herrschergeschlechtes zu einem politischen Kult hochstilisierten.

Lit.: Welt des Barock 1986, S. 158.

10.02
Päpstlicher Ablassbrief

Rom, 28. Juli 1506
Pergament, Bleibulle an Seidenschnur, 39 x 75,5
Klosterneuburg, Augustiner-Chorherrenstift, Stiftsarchiv

Am 15. Februar 1506 fand die feierliche Reliquienerhebung der Gebeine des hl. Leopold statt. Die Zeremonie nahm der Erzbischof von Salzburg vor, unterstützt durch die Bischöfe von Passau und Gurk. Den neuen Reliquienschrein hatte Kaiser Maximilian I. gestiftet. In der Folge wurde der 15. Februar zum Festtag erhoben und als „Kleiner Leopolditag" feierlich begangen. Papst Julius II. gewährte allen Teilnehmern dieser Feier einen Ablass.

Lit.: Der heilige Leopold 1985, S. 225.

10.03
Der „österreichische Escorial" (Idealansicht)

Benedikt Prill (1721–1759), um 1750
Lavierte Pinselzeichnung, 63,5 x 45
Klosterneuburg, Augustiner-Chorherrenstift, Stiftsmuseum, Inv.Nr. OG 180

Das Kaiserhaus war eng mit dem Augustiner-Chorherrenstift Klosterneuburg verbunden, der letzten Ruhestätte des Babenberger Heiligen Leopold III. und des Aufbewahrungsortes des gestifteten Erzherzogshutes. Auf Wunsch Karls VI., der das Kloster zu einer ständigen Sommerresidenz ausbauen wollte, fertigte der Architekt Donato Felice d'Allio Pläne für einen „österreichischen Escorial" an. Die Zeichnung zeigt eine Idealansicht des geplanten Neubaus. Über dem Klosterkomplex schwebt der hl. Leopold und weist auf das von ihm gegründete Stift.

Lit.: Traum vom Weltreich 1999, S. 74; Welt des Barock 1986, S. 63.

10.04
Stift Klosterneuburg, Grundriss Hauptgeschoß mit Garten

Atelier Donato Felice d'Allio (1677–1761), undatiert
Lavierte Federzeichnung, 61,5 x 93
Klosterneuburg, Stiftsarchiv Klosterneuburg, Inv.Nr. Pz 37

Donato Felice d'Allio, aus Mailand stammender Baumeister, war Schüler Fischer von Erlachs. Unter seinem Einfluss plante er den von Karl VI. in Auftrag gegebenen Neubau in Klosterneuburg. Von fünf konzipierten gewaltigen Höfen wurde nur einer verwirklicht. Der Grundriss des Hauptgeschoßes der Anlage samt Garten zeigt die letzten Planungsphasen mit den vom Hofbauamt vorgenommenen Änderungen. Für die barocken Gärten, die das Kloster umgeben sollten, wären Erdbewegungen von enormem Ausmaß notwendig gewesen. Die untere Stadt sollte mit dem Gebäude über eine Freitreppe verbunden werden.

Lit.: Traum vom Weltreich 1999, S. 82f.

10.05

Stift Klosterneuburg, Aufriss der Nordfassade

Atelier (?) Donato Felice d'Allio (1677–1761), undatiert
Lavierte Federzeichnung, 47 x 96
Klosterneuburg, Stiftsarchiv Klosterneuburg, Inv.Nr. Pz 51

„*Sola al conventuale e senza pompa veruna*" – ohne Pracht und ganz klösterlich – sollte der Neubau des Stiftes nach Angaben Donato Felice d'Allios sein. Der Plan der Nordfassade zeigt demnach eine einfache Anlage. Die beiden Eckrisalite und der Mittelrisalit brechen die 33-achsige Fassade auf, sie heben sich durch Wandpfeiler und aufwendig gestaltete Fensterverdachungen ab. Da der Entwurf nicht der „modernen Architektur" jener Zeit entsprach, kam es zu Meinungsverschiedenheiten mit dem Hofbauamt. Um den Anforderungen – eine (Neben-)Residenz Karls VI. und ein grandioses Werk spätbarocker österreichischer Baukunst zu schaffen – gerecht zu werden, waren weitere Pläne notwendig.

Lit.: Traum vom Weltreich 1999, S. 83f.

10.06

Stift Klosterneuburg, Schnitt

Atelier Donato Felice d'Allio (1677–1761), undatiert, unsigniert
Lavierte Federzeichnung, 64 x 97
Klosterneuburg, Stiftsarchiv Klosterneuburg, Inv.Nr. Pz 28

Dieser Plan – ein Schnitt durch den östlichen Mittelpavillon, das Treppenhaus und das Vestibül – zeigt die innere Anlage des Kaisertraktes. Vom Vestibül, einem zweigeschoßigen, doppelschaligen, überkuppelten Raum mit Zeltdach, führt eine einläufige, von mehreren Podesten unterbrochene Treppe zum Kaisersaal, dem heutigen Marmorsaal. Ursprünglich rechteckig geplant, bekam er später einen ovalen Grundriss. Gut zu erkennen ist die „Sala terrena" mit ihrer in Planung befindlichen Grottenarchitektur und dem Wandbrunnen in Nischen.

Lit.: Traum vom Weltreich 1999, S. 83f.; Donato Felice d'Allio 1965, S. 161ff.; Fischer von Erlach 1960, S. 58f.

10.07

Entwurf zur Triumphpforte der Markgrafen

Matthias Steinl (um 1664–1727), 1714
Lavierte Sepiazeichnung mit Bleigriffeleintragungen, 55,5 x 30,5
Klosterneuburg, Stiftsarchiv Klosterneuburg, Inv.Nr. Pz 4

Prächtige Feierlichkeiten fanden in Klosterneuburg zu den Jubiläen des hl. Leopold statt. Die Attribute des Babenbergers – Heiligkeit und Frömmigkeit – verwendeten die Habsburger auch zur eigenen Darstellung. Das glanzvollste Jubelfest trug sich anlässlich des 600. Jahrestages der Grundsteinlegung für die Stiftskirche von 30. September bis 6. Oktober 1714 zu – ohne Kaiserhof, aber dennoch prunkvoll. Matthias Steinl, Architekt und Bildhauer des Hochbarock, fertigte dafür neben einem provisorischen Hochaltar auch drei Triumphpforten an; dieser Entwurf zeigt jene der Markgrafen. Im Zuge dieses Jubiläums wurde Jakob Prandtauer mit der Planung des Neubaus des Stiftes beauftragt.

Lit.: Traum vom Weltreich 1999, S. 77f.

10.08

Entwurf zur Triumphpforte der Herzöge

Matthias Steinl (um 1644–1727), 1714
Lavierte Sepiazeichnung mit Bleigriffeleintragungen, 40 x 30,5
Klosterneuburg, Augustiner-Chorherrenstift, Stiftsarchiv, Inv.Nr. Pz 5

Aus Holz und Leinwand gefertigt, wurden die drei vom kaiserlichen Hofingenieur Matthias Steinl entworfenen Triumphpforten als gemalte Scheinarchitektur vor der Stiftskirche installiert. Als Inszenierung eines „Theatrum Austriacae Gloriae" gedacht, führten sie mit den Babenberger und Habsburger Herrschern – dieser Entwurf zeigt den hl. Leopold über Kriegstrophäen, auf den Seitenpfeilern seine Nachfolger aus der Dynastie der Babenberger – auf die Stiftskirche zu. Den Höhepunkt bot der Hochaltar mit der Apotheose des heiligen Leopold als gemalte Kulisse. Bei den Nummerierungen im Bleigriffel handelt es sich vermutlich um Informationen für den Kupferstecher.

Lit.: Der heilige Leopold 1985, S. 347ff.

10.09

Entwurf zur Triumphpforte der Kaiser und (Erz-)Herzöge

Matthias Steinl (um 1644–1727), 1714
Lavierte Sepiazeichnung mit Bleigriffeleintragungen, 40 x 30
Klosterneuburg, Augustiner-Chorherrenstift, Stiftsarchiv, Inv.Nr. Pz 6

Der Zug durch die insgesamt drei von Matthias Steinl entworfenen Triumphpforten, die dem Portal der Stiftskirche vermutlich als ephemerer Prospekt vorgeblendet waren, bedeutete die Bestätigung der politisch-religiösen „Kontinuität" der leopoldinisch-babenbergischen Tradition, als deren Repräsentant sich Kaiser Karl VI. sah. Diese Triumphpforte, die Bilder Karls, seiner kaiserlichen Vorgänger und der habsburgischen Erzherzöge schmücken, deutete auf die freudige Erwartung eines Nachfolgers hin.

Lit.: Kieser 1998, S. 104ff.; Der heilige Leopold 1985, S. 347ff.

Kloster Fürstenfeld

Die Entstehung des Klosters wurzelt in einer Gewalttat: 1256 ließ Herzog Ludwig II. seine der Untreue verdächtigte Gattin Maria von Brabant auf Burg Mangoldstein bei Donauwörth enthaupten. Als sich ihre Unschuld herausstellte, wandte sich der Wittelsbacher an Papst Alexander IV. um Lossprechung. Als Buße wurde ihm ein Zug ins Heilige Land oder die Gründung eines Kartäuserklosters auferlegt. Ludwig II. entschied sich für Zweiteres und bat Zisterzienser aus Aldersbach – in Bayern gab es keine Kartäuser – um eine Neugründung. Am 3. Dezember 1263 wurde diese durch Bischof Konrad I. von Freising bestätigt.
Über die Jahrhunderte erfuhr Fürstenfeld als Hauskloster und Grablege der Wittelsbacher besondere Förderung. Kurfürst Max Emanuel beauftragte den Münchner Hofbaumeister Giovanni Antonio Viscardi, hier einen zweiten Escorial zu errichten. 1691 wurde der Grundstein für die Klostertrakte gelegt, 1699 waren sie bereits fertiggestellt. Mit den Kosten von 118.085 Gulden war aber das Vermögen des Klosters aufgebraucht, zumal man dem ständig verschuldeten Kurfürsten 100.000 Gulden geliehen hatte. Im August 1700

erfolgte die Grundsteinlegung für die neue Kirche, geweiht wurde sie aber erst am 16. Juli 1741.

10.10
Stiftungsurkunde des Zisterzienserklosters Fürstenfeld

München, 22. Februar 1266
Pergament, Wachssiegel (beschädigt) an roter Seidenschnur, 61 x 47
München, Bayrisches Hauptstaatsarchiv, Kloster Fürstenfeld Urk. 4

Am 22. Februar 1266 unterzeichnete Ludwig II. die Stiftungsurkunde des Klosters. Sie listet auch jene Güter auf, mit denen der Herzog das Kloster bedachte: 47 Orte mit 32 Höfen, 31 Güter, neun kleine Güter, elf Hufe, eine Mühle, eine Schwaige, ein Patronatsrecht, ein Forstlehen, zwei Zehnten bei 89 Besitztiteln. Dem Kloster wurde die Zoll- und Mautfreiheit zu Lande und zu Wasser für Lebensmittel zuerkannt. Außerdem einigte man sich, die Kinder aus Ehen zwischen herzoglichen und klösterlichen Untertanen aufzuteilen – Personen aus der herzoglichen Vogtei wurden dem Kloster überantwortet.

Lit.: In Tal und Einsamkeit 1988, S. 21f.

10.11
Darstellung des Marktes Bruck samt Kloster Fürstenfeld

Bayern, um 1602
Papier, koloriert (Reproduktion), 46 x 58
München, Bayerisches Hauptstaatsarchiv, Inv.Nr. PLS 18593

Die Zeichnung mit einer Darstellung des Marktes Bruck und des Klosters Fürstenfeld wurde im Zuge von Grundstreitigkeiten des Klosters mit dem Ort angefertigt. Das umstrittene Gebiet lag östlich des Marktes. Mit dieser Darstellung wollte man beim Prozess den Verlauf der Grenze sichtbar machen.

Lit.: Kloster Fürstenfeld 2006, S. 86.

10.12
Die barocke Klosteranlage Fürstenfeld von Nordwesten

Michael Wening (1645–1718), München, 1701
Kupferstich (Reproduktion), 25,2 x 69
Fürstenfeldbruck, Stadtmuseum

Dieser Kupferstich stammt aus dem 1701 veröffentlichten ersten Teil des vierbändigen Werkes „Historico-topographica descritio Bavariae", für das Michael Wening rund 1.000 Orte in Kupfer stach. Darin finden sich auch Abbildungen von bayerischen Schlössern und Klöstern. Die Texte verfasste der Münchner Jesuit Ferdinand Schönwetter. Der Stich unterscheidet sich von einer früheren Fassung insofern, als zwar die flach geschichtete Giebelfassade der Kirche erhalten blieb, die Travéen jedoch von fünf auf drei reduziert wurden und eine stark hervorgehobene Mitteltravée aufweisen.

Lit.: In Tal und Einsamkeit 1988, S. 148; Wening 1964.

10.13
Kloster Fürstenfeld aus der Vogelperspektive

Fürstenfeld, um 1748
Tempera auf Pergament (Reproduktion), 22 x 34,5
München, Bayerische Staatsbibliothek, Inv.Nr. Cgm 3920 (Anhang)

Der unbekannte Zeichner wählte hier eine klassische barocke Perspektive. Während Details der Anlage genau herausgearbeitet wurden, unterliefen dem Künstler einige Zählfehler. Vergessen scheint hier die einstige Pracht, die noch einige Jahrzehnte zuvor geherrscht hatte. So sind die dekorativen Konventgärten Nutzgärten gewichen, auch das Broderieparterre im Hofgarten scheint verwildert zu sein.

Lit.: Kloster Fürstenfeld 2006, S. 151.

10.14
Situationsplan der barocken Klosteranlage

Ingenieur-Lieutnant Spieß, 1817
Federzeichnung, farbig laviert und beschriftet (Reproduktion), 63 x 93
München, Bayerisches Hauptstaatsarchiv, Kriegsarchiv, Inv.Nr. F4a5

1803 ging das Kloster Fürstenfeld im Zuge der Säkularisation in Privatbesitz über. In der Folge fand die Anlage als Fohlenhof, Invalidenstation, Unteroffiziersschule sowie Polizeischule Verwendung. Bei der Zeichnung handelt es sich um einen dem Jahre 1817 entsprechenden Situations- und Lageplan der barocken Klosteranlage Fürstenfeld. Umbauarbeiten an dem Komplex erfolgten erst später.

Lit.: In Tal und Einsamkeit 1988, S. 143.

10.15
Scagliolaplatte aus der Kurfürstlichen Kapelle von Kloster Fürstenfeld

Peter Franz Appiani (1670–1724), Fürstenfeld, 1696
Intarsien im Stuckmarmor, 120 x 50
Fürstenfeldbruck, Stadtmuseum, Inv.Nr. 642

Diese Arbeiten in Scagliola – Stuckmarmor, also Marmorimitation – dienten der Ausstattung der Kurfürstlichen Kapelle im Kloster Fürstenfeld. Sie werden dem Stuckateur Peter Franz Appiani zugeschrieben. Die auf der Rückseite der Platten vermerkte Jahreszahl 1696 informiert über den Ausstattungszeitraum. Idente Blumen und Farbnuancen des Scagliola-Antependiums des Altars belegen, dass diese Platten aus der Kapelle stammen müssen.

Lit.: In Tal und Einsamkeit 1988, S. 157f.

10.16
Karte des Jagdgebietes um das Kloster Fürstenfeld

Fürstenfeld, um 1760
Aquarell auf Papier (Reproduktion), 61,2 x 46,4
München, Bayerisches Hauptstaatsarchiv, Inv.Nr. FA 448, 212

Das Kloster Fürstenfeld war beliebter Aufenthaltsort der bayerischen Landesfürsten bei Jagdausflügen – einen Höhepunkt erlebte die Jagd hier unter Kurfürst Max Emanuel. Quellen berichten, dass im Kloster Jagdhunde für die Kurfürsten abgerichtet und gehalten worden seien. Um optimale Voraussetzungen für die Jagd zu schaffen, erwarb das Kloster große Forstgebiete im nahen und weiteren Umland. Diese Karte zeigt eine topografische Darstellung seiner Jagdreviere. Die Bildlegende gibt die jeweilige Entfernung zum Kloster an.

Lit.: Kloster Fürstenfeld 2006, S. 298.

10.01

10.03
© Augustiner-Chorherrenstift Klosterneuburg

10.06
© Augustiner-Chorherrenstift Klosterneuburg

10.08
© Augustiner-Chorherrenstift Klosterneuburg

10.09
© Augustiner-Chorherrenstift Klosterneuburg

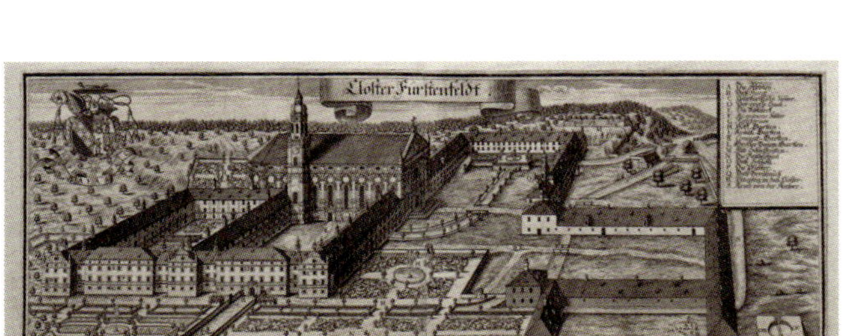

10.12 © Stadtmuseum Fürstenfeldbruck
(Foto: Wolfgang Pulfer)

10.13 © Bayerische Staatsbibliothek München

10.15
© Stadtmuseum Fürstenfeldbruck
(Foto: Wolfgang Pulfer)

11. Wallfahren – ein Akt der Demut und der Repräsentation

In der Barockzeit spielten Wallfahrten und Heiligenverehrung eine ähnlich bedeutende Rolle wie einst im Mittelalter. Als Teil des Alltags waren sie Ausdruck persönlicher Frömmigkeit und schufen religiöse Gemeinschaftserlebnisse. Jede Region besaß ihre spezifischen Wallfahrtsorte und Heiligen, die für bestimmte Anliegen zuständig waren. An diesen Orten konnte man mit ihnen in Kontakt treten und in Zeiten der Not oder Bedrängnis um Schutz und Hilfe bitten. Über allen Heiligen aber stand die Gottesmutter Maria, die Zuflucht in jeglichen Belangen gewährte.
Die Gläubigen schlossen sich zu religiösen Bruderschaften zusammen, die für die Durchführung der Wallfahrten sorgten. Ihre Mitglieder waren Herrschende ebenso wie einfache Leute, Männer ebenso wie Frauen. Und so finden sich in den Einschreibbüchern Unterschriften der Wittelsbacher neben jenen von Münchner Bürgern und Bürgerinnen.

11.01
Kurfürst Ferdinand Maria besucht die Wallfahrt Maria Bründl bei Landshut

Thomas Amplatz, Landshut, um 1670/75
Federzeichnung (Reproduktion), 19 x 15
Landshut, Pfarrarchiv Heilig-Blut

Auf der Wallfahrt zum bedeutenden Gnadenort Altötting machte Kurfürst Ferdinand Maria im April 1663 in Maria Bründl halt. Thomas Amplatz sorgte mit seiner 21 Zeichnungen enthaltenden handgeschriebenen Chronik dafür, dass dieses Ereignis nicht in Vergessenheit geriet. *„Anno 1663 den 13. Aprillis, wie dazumallen Ihro Churfürstl. Drtl. Pp. Und dero Frauen Gemachlich, wie auch die verwittibten Chrufürstin in der raiß nacher alten Öettingen, dieselben sambt den ganzen Hofstatt, alda bey disen Prunen gestandten, die andacht genedigst besichtiget […]"*
Die Herrscher versuchten auch politische Handlungen auf eine religiöse Ebene zu heben. Ihre Allianz wider die Türken schlossen Kaiser und Kurfürst in Altötting. Auch Kurfürst Max Emanuel wird nachgesagt, vom Altar aus in die Schlacht gezogen zu sein.

Lit.: Max Emanuel 1976, S. 261f.

11.02
Türkenvotivgaben Kaiser Leopolds I.

Türkei, vor 1683
Pferdehalsschmuck (kútâs), Messing vergoldet, Rosshaar, L 28,5
Bogentasche (sadak), Leder, Silber- und Goldfäden, 60 x 27
Fahnenspitze (sancakin basisi), Messing vergoldet, L 16
Schild (kalkan), Eisen, Feigenruten, Garn, Leder, Holz, D 70
Passau, Wallfahrtskirche Maria-Hilf

Als die Türken Wien bedrohten, floh Kaiser Leopold I. vor dem gänzlichen Einschluss der Stadt nach Passau. In der dortigen Kirche Mariahilf opferte er ex voto – gemäß einem Gelübde – Gegenstände aus seiner Türkenbeute, um den Sieg zu erflehen. Bei dieser Votivgabe handelt es sich um einen Pferdehalsschmuck (kútâs), der aus einem Messingknauf mit einem Schweif aus weißen und schwarzen Rosshaaren besteht. Er diente dazu, Pferdefliegen zu vertreiben.

Lit.: Prinz Eugen 1986, S. 258; Max Emanuel 1976, S. 54f.

Altötting

1489 soll sich in Altötting das erste Wunder zugetragen haben: Die verzweifelte Mutter eines kleinen Knaben, der in einen Bach gefallen und *„gantz todt herauß gezogen worden"* war, eilte zur Marienkapelle und legte ihr Kind auf den Altar unter dem frühgotischen Marienbild. *„Alsbald wird das kind lebendig."* Viele solcher Wunder folgten, und mit ihnen nahm der Pilgerstrom zu. Verbreitet wurde die Kunde vom wundertätigen Gnadenbild durch Mirakelbücher und Pilgerzeichen. Als die Gnadenkapelle zu klein wurde, baute man ein Langhaus mit Pilgerumgang an.
Die Wallfahrt stand unter dem besonderen Schutz der Wittelsbacher. Wilhelm der Fromme errichtete 1581 die Erzbruderschaft „Maria zu Alten Ötting" und berief 1591 die Jesuiten hierher. Fast alljährlich kamen Wittelsbacher an den Wallfahrtsort und bedachten die Kapelle mit reichen Zuwendungen. Altötting war als *der* Marienwallfahrtsort im Reich auch regelmäßiges Ziel kaiserlicher Bittgänge. 1637 fand in der Heiligen Kapelle die erste Herzbestattung statt: Feldmarschall Graf Tilly stiftete sein Herz der Patrona Bavariae. In der Folge wurde die Gnadenkapelle zur Begräbnisstätte der Herzen der Wittelsbacher.

11.03
Gnadenbild von Altötting

Linz, 1681
Marmor, ursprünglich bemalt, Farbreste auf Krone und Mantel, H 73
Linz, Nordico – Museum der Stadt Linz, Inv.Nr. P 742

Diese Haussegensfigur, eine Kopie des Gnadenbildes von Altötting, schmückte ursprünglich das Portal eines Bürgerhauses am Hauptplatz 15 in Linz – vermutlich als Votivgabe dafür, dass man von der 1679 in Linz wütenden Pest verschont geblieben war. In einer Beschreibung der Stadt Linz von 1846 findet sie sich als *„kleine aber hübsche Marienstatue mit der Jahreszahl 1681"*. Zwischen den Jahreszahlen erkennt man das Kaufherrenzeichen des Linzer Kaufherren und Stadtrichters Johann Pruner. Er war der Vater Johann Adam Pruners, des Linzer Bürgermeisters und Gründers des Prunerstiftes.

Lit.: Volksfrömmigkeit 1985, S. 104.

11.04
Wallfahrt des Kurfürsten Karl Albrecht und seiner Familie nach Altötting

Bayern, um 1760–1770
Öl auf Leinwand (Reproduktion), 103 x 170
Altötting, Bischöfliche Administration der Heiligen Kapelle

Im Sommer 1736 unternahm Kurfürst Karl Albrecht mit seinem Hof eine Fußwallfahrt nach Altötting. Das Gemälde, das in seiner Komposition auf einen Kupferstich Michael Wenings von 1721 zurückgeht, zeigt den Einzug auf dem Kapellplatz. Auf allen wichtigen Reisen nahm der Kurfürst den Weg über den Gnadenort, um *„in der hl. Capelle vor dem Marianischen Gnaden Bild die Andacht und hl. Communion auferbaulichst“* zu pflegen. 1737 stiftete er zum Dank für die Genesung seines Sohnes eine Silberstatuette des kleinen Kurprinzen.

Lit.: Woeckel 1992, S. 393; Bayern 1972, S. 436; Bayerische Frömmigkeit 1960, S. 331.

11.05
Einschreibebuch der Erzbruderschaft Unserer Lieben Frau zu Altötting

München, nach 1626
Pergament, illuminiert (Reproduktion), hellblauer Seideneinband, 27 x 18,5
München, Bayerisches Nationalmuseum, Bibl. 3694

1581 führte Erzherzog Wilhelm V. die Altöttinger Bruderschaft an der Münchner Frauenkirche ein. Das von Maximilian I. 1626 begonnene Einschreibebuch zeigt als Titelblatt eine Miniatur des Altöttinger Gnadenbildes. Es verzeichnet 31 Eintragungen von Maximilian I. bis Max IV. Joseph. *„Non mergar sub hoc maris sidere“*, vermerkte Max Emanuel im Jahre 1673. Fahnen der Bruderschaft sind im Münchner Stadtmuseum und im Wallfahrtsmuseum Altötting aufbewahrt.

Lit.: Woeckel 1992, S. 139f.; Max Emanuel 1976, S. 263.

Mariazell

Die Legende berichtet vom Mönch Magnus, der 1157 als Seelsorger in die Gegend ausgeschickt wurde. Als ein Fels seinen Weg blockierte, stellte er die aus seinem Mutterkloster St. Lambrecht mitgebrachte Marienstatue nieder, woraufhin sich der Fels spaltete. Der Mönch ließ sich in der Nähe dieser Stelle nieder und errichtete eine Zelle. Urkundlich erwähnt wurde Mariazell erstmals 1243; die Weihe des ersten Marienaltars erfolgte 1266. Ab 1342 lassen sich Kontakte der Habsburger zu dem Gnadenort nachweisen, an dem Ferdinand II. 1621 die Durchsetzung der Gegenreformation in Böhmen geloben sollte. Noch zogen die habsburgischen Kaiser aber das alte Reichsheiligtum Altötting dem Gnadenort im Gebirge vor. Kaiser Leopold I. pilgerte bereits neun Mal nach Mariazell – eine Tradition, die seine Witwe Eleonore Magdalena fortsetzte. Mit dem Scheitern Karls VI. in Spanien wurde Mariazell endgültig zum Reichsheiligtum der Habsburger. Seine Tochter Maria Theresia empfing dort die erste heilige Kommunion. Zu ihrer Hochzeit stiftete sie der Gnadenmutter ein doppelt geflammtes, mit Diamanten besetztes Herz aus Gold, *„damit die Herzen der Gemahlin Theresia und Franzens ein Herz in Gott seien“*.

11.06
Gnadenstatue von Mariazell

Aufgesammelt in Rainbach bei Freistadt, 18. Jahrhundert (?)
Holz, gefasst, H 53
Linz, Oberösterreichisches Landesmuseum, Inv.Nr. F 6826 (ex Sammlung Zöhrer)

Um diese Statue webt sich die Legende vom St. Lambrechter Mönch Magnus, der sie 1157 in die Gegend um das heutige Mariazell gebracht haben soll. Die Statue, bei der es sich um eine Kopie der Mariazeller Gnadenstatue handelt, ist etwas größer als das Original.

Lit.: Volksfrömmigkeit 1985, S. 114.

11.07
Ansicht von Mariazell mit der gotischen Wallfahrtskirche

Steiermark, 1626
Kolorierter Kupferstich (Reproduktion), 45,5 x 73
Inschrift *„TOPOGRAPHIA IDEA, SACRI LOCI SANCTAE MARIAE CELLA DICTI, IN STYRIA, ANTIQUITATE, RELIGIONE ET MIRACULORUM GLORIA INCLYTI“*
Graz, Steiermärkisches Landesarchiv

Der Stich gibt, von Süden aus gesehen, Mariazell mit der gotischen Wallfahrtskirche topografisch sehr genau wieder. Eine Mauer umschließt das Areal, in dem sich links die Michaelskapelle (Karner) befindet. Einen Teil der Umfriedung bildet das Ordenshaus der Benediktiner im Hintergrund. In der Himmelszone schwebt das Gnadenbild, verehrt von den Heiligen Benedikt und Lambrecht. Engel tragen das Wappen der Abtei St. Lambrecht links und jenes des Mariazeller Ordenshauses rechts.

Lit.: Ungarn in Mariazell 2004, S. 318.

11.08
Die Reise Karls III. (VI.) nach Mariazell 1703

Frans van Stampart (1675–1750), 1707
Aquarell, 40 x 30
Mariazell, Schatzkammer, Inv.Nr. B 10

Als Eleonore von Pfalz-Neuburg, die Gattin Leopolds I. und Mutter Erzherzog Karls, mit ihren Töchtern und der Karl versprochenen Elisabeth von Braunschweig-Wolfenbüttel 1707 nach Mariazell wallfahrtete, brachte sie dieses Aquarell mit. Es zeigt die Opferung eines kostbaren Achatkreuzes durch Erzherzog Karl 1703 – eine politisch motivierte Gabe, bat er damals in Mariazell doch um eine glückliche Reise nach Spanien. Im anderen Feld ist der Empfang der heiligen Kommunion anlässlich der Wallfahrt dargestellt. Im oberen Bereich des Bildes halten Personifikationen von Fides und Ecclesia (?) ein Medaillon mit dem Porträt Karls. Inschriften weisen auf die Kreuzesopferung ebenso hin wie auf die Pilgerreise des Jahres 1707 und die Gottesunmittelbarkeit der Habsburger.

Lit.: Ungarn in Mariazell 2004, S. 379; Prinz Eugen 1986, S. 259.

11.09
Die Huldigung Österreichs vor der Madonna von Mariazell und dem Schatzkammerbild

Ignaz Franz Joseph Flurer (1688–1742), um 1730
Papier, Kupferstich, 30,6 x 22
Inschrift *„Ter jublaea tibi Domus Haec libamina defert, / Archiducum qu'evis est Tuus Alma Cliens / Anteeunt toti per pulchra exempla Wiennae, / Omnia q'uin Cellas subdita regna trahunt“*
St. Lambrecht, Stiftsarchiv

Bei diesem Kupferstich, dem eine Tuschzeichnung aus Band V von Oddo Koptiks „Regio Mariana“ als Vorbild gedient haben dürfte, handelt es sich um eine allegorische Komposition: Die Frauengestalt im Vordergrund mit Fürstenhut und Zepter personifiziert Österreich. Ein Rauchfass in die Höhe streckend, kniet zu ihrer Rechten eine Frau, deren Blick sich auf Gnadenstatue und Schatzkammerbild richtet, die im Himmel erscheinen und von Engeln gehalten werden. Andere tragen Bänder mit den Inschriften *„Exempla trahunt“* und *„Sicut oculi ancillae in*

manibus / Dominae Suae Psalm 122". Im Hintergrund ist Wien zu erkennen.
Lit.: Ungarn in Mariazell, S. 381.

11.10
Regio Mariana

Oddo Koptik (1692–1755), 1732
Papier, Handschrift, lavierte Tuschzeichnungen, 41,4 x 29
St. Lambrecht, Benediktinerstift, Inv.Nr. 1487.IIIA/b8, 10, 12

Vom umfangreichen literarischen Schaffen Oddo Koptiks haben sich zahlreiche Werke, teils gedruckt, teils handschriftlich, erhalten. Aus dem südböhmischen Klattau stammend und später in Ungarn als Benediktiner-Abt tätig, verbrachte Koptik die Jahre 1717 bis 1732 hauptsächlich in Mariazell, wo er sich insbesondere historischen und spirituellen Themen widmete. In den sieben Bänden der „Regio Mariana" beschäftigte er sich mit dem Gnadenort, in Band fünf etwa mit der Beziehung der Habsburger zu Mariazell. Ein Großteil der lavierten Tuschzeichnungen dürfte aus Koptiks Hand stammen, die anspruchsvolleren Zeichnungen sind vermutlich Werke Franz Joseph Flurers.
Lit.: Ungarn in Mariazell 2004, S. 463; Tüskes–Knapp 1994, S. 58ff.

11.03
© Nordico – Museen der Stadt Linz (Foto: Thomas Hackl)

11.05
© Bayerisches Nationalmuseum München (Foto: Bastian Krack)

Mater Dei, tu scis, quia te semper amavi:
propter amorem istum, protege Domum. 1784.
32
Elisabetha Augusta Electrix.

11.05

33
Virgo Sacrata da mihi Virtutem
Contra Hostes tuos.
Maria Leopoldina Electrix

11.05

11.06
© Oberösterreichische Landesmuseen

Ter jubilææ tibi Domus Hæc libamina defert,
Archiducum qvevis est Tuus Alma Cliens.

Anteeunt toti par pulchra Exempla Wiennæ,
Omnia qvin Cellas subdita regna trahunt.

11.09

12. Bavaria Sancta – Pietas Austriaca

Die Rekatholisierung im Zuge der Gegenreformation schuf in Bayern und Österreich eine Sakrallandschaft, die bis heute das Erscheinungsbild beider Länder prägt. Im Auftrag der Herrschenden entstanden neue Kloster- und Kirchenbauten, Kalvarienberge, Heilige Gräber, Bildsäulen und Bildstöcke. Noch aus dem Spätmittelalter stammende Kult- und Frömmigkeitsformen erlebten einen neuen Aufschwung.
In spektakulärer Weise zelebrierte man an den Höfen die Hochfeste des Kirchenjahres, Marien-, Apostel- und Heiligenfeste, dynastische Ereignisse wie Geburten, Taufen, Vermählungen und Todesfälle. Der Gottesdienst wurde zu einem vielfach und häufig gefeierten öffentlichen Zeremoniell. In Prozessionen und Wallfahrten stellte man den Glauben und die Frömmigkeit als Grundpfeiler der Herrschaft demonstrativ zur Schau. Als erste Fürstenpflicht galt die Förderung der Ehre Gottes und des Wohles der Untertanen.

12.01
De Rebus Austriacis

Didacus de Lequile, Innsbruck, 1660
Buch, Druck, 35 x 50 (aufgeschlagen)
Wien, Österreichische Nationalbibliothek, Druckschriftensammlung, Sign. 38 A 3

Mit seinem Ruhmeswerk „De rebus Austriacis" wollte Didacus de Lequile die unerschütterliche Kraft des Hauses Habsburg zeigen. Das Werk zu Ehren Kaiser Ferdinands III. und König Philipps IV. beschwört Größe, Ruhm und Glück der Dynastie, deren Fundament der Glaube sei, den sie aus der Pietas Eucharistica beziehe. Ihr allein sei es zu verdanken, dass die Einnahme des eucharistischen Brotes von früher Kindheit an durch die Mitglieder des Hauses Habsburg das Geschlecht zur Weltherrschaft befähige.

Lit.: Welt des Barock 1986, S. 163; Coreth 1982, S. 19f.

12.02
Collectanea pro nummotheca augusta Domus austriacae

Marquard Herrgott (1694–1762), 18. Jahrhundert
Papier, 37 x 24,6
St. Paul im Lavanttal, Benediktinerstift St. Paul, Archiv, Inv.Nr. Cod. 58/2

Diese Sammlung von Beiträgen zur Geschichte Österreichs stammt aus dem Umfeld der Akademie der Benediktiner zu St. Blasien im Schwarzwald. Um den Historiker P. Marquart Herrgott sammelte sich ein Kreis von Wissenschaftlern, dem auch der berühmte spätere Fürstabt Martin II. Gerbert angehörte. Herrgott, von 1728 bis 1748 diplomatischer Vertreter der breisgauischen Stände am Wiener Hof, befasste sich sehr intensiv mit der Geschichte Österreichs. Sein Hauptwerk, die vierbändigen „Monumenta Augustae Domus Austriacae", wurden nach der Aufhebung der Abtei St. Blasien 1809 in das Kärntner Benediktinerstift St. Paul gebracht, wo sich das Original noch heute befindet – ebenso wie die vorliegende Handschrift, die neben Münzen und Medaillen österreichischer Herrscher eine Reihe von ganzseitigen Aquarellen mittelalterlicher Vertreter der Babenberger zeigt. Eingefügt sind einige Drucke zu numismatischen Besonderheiten des Hauses Habsburg aus dem Barock, ein handschriftlicher Nekrolog der Familie und verschiedene Lebensbeschreibungen von Mitgliedern des Herrscherhauses. Die in lateinischer und deutscher Sprache abgefassten Texte wurden von unterschiedlichen Händen geschrieben.

Gerfried Sitar

Lit.: Unpubl.

12.03
Bavaria Sancta et Pia […]

Matthaeus Rader (1561–1634); Kupferstiche: Raphael Sadeler (1560/61–1632)
3 Bde., München 1704
Maria Taferl, Klosterbibliothek, Inv.Nr. T-XXXVII-A-21/1–3

Der Erzengel Michael, geschmückt mit dem herzoglich bayerischen Wappen und der Ordenskette vom Goldenen Vlies, präsentiert zusammen mit den Schutzengeln der vier bayerischen Rentamtsstädte Maria und dem Jesuskind die Landkarte Bayerns. Marias Blickrichtung und die segnende Gebärde des Kindes bekunden Zuneigung für dieses Land. Im Auftrag Herzog Maximilians entstanden, dokumentiert das Werk des Jesuiten Matthaeus Rader eindrucksvoll den Herrschaftsanspruch der Wittelsbacher und die Rolle Maximilians als Führer der deutschen Gegenreformation: Die hier dargestellte „Bavaria Sancta" reicht weit über ihre tatsächlichen politischen Grenzen hinaus und umfasst Teile der Schweiz, Württembergs und Österreichs.

Lit.: Holzfurtner 2005, S. 193ff.; Warncke 1981.

Jesuiten – Träger der Gegenreformation

Zum schlagkräftigsten Werkzeug der Gegenreformation entwickelte sich im 16. Jahrhundert die Gesellschaft Jesu. Beeindruckt von den Predigten P. Claude Jays wandte sich Kaiser Ferdinand I. 1550 an Ignatius von Loyola mit der Bitte, Jay zur Gründung einer Niederlassung in Wien zu entsenden. Ende 1551 wirkten in Wien bereits 18 Jesuiten, ihnen schloss sich im März 1552 P. Petrus Canisius an. Als vordringlichste Aufgabe sahen sie die Ausbildung der Jugend an. 1553 erhielt die Gesellschaft Jesu die offizielle Erlaubnis für die Führung einer Universität. Da der Unterricht nichts kostete, war der Andrang entsprechend groß.
In Bayern führte Herzog Wilhelm IV. Verhandlungen wegen einer Niederlassung. Der erste Versuch 1549 scheiterte aus finanziellen Gründen, 1556 gelang aber die Sicherung eines Jesuitenkollegs in Ingolstadt, an dem auch Kurprinzen ausgebildet wurden.
In München wie in Wien hatten Jesuiten als Beichtväter, Hofprediger und geistliche Berater Zutritt zum innersten Kreis der Macht. Sie konnten so auch

Einfluss auf politische Entscheidungen nehmen. 1773 wurde der Orden durch Papst Clemens XIV. aufgehoben.

12.04
Die Sendung des Jesuitenordens
München (?), vor Mai 1611
Öl auf Leinwand, 182,5 x 132
München, Bayerische Staatsgemäldesammlungen, Inv.Nr. 10.212

Das Bild zeigt die Vision des hl. Ignatius vor La Storta: Auf seinem Weg nach Rom, wo er das päpstliche Einverständnis zur Gründung seiner Ordensgemeinschaft erbitten will, verheißt ihm der kreuztragende Jesus in einer Vision seine Hilfe. In den Wolken erscheinen Gottvater und die Heiliggeisttaube. Durch dieses Erlebnis fühlt sich Ignatius in seiner Sendung bestärkt.
Laut Bericht des Augsburger Kunsthändlers Philipp Hainhofer stammte das Gemälde aus einer der neun Kapellen im Bereich der Schwaige Schleißheim. Er habe es, so Hainhofer, anlässlich seines Besuchs der Neubauten am 26. Mai 1611 gesehen.
Lit.: Um Glauben und Reich 1980, S. 33.

Maria ist immer und überall

Bis zum heutigen Tag ist die besondere Verehrung, die die Gottesmutter in der Barockzeit genoss, in unzähligen Denkmälern präsent.
Als sich im Dreißigjährigen Krieg schwedische Truppen München bedrohlich näherten, legte Kurfürst Maximilian I. ein Gelöbnis ab: Wenn *„die hiesige Hauptstadt und auch die Stadt Landshut vor des Feinds endlichem Ruin und Zerstörung erhalten würde“*, dann wolle er ein gottgefälliges Werk errichten. Und so wurde am 7. November 1638 die Mariensäule auf dem Schrannenplatz in München geweiht. Es war dies der Sonntag vor dem Jahrestag der Schlacht am Weißen Berg, bei der die katholischen Heere den ersten Sieg über die böhmischen Truppen Friedrichs V. erzielt hatten – einen Sieg, der einem Marienbild zugeschrieben wurde.
Dem Münchner Vorbild folgend ließ Kaiser Ferdinand III. 1647 in Wien eine Mariensäule errichten, die ebenfalls auf ein Gelöbnis angesichts der Schwedengefahr zurückging. Beim Festakt anlässlich der Weihe wurde ganz Österreich der Maria Immaculata, der nunmehrigen „Domina Austriae“, geweiht. In Bayern erhob Maximilian I. Maria zur „Patrona Boiariae“. Neue Feiertage ihr zu Ehren wurden in beiden Ländern eingeführt.

12.05
Madonna auf der Mondsichel
Johannes Lencker (um 1570–1637), Augsburg, um 1610
Silber, teilvergoldet, Ebenholz, Glas, H 64
Salzburg, Domschatz, Inv.Nr. S 14

Der Typus der Mondsichelmadonna illustriert den Erscheinungsbericht der Offenbarung des Johannes: Er weiß von einer mit Sternen gekrönten und mit der Sonne bekleideten schwangeren Frau zu erzählen, die auf den Mond tritt. Als Himmelskönigin trägt sie Zepter und Krone, auf ihrem rechten Arm den gekrönten Jesusknaben, der segnend seine Rechte erhebt. Maria steht auf einer vergoldeten Mondsichel und wird durch einen ebensolchen Strahlenkranz hinterfangen. Der hohe Holzsockel dient zur Aufbewahrung von Reliquien. Das Marienbild steht in der Tradition der Mariensäulen, wie sie 1639 in München oder 1645 in Wien errichtet wurden.
Lit.: Erzbischof Paris Lodron 2003, S. 205.

12.06
Maria vom Siege
Thomas Schwanthaler (1634–1707), um 1690
Bergahorn, gefasst, H 80
Reichersberg, Augustiner-Chorherrenstift

Aus dem mittelalterlichen Marienkult entwickelte sich nach dem Sieg bei Lepanto über die Türken unter Papst Pius V. und der Heiligen Liga 1571 die Verehrung der „Mutter Gottes vom Siege“. Ferdinand II. nutzte diesen Kult, indem er sie als „Generalissima“ und „Patrona“ seiner Heere in Österreich verehren ließ.
Lit.: Welt des Barock 1986, S. 158.

12.07
Die Mariensäule auf dem Münchner Schrannenplatz
Marx Anton Hannas (1610 ?–1676), Augsburg, nach 1641
Holzschnitt (Reproduktion), 16,5 x 12
München, Münchner Stadtmuseum, Inv.Nr. Maillinger I 319

Der Holzschnitt stellt stark vereinfacht die einstige Architektur des heutigen Marienplatzes, damals Schrannenplatz, dar: Rechts der Mariensäule, die von einigen Personen angebetet wird, stehen Getreidesäcke, von Brettern oder Planen geschützt. Die Beischrift vermerkt 1630 als Erbauungsdatum der Säule – vermutlich ein Missverständnis, wurde sie doch erst 1638 und ihre Balustrade 1641 erbaut. Außerdem müsste es in der Beischrift „sub divo“ – unter freiem Himmel – heißen. Der Schmuck an den Laternen – Sonne, Mond, Stern und Spiegel als Marienattribute aus der Lauretanischen Litanei – dürfte im 19. Jahrhundert verloren gegangen sein.
Lit.: Um Glaube und Reich 1980, S. 458f.

12.08
Annen-/Mariensäule in Innsbruck
Innsbruck, um 1710
Kolorierter Kupferstich (Reproduktion), 26,6 x 16,1
Innsbruck, Tiroler Landesmuseum Ferdinandeum, Inv.Nr. FB 4673/45

Zum Dank für die Vertreibung der im Spanischen Erbfolgekrieg in Tirol eingefallenen bayerischen Truppen gelobten die Tiroler Landstände 1704 die Errichtung einer Mariensäule. Am 26. Juli 1706 wurde das von Cristoforo Benedetti geschaffene Denkmal durch den Brixner Fürstbischof geweiht.
Die die Säule bekrönende Marienstatue blickt gegen Norden, um Schutz vor Angreifern zu bieten. Auf dem Sockel stehen im Norden die hl. Anna, im Westen der hl. Kassian, der Patron der Diözese Brixen, im Osten der hl. Vigilius, Patron der Diözese Trient, und im Süden der hl. Georg mit Drachen und Lanze.
Lit.: Bayerisch-tirolische G'schichten 1993, S. 173.

Eucharistieverehrung

Mit besonderer Inbrunst feierte die Gegenreformation die Eucharistie, in der gemäß der Lehre der katholischen Kirche Leib und Blut Christi wahrhaft gegenwärtig sind. So begegnete sie den von ihren Gegnern geschürten Zweifeln an der Realpräsenz Christi. In Monstranzen wurde die Hostie nun augenfällig zur Schau gestellt, auf den Altären zur ewigen Anbetung ausgesetzt und im feierlichen Triumphzug der Fron-

leichnamsprozession durch die Straßen der Städte und Märkte getragen. Die Habsburger hatten seit alters eine besondere Beziehung zum Allerheiligsten entwickelt, rankt sich doch um ihren Ahnherrn Rudolf die Legende, wonach dieser einem Priester, der mit der Wegzehrung zu Fuß unterwegs gewesen sei, aus Ehrfurcht vor dem Leib des Herrn sein Pferd übergeben habe. Rudolf wurde zum Vorbild – etwa für Ferdinand II.: *„Zu Fueß, mit entdecktem Haupt, mit einem schlechten Kräntzlein von Rosen auff dem Kopff, mit einem Windliecht in der Hand dienet er alle Jahr seinem Herrn, den man im Thriumph herumb truge."*
Tiefe eucharistische Frömmigkeit prägte auch den Alltag der Habsburger: Der tägliche Messbesuch war seit dem 17. Jahrhundert eine Selbstverständlichkeit.

12.09
Kaisermonstranz Karls VI.

Franz Thaddäus Lang (um 1695–1773), 1727
Silber, vergoldet, H 99
Oberägeri (Kanton Zug), Katholische Pfarrkirche

Die Sonnenmonstranz wurde von einem der bedeutendsten Augsburger Goldschmiede, dem in Schwaz in Tirol geborenen Franz Thaddäus Lang, gefertigt. Mit vier figürlichen Darstellungen um die Custodia geschmückt, zeigt sie links den Namenspatron des Stifters Karl VI., den heiligen Karl Borromäus, zur Rechten den hl. Leopold, darunter eine Marienfigur im Stile der „Maria de Victoria", darüber Gottvater mit einer Taube. Karl VI. stiftete die Monstranz, nachdem die Pfarrkirche Oberägeri 1726 ihrer Kultgegenstände bestohlen worden war. Bei seiner wohltätigen Gabe dürfte indes das politische Kalkül des Kaisers überwogen haben: Er drückte damit eher die habsburgische Sorge um die Anliegen der Katholiken in der Schweiz aus und erinnerte an den einstigen Herrschaftsanspruch der Dynastie.

Lit.: Matsche 1981, S. 118f.

12.10
Hostienmonstranz

Georg Ignatius Christian Baur (1727–1790)
Silber, teils vergoldet, gegossen, getrieben, ziseliert; Edelsteine, Glassteine; Beschauzeichen: Augsburg 1759–1761, Meister GIB = Georg Ignatius Baur, Monogramm FR = Österreichischer Befreiungsstempel 1809/10; Glas: 35 x 69,5, Fuß: D 24
St. Andrä im Lavanttal, Domschatz St. Andrä

Über einem mächtigen querovalen Fuß erhebt sich das Ostensorium im Typus einer Strahlenmonstranz. Aus einem vasenförmigen Nodus wächst der weit ausladende Oberteil, dem ein vergoldeter Strahlenkranz hinterlegt ist. Dieser mündet in ein schlichtes Kreuz, das elf Rubine und vier Smaragde trägt. Der von einer Krone überragte Mittelteil bildet die dritte Ebene, die vor einem durchbrochenen Silberrahmen mit Rocaillen und vergoldeten Ähren sitzt. Acht Weintrauben aus Granat mit vergoldetem Weinlaub bilden den Zierrat des Rahmens, den an den vier Seiten jeweils hervortretende Ornamenten mit roten und grünen Steinen schmücken. Der zentrale Teil ist als Rahmung des Schaugefäßes mit kunstvollen Ziselierungen und zahlreichen Steinen besetzt. Georg Ignatius Baur, einer der bedeutendsten Meister Augsburgs im Rokoko, war kurfürstlicher Hofgoldschmied gewesen. Er arbeitete für die Bischöfe von Regensburg und Salzburg und schuf ein Œuvre von herausragender Qualität, das durch Stücke in den bedeutenden Domschatzkammern des deutschen Sprachraums vertreten ist. Wie aus dem Memorabilienbuch des Domes zu St. Andrä hervorgeht, stellte dieses Altargerät eine Stiftung Maria Theresias an die bedeutende Wallfahrtskirche Maria Loreto dar. Sie würdigte damit das Wirken des Fürstbischofs Johann III. von Thun-Valsassina.

Gerfried Sitar

Lit.: Unpubl.; Seling 1980, S. 392.

12.11
Der heilige Borromäus

Ambrogio Giovanni Figino (1548–1608)
Öl auf Leinwand (Kopie), 35 x 28
Einsiedeln, Abtei

Das Original dieses Porträts befindet sich in der Pinacoteca Ambrosiana. 1538 in ein lombardisches Grafengeschlecht hineingeboren, war das Leben Carlo Borromeos auf den geistlichen Stand hin ausgerichtet. Er bekleidete das Amt des Kardinals, war einer der Protagonisten der Fortführung der Kirchenreform und leitete von 1565 an das Erzbistum Mailand. Carlo Borromeo lebte beispielhaft und hielt den Klerus zur Führung eines priesterlichen Lebens an. Unter ihm kam es zur Neugründung oder Revitalisierung von Priesterseminaren, Schulen und Christenlehre. Er hielt 17 Synoden, deren Dekrete in den „Acta ecclesiae Mediolanensis" (1582) kodifiziert wurden. Ein besonderes Bild der barocken Seelsorgeidee bietet sein Wirken an den Pestkranken 1576. 27 Jahre nach seinem Tode 1611 wurde Carlo Borromeo heiliggesprochen.

Lit.: Um Glauben und Reich 1980, S. 31f.

12.12
Ewig-Licht-Ampel

Joseph Moser (1715–1801), Wien, 1765
Silber, getrieben, gegossen, ziseliert, graviert, H 190, Ampelkörper: H 72, Putten: H 16,5–17,6
Innsbruck, Propsteipfarrkirche und Dom St. Jakob

Die Ampel war ein Geschenk Maria Theresias und Franz' I. Stephan anlässlich der Hochzeit Erzherzog Leopolds mit Maria Ludovika 1765 in Innsbruck. Auf dem Lampenkörper sitzen drei Putten und umgeben ein auf einem Wolkenwirbel stehendes Herz – eine Ergänzung des 19. Jahrhunderts anstelle des ursprünglichen Doppelherzens aus purem Gold. Die erste Rocaillekartusche auf dem Ampelkörper trägt den von der Kaiserkrone überhöhten nimbierten Doppeladler, die zweite verweist mit einer Inschrift auf die Stifter, und die dritte zeigt den nimbierten Doppeladler mit dem Wappen Maria Theresias.

Lit.: Glanz des Ewigen 2003, S. 119 (Abb.).

12.13
Kelch

Joseph Moser (1715–1801), Wien 1768
Silber, getrieben, gegossen, ziseliert, vergoldet, Edelsteine, Emailmalerei, H 29,5
Brixen, Domkirche

Bei diesem reich verzierten Rokoko-Prunkkelch handelt es sich um ein Geschenk Maria Theresias an den Brixner Fürstbischof Leopold von Spaur anlässlich der Feier seines 50-jährigen Messelesens. Da Maria Theresia nicht anwesend sein konnte, schickte sie den Statthalter von Tirol Cassian Ignaz von Enzenberg und dessen Gattin als Delegation. Der mit zahlreichen Edelsteinen geschmückte Kelch weist an seiner Fußwölbung drei von steinbesetzten Rocaillerahmen gefasste Emailbildchen auf, die den Kundschafter mit der Weintraube, den Wasser aus dem Felsen schlagenden Moses und die Mannalese darstellen. Drei Emailbildchen am Kuppaüberfang zeigen Jesus und die Samariterin am Brunnen, das Letzte Abendmahl und den Gang nach Emmaus.

Lit.: Glanz des Ewigen 2003, S. 129f.

12.14
Pontifikalornat (Pluviale und Dalmatik) – „Maria Theresien Ornat"

Wien, um 1760–1765
Weißes Seidengewebe (teils erneuert), Goldstickerei und farbige Seidenstickerei in Anlege- und Sprengtechnik mit Goldfäden, Pailletten, Formpailletten, Goldkordeln, farbige Seidenfäden, goldene Bouillonfransen mit Goldposamenten
St. Paul im Lavanttal, Benediktinerstift St. Paul, Schatzkammer

Der aus einer Kasel, einem Pluviale und vier Dalmatiken bestehende Maria-Theresien-Ornat spiegelt den Reichtum der bischöflichen Liturgie der Domstadt St. Andrä während der Barockzeit wider. Im 17. Jahrhundert ließ Fürstbischof Kaspar von Stadion die barocke Loretokirche als bischöfliche Funktionskirche neben dem alten Dom erbauen, um das „heilige Theater" der Liturgie auch baulich zu unterstreichen. Maria Theresia stiftete diesen Ornat gemeinsam mit einer Prunkmonstranz. Auf einem hellen Seidengrund entfaltet sich ein mannigfach gesticktes Bild mit Blütenranken, Rosen und in Gold gelegten Mohnkapseln. Eine Vielfalt an Blattwerk und goldenem Rankenornament entzündet ein farbenprächtiges Feuerwerk, das den gesamten Mittelteil ausfüllt. Am Rand ebbt die Ornamentik in zarteren Farben ab und bietet in sich gemusterte Seidenstrukturen. Die Gliederung wird durch eine plastisch gewebte barocke Stabbordüre übernommen, die bei einer Restaurierung im 19. Jahrhundert teilweise ersetzt wurde. Die Qualität der Stickerei verrät eine professionelle Werkstatt und lässt durch Vergleiche eine Lokalisierung in Wien zu. Die botanischen Mustervorlagen finden sich an ähnlichen Ornaten stiftischer Bestände in Österreich.

Gerfried Sitar

Lit.: Unpubl.

12.15
Messkelch

Matthäus Blank (?), Augsburg,
Silber, vergoldet, getrieben, gegossen, graviert
Fürstenfeldbruck, Katholisches Pfarramt St. Magdalena (Puch, St. Sebastian)

Diesen Messkelch stiftete Eleonore, die Witwe Kaiser Ferdinands II. und Stiefmutter der Kurfürstin Maria Anna, zum Dank für die Wiederauffindung eines „*kleinodes*" der seligen Edigna.

Lit.: In Tal und Einsamkeit 1988, S. 220.

12.16
Votivtafel Eleonores

München, 1654
Öl auf Holz, 55 x 45
Fürstenfeldbruck, Katholisches Pfarramt St. Magdalena (Puch, St. Sebastian)

Die 1826 renovierte Votivtafel zeigt Eleonore, die Witwe Kaiser Ferdinands II., vor dem Altar kniend. In einem Wolkenfenster erscheint die selige Edigna, auf dem Altar erkennt man Kelch und Messgarnitur. Die darunterstehende Inschrift erläutert das Ereignis.

Lit.: In Tal und Einsamkeit 1988, S. 221 (Abb.).

12.02
© Benediktinerstift St. Paul im Lavanttal

12.05
© Domschatz, Salzburg

12.06
© Augustiner-Chorherrenstift Reichersberg

12.07
© Münchner Stadtmuseum

12.08
© Tiroler Landesmuseum Ferdinandeum Innsbruck

12.09

12.10
© Domschatz St. Andrä im Lavanttal

12.12
© Innsbruck, Photo Frischauf-Bild GmbH

12.14
© Domschatz St. Andrä im Lavanttal

Schloss Mattighofen

1. Verbündet – verfeindet

1789 war ein Schicksalsjahr für Europa. Die Französische Revolution entfachte einen Flächenbrand, der so manches alte Staatengebilde hinwegraffte. Die Bourbonen wurden entmachtet, König Ludwig XVI. von Frankreich und seine Gemahlin Marie Antoinette hingerichtet. In Paris herrschten die Jakobiner unter der Führung Robespierres, und der Aufstieg eines Korsen, Napoleon Bonapartes, begann: Als 24-Jähriger wurde er 1793 wegen seiner militärischen Erfolge gegen Aufständische zum Brigadegeneral ernannt.
In Wien trat Franz II. 1792 die Nachfolge Kaiser Leopolds II. an, der nach nur zwei Jahren Regentschaft überraschend im Alter von 45 Jahren verstorben war. Kurfürst Karl Theodor bekam die Auswirkungen der Französischen Revolution sogar in seinem Stammland, der Kurpfalz, zu spüren, wo Unruhen und Proteste losbrachen. Als das „Reich“ Frankreich den Krieg erklärte, musste Karl Theodor 1793 seine Neutralitätspolitik aufgeben, die linksrheinischen Besitzungen wurden zum Kriegsschauplatz.
Die Ehe des Kurfürsten mit der 18-jährigen Habsburgerin Maria Leopoldine brachte nicht den erhofften Erben. Nach Karl Theodors Tod kam daher eine Seitenlinie der Wittelsbacher zum Zug: Als Max IV. Joseph trat Maximilian Joseph von Zweibrücken 1799 die Herrschaft über Bayern und die Pfalz an. Bayern empfing ihn begeistert und setzte alle Hoffnungen in ihn.

01.01
Napoleon Bonaparte

Charles-Louis Corbet (1758–1808), 1798
Bronze, H 64
Bremen, Kunsthalle, Inv.Nr. 713-1995/2

Napoleon Bonaparte, der wegen seiner militärischen Erfolge im Verlaufe der Französischen Revolution praktisch zum Diktator der „Grande Nation“ aufgestiegen war, hatte auch in Bayern Sympathisanten, die eine „Schwesternrepublik“ erhofften, die Konsequenzen für ihr Land aber nicht erkannten. Den Bestrebungen Österreichs, sich Bayern anzueignen, stand Napoleon durchaus positiv gegenüber.
Diese Büste des „Vollenders und Totengräbers“ der Französischen Revolution wurde während dessen Expedition nach Ägypten auf Geheiß des Direktoriums angefertigt und im Salon 1798 den Parisern präsentiert.

Lit.: Bayerns Krone 2006, S. 155f.

01.02
Kaiser Franz II.

Franz Anton Zauner (1746–1822), 1796
Bronze, H 81
Wien, Wien Museum, Inv.Nr. 51.764

Insgesamt 43 Jahre lang lenkte Franz II./I. das Reich der Habsburger: von 1792 bis 1806 als Franz II., Kaiser des Heiligen Römischen Reiches Deutscher Nation, und von 1804 bis 1835 als Franz I., Kaiser von Österreich. Für ihn wurde die Kaiserhymne „Gott erhalte Franz den Kaiser“ geschaffen – sie sollte der französischen Marseillaise und dem britischen „God Save the King“ musikalisch Paroli bieten. Persönliches Leid erfuhr er durch den frühen Tod dreier seiner vier Frauen, politisches infolge seiner zweimaligen Vertreibung durch Napoleon aus Wien 1805 und 1809.

Lit.: Freiheit 1989, S. 113.

01.03
Kurfürst Karl Theodor

Anton Hickel (1745–1798), 1780
Öl auf Leinwand, 64 x 49,9
Mannheim, Reiss-Engelhorn-Museen, Inv.Nr. Staat 329

Da mehrere Linien der Wittelsbacher – durch den Tod Max' III. Joseph 1777 auch die bayerische – ausstarben, kam es zu einer Länderkonzentration, die unter Karl Theodor ihren Höhepunkt fand. Der Kurfürst hatte keinen erbberechtigten Nachfolger, und so erwarteten seine Verwandten aus der Zweibrückener Linie, nach seinem Ableben das Erbe antreten zu können. Die Hoffnung Karl Theodors, als 75-Jähriger in der Ehe mit Maria Leopoldine einen legitimen Nachfolger zu zeugen, blieb indes unerfüllt.
Das Gemälde zeigt ein genau gezeichnetes Brustbild des Kurfürsten, auf seiner linken Brustseite den Stern des Hubertus- und darunter den Bruststern des Georg-Ordens tragend, dessen Großmeister er durch die Übernahme der bayerischen Kurwürde geworden war.

Lit.: Lebenslust und Frömmigkeit 1999, S. 104.

01.04
Kurfürst Max IV. Joseph

Moritz Kellerhoven (1758–1830), um 1800
Öl auf Leinwand, 87 x 71
Regensburg, Museen der Stadt, Inv.Nr. HV 1327

Im Jahre 1799 trat Maximilian IV. von Bayern das Erbe des Hauses Wittelsbach an. Das Brustporträt zeigt den Kurfürsten in Uniform und streicht damit sein militärisches Interesse hervor. Ab 1801 vollzog Bayern schrittweise eine Bindung an das napoleonische Frankreich, die im eigenen Land, besonders unter den Gebildeten, begrüßt wurde, setzte man doch große Hoffnung in dessen militärische Macht. Infolge dieses Bündnisses stieg der Kurfürst 1806 zum ersten König von Bayern auf und führte fortan den Namen Maximilian I. Joseph.

Lit.: Bayerns Krone 2006, S. 160f.

01.05
Der Friede von Campo Formio

Ausfertigung, 27. Oktober 1797
Pergamentlibell in blauem Samteinband mit Gold- und Silberstickerei, rotes Wachssiegel in silberner Siegelkapsel an blau-weiß-roter Siegelschnur, 41 x 25, Kapsel: D 11,5
Wien, Haus-, Hof- und Staatsarchiv, Allgemeine Urkundenreihe 1797 X 17

Aus dem Ersten Koalitionskrieg, der hauptsächlich von Österreich und Preußen gegen das revolutionäre Frankreich geführt wurde, ging Napoleon als Sieger hervor. Der am 17. Oktober 1797 geschlossene Friede von Campo Formio brachte mehrere Veränderungen für das Haus Österreich mit sich. Habsburg verlor seinen Herrschaftsanspruch auf Mailand und die Österreichischen Niederlande, erhielt dafür aber Vene-

dig samt den dazugehörenden Territorien wie Istrien und Dalmatien mit der Terra ferma im östlichen Oberitalien.
Lit.: Kaisertum Österreich 1996, S. 269.

01.06
Besitzergreifungspatent Kurfürst Max' IV. Joseph

München, 16. Februar 1799
Papier mit Unterschriften Max Josephs, Hertlings und Kobells und dem Oblatensiegel des verstorbenen Kurfürsten Karl Theodor, Druck, 43,8 x 60
München, Bayerisches Hauptstaatsarchiv, Kurbayern Mandatensammlung, 1799 II 16 – 2

Mit dem Besitzergreifungspatent Max Josephs wurden die überkommenen Strukturen des Alten Reiches verabschiedet. Unter dem die Regierung bis 1817 leitenden Minister Maximilian Freiherr von Montgelas, einem der bedeutendsten bayerischen Gestalter, strukturierte man das Beamtentum um, das im 16. bis 18. Jahrhundert alleine den Herzögen und Kurfürsten verpflichtet gewesen war. Bayern erfuhr eine territoriale gleichwie organisatorische Veränderung. Ab 1800 an Österreich gebunden, musste sich Bayern aufgrund mangelnder Stabilität des Paktes neue Partner suchen.
Lit.: Krone und Verfassung 1980, S. 105f.

01.07
Der Friede von Lunéville

Französische Ratifikationsurkunde, Pavia, 11. März 1801
Pergamentlibell in dunkelblauem Samteinband, mit den Unterschriften Napoleons, Talleyrands und Marets und dem Siegel der Republik, 63 x 54
Wien, Haus-, Hof- und Staatsarchiv, Allgemeine Urkundenreihe 1801 II 8

Mit dem Frieden von Lunéville tat Napoleon einen mächtigen Schritt hin zur Kaiserkrönung. Er beendete den Zweiten Koalitionskrieg, in dem er der großen Allianz aus Russland, Österreich, Portugal, Großbritannien, dem Osmanischen Reich, Neapel und dem Kirchenstaat militärisch die Stirn geboten hatte. Frankreich sicherte sich die Vorherrschaft in Italien und erhielt linksrheinische Gebiete. Als Ersatz dafür wurden geistliche Fürstentümer und kleine Reichsstädte den großen Reichsfürstentümern (Preußen, Österreich, Bayern und Baden) angegliedert, die für die Schmälerung ihres Besitzes weitere Entschädigungen erhielten. Anstelle des einstigen Konglomerats aus Fürstentümern zeigte die Karte Europas nun geschlossene großflächige Staaten.
Lit.: Napoleon 2009, S. 79.

01.08
Friedensvertrag zwischen der französischen Republik und Kurfürst Max IV. Joseph

Französische Ratifikationsurkunde, Paris, 2. September 1801
Pergamentlibell in violettem Samteinband, 6 Blätter, 37 x 25,5
München, Bayerisches Hauptstaatsarchiv, Bayern Urkunden 1329

Deklariertes politisches Ziel des bayerischen Ministers Maximilian Freiherr von Montgelas war es, sein Land aus den „österreichischen Fängen“ zu befreien. Daher strebte man gesonderte Friedensverhandlungen mit Frankreich an. In diesem Separatfrieden wurden Bayern schließlich die rechtsrheinischen Gebiete, wie sie zur Zeit des Friedens von Teschen bestanden hatten, und eine entsprechende Entschädigung für den Verlust der linksrheinischen Gebiete zugesagt.
Lit.: Krone und Verfassung 1980, S. 124.

01.09
Der Reichsdeputationshauptschluss 1803

Ausfertigung, 26. Februar 1803
Druck, 31 Blätter, in gelbem Samteinband mit gelben Seidenbändern, Oblatensiegel, Beglaubigung, 38 x 25 (Buchblock)
Wien, Haus-, Hof- und Staatsarchiv, Allgemeine Urkundenreihe 1803 II 26

Der Friede von Lunéville von 1801 brachte in ganz Europa weitreichende Veränderungen. Österreich und Preußen hatten bald nur mehr umzusetzen, was Frankreich und Russland vereinbarten. Deutsche Fürsten suchten ihr Heil in separaten Verhandlungen mit Frankreich. Die Reichsdeputation am Reichstag zu Regensburg behandelte die durch die Neuaufteilung der Gebiete aufgeworfene Frage der Entschädigungen. Am 25. Februar 1803 wurde der Reichdeputationshauptschluss besiegelt. Das Reich hatte die Fürsten für ihren Verlust der linksrheinischen Gebiete an Frankreich zu entschädigen. Dies war nur möglich durch eine Säkularisation der geistlichen Fürstentümer und Mediatisierung beinahe aller Reichsstädte. Das Fundament des Heiligen Römischen Reiches Deutscher Nation war untergraben, sein Fall sollte nicht mehr lange auf sich warten lassen.
Lit.: Kaisertum Österreich 1996, S. 289; Krone und Verfassung 1980, S. 123f.

Zeitzeugen

Das Leid der von den Kriegshandlungen unmittelbar Betroffenen spiegelt sich in zahllosen Votivbildern wider, die Angehörige der Zivilbevölkerung ebenso wie Soldaten in den Wallfahrtskirchen und -kapellen darbrachten. In ausweglos scheinenden Situationen war das Gebet zu Maria, einem Heiligen oder einer Heiligen oft der einzige Trost und Hoffnungsschimmer. Ging die Gefahr vorüber, spendete man zum Dank Votivbilder, die den Votanten – oft war es auch eine ganze Ortschaft – und den Grund der Stiftung anschaulich darstellten. Auf Holz, Leinwand oder Blech gemalt, dokumentierten sie vor Ort die himmlische Hilfe.

01.10
Dillinger Votivbild für eine abgewendete Vergeltungsaktion der Franzosen

Dillingen, 1796
Öl auf Holz, 41 x 29
Dillingen, Hospitalstiftung

Bei einer Schlägerei zwischen Bürgern des Dorfes Dilling und französischen Husaren kamen am 4. September 1796 Franzosen ums Leben. Die Bevölkerung befürchtete eine Strafaktion des Militärs – auf dem Bild überragt eine drohende Hand mit Degen das Dorf –, blieb aber verschont: Die Sonne mit dem Symbol der Dreieinigkeit verjagt die dunklen Wolken. Als Dank dafür stiftete man das Votivbild.
Lit.: Krone und Verfassung 1980, S. 120.

01.11
Votivbild der Anna Maria Schererin von Arnhofen auf Errettung aus Kriegsnot 1796

Bayern, 1796
Öl auf Holz, 30 x 32,5
Nürnberg, Germanisches Nationalmuseum, Inv.Nr. VB 133

Votivbilder aus dem Jahre 1796 – hier eines der Anna Maria Schererin aus Arnhofen für Errettung aus der Kriegsnot – sind relativ rar, da die Franzosen von Erzherzog Karl rasch zurückgeschlagen worden waren. Der im Jahre 1800 stattfindende Feldzug sollte hingegen ein halbes Jahr währen und viel Not über die Bevölkerung bringen.

Lit.: Krone und Verfassung 1980, S. 121.

01.12

Votivbild des Franz Feslmayr für den Rückerhalt seiner Pferde von den Franzosen

Bayern, 1800/01

Öl auf Leinwand, 49,5 x 71

Bruckmühl, Wallfahrtskirche Weihenlinden, Inv.Nr. KT 341

Im Zweiten Koalitionskrieg zog die bei Hohenlinden siegreiche französische Armee weiter durch Südostbayern. Auf ihrem Vormarsch beschlagnahmte sie zahlreiche Pferde, so auch jene des Stifters dieses Bildes. Der Bauer Franz Feslmayr aus Högling bei Bruckmühl dankte mit der Votivgabe für den Rückerhalt seiner beiden besten Pferde. Das Votivbild zeigt eine Szene vor dem Schloss Maxlrain bei Bad Aibling. Auf dem zugefrorenen Weiher vor dem Schloss hat eine französische Artillerie Stellung bezogen. Im Wald rechts sind französische Husaren zu erkennen.

Lit.: Bayerns Krone 2006, S. 154; Krone und Verfassung 1980, S. 120.

01.13

Votivbild des Dorfes Bergham für die Verschonung vor den Franzosen

Bayern, um 1800

Öl auf Leinwand, 57 x 67,5

Bruckmühl, Wallfahrtskirche Weihenlinden, Inv.Nr. KT 286

Nach der Niederlage der bayerisch-österreichischen Truppen in der Schlacht bei Hohenlinden 1800 war man außerstande, den französischen Aufmarsch aufzuhalten. Zwar wurden die Häuser in der Gemeinde Birham (Bergham) von den französischen Truppen geplündert, die Bewohner vermochten sich aber am 7. Dezember 1800 mit ihren Pferden über die Gmontfal (Mangfall) in Sicherheit zu bringen. Als Dank für Errettung aus der Kriegsnot stiftete man dieses Votivbild.

Lit.: Bayerns Krone 2006, S. 154; Krone und Verfassung 1980, S. 120.

01.14

Votivbild des Franz Dum Neureiter auf Errettung aus Kriegsnot 1800

Oberbayern, 1800

Öl auf Leinwand, 35,5 x 48

Tuntenhausen, Katholisches Pfarramt Maria Himmelfahrt

Das Votivbild zeigt französische Soldaten, die ein Bauernhaus umstellen und den Hofbesitzer Franz Neureiter mit einem Säbel bedrohen, darüber die Tuntenhausener Muttergottes mit Engeln und Putten. Der Bauer überlebte dieses Ereignis offensichtlich unbeschadet und stiftete das Votivbild zum Dank für die Errettung aus der Kriegsnot.

Lit.: Krone und Verfassung 1980, S. 122.

01.15

Votivbild der Gemeinde Steinhöring auf Errettung aus Kriegsnot und Feuergefahr 1800

Steinhöring, um 1801

Öl auf Leinwand (Reproduktion), 82 x 133

Steinhöring, Katholische Pfarrkirche St. Gallus

In diesem Bild, das aus Dank für die Errettung aus Kriegsnot und Feuergefahr während der Kämpfe des Jahres 1800 gestiftet wurde, erscheinen oben die angerufenen Heiligen: die Muttergottes, der heilige Leonhard und der Pfarrheilige Gallus. An Lagerfeuern um und in Steinhöring biwakieren Truppen, die auch manchmal auf das Dorf übergriffen. Im linken Vordergrund sind Artillerie- und Bagagewagen, rechts davon ein Reiterscharmützel zu erkennen.

Lit.: Krone und Verfassung 1980, S. 120.

01.16

Votivbild der Gemeinde Rohrdorf für Errettung aus der Kriegsnot von 1800

Bayern, um 1801

Öl auf Leinwand, 94 x 115

Rohrdorf, Pfarrgemeinde

Unter der Darstellung der Schmerzensmutter spielen sich hinter den knienden Votanten in und um Rohrdorf Kämpfe ab, die Franzosen überschreiten den Inn. Ein Aufsatz vermerkt die Inschrift: *„Wird wohl die späte Welt, Dieß ohne Rührung lesen, In was für Angst und Noth, wir damals sind gewesen. Als 80 000 Mann französische Krieger kamen Und unser Hab und Gut, uns raubten und benahmen. Mit Weib und Kinder müssen wir, uns in die Flucht begeben. Weil man das Beste noch zu retten sucht – das Leben. Man empfiehl Haus und Hof den Schutz Maria an, Den Dank-Beweis zeigt hier nun die Tafel an. Den 9. Dezember 1800"*.

Lit.: Krone und Verfassung 1980, S. 119.

01.17

Votivtafel der Gemeinde Deining

Bayern, nach 1800

Öl auf Leinwand (Reproduktion), 73,5 x 87,6

Deining bei München, Katholische Kirchenstiftung

Zum Dank dafür, dass das Dorf Deining vor Plünderungen durch einen Trupp Franzosen verschont geblieben war, verlobte sich die Gemeinde zur schmerzhaften Muttergottes ihrer Pfarrkirche.

Lit.: Bayerns Krone 2006, S. 155.

01.18

Votivbild der Gemeinde Holzhausen für Errettung aus der Kriegsnot von 1800

Bayern, Juli 1800

Öl auf Holz (Reproduktion), 45 x 59,5

Holzhausen/Starnberger See, Katholische Kirchenstiftung, Inv.Nr. Holzhausen 00-101

Zum Dank für die Errettung aus *„tausend Kriegsgefahren"* weihte die Gemeinde Holzhausen dieses Votivbild der „Schönen Muttergottes von Wessobrunn". Neben der auf einem Hügel stehenden Johanneskirche marschieren französische Kavalleristen.

Lit.: Krone und Verfassung 1980, S. 122.

01.19

Votivbild des Stephan Rumpfinger auf Errettung aus der Schlacht bei Hohenlinden am 3. Dezember 1800

Bayern, um 1801

Öl auf Leinwand, 43,5 x 56

Hohenlinden, Katholische Kirchenstiftung St. Josef

Von den Franzosen als vermeintlicher Spion festgenommen, konnte der Bauer Stephan Rumpfinger im Durcheinander der Schlacht von Hohenlinden aus der Gefangenschaft entkommen. Zum Dank für die Errettung weihte er der Altöttinger Muttergottes dieses Votivbild. Es zeigt ein Feuergefecht zwischen französischer Infanterie auf der rechten und ungarischer Infanterie auf der linken Seite. Zwischen den Pulverwolken sind angreifende österreichische Husaren zu sehen.

Lit.: Krone und Verfassung 1980, S. 118.

01.20
Votivbild der Gemeinde Elbach auf Befreiung von der Kriegsnot des Jahres 1800
Bayern, um 1801
Öl auf Holz, 60 x 80
Fischbachau-Elbach, Katholisches Pfarramt Elbach

Mit dem Votivbild dankte Elbach für Befreiung von der Kriegsnot angesichts französischer Infanterie, im Bild vorne auf die Gemeinde zumarschierend. Die Inschrift am rechten Bildrand schildert den *„Durchzug der feindlichen Armee abtheilung zu Elbach im Jahre 1800 den 1. Dezember wo mehrere Tausend nach der Tiroler=Gränze hermarschierten, um die kaiser. kl. Armee zu verfolgen, kleiner Durchzüge fanden öfters statt. Worauf der Friede folgte"*.
Lit.: Krone und Verfassung 1980, S. 119.

01.21
Votivbild der Gemeinde Partenkirchen auf die Befreiung aus der Kriegsnot von 1800/01
M. S. Schmaunz, 1801
Öl auf Leinwand (Reproduktion), 141 x 158
Partenkirchen, Franziskanerkloster – Wallfahrtskirche St. Anton

Eine Inschrift am unteren Bildrand drückt den Dank der Gemeinde Partenkirchen für Befreiung aus der Kriegsnot aus: *„Fynf Jahre Lang gedrükt von schweren Krieges Plagen / shikten wir zu dir Antoni unsere klagen / Und da der stolze Feind an Unsre Gränzen rükte / Auch schon die Nachbarschafft mit feur und schwerd bedrickte. / Hielt ihm dein starker Armb so lang an selben Vest, / bis daß beschlossen ward des holden Friedens fest. 1801."*
Der heilige Antonius gebietet den rechts abmarschierenden Franzosen mit Feldherrenstab, Schwert, Federhut und Schärpe vom Himmel herab Einhalt. Im Hintergrund ist Partenkirchen mit der Wallfahrtskapelle St. Anton zu sehen.
Lit.: Krone und Verfassung 1980, S. 122.

01.22
Votivbild des Mathias Erdl, Gräßmiller, für Rettung im Streit mit Franzosen
Bayern, um 1801
Öl auf Holz, 55 x 45
Aufkirchen, Katholische Kirchensammlung

Die Einquartierungen verliefen nicht konfliktfrei. Als es zu einer Rauferei zwischen französischen Artilleristen und dem Mathias Erdl kam, wurde der Sohn mit dem bloßen Messer angegriffen und verletzt. In ihrer Not verlobte sich die Frau des Mathias Erdl der Mutter Gottes von Aufkirchen. Zum Dank dafür, dass der Sohn überlebte, stiftete ihr Gemahl dann das Votivbild in der Wallfahrtskirche zu Aufkirchen.
Lit.: Bayerns Krone 2006, S. 155.

01.23
Votivbild der Gemeinde Osterhofen für Verschonung während der Revolutionskriege
Osterhofen, 1801
Öl auf Leinwand, 89 x 135
Altenmarkt/Osterhofen, Votivkapelle Maria Zuflucht bei Kloster Damenstift

Das Bild zeigt die Prozession von Osterhofen nach dem Damenstift. Die Inschrift besagt: *„in diesen 11 jährigen schaudervollen Franzosen Krieg hat sich die Bürgerschaft an diese Gnadenmutter Maria Zuflucht der Sünder gewendet und gnade erlangt daß Brand und Plünderung oder feindlicher Überfall, der sich im 1800ten Jahre schon auf 1 Stund genähert, selbe nicht betroffen hat. Zur Dankbarkeit dessen und zur Aufmunterung nachkommender Bürger ist nicht nur diese Votivtafel mit der heutigen Prozession aufzuopfern, sondern auf ewige Zeiten all Jahre an St. Magdalentag ein Kreuzgang mit 2 Opferkerzen abzuhalten beschlossen worden Exvoto Osterhofen den 22ten Juli 1801 Renoviert 1890 Segl."*
Lit.: Krone und Verfassung 1980, S. 121.

01.24
Votivbild des Dionys Härtl von Pichl und seiner Ehefrau Anna für die Rettung vor den Franzosen
Bayern, um 1800
Öl auf Leinwand, 40 x 25
Bad Aibling, Heimatmuseum, Inv.Nr. 6021

Mit diesem Votivbild dankten der aus Pichl stammende Dionys Härtl und seine Frau Anna für die Errettung aus Lebensgefahr, der sie angesichts der Bedrohung durch französische Soldaten ausgesetzt gewesen waren.
Lit.: Bayerns Krone 2006, S. 154f.

01.25
Votivbild des Georg Schauer
Bayern, 1807
Öl auf Holz, 42 x 31
Aichach, Heimatmuseum, Inv.Nr. 121

Georg Schauer verlobte sich während eines Gefechtes gegen die Preußen im Juni 1807 dem Gnadenbild Maria Birnbaum und überstand so unbeschadet den Angriff. Das Ereignis fand während des zweiten Kriegsjahres im Vierten Koalitionskrieg statt, den Frankreich und seine Verbündeten gegen Preußen und Russland ab 1806 austrugen. Auf französischer Seite kämpften auch bayerische Einheiten. Im Juni 1807 kam es in Ostpreußen bei Heilsberg und Friedberg zu Schlachten, die den Krieg entschieden.
Lit.: Unpubl.

01.26
Der Bogenhausener Vertrag
Französische Ratifikationsurkunde, Straßburg, 29. September 1805
Pergamentlibell, blauer Samteinband, mit Unterschriften Napoleons und Talleyrands, Hängesiegel des Kaisers, 6 Blatt, 38 x 27
München, Bayerisches Hauptstaatsarchiv, Bayern Urkunden 1335

Im Bogenhausener Vertrag – einem Geheimvertrag zwischen dem Kurfürstentum Bayern und Frankreich – erlaubte Bayern den Einmarsch französischer Truppen, um die Bedrohung durch Österreich abzuwenden. Das Dokument wurde von Napoleon unverzüglich ratifiziert, nicht jedoch auf bayerischer Seite. Als am 28. September 1805 französische Truppen in Franken eintrafen, unterschrieb der Kurfürst schließlich. Bayern, dessen Bündnis mit Österreich und Russland damit beendet war, stritt fortan an der Seite Frankreichs gegen Österreich.
Lit.: Bayerns Krone 2006, S. 210; Krone und Verfassung 1980, S. 195.

01.27
Der Friede von Pressburg
Unterhändlerurkunde, 26. Dezember 1805
Papierlibell, ohne feste Bindung, geheftet mit blauem Seidenband, drei Lacksiegel
Wien, Haus-, Hof- und Staatsarchiv, Allgemeine Urkundenreihe 1805 XII 26

Der Friede von Pressburg ließ das Ende des Heiligen Römischen Reiches Deutscher Nation deutlich näher rücken. Unter dem Diktat Napoleons, der ab 13. November 1805 in Wien residierte, verlor Österreich Venedig, Dalmatien, Tirol sowie die Vorlande und bekam Salzburg als neues Herzogtum. Kaiser Franz II./I. musste die Standeserhö-

hung, also die Königswürde Bayerns, anerkennen. Er selbst trat ein Jahr später als Kaiser des Heiligen Römischen Reiches zurück. Die Ratifikation des Vertrages durch Napoleon in Schloss Schönbrunn stellte eine der dunkelsten Stunden des Reiches dar.
Lit.: Kaisertum Österreich 1996, S. 274.

Kaiserreich Österreich

Auf Beschluss des Senates und abgesichert durch eine Volksabstimmung wurde am 3. Mai 1804 das französische Kaisertum beschlossen und Napoleon am 18. Mai zum erblichen Kaiser proklamiert. Am 2. Dezember 1804 fand die Krönungszeremonie in Anwesenheit von Papst Pius VII. in der Kathedrale Notre Dame zu Paris statt.
Als Antwort auf die Maiereignisse erklärte Kaiser Franz II. am 11. August 1804 die habsburgischen Erbländer zum Kaiserreich Österreich und nahm den Titel eines erblichen Kaisers von Österreich an. Die verheerende Niederlage im folgenden Kriegsjahr, der Austritt der deutschen Fürsten des am 12. Juli 1806 gegründeten Rheinbundes aus dem Heiligen Römischen Reich und die drohende Gefahr eines „abendländischen Weltreiches" unter der Führung Napoleons bewogen Franz II./I. zur Niederlegung der deutschen Kaiserkrone und zur Auflösung des Heiligen Römischen Reiches Deutscher Nation am 6. August 1806.

01.28
Kaiser Franz I. von Österreich

Leopold Kupelwieser (1796–1862), 1837
Öl auf Leinwand (Reproduktion), 259,5 x 178,5
Wien, Kunsthistorisches Museum, Gemäldegalerie, Inv.Nr. 9414
Kaiser Franz II. war der letzte Kaiser des Heiligen Römischen Reiches Deutscher Nation. Im Jahre 1804 proklamierte er das Kaiserreich Österreich, um ab 1806 nur mehr den Titel „Kaiser Franz I. von Österreich" zu führen. Seine Regierungszeit war maßgeblich von Napoleon und den Auswirkungen des unter der Leitung Metternichs stehenden Wiener Kongresses 1814/15 geprägt. In ein Militärbündnis mit Napoleon gezwungen, gab der Kaiser ihm seine Tochter Marie Louise zur Frau. Erst nach dem Scheitern Napoleons im Russlandfeldzug konnte Franz I. den Kontrahenten durch ein Bündnis mit Russland und Preußen in der Völkerschlacht bei Leipzig 1813 niederringen.
Lit.: Grenzen überschreiten 2010, S. 61.

01.29
Annahme des Titels eines erblichen Kaisers von Österreich durch Kaiser Franz II.

Pragmatikalverordnung mit Promulgation der neuen Titel, 11. August 1804
Druck, 6 Blätter, Papier, geheftet, 32,5 x 20
Wien, Österreichisches Staatsarchiv, Finanz- und Hofkammerarchiv, Patente rote Nr. 76, fol. 528-533
Durch einen Volksbeschluss wurde aus Frankreich unter Napoleon ein erbliches Kaiserreich. Auf diesen Affront musste der Wiener Hof reagieren, nicht ohne die Auswirkungen des Reichsdeputationshauptschlusses zu bedenken, der ein baldiges Ende des Heiligen Römischen Reiches erahnen ließ. Die logische Folge für Österreich: eine Rangerhöhung der Erbländer. Kaiser Franz promulgierte daher die Annahme des Titels eines erblichen Kaisers von Österreich. Um diese Maßnahme als rein innerösterreichische auszuweisen, ließ er die Verordnung durch die Hofkanzlei ausstellen.
Lit.: Kaisertum Österreich 1996, S. 289; Bayerns Krone 2006, S. 206.

01.30
Niederlegung der römischen Kaiserwürde durch Franz II.

Wien, 6. August 1806
Papierlibell, in rotem Samteinband, 10 Blätter, 2 Lacksiegel unter schwarz-gelber Seidenschnur, 38 x 24
Wien, Haus-, Hof- und Staatsarchiv, Familienurkunden 2207, 1806 VII 6
Die Französische Revolution 1789, die daraus folgenden Koalitionskriege, die preußisch-österreichische Gegensätzlichkeit, der Verlust der linksrheinischen Gebiete, die Niederlage gegen Frankreich 1805 und der Abfall des Rheinbundes vom Reich 1806 mit der Drohung, einen Norddeutschen Bund zu gründen, zwangen Kaiser Franz II. dazu, die Kaiserkrone niederzulegen und das Heilige Römische Reich aufzulösen. Auf dieser Urkunde verwendete er das Siegel eines römisch-deutschen Kaisers zum letzten Mal!
Lit.: Kaisertum Österreich 1996, S. 295; Napoleon 2009, S. 166.

01.31
Kaiserhymne „Gott erhalte Franz den Kaiser"

Erstdruck, 12. Februar 1797
Musik: Joseph Haydn (1732–1809), Text: Lorenz Leopold Haschka (1732–1827)
Autograf, 13 Blätter, in weißem Pergamenteinband
Wien, ÖNB, Musiksammlung, Inv.Nr. Cod. 16.501
Am 12. Februar 1797, dem Geburtstag Kaiser Franz' II., feierte das an der englischen Hymne orientierte Kaiserlied im Burgtheater am Michaelerplatz Uraufführung. Ausgenommen die Jahre 1918 bis 1930 war die Komposition Joseph Haydns, entstanden zwischen Oktober 1796 und Jänner 1797, 140 Jahre lang, bis 1938, die österreichische Nationalhymne. Die Melodie wurde in dem von August Heinrich Hoffmann von Fallersleben 1841 verfassten „Lied der Deutschen" aufgenommen, dessen erste Strophe im nationalsozialistischen Deutschland als Hymne diente. Bis heute ist die dritte Strophe die Bundeshymne Deutschlands.
Lit.: Kaisertum Österreich 1996, S. 266.

Königreich Bayern

Nach der Niederlage der Allianz gegen Frankreich 1800 suchte Max IV. Joseph den Ausgleich mit Frankreich, um seine Besitzungen vor dem Zugriff Österreichs zu schützen. Der bayerisch-französische Vertrag von 1801 sicherte Bayern Integrität und Entschädigungen für den Verlust der linksrheinischen Gebiete. Durch den Frieden von Pressburg am 25. Dezember 1805 erhielt Bayern unter anderem Tirol, die Bistümer Brixen und Trient sowie Vorarlberg. Das ehemals zersplitterte Territorium Pfalz-Bayern stellte nun ein kompaktes Staatsgebilde dar.
Die österreichische Anerkennung der Forderungen Napoleons machte den Weg frei für die Proklamation des Königreichs Bayern am 1. Jänner 1806. Damit ging ein seit Jahrhunderten gehegter Wunsch der Wittelsbacher in Erfüllung. Um die dem Zeitgeist eigentlich widersprechende Königswürde zu legiti-

mieren, brachte der nunmehrige König Max I. Joseph die fabulöse Königswürde der Agilolfinger, des ersten bayerischen Herzogsgeschlechts, ins Spiel.

01.32
König Max I. Joseph von Bayern

Moritz Kellerhoven (1758–1830), um 1818
Öl auf Leinwand (Reproduktion)
München, Bayerische Schlösserverwaltung, Residenz München, Inv.Nr. Res.Mü. G 1254

Maximilian Joseph aus einer Pfälzer Seitenlinie der Wittelsbacher beerbte 1799 Kurfürst Karl Theodor. Rigoros führte er die Säkularisierung von Klöstern und Bistümern in Bayern durch. Durch das Bündnis mit Frankreich aus dem Hauptdeputationsschluss als Profiteur hervorgehend, wurde der Kurfürst im Friedensvertrag von Pressburg mit der Standeserhöhung zum König von Bayern belohnt, wechselte aber 1813 auf die Seite der Österreicher. Beim Wiener Kongress musste er Salzburg, Vorarlberg und Tirol als Gebietsverluste hinnehmen, konnte aber sein Gebiet durch Gewinne in Franken und Schwaben vergrößern.
Die politischen Entscheidungen des bayerischen Königs erwiesen sich als maßgeblich von seinem Außenminister Maximilian Freiherr von Montgelas geprägt. 1808 wurde die erste bayerische Verfassung erlassen; 1818 überarbeitet, sollte sie 100 Jahre rechtsgültig bleiben.
Lit.: Grenzen überschreiten 2010, S. 57.

01.33
Vertrag von Brünn

Französische Ratifikationsurkunde, Schönbrunn, 15./19. Dezember 1805
Pergamentlibell in Samteinband, anhängendes Siegel in vergoldeter Siegelkapsel, 4 Blätter, 37,5 x 26,5
München, Bayerisches Hauptstaatsarchiv, Bayern Urkunden 1341/1

Hierbei handelt es sich um eine Ratifikationsurkunde des Vertrages von Brünn vom 10. Dezember und des Schönbrunner Zusatzvertrages vom 16. Dezember 1805, in denen die Anlehnung Bayerns an Napoleon und die im Lande vorhandene profranzösische Stimmung ihren Ausdruck fanden. Im Brünner Vertrag wurde Bayern zum erblichen Königreich als Teil des Deutschen Reiches erhoben. Frankreich versprach umfangreiche Territorien, die aus dem folgenden Friedensvertrag hervorgehen würden. Österreich musste die Zugeständnisse an das neue Königreich im Frieden von Pressburg am 26. Dezember 1805 akzeptieren.
Lit.: Bayern 1972, S. 470.

01.34
Einteilung des Königreichs Bayern 1808

J. M. Schramm bei Senefelder, Gleisner & Co, München 1808
Lithografie auf Papier (Reproduktion), 34 x 23
München, Deutsches Museum, Archiv, Inv.Nr. KT 01169

Diese Karte, eine der ältesten lithografierten Landkarten Bayerns, zeigt die Einteilung des Königreiches in 15 Kreise. Deren Zahl wurde im Jahr 1810 auf neun und 1817 auf acht reduziert. Heute besteht Bayern aus den sieben Bezirken Oberbayern, Niederbayern, Oberpfalz, Oberfranken, Mittelfranken, Unterfranken und Schwaben.
Lit.: Bayerns Krone 2006, S. 182; Mappae bavariae 1995, S. 119.

01.35
Baiern. 1812. Eintheilung des Königreichs Baiern

Verfasser: A. v. Coulon, C. Schleich jun., Stecher: J. G. Loeffler, 1812
Lithografie auf Papier (Reproduktion), 34 x 25, M 1 : 1.700.000
München, Deutsches Museum, Archiv, Inv.Nr. KT2 00310

In der Karte von Alois von Coulon – er war auf der Pariser Militärakademie zum Ing.-Geograph ausgebildet worden – aus dem Jahr 1812 zeigt sich Bayern von 15 auf neun Verwaltungskreise reduziert. Die Karte zeichnet sich durch eine interessante Ausführung des Kommunikations- und Gewässernetzes sowie eine plastischere Darstellung als damals üblich aus.
Lit.: Mappae bavariae 1995, S. 120.

01.36
Amtsschild der Königlich Bayerischen Zahlenlotterie mit dem ersten Wappen des Königreichs Bayern

Bayern, 1806
Öl auf Holz, 55 x 41
Donauwörth, Museen der Stadt Donauwörth, Inv.Nr. Don 291

Das königliche Wappen bestand aus einem Hauptschild, das die Wappenzeichen der Pfalz, Frankens, Schwabens und Veldenz' zeigte. Die Landesfarben sind Weiß-Blau.
Lit.: Bayerns Krone 2006, S. 231.

01.37
Behördenschild des k. b. Generaltaxamtes

Tirol, 1806
Öl auf Holz (Reproduktion), 94 x 77,5
Innsbruck, Tiroler Landesmuseum Ferdinandeum, Landeskundliches Museum, Historische Sammlung

Das Schild mit weiß-blauem Rautenmuster stammt aus der frühen bayerischen Herrschaft über Tirol. Das große Schild wird von zwei Löwen gestützt, über denen die königlichen Insignien (Krone, Schwert und Zepter) mit dem Wappentier Tirols, dem roten Adler mit Flügelspangen, zu sehen sind. Es beinhaltet ein kleines gespaltenes Schild mit den bayerischen Löwen, dem goldenen Reichsapfel, darüber schwebt der Kurhut.
Lit.: Krone und Verfassung 1980, S. 253.

01.38
Bayerisches Behördenschild

„Königl. Direction des Wasser Brücken und Straßenbaus im Innkreis"
Tirol, um 1810
Öl auf Holz, 64 x 107
Innsbruck, Tiroler Landesmuseum Ferdinandeum, Historische Sammlungen

Nach dem Frieden von Pressburg 1805 mussten die Tiroler die Besetzung durch Bayern hinnehmen. Unter seiner Herrschaft waren die Bewohner vielen Veränderungen unterworfen: Der Name Tirol wurde durch die Bezeichnung Südbayern ersetzt. Der bayerische Minister Montgelas strich einige bäuerliche Feiertage, die Kirchenglocken hatten am Feierabend zu schweigen, und Prozessionen waren fortan verboten. Neue Steuern wurden eingeführt, und die Tiroler hatten Militärdienst außerhalb der Heimat zu leisten; unter österreichischer Herrschaft waren sie davon befreit gewesen.
Lit.: Napoleon 2009, S. 176.

Widerstand regt sich

Die totale Niederlage der Allianz gegen Frankreich im Zweiten Koalitionskrieg und die französischen Truppen, die Bayern in der Folge besetzt hielten, hatten das Land ins Chaos gestürzt. Das Heilige Römische Reich Deutscher Nation war zerfallen. In der Bevölkerung begann sich Widerstand zu regen: Pamphlete gegen Fremdherrschaft und Unterdrückung kursierten, gegen deren Verbreitung mit äußerster Härte vorgegangen wurde.

Den lauter werdenden Rufen nach Umsetzung der Ideen der Französischen Revolution trug Max IV. Joseph Rechnung, indem er Bayern im Inneren reformierte und außenpolitisch zum Verbündeten Frankreichs machte. In der eigenen Familie sah er sich freilich mit Widerstand konfrontiert: Seine Gemahlin Karoline aus dem Hause Baden, die Österreich freundlich gesinnt war, opponierte mit den Waffen einer Frau – mit Tränen. Für Kronprinz Ludwig, der sich als „Teutscher" fühlte, war Napoleon Zerstörer der deutschen Freiheit und Schänder heiliger Rechte. Seine Vision war ein Bund der Deutschen, geeint durch Sprache, Zusammengehörigkeit und Rechtlichkeit.

1809 erhoben sich zudem die Tiroler gegen die Fremdherrschaft der Bayern, die ihr Land nach dem Frieden von Pressburg 1805 besetzt hatten. An ihre Seite stellte sich Erzherzog Johann, der seit der Schlacht von Hohenlinden 1800, in dem das von ihm befehligte Heer eine katastrophale Niederlage hatte hinnehmen müssen, ein äußerst gespanntes Verhältnis zu Napoleon und Frankreich, dem Verbündeten Bayerns, hatte.

01.39
Kronprinz Ludwig von Bayern

Moritz Kellerhoven (1758–1830) zugeschrieben, 1808 (?)
Öl auf Leinwand, 81 x 67
München, Wittelsbacher Ausgleichsfonds, Inv.Nr. WAF B Ia 150

In abweisender Haltung mit scharfem Blick und Mienenspiel präsentiert sich Kronprinz Ludwig von Bayern. Drückt das Gemälde – ein Geschenk für seine Schwester Auguste Amalie, die an den Stiefsohn Napoleons verheiratet wurde – vielleicht seine Skepsis gegenüber dem Bündnis mit Frankreich aus? Ludwig, der von seiner „teutschen" Gesinnung trotz aller Umgarnungsversuche Napoleons nicht abließ, zeigt sich hier mit beiden Wittelsbacher Hausorden.

Lit.: Bayerns Krone 2006, S. 251.

01.40
Konzept für eine Einteilung Deutschlands in zwölf Kurfürstentümer und sechs Reichsstädte

Kronprinz Ludwig von Bayern (1786–1868), 1803/04
Handschrift auf Papier, 2 Blätter (Reproduktion), 30,5 x 20
München, Bayerisches Hauptstaatsarchiv, Geheimes Hausarchiv, NL Ludwig I. I A 32: 1803/4

Noch zeit der Existenz des Heiligen Römischen Reiches plante Kronprinz Ludwig von Bayern eine Neugliederung Deutschlands: Zwölf Kurfürstentümer sollten ebenso vielen Reichskreisen vorstehen; es sollte aber nur mehr sechs Reichsstädte geben. Größe und Einteilung Deutschlands waren einem „Traumgesicht" des Kronprinzen entsprungen.

Lit.: Bayerns Krone 2006, S. 253.

01.41
Kurfürstin Karoline von Bayern

Moritz Kellerhoven (1758–1830), vor 1806
Öl auf Leinwand, 85 x 66
München, Wittelsbacher Ausgleichsfonds, Inv.Nr. WAF B Ia 151

Maximilian Joseph, der spätere Max I. Joseph von Bayern, lernte im Verlauf seiner Flucht vor den Franzosen 1796 in Ansbach Karoline von Baden kennen. Die 20-Jährige ehelichte den doppelt so alten Witwer, Vater von vier Kindern, und gebar ihm weitere acht Kinder, von denen fünf Mädchen überlebten. An der Seite Österreichs und der französischen Royalisten stehend, widerstrebte ihr die napoleonische Heiratspolitik. Zwar hatte sie wegen des Altersunterschiedes keinen Einfluss auf Max Joseph, dennoch verstand sie es, ihren Interessen in Diplomatenkreisen Gehör zu verleihen.

Lit.: Bayerns Krone 2006, S. 252.

01.42
Erzherzog Johann als Generalgeniedirektor

Teodoro Matteini (1754–1831), Venedig, 1804
Öl auf Leinwand (Reproduktion), 82,5 x 64,5
Innsbruck, Tiroler Landesmuseum Ferdinandeum

Erzherzog Johann, aus dem Hause Habsburg stammend, war während der Ära Napoleons als Armeekommandant tätig. In der Schlacht bei Hohenlinden am 3. Dezember 1800 musste er eine schwere militärische Niederlage hinnehmen. Wenig später unterstützte er die Tiroler in ihrer Auflehnung gegen die Bayern und Franzosen, so auch Andreas Hofer im Freiheitskampf 1809. Natur, Technik und Landwirtschaft, seine speziellen Interessen, vernachlässigte der Erzherzog, der in der Steiermark besondere Verehrung erfährt, auch während der Kriege nicht.

Lit.: Erzherzog Johann 1982, S. 62.

01.43
Flugschrift „Deutschland in seiner tiefen Erniedrigung"

Johann Philipp Palm (Verleger), Nürnberg, 1806
Buch, 144 Seiten
Neuburg an der Donau, Historischer Verein Neuburg an der Donau, Inv.Nr. H01/NO 4400 R425

Im Zusammenhang mit der Niederlegung der Reichskrone am 6. August 1806, die das Ende des Heiligen Römischen Reiches Deutscher Nation bedeutete, erschien das Buch „Deutschland in seiner tiefen Erniedrigung", das sich gegen die Machtbestrebungen Napoleons wendete. Den Zerfall des Reiches sieht man hier in der Uneinigkeit Österreichs und Preußens begründet. Der Verleger des Buches Johann Philipp Palm wurde zum Tode verurteilt und in Braunau erschossen. Die mutmaßlichen Autoren waren P. C. G. Yelin, J. C. Yelin, Julius von Soden, J. J. von Willemer, August von Steigentesch, C. H. Adler und Christoph Preu.

Lit.: Krone und Verfassung 1980, S. 204.

01.44
Johann Philipp Palms Erschießung im Jahre 1806

Leopold Wolfanger, 1865
Öl auf Leinwand, 40,5 x 56
Braunau, Stadtmuseum Braunau, Inv.Nr. J 33

Weil der Buchhändler Johann Philipp Palm die napoleonfeindliche Schrift „Deutschland in seiner tiefen Erniedrigung" in Umlauf gebracht hatte, wurde er nach Verrat in seiner Nürnberger Wohnung festgenommen. In einem kurzen Prozess durch ein französisches

Kriegsgericht, in dem er den Namen des Verfassers nicht preisgab, verurteilte man ihn zum Tod. Am 26. August 1806 wurde Palm vor der Festungsmauer Braunaus auf Befehl Napoleons erschossen.

Lit.: Tausend Jahre Oberösterreich 1983, S. 302.

01.45

Politisches Glaubensbekenntniß eines aufrichtigen Bajers über die Schicksale seines Vaterlandes

München, 1801

Buchdruck (Reproduktion), 18 x 11,3

München, Bayerische Staatsbibliothek, Inv.Nr. Bavar. 1106m

Diesem Bekenntnis entstammen die Zeilen „*in Max Joseph erwartet die bayrische Nation die Befriedigung des Zeitgeistes*“, deren Zukunftsvision sich weitgehend erfüllen sollte. Unter Max Joseph wurden die meisten Forderungen der Revolutionäre umgesetzt. Aus dem politischen Inhalt des Bekenntnisses lässt sich schließen, dass der Urheber diesen Text vermutlich im Auftrag der Regierung verfasste.

Lit.: Bayerns Krone 2006, S. 161.

01.01
© Kunsthalle Bremen

01.02
© Wien Museum

01.03
© Reiss-Engelhorn Museen Mannheim

01.04
© Museen der Stadt Regensburg

01.07
© Österreichisches Staatsarchiv, Haus-, Hof- und Staatsarchiv Wien

01.10
© Hospitalstiftung Dillingen
(Foto: Christian Schepe)

01.11
© Germanisches Nationalmuseum Nürnberg
(Foto: Monika Runge)

01.12
© Wallfahrtskirche Weihenlinden Bruckmühl
(Foto: Christian Schepe)

01.13
© Wallfahrtskirche Weihenlinden Bruckmühl
(Foto: Christian Schepe)

01.14
© Kath. Pfarramt Maria Himmelfahrt Tuntenhausen (Foto: Christian Schepe)

01.15
© Kath. Pfarrkirche St. Gallus Steinhöring (Foto: Christian Schepe)

01.16
© Pfarrgemeinde Rohrdorf
(Foto: Christian Schepe)

01.17
© Kath. Kirchenstiftung St. Nikolaus Deining
(Foto: Christian Schepe)

01.18
© Kath. Kirchenstiftung Holzhausen/ Starnberger See
(Foto: Christian Schepe)

01.19
© Kath. Kirchenstiftung St. Josef Hohenlinden
(Foto: Christian Schepe)

01.20
© Kath. Pfarramt Elbach
(Foto: Christian Schepe)

01.21
© Franziskanerkloster Partenkirchen
(Foto: Christian Schepe)

01.22
© Kath. Pfarramt Mariä Himmelfahrt Aufkirchen
(Foto: Christian Schepe)

01.23
© Kath. Pfarramt Altenmarkt
(Foto: Christian Schepe)

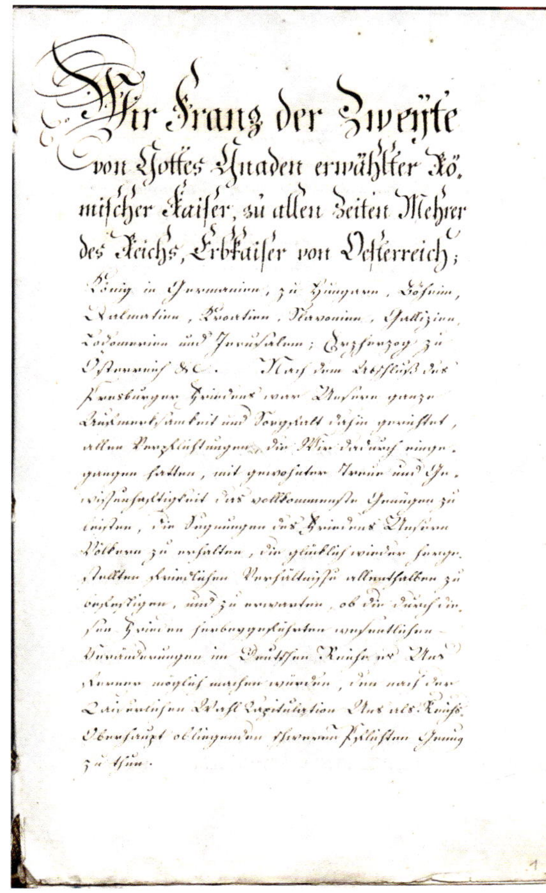

Wir Franz der Zweyte von Gottes Gnaden erwählter Römischer Kaiser, zu allen Zeiten Mehrer des Reichs, Erbkaiser von Oesterreich;

01.30
© Österreichisches Staatsarchiv, Haus-, Hof- und Staatsarchiv Wien

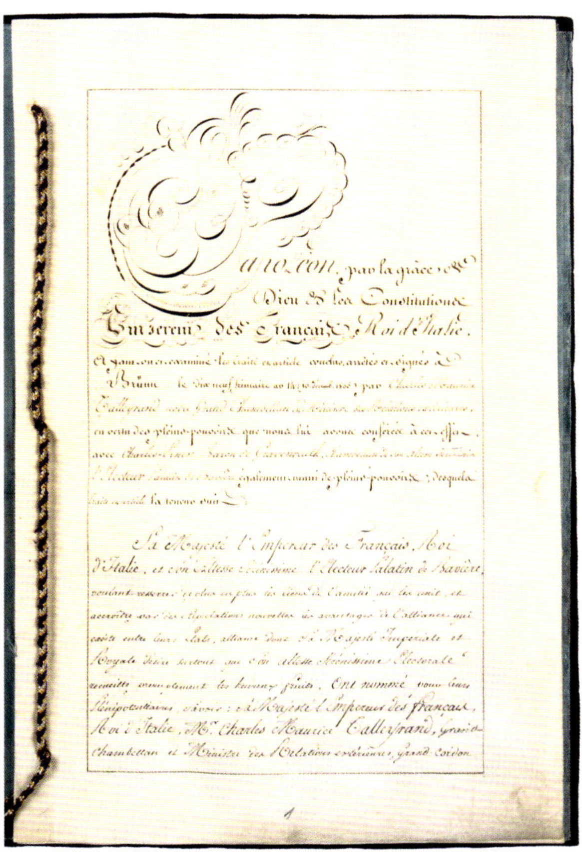

Napoléon, par la grâce de Dieu & les Constitutions Empereur des Français Roi d'Italie.

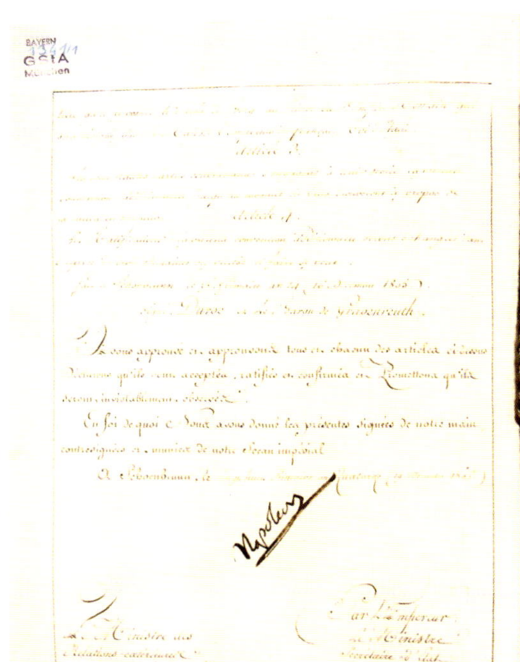

01.33
© Bayerisches Hauptstaatsarchiv München

2. Gegner – Opfer

Napoleon festigte seine Allianzen zum einen durch das alt bewährte Mittel der Heiratspolitik: Im Januar 1806 wurde sein Stiefsohn Eugène de Beauharnais mit Auguste Amalie, der Tochter des bayerischen Königs Max I. Joseph, verheiratet. Zum anderen drängte er seine süddeutschen Bündnispartner auf einen engen Zusammenschluss: Ein „drittes Deutschland" der souveränen Mittelstaaten sollte einen Puffer zwischen Frankreich sowie seinen Gegnern Österreich und Preußen bilden. Im Juli 1806 unterzeichneten 16 Abgesandte deutscher Fürsten die Rheinbundakte, unter ihnen auch Bayern. 1811 umfasste das Bündnis vier Königreiche, fünf Großherzogtümer und 16 Fürstentümer, es reichte von den Alpen bis nach Westphalen. Bayern stand nun unter der Schirmherrschaft Napoleons. Das versprach Schutz.
Es bedeutete aber auch, dass Bayern die französische Politik fortan militärisch unterstützen musste. In jedem Eroberungsfeldzug marschierten nun bayerische Soldaten mit: in den Feldzügen gegen Preußen und Russland, im Vierten Koalitionskrieg 1806/07 und schließlich im Fünften Koalitionskrieg 1809 gegen Österreich, das der Vierten Koalition nicht beigetreten war und die Zeit vielmehr dafür nützte, die Durchschlagskraft der Armee durch Einführung der Landwehr zu stärken. Für den nächsten Feldzug standen rund 725.000 Mann und 60.000 Pferde zur Verfügung. Die Zeit schien günstig: In Spanien war es zu einem Volksaufstand gegen die französischen Machthaber gekommen. Am 27. März 1809 erschien das „Österreichische Kriegsmanifest", das zum Befreiungskrieg der deutschen Staaten gegen Napoleon aufrief.

02.01
Adler des französischen Linien-Infanterie-Regiments 95
Frankreich, 1804–1815
Bronze, vergoldet, Adler: 29 x 25, Stange: L 177
Wien, Heeresgeschichtliches Museum/Militärhistorisches Institut, Inv.Nr. 224–257
Als sich Napoleon zum Kaiser krönte, erhielt die französische Armee neue Feldzeichen. Am 5. Dezember 1804 erstmalig ausgegeben, lehnten sie sich in ihrer Symbolik an die Kohorten-Adler der römischen Legionen an – Napoleon sah sich in der Tradition der römischen Cäsaren. Dieses Zeichen des 95. französischen Infanterieregiments wurde in der am 5. und 6. Juli 1809 geführten Schlacht bei Wagram erbeutet.
Lit.: Napoleon 2009, S. 183.

02.02
Husaren-Offizierstschako
Österreich, Muster 1811
Filz, Leder, Federn, H 24,5
Leoben, MuseumsCenter Leoben, Inv.Nr. 3062
Tschakos von dieser Form dienten den Offizieren der k. k. Husarenregimenter Nr. 1, 6, 8, 9, 11 und 12 als Kopfbedeckung. Deckel und Augenschirm – an dessen Rand ist noch der Abdruck der ursprünglichen Goldstickerei erkennbar – zeigen sich aus schwarz lackiertem Leder gefertigt. Die Tschakorose trägt im Mittelfeld die Initialen „F. I." für Franz I. als österreichischen Kaiser.
Lit.: Napoleon 2009, S. 64.

02.03
Kaskett für Chevaulegers-Offiziere
Bayern, 1804
Leder, Messing, Bärenfell, 34 x 22 x 27
Ingolstadt, Bayerisches Armeemuseum, Inv.Nr. A 2661
Der Helmkasten, aus geschwärztem Leder gefertigt, ist mit einem in Messing gefassten zugespitzten Vorderschirm und einer aus Bärenfell hergestellten Raupe versehen. Auf dem Messingschild finden sich das kurbayerische Wappen und der Kurhut, auf dem Messingband die Aufschrift „*CHEV:LEGERS REGIMENT*". Bärenfell und Kokarde weisen einen Offizier aus. In der Tülle fehlen der Reiherbusch und die silber-blau gewirkte Hülse.
Lit.: Krone und Verfassung 1980, S. 244.

Fünfter Koalitionskrieg

An vier Kriegsschauplätzen sollte die Entscheidung fallen: Die Hauptarmee sollte unter Erzherzog Karl in Deutschland operieren, ein Truppenkontingent unter Erzherzog Johann in Italien den Vizekönig Eugène de Beauharnais angreifen, ein kleineres Kontingent agierte gegen das Herzogtum Warschau und ein viertes sollte den Tiroler Volksaufstand unterstützen.
Zu Beginn der Kampfhandlungen verfügte Napoleon nur über 270.000 Mann; um die Versammlung seiner „Grande Armée" abzuwarten, spielte er auf Zeit. Bayern wurde wieder einmal Kriegsgebiet. Erzherzog Karl überschritt den Inn; Missverständnisse und die Langsamkeit der Truppenkörper verhinderten einen Sieg der zahlenmäßig überlegenen Österreicher. Bei Abensberg und Eggmühl erlitten sie eine empfindliche Niederlage. Während Erzherzog Karl seine Truppenteile nach Böhmen zurückzog, marschierte Napoleon südlich der Donau und erreichte am 13. Mai Wien.

02.04
Die Einnahme der bayerischen Stadt Landshut am 21. April 1809
Unbekannter Künstler, Nürnberg
Kolorierte Radierung (Reproduktion), 20,3 x 32,4
Wien, Heeresgeschichtliches Museum/Militärhistorisches Institut, Inv.Nr. Bl. 23.802
Der Nürnberger Verleger Friedrich Campe bot handkolorierte Radierungen von hoher Qualität an, unter anderem dieses Blatt eines unbekannten Künstlers. Es zeigt die Einnahme der von österreichischen Verbänden besetzten bayerischen Stadt Landshut durch französische Truppen am 21. April 1809. Österreichische Truppen zogen sich daraufhin bis zum Inn zurück.
Lit.: Napoleon 2009, S. 179.

02.05
Attacke der bayerischen Kavalleriebrigade Seydewitz bei Eggmühl, 22. April 1809

Peter von Hess (1792–1871), um 1810
Öl auf Leinwand, 37 x 45
München, Münchner Stadtmuseum, Inv.Nr. 30/2146

Das Bild zeigt bayerische Chevaulegers und Dragoner, die in die österreichische Geschützstellung eindringen. Die Offiziere kämpfen bereits zwischen den Geschützen mit Artilleristen und Infanteristen, während die restliche bayerische Kavallerie noch im Ansturm ist. In der Schlacht bei Eggmühl am 22. April 1809 konnte die österreichische Kavallerie die erste Attacke zurückwerfen. Der zweite Angriff mit Unterstützung französischer Kürassiere führte zum Erfolg und zur Entscheidung der Schlacht. Die Brigade Seydewitz verlor bei diesem Einsatz 194 Mann – rund ein Fünftel ihrer Kampfkraft.

Lit.: Krone und Verfassung 1980, S. 236.

02.06
Napoleons Verwundung bei Regensburg

G. Müller
Lithografie (Reproduktion), 22,2 x 26,2
Wien, Heeresgeschichtliches Museum/Militärhistorisches Institut, Inv.Nr. Bl. 3.199

Am 20. April nahm die österreichische Armee unter Erzherzog Karl die Stadt Regensburg ein. Napoleon eilte von den Kämpfen in Spanien nach Süddeutschland. Dort wurde er zum ersten und einzigen Male verwundet. Das Bild zeigt Napoleon mit dem linken Fuß im Steigbügel, während ihm sein Leibarzt den rechten verbindet. Im Hintergrund ist das zum Teil in Flammen stehende Regensburg zu erkennen.

Lit.: Napoleon 2009, S. 179.

02.07
Napoleon beim Übergang über die Salzach bei Burghausen, 29./30. April 1809

Clemens della Croce (1783–1823), um 1809
Öl auf Leinwand, 70 x 91
München, Münchner Stadtmuseum, Inv.Nr. 43/55

Nach seinem Sieg in Regensburg wandte sich Napoleon über Straubing, Landshut und Mühldorf der Stadt Burghausen zu. Um die Salzach zu überschreiten, musste eine Brücke errichtet werden. Das erwies sich als sehr zeitaufwendig. Im Bild sieht man Napoleon, wie er – von Gardejägern, Grenadieren, Generälen und seinem Leibmamelucken umgeben – auf die Fertigstellung der Brücke wartet.

Lit.: Krone und Verfassung 1980, S. 238.

02.08
Der Einzug Napoleons in Schönbrunn am 10. Mai 1809

François Aubertin (1773–1821), Paris, 1822
Kolorierter Aquatintastich (Reproduktion), 23,3 x 34,5
Aus: Alexandre de Laborde, Voyage pittoresque en Autriche. 3 Bde., Bd. 3. Paris 1822
Wien, Heeresgeschichtliches Museum/Militärhistorisches Institut, Inv.Nr. BÜ III 19.217

Das Bild entstammt dem letzten Band des dreiteiligen Werkes „Voyage pittoresque en Autriche“ von Alexandre de Laborde, das den Titel „Prèsis historique de la Guerre entre la France et l'Autriche en 1809, Paris 1822“ trägt. Der Friede von Schönbrunn brachte Österreich einen großen Verlust an Ländern und auch ein aufoktroyiertes militärisches Zwangsbündnis mit Frankreich.

Lit.: Kaisertum Österreich 1996, S. 278.

02.09
Erzherzog Karl mit seinem Stab in der Schlacht bei Aspern am 21. und 22. Mai 1809

Johann Peter Krafft (1780–1856), 1820
Öl auf Leinwand, 112 x 162
Vaduz–Wien, Sammlungen des Fürsten von und zu Liechtenstein, Inv.Nr. GE 1873

Bei der während des Fünften Koalitionskrieges stattfindenden Schlacht bei Aspern vom 21. bis 22. Mai 1809 erlitt Napoleon seine erste bedeutende Niederlage. Sie gilt auch als die berühmteste Waffentat Erzherzog Karls von Österreich, der – einen Schimmel reitend – die zentrale Figur dieses Bildes darstellt, hinter ihm Johann Fürst Liechtenstein. Zwar war Karl für Österreich in der Schlacht siegreich; der Krieg war dennoch verloren. Er wurde mit dem Frieden von Schönbrunn beendet.

Lit.: Kaisertum Österreich 1996, S. 277.

02.10
Der Kampf um die Kirche von Aspern

Österreich (?), um 1820
Öl auf Leinwand (Reproduktion), 39,5 x 50
Wien, Heeresgeschichtliches Museum/Militärhistorisches Institut, Inv.Nr. 2005/15/33

In der Schlacht bei Aspern am 21./22. Mai 1809 war die in der Mitte des Ortes gelegene Kirche von strategischem Interesse. Da es den Franzosen immer wieder gelang, sich dort vor den Österreichern zu verschanzen, befahl Feldmarschall-Leutnant Johann von Hiller, die Kirche in Brand zu setzen. Neun Sturmangriffe entfachten sich, bis die Schlacht zugunsten der Österreicher entschieden war.

Lit.: Napoleon 2009, S. 181.

02.11
Der Angriff der bayerischen Division Wrede in der Schlacht bei Wagram, 6. Juli 1809

Wilhelm von Kobell (1766–1855), 1811
Öl auf Leinwand (Reproduktion), 204 x 322,8
München, Bayerische Schlösserverwaltung, Residenz München

In der Schlacht bei Wagram am 5. und 6. Juli 1809 wurde der Sieg durch den rücksichtslosen Einsatz von Menschenmassen und Material erfochten: Im östlich von Wien gelegenen Marchfeld schlug der französische Kaiser – zum ersten Mal mit der bayerischen Armee an seiner Seite – die österreichischen Truppen unter Erzherzog Karl zurück und erzwang das Ende des Fünften Koalitionskrieges. 150.000 Österreichern standen 190.000 Franzosen und deren Verbündete gegenüber. 13.000 Soldaten blieben für immer im Felde. Nur zwei Schlachten – jene von Borodino 1812 und die Völkerschlacht bei Leipzig 1813 – forderten im 19. Jahrhundert noch mehr Leben.

Lit.: Krone und Verfassung 1980, S. 239.

02.12
Die Schlacht bei Wagram am 6. Juli 1809

Johann Lorenz Rugendas (1775–1826), 1809
Kolorierter Kupferstich in Aquatinta, 51,5 x 68,7
Wien, Wien Museum, Inv.Nr. 88.744

Nach der Schlacht bei Wagram drängte Erzherzog Karl während des Gefechts bei Znaim (Znojmo) am 11. Juli 1809 auf einen Waffenstillstand. Am 19. desselben Monats stimmte Kaiser Franz I. zu. Die Niederlage Österreichs gegen den französischen Kaiser führte zum verlustreichen Frieden von Schönbrunn, der am 14. Oktober 1809 geschlossen wurde.

Lit.: Kaisertum Österreich 1996, S. 279.

02.13
Das Bombardement Wiens durch die Franzosen in der Nacht vom 11. zum 12. Mai 1809

Benedikt Piringer (1780–1826) nach Johann Nepomuk Hoechle (1790–1835)
Kolorierter Aquatintastich, 42,6 x 56,9
Wien, Wien Museum, Inv.Nr. 33.325

Am 9. April 1809 fand sich Österreich im Felde gegen Napoleon. Nach Siegen über Erzherzog Karl von Österreich standen französische Truppen vor Wien. Nachdem die Stadt eine Nacht lang heftig beschossen worden war, erfolgte am 12. Mai die Übergabe an den französischen Kaiser. Ein letztes Aufbäumen der Truppen Erzherzog Karls in der Schlacht bei Aspern brachte keine Wende. Österreich lag darnieder und musste schließlich in Schönbrunn die demütigenden Friedensbedingungen akzeptieren.

Lit.: Kaisertum Österreich 1996, S. 278.

Tiroler Volksaufstand

Im Jänner 1809 vereinbarten Erzherzog Johann und Schützenhauptmann Andreas Hofer für den Zeitpunkt der Kriegserklärung Österreichs an Frankreich einen Volksaufstand gegen die bayerische Herrschaft. Auslöser der ersten Kampfhandlungen waren Zwangsrekrutierungen für die bayerische Armee. Am 12. April 1809 gelang es den Aufständischen, Innsbruck einzunehmen. Bereits am 25. April war der größte Teil des Landes wieder in Tiroler Hand.

Die Niederlage der österreichischen Truppen bei Regensburg verhinderte die geplante Vereinigung mit den Truppen Erzherzog Johanns, der in Italien siegreich war. Sie wurden nun für die Verteidigung Kärntens und der Steiermark benötigt. Franzosen drangen von Süden in Tirol ein; bayerische Divisionen nahmen den Weg über den Pass Strub, wo es zu einem erbitterten Gefecht kam. Die Tiroler Schützen setzten die Kämpfe auch nach dem Frieden von Schönbrunn fort. Napoleon schickte weitere Truppen zur Befriedung Tirols. Am 21. Oktober 1809 verloren die Tiroler Bauern die vierte Schlacht am Berg Isel. Im Jänner 1810 erfolgte die Festnahme Andreas Hofers, am 20. Februar wurde er in Mantua erschossen.

02.14
Andreas Hofer im Jahre 1809

Jakob Placidus Altmutter (1780–1819), 1809
Öl auf Leinwand (Reproduktion), 63,2 x 49,5
Innsbruck, Tiroler Landesmuseum Ferdinandeum, Landeskundliches Museum, Inv.Nr. Gemälde 1273

Andreas Hofer, geboren im Jahr 1767, war die zentrale Identifikatiosfigur des Tiroler Freiheitskampfes von 1809. Sein hohes Maß an Freiheitsliebe, tiefe Gläubigkeit und Verbundenheit mit dem Hause Habsburg befähigten ihn zum Oberkommandanten der Landesverteidigung. Als nach dem Waffenstillstand von Znaim (Znojmo) am 12. Juli 1809 österreichisches Militär und die Beamtenschaft Tirol räumen mussten, erhob sich Andreas Hofer im Freiheitskampf gegen Bayern und zog am 15. August als Sieger in Innsbruck ein. Nach dem Zusammenbruch des Aufstandes wurde er gefangen genommen und am 20. Februar 1810 in Mantua erschossen.

Lit.: Krone und Verfassung 1980, S. 239.

02.15
Josef Speckbacher als Major

Josef Plank (1815–1901), um 1840–1850
Öl auf Leinwand, 44 x 34,3
Innsbruck, Tiroler Landesmuseum Ferdinandeum, Landeskundliches Museum, Gemälde 1989

Josef Speckbacher war ein militärisches Naturtalent mit hohen Führungsqualitäten und guter körperlicher Konstitution, die ihm außergewöhnliche Kraft, Zähigkeit und Ausdauer verlieh. In den Schlachten am Berg Isel befehligte er den rechten Flügel. Als Tirol 1809 befreit wurde, drang Speckbacher bis nach Reichenhall vor. Im Kampf gegen bayerische Truppen wurde er bei Melleck verletzt. Nach der Niederlage des Tiroler Volksaufstandes floh er, beteiligte sich 1813 an der Befreiung des südlichen Tirol, konnte aber erst nach der Wiederangliederung Tirols an Österreich in seine Heimat zurückkehren.

Lit.: Krone und Verfassung 1980, S. 250.

02.16
Streitkeule

Tirol, um 1800
Holz, Eisen, L 50
Innsbruck, Tiroler Landesmuseum Ferdinandeum, Historische Sammlungen, Stangenwaffen, Inv.Nr. 42

Die Holzkeule ist mit zwölf geschmiedeten vierkantigen Dornen versehen. Am unteren Ende sollte sich eine Öse für eine Kette befinden, die hier aber fehlt.

Lit.: Freiheit 1989, S. 152.

02.17
Steinschlossbüchse

Johann Georg Wisthaler, München, 1755–1777
In Teilen umgearbeitet, L 111
Innsbruck, Tiroler Landesmuseum Ferdinandeum, Historische Sammlungen, Handfeuerwaffen, Inv.Nr. 48

Hierbei handelt es sich um eine umgearbeitete Vorderladerfeuerwaffe. Den Auslösemechanismus bildet ein Steinschloss, das mit einem Feuerstein zündet. Erste Vorformen dafür gab es bereits im 16. Jahrhundert, erst im 17. Jahrhundert wurde das System perfektioniert.

Lit.: Freiheit 1989, S. 152.

02.18
Besitzergreifungspatent für Tirol von König Max I. Joseph

München, 22. Jänner 1806
Einblattdruck, 40,5 x 50
Innsbruck, Tiroler Landesmuseum Ferdinandeum, Landeskundliches Museum, Historische Sammlung

Mit dem Fall der Feste Scharnitz geriet Tirol an die französische Armee. Sie wurde am 3. Dezember 1806 von bayerischen Truppen abgelöst. 450 Jahre war Tirol Teil des Habsburgerreiches gewesen – durch den Frieden von Pressburg am 26. Dezember 1806 ging die gefürstete Grafschaft an Bayern verloren.

Lit.: Krone und Verfassung 1980, S. 251.

02.19
Erstürmung der Innbrücke in Innsbruck am 12. April 1809

Jakob Placidus Altmutter (1780–1819), 1819
Aquarell auf Papier (Reproduktion), 53,4 x 66,4
Innsbruck, Tiroler Landesmuseum Ferdinandeum, Landeskundliches Museum, Graphische Sammlung, Inv.Nr. T 2878

Jakob Placidus Altmutters Darstellung beruht auf Skizzen aus dem Jahre 1809. In der historisch getreuen Widergabe der Erstürmung der Innbrücke durch den Oberinntaler Landsturm wird ersichtlich, wie es gelang, durch einen beherzten Überfall auf eine bayerische Geschützmannschaft, die den Zugang nach Innsbruck kontrolliert hatte, das Geschütz zu erobern und die Soldaten zurückzudrängen.

Lit.: Krone und Verfassung 1980, S. 254.

02.20
Nachtgefecht bei Söll am 11. Mai 1809

Gustav Kraus (1804–1852) nach Peter von Hess (1792–1871)
Kolorierte Lithografie, 29,5 x 40,8
Ingolstadt, Bayerisches Armeemuseum, Inv.Nr. B 66

Während des Österreichfeldzuges erteilte Napoleon Marschall Lefebvre den Befehl, Tirol zu besetzen, da er dieses Gebiet im Rücken seiner Truppen fürchtete. Schließlich hatte sich Tirol im April 1809 aus eigener Kraft aus französischer Fremdherrschaft befreit. Die Division Deroy rückte entlang des Inns, jene Carl Philipp Wredes von Salzburg her nach Tirol vor. Der heldenhafte Abwehrkampf der Tiroler am 11. Mai 1809 konnte die Division Wrede, die an die 1.000 Mann verlor, nicht daran hindern, über St. Johann in das Inntal vorzustoßen.

Lit.: Bayerisch-tirolische G'schichten 1993, S. 195.

02.21
Der Brand von Schwaz am 15. Mai 1809

Benitius Mayr (1760–1826), 1809
Lavierte Federzeichnung, 20 x 27,5
Innsbruck, Tiroler Landesmuseum Ferdinandeum, Landeskundliches Museum, Inv.Nr. FB 6504/61

Napoleon, der ein „österreichisches Tirol" in seinem Rücken zu verhindern suchte, entsandte Marschall Lefebvre mit den bayerischen Divisionen Deroy und Wrede nach Tirol. Nach mehreren harten Gefechten eroberte Wrede am 15. Mai den Markt Schwaz; 400 Häuser gingen dabei in Flammen auf: Links des Inns lässt das Bild das Lager der Bayern erkennen, rechts aus den Flammen ragend die Pfarrkirche von Schwaz. Die Einnahme Schwaz' wurde in der Propaganda als Beispiel der bayerischen Grausamkeit dargestellt. Marschall Lefebvre benötigte nach diesen anstrengenden Gefechten einen 36-stündigen Waffenstillstand – genug Zeit für die Tiroler Landesverteidigung, die Befreiung des Landes vorzubereiten.

Lit.: Krone und Verfassung 1980, S. 255.

02.22
Anna Jäger

Schwaz, 1809
Tempera auf Papier, auf Holz aufgezogen, 25 x 20
Schwaz, Museum der Stadt Schwaz auf Schloss Freundsberg

Der unter dem Namen „Lebzelter-Mariandl" bekannt gewordenen Anna Jäger wies man die Schuld an der Brandschatzung von Schwaz zu, da sie einen feindlichen Parlamentär am Stadtrand erschossen haben soll. Ein Schwazer Bürger berichtete über die Zustände am 15. Mai 1809: „*Wo ihnen ein Mädchen aufstieß, wurde es mißhandelt. Manche, die sich widersetzten oder fliehen wollten, wurden ihrer Kleider gänzlich beraubt und nackt durch die Gassen und mitten durch den Markt gejagt*".

Lit.: Pfaundler 1984, S. 100f.

02.23
Die Schlacht am Berg Isel am 29. Mai 1809

Jakob Placidus Altmutter (1780–1819)
Feder, aquarelliert, 45 x 68
Innsbruck, Tiroler Landesmuseum Ferdinandeum, Graphische Sammlung, Inv.Nr. T 2.619

Am 29. Mai 1809 fand mit der Schlacht am Berg Isel die zweite von vier kriegerischen Auseinandersetzungen statt, die sich an diesem Ort ereignen sollten. Die Kämpfe hatten am 25. Mai begonnen. Nachdem die Tiroler Schützen unter der Führung Andreas Hofers in der Nacht des 28. Mai vom österreichischen Sieg bei Aspern hörten, gelang es am nächsten Tag auch ihnen, die Bayern zurückzuwerfen.

Lit.: Freiheit 1989, S. 164.

02.24
Gefecht in der Oberau am 5. August 1809

Carl von Kager
Kolorierte Lithografie, 27 x 36
Innsbruck, Tiroler Kaiserjägermuseum am Berg Isel

Am 4. und 5. August kam es bei Oberau zu Gefechten zwischen Tiroler Verbänden und der sächsischen Vorhut, die die Freiheitskämpfer zu ihren Gunsten entscheiden konnten. Dieses Ereignis ging unter dem Namen „Sachsenklemme bei Oberau" in die Geschichte ein.

Lit.: Pfaundler 1984, S. 153f.

02.25
Befreiungskampf am Berg Isel am 13. August 1809

Jakob Placidus Altmutter (1780–1819), 1819
Aquarell (Reproduktion), 44,5 x 60
Innsbruck, Tiroler Landesmuseum Ferdinandeum, Graphische Sammlung, Inv.Nr. T 2081

In der dritten Schlacht am Berg Isel standen am 13. August 1809 15.000 bayerische, sächsische und französische Soldaten ebenso vielen Tiroler Schützen unter Andreas Hofer gegenüber. Es sollte eine Entscheidungsschlacht werden: Die Tiroler konnten die feindlichen Truppen zurückwerfen. Bereits im Oktober wurde jedoch der Einsatz für ihr Land durch den Frieden von Schönbrunn, in dem der Kaiser Tirol an Bayern verlor, zunichte gemacht.

Lit.: Freiheit 1989, S. 164.

02.26
Die Tapferen Bayern erstürmen den Berg Isel am 1. November 1809

Kolorierte Radierung, 15,5 x 27,6
Innsbruck, Tiroler Landesmuseum Ferdinandeum, Bibliothek, Inv.Nr. FB 7.861

Mit dem Frieden von Schönbrunn am 14. Oktober 1809 ordnete Napoleon an, Tirol zu besetzten. Bayerische Truppen stürmten das Land, am 1. November kam es schließlich zur vierten Schlacht am Berg Isel. Die Tiroler wurden besiegt, Andreas Hofer im Jänner 1810 gefangen genommen und am 20. Februar in Mantua erschossen.

Lit.: Freiheit 1989, S. 167.

02.27
Die Erstürmung des Bodenbühlpasses am 1. November 1809

Gustav Kraus (1804–1852) nach Peter von Hess (1792–1871), 1829
Kolorierte Lithografie, 40,4 x 60,7
Ingolstadt, Bayerisches Armeemuseum, Inv.Nr. B 65

Eine bayerische Vorausabteilung aus Dragonern und Infanterie stürmte unter Oberst Graf Pompeier Bodenbühl-, Stein- und Kniepass und fügte dem österreichischen Militär sowie den Tiroler Landesverteidigern schwere Verluste zu. Im Bild – das einem Gemälde von Peter Hess für den Schlachtensaal Ludwigs I. nachempfunden ist – sieht man den vergeblichen Versuch der österreichischen Infanterie, das Geschütz zu verteidigen. Die Tiroler ziehen sich indes in unwegsames Gelände zurück und setzen ihren Kampf mit Fernschüssen und Steinlawinen fort.

Lit.: Krone und Verfassung 1980, S. 251f.

02.28
Bayerische Truppen im Häuserkampf gegen die Tiroler

Aquarell, 58 x 78,5
Innsbruck, Tiroler Landesmuseum Ferdinandeum

Wie bereits beim „Bayerischen Rummel" 1703 verlegten sich die Tiroler auf einen Guerillakrieg. In den Dörfern und Märkten mussten die bayerischen Truppen Haus für Haus von den Tirolern erobern.

Lit.: Pfaundler 1984, S. 236.

02.29
Die Gefangennehmung des Sandwirths in der von ihm erbauten Hütte auf dem Joch, dem höchsten Gebirg hinter Paßayr

Nürnberg, 1810
Kolorierter Kupferstich (Reproduktion), 15,6 x 23
Innsbruck, Tiroler Landesmuseum Ferdinandeum, Bibliothek, Inv.Nr. FB 6.504/65

Ein französischer Korporal berichtete von der Gefangennahme Andreas Hofers, des „Sandwirtes": *„Ein Verräter des Sandwirts führte, verkleidet, die französische Truppe der Almhütte, wohin sich Hofer mit Weib, Kindern und zwei Schreibern aus seinem bisherigen verborgenen Aufenthalt zu Hintersee seit zwei Tagen begeben hatte, zu. Die Soldaten mussten halb Mann tief im Schnee hinaufklimmen und mit eingeschlagenen Händen sich hinaufarbeiten. Beim Einbruch in die Almhütte erwachte Hofer mit einem starken Schnarcher aus seinem sicheren Schlafe. Auf dem Tisch lagen zwei Pistolen und ein Säbel, nebenbei standen zwei geladene Gewehre. Den verkleideten Verräter, der mit den ersten Soldaten wie ein Judas hineinging, erkannte Hofer doch alsbald und grüßte ihn mit den Worten: ‚O du verfluchter Spitzbub!' Dies geschah in etwa am 28. Jänner 1810, am 20. Februar wurde Andreas Hofer hingerichtet."*

Lit.: Pfaundler 1984, S. 254f.

02.30
Bekanntmachung des Todesurteils gegen Andreas Hofer

Mantua, 19. Februar 1810
Einblattdruck, 46 x 35,4
Innsbruck, Tiroler Landesmuseum Ferdinandeum, Historische Sammlungen, Flugschriften

Andreas Hofer, der schon einmal begnadigt worden war, hatte erneut zu den Waffen gegriffen, in der vierten Schlacht am Berg Isel eine Niederlage hinnehmen und sich verstecken müssen. Durch einen Verrat gelang seine Verhaftung im Jänner 1810. Am 19. Februar wurde er zum Tode verurteilt, am Tag darauf hingerichtet. Vergeblich hatte Kronprinz Ludwig versucht, das Leben des Tiroler Freiheitskämpfers zu retten.

Lit.: Krone und Verfassung 1980, S. 260.

Die Stunde der Demütigung

Am 12. Mai 1809 musste Wien vor den anstürmenden französischen Truppen kapitulieren. Wieder einmal zog Napoleon in der Residenzstadt ein. Erzherzog Karl sammelte indes seine Truppen nördlich der Donau. In den Schlachten bei Aspern und Essling wendete sich das Kriegsglück noch einmal zugunsten der Österreicher. Nachdem sich alle verfügbaren Truppen, darunter auch die bayerische Division Wrede, versammelt hatten, unternahm Napoleon am 5. Juli den nächsten Versuch, die österreichische Armee zu schlagen. Zwei Tage lang tobte die Schlacht bei Wagram. Da Österreich keine weitere Unterstützung erhielt, musste es schließlich den Waffenstillstand von Znaim (Znojmo) schließen. Am 14. Oktober 1809 wurde der Friede von Schönbrunn unterzeichnet.

Noch im Dezember 1809 trennte sich Napoleon von seiner Gemahlin Joséphine de Beauharnais. Er wollte einen legitimen Erben aus der Verbindung mit einer russischen oder österreichischen Prinzessin. Ein diplomatisches Ränkespiel begann, aus dem Klemens Graf von Metternich als Sieger hervorging – das Opfer war die Tochter des Kaisers, Marie Louise. Das Bekanntwerden der geplanten Heirat löste in Österreich zunächst Entsetzen aus, selbst die Börsenkurse stürzten ab. Bald aber sah man zumindest einen positiven Aspekt: das Ende der permanenten Kriege in Europa. Am 2. April 1810 wurde die Trauung in Paris vollzogen. Knapp einen Monat davor hatte man im Pariser Vertrag vom 7. März 1810 die „Beute" unter den Siegern aufgeteilt: Bayern verlor zwar Teile Tirols, erhielt dafür aber Salzburg, Berchtesgaden, das Inn- und Hausruckviertel, Regensburg sowie die Markgrafschaft Bayreuth. Bayern hatte damit jene Größe erreicht, die es während der Rheinbundzeit haben sollte.

02.31
Das gesprengte Vorwerk der Burgbastei von vorne

Franz Jaschke (1775–1842), 1809
Gouache (Reproduktion), 18,2 x 27,3
Wien, Wien Museum, Inv.Nr. 105.516

Das Bild zeigt das in Trümmern liegende Festungswerk. Zu sehen sind der Leopoldinische Trakt mit dem kaiserlichen Münzkabinett und dem vorspringenden Gebäudeteil, der Ritter- oder Zeremoniensaal beherbergt. Napoleon verließ Wien nach der Unterzeichnung des Friedens von Schönbrunn am 16. Oktober 1809. Dass in Österreich verbliebene französische Truppen einen Großteil der Festungsanlagen sprengten, erregte bei den Wienern großes Missfallen.

Lit.: Kaisertum Österreich 1996, S. 280.

02.32
Das gesprengte Vorwerk der Burgbastei vom Stadtgraben aus

Franz Jaschke (1775–1842), 1809
Gouache (Reproduktion), 17,5 x 27,5
Wien, Wien Museum, Inv.Nr. 105.515

Das Bild zeigt die von den Franzosen gesprengte Burgbastei, links das Burgtor und den Leopoldinischen Trakt der Hofburg. Im Hintergrund ist die Karlskirche zu erkennen.
Lit.: Kaisertum Österreich 1996, S. 280.

02.33
Das gesprengte Vorwerk der Burgbastei mit der Staatskanzlei
Franz Jaschke (1775–1842), 1809
Gouache (Reproduktion), 17,7 x 27,3
Wien, Wien Museum, Inv.Nr. 105.517
Über den Trümmern des gesprengten Festungswerks sind das Obergeschoß der Geheimen Hof- und Staatskanzlei, im Hintergrund das Belvedere und die Karlskirche zu sehen.
Lit.: Kaisertum Österreich 1996, S. 281.

02.34
Das gesprengte Vorwerk der Stubentorbastei
Franz Jaschke (1775–1842), 1809
Gouache (Reproduktion), 17,4 x 27,3
Wien, Wien Museum, Inv.Nr. 105.519
Das Bild zeigt die gesprengte Bastei, die Brücke über den Graben und die Kirche Maria am Gestade.
Lit.: Kaisertum Österreich 1996, S. 281.

02.35
Waffenstillstand von Znaim
Znaim (Znojmo), 12. Juli 1809
Papier, 8 Blätter
Wien, Haus-, Hof- und Staatsarchiv
Der Fünfte Koalitionskrieg fand sein Ende mit dem Sieg Napoleons über Erzherzog Karl von Österreich in der Schlacht bei Wagram. In Punkt IV des Waffenstillstands verpflichtete sich Kaiser Franz I. dazu, die österreichischen Truppen aus Tirol und Vorarlberg abzuziehen – und das, obwohl er den Tirolern noch Ende Mai in der Wolkersdorfer Proklamation versprochen hatte, ohne den Verbleib Tirols bei Österreich würde es keinen Frieden geben. In Tirol kämpfte man auch nach dem Waffenstillstand weiter. Auf ihn folgte der Friede von Schönbrunn, in dem Österreich massive Gebietsverluste hinnehmen musste, von denen auch Bayern als Verbündeter der Franzosen profitierte.
Lit.: Napoleon 2009, S. 183.

02.36
Der Frieden von Schönbrunn
Französische Ratifikationsurkunde, Wien, 15. Oktober 1809
Pergamentlibell, blauer Samteinband, 39 x 52
Wien, Haus-, Hof- und Staatsarchiv, Allgemeine Urkundenreihe 1809, Inv.Nr. 1809 X 14
Mittels eines nationalen Befreiungskrieges wollte Österreich wieder die Vormachtstellung in Europa einnehmen. Am 9. April 1809 erklärte man dem napoleonischen Frankreich den Krieg. Zwar vermochte Erzherzog Karl in der Schlacht bei Aspern am 21./22. Mai 1809 Napoleon erstmals eine militärische Niederlage abzuringen, letztlich musste sich Österreich aber geschlagen geben: Mit dem Frieden von Schönbrunn fielen Salzburg, das Inn- und Hausruckviertel sowie Berchtesgaden an Bayern, Krain, Görz, Triest, Istrien und Kroatien an die Frankreich unterstehende Provinz Illyrien. Überdies hatte Österreich 85 Millionen Francs Kriegsentschädigung zu leisten.
Lit.: Napoleon 2009, S. 184.

02.37
Napoleon I. im Krönungsornat mit Marie Louise
Carl Hermann Pfeifer (1769–1829) nach Matthäus Loder (1781–1828), 1810 (?)
Kupferstich (Reproduktion), 63,7 x 47,9
Graz, Universalmuseum Joanneum, Neue Galerie, Inv.Nr. NG II/7.668
Das Blatt zeigt das französische Kaiserpaar in erhabener Pose vor einem Thron: Der mit Lorbeeren gekrönte Napoleon hält ein Zepter in der rechten Hand, am Hals trägt er den von ihm 1802 gestifteten Orden der Ehrenlegion. Zu seiner Linken steht seine zweite Frau Marie Louise, Tochter Kaiser Franz' I., im kostbaren Empirekleid. Aus dieser Verbindung ging Napoleon Franz Bonaparte hervor, der 1818 von seinem kaiserlichen Großvater zum Herzog von Reichstadt ernannt werden sollte.
Lit.: Kaisertum Österreich 1996, S. 321.

02.38
Marie Louise von Österreich überreicht Napoleon ein Herz
Leoben, 1810
Öl auf Holz, D 124,5
„Die Eintracht war das Werck des Friedens und ist die Zufriedenheit der Völker. Leoben den 11. Juny 1810. Jakob Breidler Schützen Meister"
Leoben, MuseumsCenter Leoben
Die Schützenscheibe zeigt Napoleon in antiker Tracht mit allegorischen Löwen. Ihm bringt Marie Louise ein Herz dar. Im Vordergrund sind österreichische und französische Kriegstrophäen und Wappen zu sehen, eine der in den Wolken schwebenden zwei Genien hält eine Trompete, der die Worte *„taCe MVnDVsConCors"* („Schweige, einige Welt") entspringen – die groß geschriebenen Buchstaben ergeben das Jahr 1810 in römischen Zahlen. Das Monogramm „NL" über den Wolken steht für Napoleon und Louise.
Lit.: Erzherzog Johann 1982, S. 120.

02.39
Grenzkarte gemäß dem Wiener Frieden
Kreisbauinspektor von Ransen, 1809
Kolorierte Zeichnung, 45 x 68
Linz, Oberösterreichisches Landesarchiv, Kartensammlung, Inv.Nr. II/17
Der Friede von Schönbrunn brachte massive territoriale Veränderungen für Österreich mit sich. Das Kaiserreich musste große Gebiete abtreten, die Grenzlinien hatten neu gezeichnet zu werden – die Grenze verlief nun durch das Land ob der Enns. Diese „Carte der neu gezogenen Grenze in Österreich ob der Enns gemäß dem II. Artikel des Wiener Friedens vom 14. Oktober 1809 bei Waizenkirchen" zeigt deren Verlauf.
Lit.: Tausend Jahre Oberösterreich 1983, S. 304.

Die russische Katastrophe

Hätte Zar Alexander I. seine Schwester Anna Napoleon zur Frau gegeben, wäre es vermutlich nicht zum Bündniswechsel gekommen. So aber schloss der Kaiser eine Allianz mit seinem Schwiegervater Franz I. – und ein neuer Krisenherd brachte das labile Gleichgewicht der europäischen Mächte ins Wanken. Russland näherte sich wieder dem französischen Erbfeind England an und strebte einen Ausgleich mit Schweden an, um die in Finnland gebundenen russischen Truppen zur Verteidigung der Westgrenze abziehen zu können.

Die Zeichen standen neuerlich auf Sturm. Napoleon warb bei seinen Verbündeten um Truppenkontingente: Der Bündnisvertrag mit Preußen brachte ihm 20.000 Mann. Österreich stellte 30.000 Mann in Hoffnung auf eine Rückgabe der illyrischen Provinzen. Und auch der Rheinbund wurde von Napoleon in die Pflicht genommen: Das Königreich Westphalen stellte 28.000, Sachsen 26.000 und Württemberg 15.000 Mann; Bayern mobilisierte 30.000 Mann; und aus dem Großherzogtum Warschau kamen 70.000 polnische Soldaten. Bis zum Sommer 1812 auf 660.000 Mann angewachsen, begann die Grande Armée am 24. Juni 1812 mit der Überquerung der Memel den Feldzug.
Zar Alexander I. konnte diesem Heer nur mit 188.000 Mann entgegentreten. Die geplante Strategie Napoleons, eine rasche Entscheidungsschlacht herbeizuführen, ging nicht auf. Die russischen Generäle lockten die Grande Armée durch einen hinhaltend verteidigenden Rückzug in die endlosen Weiten des Landes und lieferten sie dem russischen Winter aus.

02.40–02.74
Tagebuch aus dem Russlandfeldzug
Christian Wilhelm von Faber du Faur (1780–1857), 1827–1830
Kolorierte Federzeichnungen, Aquarelle (Reproduktionen)
Ingolstadt, Bayerisches Armeemuseum, Inv.Nr. 64/67
Christian Wilhelm von Faber du Faur, der als junger Offizier in der württembergischen Armee diente, nahm am Russlandfeldzug vom Beginn bis zu seinem bitteren Ende teil und hielt seine Eindrücke in einem Skizzenbuch fest. Nach seiner Rückkehr setzte er die Skizzen in insgesamt 99 Darstellungen – Federzeichnungen, kolorierte Zeichnungen und Aquarelle – um, die als Vorlage für Lithografien dienten. 1831 begann der Stuttgarter Verlag Ch. F. Autenrieth unter dem Titel „Blätter aus meinem Portefeuille, im Laufe des Feldzugs 1812 in Russland an Ort und Stelle gezeichnet“ mit der Herausgabe des Tafelwerks. Jeder Tafel wurde ein Blatt mit einem beschreibenden Text von Major Friedrich von Kausler, einem Weggefährten du Faurs, beigestellt.
Lit.: Faber du Faur 2003.

02.40
Zwischen Kirgaliczky und Suderwa, den 30. Juni 1812
„Hunderte von Pferden gingen dabei zu Grunde und bezeichneten, in Schlamm versunken, die ersten paar Stunden des Marsches des III. Armeekorps nach dem Übergange über die Wilija, welches durch diesen einzigen Marsch einen so empfindlichen Verlust an Pferden erlitt, dass eine Zwölfpfünderbatterie und die Hälfte der Artilleriereserve aus Mangel an Bespannung en depot nach Wilna gestellt werden musste.“

02.41
In der Gegend von Tschulanui, den 7. Juli 1812
„Den 9. Juli verließen wir diese Stellung, und leere Baracken, zerstampfte und niedergemähte Saatfelder und gelichtete Wälder waren die Spuren, welche wir von unserer kurzen Anwesenheit hinterließen.“

02.42
In der Gegend von Kozuscina, den 11. Juli, nachts 10 Uhr
„Man rückte somit rasch nach, und 400.000 Mann sahen sich ohne Vorrat an Lebensmitteln, Tag für Tag, Marsch für Marsch, auf dem von Freund und Feind zerstampften Boden eines ohnehin unwirtlichen Landes, das einst die Hand voll Schweden des zwölften Karls kaum zu ernähren imstande war. Hierbei litt am meisten die Hauptkolonne unter den besonderen Befehlen des Kaisers, bei welcher sich auch das III. Armeekorps befand, die auf der großen Straße vorrückte, auf welcher alles, was der Verwüstung durch die sich zurückziehenden Russen entgangen war, die französische Vorhut aufgezehrt hatte.“

02.43
Biwak bei Raskimosi, an dem See von Braslaw
„Den 15. Juli verließen wir das Biwak bei Drisviatoni und kamen abends an dem See von Braslaw an, an dessen freundlichem Gestade wir bei Raskimosi lagerten. Hier blieben wir bis zum 19. Juli, um der Ruhr zu begegnen, die infolge der Anstrengungen, Entbehrungen und hauptsächlich des ungesunden Klimas sehr eingerissen und schon große Verheerungen angerichtet hatte. Sie hatte zuweilen einen so schnellen tödlichen Verlauf, dass Leute auf dem Marsche oder in dem Biwak ohne alle Anzeigen naher Gefahr tot niederstürzten.“

02.44
Neben der Straße von Braslaw nach Disna, den 21. Juli 1812
„Wege, durch die unendlich langen Fuhrwesenszüge beinahe ganz unbrauchbar gemacht oder durch morastige Wälder über Knüppeldämme führend, und ein immerwährender Kampf mit den verschiedenen Heeresabteilungen, welche einander unaufhörlich drängten und abzuschneiden suchten und welchen keine Heerespolizei Einhalt tat, machten diese Märsche zu den beschwerlichsten des Hinmarsches.“

02.45
Biwak vor Ula, den 26. Juli 1812
„[…] kaum war es völlig Nacht, kaum hatten wir unsere Kochfeuer im Stand, so brach in dem Städtchen, wahrscheinlich durch den Leichtsinn nachziehender Soldaten, die sich in großer Anzahl von allen Nationen und Waffen in demselben einquartiert hatten, veranlasst, Feuer aus, das schnell um sich griff und einen ziemlichen Teil der Häuser in Asche legte.“

02.46
Vorstadt von Beszinkowiczi auf dem rechten Ufer der Düna, den 29. Juli 1812
„Zur Sicherstellung der Verbindungsbrücke der beiden Ufer der Düna fand man es nötig, auf dem rechten einen Brückenkopf anzulegen. Dieser hatte die Zerstörung eines großen Teils der dort liegenden Vorstadt zur Folge, und unter anderen wurde eine hübsche hölzerne Kirche ein Raub der Flammen, deren Bild das vorliegende Blatt der Vergessenheit zu entreißen sucht.“

02.47
An der Straße zwischen Beszinkowiczi und Ostrowno, den 31. Juli 1812
„Längst schon war es der Fall, dass täglich Leute aus Erschöpfung zurückblieben und dass Ermunterungen, Drohungen, ja selbst Strafen ohne Erfolg blieben. Jedermann bemerkte, dass die

Truppen fast bei jedem Halt, bei jedem Biwak durch Zurückgebliebene sich verminderten, doch nur vorwärts und nicht rückwärts schauend, hoffte man die Erschöpften bei dem nächsten längeren Halt der Armee wieder bei ihren Fahnen eintreffen zu sehen. Dass dieses nicht geschehen werde, dass ein großer Teil jener Zurückgebliebenen an der Straße verschmachtet mit seinen Leibern den Weg der Großen Armee bezeichne, davon konnten nur die sich überzeugen, welche, wie es bei uns ein paar Tage lang der Fall war, in dem Abstand von einigen Märschen der Armee folgten."

02.48
Vorwärts von Krasnoi, den 14. August 1812

„Den 14. August nachmittags erreichten Murat und Ney Krasnoi ein kleines, 46 Werste von Smolensk entferntes Städtchen, welches ein Regiment russischer Infanterie zu verteidigen suchte. Durch die Division Ledru aus dem Städtchen geworfen, zog es sich eilig auf eine hinter dem selben auf der Straße nach Smolensk im Rückzug begriffene Infanteriemasse von etwa 5.000–6.000 Mann zurück, welche von Reiterei und Artillerie unterstützt wurde."

02.49
Vor Smolensk, den 17. August, nachts 10 Uhr

„Den 17. August setzte sich mit Tagesanbruch das Kleingewehrfeuer auf der ganzen Linie wieder fort, von Zeit zu Zeit durch kleine Pausen und seltene Kanonenschüsse unterbrochen. [...] Vergebens rollte unausgesetzt der Donner wie Kanonen von drei Armeekorps und der Garde, vom feindlichen Geschütz der Wälle, Türme und beim Kloster, nie von einem Echo wiederholt; vergebens beschoss man die Türme und die Wälle, um ihr Feuer zum Schweigen zu bringen; [...] Alle Versuche scheiterten, und nur die späte Nacht machte einem Kampfe ein Ende, der für so große Opfer an Menschen keine verhältnismäßigen Resultate geliefert hatte".

02.50
An den Mauern von Smolensk, den 18. August, abends 5 Uhr

„Gegen Abend trat Ruhe für unsere Stellung ein. Unser Tagwerk war so ziemlich beendigt, und wir blieben nun für den Abend, einige Kanonenschüsse abgerechnet, müßige Zuschauer der Plänkeleien, welche immer noch, sozusagen, unter unseren Füßen stattfanden. [...] Die Unseren hatten sich nun wieder an das rechte Ufer in der Gegend des Brückenkopfs zurückgezogen und diesen selbst besetzt gehalten."

02.51
An den Mauern von Smolensk, den 18. August, nachts 10 Uhr

„Doch viele der Unseren wurden vermisst, viele von jenen, welche am frühen Morgen mit uns frohen Mutes und voll männlicher Erwartung ausgezogen waren, waren nicht mehr heimgekehrt. [...] Drüben lagen sie in der brennenden Stadt, gefallen beim Sturme des Brückenkopfes, beim Kampfe in den Straßen. Glücklich, wenn sie gleich den Tod gefunden hatten; schrecklich ihr Schicksal, wenn, in den Straßen verwundet hilflos liegend, sie von den unaufhaltsam immer näher und näher rückenden Flammen erreicht, langsam ein Opfer der alles verzehrenden Glut geworden waren! [...] Um 10 Uhr war die ganze jenseitige Stadt nur eine Flamme, [...] denn noch war Mitternacht nicht vorüber, so war das Feuer erloschen, und jener ganze Stadtteil, der schönste und reichste von Smolensk, der am Morgen friedlich in seiner ganzen Herrlichkeit da gestanden hatte, nichts mehr als eine Masse glühender Aschenhaufen und rauchender Trümmer."

02.52
Im Biwak vor Wiazma, den 30. August 1812

„Am Abend desselben Tages erreichten auch wir mit dem III. Korps, nach einem erschöpfenden Marsche im tiefen Sande, Wiazma; doch sahen wir die Stadt nicht, da eine Terrainwelle sie noch unseren Blicken entzog. Erst den 30. morgens, als wir diese überschritten hatten, um der Brücke, welche man herzustellen bemüht war, zum Vorrücken näher zu sein, erblickten wir Wiazma in magischer Morgenbeleuchtung weit vor uns ausgebreitet, mit all dem morgenländischen Schmucke seiner Kirchen und Klöster, deren Türme und Kuppeln, von der Morgensonne beglänzt, aus dem Rauche der Brandstellen auftauchten, der sich auf die Stadt gelagert hatte."

02.53
Auf dem Schlachtfelde an der Moskwa vor Semenowskoi, den 7. September 1812

„Lange hatte der mörderische Kampf um die Redouten auf den Anhöhen vor den Trümmern von Semenowskoi gewährt. Mit abwechselndem Glücke waren sie genommen, verloren und wieder genommen worden. Gegen Mittag endlich blieben sie in den Händen der Sieger. Die rechts liegende Redoute hatten die Reste der 25. Division (Württemberger) dem Feinde entrissen. Doch rund um diese Redouten wogte noch der Kampf. Von Semenowskois Höhen her führten die Russen immer neue Truppen ins Gefecht und schlugen Murats Reiterangriffe zurück."

02.54
Die Brücke über die Kolotscha bei Borodino, den 17. September 1812

„Die Brücke, welche gleich hinter Borodino über die Kolotscha gegen Gorki führt, war den 7. September der Schauplatz eines blutigen Kampfes. [...] Hatte man gleich sowohl während als nach der Schlacht die Brücke, um sie gangbar zu machen, von den Leichen großenteils geräumt und diese in die Kolotscha geworfen, so blieben doch an den Rändern derselben stellenweise mehr als hinlänglich Tote, sowohl einzeln als aufeinander geschichtet, liegen, um auch noch später ein deutliches grauses Bild des Kampfes zu geben, der hier gekämpft worden."

02.55
An der großen Straße von Moshaisk nach Krymskoje, den 18. September 1812

„Mehrere dieser Dörfer brannten früher oder später durch Unvorsichtigkeit ganz oder zum Teil ab, und Tausende von Unglücklichen, die ihrer schweren Wunden halber nicht fliehen konnten oder von anderen nicht gerettet wurden, wurden ein Opfer der Flammen. Auf solchen Brandstätten sah man häufig die verbrannten Körper reihen-

weise liegen, wie sie früher verwundet den Boden der Zimmer bedeckt hatten, während neben ihnen andere den Flammen entkamen und oft auf das Entsetzlichste verstümmelt, meistens auf eine schauderhafte Weise ihr trauriges Dasein noch einige Zeit hinzuschleppen suchten."

02.56
Moskau, den 24. September 1812
„Den 14. September waren endlich die letzten Anhöhen überschritten, welche uns von Moskau trennten, und nun erschien, von dem Moskwafluss durchströmt, die prachtvolle Zarenstadt mit ihren 1.000 goldenen Kuppeln endlos vor unseren erstaunten Blicken ausgebreitet. [...] Doch still und lautlos, gleich einem toten Gemälde lag die Unermessliche vor uns; kein Rauch entstieg ihren Schornsteinen, keine Neugierigen strömten den siegenden Fremdlingen entgegen, keine Abgeordneten der Stadt zeigten sich! Moskau war, wie Smolensk, Dorogobusch, Wiazma und andere, von seinen Bewohnern verlassen worden, und Murat, mit seinem Reiterkorps friedlich der russischen Nachhut durch die Moshaiskaja Sastaw folgend, hörte auf seinem langen Zuge durch die verödeten Straßen der Stadt nichts als den Widerhall seiner eigenen Tritte."

02.57
An dem Tor von Kaluga in Moskau, den 19. Oktober 1812
„Mit den Vorbereitungen zu einer allgemeinen Bewegung von Moskau aus war der Kaiser schon mehrere Tage beschäftigt gewesen. [...] Mit Tagesanbruch setzten sich alle Truppen in Bewegung [...] und durchströmten die Stadt in der Richtung nach dem Tore der alten Straße nach Kaluga. Das Gedränge in den Straßen war fürchterlich [...] Überall hemmten die ungeheuren Massen von Fahrzeugen, über 500 Geschütze, 2.000 Munitionswagen mit ihrer erschöpften Bespannung, die endlosen Züge von Wagen aller Art und Nationen mit Beute und mit Lebensmitteln beladen, das Vorrücken."

02.58
Auf der Straße von Moskau nach Kaluga bei Bykassowo, den 23. Oktober 1812
„Nach immerwährenden harten Kämpfen teils mit der ermatteten kraftlosen Bespannung, teils mit den ohne Ordnung marschierenden Truppen, die einander immer abzuschneiden suchten, hatten wir nach dem Abmarsch aus Moskau die Defileen der Desna, die bei Krasnaja Pachra überschritten und den 24. Oktober Czirikowo erreicht. Von diesem Quermarsch, auf einem durch den Regen durchweichten lehmigen Boden, fing unser Verlust an Wagen, Pferden und Munition an, [...] nun aber mussten Wagen der erschöpften Pferde halber stehen gelassen oder ausgeladen, Pferde selbst wegen gänzlicher Erschöpfung zurückgelassen werden."

02.59
Vor Borowsk, den 26. Oktober 1812
„Borowsk erscheint als der Wendepunkt unseres Glückes; denn hier erhielten wir, als Folge des Treffens am Malojaroslawez, jenen unseligen Befehl zum Marsch über Wereja nach Moshaisk, um die dort von Moskau nach Smolensk führende Straße zu gewinnen [...] Dieser Befehl, welcher unsere Seitenbewegung in eine rückgängige verwandelte und uns [...] noch einmal auf jene Straße versetzte, die im Vorrücken der Armee in eine Wüste voll Schutthaufen und Leichen verwandelt worden war, bezeichnete den Anfang des Rückzugs und war das Losungswort zu dem später erfolgten Untergange des Heeres."

02.60
Zwischen Dorogobusch und Mikalewka, den 7. November 1812
„Allein den 5. und 6. November, an welch' letzterem Tage wir Dorogobusch passierten, fing es zeitweise an zu schneien, der Himmel verfinsterte sich, schwere Wolken senkten sich herab, und den 7. stellte sich, mit Sturm und einem Wolkenbruch von Schnee die Luft verfinsternd, der russische Winter ein. [...] Der gewaltige Sturm peitschte aus der Luft und vom Boden auf Massen von Schneeflocken uns ins Gesicht und schien sich mit Gewalt unserem Marsch widersetzen zu wollen. [...] Mit erfrorenen Menschen bedeckt sich jetzt die Straße, welche die Große Armee Smolensk zu durcheilt. Doch bald hat der Schnee, wie ein großes Leichentuch, sich auch über sie gebreitet, und kleine Erhöhungen, gleich Gräbern der Vorzeit, zeigen nun schwach die Spuren unserer unter dem Schnee begrabenen Waffengefährten. [...] Was bis jetzt der Mangel an Lebensmitteln und Strapazen aller Art und die rückgängige Bewegung selbst nicht hatten bewirken können, tat jetzt der russische Winter [...] Am schrecklichsten aber die sechzehn Stunden langen Nächte mit ihren Biwaks im Schnee, zum Teil ohne Lebensmittel, ohne Feuer."

02.61
Biwak bei Mikalewka, den 7. November 1812
„Der unheilvolle Rückzug war begonnen, / Zertrümmert lag die alte Zarenburg [...] / Da trübte plötzlich sich des Himmels Blau, / Ein Schneemeer brauste durch die Luft herab, / Und seinen Eispalast verließ der grimme Nord, / Mit unerhörter Wut uns überfallend. / Verschwunden war die Straße, und soweit / Das Auge reichte, glänzt' ein traurig Weiß / Uns rings entgegen, wie ein Leichentuch."

02.62
An der Straße bei Pnewa, den 8. November 1812
„Von Mikalewka, wo man Halt gemacht, / Ward nach der ersten grimmen Winternacht / Der Rückzug fortgesetzt – ein breiter Strom, / Der langsam, doch verheerend, näher braust / Und seine eignen Fluten überwältigt / Und niederzieht. / [...] vom Glanz des Kriegers / Hatt' uns der Frost mit rauer Hand entkleidet, / Und wie ein Schwarm vermummter Abenteurer, / So zogen trüb und düster wir einher!"

02.63
In der Vorstadt von Smolensk am rechten Ufer des Borysthenes, den 12. November 1812
„[...] Weder Unterhalt / Noch Kleidung noch ein wärmend Obdach fand / Das Heer, der Ordnung letzte Bande lösten / Sich hier, wo jeder nur für sich allein / Und seines Lebens kümmerliche Fristung / Zu sorgen sich bemühte."

02.64
Biwak in Smolensk, den 13. November 1812

„Ein Abgrund unermesslichen Elends tat sich jetzt erst vor uns auf, und dieses Smolensk, in welchem wir das Ende unserer Leiden erwarteten, bezeichnete eigentlich ihren Anfang und die Gewissheit von des Heeres schrecklichem Untergange. […] Ein Biwak im tiefen Schnee, bei 18 Grad Kälte, in den Trümmern eines ausgebrannten Hauses und in dessen Hofe, wenige Lebensmittel, um deren Besitz man an den Magazinen mit Tausenden aus Hunger Rasender kämpfen musste, und e i n Tag Rast waren die einzige Ausbeute der in Smolensk verheißenen Winterquartiere. […] Es musste weitermarschiert werden, und dreißig Märsche bei zunehmender Kälte und wachsendem Elend lagen noch zwischen uns und der russischen Grenze."

02.65
Zwischen Korythnia und Krasnoj, den 15. November 1812

„So schleppte man sich an diesem Tage in tiefem Schnee, hier und da als Spuren unserer Erschöpfung Menschen, Pferde und Fahrzeuge zurücklassend, mühsam fort bis nach Korythnia, welches man mit der Nacht erreichte und wo man diese biwakierend zubrachte. […] Den 15. November auf dem Marsche nach Krasnoj begriffen, hörte man gegen Mittag vorwärts starken Kanonendonner, welchen wir für die Explosionen gesprengter Munitionswagen hielten. Dass dieses ein Angriff der Russen auf die kaiserliche Garde gewesen, klärte sich später uns auf, als wir auf der gleichen Stelle auch das gleiche Schicksal erfuhren, und auf einmal durch das Schneegestöber über die Straße hin und her schwärmende Kosaken und bald darauf in unserer linken Flanke lange dunkle Linien feindlicher Reiterei, Infanterie und Artillerie sichtbar wurden, und Letztere auf 400–500 Schritte neben uns auffuhr und ein mörderisches Kugel- und Kartätschenfeuer auf unsere Kolonne begann. Dies war[en] Miloradowich und 20.000 Russen, die, um uns jeden Rückzug abzuschneiden, sogar vor uns die nach Krasnoj führende Straße und das auf dieser liegende Dorf besetzt hatten."

02.66
Biwak in Crasnoe, den 16. November 1812

„[…] das kaiserliche Hauptquartier aber und die alte Garde, etwa noch 5.000 Mann stark, bemächtigten sich sämtlicher Häuser des Städtchens. Den übrigen Truppen, und somit auch uns, blieb es überlassen, in den Straßen, Höfen und Gärten desselben im tiefen Schnee einen Lagerplatz zu suchen, und glücklich der, welcher hierbei sich an einem Feuer wärmen konnte."

02.67
In der Gegend von Bobr, den 23. November 1812

„Das Tauwetter, welches einige Tage gewährt hatte, hat endlich tiefem Schnee Platz gemacht, der den Marsch des Heeres noch mehr erschwert. Die russischen Heere folgen nicht auf dem Fuße, denn auch sie leiden durch das Klima, wohl aber umschwärmen Kosaken und bewaffnete Bauern die sich in dem tiefen Schnee mühsam hinschleppende Armee und stürzen über alle Zurückbleibenden oder sich von der großen Straße Entfernenden plündernd her."

02.68
Biwak in Studzianka, den 26. November 1812

„Dieses Dorf, das dadurch und den Bedarf zu Feuer und Baracken mehr und mehr verschwand, und seine Abhänge bedeckten die Überbleibsel der Armee von Moskau, deren Übergang auf den kommenden Morgen bestimmt war, biwakierend. Es war von Menschen, Pferden und Wagen so überfüllt, dass wir uns glücklich schätzten, an der äußeren Wand einer Baracke, in der französische Gendarmen hausten, etwas gegen den kalten Wind geschützt, unser Nachtlager aufschlagen zu können."

02.69
Auf dem rechten Ufer der Beresina, den 27. November 1812

„Den 27. November morgens 2 Uhr verließen die Garden, das III. Korps und bei diesem die 25. Division das Biwak in Studzianka und rückten über die Brücken auf das rechte Ufer. […] Dieser Abmarsch war ein Zeichen für viele Tausende weit umher in den Biwaks zerstreuter Nachzügler der Großen Armee, sich nun auch auf die Brücken zu stürzen. Man sah daher mit Tagesanbruch eine tiefe, breite und verworrene Masse von Menschen, Pferden und Wagen den engen Zugängen der Brücken zuströmen und diese bestürmen. […] Hunderte wurden so im Gedränge an den Brücken erdrückt, zu Boden getreten oder in das Wasser gestürzt."

02.70
Biwak auf dem rechten Ufer der Beresina, den 27. November 1812

„Alle Häuser trafen wir besetzt; überall wehrte man uns den Eingang […] Mit blutigem Streit müssen einige Balken zu einem Feuer erkämpft werden, um welches wir, drei bis vier Reihen tief im Schnee gelagert, ohne Lebensmittel, die Nacht zubringen. […] Den folgenden Tag ist Zaniwki beinahe völlig verschwunden und in Biwakfeuern aufgegangen."

02.71
Der Übergang über die Beresina, den 28. November 1812

„So verging die Nacht vom 27. auf den 28. November. Allein den 28. morgens mit Tagesanbruch verkündigte der Kanonendonner auf beiden Ufern, dass auf dem linken Wittgenstein mit seinen 40.000 Russen auf der Straße von Borisow, auf dem rechten Ufer Tschitschagow mit 27.000 Mann stromaufwärts gegen die Zugänge der Brücken dringen, und dass wohl für den größten Teil jener Unglücklichen der letzte Tag gekommen sei. Nun versuchten sie, wiewohl viele zu spät, den Übergang, und alle drängten sich von Neuem gegen die Brücken, deren linke für Fuhrwerke bestimmt, endlich zum dritten Male unter der Last gebrochen, des Drängens wegen nicht mehr hergestellt werden konnte. […] Nun erreichten das Elend und die Verzweiflung der hier zusammengekeilten Menge den furchtbarsten Grad. Beinahe kein Schuss fehlte: Die Kugeln und Granaten schlugen in die drangvolle Masse, das Geschrei der Unglücklichen übertönte den Kanonendonner und das Kleingewehrfeuer, und das Drängen gegen die Brücke wurde immer rasender. Um diese Brücken türmten sich Hügel auf Hügel niedergetretener und erschossener Menschen

und Pferde, welche man, um auf die Brücken zu gelangen, kämpfend übersteigen muss, und diese werden wieder von Zeit zu Zeit von den Fluten und dem Treibeis hinweggerissen, um neuen Platz zu machen."

02.72
In der Gegend von Smorgony, den 3. Dezember 1812
„Mit dem Anfange Dezembers nahm die Kälte und mit ihr die Auflösung des Heeres in einer furchtbaren Progression zu. […] Und mehr und mehr bedeckten sich die Straßen, welche die Armee auf ihrem Rückmarsche betrat, mit Leichen von Menschen und Pferden, die dem Hunger, den Anstrengungen und hauptsächlich der Kälte unterlegen waren, mit Kranken, mit Sterbenden und Wahnsinniggewordenen, die, von den Nachfolgenden ihrer Kleider beraubt, sich im tiefen Schnee wälzten."

02.73
In der Gegen von Oschmäny, den 4. Dezember 1812
„Immer mehr und mehr stieg die Kälte, und mit ihrem Steigen nahmen die Verluste an Menschen und Pferden in schrecklicher Steigerung zu. Männer, die bis jetzt allen Mühseligkeiten, die den Strapazen so vieler Feldzüge getrotzt hatten, erliegen jetzt diesem nordischen Winter mit seinen Schrecken. […] So schleppt sich die Armee hin, die große Straße mit ihren Toten, Sterbenden und Wahnsinniggewordenen bestreuend, umschwärmt von Kosaken, welche beutegierig auf alle Nachzügler und kleinen Truppenabteilungen stürzen. […] Aber mit diesen Zügen hingebender Tapferkeit mischen sich die der empörendsten Grausamkeit und Gefühllosigkeit. Schonungslos plündert der Stärkere den Schwächeren; man beraubt die Ermüdeten, die Kranken, welche der Armee nicht mehr folgen können, die Sterbenden, ehe sie ihren letzten Atem ausgehaucht haben, ihrer Kleider und lässt sie hilflos im Schnee liegen. Der Trieb der Selbsterhaltung hat alle Gefühle erstickt."

02.74
Bei Eve, den 11. Dezember 1812
„Wilna, mit Hinterlassung vieler Tausender an Toten, Kranken und Gefangenen, war den 10. Dezember geräumt; die Katastrophe bei Pouari, welche beinahe den letzten Rest der Artillerie und der übrigen Equipagen und den ganzen kaiserlichen Schatz kostete, vorüber, und die mehr und mehr gelichteten Haufen der Großen Armee schleppten sich bei furchtbarer Kälte mühselig, aber unaufhaltsam unter dem Schutze einer schwachen Nachhut auf der großen Straße Kowno und dem Niemen zu."

02.04
© Heeresgeschichtliches Museum/Militärhistorisches Institut, Wien

02.06
© Heeresgeschichtliches Museum/Militärhistorisches Institut, Wien

02.08
© Heeresgeschichtliches Museum/Militärhistorisches Institut, Wien

02.09
© Sammlungen des Fürsten von und zu Liechtenstein Vaduz – Wien

02.10
© Heeresgeschichtliches Museum/Militärhistorisches Institut, Wien

02.12
© Wien Museum

02.13
© Wien Museum

02.21
© Tiroler Landesmuseum Ferdinandeum, Innsbruck

02.29
© Tiroler Landesmuseum Ferdinandeum, Innsbruck

02.31
© Wien Museum

02.34
© Wien Museum

02.50
© Bayerisches Armeemuseum Ingolstadt

02.57
© Bayerisches Armeemuseum Ingolstadt

02.67

02.73

3. Wieder verbündet

Die vernichtende Niederlage Napoleons im Russlandfeldzug bereitete den Boden für eine neue Allianz gegen Frankreich. Im März 1813 schloss sich Preußen der Offensive Russlands an. Großbritannien zahlte hohe Subsidien an die Verbündeten, zu denen bald auch Schweden, Spanien und Portugal gehörten. Franz I. verhielt sich zunächst noch neutral abwartend. Im Hintergrund zogen die Diplomaten, an ihrer Spitze Metternich, die Fäden. Als alle Vermittlungsversuche scheiterten, erklärte Österreich Frankreich am 11. August 1813 den Krieg. Ziel der Allianz war die Schaffung eines europäischen Gleichgewichts in den Grenzen des Jahres 1805. Der Herbstfeldzug begann am 17. August: Napoleon befehligte auf dem deutschen Kriegsschauplatz eine Armee von 400.000 Mann. Ihm standen die Alliierten mit mehr als 500.000 Mann gegenüber.

Und wieder musste Bayern für Napoleon Truppen ausheben. Die Stimmung im Land richtete sich mehr und mehr gegen die Franzosen. Noch zögerte König Max I. Joseph, das Lager zu wechseln. Zu ungewiss erschien ihm der Ausgang der sich anbahnenden Auseinandersetzung. Nur wenige Tage vor der Völkerschlacht bei Leipzig, die den Zusammenbruch der Macht Napoleons in Europa einleitete, unterzeichnete der bayerische General Wrede am 8. Oktober den Vertrag von Ried, mit dem Bayern aus dem Rheinbund austrat und sich auf die Seite der Alliierten stellte. Dem Beispiel Bayerns folgten die anderen Rheinbundfürsten. In den folgenden Schlachten kämpften bayerische Truppen wieder Seite an Seite mit österreichischen. Am 22. Dezember überschritten sie unter der Führung des österreichischen Feldmarschalls Schwarzenberg bei Basel den Rhein.

03.01
Allianzvertrag zwischen Österreich, Russland und Preußen zum gemeinsamen Krieg gegen Frankreich

Teplitz, 9. September 1813

Papier, 6 Blätter mit Unterschriften und Siegeln Metternichs und Nesselrodes, 40 x 32

Wien, Haus-, Hof- und Staatsarchiv, Allgemeine Urkundenreihe, Inv.Nr. 1813 IX 9

Ziel dieses Vertrages war die Restitution Österreichs und Preußens in den Grenzen von 1805. Zuvor waren der österreichische Staatskanzler Metternich und Napoleon am 26. Juni 1813 zusammengetroffen, um zwischen der Preußisch-Russischen Allianz und Frankreich zu vermitteln. Das misslang, und Österreich, Preußen sowie Russland verbündeten sich zur Vernichtung der Herrschaft Napoleons. Dieser unterlag – Bayern hatte sich in letzter Minute von Frankreich abgewendet – am 18. Oktober 1813 in der Völkerschlacht bei Leipzig. Der weitere Vorstoß der Allianz im Jahre 1814 brachte den französischen Kaiser endgültig zu Fall.

Lit.: Napoleon 2009, S. 242.

03.02
Der Vertrag von Ried

Ried, 8. Oktober 1813

Pergament, in blauem Samteinband mit bayerischem Wappen, Siegel in Silberkapsel, 55 x 50

Wien, Haus-, Hof- und Staatsarchiv, Allgemeine Urkundenreihe 1813x8

Zehn Tage vor der Völkerschlacht bei Leipzig trat Bayern aus dem Bündnis mit Frankreich aus und wechselte auf die Seite der Alliierten. Dem Königreich wurden Souveränität und der Besitzstand von 1812 garantiert. Geheime Zusatzartikel enthielten das Versprechen, dass Bayern für Gebietsabtretungen an Österreich mit anderen Ländereien entschädigt würde. König Max I. Joseph fiel es nicht leicht, diesem Vertrag zuzustimmen, fürchtete er doch, wieder unter das Joch der Österreicher zu gelangen.

Lit.: Bayerns Krone 2006, S. 265f.

03.03
Schützenscheibe auf die vier verbündeten Monarchen

München, 1818

Tempera auf Holz, kolorierter Druck aufgeklebt, 49 x 49

Kronach, Schützengesellschaft Kronach e.V.

Die Schützenscheibe zeigt links Zar Alexander, rechts von ihm Kaiser Franz I., König Max I. Joseph und Friedrich Wilhelm III., über ihnen schwebt ein Adler. Die Inschrift besagt: „*Vereint schlossen sie den Bund zu retten, Das hart bedrohte Vaterland. Und schnell zerbrachen sie die schnöden Ketten, Durch ihre Sieg gewöhnte Hand. – Gegeben einer löblichen Schützen-Kompanie von Herrn Aßeßeor Hacker zu Mün. Und Anton Heinlein, Oberschützenmeister. im Jahr 1818*“

Lit.: Krone und Verfassung 1980, S. 275.

Der Kongress tanzt

Allein für die ersten beiden Monate des Wiener Kongresses vermerkte der Vertreter des Kantons Genf missbilligend 40 durchtanzte Nächte in seinem Tagebuch. Ein besonderes Ereignis stellte das am ersten Jahrestag der Völkerschlacht bei Leipzig am 18. Oktober 1814 im Prater stattfindende Militärfest dar. Zwischen den großen Festen des Hofes folgten im bunten Reigen Jagden, Bälle, Konzerte und Theaterbesuche, die der zwanglosen Verständigung dienen sollten. Weitere Höhepunkte waren ein glanzvolles Reiterkarussell in der Reitschule und eine Schlittenfahrt nach Schönbrunn im Fasching. Das letzte große Hoffest fand am 4. März 1815 mit einer Ausfahrt in den Augarten statt.

Nicht alle empfanden die Stimmung in Wien als fröhlich. Der französische Delegierte Talleyrand schrieb in seinen Briefen über „*verzehrende Langeweile*“. Ballteilnehmer klagten, dass der Tanz „*langweilig und verändert wie ganz Wien*“ sei: „*Sonst schwebt alles im Taumel eines Walzers bunt durcheinander [...] Jetzt fast nichts als Polonaisen, die von den alten Damen mit den großen Herren durch die Reihe der Zimmer abgetanzt werden.*“

Obwohl ganz Wien unter der Last der Teuerung stöhnte, beging die Bevölkerung den ersten Fasching nach langen

Kriegsjahren ausgelassen: *„Überhaupt ist das hiesige Volk ein ganz besondere Race von Menschen. Du hörst des Tages hundertmahl den Ausruf: Nein, jetzt ist es nicht mehr zu leben! – doch wenn es Abend wird, siehst Du eben diejenigen bey vollen Kannen in den Tavernen oder auf den Tanzsälen."*

03.04
Maskenball im Redoutensaal der Wiener Hofburg

Joseph Schütz (1784–1815), um 1815
Kolorierte Radierung (Reproduktion), 30 x 43
Wien, Wien Museum, Inv.Nr. 19.877

Joseph II. machte die Redoutensälen, unter Maria Theresia aus dem einstigen Komödien- und Opernhaus hervorgegangen, der Öffentlichkeit zugänglich. Die zahlreichen Bälle, die sich hier während des Wiener Kongresses zutrugen, inspirierten Charles Joseph de Ligné zu seinem historischen Spruch *„Le congrès dance, mais ne marche pas"* – „Der Kongress tanzt, aber er kommt nicht weiter". Damit spielte er auf die Schwerfälligkeit der Verhandlungen an.

Lit.: Kaisertum Österreich 1996, S. 348.

03.05
Terrine aus dem Weinlaubservice

Wiener Porzellanmanufaktur, 1810
Porzellan, gold bemalt, runde Terrine mit Sockel, Terrine: 36 x 35, Sockel: 25 x 12
Wien, Bundesmobilienverwaltung, Silberkammer, Hofburg, Wien, Inv.Nr. MD 180070/030, 031, 032

Die Vermünzung des Hoftafelsilbers 1810/11 erforderte die Anschaffung von Porzellanservicen. Für die unterschiedlichen – großen und kleinen – Tafeln bei Hof wurde ein aus 320 Teilen bestehendes Service mit einheitlichem Dekor angeschafft, um bei Bruch die Teile leichter aus dem Bestand ersetzen zu können.

Lit.: Winkler 1996, S. 61f.; Die Kaiserliche Tafel 1991, S. 314.

Der Kongress ordnet

Der Wiener Kongress begann offiziell am 1. November 1814. Vertreter von rund 200 Staaten, Herrschaften und Körperschaften trafen einander in Wien, um Europa neu zu ordnen. Man wollte den politischen Zustand von 1792 wiederherstellen und die alten Dynastien einsetzen. Um zukünftige Kriege zu verhindern, sollte ein Gleichgewicht der Kräfte in Europa geschaffen werden.

Als große Gegenspieler saßen Zar Alexander I. und Klemens Wenzel von Metternich am Verhandlungstisch: Russland wollte Polen für sich gewinnen, Österreich ein unter seiner Führung stehendes starkes Mitteleuropa als Gegenpol zu Russland und Frankreich schaffen. Wichtige Verhandlungspartner waren auch Großbritannien und Frankreich, dessen Vertreter Talleyrand es gelang, die Rolle des Verlierers in die eines gleichberechtigten Partners umzukehren.

Für die wichtigsten Grenzfragen fand der Wiener Kongress Lösungen, die im Abschlussdokument ratifiziert wurden. Österreich und Bayern einigten sich erst im Münchner Vertrag von 1816 auf einen Kompromiss. Zu Österreich gehörte nun auch Salzburg und das Inn- und Hausruckviertel, Bayern wurde mit der Rheinpfalz entschädigt. Die „Wiener Ordnung" sollte bis zum Ersten Weltkrieg halten. Mit den Folgen der Kriege – hohe Staatsverschuldung, wirtschaftlicher Rückgang, soziale und politische Unruhen – hatten die Bevölkerungen beider Länder indes über Jahre zu kämpfen.

Die Aussöhnung der Häuser Wittelsbach und Habsburg besiegelten zwei Heiraten: 1816 nahm Kaiser Franz I. Karoline Auguste, die Tochter Max' I. Joseph, zu seiner vierten Gemahlin. Acht Jahre später vermählte sich ihre Halbschwester Sophie mit dem jüngsten Sohn des Kaisers, Erzherzog Franz Karl von Österreich.

03.06
Begrüßung Kaiser Franz' I. in Linz

Joseph Löw, 1814
Aquarell, 54,8 x 74,7
Linz, Nordico – Museum der Stadt Linz, Inv.Nr. 2863

In Linz wurde Kaiser Franz I., der sich nach Abschluss des Pariser Friedens vom 30. Mai 1814 auf der Rückreise nach Wien befand, am 13. Juli ein triumphaler Empfang bereitet. Zwei Triumphbögen standen auf der Dauphinstraße im Stadtteil Kleinmünchen. Einen der Bögen verewigte der Zeichenlehrer Joseph Löw 1816 und überreichte die Zeichnung, die der Kaiser am 15. August 1821 *„mit Wohlgefallen angesehen"* hatte, dem Magistrat.

Lit.: Tausend Jahre Oberösterreich 1983, S. 306.

03.07
Der Pariser Vertrag

Österreichische Ratifikationsurkunde, Wien, 24. Juni 1814
Papierlibell, 8 Blätter, roter Samteinband, mit Unterschrift Kaiser Franz' I. und Majestätssiegel an goldener Schnur, 35 x 24
München, Bayerisches Hauptstaatsarchiv, Bayern Urkunden 1585

Das Kaiserreich war an einer Grenzführung am Inn und an Tirol interessiert, dem wegen seiner Pässe militärische Bedeutung zukam. Im Vertrag von Paris wurden die neuen Grenzen nun fixiert. Bayern musste – wie schon im Vertrag von Ried vereinbart – Gebiete an Österreich abtreten, und zwar zum einen Tirol und Vorarlberg, für die es Würzburg und Aschaffenburg in Besitz bekam, sowie Salzburg, das Inn- und das Hausruckviertel. Die hierfür seitens Bayerns erhoffte Gebietsentschädigung – durch Hanau, Frankfurt, Mainz und die Kurpfalz – war aufgrund preußischer Gebietsansprüche jedoch nicht umzusetzen.

Lit.: Krone und Verfassung 1980, S. 297.

03.08
Die Schlussakte des Wiener Kongresses

Österreichisches Exemplar, 9. Juni 1815
Papierlibell mit roter Samtbindung, 220 Blätter, vergoldete Metallbeschläge mit den Wappen Österreichs, Spaniens, Großbritanniens und Frankreichs, 38 x 25
Wien, Haus-, Hof- und Staatsarchiv, Allgemeine Urkundenreihe 1815 VI 9

Der Wiener Kongress bedeutete für Österreich eine Gebietsarrondierung. Grenzferne Gebiete wie Vorderösterreich und die Österreichischen Niederlande musste das Kaiserreich abtreten, dafür bekam es alle in den vorangegangenen Kriegen verlorenen Gebiete zurück. Durch das Lombardo-Venetianische Königreich und die Etablierung habsburgischer Nebenlinien in der Toskana, in Modena und Parma stärkte Österreich seine Vormachtstellung auf der Apenninenhalbinsel. Österreichs Position war durch die Präsidialmacht im Deutschen Bund und in Italien gestärkt, Napoleon vernichtet und Frankreichs Bedeutung in Europa gemindert.

Lit.: Kaisertum Österreich 1996, S. 340.

03.09
Vertrag zwischen Bayern und Österreich

Bayerische Ratifikationsurkunde, 14. April 1816

Pergament, Libell, in blauem Samt, 37,5 x 25

Wien, Haus-, Hof- und Staatsarchiv, Allgemeine Urkundenreihe, Inv.Nr. 1816 IV 14

Einzig die Grenzziehung zwischen Österreich und Bayern hatte in der Abschlussakte des Wiener Kongresses noch keine endgültige Festlegung erfahren. Der Inhalt des Münchner Vertrages stellte einen Kompromiss dar: Salzburg, Inn- und Hausruckviertel sowie das Tiroler Amt Vils hatte Bayern an Österreich abzutreten; es bekam dafür aber linksrheinische Gebiete und Ämter ehemals fuldaischer oder hessischer Zugehörigkeit. Dass mit dem Vertrag ein Schlussstrich unter die Jahrhunderte währenden Streitigkeiten der Häuser Habsburg und Wittelsbach gezogen werden konnte, verdankte sich zu einem Großteil der kalmierenden Politik der führenden Staatsmänner: jener Bayerns unter Graf Montgelas und der Österreichs unter Fürst Metternich.

Lit.: Tausend Jahre Oberösterreich 1983, S. 306.

03.10
Charte vom Königreich Bayern

M. Hussendörfer nach Christoph Fembo (1781–1848), Nürnberg, 1827

Druck (Reproduktion), 65 x 83

München, Bayerisches Hauptstaatsarchiv, Kartensammlung, Inv.Nr. 1064

Nach Aussterben der altbayerischen Linie des Hauses Wittelsbach war Bayern 1777 unter Kurfürst Karl Theodor mit der Pfalz vereinigt worden. Nach dessen Tod 1799 trat die Linie Zweibrücken unter Max IV. Joseph die Regentschaft über den gesamten Wittelsbacher Herrschaftsbereich an. Unter seiner Führung wurde Bayern zum Königreich. Weitere große Gebietsveränderungen erlebte das Land durch die dem Reichsdeputationshauptschluss folgenden Verträge sowie durch die Verträge von Paris 1814 und München 1816. Bis in das Jahr 1945 veränderten sich die Grenzen des Freistaates immer wieder.

Lit.: Bayern 1972, S. 469.

03.11
General Charte von Teutschland

C. F. (Carl Ferdinand) Weiland (1782–1847), 1820

„General Charte von Teutschland nach den vorzüglichsten Hülfsmitteln bearbeitet und den neuesten politischen Veränderungen begraenzt von C. F. Weiland. Weimar in Verlag des Geograph. Instituts“

Kolorierter Kupferstich (Reproduktion), 57,2 x 52,5

Regensburg, Staatliche Bibliothek, Schublade 15

Der Wiener Kongress zog die von Napoleon veränderten Grenzen in Europa wieder neu. Preußen schob seine Grenzen bis an die Gestade des Rheins vor, Österreich schloss seine südlichen und östlichen Territorien zu einer Einheit zusammen, und Bayern nahm beinahe seine heutige Form an. Europa bestand nicht mehr länger aus kleinflächigen Herrschaftsbereichen – fortan beherrschten Flächenstaaten das Erscheinungsbild.

Lit.: Wende in Europas Mitte 2003, S. 577.

03.12
Die bevollmächtigten Diplomaten auf dem Wiener Kongress

Jean Godefroy (1771–1839) nach Jean-Baptiste Isabey (1767–1855), Paris, 1819

Linien- und Punktierstich (Reproduktion), 63,2 x 87,2

Wien, Wien Museum, Inv.Nr. 132 553

Auf Einladung Fürst Talleyrands fertigte der aus Frankreich stammende Miniaturmaler Jean-Baptiste Isabey dieses Bild vom Wiener Kongress an, das die Delegierten der beteiligten acht Länder in einer Konferenzpause im Palais am Ballhausplatz zeigt: unter ihnen stehend Fürst Metternich, der auf den mit dem Rücken zum Tisch sitzenden Lord Castlereagh zeigt, ganz links der Sieger von Waterloo, Herzog Wellington, im Vordergrund links der preußische Delegierte Hardenberg und Talleyrand, rechts am runden Konferenztisch sitzend. Die Wappen Englands, Österreichs, Spaniens, Frankreichs, Portugals, Preußens, Russlands und Schwedens finden sich auf der unteren, die Profile der Monarchen auf der oberen Rahmenleiste. Der Rand zeigt die Symbole der Verhandlungstugenden Gerechtigkeit, Wahrheit, Klugheit, Weisheit und Wissenschaft.

Lit.: Krone und Verfassung 1980, S. 294.

03.13
Der große Wiener Friedenskongress

L. Lutz, Wien, um 1815

Kolorierter Stich (Reproduktion), 26 x 32,5

Wien, Wien Museum, Inv.Nr. 57 789

Diese Karikatur mit dem Titel „Der große Wiener Friedens-Congres zur Wiederherstellung von Freiheit und Recht in Europa“ zeigt europäische Fürsten und Minister: Über eine Europakarte gebeugt, teilen sie die Gebiete mit Zirkel, Lineal und Winkelmesser untereinander auf. Im Verzeichnis als letzte anwesende Person angeführt: die Gerechtigkeit.

Lit.: Krone und Verfassung 1980, S. 294.

03.02
© Österreichisches Staatsarchiv, Haus-, Hof- und Staatsarchiv Wien

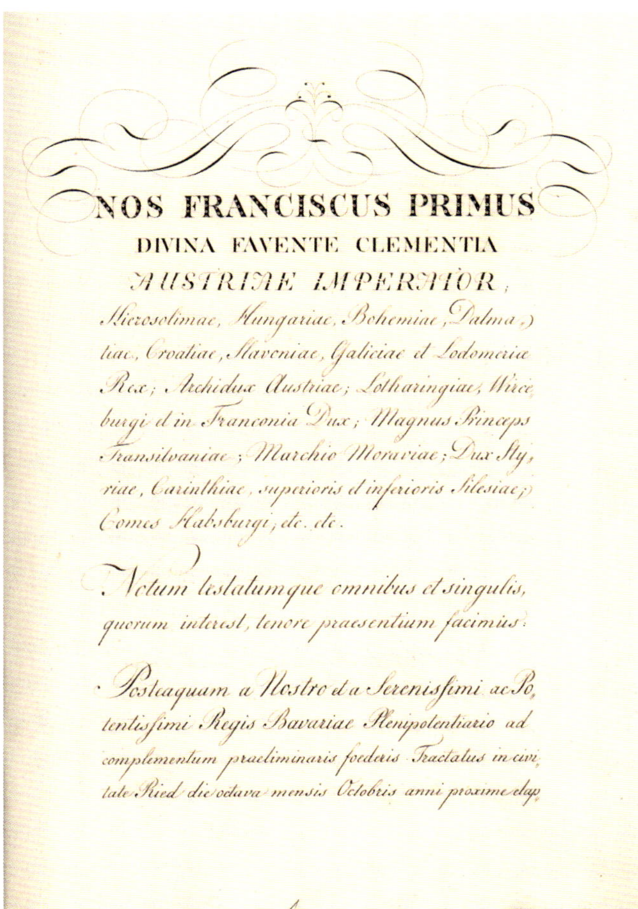

NOS FRANCISCUS PRIMUS
DIVINA FAVENTE CLEMENTIA
AUSTRIAE IMPERATOR;
Hierosolimae, Hungariae, Bohemiae, Dalma-
tiae, Croatiae, Slavoniae, Galiciae et Lodomeriae
Rex; Archidux Austriae; Lotharingiae, Wirce-
burgi et in Franconia Dux; Magnus Princeps
Transilvaniae; Marchio Moraviae; Dux Sty-
riae, Carinthiae, superioris et inferioris Silesiae;
Comes Habsburgi, etc. etc.

Notum testatumque omnibus et singulis,
quorum interest, tenore praesentium facimus:

Posteaquam a Nostro et a Serenissimi ac Po-
tentissimi Regis Bavariae Plenipotentiario ad
complementum praeliminaris foederis Tractatus in civi-
tate Ried die octava mensis Octobris anni proxime elap-

03.07
© Bayerisches Hauptstaatsarchiv München

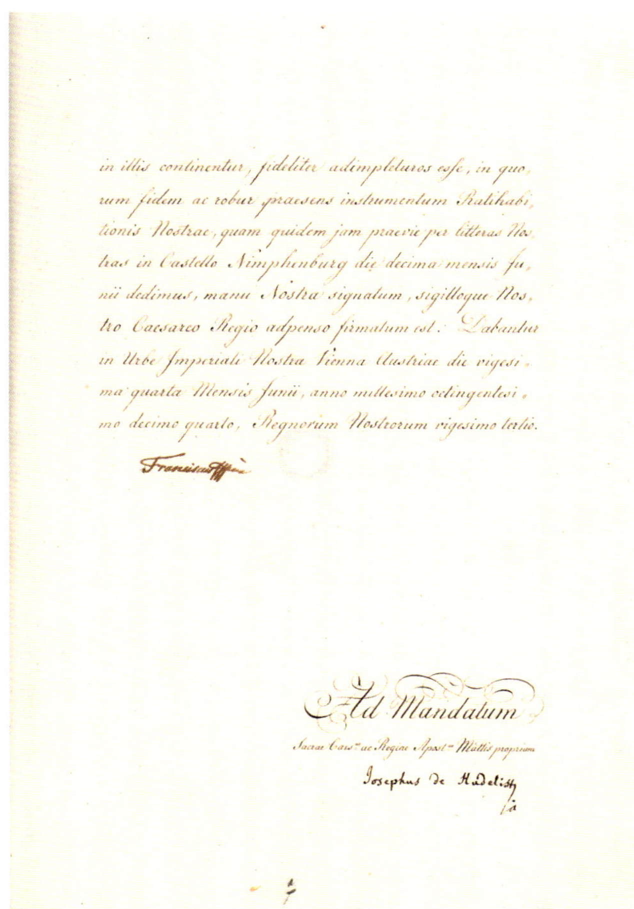

in illis continentur, fideliter adimpleturos esse, in quo-
rum fidem ac robur praesens instrumentum Ratihabi-
tionis Nostrae, quam quidem jam praevie per litteras Nos-
tras in Castello Nimphenburg die decima mensis Ju-
nii dedimus, manu Nostra signatum, sigilloque Nos-
tro Caesareo Regio adpenso firmatum est. Dabantur
in Urbe Imperiali Nostra Vienna Austriae die vigesi-
ma quarta Mensis Junii, anno millesimo octingentesi-
mo decimo quarto, Regnorum Nostrorum vigesimo tertio.

Franciscus

Ad Mandatum
Sacrae Caes. ac Regiae Apost. Maiestatis proprium
Josephus de Hudelist

03.07
© Bayerisches Hauptstaatsarchiv München

03.06
© Nordico – Museen der Stadt Linz

03.04
© Wien Museum

03.05
© Bundesmobilienverwaltung
(Foto: Marianne Haller)

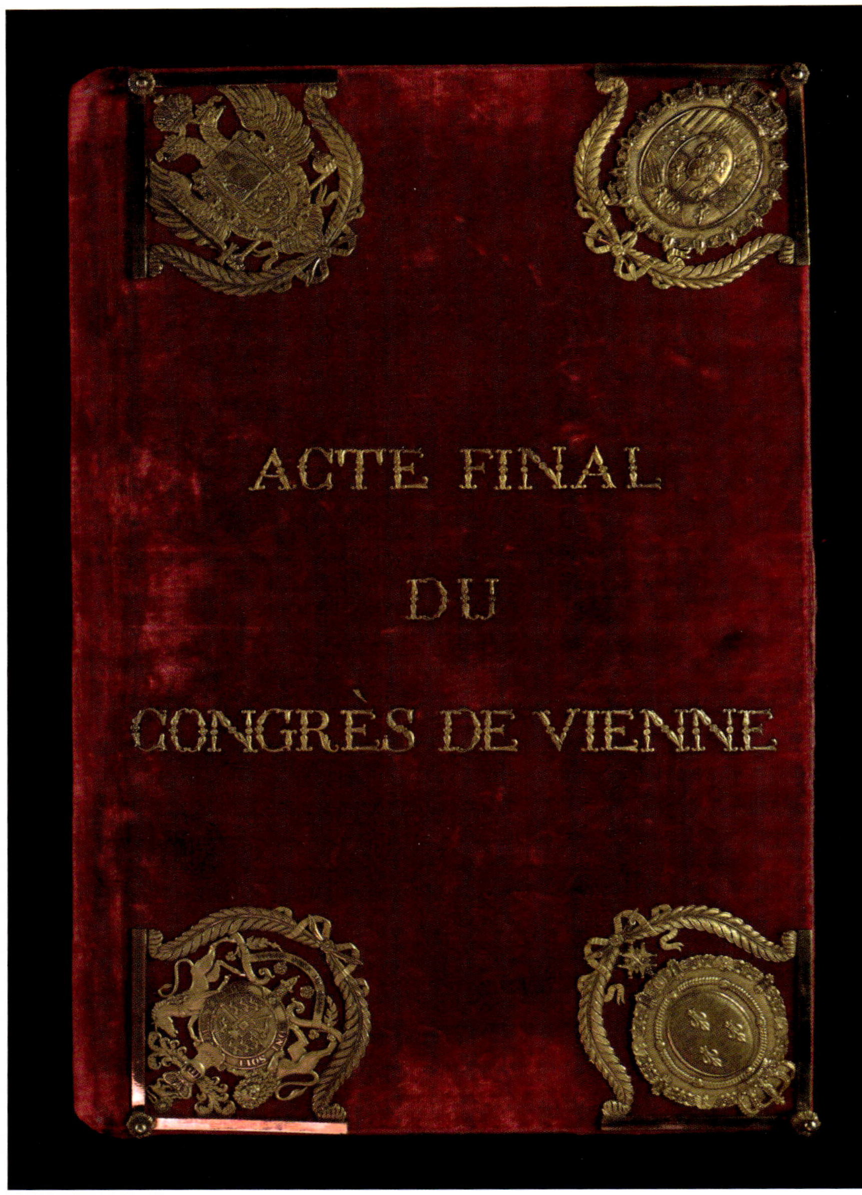

Organisation der Vereinten Nationen für Bildung, Wissenschaft und Kultur
Schlussdokument des Wiener Kongres
Weltdokumentenerbe seit 1997
Gedächtnis der Menschheit

03.08
© Österreichisches Staatsarchiv, Haus-, Hof- und Staatsarchiv Wien

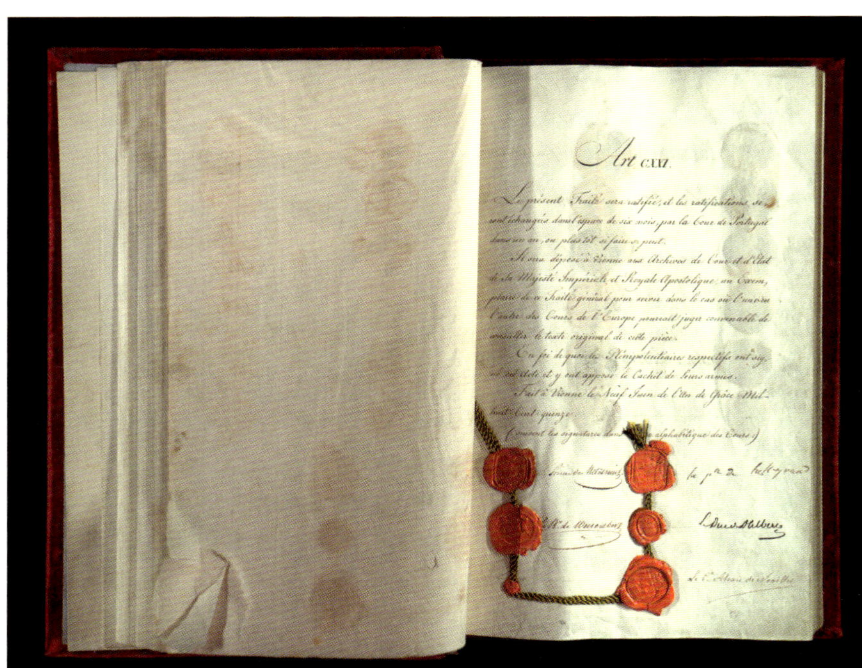

Organisation der Vereinten Nationen für Bildung, Wissenschaft und Kultur
Schlussdokument des Wiener Kongres
Weltdokumentenerbe seit 1997
Gedächtnis der Menschheit

03.08
© Österreichisches Staatsarchiv, Haus-, Hof- und Staatsarchiv Wien

03.11
© Staatliche Bibliothek Regensburg

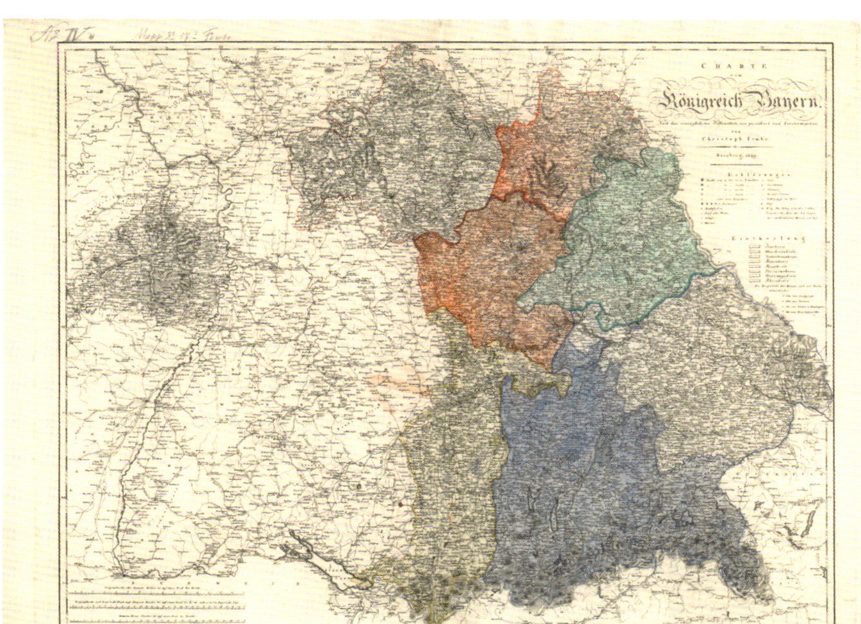

03.10
© Bayerische Staatsbibliothek München

03.12
© Wien Museum

03.1
© Wien Museum

4. Einblicke

04.01
Kaiser Franz I. in seinem Arbeitszimmer
Johann Stephan Decker (1784–1844), nach 1821
Öl auf Leinwand, 109 x 157,7
Wien, Belvedere, Inv.Nr. 2811

Als der junge Erzherzog Franz 1784 nach Wien kam, um auf sein künftiges Amt vorbereitet zu werden, bezog er Räume im Schweizertrakt der Hofburg, die er mehr als 50 Jahre bewohnen sollte. Zeit seines Lebens für seine Sparsamkeit bekannt, sah sich Kaiser Franz selbst als höchster Beamter des Staates, verantwortlich für die Wohlfahrt „seines Volkes". Das Reich verwaltete er von seinem „Schreib-Cabinet" aus: Dort arbeitete er an Schreibtisch oder Stehpult, umgeben von Nussholzkästen mit Akten. Zwei Kanarienvögel vervollständigten die bürgerliche Biedermeier-Atmosphäre.
Das Porträt des Kaisers stammt von Johann Stephan Decker, einem angesehenen Porträtmaler, den sein Lebensweg 1821 nach Wien führte. Hier wurde er von Fürst Metternich und Graf Sickingen unterstützt – sein nüchterner Stil entsprach dem Zeitgeist.

04.02
Vogelkäfig aus dem Arbeitszimmer Franz' II./I. in der Wiener Hofburg
Wien, um 1800
Holz, grün lackiert, Metall, 62,5 x 39 x 39
Wien, Bundesmobilienverwaltung, Inv.Nr. MD 034116/1, 2

04.03
Sessel aus dem Arbeitszimmer Franz' II./I in der Wiener Hofburg
Wien, um 1800
Nussbaumholz mit Rohrgeflecht, 6 Lehnsprossen
Wien, Bundesmobilienverwaltung, Inv.Nr. MD 035485

04.04
Blaues Kabinett in der Münchner Residenz
Friedrich Ziebland, 1820
Aquarell (Reproduktion), 17,8 x 26,9
München, Wittelsbacher Ausgleichsfonds, Inv.Nr. WAF B II 146/1-31

Als Maximilian Joseph die Nachfolge Kurfürst Karl Theodors antrat, schien seiner Frau Karoline die Ausstattung der Residenz nicht geeignet. Mit dem Ausbau der Hofgartenzimmer konnte sie jedoch Mobiliar nach ihrem Geschmack anfertigen lassen. Der nach Süden ausgerichtete Salon, für den sie Blau als gestaltende Farbe wählte, stand mit seiner Sammlung schöner Kunstgegenstände für den Geschmack Karolines. Ein Großteil des Mobiliars des Blauen Kabinetts ist nach wie vor in Verwendung – etwa als Sitzmöbel im Arbeitszimmer des bayerischen Ministerpräsidenten.
1821 beauftragte Karoline Künstler wie Lorenzo und Domenico Quaglio, Wilhelm Rehlen, Friedrich Ziebland oder Franz Xaver Nachtmann, die Schlösser und Wohnräume der königlichen Familie im Bild festzuhalten. Daraus sollte ein großes Album als Geburtstagsgeschenk für König Max I. Joseph entstehen. Die Künstler fertigten vor Ort perspektivische Raumaufnahmen sowie Einzelskizzen von Ausstattungsstücken mit genauen Maß- und Farbangaben an. Die Blätter, die minutiös die Räume in der Münchner Residenz und in Nymphenburg abbilden, spiegeln den neuen Wohn- und Lebensstil wider. Hier hielt man gesellschaftlichen Empfang, ruhte und arbeitete man.
Lit.: Ottomeyer 1979, S. 28.

04.05
Salon von Königin Karoline in der Münchner Residenz
Franz Xaver Nachtmann (1799–1846), München, 1843
Aquarell und Gouache (Reproduktion), 21,1 x 32,5
München, Wittelsbacher Ausgleichsfonds, Inv.Nr. WAF B II 146/1-31

Der in der Mitte der Beletage gelegene Salon bildete den Hauptraum der Hofgartenzimmer der Münchner Residenz. Die Wände – 1867 verändert und im Jahre 1944 zerstört – waren weiß getäfelt und mit reich geschnitztem, blattvergoldetem Ornamentschmuck verkleidet. Der Salon ist nicht einheitlich gestaltet, drei Stile prägen seine Schnitzarbeiten: ein traditionelles Trophäenensemble, Groteskenmotive der Türfüllungen und Panneaux sowie spätklassizistische schwebende Nikefiguren.
Lit.: Krone und Verfassung 1980, S. 635f.; Ottomeyer 1979, S. 16.

04.06
Schlafzimmer von Königin Karoline in der Münchner Residenz
Franz Xaver Nachtmann (1799–1846), 1820
Aquarell und Gouache (Reproduktion), 17,7 x 26,8
München, Wittelsbacher Ausgleichsfonds, Inv.Nr. WAF B II 146/1-31

Den repräsentativen vergoldeten Möbeln fügte die Königin bequeme Gebrauchsmöbel hinzu: Ablagen, Kommoden, Salontische, Sekretäre bereicherten den Raum. Sie belegen, dass der Schlafraum über seine eigentliche Funktion hinaus auch als Wohnzimmer genützt wurde. Die Möbelstücke dienten dazu, Erinnerungsstücke aufzubewahren oder aufzustellen. Den intimen Charakter des Raumes unterstrichen auch die an den Wänden angebrachten Porträts.
Lit.: Krone und Verfassung 1980, S. 637; Ottomeyer 1979, S. 24.

04.07
Ankleidezimmer von Königin Karoline in der Münchner Residenz
Franz Xaver Nachtmann (1799–1846), 1820
Aquarell und Gouache (Reproduktion), 17,9 x 26,8
München, Wittelsbacher Ausgleichsfonds, Inv.Nr. WAF B II 146/1-31

Die ungewohnt farbige Gestaltung des Raumes, in dem Grün mit Violett kombiniert wurde, überrascht. Auffallend ist hier die Unzahl kleiner religiöser Bilder aus dem Besitz der protestantischen Königin. Auf dem mit einem Spitzenüberwurf gedeckten Toilette-

tisch erkennt man die vom Strassburger Silberschmied Kirstein gefertigte Toilettegarnitur der Pfalzgräfin Auguste Wilhelmine von Zweibrücken. Sie war ein Geschenk anlässlich der Geburt des späteren Königs Ludwig I. Das Mobiliar des Ankleidezimmers ist zum Teil erhalten geblieben.
Lit.: Krone und Verfassung 1980, S. 637; Ottomeyer 1979, S. 32.

04.08
Ankleidezimmer von Kronprinzessin Therese in der Münchner Residenz
Franz Xaver Nachtmann (1799–1846), 1820
Aquarell und Gouache (Reproduktion), 27,5 x 20,6
München, Wittelsbacher Ausgleichsfonds, Inv.Nr. WAF B II 146/1-31
Der in den hinteren Kurfürstenzimmern der Münchner Residenz zum Küchenhof gelegene Raum veranschaulicht die vielen Interessen der Kronprinzessin. Die verstreuten Bücher lassen erkennen, dass sie gerne und viel las. Geschmückt wird der Raum durch eine kleine Gemäldesammlung mit dem Porträt Kronprinz Ludwigs. Zu sehen sind weiters ein Briefbeschwerer mit den Kreisen Bayerns und am Fenster ein Eichhörnchen im Laufrad. Hinter der Glastür erkennt man die Königin, am Zeichentisch sitzend.
Lit.: Krone und Verfassung 1980, S. 637; Ottomeyer 1979, S. 104.

04.09
Schlafzimmer von König Max Joseph in der Münchner Residenz
Wilhelm Rehlen (1795–1831), 1820
Aquarell und Gouache (Reproduktion), 17,9 x 26,8
München, Wittelsbacher Ausgleichsfonds, Inv.Nr. WAF B II 146/1-31
Größe und Einrichtung der Wohnräume des Königs zeigen seine Neigung zu einer einfachen Lebensführung. Funktion, Ausstattung und Dimension fügten sich zu einem harmonischen Ganzen. Die Möbel mit Wurzelmaserfurnier waren von schlichter, aber gediegener Form. Über der Tür hängt ein Bild, das die Enkel des Königs als Cherubime zeigt. Rehlen wählte eine Perspektive, die die Funktion als Schlafraum kaum erkennen lässt. Das Bett ist in einer tiefen Nische verborgen. Anders als in den Räumen seiner Gemahlin waren die Möbel noch traditionell an den Wänden aufgereiht – die Raummitte blieb frei.
Lit.: Ottomeyer 1979, S. 36.

04.10
Billardsaal von König Max Joseph in der Münchner Residenz
Wilhelm Rehlen (1795–1831), 1821
Aquarell und Gouache (Reproduktion), 17,8 x 26,8
München, Wittelsbacher Ausgleichsfonds, Inv.Nr. WAF B II 146/1-31
Um 1615 hatte Maximilian I. die entlang der Residenzstraße gelegenen Steinzimmer zu Repräsentationsräumen ausbauen lassen. König Max Joseph funktionierte schließlich die „Zimmer der Welt" genannten Festräume zu seinem Billardzimmer um: Der Steinfußboden wurde durch Parkett ersetzt, ein eiserner Ofen aufgestellt und die Fenster gegen Blendung mit Vorhängen versehen. Max Joseph hatte eigens einen Billardmeister angestellt, der ihm als ständiger Spielpartner zur Verfügung stand.
Lit.: Ottomeyer 1979, S. 44.

04.11
Kabinette König Max' I. Joseph in der Münchner Residenz
Ernst von Bandel (1800–1876), München, 1820/21
Aquarell, Papier (Reproduktion), 26,8 x 17,8
München, Wittelsbacher Ausgleichsfonds, Inv.Nr. WAF B II 146/1-31
Das Bild gewährt Einblick in das Privatappartement von König Max I. Joseph, das im zweiten Obergeschoß des Hofgartentraktes lag: Von seinem Schlafzimmer aus sieht man in sein Toilettezimmer und das anschließende Schreibkabinett, das er mit privaten Gegenständen, Erinnerungsstücken, Gemälden und Familienporträts überaus persönlich ausgestattet hatte.
Lit.: Bayerns Krone 2006, S. 293; Ottomeyer 1979, S. 40.

04.12
Zimmer der Prinzessinnen Sophie und Marie in der Münchner Residenz
Wilhelm Rehlen (1795–1831), 1821
Aquarell und Gouache (Reproduktion), 18 x 26,9
München, Wittelsbacher Ausgleichsfonds, Inv.Nr. WAF B II 146/1-31
An die Zimmer Max Josephs schlossen jene seiner Töchter an. Das Schlafzimmer der Prinzessinnen Sophie und Marie diente zugleich als Spielraum. Mit schlichten Biedermeiermöbeln ausgestattet, mit Teppichen ausgelegt und mit Papiertapete verkleidet, beinhaltete der Raum ein begehbares Spielhaus, ein „Petit Château d'Amusement", das sich heute in Privatbesitz befindet. Hinter dem Spielhaus erkennt man die mit hohen grünen Baldachinen verkleideten Betten der Zwillingsschwestern.
Lit.: Krone und Verfassung 1980, S. 638; Ottomeyer 1979, S. 48.

04.13
Salon der Prinzessinnen Sophie und Marie in der Münchner Residenz
Wilhelm Rehlen (1795–1831), 1821
Aquarell und Gouache (Reproduktion), 17,5 x 25,4
München, Wittelsbacher Ausgleichsfonds, Inv.Nr. WAF B II 146/1-31
Der Salon der Zwillinge befand sich ebenfalls in den oberen Hofgartenzimmern der Residenz. Mit nur wenigen Möbelstücken ausgestattet, diente der große Raum auch als Unterrichtszimmer für die beiden, was sich unschwer aus den Bücherschränken und den aufgeschlagenen Notenblättern auf dem Flügel ablesen lässt. In der hinteren rechten Ecke steht das Modell der Jahrmarktbude eines Losverkäufers.
Lit.: Ottomeyer 1979, S. 52.

04.14
Salon des Kaisers in der Wiener Hofburg
Johann Stephan Decker (1784–1844), 1826
Bleistift, teilweise koloriert (Reproduktion), 24,7 x 34,2
Artstetten, Sammlungen der k. k. Schlösser Artstetten und Luberegg
Die Wände des auch „Sitzzimmer" genannten Salons von Kaiser Franz II./I. in der Wiener Hofburg waren mit lichtgrauen, teils vergoldeten Vertäfelungen und Tapisserien versehen, eine Serie von Miniaturporträts war aufgehängt. Die Bildmotive der Wandteppiche entstammten dem Entwurf des Rokoko-Malers François Boucher, die Supraporten – die Felder über den Türen – wurden 1807 von verschiedenen Künstlern gestaltet.
Der Blick durch die Tür zeigt das be-

nachbarte Arbeitszimmer und die weißgold gefassten, mit karmesinrotem Damast bezogenen Sitzmöbel. Wie im Salon befindet sich auch hier ein weißgoldener Vogelkäfig. Unter einem Glassturz auf einer Kommode sieht man eine lebensgroße Wachsfigur Luise Elisabeths, der mit 16 Monaten verstorbenen Tochter Kaiser Franz' aus seiner Ehe mit Elisabeth von Württemberg.

Lit.: Kaisertum Österreich 1996, S. 380f.

04.15
Speisezimmer in der Wiener Hofburg

Johann Stephan Decker (1784–1844), 1826

Bleistift, teilweise koloriert (Reproduktion), 25,6 x 31,1

Artstetten, Sammlungen der k. k. Schlösser Artstetten und Luberegg

Der Raum dürfte extra für die Zeichnung Deckers mit gedeckter Tafel und entlang der Wand aufgereihten Sesseln möbliert worden sein. Eigentlich handelte es sich um das Audienzzimmer im Schweizertrakt, in dem sich der Kaiser meist donnerstags die Bitten seiner Untertanen anhörte. Die von Decker gezeichnete Tapisserie zeigt „Neptun" aus der Serie „Triumph der Götter und Göttinnen", in der fünf Götter – Mars, Flora, Diana, Neptun und Vulkan – dargestellt waren. Die Speisen nahm der Kaiser nicht nur im Tafelzimmer, sondern auch im sogenannten Sitzzimmer zu sich.

Lit.: Kaisertum Österreich 1996, S. 380.

04.16
Kaiserliches Schlafzimmer in der Wiener Hofburg

Johann Stephan Decker (1784–1844), 1826

Bleistift, teilweise koloriert (Reproduktion), 24,2 x 34,8

Artstetten, Sammlungen der k. k. Schlösser Artstetten und Luberegg

Dieser im Schweizertrakt gelegene Raum wurde 1816 für die Verwendung als kaiserliches Schlafzimmer adaptiert. Das Bild zeigt neue ebenso wie bereits vorhandene Möbelstücke, alle aus Mahagoni gefertigt. Die Decke ist durch Ornamentbänder dreigeteilt, die Wände sind mit grüner Seidenspalierung versehen. Bei den Bildern mit Ansichten Venedigs links und rechts des Bettes handelte es sich um Geschenke der Lagunenstadt an Karoline Auguste. Das Bild der Madonna mit Jesuskind war möglicherweise ein Werk Joseph Müllers von 1825. Die Porzellantafeln mit Blumenbildern stammten aus der Hand Joseph Niggs.

Lit.: Kaisertum Österreich 1996, S. 382.

04.17
Schlafzimmer Maria Ludovikas in der Wiener Hofburg

Unbekannter Künstler, um 1814

Gouache (Reproduktion),

Eisenstadt, Esterházy Privatstiftung, Schloss Eisenstadt

Im späten 18. und frühen 19. Jahrhundert wurde der Privatsphäre in Adelshäusern eine neue Bedeutung beigemessen, nach und nach trennte man Wohn- und Zeremonialappartements voneinander. Das neue Interesse am Wohnen erklärt auch die Entstehung von Interieurbildern, die detailgetreu die prächtig ausgestatteten Innenräume wiedergeben. Meist handelte es sich dabei vermutlich um Geschenke. Diese Gouache ihres Schlafzimmers in der Wiener Hofburg schenkte Kaiserin Maria Ludovika in einer eigens dafür angefertigten Holzkassette Fürstin Marie Esterházy. Die beiden Frauen verband eine innige Freundschaft, was auch ein reger Briefwechsel beweist. Fürstin Marie Esterházy hatte den Rang einer Palastdame inne – ein Ehrentitel für verheiratete Damen von Adel im Frauenhofstaat des Kaiserhofes.

Die Raumfolge der Appartements für Kaiserin Maria Ludovika erstreckte sich über 20 Räume. Bis dahin darauf bedacht, die Ausgaben für bauliche Veränderungen so gering wie möglich zu halten, bat die Kaiserin ihren Gatten, einen Dekorateur mit der Umgestaltung der Appartements zu betrauen. Ursprünglich als durch vier Säulen unterteiltes einfenstriges Kabinett und zweifenstriger quadratischer Raum geplant, entschied man sich schließlich für ein großes und geräumiges Schlafzimmer mit drei Fenstern, zu dem – anders als am französischen Hof – nur ausgesuchte Personen Zutritt hatten.

Die Darstellung zeigt zahlreiche Einrichtungsgegenstände, die überwiegend entlang der Wände positioniert oder parallel dazu ausgerichtet sind: Neben einem dominanten Bett mit Bettbekrönung an der Rückwand finden sich rechts der Tür eine Sitzgruppe, deren Polsterung farblich auf die blaue Wandverkleidung abgestimmt ist, sowie links davon ein Toilettetisch, der sich in Form und Farbe gänzlich von den restlichen Möbelstücken unterscheidet. An den Trumeaupfeilern der Fensterseite sind große Spiegel mit seitlichen Wandleuchtern angebracht, davor befindet sich ein Ruhebett mit einem niedrigen Tisch. Auffällig ist der gedeckte Tisch im Schlafzimmer: Es war durchaus nicht ungewöhnlich, dass man ihn für die Mahlzeit vorbereitete und danach wieder entfernte.

Die teuren Materialien wie Spiegelglas oder kostbare Seidenstoffe, Borten und Quasten zeigen den Status der Bewohnerin. Dass dieser Raum der Kaiserin den Geschmack der damaligen Zeit widerspiegelte, beweist die Tatsache, dass auch das Schlafzimmer von Fürstin Marie Esterházy in Eisenstadt in ähnlichen Farben gehalten war.

Angelika Futschek

Lit.: Hanzl-Wachter 2011, S. 84ff.

04.18
Entwurf zum Wandaufriss des Audienzsaales Maria Ludovikas in der Wiener Hofburg

Innocenzo Chiesa, 1811

Lavierte Federzeichnung (Reproduktion)

Wien, ÖNB, Bildarchiv und Grafiksammlung, Inv.Nr. Fid. Com. *6734 bzw. 153-11

Zahlreiche Briefe Maria Ludovikas geben Einblick in die Umgestaltung ihrer im zweiten Obergeschoß des Leopoldinischen Traktes gelegenen Räumlichkeiten. Am 14. Dezember 1809 schrieb sie an ihren Mann, Kaiser Franz I.: „*Was meine Wohnung betrifft, so kennst du, bester Schatz, meine Schwachheit, dieses ist das einzige auf der Welt, was kein Gefühl der Seele enthält und mich doch freut. […] Was ich dir in meublen kost, kostet dir eine andere Frau in Pferden, Bällen, Unterhaltungen, von denen verlange ich nichts, nur eine schöne Wohnung*". Zum Appartement der Kaiserin, das dreimal so viel Platz in Anspruch nahm wie die Räumlichkeiten der beiden ersten Frauen des Kaisers, gehörte auch ein Audienzsaal, „*die Wände ganz mit schweren weißen Atlas bespannt, worauf die vier Jahreszeiten in bunter Seidenstickerei lieblich prangen*". Die vergoldeten Sessel waren mit weißem Atlas bezogen und mit Stickereien verziert,

an denen rund 200 Mädchen zwei Jahre lang gearbeitet haben dürften.
Lit.: Hanzl-Wachter 2011, S. 84ff.

04.19
Entwurf zum Wandaufriss des Musiksaals Maria Ludovikas in der Wiener Hofburg
Innocenzo Chiesa, 1811
Lavierte Federzeichnung (Reproduktion)
Wien, ÖNB, Bildarchiv und Grafiksammlung, Inv.Nr. Fid. Com. *6734 bzw. 153-11
Die detaillierte Darstellung des Appartements von Maria Ludovika ist Graf Franz Anton Harrach zu verdanken, der die von Innocenzo Chiesa gezeichneten Entwürfe zur Adaptierung der Räumlichkeiten in vier Bänden zusammenfasste. Wegen der finanziell prekären Situation konnte das Appartement nur schrittweise fertiggestellt werden. Nach dem Tode Maria Ludovikas heiratete Franz I. Karoline Auguste von Bayern, die die Räume der Kaiserin im Schweizerhof bezog. Die anfangs unbewohnt bleibende Wohnung Maria Ludovikas erfuhr später zahlreiche Veränderungen bis hin zum Musikzimmer. Die Wandgestaltung blieb erhalten.
Lit.: Hanzl-Wachter 2011, S. 84ff.

04.20
Entwurf zum Wandaufriss des ägyptischen Kabinetts in der Wiener Hofburg
Innocenzo Chiesa, 1811
Lavierte Federzeichnung (Reproduktion)
Wien, ÖNB, Bildarchiv und Grafiksammlung, Inv.Nr. Fid. Com. *6734 bzw. 153-11
Das aus zahlreichen Zimmern bestehende Appartement Maria Ludovikas enthielt als wohl exotischsten Raum ein ägyptisches Kabinett, das heute noch in Teilen erhalten ist. Nach dem frühen Tod der Kaiserin wurde die Ausstattung 1825 abgebrochen und in Schloss Laxenburg eingelagert. Erzherzogin Sophie richtete hier ihr Zeichenkabinett ein.
Lit.: Hanzl-Wachter 2011, S. 84ff.

04.21
Salon zu Wien
Johann Stephan Decker (1783–1844), 1826
Bleistift, teilweise koloriert (Reproduktion), 24,7 x 31,5 cm
Artstetten, Sammlungen der k. k. Schlösser Artstetten und Luberegg
Der als „Audienz-“, „Empfangs-“ und „Paradezimmer“ bezeichnete Repräsentationsraum zeigt eine dem Geschmack der Zeit entsprechende strenge Symmetrie, die nur durch den hinten links zu sehenden Porzellanofen unterbrochen wird. Eingerichtet anlässlich der Hochzeit Franz' I. mit der bayerischen Prinzessin Karoline Auguste, bestanden die Wandverzierungen aus Draperien von weißem Atlas und rotem Samt, geschmückt mit goldfarbenen Stickereien, Fransen und Quasten. Der einzige Tisch stammte wahrscheinlich aus dem Privatbesitz der Kaiserin und war ein Geschenk Papst Leos XII.
Lit.: Kaisertum Österreich 1996, S. 381f.

Paris an der Isar

Pariser Flair durchzog die Appartements des Herrscherpaares in der Münchner Residenz. Möbel, Stoffe, Accessoires kamen ebenso aus der Stadt an der Seine wie die Leuchterarme tragenden Karyatiden, die im Salon der Königin den Spiegel über dem Kamin rahmten. Zu den Freundschaftsgaben Napoleons zählte auch ein umfangreiches Dessertservice aus der Manufaktur Sèvres, das der Kaiser dem bayerischen König Max I. Joseph 1810 anlässlich seines Aufenthaltes in Paris zum Geschenk machte. Das Service encyclopédique, bestehend aus Eistöpfen, Körben, Obstschalen, Kompottschalen, Zuckergefäßen und 72 Tellern, hatte einen Verkaufswert von 10.840 Francs. Die Teller schmückt jeweils ein kreisrundes Bildfeld mit verschiedenen Alltagsszenen in feinster Malerei.
Die Räumlichkeiten in der Münchner Residenz spiegelten neben allem repräsentativen Prunk auch einen neuen Wohn- und Lebensstil wider: Waren bis dahin die Möbel an den Wänden angeordnet und die Mitte des Raumes frei gewesen, nahmen nun Tische das Zentrum des Raumes ein, der mehrere Funktionen gleichzeitig erfüllen sollte: Wie in Frankreich hielt man hier nun gesellschaftlichen Empfang, ruhte und arbeitete man.
Hortense de Beauharnais, Stieftochter Napoleons und Königin von Holland, beschrieb den neuen Wohnstil in ihren Memoiren: *„Ich war in Frankreich die Erste, welche in ihren Salon einen runden Tisch stellte, um sich dort beschäftigen und unterhalten zu können. Bisher saß in Frankreich die Hausherrin am Kamin; die anderen Damen in ihrer Umgebung. Die Herren standen dazwischen, und die einzige Beschäftigung war die Konversation, in der man sich geistreich zu zeigen suchte.“*

04.22
Nikenleuchter aus dem ehemaligen Empfangssalon der Münchner Residenz
Paris, um 1805
Bronze, vergoldet, schwarz patiniert, 118 x 50, Sockel: 19,5 x 19,5
München, Bayerische Schlösserverwaltung, Residenz München, Inv.Nr. B II 36
Der Leuchter stammt aus dem Salon von Königin Karoline und stand zusammen mit seinem Pendant auf zwei Konsoltischen. Der Kandelaber stellt eine schwarze Karyatidenfigur dar, die einen Korb mit Frucht- und Blumengesteck auf ihrem Haupt trägt, aus dem die sieben Leuchtarme führen. Der Sockel des Leuchters ist dunkel patiniert.
Lit.: Krone und Verfassung 1980, S. 616.

04.23
Dessertteller aus dem Service encyclopédique
Teller mit pflügenden Bauern, Beschriftung „Le Laboureur“, Stempel von 1807, in Gold „G“; geritzt „6“, „7“, „DC“
Teller mit Getreideernte, Beschriftung „La Moisson“, Stempel von 1807, Rest der Goldmalermarke „RM“, geritzt „L“, „DC“
Teller mit Steinschleifer, Beschriftung „Lapidaire“ und „No. 71“, Stempel „M.Imp. le / de Sevres /“, durch das Zeichen in 1804 zu datieren, in Gold verschnörkeltes (?) „W“, geritzt „cc“, „II“
Teller mit rastender Jagdgesellschaft, vorne rechts signiert „Swebach“, Beschriftung „Repos de Chasse“, Stempel von 1808, eisenrote Marke „J“; geritzt „G“, „II“
Teller mit Schuhmacher, Beschriftung „Cordonnier“ und „No.68“, Stempel von 1804, geritzt „II“, „61“, „MonM“
Teller mit Schwimmern, Beschriftung „Les Nageurs“, Stempel von 1807, in Gold „G“, geritzt „7“, „DC“
Teller mit Schlittschuhläufern (K II Sèv.), vorne rechts signiert „Swebach“, Beschriftung „Les Patineures“, Stempel von 1807, Goldmarke „Rm“, geritzt „7“, „DC“
Teller mit Hirschjagd, Beschriftung „Le

Cèrf à l' Eau", Stempel von 1807, geritzt „DC", „7"
Jacques François Joseph Swebach (1769–1823), Manufaktur Sèvres, 1804–1808
Hartporzellan mit sepiabraunem Muffelfarben- und poliertem Golddekor, rückwärtiger Beschriftung und rotem Manufakturstempel, D 23,2–23,7
München, Bayerische Schlösserverwaltung, Residenz München, Inv.Nr. K II Sèv. 404, 405, 419, 421, 423, 424, 454, 466

Das umfangreiche Dessertservice aus der Münchner Residenz – zu sehen sind hier einige kunstvoll bemalte Teller – schenkte Napoleon dem bayerischen König im Jahre 1810 anlässlich seines mehrere Wochen dauernden Aufenthaltes in Paris nach dem Vertrag von Wien. Die Tellerspiegel schmückte der Porzellanmaler Jacques François Joseph Swebach mit in Sepia ausgeführten Feldzugs- und Genreszenen.

Lit.: Bayerns Krone 2006, S. 221; Krone und Verfassung 1980, S. 679f.

04.03
© Museen des Mobiliendepots Wien

04.04
© *Wittelsbacher Ausgleichsfonds München*

04.07
© *Wittelsbacher Ausgleichsfonds München*

04.08

04.12
© Wittelsbacher Ausgleichsfonds München

04.13
© Wittelsbacher Ausgleichsfonds München

Sala di Conversazione
1
2
3
4
Scala di Klaft 4
Innocenzo Chiesa Fecit.

04.18

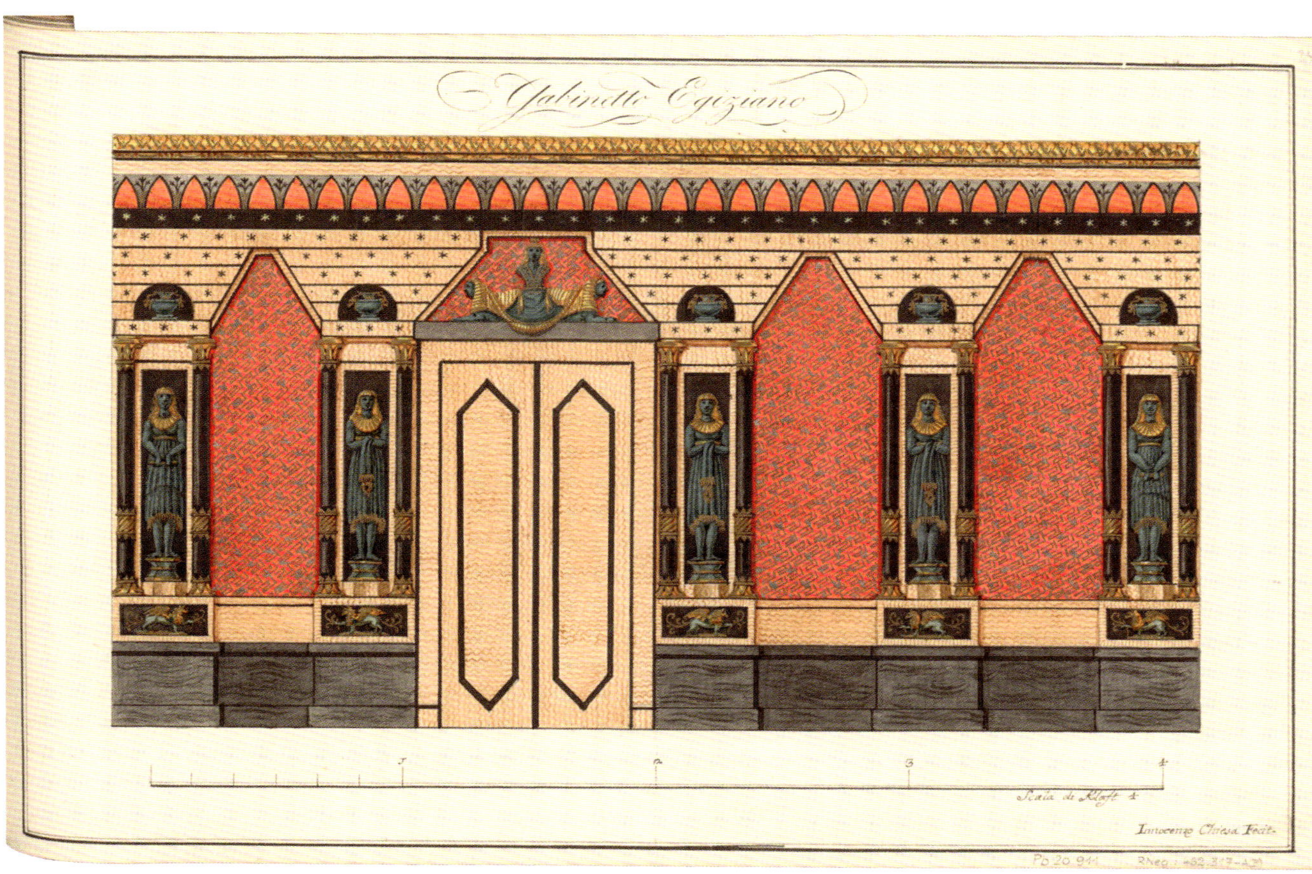

Gabinetto Egiziano
1
2
3
4
Scala di Klaft 4
Innocenzo Chiesa Fecit.

04.20

5. Liebe zur Natur

Lustgärten für den Hof

Schloss Schönbrunn diente den Habsburgern als Sommerresidenz in Wien. Von 1569 an hatten sie das Gelände rund um die alte Katterburg, ein Anwesen mit einer Mühle am Wienfluss, besessen. In einem eingefriedeten Jagdpark wurden Wild und Fasane für die kaiserliche Jagd gehalten. Unter Maria Theresia begann die glorreiche Zeit Schönbrunns. Ihr Gemahl Kaiser Franz I. Stephan, ein begeisterter Naturforscher, ließ den Holländisch-Botanischen Garten neu gestalten. Ab 1750 strukturierte ein System von sternförmigen Alleen die Parkanlage neu, 1755 war die große Orangerie für die Überwinterung der südlichen Gewächse fertig. Um 1772 begann die Ausgestaltung des Schönbrunner Berges, den fortan die Gloriette als Bauwerk bekrönte. Für das Große Parterre schuf der Bildhauer Wilhelm Beyer 32 Statuen.

Die älteste Sommerresidenz der Wittelsbacher ist wohl Schleißheim. Kurfürst Max II. Emanuel begann mit dem Ausbau der 1594 von Herzog Wilhelm V. erworbenen Anlage. 1684 beauftragte der Kurfürst seinen Hofarchitekten Henrico Zuccalli, Schloss Lustheim und die an französischen Vorbildern orientierte barocke Gartenanlage zu errichten. Anlass war wohl die bevorstehende Hochzeit mit der österreichischen Kaisertochter Maria Antonia. Kanäle wurden angelegt, die das Wasser der Würm in den Park leiteten. Nach Max Emanuels Rückkehr aus dem Exil ließ er den Park vom französischen Garten- und Wasserbaufachmann Dominique Girard 1715 bis 1731 neu gestalten. Zwei lang gestreckte Wasserbecken führten nun zu einer riesigen Marmorkaskade. Die Hauptachse der Gartenanlage zwischen dem Neuen Schloss und Lustheim bildete die „Mailbahn".

05.01
Innenansicht des Kaphauses im Holländischen Garten von Schönbrunn

Benedikt Piringer (um 1780–1826) nach Laurenz Janscha (1749–1812)

Aus: Alexandre de Laborde, Voyage pittoresque en Autriche. 3 Bde., Bd. 2. Paris 1821

Kupferstich (Reproduktion)

Göttingen, Niedersächsische Staats- und Universitätsbibliothek

Auf Anregung des Leibarztes Maria Theresias, Gerard van Swieten, wurde in Schönbrunn ein botanischer Garten angelegt. Hierfür fanden im Auftrag Kaiser Franz' I. Stephan zahlreiche pflanzenkundliche Sammelexpeditionen statt, wie zum Beispiel Mitte der 1750er-Jahre unter Leitung des Arztes und Botanikers Nicolaus Jacquin in die Karibik. Die fremdländischen Pflanzen kamen zum Teil in den vorhandenen Gewächshäusern im Holländischen Garten in Schönbrun unter und wurden meist erfolgreich kultiviert. Das unter Joseph II. errichtete, etwa 80 Meter lange Kaphaus diente zur Aufnahme der Pflanzen, die Franz Boos vom Kap der Guten Hoffnung mitbrachte. Um 1800 soll Schönbrunn eine ansehnliche Sammlung schöner und seltener Pflanzen aus allen Teilen der Welt beherbergt haben.

Lit.: Lack 2006, S. 46; Hajós 1995, S. 183ff.

05.02
Innenansicht des Äquinoctialhauses im Holländischen Garten von Schönbrunn

Benedikt Piringer (um 1780–1826) nach Laurenz Janscha (1749–1812)

Aus: Alexandre de Laborde, Voyage pittoresque en Autriche. 3 Bde., Bd. 2. Paris 1821

Kupferstich (Reproduktion)

Göttingen, Niedersächsische Staats- und Universitätsbibliothek

Von 1790 an fungierte Franz Boos als Hofgartendirektor. Er legte ab 1799 ein Verzeichnis des gesamten Pflanzenbestandes des Holländisch-Botanischen Gartens an, das 4.000 Pflanzen in nahezu 800 Gattungen enthält. Unter dem „Blumenkaiser" Franz II./I. erhielt er den Leopoldsorden. Der Kaiser und seine Gemahlin waren oft und gern in den Gartensälen und hielten dort auch Audienz.

Lit.: Lack 2006, S. 46.

05.03
Gesamtplan von Schönbrunn mit Holländischem Garten

Franz Boos (1753–1832), 1780

Wasserfarben, Tusche auf Papier (Reproduktion), 91 x 62

Wien, ÖNB, Kartensammlung

Der Gärtner und spätere Gartendirektor von Schönbrunn, Franz Boos, fertigte 1780 einen Gesamtplan Schönbrunns an, der die genaueste Darstellung des Parks in dieser Zeit enthält: Die Gartenanlage bestand aus acht Parterrefeldern; die äußeren waren bogenförmig abgerundet, ihre Mitte durch Blumenmedaillons bestimmt. Auf dem Schönbrunner Berg war das zur Gloriette führende Wegesystem bereits ausgeführt. Nach dem Tode Maria Theresias 1780 erfolgte nur mehr die Instandhaltung des Gartens. Kaiser Joseph II. ließ zwar Arbeiten im Holländischen Garten und an der Menagerie durchführen, verbrachte seine Zeit aber lieber im Augarten.

Lit.: Lack 2006, S. 29; Hajós 1995, S. 88f.

05.04
Plan zur Ausgestaltung des Großen Parterres und des Schönbrunner Berges

Carl Schütz (1745–1800) nach Johann Ferdinand Hetzendorf von Hohenberg (1733–1816), um 1772

Aquarell (Reproduktion)

Wien, Akademie der bildenden Künste, Kupferstichkabinett

Der ebene Bereich des Großen Parterres im Schönbrunner Garten wird durch den Neptunbrunnen markant zum Schönbrunner Berg hin begrenzt. Im Todesjahr Maria Theresias 1780 fand der von Johann Ferdinand Hetzendorf von Hohenberg entworfene Brunnen seine Vollendung: Der Bildhauer Wilhelm Beyer hatte ab 1777 die Gartenskulp-

turen aus Tiroler Marmor geschaffen. Die dargestellte Meerfahrt des Neptun lässt sich als Metapher auf den Fürsten lesen, der seine Untertanen durch die Widrigkeiten des Lebens lenkt.
Lit.: Hajós 1995, S. 93.

05.05
Palmen-, Orangerie- und Treibhaus

Unbekannter Künstler, um 1770
Feder, aquarelliert (Reproduktion), 37,1 x 118,6
Wien, Albertina, Inv.Nr. Az. Mappe 40/U 18/Nr. 81, 9612

Das Bedürfnis nach fremdländischen Pflanzen entsprang zum Teil dem in dieser Zeit weit verbreiteten Kolonialismus. Gewächse aus Amerika, Asien oder Australien waren äußerst begehrt. Herrscher finanzierten Expeditionen, bei denen exotische Pflanzen gesammelt wurden. Um diese in europäischen Breiten am Leben erhalten zu können, bedurfte es spezieller Gebäude wie des Palmen-, des Orangerie- oder Treibhauses.
Lit.: Maria Theresia 1980, S. 523.

05.06
Monument von Kaiser Franz I. Stephan im Holländischen Garten

Johann Christian Brand (1722–1795), 1775
Steinkreide (Reproduktion), 42,8 x 63,7
Wien, Albertina, Inv.Nr. 24.329, Deutsche Schule, Suppl.Bd.IIa, Nr. 2351

Die Federzeichnung von Johann Christian Brand zeigt die Mittelachse des Holländischen Gartens mit der Bronzebüste Kaiser Franz' I. Stephan, die Maria Theresia 1766 – ein Jahr nach seinem Tode – zur Erinnerung vom Bildhauer Balthasar Moll anfertigen ließ. Heute findet man das Monument südlich des Sonnenuhrhauses. Franz I. Stephan, der Gemahl Maria Theresias, war sehr an der Gestaltung des Schönbrunner Gartens interessiert gewesen. So hatte er Architekt Jean Nicolas Jadot de Ville-Issey vom lothringischen Hof holen lassen und ihn mit der Planung mehrerer Gartenbauten beauftragt.
Lit.: Lothringens Erbe 2000, S. 235f.; Hajós 1995, S. 182.

05.07
Der Obeliskbrunnen

Josef Ziegler (1785–1852) nach Laurenz Janscha (1749–1812), um 1790
Kolorierter Kupferstich (Reproduktion)
Wien, Wien Museum, Inv.Nr. 19.185

Laurenz Janscha zeigt den Obelisken zirka 13 Jahre nach seiner Errichtung im Jahre 1777 durch den Architekten Johann Ferdinand Hetzendorf von Hohenberg. Die Spitze des Obelisken ziert eine goldene Kugel mit einem darauf sitzenden Adler – dies sollte die Verbindung des Herrschers mit Himmel und Erde versinnbildlichen.
Lit.: Hajós 1995.

05.08
Die Ruine

Josef Ziegler (1785–1852) nach Laurenz Janscha (1749–1812), um 1790
Kolorierter Kupferstich (Reproduktion)
Wien, Wien Museum, Inv.Nr. 64.310

Die Ruine, entworfen von Architekt Johann Ferdinand Hetzendorf von Hohenberg, wurde im Jahre 1778 fertiggestellt. Als Vorbild diente der römische Tempel Vespasians. Dem riesigen Rundbogen ist ein rechteckiges Bassin mit aus Marmor gefertigten Flussgöttern vorgelagert, die Elbe und Moldau symbolisieren. Ruinen, ein beliebtes Motiv der Romantik, wiesen auf das vergangene Römische Reich hin, das in der Herrschaft der Habsburger weiterbestand.
Lit.: Hajós 1995.

05.09
Entwurfsplan für die Umgestaltung des Holländischen Gartens in Schönbrunn

Unbekannter Künstler, 1827
Wasserfarbe, Tusche auf Papier (Reproduktion)
Wien, Österreichische Bundesgärten, Planarchiv

Die europäische Gartenkunst erfuhr im 18. Jahrhundert eine tief greifende Veränderung. Unter dem Einfluss des englischen Landschaftsgartens, der sich im bewussten Kontrast zum Barockgarten französischer Prägung entwickelte, trat das Interesse an einer geometrischen Gartengestaltung immer mehr in den Hintergrund. In Schönbrunn wurden die Felder des Großen Parterres vereinfacht und mit Blumenrosetten dekoriert. Laub- und Nadelbäume bildeten mit ihrer Unregelmäßigkeit den Hintergrund für die Brunnenanlage.
Lit.: Lack 2006, S. 30.

Rare Tiere

Dort, wo sich einst in Schönbrunn die Gehege für Jagdwild befunden hatten, ließ Kaiser Franz I. Stephan ab 1752 eine Menagerie errichten. Für die Planung zeichnete der aus Lothringen, der Heimat des Kaisers, stammende Hofarchitekt Jean Nicolas Jadot verantwortlich. Als Vorbild für die noch heute erhaltene kreisförmige Anlage mit 13 Sektoren diente ihm die Menagerie Prinz Eugens im Schloss Belvedere zu Wien. Ein 1759 im Zentrum errichteter achteckiger Pavillon bot Aussicht auf die Tiergehege. Hier frühstückte das Kaiserpaar bisweilen.
1752 brachte man die Tiere aus dem Belvedere und von Schloss Neugebäude im Osten Wiens nach Schönbrunn. Expeditionen in exotische Gegenden sorgten für eine Vergrößerung des Tierbestandes. Ab den 1770er-Jahren stand der Park sonntags „anständig gekleideten Personen" offen – in München öffnete der Tierpark Hellabrunn erst 1911 seine Pforten.

05.10
Menagerie Schönbrunn

Jean Nicolas Jadot de Ville-Issey (1710–1761), 1751
Feder, koloriert (Reproduktion), 60,7 x 48,8
Wien, Albertina, Inv.Nr. Az Mappe 40/U 13, Nr. 55, 5497

Während der Regierungszeit Maria Theresias kam es in der Gartengestaltung zu einer deutlichen Änderung des Stils. Die neue Gartenmode, der englischen Gartenkunst entsprungen, orientierte sich stärker an der freien Natur. Maria Theresias Gemahl Franz I. Stephan hegte besonderes Interesse für die Menagerie, eine Form der Tierhaltung, die in adeligen Kreisen von großer repräsentativer Bedeutung war. Er beauftragte den lothringischen Architekten Jean Nicolas Jadot, für den Park von Schönbrunn eine Menagerie zu entwerfen. Kernstück der Anlage war der Papageienpavillon.
Im oberen Drittel des Bildes von Jadot sieht man mehrere Aufschnitte von Tierhäusern, des Mittelpavillons und des Aufseherhauses. Darunter ist die Zentralanlage der Tiergehege zu erkennen.
Lit.: Maria Theresia 1980, S. 523.

05.11

Fasanenhaus

Johannes Martinelli (1701–1753), bez. „1771“ (?)

„Profil des Fasonen Hauß“

Feder, Tusche, aquarelliert (Reproduktion), 26 x 39,6

Albertina, Inv.Nr. Az. Mappe 40/U 17/ Nr. 67

Das Blatt zeigt den Querschnitt durch ein geplantes Fasanenhaus. Ein umzäunter Auslauf bot den Vögeln Möglichkeit zum Aufenthalt im Freien. Für die Nächtigung der Tiere waren nebeneinander liegende Stallungen vorgesehen. Geschützte Schlafplätze waren notwendig, da der Bestand an „natürlichem“ Raubwild im Bereich von Schönbrunn groß war. Das Aufsichtspersonal führte einen ständigen Kampf dagegen: Der Schönbrunner Fasanjäger Martin Rüba erlegte 1720 *„18 stuckh Füchß, 7 Maader, 1 Aufen [Uhu], 94 Elteß, 9 Taxen, 8 Habich, 3 Geyer, 42 Alster, 7 wilde Katzen, 88 Haus Katzen, 8 Nacht Eyl, 3 Sporber, 33 Raaben, 2 Büßeln und 2 stuckh erschoßene Hunde“*.

Lit.: Maria Theresia 1980, S. 523; Giese 1962, S. 26.

05.12

Der Thiergarten von seltenen Thieren in Schönbrunn

Johann Knipp (Kniep) (1779–1809), um 1800

Kolorierter Stich (Reproduktion), 40,5 x 59,8

Wien, Wien Museum, Inv.Nr. 19.170

Dieses Bild erstellte der Kammermaler Erzherzog Johanns, der an der Wiener Akademie der bildenden Künste in der Landschaftsklasse von Friedrich Brand ausgebildete Johann Knipp (Kniep). Zentrales architektonisches Bauwerk des „Thiergartens von seltenen Thieren“ bildete der von Jean Nicolas Jadot entworfene Pavillon der Menagerie. Dessen Fertigstellung erfolgte 1759 – zwei Jahre vor dem Tod von Franz Stephans lothringischem Hofarchitekten. Das Deckenfresko im Pavillon stammt von Josef Ignaz Mildorfer.

Lit.: Lothringens Erbe 2000, S. 228.

Gärten rund um München

Zu den vornehmsten Aufgaben eines barocken Fürsten gehörte es, seiner Rolle als absolutistischer Herrscher durch prachtvolle Schlossanlagen einen würdigen Rahmen zu verleihen. Auch Kurfürst Max Emanuel erfüllte diesen Auftrag mit Sachverstand und Engagement. Nach seiner Rückkehr aus dem Exil in Frankreich widmete er sich energisch der Fertigstellung der Sommerresidenz in Schleißheim sowie dem Neubau der Schlösser in Fürstenried und Dachau.

Nymphenburg, die ländliche Sommerresidenz seiner Mutter, wollte er zu einem großen Gartenschloss à la Versailles ausbauen. Drei Teile verschmolzen hier zu einem Gesamtkunstwerk: der Vor- und Ehrenhof mit den intimen Kabinettsgärtchen, der Petit Parc mit dem Hauptparterre sowie der durch Wasser- und Wegachsen mit diesem verbundene waldartige Park, der in die Landschaft überleitet. Das Rückgrat des Parks bildete der Hauptkanal. Mit den Figuren Donau und Isar versinnbildlicht die Kaskade als „Point de vue“ das Herrschaftsgebiet der Wittelsbacher.

05.13

Gartenseitige Ansicht von Schloss Schleißheim

Maximilian de Geer (1680–1768), um 1730

Aquarell und Tempera auf Pergament (Reproduktion), 17,5 x 12

München, Bayerische Schlösserverwaltung, Residenz München, Inv.Nr. ResMü G 1016

Diese gartenseitige Ansicht von Schloss Schleißheim entstammt einer Folge von 14 hochformatigen Miniaturen, die der Miniaturmaler Maximilian de Geer um 1730 nach Veduten der kurfürstlichen Schlösser schuf.

Die Schlossanlage von Schleißheim besteht aus drei Gebäudekomplexen: dem Alten Schloss, dem Neuen Schloss sowie Schloss Lustheim. Das Bild lässt im Gartenparterre am Ende der Mittelallee mit der Mailbahn eine Kaskade hinter den Bäumen erkennen. Im Zentrum der Broderiebeete stehen Marmorstatuen, zwei Reihen von Springbrunnen erstrecken sich entlang der mittleren Promenade.

Lit.: Max Emanuel 1976, S. 301f.

05.14

Ansicht von Schloss Lustheim gegen Garten und Schloss Schleißheim

Maximilian de Geer (1680–1768), um 1730

Aquarell und Tempera auf Pergament (Reproduktion), 17,5 x 12

München, Bayerische Schlösserverwaltung, Residenz München, Inv.Nr. ResMü G 1008

Im Vordergrund erkennt man den in der Mittelachse bassinartig erweiterten Ringkanal, der sich um die Rondellbauten legt. Das Schloss ist nur über den Wasserweg erreichbar, mehrere Gondeln und Boote befinden sich im Wasser. Begrenzt durch die Seitenkanäle sieht man den Schleißheimer Garten, der im Hintergrund durch den Gebäudekomplex des Neuen Schlosses Schleißheim begrenzt wird. An die Seitenkanäle grenzen weitere Gärten.

Lit.: Max Emanuel 1976, S. 302f.

05.15

Gartenseitige Ansicht von Schloss Lustheim gegen Osten

Maximilian de Geer (1680–1768), um 1730

Aquarell und Tempera auf Pergament (Reproduktion), 17,5 x 12

München, Bayerische Schlösserverwaltung, Residenz München, Inv.Nr. ResMü G 1017

Im Mai 1684 begann Henrico Zuccalli mit dem Bau von Schloss Lustheim, das auf der Mittelachse des Alten Schlosses Schleißheim in rund 1.300 Metern Entfernung errichtet wurde. Gleichzeitig wurde auch die Neuplanung der Gartenanlage in Angriff genommen. Anlass bot vermutlich die geplante Hochzeit Kurfürst Max Emanuels mit der Kaisertochter Maria Antonia.

De Geer zeigt das 1689/90 fertiggestellte Schloss Lustheim mit den seitlichen Pavillons und dem Zirkelbau aus der Vogelperspektive. Der an die Rondellgebäude grenzende Wald wird durch die beiden Zubringerkanäle eingeschlossen. In der Mitte erkennt man die Allee mit der Bahn für das dem Krocket ähnliche Mailspiel.

Lit.: Max Emanuel 1976, S. 302.

05.16

Ansicht von Schloss Nymphenburg

Maximilian de Geer (1680–1768), um 1730

Aquarell und Tempera auf Pergament (Reproduktion), 17,5 x 12

München, Bayerische Schlösserverwaltung, Residenz München, Inv.Nr. ResMü G 1018

Bei dieser Ansicht Schloss Nymphen-

burgs handelt es sich um eine Kopie des bereits 1718 gefertigten Gemäldes von Franz Joachim Beich. Der Blick ist auf das Gartenparterre und die Boskette – den in exakte geometrische Formen geschnittenen Hecken- und Niederwaldbereich eines Barockgartens – gerichtet.
Lit.: Max Emanuel 1976, S. 303.

05.17
Ansicht von Schloss Dachau
Maximilian de Geer (1680–1768), um 1730
Aquarell und Tempera auf Pergament (Reproduktion), 17,5 x 12
München, Bayerische Schlösserverwaltung, Residenz München, Inv.Nr. ResMü G 1013
Nach seiner Rückkehr aus Paris beauftragte Kurfürst Max Emanuel Joseph Effner mit der Umgestaltung der Wittelsbacher Sommerresidenz Dachau. In der Mitte des Bildes erkennt man die Schlossanlage mit den stufenweise ins Ampertal führenden „Hängenden Gärten". Drei Flügel der Schlossanlage wurden in den Jahren 1806 bis 1809 abgetragen, da sie im Zuge der Napoleonischen Kriege schwere Schäden davongetragen hatten. Nur der Effner-Flügel blieb erhalten.
Lit.: Max Emanuel 1976, S. 303.

Gärten fürs Volk

Die Gärten des Adels und regierender Dynastien dienten zunächst ausschließlich dem Vergnügen ihrer Eigentümer. Kaiser Joseph II. machte kaiserliche Gartenanlagen in Wien für die Allgemeinheit zugänglich: 1766 den Prater – eine als kaiserliches Jagdrevier dienende Aulandschaft im Weichbild der Stadt – und 1775 den Augarten, den ältesten barocken Park Wiens. Die Planung der ersten für das Volk bestimmten Gartenanlage wurde erst 1817 von Kaiser Franz I. angeregt: Es war dies der Volksgarten in unmittelbarer Nähe der Burg.
In München ließ Kurfürst Karl Theodor bereits 1789 östlich der Militärgärten einen als Landschaftsgarten geplanten Volkspark anlegen. Mit der Durchführung betraute er den Schwetzinger Hofgärtner Friedrich Ludwig von Sckell. Die programmatische Bezeichnung für den neuen, dem Vorbild der Natur folgenden Gartenstil wurde auf die Parkanlage übertragen: „Englischer Garten".

05.18
Die neue Praterlust
Johann Hieronymus Löschenkohl (1753–1807), 1781
Radierung (Reproduktion), 50 x 69,4
Wien, Albertina, Inv.Nr. HB ÖK N. F. 3202
Kaiser Joseph II. machte den Prater öffentlich zugänglich. Das Bild zeigt ihn während eines Spazierganges durch sein Jagdrevier. Die illustre Gesellschaft, die sich in seiner Begleitung fand, war in einer Beilage der „Wiener Zeitung" vom 14. Juli 1781 beschrieben: *„Der menschenliebende Monarch, der den Prater so niedlich verschönert hat, unterhält sich am Eingang desselben, wo man den ganzen Prospekt übersieht, mit seinem Bruder […] Kaunitz, Schwarzenberg, Laszy, Laudon, Nàdasdy, Paar, Auersperg, eine Schwarzenberg, Lobkowitz und mehrere wird jeder beym ersten Anblick in ihren Schattenrissen erkennen"*.
Lit.: Maria Theresia 1980, S. 239f.

05.19
Entwurf zum Ausbau des Englischen Gartens in München
Friedrich Ludwig von Sckell (1750–1823), 1804
Federzeichnung, laviert und aquarelliert (Reproduktion), 68 x 210
„Entwurf zur Anlage des Koeniglichen englischen / Garten in München / von Koeniglichen Hofgarten-Intendanten Friedr. Ludw. V. Schkell / 1804"
München, Bayerische Schlösserverwaltung, Gärtenabteilung, Hist. Pläne Englischer Garten, Inv.Nr. A-4/9
Auf Anregung Benjamin Thompsons, des späteren Reichsgrafen von Rumford, beschloss Kurfürst Karl Theodor 1789, bei jeder Garnisonsstadt einen Militärgarten *„für jedermanns Verwendung"* zu errichten. Für Thompson war damit der Weg frei, seine Idee eines Volksgartens in der Nähe der Münchner Residenz zu verwirklichen, der zunächst den Namen „Theodors Park" bekam, später „Englischer Garten" genannt wurde. Für die Ausführung holte sich Thompson den Schwetzinger Hofgärtner Friedrich Ludwig Sckell, der 1804 die Hofgärten-Intendanz mit Sitz in München übernehmen sollte. Bei seinem Amtsantritt legte Sckell Pläne zur Umgestaltung des Englischen Gartens vor, unter anderem auch diesen Entwurf.
Lit.: Krone und Verfassung 1980, S. 573f.

05.20
Plan für den Englischen Garten in München
Friedrich Ludwig von Sckell (1750–1823), 1804
Federzeichnung, aquarelliert (Reproduktion), 61,3 x 153
„Plan A / des eigentlichen Englischengarten / bei München, wie dieser im Jahre 1804 war, und gegenwärtiger / Hofgarten-Intendanz übergeben wurde / Sckell."
München, Bayerische Schlösserverwaltung, Gartenabteilung, Inv.Nr. A-4/6
Der Zweck von Volksgärten, so Friedrich Ludwig Sckell, bestehe *„vorzüglich darin, daß sie den Menschen zur Bewegung und Geschäfts-Erholung, zum Genusse der freien und gesunden Lebens Luft, und zum traulichen, geselligen Umgang und Annäherung aller Stände dienen"*. Sckell leitete die Planung des Gartens ab 1804, sollte aber seine Fertigstellung nicht mehr erleben. Unter seinem Einfluss wurde die engräumige Gartenaufteilung durch harmonische und im Detail rhythmisierte Gliederungen aufgelockert.
Lit.: Bayern 1972, S. 467.

05.21
Englischer Garten mit chinesischem Turm
Unbekannter Künstler, um 1795
Tuschzeichnung, Feder, Pinsel (Reproduktion), 26,7 x 17,8
München, Privatbesitz
Dem chinesischen Turm, der um 1790 unter Aufsicht Benjamin Thompsons, des Grafen Rumford, errichtet wurde, dürfte die Große Pagode im königlichen botanischen Garten in London als Vorbild gedient haben. Baumeister dieser nach einem Entwurf von Joseph Frey aus Holz gefertigten Pagode war Johann Baptist Lechner.
Lit.: Bayern 1972, S. 467; Sieveking 1988, S. 145, Abb.

05.22
Apollotempel im Englischen Garten
Johann Georg von Dillis (1759–1841), um 1795–1780
Federzeichnung, aquarelliert (Reproduktion), 27 x 41,4
München, Privatbesitz
Die Idee Friedrich Ludwig Sckells zur Errichtung eines Pantheons wurde viele Jahre später aufgegriffen – 1832 begannen im Englischen Garten

die Bauarbeiten zu einem Rundtempel, einem sogenannten Monopteros. Hierfür errichtete man auf dem ursprünglich flachen Gelände zunächst ein Fundament, um dann den Hügel aufzuschütten.

Lit.: Bayern 1972, S. 467; Sieveking 1997, S. 54f., Nr. 9 (mit Abb.)

05.23
Theresienwiese

Wilhelm von Kobell (1766–1855), 1811
Öl auf Leinwand (Reproduktion), 77 x 134
München, Münchner Stadtmuseum, Inv.Nr. II b/33

Dieses Gemälde hat das erste auf der Theresienwiese abgehaltene Pferderennen zum Inhalt, das am 17. Oktober 1810 anlässlich der Verbindung Kronprinz Ludwigs mit Prinzessin Therese von Sachsen-Hildburghausen stattfand. Damals stand nur ein Zelt auf der Wiese, das als Königspavillon diente. Kurfürst Max Emanuel hatte es 1683 vom türkischen Großwesir erbeutet. Zum Gedenken an die Hochzeit hielt man fortan jährlich ein Fest mit Pferderennen hier ab.

Lit.: Bayern 1972, S. 471.

05.24
Pferderennen auf der Theresienwiese

Heinrich Adam (1787–1862), 1824 (München)
Öl auf Leinwand (Reproduktion), 39 x 60
München, Bayerische Schlösserverwaltung, Inv.Nr. Ny. Mar. G 0138

Das anlässlich der Vermählung Kronprinz Ludwigs und Therese von Sachsen-Hildburghausens zu deren Ehren veranstaltete Pferderennen stand am Beginn einer Tradition, aus der sich das Oktoberfest entwickelte. Volksfeste galten dem bayerischen König als besondere Freude, stärkten sie doch die Heimatliebe der Bevölkerung: *„Sie sprechen den National-Charakter aus, der sich auf die Kinder und Kindes-Kinder vererbt“*.

Die Organisation des von 1810 an alljährlich stattfindenden Festes lag zunächst in den Händen des Landwirtschaftsvereins, zusätzlich zum Pferderennen wurde ein Viehmarkt mit Viehprämierung abgehalten. Im Jahre 1819 übernahm das Magistrat München die Organisation und erweiterte das Angebot um Festwirte und Schausteller. Noch heute findet das Oktoberfest auf der nach der Königin benannten „Wies'n“ Platz.

Lit.: Bayerns Krone 2006, S. 177.

Kaiserliche Gärtner

Jeder Habsburger musste ein Handwerk erlernen. Kaiser Franz II./I., schon früh an der Pflanzenwelt interessiert und daher zum Gärtner ausgebildet, widmete sich seiner Leidenschaft, wann immer es ihm seine Amtsgeschäfte erlaubten. Er überwachte die Ausgestaltung seiner Gärten bei der Burg, in Schönbrunn sowie Laxenburg und richtete Expeditionen aus, deren Erträge seine Glashäuser und den „Hof-Pflanzengarten“ füllten. Letzterer umfasste 1816 mehr als 3.600 Arten aus aller Herren Länder. Franz II./I., der auch die Einrichtung eines Lehrstuhls für Pflanzenmalerei an der Akademie der bildenden Künste initiierte, setzte einen eigenen Hofbotanikmaler ein. Mathias Schmutzer hielt den Pflanzenreichtum der kaiserlichen Anlagen in mehr als 1.300 Aquarellen fest. Relikte des „grünen Daumens“ der Habsburger haben sich bis heute erhalten: etwa im ältesten Ginkgo Wiens im „Hof-Pflanzengarten“, den noch Kaiser Joseph II. gepflanzt haben soll.

05.25
Kaiser Franz Stephan und Maria Theresia im Park von Schönbrunn

Franz Walter, um 1745
Tuschzeichnung, 36 x 29
Wien, ÖNB, Bildarchiv und Grafiksammlung, Inv.Nr. Pk 2.533

Das Bild zeigt ein beliebtes Motiv im Stile der Zeit: das Herrscherpaar Kaiser Franz Stephan und Maria Theresia, umgeben von schmückendem Beiwerk wie Vasen, Blumenschalen und Statuen. Diese beschauliche Szene ist inmitten einer Parklandschaft platziert, der genaue Ort der Darstellung lässt sich freilich nicht feststellen.

Lit.: Lothringens Erbe 2000, S. 231.

05.26
Blumenschere Maria Theresias

Metall, versilbert, Etui: 11,4 x 5,5
Klosterneuburg, Augustiner-Chorherrenstift, Stiftsmuseum, Inv.Nr. KG 387 c

Die Interessen Maria Theresias lagen insbesondere in der Gestaltung der Innenräume von Schloss Schönbrunn. Es war ihr Mann Franz I. Stephan, der viel für die Natur übrig hatte. Auf sein Betreiben ging unter anderem die Anlage der Menagerie zurück. Doch scheint es durchaus möglich gewesen zu sein, dass die Kaiserin mit dieser dekorativen Gartenschere die eine oder andere Blume abgeschnitten hat.

Lit.: Lothringens Erbe 2000, S. 231.

05.27
Gartenwerkzeuge aus dem Besitz Kaiser Franz' II./I.

Bügelsäge, handgeschmiedeter Stahl, Nussholzgriff, 47,5 x 8
Spaten, handgeschmiedeter Stahl, Holz, 91,5 x 12,5
Spaten, handgeschmiedeter Stahl, Holz, 136 x 21,5
Harke, handgeschmiedeter Stahl, Holz, 108 x 29
Wien, um 1810
Wien, Museen des Mobiliendepots, MD 043311/000, 043313/000, 043315/000, 043324/000

Diese Gartengeräte verwendete einst Kaiser Franz II./I., der seinen schmückenden Beinamen „Blumenkaiser“ nicht zu Unrecht bekam: Der ausgebildete Gärtner trug im Laufe der Zeit eine große botanische Sammlung zusammen, die im Wiener Naturhistorischen Museum zu finden ist. Dass er vermehrt Muße für sein „grünes Handwerk“ fand, war wohl auch Klemens Fürst Metternich zu verdanken, der ihn bei der Staatsführung stark entlastete.

Lit.: Erbe 2000, S. 159ff.; Kaisertum Österreich 1996, S. 317.

05.28
Blätter aus dem Florilegium A von Franz I., Kaiser von Österreich

Mathias Schmutzer (1752–1824), Wien, 1798–1824
Gouache (Reproduktionen), 48 x 36
Wien, Österreichische Nationalbibliothek, Bildarchiv und Grafiksammlung, Inv.Nr. Pk 508

Im Auftrag von Kaiser Franz II./I. entstanden hunderte Pflanzendarstellungen, die die Vielfalt der kaiserlichen Glashäuser detailgetreu wiedergeben. Die Blätter – nahezu alle tragen den wissenschaftlichen Namen der Pflanze in Schönschrift in der Fußzeile – sind lose auf Karton montiert, der handschriftliche Notizen zu den Pflanzen von Josef Jacquin enthält. Dieser war

der Sohn Nicolaus Jacquins, der unter Franz I. Stephan 1755 bis 1759 eine der ersten Expeditionen in die Karibik unternommen hatte.
Zwei handschriftliche Kataloge erschließen den Bestand. Deren erster ist von Josef Jacquin abgefasst, der zweite aus dem Jahr 1840 listet 1.314 Pflanzenaquarelle auf. Für das Florilegium A haben sich 1.433 Vorzeichnungen in der Staatsbibliothek zu Berlin und in der Biblioteka Jagiellońska in Krakau erhalten.

Lit.: Lack 2006.

05.01
© Niedersächsische Staats- und Universitätsbibliothek Göttingen

05.07
© Wien Museum

05.08
© Wien Museum

05.12
© Wien Museum

05.13

05.14

05.15

05.16

05.25
© Bildarchiv ÖNB Wien

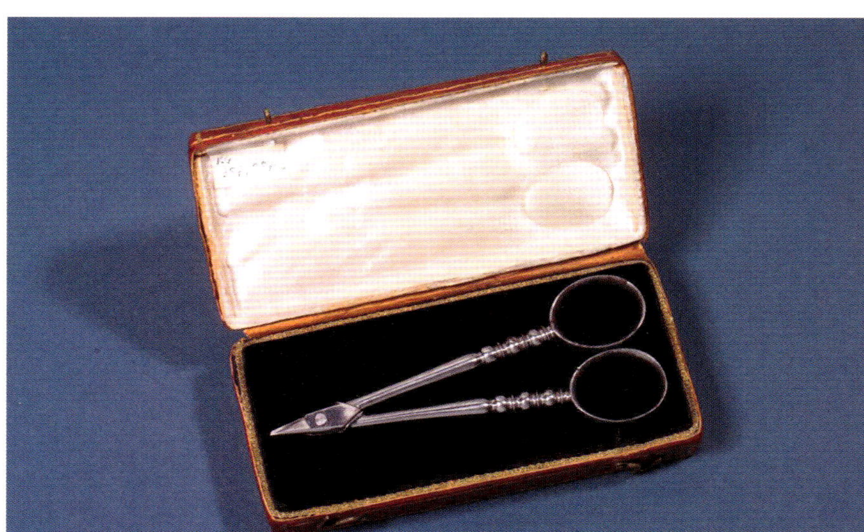

05.26
© Augustiner-Chorherrenstift Klosterneuburg

05.28
© Bildarchiv ÖNB Wien

05.28
© Bildarchiv ÖNB Wien

05.28
© Bildarchiv ÖNB Wien

05.28
© Bildarchiv ÖNB Wien

05.28
© Bildarchiv ÖNB Wien

05.28
© Bildarchiv ÖNB Wien

05.28
© Bildarchiv ÖNB Wien

05.28
© Bildarchiv ÖNB Wien

05.28
© Bildarchiv ÖNB Wien

05.28
© Bildarchiv ÖNB Wien

05.28
© Bildarchiv ÖNB Wien

05.28
© Bildarchiv ÖNB Wien

6. Ehen – auf Erden ausgehandelt

Fürstliche Kinder waren Schachfiguren im Spiel der Mächtigen, ihre Wünsche und Sehnsüchte blieben unberücksichtigt. Hinter verschlossenen Türen wurden Absprachen zu dynastischen Heiraten ausgehandelt, die dem Ausbau politischer Netzwerke dienten. Im günstigsten Fall gelang mit ihnen eine Mehrung des Besitzstandes und der Herrschaft. Die oft wochenlangen Hochzeitsfeiern bildeten die Tünche für dieses nüchterne Kalkül.
Den Habsburgern war die Heiratspolitik politisches Programm: „Kriege mögen andere führen, du, glückliches Österreich, heirate." Willkommen waren Heiratskandidatinnen und Heiratskandidaten aus dem Hause Wittelsbach, erfüllten sie doch die bedeutsame Voraussetzung der „richtigen" Konfession und festigten überdies den Einfluss Habsburgs im süddeutschen Raum. Wichtigstes Ziel war eine möglichst zahlreiche Nachkommenschaft.
Auch die Wittelsbacher hatten Interesse an lukrativen Verbindungen, die eine Erhöhung der Familie und ein reiches Erbe in Aussicht stellten. Dazu kam es immer dann, wenn das Haus Habsburg im Mannesstamm auszusterben drohte. Die Ehen verliefen meist unglücklich, viele der wittelsbach-habsburgischen Heiratsallianzen hatten auch Krisen und kriegerische Konflikte zur Folge. Heirat aus Kalkül ohne Rücksicht auf Gefühle und Neigungen war in allen Kreisen ein probates Mittel. Väter verheirateten ihre Söhne, um das Vermögen der Familie zu mehren, und ihre Töchter, um Esser aus dem Haus zu bringen. Ältere Witwer ehelichten junge Mädchen aus Hoffnung auf Nachkommenschaft, um Waisen zu versorgen oder das Haus besorgt zu bekommen. Der Eintrag in einer Autobiografie bringt es lakonisch auf den Punkt: *„zehn Kinder mit ihr gezeugt ... weder Neigung noch Affection zu meiner Frau."*

06.01
Ehevertrag zwischen Franz Stephan und Maria Theresia

Wien, 30. Jänner 1736
Pergamentlibell, 13 Folien
Wien, Haus-, Hof- und Staatsarchiv, Familienurkunden 1892

Ein Hauptpunkt des Ehevertrages zwischen Franz Stephan und Maria Theresia war die Einhaltung der in der „Pragmatischen Sanktion" festgelegten Verordnungen. Die österreichischen Bevollmächtigten bestätigten diese Urkunde auf der linken Seite des Blattes, die lothringischen auf der rechten. Die Trauung fand schließlich am 12. Februar 1736 in der Augustiner-Hofkirche zu Wien statt. Die Ehe verlief glücklich – in diesen Kreisen alles andere als eine Selbstverständlichkeit.

Lit.: Maria Theresia 1980, S. 38.

06.02
Zwei Rollen Brautgeld der Kurfürstin Maria Leopoldine

1775 bzw. 1720
105 Münzen, Silber, Papierverpackung
Privatbesitz

Einen Monat nach dem Tod seiner Gattin Elisabeth Augusta begann Kurfürst Karl Theodor im September 1794 mit Wien und Modena über eine eheliche Verbindung mit dem Haus Habsburg zu verhandeln. Mit Unterstützung Kaiser Franz' II. bekam der 70-Jährige die knapp 18-jährige Maria Leopoldine von Österreich-Este zur Frau, Tochter Erzherzog Ferdinand Karls und Maria Beatrices von Modena-Este sowie Enkelin Maria Theresias. Habsburg versuchte so einmal mehr an das bayerische Erbe zu kommen, und Karl Theodor hoffte auf einen legitimen Erben, um die Erbfolge der Linie Pfalz-Zweibrücken auszuschalten. Die Ehe wurde denkbar unglücklich und erfüllte weder die Hoffnungen der einen noch jene der anderen Partei.
Zur Eheschließung, die am 16. Februar 1795 in Innsbruck stattfand, bekam Maria Leopoldine zwei Rollen Brautgeld. Die eine enthält 55 Stück bayerischer Frauentaler à 2 Gulden 24 Kreuzer von 1775, die andere 50 Stück bayerischer Taler im Wert von 120 Gulden von 1792.

Lit.: Lebenslust und Frömmigkeit 1999, S. 501.

06.03
Maria Leopoldine

Miniatur, Dm 12,5
Privatbesitz

Die nicht datierte Miniatur zeigt eine sehr jugendlich wirkende Frau. Das Porträt Maria Leopoldines könnte daher schon vor der Vermählung entstanden sein. Aus der Feder des Geheimen Rates und Reichserbtruchsessen Graf Maximilian Wunibald von Waldburg-Zeil, der als Brautwerber im Jänner 1795 in Mailand eintraf, stammt eine Beschreibung der jungen Braut: Ihr Gesicht sei *„von einem sehr angenehmen Contour, eine lebhafte mehr italienisch als deutsche Physiognomie, eine proportionierte schöne gerade Nase, sehr frische Augen, schwarze Augäpfel, [...] starke Haare, die in der Farbe nach mehr ins Dunkle als in das Blonde fallen, weisse Zähne und ein etwas breiter Mund."*

Lit.: Krauss-Meyl 1997, S. 36.

06.04
Heiratsvertrag zwischen Eugène de Beauharnais und Auguste Amalie von Bayern

München, 8. Januar 1806
Pergamentlibell (Reproduktion), in goldbesticktem Samteinband gebunden, rotes Wachssiegel in vergoldeter Kapsel an blau-gold-silbernen Seidenschnüren, 40 x 28
München, Bayerisches Hauptstaatsarchiv, Geheimes Hausarchiv, Hausurkunden 5415

Napoleon forderte von seinen Alliierten, politische Bündnisse durch familiäre zu stärken. Eine Heirat zwischen seinem Stiefsohn Eugène de Beauharnais und Auguste Amalie von Bayern, so der französische Kaiser, sei Bedingung dafür, dass Bayern die Königskrone bekomme. Der Ehevertrag wurde am 3. Jänner 1806 zwischen dem bayerischen Staatsminister Montgelas und dem französischen Gesandten Otto ausgehandelt.

Dieses Exemplar trägt die Unterschriften Napoleons, des französischen Außenministers Talleyrand sowie Staatssekretär Marets – das bringt die hohe politische Bedeutung dieser Verbindung zum Ausdruck. Für den französischen Kaiser war diese dynastische Verbindung mit dem europäischen Hochadel dem Sieg von Austerlitz gleichwertig.
Lit.: Bayerns Krone 2006, S. 233f.

06.05
Die Ziviltrauung Napoleons mit Marie Louise

Paris, 1. April 1810
Pergamentlibell, 4 Blätter, dunkelblauer Samteinband mit reicher Goldstickerei, in der Mitte die verschlungenen Initialen „N" und „L", grün-goldene Siegelschnur mit feuervergoldeter Siegelkapsel
Wien, Haus-, Hof- und Staatsarchiv, Familienurkunden 2233

Das Dokument stellt einen beglaubigten Auszug aus dem Standesregister mit der Eintragung der Ziviltrauung Napoleons und der Kaisertochter Marie Louise dar. Sie wurde dem österreichischen Botschafter Karl Philipp Fürst von Schwarzenberg mit enormer Verspätung übergeben: Die Ziviltrauung wurde am 1. April 1810 im kaiserlichen Palast zu St. Cloud abgehalten, die Gegenzeichnung der Urkunde durch den Botschafter erfolgte jedoch erst am 27. Jänner 1811: „*Charles Prince de Schwarzenberg, Paris le vingt sept Janvier mil huit cent et onze.*"
Die Feierlichkeiten der Brautwerbung und Hochzeit in Wien folgten dem Protokoll der Hochzeit von Ludwig XVI. und Marie Antoinette. Ähnlich gestaltete sich auch die Reise nach Frankreich. In Braunau am Inn fand die symbolgeladene Zeremonie der offiziellen Übergabe der Kaiserin an ihr zukünftiges Volk statt.
Lit.: Kurzel-Runtscheiner 2010; Kaisertum Österreich 1996, S. 321f.

06.06
Ehevertrag zwischen Franz I. und Karoline Auguste

Ratifikation durch König Maximilian I. Joseph, 1. November 1816
Pergamentlibell mit 6 Pergamentblättern und 2 Papiervorsatzblättern in hellblauem Samteinband mit reicher Silberstickerei, auf der Vorderseite bayerisches Wappen, silberne Siegelkapsel mit Wachssiegel, auf der Rückseite Monogramm des Königs „MJ", 37 x 25
Wien, Haus-, Hof- und Staatsarchiv, Familienurkunden 2273

Mit Maria Ludovika, die im April 1816 starb, verlor Kaiser Franz I. seine dritte Frau. Bereits am 10. November 1816 heiratete er ein viertes Mal. Die Ehe mit Karoline Auguste, der Tochter König Max' I. Joseph von Bayern, blieb ebenso kinderlos wie jene mit Maria Ludovika. Bei dieser Ratifikationsurkunde handelt es sich um ein besonders prunkvolles Exemplar.
Lit.: Kaisertum Österreich 1996, S. 363.

Geboren, um zu gebären

Die Zeugung von Nachkommenschaft galt von alters her als erste Aufgabe der Ehe. Kinder bedeuteten Garanten für die Zukunft, sicherten das Weiterbestehen der Familie. Besonders wichtig war eine große Kinderzahl für fürstliche Familien. Bei der Brautschau achtete man auch auf die Zahl der Geschwister, die Fruchtbarkeit der Braut erhoffen ließen.
Nicht immer erfüllten sich diese Hoffnungen jedoch: Der Ehe von Kurfürst Karl Theodor mit Elisabeth Augusta von Pfalz-Sulzbach entsprang nur ein Sohn, der zudem einen Tag nach seiner Geburt verstarb. Mit zwei seiner Mätressen zeugte Karl Theodor zumindest fünf uneheliche Kinder, die das heiratsfähige Alter erreichten. Enttäuscht in seiner Ehe, betrachtete der Kurfürst sie als seine eigentliche Familie und versorgte sie standesgemäß.
Unfruchtbarkeit und Geburtsnöte bedrohten Arm und Reich gleichermaßen. Bäuerinnen und Bürgerinnen, Wittelsbacherinnen und Habsburgerinnen machten sich auf den Weg, um in Wallfahrtsorten den erhofften Kindersegen zu erbitten. Ihre Handlungen waren die gleichen, nur in der Qualität der Mittel unterschied man sich: Während sich die arme Schwangere eine papierene „Heilige Länge Mariens" um den Leib legte, ließ sich die Wittelsbacherin aus dem Kloster Andechs den kostbaren „Gürtel Mariä" bringen.
Auch Kinder waren in ähnlicher Weise von Krankheiten betroffen: Pocken machten aus Maria Theresias bildschöner Tochter Maria Elisabeth ein nicht mehr zu vermittelndes Heiratsobjekt und zerstörten die Hoffnung ihrer Mutter auf eine eheliche Verbindung mit dem französischen König. Zwei Töchter Maria Theresias verstarben an den Pocken – ebenso wie Isabella von Parma, die junge Gemahlin Kaiser Josephs II.

06.07
Allegorie auf den Tod des neugeborenen Thronfolgers Franz Ludwig Joseph

Unbekannter Künstler, um 1761
Öl auf Leinwand, 60,3 x 84,4
Heidelberg, Kurpfälzisches Museum, Sammlung Graimberg 1879, Inv.Nr. G 1191

Franz Ludwig Joseph, das einzige Kind aus der Ehe Kurfürst Karl Theodors und seiner Frau Elisabeth Augusta, verstarb 1761 am Tag nach seiner Geburt. In seiner Allegorie auf den Tod des Kindes griff der Künstler auf das Gemälde „Geburt des Adonis" (1730) von François Boucher zurück. Eine mit dem Porträt der Kurfürstin geschmückte Stele, auf der eine Büste des Zeitgottes Chronos steht, wird von sechs weiblichen Figuren umringt. Eine Frau bringt kniend das tote Kind dar, während eine andere, den Blick auf das Kind gerichtet, auf Mannheim im Hintergrund weist, das Franz Joseph Ludwigs Residenz hätte werden sollen.
Lit.: Lebenslust und Frömmigkeit 1999, S. 33.

06.08
Heilige Länge Mariens

18. Jahrhundert
Papierstreifen, bedruckt, L 190
Linz, Oberösterreichisches Landesmuseum, Inv.Nr. F. 15.101

In den christlichen Glauben hatten auch Heilpraktiken Eingang gefunden, die eher dem magischen Bereich entstammten. So wurden etwa Heilige Längen Mariens und Christi als Abwehrzauber und Hilfe bei der Geburt getragen. Über Anwendung und Wirkung informiert der Text auf dem Streifen: „*[...] und wer diese unsers Herrn läng bey sich tragt, oder in seinem Hause hat, der ist versichert für allen seinen Feinden sie seyen sichtbar oder unsichtbar [...]. Und so ein schwangere Frau solches bey sich tragt, oder zwischen der Brust umbindet, die wird ohne großen Schmerzen gebähren, und ihr nichts mißlingen in ihrer Geburt [...]*"
Lit.: Volksfrömmigkeit 1985, S. 223.

06.09
Max Emanuel und Maria Antonia mit Kurprinz Joseph Ferdinand

Ferdinand Karl Bruni, um 1695
Gouache auf Pergament (Reproduktion), 23 x 20,5
München, Bayerische Schlösserverwaltung, Residenz München, Inv.Nr. 165

Auf das spanische Erbe und eine Erhöhung seiner Dynastie hoffend, heiratete Kurfürst Max Emanuel am 15. Juli 1685 in Wien Erzherzogin Maria Antonia, Tochter Kaiser Leopolds I. und der Infantin Margarita Teresa von Spanien. Der nur kurzen, unglücklichen Ehe – Maria Antonia starb bereits 1692 – entsprossen drei Kinder: Die ersten beiden Söhne starben kurz nach der Geburt. Der Hoffnungsträger war Joseph Ferdinand, der 1692 zur Welt kam. Das Miniaturbild zeigt den Kurfürsten mit seiner Gemahlin, zwischen ihnen der sich an seinem Vater festhaltende Kurprinz. Das Bild drückt den auf dem Erbe seiner Mutter begründeten Anspruch des Kurprinzen auf die spanische Krone aus.

Lit.: Max Emanuel 1976, S. 136.

06.10
Kurprinz Karl Albrecht

Martin Maingaud, um 1703
Öl auf Leinwand (Reproduktion), 116,4 x 90,2
München, Bayerische Staatsgemäldesammlungen, Inv.Nr. 2483

Um 1703 entstand eine Serie von Porträts der Kinder Max Emanuels und seiner zweiten Frau Theresia Kunigunde, einer Tochter des polnischen Königs Jan III. Sobieski. Der am 12. Januar 1695 geschlossenen Ehe entsprangen zehn Kinder, von denen sechs das Erwachsenenalter erlebten. Karl Albrecht wurde nach seinem Vater Kurfürst von Bayern, nach Aussterben der männlichen Linie der Habsburger römisch-deutscher Kaiser und für kurze Zeit auch König von Böhmen.

Das Porträt zeigt den etwa sechsjährigen Knaben in kostbarer Gewandung mit übergehängtem Hermelinmantel. Seine Pose gleicht der eines Erwachsenen. Auf seine zukünftige Rolle als Erbe seines Vaters deutet auch der Feldherrnstab hin.

Lit.: Max Emanuel 1976, S. 356.

06.11
Ferdinand Maria Innozenz und Clemens August

Martin Maingaud, um 1703
Öl auf Leinwand (Reproduktion), 116,5 x 90,4
München, Bayerische Staatsgemäldesammlungen, Inv.Nr. 2485

Das Gemälde zeigt zwei der Söhne Kurfürst Max Emanuels und seiner Frau Theresia Kunigunde, die beiden Knaben tragen noch Mädchenkleidung. Ferdinand Maria Innozenz, geboren 1699, wurde später kaiserlicher Feldmarschall, sein jüngerer Bruder Clemens August, geboren 1700, Kurfürst und Erzbischof von Köln. Der Papagei im Vordergrund deutet auf ihre vornehme Abstammung hin, ebenso wie die kostbaren Seidenstoffe, aus denen die Kleider gefertigt sind.

Lit.: Max Emanuel 1976, S. 357f.

06.12
Karl Theodor als Kind

Unbekannter Künstler, Augsburg, um 1727
Öl auf Leinwand (Reproduktion), 84 x 64
Heidelberg, Kurpfälzisches Museum, Sammlung Graimberg 1879, Inv.Nr. G 432

Der etwa dreijährige Karl Theodor, der den hygienischen Gepflogenheiten der Zeit entsprechend noch ein Kleidchen trägt, wendet sich dem Betrachter zu. In der linken Hand hält er eine Nelke, in der rechten den Wittelsbacher Hubertusorden. Die Gestaltung des höfischen Motives weist das Bild als offizielles Repräsentationsstück aus, die Nelke lässt eine Interpretation als Brautwerbebild zu: Schon in diesen jungen Jahren war Karl Theodor die Enkelin des pfälzischen Kurfürsten Karl Philipp, Elisabeth Augusta, versprochen.

Lit.: Lebenslust und Frömmigkeit 1999, S. 17f.

06.13
Josepha Gräfin Heydeck mit den legitimierten Kindern Kurfürst Karl Theodors

Heinrich Carl Brandt (1724–1787), um 1785
Öl auf Leinwand (Reproduktion), 102,5 x 126,4
Mannheim, Reiss-Engelhorn-Museen, Inv.Nr. 1988/21

Maria Josepha Seyfert war als Figurantin im Ballett der Mannheimer Hofoper tätig. Dort fiel sie Kurfürst Karl Theodor auf, dessen Mätresse sie 17-jährig 1765 wurde. Als Gräfin von Heydeck 1769 in den Adelsstand erhoben, gebar sie dem Kurfürsten vier Kinder, darunter auch 1769 seinen einzigen Sohn Karl August. Das Gemälde – es wurde posthum angefertigt – zeigt sie in der Wochenstube mit den neugeborenen Zwillingstöchtern Eleonore Caroline und Friederike Caroline, zu ihrer Rechten die 1768 geborene Caroline Louise. Maria Josepha starb 1771, nur wenige Wochen nach der Geburt der Zwillinge, 23-jährig im Kindbett. Kaiser Joseph II. erhob ihre Kinder in den Reichsadelsstand.

Lit.: Lebenslust und Frömmigkeit 1999, S. 45.

06.14
Familienbild der Kinder Kurfürst Karl Theodors aus zwei außerehelichen Beziehungen

Johann Baptist Hoechle (1754–1832), 1790
Öl auf Leinwand (Reproduktion), 62 x 80,5
Mannheim, Reiss-Engelhorn-Museen, Inv.Nr. O 332

Kurfürst Karl Theodor nahm sich seiner außerehelichen Kinder liebevoll an und versorgte sie mit entsprechenden gesellschaftlichen Positionen. Sein Hofmaler bildete hier die Kinder des Kurfürsten aus zwei außerehelichen Beziehungen mit deren Angehörigen ab. Im Zentrum des Bildes sein einziger Sohn Fürst Karl August von Bretzenheim in der Tracht des Malteserordens. An der rechten Hand führt er seine in Schwarz gekleidete Schwester Friederike, die Fürstäbtissin von Lindau, an der linken seine Gemahlin Maria Walburga von Oettingen-Spielberg.

Am linken Rand sitzt Karl Theodors aus der Liaison mit der französischen Tänzerin Françoise Després-Verneuil stammende Tochter Caroline Franziska mit ihrem Mann Graf Friedrich Wilhelm von Isenburg-Birstein, am rechten Bildrand deren Kinder mit ihrer Amme. Rechts im Hintergrund sieht man Eleonore von Leiningen aus der Beziehung mit Maria Josepha Seyfert und deren Mann Graf Wilhelm Karl von Leiningen-Billigheim.

Lit.: Lebenslust und Frömmigkeit 1999, S. 47f.

06.15
Die Kinder von Eugène de Beauharnais und Auguste Amalie

Joseph Stieler (1781–1858) zugeschrieben, um 1815
Öl auf Leinwand (Reproduktion), 81 x 100,5
München, Bayerische Schlösserverwaltung, Inv.Nr. Res.Mü. G 711

Die verklärte Darstellung der Kinder von Napoleons Stiefsohn Eugène de Beauharnais und seiner Frau Auguste Amalie entsprach deren harmonischem Familienleben. Aufgrund des Standesbewusstseins der Mutter mussten die Kinder jedoch vielversprechende Ehen eingehen: Joséphine ehelichte den späteren König Oskar von Schweden, Eugénie Fürst Friedrich Wilhelm von Hohenzollern-Hechingen, Amelie wurde mit Kaiser Dom Pedro I. von Brasilien und Théodelinde mit Graf Wilhelm von Württemberg verheiratet. Ihr Sohn Auguste heiratete die portugiesische Königin Maria da Gloria, verstarb jedoch bald darauf. Nicht abgebildet ist der 1817 geborene Sohn Maximilian, der die russische Großfürstin Maria, eine Tochter Zar Nikolaus' I., zur Frau nahm. Die Familie führte nach der Russifizierung den Namen Romanowsky.

Lit.: Bayerns Krone 2006, S. 241.

06.16
Maria Theresia mit Erzherzog Joseph, Erzherzogin Marie Christine und Prinzessin Isabella von Parma

Martin van Meytens (1695–1770), 1763
Öl auf Leinwand, 45,1 x 60,3
Berlin, Deutsches Historisches Museum, Inv.Nr. Gm 2004/20

06.17
Kaiser Franz I. Stephan mit den Erzherzoginnen Maria Elisabeth und Maria Anna (Marianne) am Cembalo und Erzherzog Leopold

Martin van Meytens (1695–1770), 1763
Öl auf Leinwand, 45,1 x 60,3
Berlin, Deutsches Historisches Museum, Inv.Nr. Gm 2004/21

06.18
Enkelin Marie Therese, Tochter Josephs und Isabellas von Parma, die Erzherzoginnen Maria Carolina (Charlotte), Maria Antonia (Marie Antoinette) und Erzherzog Maximilian Franz

Martin van Meytens (1695–1770), 1763
Öl auf Leinwand, 45,1 x 60,3
Berlin, Deutsches Historisches Museum, Inv.Nr. Gm 2004/22

06.19
Erzherzog Ferdinand und die Erzherzoginnen Maria Josepha sowie Maria Amalia

Martin van Meytens (1695–1770), 1763
Öl auf Leinwand, 45,1 x 60,3
Berlin, Deutsches Historisches Museum, Inv.Nr. Gm 2004/23

Martin Meytens d. J. wurde unter Maria Theresia zum Hofmaler ernannt und stand von 1759 an auch der Wiener Kunstakademie vor. Die vier Bilder zeigen das Kaiserpaar Franz I. Stephan und Maria Theresia mit elf ihrer insgesamt 16 Kinder sowie Schwiegertochter Isabella von Parma mit dem zukünftigen Kaiser Joseph II. und ihrer Tochter Marie Therese. In mit bürgerlichem Interieur ausgestatteten Zimmern sind die Abgebildeten zu dritt oder zu viert bei künstlerisch-musischen Übungen oder naturwissenschaftlichen Studien zu sehen, die möglicherweise die persönlichen Interessen der Porträtierten wiedergeben. Bei diesen Bildern ist die Werbung für zukünftige Heiratskandidaten aus anderen europäischen Herrscherhäusern vermutlich mitbedacht. Da alle abgebildeten Erzherzöge das Goldene Vlies tragen, lässt sich das Gemälde auf das Jahr 1763 datieren.

Lit.: Heiliges Römisches Reich 2006, S. 219ff.

06.20
Bildnis von vier Kindern aus der Familie Pauernfeind (?)

Salzburg, Mitte 18. Jahrhundert
Öl auf Leinwand (Reproduktion), 147 x 118
Salzburg, Salzburg Museum, Inv.Nr. 302/26

Bei diesem Gemälde dürfte es sich um die Darstellung eines Knaben und dreier Mädchen aus der Familie Johann Christian Pauernfeinds handeln, der zur Zeit Wolfgang Amadeus Mozarts das Amt des Salzburger Bürgermeisters bekleidete. Zu sehen sind Kinder in Kleidung, die sich nicht von jener Erwachsener unterscheidet. Der Knabe trägt einen Uniformrock, Justaucorps genannt, mit Weste und Halsbinde. Die Mädchen sind dem damaligen Schönheitsideal der Erwachsenen entsprechend in dekolletierten Kleidern und spitzenbesetzten Hauben dargestellt.

Lit.: Salzburg 1991, S. 101.

06.21
Familie Firmian

Franz Laktanz Graf Firmian (1709–1786), 2. Viertel des 18. Jahrhunderts
Öl auf Leinwand (Reproduktion), 53 x 69
Salzburg, Salzburg Museum, Inv.Nr. 918/49

Das Adelsgeschlecht der Grafen Firmian stammte aus Tirol. Das Bild zeigt Franz Laktanz Graf von Firmian, bei der Staffelei stehend, in einem Gruppenporträt. Der Maler, Sammler und Mäzen ist von seinen Eltern umgeben, sein Vater sitzt ihm Modell. Diese private Szene steht in starkem Kontrast zum imposanten Hintergrund.

Lit.: Salzburg 1991, S. 195.

06.22
Georg Boesner mit Sohn Johann Heinrich Thomas

Gottfried Valentin Mansinger (1737–1817), 1773
Öl auf Leinwand (Reproduktion), 91,5 x 72
Regensburg, Museen der Stadt, Inv.Nr. 1955/63

Das Bild zeigt Georg Ulrich Boesener, den Kämmerer der Reichsstadt Regensburg, im Alter von 48 Jahren mit seinem Sohn Johann Heinrich Boesner. Der Vater zeigt auf die Urne seiner Frau, die die Aufschrift „*SIC PATRI SACUM UT FILIO*" trägt. Da ihr Sterbejahr mit dem Geburtsjahr ihres Sohnes übereinstimmt, scheint sie an den Folgen der Geburt verstorben zu sein. An seiner linken Hand hat Boesener seinen Sohn, der einen in Französisch verfassten Brief an seine Taufpaten hält, was wiederum auf seine gute Kenntnis der Sprache verweisen soll. Johann Boesner – wie sein Vater später als Gesandter des Reichstages tätig – wurde von König Maximilian I. aufgrund seiner hervorragenden Fähigkeiten zum Regierungsrat berufen.

Lit.: Wende in Europas Mitte 2003, S. 379.

06.23
Bildnis einer Dame mit Kind aus der Familie der Straßkircher

Gottfried Valentin Mansinger (1737–1817), um 1780
Öl auf Leinwand (Reproduktion), 95 x 87,5
Regensburg, Museen der Stadt, Inv.Nr. K 2003/8

Gottfried Valentin Mansinger – einer der beliebtesten Regensburger Porträtisten seiner Zeit – stellte hier eine Dame mit Kind aus dem gehobenen Regensburger Bürgertum des ausgehenden 18. Jahrhunderts dar. Detailgetreu gab er die nach rechts gewandte sitzende Frau wieder, die dem auf ihrem Schoß sitzenden Kind gerade ein Biskuit reicht. Ihr reicher Schmuck und festliche Garderobe weisen sie als zur gehobenen städtischen Schicht gehörend aus. Auf einem blauen Vorhang mit Pfeiler im Hintergrund sieht man ein Doppelwappen, links eindeutig das Wappen der Familie Straßkirchen.

Lit.: Wende in Europas Mitte 2003, S. 380.

06.24
Die Mantey-Dittmer'schen Kinder aus zweiter Ehe

Martin-Joseph Bauer (geb. 1775), Regensburg, 1809
Öl auf Leinwand (Reproduktion), 126 x 170,5
Regensburg, Museen der Stadt, Inv.Nr. 1930/342

Zu Beginn des 19. Jahrhunderts galten Kinderbilder als Beweis der ehelichen Liebe. Der Maler Martin-Joseph Bauer porträtierte die sechs Kinder aus der zweiten Ehe von Michael Friedrich Mantey-Dittmer mit Catharina Margarethe hier nicht im Stile seiner zeitgenössischen deutschen Kollegen, sondern bezog sich in seiner Bildgestaltung auf die englischen Porträtmaler. Durch die waffentragenden Knaben, die auf die gefahrvolle Zeit der Napoleonischen Kriege hinweisen, gewinnt das Bild an Dichte. Die Weiträumigkeit der Landschaft und die ungewisse Tageszeit weisen in eine unbestimmte Zukunft.

Lit.: Wende in Europas Mitte 2003, S. 488.

06.25
Familie Mozart

Johann Nepomuk della Croce (1736–1819), 1780/81
Öl auf Leinwand (Reproduktion), 140,4 x 187,6
Salzburg, Mozart Museum, Inv.Nr. 90/4

Das Gemälde von Johann Nepomuk della Croce zeigt Leopold Mozart mit seinen beiden Kindern Wolfgang Amadeus und Maria Anna am Klavier, den dritten Satz aus der Sonate für Klavier zu vier Händen, KV 19d, spielend. Die Handhaltung Wolfgangs ergibt sich aus den Vorschriften dieses Satzes, Takt 29ff., in dem der Secondo-Spieler über die Hände des Primo-Spielers greift. Im Hintergrund das Bild der kurze Zeit zuvor in Paris verstorbenen Mutter Anna Maria. Von ihren sieben Kindern erreichten nur Wolfgang und „Nannerl" das Erwachsenenalter.

Lit.: Mozart 1991, S. 87.

06.03
© Privatbesitz (Foto: Christian Schepe)

06.04
© Bayerisches Hauptstaatsarchiv München

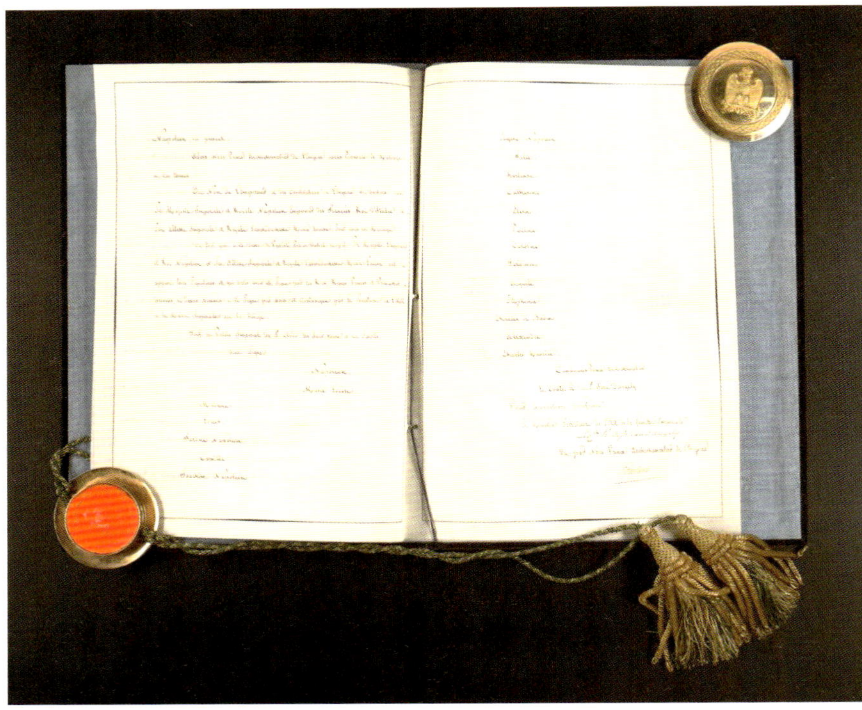

06.05
© Österreichisches Staatsarchiv, Haus-, Hof- und Staatsarchiv Wien

06.05
© Österreichisches Staatsarchiv, Haus-, Hof- und Staatsarchiv Wien

06.09
© Bayerische Schlösserverwaltung München

06.12
© Kurpfälzisches Museum Heidelberg

06.10
© bpk | Bayerische Staatsgemäldesammlungen München

06.11
© artothek | Bayerische Staatsgemäldesammlungen München

06.16
© Deutsches Historisches Museum Berlin

06.17
© Deutsches Historisches Museum Berlin

06.18
© Deutsches Historisches Museum Berlin

06.19
© Deutsches Historisches Museum Berlin

7. Erzogen zur Pflicht

Die Schule dampft von Ofenrauch

Um 1800 konnte die Hälfte der bayerischen Bevölkerung weder schreiben noch lesen. Auch der 1802 eingeführten allgemeinen Schulpflicht für sechs- bis zwölfjährige Kinder war kein durchschlagender Erfolg beschieden: Wie Schulinspektoren berichteten, besuchte in den Landschulen nur jedes fünfte schulpflichtige Kind den Unterricht. Die Zustände waren katastrophal: Wo es – wie oft der Fall – noch kein eigenes Schulgebäude gab, drängten sich 30 bis 40 Kinder in der Wohnstube des Lehrers, in der außerdem gekocht und der Trank für das Vieh bereitet wurde. Die schlecht entlohnten Lehrer – pro Kind sollten sie wöchentlich zwei Kreuzer erhalten – übten gleich mehrere Berufe aus, um sich finanziell über Wasser zu halten. Als Mesner, Musiker, Handwerker, Hochzeitslader oder Bauern fristeten sie ihr kümmerliches Dasein.
Maria Theresia ordnete bereits 1774 eine sechsjährige Schulpflicht an und reformierte das Primarschulwesen, die „Deutschen Schulen“. Laut „Allgemeiner Schulordnung“ sollten in allen kleineren Städten und Märkten ein- oder zweiklassige Trivialschulen die Kinder in Religion, Lesen, Schreiben, Rechnen, Anleitung zur Rechtschaffenheit und Wirtschaft unterweisen. Größere Städte mussten über dreiklassige Hauptschulen verfügen; der Lehrplan wurde dort um Geschichte, Geografie, Zeichnen, Handfertigkeit und Anfangsgründe des Lateins erweitert. Der Unterricht war an approbierte Lehrbücher gebunden. Joseph II. setzte die Reformen seiner Mutter fort, denn Lernen sei *„eine von Gott gebothne Pflicht“*. Um vor allem auf dem Land allen den Schulbesuch zu ermöglichen, schaffte er 1783 das Schulgeld ab und bestimmte, dass jeder Ort mit mindestens 90 Schulpflichtigen eine Schule einrichten müsse.

07.01
Schulszene

August Friedrich Spieß (1806–1855), um 1830–1840
Öl auf Holz (Reproduktion), 57 x 75
München, Münchner Stadtmuseum, Inv.Nr. 61/800

Das Bild zeigt eine Schule im 19. Jahrhundert. Zu dieser Zeit konnte in Bayern jeder Zweite weder lesen noch schreiben. Die Situation der Trivial- oder Elementarschulen auf dem Land war ernüchternd, es fehlte an allem: Lehrerausbildung, Räumlichkeiten, Finanzierung und Organisation. Eine große Veränderung trat mit dem 23. Dezember 1802 ein, als in Bayern die allgemeine Schulpflicht für Sechs- bis zumindest Zwölfjährige eingeführt wurde. 1803 forderte man alle Jugendlichen zwischen zwölf und 18 Jahren zum Besuch der Sonn- und Feiertagsschule auf – eine spätere Heirat und Anwesensübernahme wurden davon abhängig gemacht. Max I. Joseph konnte die Situation der Schulen so verbessern: 1820/21 gab es 5.394 Schulorte mit 7.114 Lehrern und Gehilfen für rund 500.000 bayerische Schulkinder.

Lit.: Krone und Verfassung 1980, S. 411f.

07.02
Ungezogene Kinder – Schande der Aeltern

Chiemgau, um 1800
Schwarze Ölfarbe auf Holz, weiße Aufschrift, 50 x 34
Prien am Chiemsee, Heimatmuseum, Inv.Nr. 1202

Die Verwendung dieses Korrektionsrequisits für Schüler, einer Mahntafel, ist nicht klar. Ihr Zweck dürfte aber ähnlich dem der Schand- und Prangertafeln für Reichsdelinquenten gewesen sein. Das Bild „Schulszene“ von August Friedrich Spieß zeigt am Kamingesimse eine ähnliche Tafel.

Lit.: Krone und Verfassung 1980, S. 412f.

07.03
Sittenbüchlein für die Kinder auf dem Lande

Verlag der katechetischen Bibliothek, Wien, 1785
Buch, 91 Seiten
Linz, Oberösterreichische Landesbibliothek, Inv.Nr. I-3667

Das „Sittenbüchlein für die Kinder auf dem Lande“ enthält drei Abschnitte für die moralische Unterweisung der jugendlichen Landbevölkerung: „Die Pflichten gegen uns selbst“, „Die Pflichten gegen andere“ sowie „Von dem Gewissen, und der Religion“.
Die folgenden in dem Sittenbüchlein enthaltenen Sätze behandeln den Ursprung der Landesherren: *„Die guten Menschen, die sich mit einander verbunden hatten, sich beizustehen, fielen endlich auf den Gedanken, daß sie Einen unter sich erwählten, dem sie alle gehorchen wollten, wenn er zum Besten ihrer Gesellschaft etwas befehlen würde. Sie machten aus, daß jeder diesem Einen etwas zu seinem Unterhalt geben wolle, damit er für die Ruhe und Sicherheit, und für ihr Glück sorgen möchte. Daher sind die Landesfürsten entstanden.“*

Lit.: Unpubl.

07.04
Christliche Sittenlehre für Kinder, ehe sie aus der Schule austreten

Matthias Rumpler, Salzburg, 1802
Buch, 114 Seiten
Linz, Oberösterreichische Landesbibliothek, Inv.Nr. I-27285

Im August 1803 wurde das Werk von Matthias Rumpler, Kanonikus des Kollegiatstiftes Maria Schnee, in der „Allgemeinen Literatur Zeitung“ rezensiert: *„Hr. R., ein aufgeklärter Religionslehrer der römisch-katholischen Kirche, von welchem wir schon einige Schriften in der A. L. Z. angezeigt haben, trägt hier eine Tugendlehre nach rein-moralischen Grundsätzen vor, deren einzelne Theile durch natürliche Uebergänge sehr gut aneinander gekettet sind. Nur die Belehrung über das, was uns die Sittenlehre in*

Ansehung unsrer Reden vorschreibt, scheint in der Rubrik: von den Pflichten gegen unseren Leib, nicht an ihren rechten Platze zu stehen. Die Sprache ist meistentheils falslich; einige unedle Ausdrücke und Provincialismen abgerechnet, wie S. 31 u. 42 auf etwas versessen seyn; S. 34 ein Mensch verweist sich oft nicht mehr, anstatt: er ist sich seiner nicht mehr völlig bewusst; S. 35 verschmäherisch und für übelhaberisch."
Lit.: Unpubl.

07.05
Anweisung, die deutsche Sprache richtig zu sprechen, zu lesen und zu schreiben [...]
Linz, 1813
Buch, 158 Seiten
Linz, Oberösterreichische Landesbibliothek, Inv.Nr. I-7
Der Titel des Buches, das zum Gebrauch in den niederen „Deutschen Schulen" der Länder der österreichisch-ungarischen Monarchie bestimmt war, lässt keine Zweifel über Zweck und Gebrauch offen: „Anweisung, die deutsche Sprache richtig zu sprechen, zu lesen und zu schreiben: nebst Beyspielen von Briefen und anderen schriftlichen Aufsätzen; zum Gebrauche der Trivial-Schulen in den k. k. Staaten". Im Vorwort heißt es dazu: „*Es ist genug, wenn er die Sprache in so weit lernt, als es nöthig ist, um die Lehren der Religion, die Verordnungen und Befehle der Obrigkeit richtig zu verstehen [...].*"
Lit.: Unpubl.

07.06
Anleitung zur Rechenkunst zum Gebrauche in unseren Schulen
Franz Michael Vierthaler, Salzburg, 1803
Buch, 126 Seiten
Linz, Oberösterreichische Landesbibliothek, Inv.Nr. I-27037
Franz Michael Vierthaler arbeitete von 1783 an im Salzburger Kollegium Virgilianum als Instruktor für Latein, Griechisch und Geschichte. 1790 zum Direktor des Schullehrerseminars berufen, reformierte er das Salzburger Schulwesen von Grund auf: Er entwickelte neue Lernmethoden, verfasste Schul- und Kinderbücher. 1803 wurde Vierthaler, der im Jahre 1800 an der Erstbesteigung des Großglockners teilnahm, zum Landesschuldirektor für Salzburg berufen.
Lit.: Unpubl.

07.07
Der Kinderfreund, ein Lesebuch für Landschulen
Eberhard von Rochow, 1809 (Erstauflage 1773)
Buch mit Kupferstich, 99 Seiten
Salzburg, Universitätsbibliothek, Inv.Nr. 161595 I
Die Versorgung der Schulen mit Lern- und Lehrmitteln erwies sich Anfang des 19. Jahrhunderts als sehr dürftig. Viele Schüler mussten sich wenige Bücher teilen, auch die Lehrer selbst verfügten über viel zu wenig Lehrmaterial. Das Inventar einer Marktschule von 1809 gibt Zeugnis davon: „*1 Christusbild, 1 Königsbild, 1 Schreibtisch, 24 Schulbänke, 4 Rechnungstafeln, 3 Stellagen, 1 Schriftkärtchen aus Pappdeckel mit 308 Druckbuchstaben, 6 große und 6 kleine Schiefertafeln und 48 Lesebücher ‚Der Kinderfreund, ein Lesebuch für Landschulen' des Freiherrn Eberhard von Rochow.*"
Lit.: Krone und Verfassung 1980, S. 411.

07.08
Goldener Spiegel: Ein Geschenk für Mädchen, welche in Dienst treten wollen
Franz Michael Vierthaler, Salzburg 1791
Buch, 123 Seiten
Salzburg, Salzburg Museum, Inv.Nr. Bibl. Sign. 6815
Dass die schulische Ausbildung für Mädchen und Knaben nicht einheitlich war, spiegelte sich auch in der Auswahl der Lehrmittel wider. Ab 1818 verwendeten etwa die Mädchen in den ersten drei Klassen der Volksschule Franz Michael Vierthalers „Goldenen Spiegel" als Lesebuch. Mittels Sinnsprüchen bereitete er die Mädchen auf ihre weitere Rolle im Leben vor, die von ihnen Enthaltsamkeit, Bescheidenheit und Aufopferung erfordere: „*Sey enthaltsam. Du mußt alles ansehen können, ohne einmal darnach zu verlangen, oder dieses Verlangen zu äußern. Du bedarfst wenig zum nothdürftigen Leben, und was dir nach deinem Stande gebührt, wir dir zu theile werden. Alles übrige ist nicht für dich.*" Mit erhobenem Zeigefinger mahnte er: „*Ist dein Lohn auch noch so klein, so ist es doch deine Pflicht, daß du damit auszukommen suchst. Und du wirst auch damit auskommen, wenn du nur ernstlich willst.*"
Lit.: Friedrich 1999, S. 237.

Zum Herrschen erzogen

Die Prinzen und Prinzessinnen in Wien und München lernten bereits in der Kindskammer lesen und schreiben. Im Alter von sieben Jahren verließen die Söhne meist den „weiblichen" Bereich des Hofes und wurden einem Hofmeister übergeben, der in Absprache mit dem Vater einen Ausbildungsplan entwarf. Der streng geregelte Tagesablauf begann mit Morgengebet und Messbesuch, es folgten Studium, körperliche Ertüchtigung und wieder Studium, unterbrochen nur von kurzen Pausen, die dem Essen und der Erholung dienten. Der Unterricht erfolgte in Latein, Prüfungen waren öffentlich.
Das Bildungsziel für Töchter war niedriger angesetzt. Zwar lehrte man sie ebenfalls Fremdsprachen und Latein, Religion, Geografie und Geschichte. Daneben fertigten sie Handarbeiten an und bekamen Unterricht in Musik, Tanz, Zeichnen und Malen. Stand der zukünftige Gemahl fest, dann wurden Kultur und Sprache seines Landes in den Unterricht einbezogen.

07.09
Institutio archiducalis des Philipp von Rottenberg für Erzherzog Ferdinand
Philipp von Rottenberg, Aquarelle von Carl Rottiers, 1769
Aquarell, 52 x 31,5
Wien, Österreichische Nationalbibliothek, Handschriftensammlung, Inv.Nr. Cod. Min. 33 a
Das Werk diente zur Unterweisung des 15-jährigen Erzherzogs Ferdinand Karl, Sohn Maria Theresias und Franz' I. Stephan. Das Lehrmaterial, von dem 99 Blätter in drei Kassetten erhalten sind, umfasste alle Disziplinen der „*geistigen und körperlichen Erziehung [...], in denen der männliche Sproß des Kaiserhauses ausgebildet sein sollte*". Das in drei Bände unterteilte Gesamtwerk – „Band I: Notiones generales hominis illustris", „Band II: Notiones principis generales" und „Band III: Notiones archiduci speciales" – ist mit ganzseitigen Aquarellen

bebildert. Im Alter von 17 Jahren heiratete Ferdinand Karl Maria Beatrice d'Este und wurde zum Begründer der Linie Österreich-Este.

Lit.: Maria Theresia 1980, S. 225ff.

07.10

Unterricht junger österreichischer Erzherzöge im Mathematisch-Physikalischen Kabinett

Werkstatt Hieronymus Löschenkohl, um 1790

Gouache, 49 x 69,2

Wien, Wien Museum, Inv.Nr. 56.344

Die Kinder Kaiser Franz' I. Stephan und Maria Theresias erfuhren eine strenge Ausbildung. Neben dem täglichen Messbesuch hatten die Erzherzöge den ganzen Tag lang Unterricht, freien Sonntag kannten sie nicht. Anders als ihre Schwestern lernten sie Deutsch, Französisch, Italienisch und Latein, der Kronprinz darüber hinaus Böhmisch und Ungarisch. Wichtiger Teil der Ausbildung war auch der Reit- und Fechtunterricht, in dem sie von Offizieren unterwiesen wurden. Bei dem auf dem Bild dargestellten Lehrer dürfte es sich um den Hofmathematiker Joseph Nagel handeln, der hier die jungen österreichischen Erzherzöge im Mathematisch-Physikalischen Kabinett unterweist. Nagl, für verschiedenste Aufgaben eingesetzt, fertigte etwa im Auftrag Maria Theresias einen Plan der Stadt Wien und ihrer Vorstädte an, der 1780/81 als Kupferstich erschien.

Lit.: Lothringens Erbe 2000, S. 136f.

07.11

Bildung eines Fürsten zum besten Regenten, oder Abhandlung von den Eigenschaften, Tugenden und Pflichten eines Regenten

Jacques Joseph Duguet (1649–1733), 2 Bände, Dresden, 1766 und 1768

Esterházy Privatstiftung, Schloss Eisenstadt – Bibliothek, Inv.Nr. LE-9470

Der jansenistische Theologe Jacques Joseph Duguet verfasste diesen Fürstenspiegel zur Erziehung des ältesten Sohnes des Herzogs von Savoyen, Viktor Amadeus I. Als ermahnende und belehrende, meist an Könige oder Fürsten gerichtete Schriften zielten Fürstenspiegel auf ein moralisches Verhalten, aber auch auf das richtige Handeln zum Erreichen politischer Ziele ab.

Die 1712 begonnenen, aber erst nach dem Tod des Verfassers 1739 in französisch veröffentlichten beiden Bände sollten den zukünftigen Herrscher unter anderem durch eine Sammlung von Sinn- und Lehrsprüchen sowie Darstellungen historischer Ereignisse auf seine spätere Aufgabe vorbereiten. *„Gott hat euch die Macht gegeben. Eure Stärke kommt von dem Allerhöchsten der von Euren Werken Rechenschaft fordern, und das Innerste eurer Gedanken erforschen wird“*, heißt es, und weiter: *„Diese erste Wahrheit, die der Grund von allem ist, führet uns zu einer andern von gleicher Wichtigkeit. Denn da es gewiß ist, daß Gott die Quelle von der Macht der Könige ist, und daß man seine Macht und Gewalt in der ihrigen verehret“*. Es wird nicht nur über die positiven Eigenschaften eines Fürsten berichtet, der für sein Volk geboren wurde: *„Es ist also einerley, dem gemeinen Wesen angehören, und König seyn; für das Volk gehören, und Regente seyn. Man ist für andere gebohren, so bald man zum Befehlen gebohren ist; weil man ihnen nur befehlen soll, um ihnen nützlich zu seyn. Dieses ist der Grund von dem Stande der Fürsten, daß sie nicht sich angehören. Es ist dieses so gar der Charakter ihre Grösse und Hoheit, daß sie dem gemeinen Besten gewidmet sind.“* Um sich vor Angebern und Schmeichlern zu schützen, solle der Herrscher sich gute Menschenkenntnis aneignen und klug urteilen. Die fürstlichen Tugenden wie Verstand, Mut, Großmütigkeit, eine edle Seele oder Mildtätigkeit und Freigiebigkeit seien zu pflegen, um die Liebe und Hochachtung seiner Untertanen zu verdienen. Den Fürsten solle weiters die Hingabe zur Wahrheit gelehrt werden, auch möge er sich nur mit Personen umgeben, die ebenso denken.

Duguets „Bildung eines Fürsten“ rief bei seinen Zeitgenossen, aber auch später wahre Begeisterung hervor: *„Nie ist die Staatsklugheit auf eine so hohe, edle und gründliche Art abgehandelt worden ... Die Wahl der Gründe und Beweise, der Zeugnisse, der Beyspiele, ist so ausgesucht, so einnehmend, daß man wohl sagen kann, es sey unmöglich, dieses Werk zu lesen, ohne von den grossen Wahrheiten, womit dasselbe angefüllet ist, eine immer grössere Einsicht zu erlangen, und von denselben immer mehr durchdrungen und gerühret zu werden.“*

Auch bei den Fürsten Esterházy scheint sich das Werk großer Beliebtheit erfreut zu haben: In der Bibliothek des Schlosses Eisenstadt haben sich neben der hier gezeigten, lange nach dem Tod Duguets 1733 veröffentlichten Übersetzung aus dem Französischen auch zwei Originalfassungen aus den Jahren 1743 und 1758 erhalten.

Angelika Futschek

Lit.: Unpubl.

07.12

Entwurf der Erziehung und Unterweisung eines Fürsten

Ernst Moritz Arndt (1769–1860), Berlin, 1813

Esterházy Privatstiftung, Schloss Eisenstadt – Bibliothek, Inv.Nr. LE-9419

Hierbei handelt es sich um „Anstandsliteratur“ – der Begriff umfasst Werke, die sich hauptsächlich mit den gesellschaftlichen Umgangsformen ihrer Zeit befassten und daher eine interessante sozialgeschichtliche Quelle darstellen. Umfassend gebildet, verfasste Ernst Moritz Arndt auch politische, historische und philosophische Schriften sowie Lyrik und Prosa. Wie beliebt seine Werke bei den Fürsten Esterházy waren, zeigt die große Anzahl an Schriften seiner frühen Schaffensperiode in der Bibliothek des Schlosses Eisenstadt. Eine Erklärung hierfür könnte in der Person des Bibliothekskustos von Fürst Nikolaus II. Esterházy, Ludwig Wieland aus Weimar, liegen. Dessen Vater Christoph Martin Wieland, ein deutscher Dichter und Herausgeber, war wie Ernst Moritz Arndt eng mit der Weidmann'schen Buchhandlung verbunden, welche die Werke zahlreicher bedeutender Autoren verlegte.

Ernst Moritz Arndt über seine Beweggründe, dieses Buch zu verfassen: *„Dies habe ich geschrieben, daß ich zeigte, wie ein milder, frommer, christlicher, tapferer und fester Herr werden könne, die Freude und der Schirm der künftigen Geschlechter. Ich habe ein Bild aufstellen wollen des Schönen und Rechten; denn dahin soll alle Erziehung streben. Wenige Menschen sind böse, auch wenige Fürsten sind es; aber Eitelkeit, Unglaube, Mistrauen und Vergessenheit der hohen Gefühle und Thaten lassen bei allem guten Willen, wie die gutmüthige Menge es nennt, Glück und Ehre untergehen.“*

In der Erziehung von Fürsten *„müsse gelten, was für alle gelte, weil sie Menschen sind. Er lernt auf die oben angegebene Weise so sehr als möglich mythisch Geschichte, Erdkunde, Naturgeschichte, Mathematik; er lernt seine Muttersprache zuerst und recht, auch das Latein, eine schöne Regel der Ordnung, des Ernstes und der Kraft und eine Quelle großer Geschichten und stolzer Muster der Hoheit"*.

„Der Unterricht und seine Art sey ernst und streng, nicht tädelnd und spielend, wie die äffelnden und faselnden Meister oft mit Fürstenkindern thun. Das Kind soll früh lernen, wie heilig und würdig die Arbeit ist." Dabei dürfe aber der Kontakt zu anderen nicht zu kurz kommen: *„Ja, auch das fürstliche Kind soll damit anfangen mit seines Gleichen zu spielen und zu kämpfen, zu lieben und zu vertrauen, zu zürnen und zu hassen, wie der Wechsel des Lebens ist; es soll sich früh in anderen verlieren und aufopfern, damit ihm die menschlichste Gewalt, die schönste Allmacht, wodurch Menschen regiert werden, nicht fremd bleibe. Ein Kind, das immer allein lebt allein erzogen, unterwiesen und gebildet wird, wird leicht eitel, herzlos und dumm. Durch die Liebe, durch das Vertrauen, mit Einem Worte durch das Herz geht die leichteste und untrüglichste Erkenntniß des Menschen"*.

Bereits ein Jahr nach seinem Erscheinen wurde das Werk in den „Heidelbergischen Jahrbüchern der Litteratur" (1814) rezensiert: *„Fürstliche Beispiele der Tugend bedarf das Volk von seinen Fürsten, das Vorleuchten edler Gesinnungen von dem Adel der Nation. Dies ist mehr, als Gebieten und Herrschen, als Glänzen und in Pomp sich verhüllen. […] Der Verf. sagt hierüber vieles Herzliche und Edle mit voller Empfindung des hohen Nothbedarfs. Er zeigt, wie ein milder, frommer, christlicher, tapferer, fester Fürst werden könne, die Freude und der Schutz der künftigen Geschlechter."*

Angelika Futschek

Lit.: Unpubl.

07.13
Neue Fibel für Kinder […]

Friedrich Herrmann (1775–1819)

„Neue Fibel für Kinder oder methodischer Elementarunterricht im Lesen und Abstrahieren nach Pestalozzi, Olivier und eigenen Ideen. Mit 14 Kupfern"

Verlag I. C. Hinrichs, Leipzig 1804

Esterházy Privatstiftung, Schloss Eisenstadt – Bibliothek, Inv. Nr. LE-9377

Fibeln wurden als Leselernbücher für Kinder angefertigt, bisweilen waren sie mit wenigen Illustrationen ergänzt. Seit der Erfindung des Buchdrucks im 15. Jahrhundert und der zunehmenden Alphabetisierung, die zu einer langsam steigenden Produktion von Lehrbüchern für Kinder führte, war diese Literatur häufig auch Spiegelbild einer sich verändernden Gesellschaft und der Denkweise einer Epoche – etwa der Aufklärung, in der sich Autoren besonders intensiv mit Kindererziehung beschäftigten.

So bediente sich auch der Lübbener Konrektor Friedrich Herrmann in seiner „Neuen Fibel für Kinder" der Ideen Johann Heinrich Pestalozzis, der eine Intellekt, Sittlichkeit und handwerkliches Geschick (Kopf, Herz und Hand) harmonisch vereinende Erziehung forderte. Herrmann vertrat eine „kosmopolitische Erziehung" und stand den bis dahin publizierten ABC-Büchern kritisch gegen. Seine 1804 herausgegebene Fibel setzte erste Kenntnisse im Lesen bereits voraus: Die zu Beginn einfachen Sätze mit sich wiederholenden Begriffen werden in den folgenden Kapiteln immer komplexer und behandeln zahlreiche Themen des täglichen Lebens ebenso wie etwa Mineralien oder Gegenstände der Natur: *„Ich sehe einen Baum. Die vornehmsten Theile eines Baums sind Wurzel, Stamm, Aeste und Blätter. Wenn ich einem Baum den Stamm nehme: So gehen seine Aeste und Blätter ein, Denn sie haben keinen Stamm mehr, der ihnen Nahrung zuführt."* Die Fibel enthält Erörterungen zu Gesellschaft (Staat, Stände, Berufe), Gedächtnis oder Denken und hat deutlichen Lehrcharakter: *„Menschenwürde: Ich kenne nun den Menschen. Ich kann den Menschen nicht einen Körper nennen, Denn er ist mehr als ein Körper. Er ist Körper und Geist zugleich. Ich nenne alles, was in der Welt da ist, ein Wesen. Ich will also den Menschen ein Wesen nennen. Der Mensch ist ein Wesen, das nicht blos aus einem Körper, sondern auch aus einem Geist besteht. Dadurch, daß der Mensch einen Geist besitzt, unterscheidet er sich von den Mineralien und Gewächsen. Aber dadurch, daß ich sage, der Mensch hat einen Geist unterscheide ich ihn doch nicht von den Thieren. Die aufrechte Stellung, die Sprachwerkzeuge, die Kraft zu lachen und zu weinen unterscheiden den Körper des Menschen von dem der Thiere. Den Geist des Menschen unterscheiden auch verschiedene Kräfte von dem der Thiere. Er besitzt Denkkraft oder Vernunft. Er besitzt die Kraft ohne Mitwirkung des Körpers zu fühlen. Er besitzt freien Willen. Alle diese wichtigen Kräfte besitzt das Thier nicht. Der Mensch ist also, um es kurz zu sagen, ein denkendes oder vernünftiges, geistiger Gefühle fähiges und frei wollendes Wesen."*

Doch auch die erzieherische Botschaft ist angesichts von Kapiteln über die Achtung gegenüber anderen Kindern oder das Verhalten gegenüber Erwachsenen nicht zu übersehen. Herrmanns Ansatz über die Gleichheit aller Dinge – *„Wir haben im Garten rothe Nelken. Wir haben auch weise und gelbe und violfarbige Nelken. Die weißen und gelben und violfarbigen Nelken sind so gut Nelken, als die rothen. Die Farben allein machen keinen Unterschied in den Dingen …"* – erinnert an die Ideen von Gleichheit und Brüderlichkeit der Französischen Revolution, die nur wenige Jahre vor dem Erscheinen der Fibel Europa erschütterte.

Angelika Futschek

Lit.: Unpubl.

07.14
Kinderharnisch

Vermutlich ungarisch, 16. Jahrhundert

Schmiedeeisen, Messing

Esterházy Privatstiftung, Burg Forchtenstein – Esterházy-Schatzkammer, Inv.Nr. K 806/1-4

Dieser Kinderharnisch wird Graf Paul Esterházy (1635–1713) zugeschrieben. Bereits in jungen Jahren wurden adelige Knaben in der Kampfkunst unterwiesen, da sie sich gerade in Zeiten der ständigen Türkenbedrohung auf dem Schlachtfeld beweisen mussten. Bei der Ausbildung wurden körperliche Kraft und Gewandtheit trainiert, die Knaben übten sich im Reiten ebenso wie im Gebrauch von Schild, Schwert und Lanze. Nachdem gleich vier Mitglieder der Familie Esterházy, unter ihnen das 26-jährige Familienoberhaupt La-

dislaus, in der Schlacht von Vezekény 1652 gefallen waren, musste der erst 16-jährige Paul das Erbe der Familie Esterházy übernehmen und das Land gegen die Türken sichern.
Der nur noch in Fragmenten erhaltene Halbharnisch besteht aus einem Helm mit Halsberge, beweglicher Oberarmschiene, einer Brust mit leichtem Gansbauch und Beintaschen, die mit Lederriemen am Körper zu befestigen waren. Die auffällige offene Sturmhaube mit dem ausgebildeten Kamm am Scheitelbereich, dem Augenschirm sowie den beweglichen Wangenklappen besitzt kein Visier – es sollten sowohl Schutz als auch Sichtfreiheit gewährleistet werden. Die Rüstung ist durch dekorative vergoldete Nieten betont, die entlang der Konturen der einzelnen Harnischteile verlaufen und auch den Gansbauch betonen. Harnische wurden dem adeligen Auftraggeber meist angepasst, bei Kinderharnischen konnte auch vorkommen, dass der Knabe dem Harnisch im Verlauf der mehrere Monate währenden Herstellung bereits wieder entwachsen war.
Die sogenannten „Personalia“ – also Erinnerungsstücke der Familie wie dieser Kinderharnisch, aber auch das „Panzerhemd“, ein silbervergoldeter Wurfspieß oder das Hemd Ladislaus Esterházys – bekamen neben den Beständen aus Natur, Kunst und Wissenschaft einen wichtigen Platz in der Kunst- und Wunderkammer auf Burg Forchtenstein.

Angelika Futschek

Lit.: Unpubl.

07.15
Maria Theresia (?) als Kind mit Puppe

Unbekannter Künstler, um 1721 (?)
Öl auf Leinwand, 47,5 x 39
Klagenfurt, Konvent der Elisabethinen

Das Bild – es gelangte durch Erzherzogin Maria Anna (Marianne), die zweite Tochter Maria Theresias, in das Klagenfurter Elisabethinenkloster – zeigt vermutlich die spätere Monarchin im Alter von zirka vier Jahren in einem einfachen Kleidchen, das der Mode der Zeit entspricht. Ihre Puppe schätzte Maria Theresia so sehr, dass sie diese bis ins Erwachsenenalter aufbewahrte.
Lit.: Prinz Eugen 1986, S. 90f.; Maria Theresia 1980, S. 26.

07.16
Nikolobescherung in der kaiserlichen Familie

Erzherzogin Marie Christine (1742–1798), 1763
Gouache auf Papier (Reproduktion), 30 x 45
Wien, Kunsthistorisches Museum, Gemäldegalerie, Inv.Nr. 7521

Erzherzogin Marie Christine, die über bemerkenswertes zeichnerisches Talent verfügte, fertigte Bilder der kaiserlichen Familie an, die Einblicke in deren Leben geben. Als Vorlage für das Bild „Nikolobescherung in der kaiserlichen Familie“ verwendete sie einen Stich Jakob Houbrakens nach Cornelis Troost.
Die Familienszene mutet bürgerlich an: Der Kaiser sitzt mit einer einem Turban ähnlichen Kopfbedeckung beim Frühstück vor dem Kamin, hinter ihm steht Maria Theresia. Ferdinand, Marie Antoinette und Maximilian spielen mit ihren Nikologeschenken, während ihre ältere Schwester Marie Christine sie dabei beaufsichtigt.
Lit.: Maria Theresia 1980, S. 217.

Schulen für die Bürger

Von 1599 an prägten die Jesuiten die Schullandschaft in Bayern und in Österreich. 100 Jahre später war deren Lehrplan, der sich vor allem auf das Erlernen der lateinischen und griechischen Sprache beschränkte, überholt. In Österreich schlugen die Piaristen ab 1735 mit 24 Gymnasien einen modernen Weg ein, der den Unterricht in Rechtschreibung und Geschichte, Geografie und Arithmetik einschloss. Erst mit der Aufhebung des Jesuitenordens 1773 ließen sich tiefgreifende Reformen umsetzen.
Für die Mädchenbildung sorgten Englische Fräulein und Ursulinen. 1626/27 gründete Mary Ward auf Geheiß des Kurfürsten in München ihr erstes deutsches Haus mit Mädchenpensionat und Freischule. Weitere Niederlassungen folgten, unter anderem 1683 in Burghausen, 1706 in St Pölten und 1721 in Altötting.
Die Ursulinen wurden 1660 nach Wien und 1668 vom Kurfürsten nach Landshut berufen; 1691 gründeten sie weitere Niederlassungen in Landshut und Innsbruck. Sie unterrichteten *„die Weibliche Jugend in lesen, Schreiben und allerley Nähen“*, dazu kamen *„Katholische Glaubenslehre“*, Naturgeschichte, *„Rechenkunst“* und *„zur Hauswirthschaft nothwendige Wissenschaften: Zeitrechnung, Münze, Maaß, Gewicht“*.

07.17
Franz Traugott. Eine lehrreiche Kindergeschichte

Franz Michael Vierthaler (1758–1827)
Salzburg, 1792
Salzburg, Salzburg Museum, Inv.Nr. 11215

Das Büchlein über den Knaben Franz Traugott und seine lehrreiche Zeit in der Schule wurde vom Pädagogen und Schulreformer Franz Michael Vierthaler verfasst. Das Titelblatt ist nach einer Zeichnung von Andreas Nesselthaler gefertigt.
Lit.: Salzburg 1991, S. 235.

07.18
A, B, C, Buchstabier= und Lesebüchlein […]

Verlag des Waisenhauses, Salzburg, 1783
„A, B, C, Buchstabier= und Lesebüchlein für die deutschen Trivialschulen in den hochfürstlichen salzburgischen Landen. Aus hochfürstlicher gnädigster Bewilligung nicht nachzudrucken“
Salzburg, Salzburg Museum, Inv.Nr. 11166
Lit.: Salzburg 1991, S. 236.

07.19
Lehrbuch der allgemeinen Weltgeschichte zum Gebrauche der studierenden Jugend eingerichtet

Hof- und akademische Waisenhausbuchhandlung, Salzburg, 1788
Salzburg, Salzburg Museum, Inv.Nr. 10728

Dieses alte Schulbuch veranschaulicht, dass auch vor mehr als 200 Jahren die Schüler ihre Bücher zweckentfremdeten, um sich während der langen Schulstunden mit Schreib-, Rechen-, und Zeichenübungen zu beschäftigen.
Lit.: Salzburg 1991, S. 237.

07.20
Auszug der allgemeinen Weltgeschichte. Zum Gebrauch der niedern Schulen in Baiern

Koch, Amberg, 1776
Neuburg an der Donau, Staatliche Bibliothek, Inv.Nr. 01/8 Hist. 10

07.21
Anfangsgründe der Arithmetik und Algebra zum Gebrauch der Schulen in den churbairischen Landen
Leonhard Gruber, München, 1776
Neuburg an der Donau, Staatliche Bibliothek, Inv.Nr. 01/8 Math. 112

07.22
Erdbeschreibung für die churbairischen Realschulen
München 1776
Neuburg an der Donau, Staatliche Bibliothek, Inv.Nr. 01/8 Geogr. 80

07.20–07.22
Lehrbücher für verschiedene Schultypen
Die vom Kurfürsten erlassenen Ordnungen für die Schulen im Kurfürstentum Bayern enthielten genaue Lehrprogramme, gegliedert nach den einzelnen Schultypen: Trivial- und Realschulen sowie Gymnasien. In der zweiklassigen Realschule unterrichtete man in den Fachbereichen *„Christenthum und Sittenlehre"*, Sprachen, historische und philosophische Wissenschaften. Im Bereich der Sprachen legte man Wert auf Schönschreiben und das Erlernen der deutschen Sprache in Orthographie und Syntax. Auf dem Lehrplan standen weiters Geografie und ein Grundriss der biblischen Geschichte sowie der allgemeinen Geschichte. Rechnen, Geometrie, ein Grundriss der Land- und Stadtwirtschaft sowie der Naturgeschichte ergänzten das Programm. Manche der Ordnungen schlossen auch Lehrbücherpläne ein, die das verwendete Unterrichtsmaterial genau vorschrieben.

07.23
Messinstrument für physikalische Demonstrationen
Bayern, um 1800
Glas, Bein, 19,3 x 43,5
Burghausen, Stadtmuseum Burghausen, Inv.Nr. 007708

07.24
Messinstrument für physikalische Demonstrationen
Bayern, um 1800
Glas, Bein, 16,7 x 33,5
Burghausen, Stadtmuseum Burghausen, Inv.Nr. 007709

07.25
Modell für Demonstrationen zu Sonnenuhren und Pendelschwingungen
Bayern, um 1800
Holz, Blei, Eisen, 21,7 x 42 x 53,5
Burghausen, Stadtmuseum Burghausen, Inv.Nr. 007710

07.26
Glaswalze für elektrische Demonstrationen
Bayern, um 1800
Holz, Glas, 73,1 x 21,7 (mit Griff) x 33,5
Burghausen, Stadtmuseum Burghausen, Inv.Nr. 007711

07.27
Heber für Flüssigkeiten
Bayern, um 1800
Holz, Kork, 23,7 x 10,5
Burghausen, Stadtmuseum Burghausen, Inv.Nr. 011220

07.28
Modell zum Beweis von Brechung und Reflexion von Sonnenstrahlen in einem dunklen Behältnis
Bayern, um 1800
Holz, Glas, Messing, Blei, Eisen, 26,5 x 19 x 17,5
Burghausen, Stadtmuseum Burghausen, Inv.Nr. 007707

07.23–07.28
Instrumente für naturwissenschaftliche Experimente im Schulunterricht
Die „Churbaierische Landwirthschaftliche Gesellschaft" bemühte sich nachdrücklich um die Verbreitung aufklärerischen Gedankenguts. Vom vormaligen Sitz in Altötting brachte man 1772 ein Naturalienkabinett mit mehr als 2.000 Raritäten, Mineralien, Fossilien, Insekten und Pflanzen nach Burghausen. In Zeiten, da die kurfürstliche Schulreform die Einbindung der Naturwissenschaften in das Unterrichtsprogramm verlangte und laut Schulordnung von 1777 im Unterricht *„die Naturlehre durch Experimente öconomisch behandelt"* werden müsse, zeigte sich auch der Burghauser Stadtrat an einer Anpassung des Unterrichts interessiert: 1775 orderte man in Salzburg um stolze 350 Gulden für die Burghauser Schule Instrumente für Experimente. Im Zuge einer neuerlichen Schulreform wurde die Burghauser Schule samt Inventar im Oktober 1781 dem Zisterzienserorden übertragen; der Raitenhaslacher Abt empfing den Schlüssel zum „Armarium", in dem die Instrumente aufbewahrt wurden. 1783 wurde noch ein Inventar aufgestellt, dann verliert sich die Spur. Bei der Gründung des Burghauser Stadtmuseums 1899 tauchten physikalische Instrumente in den Beständen auf – ob diese aus dem ehemaligen „Armarium" stammen, ist ungewiss. Sie veranschaulichen aber gut, wie man sich eine solche Sammlung von Instrumenten vorzustellen hat, die dem Experimentieren im Schulunterricht dienten.
Lit: Deutinger 1997, S. 71–79.

07.01
© Münchner Stadtmuseum

07.10
© Wien Museum

07.09
© Bildarchiv ÖNB Wien

07.09
© Bildarchiv ÖNB Wien

OCULIS ET RATIONE
COSMOLOGIA
HIC NOSTRI TORPENT SENSUS, MENS TOTA STUPESCIT
MUNDORUM NUMERUS, MAJESTAS, SPLENDOR ET ORDO
FACTA CREATORIS LAUDANT IMMENSA. QUID ESSES
O HOMO, NI TANTI NOSSES MIRANDA MAGISTRI
LIMITES NATURÆ ET RATIONIS HUMANÆ
ASTRONOMIA
HYPOTHESIS
PTOLOMAICA
HYPOTHESIS
TICHONICA
ORBITA MERCURII
ORBITA VENERIS
ORBITA TERRÆ
ORBITA MARTIS
ORBITA JOVIS
ORBITA SATURNI
HYPOTHESIS COPERNICANA
SOLIDITAS PLANETARUM
MILLIARIA
CUBICA
SATURNUS
SOL
VENUS TERRA
MARS MERCURIUS
IUPITER
MAGNITUDO GEOMETRICA PLANETARUM
PROPORTIO RESPECTU TELURIS
Major
Minor
VICIBUS.
Saturnus
Jupiter
Venus
Terra
Mars
Mercurius

07.09

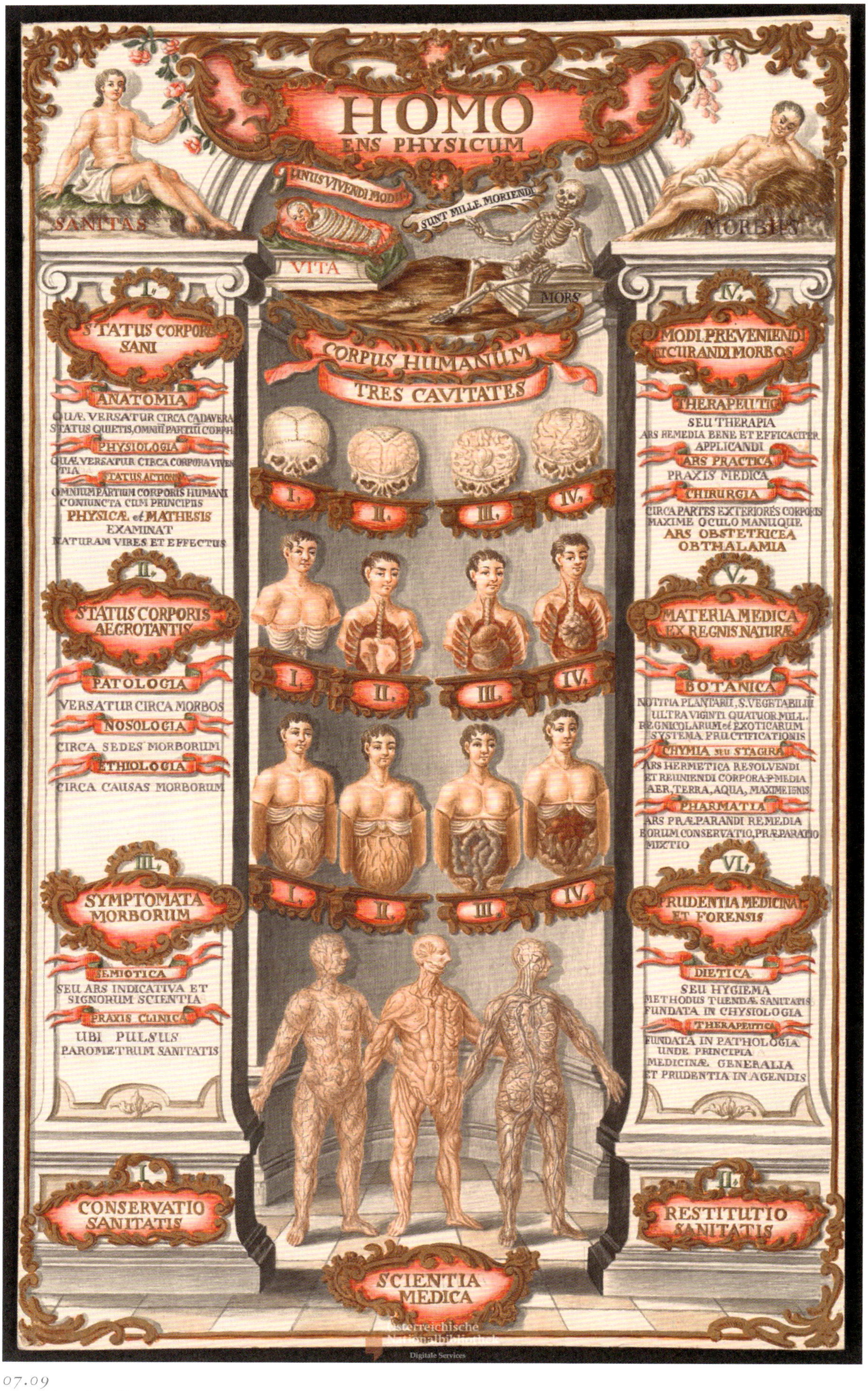

07.09
© Bildarchiv ÖNB Wien

07.09
© Bildarchiv ÖNB Wien

07.09
© Bildarchiv ÖNB Wien

07.09
© Bildarchiv ÖNB Wien

07.14
© Esterházy Privatstiftung Eisenstadt (Foto: Manfred Horvath, Wien)

07.15
© Konvent der Elisabethinen Klagenfurt (Foto: Helge Bauer)

07.16
© Kunsthistorisches Museum mit MVK und ÖTM Wien

8. In lustigen „Compagnien“

Ob in Residenzen oder Klöstern, auf Adelssitzen oder in Bürgerhäusern, in Kaffee- und Wirtshäusern oder den rauchigen Stuben der Bauernkaten: Überall frönte man dem Spiel. Wie Essen, Trinken und Schlafen gehörte Spielen zum täglichen Leben, war es doch eine erlaubte *„Ergötzlichkeit, wenn es Recreations halber, oder um seine Geschicklichkeit dadurch zu erweisen und nicht des schändlichen Gewinnstes wegen geschiehet“*.

Man spielte mit Karten, mit Würfeln oder mit Dominosteinen. Man unterhielt sich beim neuesten Brett- oder Legespiel. Man schärfte seinen Verstand beim Schach und seine Geschicklichkeit beim Billard, vertrieb sich mit Scherz-, Rätsel- oder Pfänderspielen die Zeit. Blinde Kuh, Verstecken- und Fangenspielen boten die Gelegenheit zu körperlichen Berührungen, die sonst nicht erlaubt waren. Beim Auslösen eines Pfandes empfing so manches Mädchen seinen ersten Kuss.

Nicht immer stand das Vergnügen im Vordergrund: In den Hinterzimmern brachte sich so mancher beim Glücksspiel um Haus und Hof. Die Obrigkeit griff mit Gesetzen und strengen Verboten dagegen ein. Dabei ging es nicht nur um die Höhe der Einsätze, sondern auch um ausdrücklich verbotene Spiele wie *„Bassetta, Landsknecht, Trenta, Quaranta, Pharao, Rauschen, Färbeln, Würfeln, Banco, Bassa-dieci, Treschac-Sincer“*. Bestraft wurden Verlierer, Gewinner, Mitspieler und Veranstalter. Aber vergeblich – die Spielwut griff wie eine Seuche um sich.

08.01
Tarock-Billardkugeln

Salzburg (?), 18. Jahrhundert
Elfenbein, mit Kartenbildern eingefärbt, D 6,31
Salzburg, Salzburg Museum, Inv.Nr. 3545-49

Die Anfänge des Billardspiels sind in England oder Frankreich zu suchen. Zunächst vom Adel gespielt, trat es ab dem 17. Jahrhundert seinen Siegeszug im Volk an. In den Ballhäusern war Billard fortan ein weit verbreitetes Spiel, ebenso in den Residenzen und Klöstern, wo es eigene Billardzimmer gab, oder in den Kaffeehäusern. Der Adel frönte dem Spiel mit Queue und Kugeln gleichwie die Geistlichkeit oder die Bürger.

Neben dem klassischen Spiel gab es auch modische Varianten mit bunten, nummerierten oder mit Tarockkartenbildern geritzten Kugeln. Ab dem ausgehenden 17. Jahrhundert erschienen Bücher mit ausführlichen Anleitungen für die verschiedenen Billardvarianten.

Lit.: Salzburg 1991, S. 242ff.

08.02
Billardsaal König Max Josephs in den Steinzimmern der Residenz

Wilhelm Rehlen (1795–1831), 1821
Aquarell und Gouache (Reproduktion), 17,8 x 26,8
München, Wittelsbacher Ausgleichsfonds, Inv.Nr. WAF B II 146/1-31

König Max Joseph ließ in der Residenz und in Schloss Nymphenburg Billardsäle einrichten, die im „Wittelsbacher Album“ dokumentiert sind *(siehe Kat.Nr. 04.04)*. Das Aquarell zeigt den Herrscher beim Spiel mit seinem Billardmeister. Wie gewohnt ist der König bürgerlich schlicht gekleidet, er trägt einen dunklen Frack, hellere lange Beinkleider und ungarische Stiefel. Der im Inventar von 1815 beschriebene Spieltisch war mit sechs Taschen für das Poolbillardspiel ausgestattet. Auf dem Wirkteppich hängt die Anzeigetafel mit Skalen für den Spielstand.

Lit.: Bayerns Krone 2006, S. 291; Ottomeyer 1979, S. 44.

Piquet, Tresette, Tarock oder Mariage

Die freie Zeit an Nachmittagen, Abenden, Sonn- und Feiertagen verbrachte man beim gemeinsamen Kartenspiel. Die Tagebücher des 18. Jahrhunderts sind voll von Erzählungen über „Compagnien“, die sich an bestimmten Orten zum Spiel trafen. Spieltische standen nicht nur in Kaffeehäusern, in Klöstern und in Residenzen bereit – selbst Privathäuser verfügten über drei bis fünf Tische, an denen sich bis zu 20 Personen mit allen erlaubten und verbotenen Kartenspielen der Zeit vergnügten. Gesetzt wurden Spielmarken oder Geld. Selbst bei erlaubten Spielen flossen – je nach Stand – enorme Summen in die Börsen der Gewinner. Beim Hasard standen Verluste zwischen 20.000 und 30.000 Gulden an der Tagesordnung. Von der Spielwut profitierte auch der Staat: Auf Spielkarten wurden Abgaben eingehoben. Der „Karten-Aufschlag“ erwies sich bald als gute Einnahmequelle. Wer „ungestempelte“ Karten besaß, musste mit hohen Strafen rechnen: So zahlte ein Kaufmann für den Besitz eines solchen Kartenspiels 100 Reichstaler.

08.03
Maria Theresia beim Kartenspiel mit Batthyáni, Nádasdy und Daun

Unbekannter Künstler, 1751
Bleistift, Aquarell auf Papier (Reproduktion), 19,6 x 26,7
Budapest, Magyar Nemzeti Múzeum, Inv.Nr. 60.11

Maria Theresia war dem Kartenspiel überaus zugeneigt. Sie dürfte ihm mehrmals am Tag nachgegangen sein und auch um hohe Einsätze gespielt haben. So wusste der französische Reisende Lafue zu berichten: *„Man braucht keine Standesperson zu sein, um zu den Spielsalons zugelassen zu werden, wo die Reichsten den Vornehmsten den Rang ablaufen. In ihren innersten Gemächern, [...] hat Maria Theresia eine Pharao-Bank eingerichtet, bei der es nur hohe Einsätze gibt. Tausende von Dukaten rollen über die grünen Decken der großen Tische oder über die Einlegearbeit der Spieltische für vier Personen“.*

Lit.: Maria Theresia 1980, S. 111f.

08.04
Tiertarock

Joseph Traunwiser (1734–1814), Salzburg, um 1780
78 Blatt, Karton, gelackt, 10,9 x 5,8
Linz, Nordico – Museum der Stadt Linz

Auf den Tarockkarten sind Tierfabeln dargestellt, auf Tarock XVII „Der Fuchs und der Bock", auf Tarock XVI „Die Ente und die Schildkröte". Joseph Traunwiser heiratete 1763 die Witwe Emmerentia Rauchmiller und übernahm den florierenden Betrieb ihres verstorbenen Mannes Joseph Rauchmiller, der Kartenmaler gewesen war. Auf den erhaltenen Preislisten scheinen Tarockkarten, Französische Spiele, Deutsche Spiele, Trappolierkarten und „feine Hexenkarten" auf. Die Spiele wurden einzeln oder im Dutzend verkauft. Ein Dutzend Tarockspiele etwa kostete sechs Gulden.

Lit.: Bauer 1993; Salzburg 1991, S. 245; Inventar-Katalog 1969.

08.05
Französische Spielkarten

Andreas Benedictus Göbl, München, Ende 18. Jahrhundert
12 Karten, Kupferstich, schablonenkoloriert, 8,5 x 4,5
Leinfelden, Deutsches Spielkartenmuseum, Inv.Nr. B 192

Die Gestaltung wurde von den französischen Spielkarten übernommen. Die Kleider der Damen und Könige wirken teppichmusterhaft, jedoch sind die Gesichter lieblicher und bewegter als jene der französischen Karten mit ihrer linearen und archaisierenden Darstellungsweise.

Lit.: Spielkarten 1974, S. 141f.

08.06
Bayerische Siegkarte (Herz, Laub, Eichel, Schelle)

Josef Fetscher, München, um 1800
34 Karten, Kupferstich, schablonenkoloriert, 10,1 x 5,1
Leinfelden, Deutsches Spielkartenmuseum, Inv.Nr. B 21

Das Bayerische Blatt entwickelte sich um die Mitte des 17. Jahrhunderts. Bei diesen Karten, die an das bayerische Bild erinnern, sind die Ober- und Untermänner infolge der „Rittertümelei" des zu Ende gehenden 18. Jahrhunderts jedoch neu erfunden. Die Farben kündigen den Sieg der weiß-blauen Farben an; einem alten Brauch folgend, werden auch türkische Figuren gezeigt.

Lit.: Spielkarten 1974, S. 197f.

08.07
Spieltisch

Oberösterreich, 1. Viertel 18. Jh.
Nussbaumholzfurnier, Marketerie aus Eiben- und Ahornholz, Letzteres graviert und gebrannt, 76 x 99 x 72
Kremsmünster, Benediktinerstift

Der Tisch besitzt ein abhebbares Tischblatt, auf dem sich ein auf die Spitze gestelltes marketiertes Schachbrett befindet. Die Zwickel sind mit Akanthusranken dekoriert. Den Boden eines flachen, in die Zarge eingefügten Einsatzes bilden zwei durch einen Steg voneinander getrennte Spielfelder für Tric-Trac. Das Tischgestell besteht aus zwei flaschenförmigen, sechskantigen Balusterbeinen, vier S-förmigen Stützen und einer Bodenplatte, die auf vier abgeflachten Ballenfüßen ruht. Spieltische wie dieser gehörten zur gängigen Ausstattung in Residenzen, Adelssitzen oder Klöstern.

Lit.: ÖKT Kremsmünster 1977, S. 385.

Die „Compagnie" des Bolzschießens

Zumindest im Salzburg Wolfgang Amadeus Mozarts verliefen Sonn- und Feiertage nach einem festgelegten Ritual: Zunächst traf man sich zum Bölzelschießen. Daran schlossen verschiedene Kartenspiele an mehreren Spieltischen an. Die Nachmittagsunterhaltung beendete ein gemeinsamer Spaziergang, ein Abendessen oder ein Theaterbesuch. Anders als beim Schießen im Rahmen der Schützenkompanien benötigte man fürs Bölzelschießen – 1756 erschien in Wien und Nürnberg die erste gedruckte Spielregel zu dem Spiel – nur einen hohen, hellen, etwa sieben bis zehn Meter langen Raum: So mancher Saal in einem Bürgerhaus oder in einem Wirtshaus erfüllte diese Voraussetzungen. So wissen wir von Bölzelschießen im Gasthof Loferer in Burghausen, in diversen Salzburger Bürgerhäusern oder im 1775 umgebauten Rathaussaal zu Salzburg. Geschossen wurde freihändig mit einer Windbüchse auf eine in Augenhöhe angebrachte Schießscheibe. Auf etwas galt es zu achten: Die Schützenordnung musste ausgehängt sein.

08.08
Windbüchse und Luftpumpe

Salzburg, Ende 18. bzw. Mitte 19. Jahrhundert
Windbüchse: L 120; Ladestock: L 124; Luftpumpe: L 57
Salzburg, Salzburg Museum, Inv.Nr. WA 2779, WA 0674

Fürs Bölzelschießen verwendete man Windbüchsen: Die klobigen, einläufigen Flinten, Vorläufer der Luftdruckgewehre, wurden von Büchsenmachern hergestellt. Wie Briefe Nannerl Mozarts an ihren Bruder Wolfgang Amadeus dokumentieren, hatten sie solche Büchsen, deren Preis 15 bis 20 Gulden betrug, stets vorrätig. Der Sieger oder die Siegerin eines Bölzelschießens erhielt das „Beste", den ersten Preis. Der „Bestgeber" lud seine Kompanie zum Schießen ein und bewirtete auch die Teilnehmerinnen und Teilnehmer. Die Zielscheiben waren mit witzigen Darstellungen und Sprüchen dekoriert.

Lit.: Bauer 1999.

Spiele zur Bildung des Körpers

1795 erschien das Spielebuch des Pädagogen Johann Christoph Friedrich GutsMuths. Ganz dem Gedanken einer geregelten Körperausbildung vor allem der Jugendlichen verpflichtet, sah GutsMuths Spiele als *„Übungen"* an, *„die für die Jugend (für die Alten auch) auf irgendeine Art vorteilhaft sind. Sie müssen den Körper bald mehr, bald minder bewegen und seine Gesundheit [fördern], es geschehe nun durch Laufen, Springen usw. oder durch fröhliches Lachen und sanftere Bewegung"*. Im Folgenden lieferte er eine enzyklopädische Darstellung und Beschreibung der im 18. Jahrhundert geläufigen Spiele, eingeteilt in Bewegungs- und Ruhespiele. Ersteren gab er den Vorzug und zählte dazu alle Ball-, Scheiben-, Kugel-, Kegel-, Pfahl- und Ringspiele, aber auch Gesellschaftsspiele wie Blinde Kuh, Drittenabschlagen, Plumsack oder Schwarzer Mann.

08.09
Das Vogelschießen im Prater

Johann Christian Brand (1722–1795), Wien, um 1780
Sepiaaquarell (Reproduktion), 24,9 x 33,5
Wien, Wien Museum, Inv.Nr. 63.814

Das Vogelschießen war seit dem Mittelalter Teil des Schützenbrauchtums. Auf das Ziel wurde horizontal oder vertikal geschossen. Im ersten Fall saß der hölzerne Vogel auf einem niedrigen Ständer, im zweiten hatten die Trägerkonstruktionen eine Höhe von 40 bis 45 Metern. Jede Region bevorzugte einen anderen Vogel: In Nord- und Ostdeutschland schoss man auf Adler, in Flandern, Burgund, den Rheinlanden und im Elsass auf Papageien. Oft war das Vogelschießen Teil des Frühlingsbrauchtums und zeigte sich eingebettet in einen größeren Reigen von Veranstaltungen.

Lit.: Meier 2012; Wien 1974, S. 22.

08.10
Vogelschießen

Nach Louis Siriès (um 1686–um 1766), um 1760
Farbdruck nach einer Pietra-dura-Arbeit unter Verwendung von Lapislazuli, Calzedon, Achat, Verde-antico-Marmor etc. auf Schieferplatten, 44 x 60
Wien, Bundesmobilienverwaltung, Inv.Nr. MD 067400/000

Die auf Ölgemälden Giuseppe Zocchis basierende Serie zeigt verschiedene Spiele, die in erster Linie im Freien ausgeübt wurden, hier das Vogelschießen: Ein Mädchen mit Pfeil und Bogen zielt auf den hölzernen Vogel, der auf einer hohen Stange sitzt.

Lit.: Lothringens Erbe 2000, S. 261.

08.11
Pallone

Nach Louis Siriès, um 1760
Farbdruck nach einer Pietra-dura-Arbeit unter Verwendung von Lapislazuli, Calzedon, Achat, Verde-antico-Marmor etc. auf Schieferplatten, 44 x 60
Wien, Bundesmobilienverwaltung, Inv.Nr. MD 067401/000

Pallone war ein Mannschaftssport, bei dem es den Ball („palla“) in das Spielfeld der gegnerischen Mannschaft zu schlagen galt. Die Spieler trugen einen Unterarmschutz, der das Schlagen des anfangs relativ schweren Balles erleichtern sollte – ab der Mitte des 16. Jahrhunderts war er aus Holz gefertigt und mit Stacheln besetzt. Gern wurde das Pallonespiel entlang einer Mauer ausgetragen, da man diese in den Spielverlauf miteinbeziehen konnte.

Lit.: Lothringens Erbe 2000, S. 261.

08.12
Mädchen mit Seifenblasen

Nach Louis Siriès, um 1760
Farbdruck nach einer Pietra-dura-Arbeit unter Verwendung von Lapislazuli, Calzedon, Achat, Verde-antico-Marmor etc. auf Schieferplatten, 44 x 60
Wien, Bundesmobilienverwaltung, Inv.Nr. MD 068314/000

Von Giuseppe Zocchi stammen auch Gemäldeserien mit symbolischen oder allegorischen Inhalten, die ebenfalls als Vorlage für Pietra-dura-Arbeiten – aus Plättchen harter Steinsorten verlegte Bilder und Ornamente – herangezogen wurden. Bei der vorliegenden Darstellung könnte es sich um eine Allegorie der Vergänglichkeit handeln.

Lit.: Unpubl.

08.13
Das Kegelspiel im Garten von Nymphenburg

Johann August Corvinus (1683–1738) nach Mathias Diesel (1675–1752), um 1722
Kupferstich (Reproduktion), 23,7 x 35,7
Privatbesitz

In den Gartenanlagen der Residenzen waren spezielle Bereiche für Spiele vorgesehen. So enthielt der Park von Schloss Nymphenburg von Heckenwänden begrenzte Freiräume, in denen man sich dem Kegelspiel – eine beliebte Unterhaltung der Hofgesellschaft – hingab. Hierfür hing eine Kugel vom Scheitel einer offenen, auf sechs Säulen ruhenden Baldachinarchitektur herab, darunter befanden sich auf rundem Feld die Kegel, die es geschickt mit der Kugel umzuwerfen galt.

Lit.: Max Emanuel 1976, S. 306.

08.14
Das Pass-Spiel im Garten von Nymphenburg

Johann August Corvinus (1683–1738) nach Mathias Diesel (1675–1752), 1718–1722
Kupferstich (Reproduktion), 23,7 x 35,4
Privatbesitz

Bei diesem Geschicklichkeitsspiel für mehrere Personen musste eine Elfenbeinkugel mit einem löffelartigen Stock in Löcher geschlagen werden. Dabei galt es Markierungen zu „passieren“. Für derartige Unterhaltungen boten die Gärten in Nymphenburg und Schleißheim genügend Platz. Das Pass-Spiel fand in einem der Kompartimente des großen Parterres statt. Aber auch im nördlichen Längstrakt des Schlosses Nymphenburg befand sich im eigens errichteten Pass-Gebäude ein Saal dafür.

Das Pass-Spiel dürfte eine Erfindung Max Emanuels gewesen sein. 1725 verfasste er ein Regelbuch dazu, das 1765 in Wien und München in Druck erschien.

Lit.: Max Emanuel 1976, S. 260.

08.02
© Wittelsbacher Ausgleichsfonds München

08.03
© Magyar Nemzeti Múzeum, Budapest

08.05
© Deutsches Spielkartenmuseum,
Leinfelden

08.05
© Deutsches Spielkartenmuseum,
Leinfelden

08.06
© Deutsches Spielkartenmuseum, Leinfelden

08.06
© Deutsches Spielkartenmuseum, Leinfelden

08.13
© IMAREAL Krems

08.14
© IMAREAL Krems

Verzeichnis der abgekürzten Literatur

900 Jahre Stift Reichersberg 1984 = 900 Jahre Stift Reichersberg. Augustiner Chorherren zwischen Passau und Salzburg (Oberösterreichische Landesausstellung Stift Reichersberg am Inn). Linz 1984.

Agostino 1685 = Ventura Terzago, Carl Langetl und Agostino Steffani, Servius Tullius, Libretto. München 1685.

Albrecht 1998 = Dieter Albrecht, Maximilian I. von Bayern 1573–1651. München 1998.

Barock Belvedere, Bd. 1 = Elfriede Baum, Katalog des Österreichischen Barockmuseums im Unteren Belvedere in Wien. 2 Bde., Bd. 1. Wien 1980.

Bauer 1993 = Günther G. Bauer, Die Salzburger Spielkartenmaler des 18. und frühen 19. Jahrhunderts. In: Mitteilungen der Gesellschaft für Salzburger Landeskunde 133 (1993), S. 275–322.

Bauer 1998 = Robert Bauer, Bayerische Wallfahrt Altötting. Regensburg [4]1998.

Bauer 1999 = Günther G. Bauer, Bölzelschießen – das „Dartfieber" der Mozartzeit. Salzburg 1770–1795. In: Automatenspiele. Homo ludens – Der spielende Mensch. Internationale Beiträge des Institutes für Spielforschung und Spielpädagogik, Universität Mozarteum, Salzburg 9 (1999), S. 159–201.

Bavaria Germania Europa 2000 = Michael Henker u. a. (Hg.), Bavaria Germania Europa – Geschichte auf Bayerisch (Ausstellung Regensburg) (Veröffentlichungen zur Bayerischen Geschichte und Kultur 42/2000). Regensburg 2000.

Bayerische Frömmigkeit 1960 = Bayerische Frömmigkeit. 1400 Jahre christliches Bayern (Ausstellung Stadtmuseum München). München 1960.

Bayerisch-tirolische G'schichten 1993 = Bayerische-tirolische G'schichten … eine Nachbarschaft (Tiroler Landesausstellung Festung Kufstein). Innsbruck 1993.

Bayern 1972 = Michael Petzet (Red.), Bayern. Kunst und Kultur (Ausstellung Stadtmuseum München). München 1972.

Bayerns Krone 2006 = Johannes Erichsen und Katharina Heinemann (Hg.), Bayerns Krone 1806. 200 Jahre Königreich Bayern (Ausstellung Residenz München). München 2006.

Berke 2001 = Hendrik Berke, Ehe. In: Ludwig Finscher (Hg.), Musik in Geschichte und Gegenwart (MGG). Personenteil, Bd. 6. Kassel 2001.

Bertsch 2006 = Matthias Bertsch, Trompete. In: Rudolf Flotzinger (Hg.), Oesterreichisches Musiklexikon. 5 Bde., Bd. 5. Wien 2006.

Birsak 1973 = Kurt Birsak, Die Holzblasinstrumente im Salzburger Museum Carolino Augusteum. Verzeichnis und entwicklungsgeschichtliche Untersuchungen (Salzburger Museum Carolino Augusteum: Jahresschrift 18). Salzburg 1973.

Birsak 1996 = Kurt Birsak und Anneliese Birsak, Gambe – Cello – Kontrabaß. Katalog der Zupf- und Streichinstrumente im Carolino Augusteum (Jahresschrift Carolino-Augusteum – Salzburger Museum für Kunst und Kulturgeschichte 42). Salzburg 1996.

Bustelli 2004 = Renate Eikelmann, Franz Anton Bustelli. Nymphenburger Porzellanfiguren des Rokoko. Das Gesamtwerk. München 2004.

Carl 2009 = Horst Carl, „Brüssel 1695" – Kriegszerstörungen und ihre Visualisierung im späten 17. und 18. Jahrhundert. In: Birgit Emich (Hg.), Kriegs/Bilder in Mittelalter und Früher Neuzeit (Zeitschrift für historische Forschung Beiheft 42). Berlin 2009.

Christ 2006 = Alexa-Beatrice Christ, Frankenthaler Porzellan. Stuttgart 2006.

Coreth 1982 = Anna Coreth, Pietas Austriaca: Österreichische Frömmigkeit im Barock. München 1982.

Das barocke Thesenblatt 1985 = Gregor Martin Lechner, Das barocke Thesenblatt: Entstehung, Verbreitung, Wirkung (Jahresausstellung des Graphischen Kabinetts des Stiftes Göttweig 34). Göttweig 1985.

Der heilige Leopold 1985 = Floridus Röhrig (Red.), Der Heilige Leopold. Landesfürst und Staatssymbol (Niederösterreichische Landesausstellung Stift Klosterneuburg) (Katalog des Niederösterreichischen Landesmuseums NF 155). Wien 1985.

Deutinger 1997 = Stephan Deutinger, Instrumente der Aufklärung: das Burghauser „Armarium Philosophicum". In: Dietmar Grypa und Wolfgang Gutfleisch (Hg.), Das Kurfürst-Maximilian-Gymnasium zu Burghausen. Vom Kolleg der Societas Jesu zur Königlich Bayerischen Studien-Anstalt. Eichstätt 1997.

Die andere Sonne 2003 = Jutta Schumann, Die andere Sonne. Berlin 2003.

Donato Felice d'Allio 1965 = Elisabeth Mahl, Donato Felice d'Allio und die Planungsgeschichte des Stiftes Klosterneuburg. In: Jahrbuch des Stiftes Klosterneuburg NF 5 (1965).

Erbe 2000 = Michael Erbe, Die Habsburger 1493–1918. Stuttgart 2000.

Erzbischof Paris Lodron 2003 = Peter Keller (Hg.), Erzbischof Paris Lodron (1619–1653). Staatsmann zwischen Krieg und Frieden (Ausstellung Dommuseum Salzburg). Salzburg 2003.

Erzherzog Johann 1982 = Grete Klingenstein (Hg.), Erzherzog Johann von Österreich (Landesausstellung Schloss Stainz). Bd I: Katalog. Graz 1982.

Faber du Faur 2003 = Christian Wilhelm von Faber du Faur. Der Russlandfeldzug Napoleons 1812 (Katalog des Bayerischen Armeemuseums 1). Ingolstadt 2003.

Federschmuck 1992 = Friedrich Polleroß, Andrea Sommer-Mathis und Christopher F.

Laferl (Hg.), Federschmuck und Kaiserkrone. Das barocke Amerikabild in den habsburgischen Ländern (Ausstellung Schloßhof im Marchfeld). Wien 1992.

Fischer von Erlach 1960 = Thomas Zacharias, Joseph Emanuel Fischer von Erlach. Wien–München 1960.

Freiheit 1989 = Freiheit Gleichheit Brüderlichkeit (Ausstellung Historisches Museum der Stadt Wien). Wien 1989.

Friedrich 1999 = Margret Friedrich, Ein Paradies ist uns verschlossen ..., zur Geschichte der schulischen Mädchenerziehung in Österreich im „langen" 19. Jahrhundert. Wien 1999.

Giese 1962 = Ursula Giese, Wiener Menagerien. Ebersdorf / Neugebäude / Belvedere / Schönbrunn. Wien 1962.

Glanz des Ewigen 2003 = Johann Kronbichler und Wilfried Seipel (Hg.), Glanz des Ewigen. Der Wiener Goldschmied Joseph Moser 1715–1801 (Ausstellung Diözesanmuseum St. Pölten und Kunsthistorisches Museum Wien). Wien 2003.

Grenzenlos 2004 = Egon Boshof, Max Brunner und Elisabeth Vavra (Hg.), grenzenlos. Geschichte der Menschen am Inn (Bayerisch-Oberösterreichische Landesausstellung 2004). Regensburg 2004.

Grenzen überschreiten 2010 = Erich Marx und Peter Laub (Hg.), Grenzen überschreiten. Bayern und Salzburg 1810 bis 2010 (Ausstellung Salzburg Museum, Staatliche Archive Bayern, Stadt Laufen). Salzburg 2010.

Hajós 1995 = Beatrix Hajós, Die Schönbrunner Schloßgärten. Eine topographische Kulturgeschichte. Wien u. a. 1995

Hanzl-Wachter 2011 = Lieselotte Hanzl-Wachter, Das Appartement der Kaiserin Maria Ludovica in der Wiener Hofburg. In: Österreichische Zeitschrift für Kunst und Denkmalpflege LXV (2011), S. 84–100.

Heiliges Römisches Reich 2006 = Hans Ottomeyer, Jutta Götzmann und Ansgar Reiß (Hg.), Heiliges Römisches Reich Deutscher Nation 962 bis 1806. Altes Reich und Neue Staaten 1495 bis 1806 (Ausstellung Deutsches Historisches Museum Berlin). Bd. 1: Katalog. Berlin 2006.

Hildesheimer Tafelservice 1985 = Hannelore Müller (Hg.), Das Hildesheimer Tafelservice. Meisterwerke der Augsburger Goldschmiedekunst (Ausstellung Städtische Kunstsammlungen Augsburg). Augsburg 1985.

Holzfurtner 2005 = Ludwig Holzfurtner, Die Wittelsbacher. Stuttgart 2005.

Homann 2009 = Johann Baptista Homann (1664–1724) und seine Landkarten. Ein Handbuch. ND Bad Langensalza 2009.

Horemans 1974 = Johann Georg von Hohenzollern (Hg.), Peter Jakob Horemans (1700–1776), kurbayerischer Hofmaler (Ausstellung Alte Pinakothek München). München 1974.

In Tal und Einsamkeit 1988 = In Tal und Einsamkeit. 725 Jahre Kloster Fürstenfeld. Die Zisterzienser im alten Bayern (Ausstellung Fürstenfeld). Bd. I: Katalog. München 1988.

Inventar-Katalog 1969 = Erika Kroppenstedt und Detlef Hoffmann (Hg.), Inventar-Katalog der Spielkarten-Sammlung des Stadtmuseums Linz (Ausstellung Deutsches Spielkarten-Museum Bielefeld). Bielefeld 1969.

Jagd 1978 = Gerhard Winkler (Hg.), Jagd einst und jetzt (Niederösterreichische Landesausstellung Schloss Marchegg 1978) (Katalog des Niederösterreichischen Landesmuseums NF 77). Wien 1978.

Jagdzeit 1996 = Jagdzeit. Österreichs Jagdgeschichte – eine Pirsch (Ausstellung Historisches Museum der Stadt Wien – Hermesvilla). Wien 1996.

Joseph II. 1980 = Österreich zur Zeit Kaiser Josephs II. Mitregent Kaiserin Maria Theresias, Kaiser und Landesfürst (Niederösterreichische Landesausstellung Stift Melk) (Katalog des Niederösterreichischen Landesmuseums NF 95). Wien 1980.

Kaiserliche Tafel 1991 = Die kaiserliche Tafel. Ehemalige Hofsilber- und Tafelkammer Wien (Ausstellung Museum für Kunsthandwerk Frankfurt). Frankfurt 1991.

Kaisertum Österreich 1996 = Kaisertum Österreich 1804–1848 (Ausstellung Schallaburg) (Katalog des Niederösterreichischen Landesmuseums NF 387). Bad Vöslau 1996.

Kieser 1998 = Clemens Kieser, Die Memorialmonstranzen von Ingolstadt und Klosterneuburg: Studien zur Ikonologie der barocken Goldschmiedekunst. Tübingen 1998.

Kirche in Oberösterreich 1985 = Kirche in Oberösterreich. 200 Jahre Bistum Linz (Oberösterreichische Landesausstellung ehem. Benediktinerstift Garsten). Linz 1985.

Kloster Fürstenfeld 2006 = Werner Schiedermair (Hg.), Kloster Fürstenfeld. Lindenberg 2006.

Koschatzky, Maria Theresia = Walter Koschatzky (Hg.), Maria Theresia und ihre Zeit. Salzburg 1979.

Krauss-Meyl 1997 = Sylvia Krauss-Meyl, Das „Enfant terrible" des Königshauses. Maria Leopoldine, Bayerns letzte Kurfürstin (1776–1848). Regensburg 1997.

Krone und Verfassung 1980 = Hubert Glaser (Hg.), Wittelsbach und Bayern. Krone und Verfassung. König Max I. Joseph und der neue Staat (Ausstellung Residenz München). Bd. III/2: Katalog. München 1980.

Kurzel-Runtscheiner 2010 = Monica Kurzel-Runtscheiner, Napoleons Hochzeit (Ausstellung Kunsthistorisches Museum Wien). Wien 2010.

Lack 2006 = H. Walter Lack, Florilegium Imperiale. Botanische Schätze für Kaiser Franz I. von Österreich. München u.a. 2006.

Lebenslust und Frömmigkeit 1999, Bd. 1 = Alfried Wieczorek, Hansjörg Probst und Wieland Koenig (Hg.), Lebenslust und Frömmigkeit. Kurfürst Carl Theodor (1724–1799) zwischen Barock und Aufklärung (Ausstellung Reiss-Museum Mannheim und Stadtmuseum Düsseldorf). Bd. 1: Handbuch. Regensburg 1999.

Lebenslust und Frömmigkeit 1999 = Alfried Wieczorek, Hansjörg Probst und Wieland Koenig (Hg.), Lebenslust und Frömmigkeit. Kurfürst Carl Theodor (1724–1799) zwischen Barock und Aufklärung (Ausstellung Reiss-Museum Mannheim und Stadtmuseum Düsseldorf). Bd. II: Katalog. Regenburg 1999.

Leube-Payer 2000 = Elisabeth Leube-Payer, Szenen aus dem österreichischen Erbfolgekrieg – Zu einigen Gemälden des Joseph Ignaz Mildorfer. In: Barockberichte. Informationsblätter des Salzburger Barockmuseums zu bildenden Kunst des 17. und 18. Jahrhunderts. 2000.

Lothringens Erbe 2000 = Renate Zedinger (Hg.), Lothringens Erbe. Franz Stephan von Lothringen (1708–1765) und sein Wirken in Wirtschaft, Wissenschaft und Kunst der Habsburgermonarchie (Ausstellung Schallaburg) (Katalog des Niederösterreichischen Landesmuseums NF 429). St. Pölten 2000.

Macht der Gefühle 2003 = Ulrike Hessler (Hg.), Die Macht der Gefühle. 350 Jahre Münchner Oper. Berlin 2003.

Macht des Wortes 2009 = Gerfried Sitar, Martin Kroker (Hg.): Macht des Wortes. Benediktinisches Mönchtum im Spiegel Europas (Ausstellung in der Kärntner Benediktinerabtei St. Paul im Lavanttal und im LWL-Landesmuseum für Klosterkultur). 2 Bde., Band II: Katalog. Regensburg 2009.

Mappae bavariae 1995 = Ivan Kupčík, Mappae bavariae. Thematische Karten von Bayern bis zum Jahr 1900. (Sonderausstellung des Deutschen Museums München) (Veröffentlichungen aus dem Archiv des Deutschen Museums 2). Weißenhorn 1995.

Maria Theresia 1980 = Maria Theresia und ihre Zeit (Ausstellung Schloss Schönbrunn Wien). Wien 1980.

Matsche 1981 = Franz Matsche, Die Kunst im Dienst der Staatsidee Kaiser Karls VI. Ikonographie, Ikonologie und Programmatik des Kaiserstils. 2 Bde. Berlin 1981.

Max Emanuel 1976 = Hubert Glaser (Hg.), Kurfürst Max Emanuel. Bayern und Europa um 1700 (Ausstellung Altes und Neues Schloß Schleißheim). Bd. 2: Katalog. München 1976.

Meier 2012 = Jürg A. Meier, Das Papageien- oder Vogelschießen in der Waadt, 1515–1798. In: Waffen- und Kostümkunde 54 (2012), S. 21–76.

Mozart 1991 = Mozart. Bilder und Klänge (Salzburger Landesausstellung Schloss Kleßheim). Salzburg 1991.

Mraz, Maria Theresia = Gerda und Gottfried Mraz (Hg.), Maria Theresia. Ihr Leben und ihre Zeit in Bildern und Dokumenten. München 1979.

Münster 2008 = Robert Münster, Herzog Clemens Franz von Paula von Bayern (1722–1770) und seine Münchener Hofmusik. Tutzing 2008.

Napoleon 2009 = Napoleon. Feldherr, Kaiser und Genie (Ausstellung Schallaburg). Schallaburg 2009.

Napoleon 2010 = Bénédicte Savoy (Hg.), Napoleon und Europa. Traum und Trauma (Ausstellung Kunst- und Ausstellungshalle der Bundesrepublik Deutschland Bonn). München 2010.

ÖKT 37 (1969) = Die Kunstdenkmäler des Benediktinerstiftes St. Paul im Lavanttal und seiner Filialkirchen (Österreichische Kunsttopographie XXXVII). Wien 1969.

ÖKT Kremsmünster 1977 = Die Kunstdenkmäler des Benediktinerstiftes Kremsmünster. Teil 1: Das Stift – Der Bau und seine Einrichtung (Österreichische Kunsttopographie XLIII). Wien 1977.

Ostarrîchi 1996 = Ernst Bruckmüller und Peter Urbanitsch (Hg.), Ostarrîchi Österreich. Menschen Mythen Meilenstein (Österreichische Länderausstellung Neuhofen an der Ybbs, St. Pölten) (Katalog des Niederösterreichischen Landesmuseums NF 388). Horn 1996.

Ottomeyer 1979 = Hans Ottomeyer, Das Wittelsbacher Album. Interieurs königlicher Wohn- und Festräume 1799–1848. München 1979.

Passau 2007 = Max Brunner (Hg.), Passau – Mythos & Geschichte (Ausstellung OberhausMuseum Passau). Passau 2007.

Pfaundler 1984 = Wolfgang Pfaundler und Werner Köfler, Der Tiroler Freiheitskampf 1809 unter Andreas Hofer. Zeitgenössische Bilder, Augenzeugenberichte und Dokumente. München 1984.

Porträtgalerie 1976 = Günther Heinz und Karl Schütz (Bearb.), Porträtgalerie zur Geschichte Österreichs von 1400 bis 1800 (Führer durch das Kunsthistorische Museum 22). Wien 1976.

Prinz Eugen 1986 = Karl Gutkas (Hg.), Prinz Eugen und das barocke Österreich (Niederösterreichische Landesausstellung Marchfeldschlösser Schlosshof und Niederweiden 1986) (Katalog des Niederösterreichischen Landesmuseums NF 170). Wien 1986.

Prinz Eugen 2010 = Agnes Husslein-Arco und Marie-Louise von Plessen, Prinz Eugen. Feldherr Philosoph und Kunstfreund (Ausstellung Belvedere Wien). Wien–München 2010.

Rosenegger 1995 = Albert Rosenegger, „… wass uns durch Feur und Schwerdt aufgetragen worden“. Die schicksalsreichen Ereignisse in der Stadt Traunstein während des spanischen Erbfolgekrieges. In: Jahrbuch / Historischer Verein für den Chiemgau zu Traunstein 7 (1995), S. 198–228.

Salzburg 1991 = Salzburg zur Zeit der Mozart (Ausstellung Salzburger Museum CA, Dommuseum Salzburg) (Jahresschrift des Salzburger Museums Carolino Augusteum 37/38, 1991/2). Salzburg 1991.

Salzburgs Alte Schatzkammer 1967 = Johannes Neuhardt (Hg.), Salzburgs alte Schatzkammer (Ausstellung in den Oratorien des Salzburger Domes). Salzburg 1967.

Schlacht von Höchstädt 2004 = Johannes Erichsen und Katharina Heinemann, Die Schlacht von Höchstädt. Brennpunkt Europas 1704 (Ausstellung Schloss Höchstädt an der Donau). Ostfildern 2004.

Schober 2008 = Gerhard Schober, Prunkschiffe auf dem Starnberger See. Eine Geschichte der Lustflotten bayerischer Herrscher. Waakirchen 2008.

Seling 1980 = Helmut Seling, Die Kunst der Augsburger Goldschmiede 1529–1868, 3 Bde., Bd. 3. München 1980.

Sieveking 1988 = Hinrich Sieveking, „Nach der Natur gezeichnet …“. Beobachtungen zur frühen künstlerischen Rezeption des Englischen Gartens in München. Zu Johann Georg von Dillis und zur Entstehung der Landschaftsmalerei. In: Pankraz von Freyberg (Hg.), 200 Jahre Englischer Garten in München. München 1988, S. 144–161.

Sieveking 1997 = Hinrich Sieveking, Von Füssli bis Menzel. Aquarelle und Zeichnungen der Goethezeit aus einer Münchner Privatsammlung. München–New York 1997.

Silber und Gold 1994 = Reinhold Baumstark und Helmut Seling (Hg.), Silber und Gold. Augsburger Goldschmiedekunst für die Höfe Europas (Ausstellung Bayerisches Nationalmuseum München). München 1994.

Sitar 1994 = Gerfried M. Sitar, Glas und Porzellan, Tischkultur und Lebensfreude. Klagenfurt 1994.

Sitar 2000 = Gerfried M. Sitar, Die Abtei im Paradies. Das Stift St. Paul im Lavanttal. Wien 2000.

Sitar 2004 = Gerfried M. Sitar, Kostbares Österreich. Wien 2004.

Sonntag 1976 = Kurt Sonntag, Trenck, der Pandur und die Brandschatzung Bayerns. München 1976.

Spielkarten 1974 = Spielkarten. Ihre Kunst und Geschichte in Mitteleuropa (Ausstellung Graphische Sammlung Albertina). Wien 1974.

St. Blasien 1983 = Christel Römer (Red.), Das tausendjährige St. Blasien (Ausstellung Kolleg St. Blasien). Karlsruhe 1983.

St. Paul 1991, Bd. I = Johannes Grabmayer (Red.), Schatzhaus Kärntens. 900 Jahre Benediktinerstift (Kärntner Landesausstellung St. Paul im Lavanttal). 2 Bde., Bd. 1. Klagenfurt 1991.

Suchenwirth, Maria Theresia = Richard Suchenwirth, Maria Theresia. Ein Kaiserleben, 1975.

Tausend Jahre Oberösterreich 1983 = Tausend Jahre Oberösterreich. Das Werden eines Landes (Oberösterreichische Landesausstellung Burg zu Wels). Bd. 2: Katalogteil. Linz 1983.

Traum vom Weltreich 1999 = Elisabeth Ollinger (Hg.), Der Traum vom Weltreich. Österreichs unvollendeter Escorial (Ausstellung Stiftsmuseum Klosterneuburg). Klosterneuburg 1999

Türken vor Wien 1982 = Robert Waissenberger (Hg.), Die Türken vor Wien. Europa und die Entscheidung an der Donau 1683. Wien 1982.

Türken vor Wien 1983 = Die Türken vor Wien. Europa und die Entscheidung an der Donau 1683 (Ausstellung Historisches Museum der Stadt Wien). Wien 1983.

Tüskes–Knapp 1994 = Gábor Tüskés und Éva Knapp, Frömmigkeit zwischen Aufklärung und Gegenaufklärung. Eine personengeschichtliche Untersuchung. In: Das achtzehnte Jahrhundert und Österreich 9 (1994). Wien 1994, S. 56–73.

Uhrwerke 2004 = Uhr-Werke, Kostbare Uhren des 16. und 17. Jahrhunderts aus der Esterházy-Schatzkammer auf Burg Forchtenstein (Ausstellung Burg Forchtenstein). Eisenstadt 2004.

Um Glauben und Reich 1980 = Hubert Glaser (Hg.), Wittelsbach und Bayern. Um Glauben und Reich. Kurfürst Maximilian I. (Ausstellung Residenz München). Bd. II/2: Katalog. München 1980.

Ungarn in Mariazell 2004 = Péter Farbaky und Szabolcs Serfözö (Hg.), Ungarn in Mariazell – Mariazell in Ungarn (Ausstellung Historisches Museum der Stadt Budapest im Museum Kiscell). Budapest 2004.

Volksfrömmigkeit 1985 = Gunter Dimt (Hg.), Volksfrömmigkeit in Oberösterreich (Ausstellung im Linzer Schloss). Linz 1985.

Warncke 1981 = Carsten-Peter Warncke, Bavaria Sancta – Heiliges Bayern. Dortmund 1981.

Welt des Barock 1986 = Rupert Feuchtmüller (Hg.), Welt des Barock (Oberösterreichische Landesausstellung Augustiner Chorherrenstift St. Florian). Katalogband. Linz 1986.

Wende in Europas Mitte 2003 = Peter Schmid und Klemens Unger (Hg.), 1803. Wende in Europas Mitte. Vom feudalen zum bürgerlichen Zeitalter (Ausstellung Historisches Museum Regensburg). Regensburg 2003.

Wening 1964 = Gertrud Stetter, Michael Wening. Leben und Werk des Kupferstechers und Topographen. München 1964.

Wien 1974 = Wien zur Zeit von Franz Anton Maulbertsch (Ausstellung Historisches Museum der Stadt Wien). Wien 1974.

Winkler 1996 = Hubert Chryspolitus Winkler, Ehemalige Hofsilber & Tafelkammer (Eine Publikationsreihe der Museen des Mobiliendepots 1). Wien u. a. 1996.

Wittelsbach 1993 = Hubert Glaser (Hg.), Wittelsbach. Kurfürsten im Reich – Könige von Bayern (Ausstellung Bayerisches Nationalmuseum München und Liechtensteinische Staatliche Kunstsammlung Vaduz). München 1993.

Wittelsbacher Jagd 1980 = Bernd E. Ergert, Wittelsbacher Jagd (Ausstellung Deutsches Jagdmuseum München). München 1980.

Woeckel 1992 = Gerhard P. Woeckel, Pietas Bavarica. Weißenhorn 1992.

Wolf 1930 = Georg Jacob Wolf, Das Kurfürstliche München 1620–1800. Zeitgenössische Dokumente und Bilder. München 1930.

Zitzenbacher 1965 = Walter Zitzenbacher, Hanswurst und die Feenwelt. Von Stranitzky bis Raimund. Graz 1965.

Stuckdecke vor der Restaurierung

Stuckdecke nach der Restaurierung

Das Land Oberösterreich bedankt sich bei der Messerschmittstiftung in München für die großzügige finanzielle Unterstützung bei der Sanierung der Stuckdecken im ehemaligen Kloster Ranshofen in Braunau.

Oberösterreichische Landesausstellung 2012

VERANSTALTER
Land Oberösterreich

Geschäftsführung
Amt der Oberösterreichischen Landesregierung
Direktion Kultur, Promenade 37,
A-4021 Linz
Leiter: W. Hofrat Dr. Reinhard Mattes

Projektleitung
Mag. Reinhold Kräter, Direktion Kultur

Leitung Public Relations/Marketing
Roland Pichlbauer

Begleitung durch Abteilung Gebäude- und Beschaffungsmanagement
Mag. Gerhard Burgstaller, Direktion Präsidium – Abteilung GBM
DI Richard Deinhammer, Direktion Präsidium – Abteilung GBM
DI Pia Goldmann, Direktion Präsidium – Abteilung GBM
Johann Neuwirth, Direktion Präsidium – Abteilung GBM
Christian Wieczorek, Direktion Präsidium – Abteilung GBM

Technische Leitung
Reinhard Böttcher, Direktion Präsidium – Abteilung GBM

Örtliche Bauleitung, -aufsicht und -koordinierung / Ausstellung
Reinhard Böttcher, Direktion Präsidium – Abteilung GBM
Monika Rollinger, Direktion Präsidium – Abteilung GBM

Organisation
Bernhard Stolberger
Dr. Eduard Nimmervoll
Dr. Philipp Herzog

Ausstellungsbüro
Karin Hauzenberger
Gabriele Scheinhart-Peheim
Dr. Sigrid Stadler
Andrea Widrich

Katalogredaktion
Dr. Elisabeth Vavra

Mitarbeit Katalogredaktion
Mag. Andrea Schaller
Dietmar Leitner

Konservatorische Betreuung
Prof. Mag. art. Karin Troschke, Institut für Papierrestaurierung; Wien

Mitarbeit Konservatorische Betreuung
Mag. Rahel Jahoda, Wien
Mag. Sascha Höchtl, Wien
MMag. Monika Roth, Linz
Mag. Ursula Pühringer, Linz

WISSENSCHAFT, PLANUNG UND GESTALTUNG

Gesamtleitung und Konzept
Direktorin Dr. Elisabeth Vavra, Österreichische Akademie der Wissenschaften, Institut für Realienkunde des Mittelalters und der frühen Neuzeit, Krems

Assistenz Gesamtleitung und Konzept
Mag. Gunter Bittermann, Steyr
Mag. Michaela Zorko, Wien

Ausstellungsgestaltung und Grafik
PLANET Architects ZT GmbH, Wien (Projekt Ranshofen)
DI Gerhard Abel, Oliver Cmyral
Vogel Audiovision GmbH, Linz (Projekt Ranshofen)
Mag. Peter Vogel, Michael Filnkößl
Atteneder Grafik Design GmbH, Steyr
Hans Kropshofer, transpublic, Linz (Projekt Mattighofen)
Gerald Lohninger GRAFIK, Linz (Projekt Mattighofen)
Mag. Gerald Lohninger

Grafikproduktion
Lang + Lang GmbH, Leonding
Collage-Design OG, St. Marien

Projektmanagement Rahmenprogramm
Mag. Klaus Berer, Wirtschaftskammer Braunau

Kulturvermittlung
Dr. Doris Prenn, prenn_punkt, Büro für Kommunikation und Gestaltung, Alkoven (Projekt Ranshofen)
Mag. Claudia Hutterer, Kunstvermittlerin, Hartkirchen (Projekt Mattighofen)

Werbegrafik
Matern Creativbüro, St. Georgen im Attergau

Videoproduktionen, Interaktive Medien, Sounddesign
Vogel Audiovision GmbH, Linz

Künstlerische Malerei, Bühnenbild, Dioramen
Kurt Pint
Wunderkammer, Wien

LEIHGEBER

Deutschland

Aichach
Stadtmuseum Aichach

Altötting
Bischöfliche Administration der Heiligen Kapelle

Bad Aibling
Heimatmuseum Bad Aibling

Berg am Starnberger See
Katholisches Pfarramt Mariä Himmelfahrt Aufkirchen, vertreten durch das Erzbischöfliche Ordinariat München, Hauptabteilung Kunst

Berlin
Stiftung Deutsches Historisches Museum, Berlin

Bremen
Kunsthalle Bremen – Der Kunstverein in Bremen

Bruckmühl
Katholische Kirchenstiftung Hl. Dreifaltigkeit, Weihenlinden, vertreten durch das Erzbischöfliche Ordinariat München, Hauptabteilung Kunst

Burghausen
Stadtmuseum Burghausen

Darmstadt
Prinz-Georg-Palais, Großherzoglich-Hessische Porzellansammlung

Dillingen an der Donau
Hospital-Stiftung Dillingen

Donauwörth
Museen der Stadt Donauwörth
Pädagogische Stiftung Cassianeum

Dresden
Porzellansammlung, Staatliche Kunstsammlungen Dresden

Düsseldorf
Stiftung Museum Kunstpalast, Düsseldorf – Sammlung der Kunstakademie Düsseldorf (NRW)

Fischbachau
Katholische Kirchenstiftung St. Andreas, Elbach, vertreten durch das Erzbischöfliche Ordinariat München, Hauptabteilung Kunst

Frankfurt
Museum für Angewandte Kunst

Fürstenfeldbruck
Katholische Kirchenstiftung St. Sebastian, Puch, vertreten durch das Erzbischöfliche Ordinariat München, Hauptabteilung Kunst
Stadtmuseum Fürstenfeldbruck

Gangkofen
Katholische Kirchenverwaltung

Garmisch-Partenkirchen
Franziskanerkloster Garmisch-Partenkirchen

Göttingen
Niedersächsische Staats- und Universitätsbibliothek

Hamburg
Museum für Kunst und Gewerbe Hamburg

Heidelberg
Kurpfälzisches Museum der Stadt Heidelberg

Hildesheim
Roemer- und Pelizaeus-Museum Hildesheim

Hohenlinden
Katholische Kirchenstiftung St. Josef, Hohenlinden, vertreten durch das Erzbischöfliche Ordinariat München, Hauptabteilung Kunst

Holzhausen
Katholische Kirchenstiftung Holzhausen, vertreten durch das Erzbischöfliche Ordinariat München, Hauptabteilung Kunst

Ingolstadt
Bayerisches Armeemuseum

Kaiserslautern
Museum Pfalzgalerie Kaiserslautern (mpk)

Köln
Museum für Angewandte Kunst Köln
Universität zu Köln, Theaterwissenschaftliche Sammlung

Kressbronn am Bodensee
Museum im Schlössle – Historische Schiffsmodelle

Kronburg-Illerbeuren
Schwäbisches Bauernhofmuseum Illerbeuren

Landsberg am Lech
Pfarrbüro Mariä Himmelfahrt

Landshut
Pfarrarchiv Heilig-Blut
Stadt Landshut – Städtisches Museum

Leinfelden-Echterdingen
Deutsches Spielkartenmuseum

Lenggries
Katholische Kirchenstiftung St. Jakob, Lenggries, vertreten durch das Erzbischöfliche Ordinariat München, Hauptabteilung Kunst

Mannheim
Reiss-Engelhorn Museen

Meßkirch
Katholische Pfarrgemeinde St. Peter u. Paul, Meßkirch/Rohrdorf, vertreten durch das Erzbischöfliche Ordinariat München, Hauptabteilung Kunst

Miesbach
Heimatmuseum Miesbach

Mindelheim
Mindelheimer Museen / Heimatmuseum

München
Bayerische Staatsbibliothek
Bayerische Staatsgemäldesammlungen München
Bayerische Verwaltung der staatlichen Schlösser, Gärten und Seen
Bayerisches Hauptstaatsarchiv
Bayerisches Nationalmuseum
Deutsches Museum
Deutsches Theatermuseum
Münchner Stadtmuseum
Staatliche Münzsammlung München
Staatliche Graphische Sammlung München
Wittelsbacher Ausgleichsfonds München

Münsing
Katholische Kirchenstiftung St. Johann Baptist – Holzhausen

Münster
LWL – Westfälisches Landesmuseum für Kunst und Kulturgeschichte

Neuburg an der Donau
Historischer Verein Neuburg an der Donau
Staatliche Bibliothek Neuburg an der Donau

Nürnberg
Germanisches Nationalmuseum

Osterhofen
Pfarrkirchenstiftung Altenmarkt St. Margaretha

Passau
Oberhausmuseum Passau
Wallfahrtskirchenstiftung Mariahilf Passau

Prien am Chiemsee
Heimatmuseum Prien am Chiemsee

Privatbesitz

Regensburg
Fürst Thurn und Taxis Zentralarchiv – Hofbibliothek – Museen
Museen der Stadt Regensburg
Staatliche Bibliothek

Steinhöring
Katholische Pfarrkirche St. Gallus

Stuttgart
Landesmuseum Württemberg

Traunstein
Stadt- und Spielzeugmuseum Traunstein

Tuntenhausen
Katholische Kirchenstiftung Maria Himmelfahrt, Tuntenhausen, vertreten durch das Erzbischöfliche Ordinariat München, Hauptabteilung Kunst

Türkenfeld
Pfarrei St. Johannes Baptist – Zankenhausen

Wiesbaden
Schützengesellschaft Kronach / Deutsches Schützenmuseum Coburg

Wolfenbüttel
Herzog August Bibliothek Wolfenbüttel

Italien

Brixen
Kathedrale zu Brixen

Torino
Galleria Sabauda

Niederlande

Amsterdam
Rijksmuseum

Österreich

Bad Aussee
Ausseer Kammerhofmuseum

Braunau am Inn
Museumsverein Braunau
Stadtgemeinde Braunau am Inn
Stadtgemeinde Braunau am Inn – Studienbibliothek

Eferding
Starhemberg'sches Familienmuseum

Eisenstadt
Esterházy Privatstiftung, Burg Forchtenstein – Esterházy-Schatzkammer
Esterházy Privatstiftung, Schloss Eisenstadt – Bibliothek

Enns
Museum Lauriacum

Furth
Stift Göttweig / NÖ, Graphische Sammlung

Graz
Steiermärkisches Landesarchiv
Universalmuseum Joanneum – Abteilung Kulturgeschichte
Universalmuseum Joanneum – Neue Galerie Graz

Herzogenburg
Augustiner-Chorherrenstift Herzogenburg

Innsbruck
Dompfarre St. Jakob, Innsbruck
Tiroler Kaiserjägermuseum
Tiroler Landesmuseen

Klagenfurt
Elisabethinenkonvent Klagenfurt

Klosterneuburg
Stiftsarchiv Klosterneuburg
Stiftsmuseum Klosterneuburg

Kremsmünster
Benediktinerstift Kremsmünster

Lambach
Benediktinerstift Lambach

Leoben
MuseumsCenter Leoben

Linz
Kunstreferat der Diözese Linz
NORDICO – Museum der Stadt Linz
Oberösterreichische Landesbibliothek
Oberösterreichische Landesmuseen
Oberösterreichisches Landesarchiv

Maria Taferl
Bibliothek der Basilika Maria Taferl

Mariazell
Basilika Mariazell – Schatzkammer

Reichersberg am Inn
Augustiner-Chorherrenstift Reichersberg

Salzburg
Dommuseum zu Salzburg
Salzburg Museum
Stiftung Mozarteum Salzburg
Universitätsbibliothek Salzburg

Schwaz
Museum der Stadt Schwaz

St. Andrä im Lavanttal
Propstei St. Andrä im Lavanttal, Domschatz

St. Lambrecht
Benediktinerstift St. Lambrecht

St. Paul im Lavanttal
Benediktinerstift St. Paul im Lavanttal

Wien
Albertina
Allgemeines Verwaltungsarchiv, Finanz- und Hofkammerarchiv
Archiv der Universität Wien
Belvedere
Bibliothek der Gesellschaft der Musikfreunde in Wien
Bundesministerium für Wirtschaft, Familie und Jugend – Bundesmobilienverwaltung
Gemäldegalerie der Akademie der bildenden Künste Wien
Haus-, Hof- und Staatsarchiv
Heeresgeschichtliches Museum/ Militärhistorisches Institut, Wien
Kunsthistorisches Museum, Gemäldegalerie
Kunsthistorisches Museum, Hofjagd- und Rüstkammer
Kunsthistorisches Museum, Österreichisches Theatermuseum
MAK – Österreichisches Museum für angewandte Kunst
Österreichische Bundesgärten
Österreichische Nationalbibliothek, Bildarchiv und Grafiksammlung
Österreichische Nationalbibliothek, Druckschriftensammlung
Österreichische Nationalbibliothek, Musiksammlung
Sammlungen des Fürsten von und zu Liechtenstein, Vaduz – Wien
Wien Museum

Schweiz

Bern
Bernisches Historisches Museum

Einsiedeln
Sammlung Stift Einsiedeln

Oberägeri
Katholische Kirchengemeinde Oberägeri

Zürich
Schweizerisches Nationalmuseum, Zürich

Slowakei

Bratislava
Bratislava City Gallery

Ungarn

Budapest
Magyar Nemzeti Múzeum

Ein besonderer Dank für die Bereitstellung zahlreicher Leihgaben ergeht an die
OÖ. Landesmuseen
und an die zahlreichen Personen, Firmen und Institutionen, die während der gesamten Vorbereitungszeit einen Beitrag zum Gelingen dieser Ausstellung geleistet haben

KOOPERATIONSPARTNER

Amt der OÖ. Landesregierung
Direktion Bildung und Gesellschaft
Direktion Inneres und Kommunales
Direktion Straßenbau und Verkehr
Direktion Finanzen
Direktion Personal
Bezirkshauptmannschaft Braunau
Bezirkspolizeikommando Braunau
Bundesdenkmalamt – Landeskonservatorrat für Oberösterreich
Die Presse
Diözese Linz
Fa. E. Doppler & Co GmbH
Fa. KTM – Bike Industries
Freiwillige Feuerwehren Braunau und Mattighofen
Oberösterreich Tourismus
Oö. Familienkarte
ORF – Landesstudio Oberösterreich
Ö1
ÖAMTC
ÖBB
Stadtgemeinde Braunau
Stadtgemeinde Mattighofen
Tourismusbüros der Ausstellungsgemeinden
4youCard

Medien
BTV
Innsat. TV
Krone Hit Radio
Life Radio
LT1
ORF – Landesstudio Oberösterreich
Ö1
Bezirksrundschau
Die Furche
Die Presse
Kronen Zeitung
Neues Volksblatt
Oberösterreichische Nachrichten
Österreich
Tips
und viele andere mehr

AUTOREN/AUTORINNEN

Autoren/Autorinnen
Dr. Sigrid Epp
Gregor Fuchs
Dr. Henriette Graf
Dr. Ingrid Haslinger
Dr. Elfriede Iby
Mag. Dr. Herbert Karner
Dr. Ferdinand Kramer
Mag. Reinhold Kräter
Dr. Sylvia Krauss-Meyl
Dr. Brigitte Langer
Dipl.-Ing. Mag. Eva Lettl
Mag. Anna Mader-Kratky
Dipl.-Ing. Jochen Martz
Dr. Jutta Schumann
Dr. Andrea Sommer-Mathis
Dr. Sebastian Werr

Autoren/Autorinnen der Katalogtexte
Mag. Gunter Bittermann
Mag. Dr. Peter Deinhammer
Mag. Angelika Futschek
Holger Kempkens M.A.
Mag. P. Gerfried M. Sitar OSB

Die Fotonachweise wurden nach bestem Wissen und Gewissen erstellt. Sollten dennoch Fragen offen geblieben sein, wird um Kontaktnahme mit der Redaktion ersucht.